娱乐法学

Entertainment Law

余锋 著

图书在版编目(CIP)数据

娱乐法学/余锋著. —北京:北京大学出版社,2022.10
21世纪法学规划教材
ISBN 978-7-301-32265-9

Ⅰ.①娱… Ⅱ.①余… Ⅲ.①文化事业—法律—中国—教材 Ⅳ.①D922.16

中国版本图书馆 CIP 数据核字(2021)第 120192 号

书　　　名	娱乐法学 YULEFAXUE
著作责任者	余　锋　著
责 任 编 辑	孙战营
标 准 书 号	ISBN 978-7-301-32265-9
出 版 发 行	北京大学出版社
地　　　址	北京市海淀区成府路 205 号　100871
网　　　址	http://www.pup.cn
电 子 信 箱	law@pup.pku.edu.cn
新 浪 微 博	@北京大学出版社　@北大出版社法律图书
电　　　话	邮购部 010-62752015　发行部 010-62750672　编辑部 010-62752027
印 刷 者	河北滦县鑫华书刊印刷厂
经 销 者	新华书店
	787 毫米×1092 毫米　16 开本　25 印张　749 千字 2022 年 10 月第 1 版　2022 年 10 月第 1 次印刷
定　　　价	69.00 元

未经许可,不得以任何方式复制或抄袭本书之部分或全部内容。
版权所有,侵权必究
举报电话: 010-62752024　电子信箱: fd@pup.pku.edu.cn
图书如有印装质量问题,请与出版部联系,电话: 010-62756370

前　言

作为法学研究新分支的娱乐法,是以解决娱乐行业法律问题为中心的新领域;它是调整娱乐行业所涉主体间权利和义务的原则、规则与制度的总体,是娱乐与法律相结合的产物,是法律与娱乐的混血儿。娱乐法的内容由核心范围和边缘地带两部分组成。其中,核心范围具有确定性和清晰性,如作为娱乐法研究领域的电影、电视、游戏、音乐和现场演出等;边缘地带具有变动性与漂移性,如因行业问题的除旧布新、产业范围的迭代更新、科学技术的推陈出新而引发与带来的新问题等。娱乐法尚处于初级阶段,正在快速成长,理论研究、司法裁判、实务慧见和行业实践都是它可资汲取且不可或缺的养分。

娱乐法教材,是娱乐法发展过程中的应然。不同发展阶段,娱乐法教材在体例和内容上也不尽相同。比如,网络游戏尚未盛行时,娱乐法教材中难觅其身影;在舞台(戏剧、话剧、歌剧)演出之活跃性有所减退时,娱乐法教材较难将之列为重点。与此同时,娱乐行业的现实法律问题常以零散的方式表现出来,具有碎片化特征。如何将这些零散和碎片化的现实法律问题结合当代娱乐行业的实际,进行较为完整的体系化梳理,使之得到具有逻辑性的总体安排,为娱乐行业的规则之治提供阶段性有价值的思考索引,是写作本教材的出发点和依归点。另外,通过介绍惯行于美国娱乐行业实践的概念、条款、权利或协议,如选择权(option)、或付款或继续(pay or play)、周转权(turnaround)、归回权(reversion)、绿灯(Green Light)、好莱坞会计学(Hollywood accounting)、优先谈判权(right of first negotiation)、最终否决权(right of last refusal)等,引导思考将其在中国进行本土化以及为这些术语定型的可能与方式,使之可以像FOB、CIF和CFR等国际贸易术语一样,提高娱乐行业交易效率、降低交易成本、便利纠纷的化解与解决,也是本教材的写作目的。

书不是万能的,没有书是万万不能的。一方面,本教材旨在尝试搭建娱乐法的框架体系,无意也无力穷尽娱乐行业的所有法律问题。娱乐法作为一门在世界范围内已持续存在七八十年的法学研究领域,它在中国的生长与发展离不开为之设定整体框架体系的教材,无论是针对理论研究而言,还是面向实务操作来说,都是如此。另一方面,期望本教材可有如下助益:

通过本教材,理论研究者,可深刻理解解决娱乐行业疑难法律问题所倚赖的法学理论,为法学理论研究的扩基,提供行业切入点;法科学生,可系统化认识娱乐行业现实法律问题的全貌,在宏观上掌握娱乐法框架体系,并为形成娱乐法问题分析框架提供有效素材,提高应用能力和问题解决能力;律师与法务,可提炼出为娱乐行业法律服务过程中的参考诀要,并使之内化,为提高法律服务效率与质量提供立体与图谱化思维参考;法官与仲裁员,可便利查找同判与不同判类案以及挖掘裁判背后的精神与原则,了解作为跨部门法的娱乐法在解决行业法律问题上的统领性功能。娱乐行业从业者,可按图索骥地获取娱乐项目不同阶段的风险常见点和高发点,为娱乐项目风险控制和从业权益保护提供参考坐标。

本书得以顺利付梓,需要感谢的人太多太多。北京大学出版社编辑孙战营女士和原副编审李铎先生,他们的玉成,是最坚实的支撑。上海交通大学孔祥俊教授、刘永沛教授和刘维教授,华东师范大学张志铭教授、中南财经政法大学刘仁山教授、中国传媒大学李丹林教授,华东政法大学王迁教授和黄武双教授,中国人民大学杜焕芳教授和侯猛教授,中山大学张亮教授,湘潭大学肖冬梅教授和胡梦云教授,厦门大学刘志云教授,福州大学李智教授,上海师范大学邓杰教授,北京大学杨明教授,重庆师范大学颜春龙教授,江西财经大学王吉文教授,浙江传媒学院杨吉教授,浙江财经大学刘勇教授,南京审计大学吴一鸣教授,浙江工商大学俞燕宁教授,上海财经大学葛伟军教授、吴文芳教授和叶榅平教授,上海海事大学宋旭明教授,华南师范大学许楚敬教授,上海大学李清伟教授,中国政法大学刘承韪教授,上海政法学院刘晓红教授和关保英教授,温州大学缪心毫教授,《人民日报》何民捷博士,西北大学王秀梅教授,中国文化娱乐法治50人论坛秘书长马丽丽博士,广西大学岳荧宏女士,上海天尚律师事务所周涛律师和詹德强律师,中国电视剧制作产业协会以及北京市文化娱乐法学会,他们长久以来提供的帮助与智力支持,是本书致谢必须提及的重要部分。美国诺瓦东南大学法学院 Jon Garon 教授、Shahabudeen Khan 教授、Vicenc Feliu 教授,没有他们,我无从近距离接触和了解美国娱乐法在理论研究和实践运行中的实际状况。美国洛杉矶洛约拉大学法学院宋海燕(Seagull Haiyan Song)教授、美国俄勒冈大学法学院 Eric Priest 教授和 Michael Moffitt 教授,他们向我介绍了美国版权法律制度的最新发展以及非诉讼方式解决争议的具体运用。

感谢我的家人,实际上,本书得以完成是他们无私奉献的结果。

体系化的娱乐法,在成长与成熟之间;结构化的娱乐法,在简约与饱满之间。因娱乐法尚处发展的初级阶段,读者诸君的任何批评、想法和建议,之于本书内容完善与错漏匡正,其价值毋庸赘言。诚挚欢迎您扫描微信二维码与我联系。谢谢!

余 锋

2021 年 10 月 18 日

目 录

1　第一章　导论
　　1　　第一节　娱乐法定义与性质
　　12　　第二节　娱乐法内容与渊源
　　27　　第三节　娱乐法研究与科技

影 视 篇

43　第二章　剧本
　　44　　第一节　剧本创作
　　67　　第二节　剧本种类
　　92　　第三节　剧本内容
　　107　　第四节　剧本使用
　　121　　第五节　剧本抄袭

136　第三章　影视剧参与者
　　136　　第一节　制片人与导演
　　148　　第二节　艺人
　　179　　第三节　其他参与者

189　第四章　影视剧制作
　　189　　第一节　制作前的准备
　　203　　第二节　制作方式与影视剧引进
　　213　　第三节　制作融资与保险

229　第五章　影视剧发行与开发
　　229　　第一节　版权方与完片审查
　　241　　第二节　发行渠道
　　261　　第三节　收视率
　　264　　第四节　票房
　　270　　第五节　影视剧开发

网络游戏篇

285 第六章 网络游戏开发与运营

- *286* 第一节 网络游戏的定义与法律性质
- *289* 第二节 网络游戏的开发与审批
- *297* 第三节 网络游戏运营

315 第七章 网络游戏及其要素的法律保护

- *316* 第一节 作为软件的网络游戏
- *326* 第二节 网络游戏中的元素保护

344 第八章 电子竞技与网络游戏直播

- *344* 第一节 电子竞技
- *347* 第二节 网络游戏直播

音乐与现场演出篇

365 第九章 音乐

- *365* 第一节 歌曲
- *374* 第二节 演唱者与录音录像制作者

384 第十章 现场演出

- *384* 第一节 现场演出的举办
- *389* 第二节 营业性演出的侵权

第一章

导 论

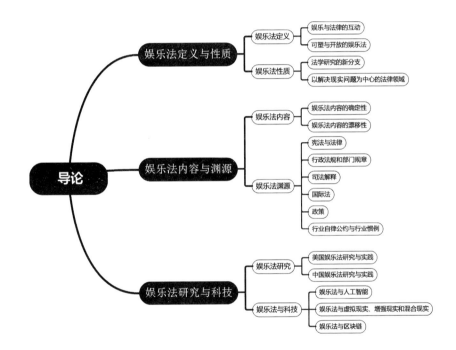

第一节 娱乐法定义与性质

一、娱乐法定义

娱乐是以愉悦身心为主要或唯一目的的生命活动[①],是人类生活要求的反映,是生活的重要组成部分[②];它随着人类物质生活的提升与精神生活的不断超越而不断演化,表现为娱乐形式的多样化、内容的丰富化、程度的深入化[③]。娱乐不但是一种生活方式,也是一种生产方式。自产业革命以来,娱乐业逐渐成长为一项独立的国民经济行业,它的主要组成部分是过去一百多年来技术创新的产物。如留声机发展于 19 世纪 80 年代,电影发展于 19 世纪 90 年代,无线电传输发展于 19 世纪和 20 世纪之交,电视和有声电影在 20 世纪 20 年代发展起

---

① 吕浩、肖群忠:《论娱乐的价值意蕴和伦理内涵》,载《伦理学研究》2016 年第 6 期,第 111 页。
② 钟敬文:《论娱乐》,载《浙江学刊》1999 年第 5 期,第 92—93 页。
③ 朱礼庆:《娱乐的本性——电视娱乐节目的娱乐性研究》,光明日报出版社 2013 年版,第 1—2 页。

来,录音机发展于20世纪50年代,录像机发展于20世纪60年代,有线电视卫星传输发展于20世纪70年代,数字产品发展于20世纪80年代。自20世纪90年代开始,娱乐信息高速公路上的互动多媒体新世界,正大规模飞速发展。

(一)娱乐与法律的互动

就像文学与法律的互动一样[①],娱乐与法律通常以四种方式表现彼此间的关系与互动。

第一,作为娱乐的法律(law as entertainment)。把法律及其实践当做娱乐素材,用娱乐叙事理论对之进行诠释、重述或解读,法律及其实践被当做是予以解释和理解的对象。2008年《美国律师协会杂志》(Journal of the American Bar Association's)邀请12位杰出法律专家评选出25部有关律师和法律的最佳电影[②];同年,美国电影学会(American Film Institute)也推选出"十佳法庭戏"[③]。它们或以诉讼程序为叙事路线,或以国际法中的战犯及其惩罚为故事情节,或以刑事犯罪嫌疑人的权利保护为主旨,或以私力救济的正当性为立意,将法律及其实践作为素材,用影视娱乐传媒蕴含的理论视角阐述法律及其运行过程中的特点与问题,并引导和启发大众思考。

第二,娱乐中的法律(law in entertainment)。娱乐产品不仅仅是一种商业消费品,还可能是一种对社会制度表达意见的载体,甚或是一种思潮;以娱乐产品反映和隐含的社会现象为中心,对之进行法学理论和法治实践层面的思考,从而推动法律观念的转变和促进法律制度的完善。比如苏力教授对电影《秋菊打官司》、芭蕾舞《红色娘子军》以及搞笑视频《一个馒头引发的血案》等文娱作品中的法理,甚至是中国法律制度及传统等宏大法律命题进行的讨论。

第三,通过娱乐的法律(law through entertainment)。用娱乐的手段来讲述法律、讨论法律问题、表达法律思想和普及法律知识,以娱乐方式实现法的指引、预测、评价和教育作用,比如《今日说法》《金牌调解》《包公来了》等全国及地方电视台播出的各类法制栏目和节目。

第四,有关娱乐的法律(law of entertainment)。娱乐产品在生产、制作、传播、发行和消费过程中的横向法律关系与纵向法律关系,其以碎片化法律问题的方式出现在法学研究与实践视域。系统化梳理这些法律问题并对之进行学术性整合,使一个听起来具有吸引力的词语——娱乐法——得以生成。[④]

娱乐与法律以多种方式相互作用、相互渗透。法律为娱乐方式、娱乐内容提供稳定性和确定性,娱乐为法律传播、法律发展提供研讨阵地和管道载体。法律的保守性与娱乐的超前

---

① 苏力:《法律与文学:以中国传统戏剧为材料》,生活·读书·新知三联书店2017年版,第9页。
② 《杀死一只知更鸟》(To Kill A Mockingbird,1962)、《十二怒汉》(12 Angry Men,1957)、《我的堂兄文尼》(My Cousin Vinny,1992)、《桃色血案》(Anatomy of a Murder,1959)、《风的传人》(Inherit the Wind,1960)、《控方证人》(Witness for the Prosecution,1957)、《驯马人莫兰特》(Breaker Morant,1980)、《费城故事》(Philadelphia,1993)、《永不妥协》(Erin Brockovich,2000)、《大审判》(The Verdict,1982)、《无罪的罪人》(Presumed Innocent,1990)、《纽伦堡大审判》(Judgement at Nuremberg,1961)、《四季之人》(A Man for All Seasons,1966)、《义海雄风》(A Few Good Men,1992)、《芝加哥》(Chicago,2002)、《克莱默夫妇》(Kramer vs. Kramer,1979)、《平步青云》(The Paper Chase,1973)、《命运的逆转》(Reversal of Fortune,1990)、《朱门孽种》(Compulsion,1959)、《伸张正义》(And Justice for All,1979)、《以父之名》(In the Name of the Father,1993)、《禁止的真相》(A Civil Action,1998)、《青年林肯》(Young Mr. Lincoln,1939)、《断锁怒潮》(Amistad,1997)、《梦幻街奇缘》(Miracle on 34th Street,1947)。参见 http://www.abajournal.com/magazine/article/the_25_greatest_legal_movies/,最后访问时间:2020年5月28日。
③ Charles J. Harder, eds, *Entertainment Law & Litigation*, Matthew Bender & Company, Inc., 2016, p.3.
④ Donald E Biederman, et al., *Law and Business of the Entertainment Industries*, Fifth Edition, Praeger Publishers, 2007, p.2.

性相互影响,"娱乐无极限"与"法律有底线"相互塑造。

(二)可塑与开放的娱乐法

到目前为止,娱乐法还没有一个公认的定义,"定义娱乐法远比想象得更为复杂"①。《布莱克法律词典》认为:"娱乐法,是围绕艺人和制片人代理、合同谈判以及知识产权保护并处理娱乐行业中法律和商业问题的法律领域。"②莱昂内尔·索贝尔教授提出:"娱乐法是由版权、商标、隐私、形象、合同以及部分税法、行政法与反托拉斯法组合而成的混合物。"③在亚当·爱泼斯坦教授看来:"娱乐法是一个与音乐、广播、电视、现场演出、电影、视频、出版以及其他类似行业及行业参与者相关的术语。"④宋海燕教授主张:"娱乐法是融合了合同法、著作权法、商标法、侵权责任法、劳动法,甚至破产法的跨部门地调整娱乐行业商业行为的法律规范的总和。"⑤刘承韪教授认为:"娱乐法是适用于娱乐行业法律规则系统的总称。"⑥这些不尽相同的娱乐法定义,究其根本,概因观察视角或切入点的不同所致。譬如,从渊源出发,着重强调娱乐法规范的内容体系;从行业出发,着重阐述娱乐法的行业规则构成;从商业出发,着重娱乐产品生产和交易过程中的实务问题。这些定义在表述上虽有不同,但都在不同侧面和程度上概括了娱乐法的特性及范畴。

"法律概念不是凝固不变的,也不是毫无疑义和完全清晰的"⑦,"任何概念和定义都只能是简单的、粗糙的、近似的,不可能穷尽事物的全部真相"⑧,在科学技术高速发展与行业商业模式急速变动的当代,试图为娱乐法寻找一个可以穷尽全部真相的定义,即使不是"缘木求鱼",亦类同"刻舟求剑"。娱乐法难有一个统一且大家都接受的定义,"即便是娱乐法律师,对什么是娱乐法也有许多不同的看法"⑨。娱乐法的定义不胜枚举,每一个学者都有自己的观察视角,由此持有关于娱乐法定义的不同见解。但是这些不同见解未能掩盖娱乐法定义中的共同要素,没有给娱乐法理论研究及具体实践的展开带来不可克服的障碍。就像"家"是什么含义一样,其概念的大体轮廓不言自明,无需特别加以说明,尽管在人们心中具体地显现出来的"家"的意象,大概由于时代等其他原因存有各种各样的不同。⑩再比如,"从世界范围来看,无论是理论界还是实务界,对于什么是知识产权,如何定义知识产权,并没有形成一个统一的、普遍接受的概念,当然也很难给知识产权下一个定义可以准确地表述出其确切的内涵和外延",但这并没有在实质上影响对知识产权及其法律的理论与实务研究的开展、发展与丰富。

为引导和便利娱乐法的学习与研究,在保持可塑性和开放性的前提下,使娱乐法能够适应和接纳新情况、新问题,不因事先确定的定义而作茧自缚,甚至把大门关上⑪,本书给娱乐

---

① Gary Greenberg, *How to Build and Manage an Entertainment Law Practice*, American Bar Association, 2001, p. 13.
② Bryan A. Garner, Editor in Chief, *Black's Law Dictionary*, Eighth Edition, Thomson West, 2004, p. 573.
③ Lionel S. Sobel & Donald E. Biederman, *International Entertainment Law*, Praeger, 2003, p. 3.
④ Adam Epstein, *Entertainment Law*, Pearson Education, Inc., 2006, p. 2.
⑤ 宋海燕:《娱乐法》,商务印书馆2014年版,自序第1页。
⑥ 刘承韪:《中国影视娱乐法论纲》,载《法学杂志》2016年第12期,第44页。
⑦ 孔祥俊:《司法哲学》,中国法制出版社2017年版,第350页。
⑧ 郭道晖:《法理学精义》,湖南人民出版社2005年版,第1页。
⑨ Donald E Biederman, et al., *Law and Business of the Entertainment Industries*, Fifth Edition, Praeger Publishers, 2007, p. 2.
⑩ 〔日〕滋贺秀三:《中国家族法原理》,张建国、李力译,商务印书馆2013年版,第57页。
⑪ 孔祥俊:《网络著作权保护法律理念与裁判方法》,中国法制出版社2015年版,第64页。

法定义如下,或许是"娱乐法的定义"这一复杂问题最为简单的处理方法:

> 娱乐法,是适用于娱乐行业、据以调整所涉主体间权利和义务的原则、规则与制度的总体,是娱乐与法律相结合的产物,是法律与娱乐的"混血儿"。

需要说明的是,"一个法律定义并未真正确定某一术语的意义,它只是提供了一个起点"①。给娱乐法下定义,只不过是为研究娱乐法设定一个大致可以接受的逻辑起点。作为一种社会实践,娱乐法是客观的;但娱乐法是什么,却是主观的,它取决于人们的视角、立场甚至话语,娱乐法并不是存在于智力的真空之中,相反,它是智力建构与塑造的产物。

二、娱乐法性质

(一) 法学研究的新分支

法律部门指根据一定的标准和原则,按照法律规范自身的不同性质、调整社会关系的不同领域和不同方法等所划分的同类法律规范,亦称部门法。有的法律部门是以一部法律或法典为轴心,加上其他法律中的相关法律制度和法律规范组合而成,有的法律部门则没有一部轴心法律或法典,而是由若干部性质相同或相近的规范性法律文件组合而成的。② 法律部门的形成与存在不以单一法典是否制定为判断标准。

通说认为,法律部门的划分主要有两大标准:第一,法律规范所调整的社会关系;第二,法律规范的调整方法。判断某一法律规范属于何种法律部门,就是以法律所调整的社会关系的内容为依据的,法律规范的性质被其调整的社会关系所决定。但仅以法律规范所调整的社会关系还不够,因为这无法解释一个法律部门可以调整不同的社会关系,也不能解释同一社会关系需要由不同的法律部门来调整这一法律现象,所以还必须借助法律规范的调整方法。比如用间接方式调整涉外民商事法律关系的国际私法,之所以是一个独立的法律部门,主要原因在于冲突规范调整涉外民商事法律关系的间接性,以区别于那些对涉外民商事关系进行直接调整(实体法调整)的规则系统。③ 社会关系与调整方法共同构成了划分法律部门的重要因素。

法律部门是法律体系的基本组成要素,各个不同的法律部门的有机组合,便成为一国的法律体系。中国国务院新闻办公室 2011 年 10 月发表的《中国特色社会主义法律体系》白皮书指出,中国特色社会主义法律体系已经形成,它是以宪法为统帅,以法律为主干,以行政法规、地方性法规为重要组成部分,由宪法相关法、民法商法、行政法、经济法、社会法、刑法、诉讼与非诉讼程序法等多个法律部门组成的有机统一整体。中国特色社会主义法律体系虽已形成,但社会实践是法律的基础,法律是实践经验的总结、提炼;社会实践永无止境,法律体系也要与时俱进,中国特色社会主义法律体系必须随着中国特色社会主义实践的发展而不断完善及向前推进。

《中国特色社会主义法律体系》白皮书提出的七个法律部门的分类只是提供了法律体系建构的大体框架,规范性文件的大致归属,并没有代替、更不可能穷尽法的内在结构和法律规范性质的研究。"由于社会关系错综复杂,并不断发生变化,因此调整社会关系的法律规范也会随之发生变化。有的法律中会同时包含其他法律的一些规范,这就需要按

---

① 〔比〕马克·范·胡克:《法律的沟通之维》,孙国东译,刘坤轮校,法律出版社 2008 年版,第 181 页。
② 张文显主编:《法理学》(第三版),法律出版社 2007 年版,第 151—152 页。
③ 张仲伯:《国际私法学》,中国政法大学出版社 2007 年版,第 7—8 页。

这个法律的主体内容而决定其归类。法律部门的划分也不是一成不变的，随着社会的发展，会产生新的社会关系，新的法律部门将可能出现，原有的法律部门也会有所调整。"①

申言之，随着社会关系的发展，法律部门及法律部门之间的关系也日益复杂。这种复杂化一方面表现为法律部门越分越细，各个基本法律部门中都出现了进一步分化的趋势，如行政法之下的行政组织法、行政运作法、行政救济法等，商法之下的公司法、合伙法、票据法、证券法、保险法等。另一方面表现为因国家利益、社会利益与私人利益相互渗透，公权力与私权利相互影响，诉讼法与实体法相互作用，以至于国际法与国内法相互转化，出现了大量的兼有不同法律部门特点的新领域以及混合法律部门，比如经济法、环境法和社会法。② 新的社会关系、新的调整方法、新的争议形态、新的纠纷类型、新的产业结构等等，为新法律部门的产生创造了可能、提供了基础。

从学理上看，虽然以调整对象及调整方法作为部门法划分标准可以算作是共识性认识，在传统部门法划分中具有可适应性，但对于环境法等新兴部门法而言，其不但在理论上难以自圆其说，而且显示出明显的不适应性③，更何况源于苏联的部门法理论在世界范围内并不具有普适性④。在调整对象及调整方法之外，为部门法划分设定一些原则，使部门法划分在传统与创新之间找到平衡，可以避免部门法划分标准陷入僵化和矫正部门法划分标准在新时代的不适应性。

辩证发展是划分部门法的重要原则。客观世界、社会关系、法律和法规、主观认识和认知，都是发展变化的，法律体系和法律部门必然随之而发生变化。法律体系要不断回应社会发展和法治进程的需要，不可能毕其功于一役，不可能一旦"形成"就不再发展，不需要完善。⑤ 部门法的划分不可能是绝对的，只能是相对的，没有也不可能有适用于一切时代、适合于任何国家的、永不可变的部门法划分模式；部门法的具体划分，由于划分者的主观情况和意图，注意和强调的角度或者原则、标准也不会完全一样的。⑥ 不能用固定的标准僵化地套在变动的对象之上。

主题定类以及逻辑与实用兼顾是部门法划分的重要考虑因素。主题定类是指，那些兼及不同领域的法律规范，虽可以从不同角度归类为不同的法律部门，诸如商标法既可被视为保护私权的民事法律，也可因商标授权与确权等行政管理类规范及其引发的纠纷，而被纳入行政案件和行政法的范畴；在这种情况下，需要考虑这些规范的主题或主导精神来确定其部类归属。逻辑与实用兼顾，是指划分法律部门既要有一定的逻辑根据，也要便于了解和掌握，也是为了实际地运用法律规范来指引人们的行为，需要兼顾实用性。⑦

将辩证发展、主题定类及逻辑与实用的基本原理，应用到娱乐产业法律规范的聚合与整合之中，把"适用于娱乐行业、据以调整所涉主体间权利和义务的原则、规则与制度的总体"视作一个正在形成中的法律部门——娱乐法，并无不妥。娱乐产业与社会需求催生了作为

---

① 王维澄：《关于有中国特色社会主义法律体系的几个问题》，载《求是》1999年第14期，第9页。
② 朱景文：《中国特色社会主义法律体系：结构、特色和趋势》，载《中国社会科学》2011年第3期，第22页。
③ 张璐：《部门法研究范式对环境法的误读》，载《甘肃政法学院学报》2009年第3期，第23—24页。
④ 刘诚：《部门法理论批判》，载《河北法学》2003年第3期，第10页。
⑤ 张志铭：《转型中国的法律体系建构》，载《中国法学》2009年第2期，第140页。
⑥ 沈宗灵主编：《法理学》（第三版），北京大学出版社2009年版，第282页。
⑦ 高其才：《法理学》，清华大学出版社2007年版，第62—63页。

部门法的娱乐法①,"娱乐法以与娱乐产业相关的规范性法律文件大量存在为前提,娱乐法律关系参与者形成的社会关系相对稳定,再加上娱乐法调整机制的独特性等,都足以说明娱乐法是一个法律部门。当下,娱乐法这一法律部门正处在形成之中"②。

事实上,同一个对象分别由不同的法律部门予以调整,在现有法律体系及法律部门中也属常态。例如《宪法》第13条第1款规定:"公民的合法的私有财产不受侵犯。"这个条文可以抽取出"不得侵犯公民合法财产"的宪法规范,该规范在《刑法》《物权法》《侵权法》《国家赔偿法》等法律部门中均有体现或规定,区别在于侧重点有所不同,或调整方法不同,或调整内容不同,或调整功能不同,或政策目的不同。同理,娱乐法的调整对象并不严格要求为娱乐法所独占,而排斥其他法律部门的"染指",娱乐法不是封闭的"饭碗法学"③;相反,它是开放的、包容的。

另外,在调整方式上,世界知识产权组织(WIPO)推出的电影与媒体调解与加速仲裁机制,使得娱乐法显现出鲜明的特色。WIPO 的《电影和媒体调解与快速仲裁规则》(*WIPO Mediation and Expedited Arbitration for Film and Media*)是专门为解决关于电影和媒体之争议而设计,它由电影媒体业界专家和 WIPO 仲裁与调解中心联合制定,适合国际电影和媒体交易,尤其是电影发行争议。④《电影和媒体调解与快速仲裁规则》规定了调解和快速仲裁程序,可由当事方自行选择合并或单独使用;因电影和媒体行业具有自身较为独特的性质,该规则缩短了调解和仲裁阶段的时限,以加快争议解决进程。该仲裁规则下的争议由独任仲裁员裁决,若当事方希望由3名仲裁员对其案件作出裁决,则可以选用 WIPO 的仲裁规则。考虑到电影和媒体纠纷需要特殊的法律专业知识以及行业和市场知识,WIPO 调解与仲裁中心专门为之配备了调解员和仲裁员名册,该名册中的人员来自不同的司法管辖区域,且被公认为是高度合格的娱乐法调解员和仲裁员。电影制作者、导演、演员、行业协会、制片人、作者、编剧、创作者、投资者、金融家、基金、保险公司、会计师、娱乐知识产权律师、广播公司、分销商、参展商、代理商等等,都可以是该仲裁规则的选用方或曰潜在用户。

法律部门的划分既缘于部门法的特殊规定性,也缘于认识、研究与适用法律的便利性;至少可以认为,在法学研究分支的意义上,娱乐法是无可忽视的客观存在。

(二)以解决现实问题为中心的法律领域

新部门法的诞生往往并非一帆风顺,因为新部门法的出现不仅可能改变原有部门法所享有的学术资源分配格局,而且也会打破原有部门法学在法学理论研究中对话语权的垄断。⑤ 诸如商法、经济法、社会法、国际经济法、环境资源保护法等部门法,在形成过程中莫不

---

① 刘承韪:《娱乐法的规范意蕴与体系构建》,载《政法论坛》2019年第4期,第163—164页。
② 李清伟:《娱乐法四题:诞生、概念、属性与原则》,载《上海大学学报(社会科学版)》2019年第1期,第94页。
③ 针对"自我封闭,拒绝他人染指"的法学研究现状,王利明教授指出,中国的法学研究中存在着一种可以称之为"饭碗法学"的观点,该观点的内容表现在两个方面:首先是自我封闭,将法学的学科严格划分为若干门类,如民法学、宪法学、刑法学、民事诉讼法学等。各个学科之间壁垒森严,甚至学科内部也沟壑纵横。比如民法学还要进一步分为各个不同的法律,如合同法、物权法、侵权法等等。只要我从事这个学科,那么这里就是我的一亩三分地,必须牢牢把握住自己的饭碗,任何人都不能染指。其次,是封闭他人,持"饭碗法学"观点者对其他领域的学者从事自己这个领域的研究往往表现出高度的警惕,一旦有越雷池者,便表现出强烈不满,认为这种学者是不务正业,或者说是"手伸得太长"。甚至认为,这些跨学科研究的学者违反了学术界的所谓"游戏规则",并对这些学者进行各种形式的非议。考虑到这样的"饭碗法学"风气倘若蔓延下去,必将对我国法学研究产生巨大危害。参见王利明:《"饭碗法学"当休矣》,载《法制资讯》2011年第6期,第7—9页。
④ 参见 https://www.wipo.int/amc/en/film/,最后访问时间:2020年5月28日。
⑤ 张璐:《部门法研究范式对环境法的误读》,载《甘肃政法学院学报》2009年第3期,第24页。

经历了旷日持久的论战与论争。其实,纯粹概念主义的部门法研究进路,"使法学研究迷失在形式上做文章、在逻辑中找出路,这样不仅不能使法学研究深入现实的社会生活中去,无法从社会生活的客观需要中发现和确认合理的行为规则,而且还不能帮助法官在面对当事人的现实状况时去作出符合实际的司法裁判,有碍于个案正义的具体实现"①。

以问题为中心的法律思考模式、认识方法和解决方案正在被法学家和实务工作者所接受,它区别于以法律规范为中心的思路,只要是有助于深入思考问题、全面认识问题和有效解决问题,无论是属于宪法、民法、刑法、商法、行政法或社会法的法律规范,抑或是自律规则、惯例、习俗或道德等非法律规范,均可采用,不再受法律部门思维的禁锢。它从开放的社会生活源源不断地汲取养分,摒弃封闭、凝固不变和"临床隔离"的观念,在法律与社会之间,法律规范与非法律规范之间,官方与民间之间,通过问题建立起良性互动纽带,着力于怎样解决实际问题。当然,以问题为中心的思路并不是否定传统的法律部门划分,而在于以解决问题为中心把现行的规范性法律文件进行学术性或立法性组合,以解决问题的过程为中心考虑其安排。② 在实践中,"无论立法者还是实际法律工作者不再固守某一法律部门的藩篱,甚至不再拘泥于以法律规范为中心;而是以解决问题为主旨,寻找解决问题的各种法律或规范的综合应用"③。与此同时,以解决现实法律问题为中心,围绕特定经济社会领域全部与法律有关的现象开展研究,可以形成与之相对应的领域法学。领域法学是新兴、交叉领域"诸法合一"的有机结合④,"领域法在认识和方法上对传统法律部门加以拓扑和超越,填补了其应对新兴领域法律问题的缺漏,两者共存于法治实践"⑤。

以国际经济法为例,随着国际经济交往的日益频繁,由此形成的国际经济法律关系日益错综复杂,某一种国际经济法律关系或某一类国际经济法问题,实际上牵涉多种类别的法律部门,受到多种类别、多种层次法律规范的调整和制约;因此,在理论探讨和实务处理中,不拘泥于法律的传统分类或法学的传统分科,突破国际法与国内法、公法与私法等的分类界限或分科范围,采取以法律问题为中心的研讨途径或剖析方法,有助于更全面地认识问题、更综合有效地解决问题。国际经济法的形成,是法学分科从"以传统法律类别为中心"到"以现实法律问题为中心"的重要转变;这种转变,也逐步体现在新型的法律分类或新型的法学分科之中。⑥

现实法律问题在当代通常以鲜明的行业特征表现出来,由此聚合而成各种专门法与行业法,如"房地产法""建筑法""医事法"等等。民法、刑法、商法、行政法和诉讼法等传统法学学科,之于这些新法律领域和新法学研究分支的基础性意义不言而喻,同时,仅有基础法学学科知识尚不足以支撑研究工作的有效开展,还需要掌握相关领域的专业知识和行业知识。比如,倘若对医事领域的专业术语、治疗标准、救治流程、护理手段、用药措施、风险特性等知识知之甚少,无疑难以从事医事法研究和实务;而且即便是法学知识,也不能局限于某一部门法的专业知识,而是要通晓各部门法。以行业专门性问题为导向进行科学整合,有助于法功能的更好发挥与实现。事实上,证券法、期货法、银行法、信托法、食品法、卫生法等专业性

---

① 李爱君、刘少军:《论法的目标与法部门的划分》,载《社会科学论坛》2006年第11期,第13—14页。
② 朱景文:《中国特色社会主义法律体系:结构、特色和趋势》,载《中国社会科学》2011年第3期,第22—33页。
③ 覃红霞:《教育法地位问题新论——传统法律部门理论的超越与反思》,载《教育研究》2016年第7期,第50页。
④ 刘剑文:《论领域法学:一种立足新兴交叉领域的法学研究范式》,载《政法论丛》2016年第5期,第3页。
⑤ 耿颖:《现代社会转型与领域法话语的展开》,载《武汉大学学报(哲学社会科学版)》2018年第6期,第32页。
⑥ 陈安主编:《国际经济法学》(第五版),北京大学出版社2011年版,第41页。

较强的领域,它们的行业法属性也非常明显,行业法早已广泛存在于中国现行法律体系与法学学科之中,它是一个以行业系统划分为基础的概念。

行业法,是指以国家涉及行业的法律为基础,通过政府涉及行业的行政法规和行政规章、地方立法机关以行业为背景的地方性法规等,从而形成的行业法体系的总称。如果作广义解释,还包括各行业组织制定的自治性规范。从部门法意义上讲中国特色社会主义法律体系已经形成,但是当部门法在社会生活中实施的时候,行业法可以有效地缝合部门法与部门法之间存在着的很多间隙、裂缝甚至断层。① 行业法是跨部门法,它具有部门法所没有的优势和作用。行业法以特定的行业为空间,以行业所体现的特殊问题为载体,着重探讨传统部门法在特定行业中的适用,并拓展至研究相关的专门性行业立法、行业自治规范、行业标准和行业习惯等。② 我国农业、金融、文化、教育、体育、卫生等各个行业都构成相对独立的行业法治领域,由于国家的经济社会体系是由各个行业所构成的,当各个行业都有健全的规范体系时,整个经济社会法治体系就有坚实的社会基础。③

以电影为例,它从一开始首先并且首要的就是一个商业性的行业,尽管就电影作为一种艺术形式的身份曾在理论家和哲学家之中引起了很大的争论。④ 作为一个新法律领域,娱乐法是以解决娱乐行业现实法律问题为中心的行业法。娱乐业的出现及其快速发展,使得传统民商法领域的财产权、著作权、人格权等面临着新的问题。例如,"如何界定娱乐媒体的著作权、防范侵权、保护创意、界定隐私权、面对好莱坞式的商业模式以及建立纠纷解决机制,等等。与此相关,在英美法学界兴起了一种新型的法学学科——娱乐法。这个娱乐法不同于传统法学的分类体系,它主要是与产业接轨,与娱乐业的发展相匹配,涉及知识产权、合同法、侵权法、商标法、劳动法等多个领域,属于一种跨学科的新型法学"⑤。

作为行业法,娱乐法与传统法律部门的不同之处,不在于基本的法律原则与规则;相反,传统部门法是娱乐法必须借助的工具。比如,合同法、侵权法和财产法等,它们在适用于娱乐行业时,要约与承诺、故意与过失、登记对抗与登记生效等,这些概念元素都没有发生质的改变⑥,是解决娱乐行业现实法律问题必需的分析工具。然而,在使用传统法律部门中的原则与规则处理印烙着鲜明特点的娱乐法律问题的过程中,行业因素和商业实践是不可或缺的考虑项;同时,因为娱乐行业与传统法律部门之间的影响与反影响、塑造与反塑造,使得娱乐法充满特色。⑦

先有娱乐行业的蓬勃开展才有发达的娱乐法,无论是美国还是欧洲都证实了这一点。随着中国经济、娱乐行业及科学技术的快速发展,娱乐行业的主体与范围也相应发生了变化。主体方面,政府主管机构、电视台、行业协会、影视公司、投资者、经纪公司、广告主、新媒体、导演、编剧、艺人、投资者、观众、场馆经营者、游戏公司、玩家、主播、直播平台、演唱会和

---

① 孙笑侠:《论行业法》,载《中国法学》2013年第1期。第53页。
② 周青山:《论体育法的行业法属性》,载《武汉体育学院学报》2017年第11期,第61页。
③ 张文显:《建设中国特色社会主义法治体系》,载《法学研究》2014年第6期,第19页。
④ 〔美〕托马斯·沙兹:《旧好莱坞·新好莱坞:仪式、艺术与工业》(修订版),周传基、周欢译,北京大学出版社2013年版,第1页。
⑤ 高全喜:《娱乐法、虚拟世界与未来生活》,载《东方法学》2018年第2期,第99页。
⑥ Melvin Simensky, Thomas D. Selz, Barbara A. Burnett, Robert C. Lind & Charles A. Palmer, *Entertainment Law*, Second Edition, Matthew Bender & Company Incorporated, 1997, p. 3.
⑦ Paul C. Weiler, *Entertainment, Media, and the Law: Text, Cases, Problems*, West Publishing Company, 1997, p. 1.

真人秀节目组织者之间的关系错综复杂,混合着各类行政法律关系和民商事法律关系。在范围层面,从以往较为单一的电影和电视剧法律问题,延伸至新兴的网络直播、电子游戏、新媒体、短视频等领域。如何在扩大化的娱乐业范围规范各主体间的关系,用什么样的措施与手段对之进行调整,各主体的权利与义务如何得到保护和落实,侵权行为的归责方式有什么特殊性,侵权者该承担什么样的责任,应当赋予受害者怎样的权利救济通道和模式,以及如何"本土化"娱乐业的好莱坞惯例和接轨好莱坞惯例使更多的中国娱乐产品"走出去"等等,都是娱乐法试图以及需要回答和回应的问题。娱乐法真正的发展动力来自社会生活中日益增多的娱乐行业主体间复杂利益关系,以及纠纷增多而应生出的需求。如果说对娱乐法是否是法律部门仍然存在不同看法,那么,以"领域+问题"而搭建起来的新兴行业法律领域——娱乐法,在实践参与和学术研究意义上已经诞生。它是建立在综合性法律领域基础上的法学分支,融合了部门法学的研究成果,体现的是以问题为导向的法律思维,相比高度抽象的部门法学视角,更具个性、更能包容、更接近实践,是一种与部门法学相辅相成、交织融合、同构互补的法学门类。①

必须指出的是,"法律部门"与"法学学科"是两个不同的法学范畴。法律部门是调整相同社会关系的同类法律规范的总和,而法学学科是研究特定领域的法律规范和法律问题所形成的法学门类。通常而言,有一个法律部门,就有一个与之相对应的法学学科;但不能说有一个法学学科,就有一个与之相对应的法律部门。比如,作为法学学科的"比较法学""经济分析法学",它们无法也绝无可能成为一个独立的法律部门。当特定领域法律问题的解决无法凭借单一法律部门之法律规范加以统摄和解决时,涉及多个法律部门和以领域法律问题为中心的综合性法学学科就应运而生。② 在当代,建构中国法律科学,应当坚持问题导向,科技进步和社会发展出现的许多新问题不是传统的法学理论和方法可以独立解决的。③ 作为一个法律部门的娱乐法虽尚未完全独立成型,但以娱乐业法律问题为研究对象的娱乐法学科在研究与实践层面已然神形兼备。固守传统部门法领地割据的门户之见,不利于现实问题的解决和认识的深化。④ 体系化娱乐行业法律问题,构建以解决娱乐行业法律问题为中心的应用型行业法学科的价值至少体现在五个方面:

第一,对于研习与解决娱乐行业领域内的法律问题可有事半功倍的效果。"找法"并予以援引和适用,是处理具体法律问题的重要环节,然而,通过法律部门这个概念以实现"找法"目的,其指引作用较为有限;因为在具体案件中的法官和律师,其思维中心是与案件有密切关系的法律规范,只要有助于解决特定法律问题,这些法律规范究竟是否属于同一法律部门,通常并不是他们主要要考虑的问题。⑤ 体系化的娱乐法,在总结和归纳的基础上提炼出行业性的惯常法律问题及解决方案,犹如航海中的指定航道通行制,即便对该水域未必有丰富的实航经验,只要各行其道、按图索骥,皆可避免搁浅、触礁与碰撞⑥,当然关于航海的基础知识不可或缺。

---

① 熊伟:《问题导向、规范集成与领域法学之精神》,载《政法论丛》2016年第6期,第54页。
② 徐崇利:《国际经济法与国际经济法学——"国际经济法"概念新探》,载《厦门大学学报(哲学社会科学版)》1996年第2期,第93—94页。
③ 张文显:《关于构建中国特色法学体系的几个问题》,载《中国大学教学》2017年第5期,第6页。
④ 陈安:《论国际经济法学科的边缘性、综合性和独立性》,载陈安主编:《国际经济法论丛》(第1卷),法律出版社1998年版,第17—54页。
⑤ 吴玉章:《论法律体系》,载《中外法学》2017年第5期,第1132—1133页。
⑥ 陈金钊主编:《法理学》(第二版),北京大学出版社2010年版,第135页。

第二，便于理解部门法在娱乐行业领域的具体运用，为部门法研究开拓行业视野。部门法在不同行业背景下的理解与适用，往往因连接的对象不同而有不同的偏向，娱乐法律问题需要将传统法律知识置入娱乐行业背景中加以理解。[①] 虽然娱乐行业与其他行业一样共享许多法律概念，但是这些法律概念在娱乐行业中有它们自己的惯例与实践[②]，娱乐行业的商业现实为法律原则与规则注入了新鲜元素[③]。比如货物买卖，因其有形性，在交易上注重物权法与合同法的连接；而影视剧的生产与交易，因其无形财产属性明显，所以更多地注重知识产权法——尤其是著作权法——与合同法的结合。

第三，有助于娱乐行业风险的防范、排查与管控、处理。以部门法分立的方式构筑起来的法律体系，在风险无处不在的社会中，其应对效果颇有捉襟见肘之势；若无法提供"从出生到死亡"的一揽子整体解决方案，而是零散化地呈现各部门法的效用，风险的防范、排查、管控与处理就会因为各个阶段的连接点可能的脆弱或上下衔接程度不够，而经受"打折"之痛，甚或因为连接点的脆弱或上下衔接程度不够而衍生出更多需要解决的新问题。虽然大多数社会关系可以统摄在部门法之下，但社会关系的粗线条分类是部门法发挥其普遍性功能的必需，无法以精细化的方式进行调整，以针对性姿态呈现的行业专门法恰恰可以起到填漏补缺和精准调整功能，在风险防范、排查与风险管控、处理等阶段，根据特定行业内部的风险状况和行业内在规律发挥作用。[④] 例如，好莱坞电影工业化生产中的"绿灯"（Green Light）制度，指的是若影视项目获得了"绿灯"，意味着该项目被拥有最终决定权人批准投入制作。[⑤] 细而分之，有"内部绿灯"和"外部绿灯"两种，其背后有着非常完整的商业逻辑和管理办法做支撑，包括对投资、票房收入、非票房收入、潜在受众、优势竞争元素、发行档期、风险评估、宣传方式、后续开发的可能、成本构成等等因素的详细分析。体现这套完整商业逻辑与管理办法的"绿灯"制度，与娱乐行业的惯常实践相结合，可以将风险关口前移，减少或降低以法律诉讼方式调动"消防员"和"救火队"的出动频次。

第四，有助于娱乐行业规范的定型与发展，为部门法内容扩充筑基。以惯例而存在的行业性做法，未必与法律规范的要求相一致，发生纠纷时，当事方各执一词，各据其理；通过娱乐法律问题的体系化处理，可以为行业既有惯例与法律规范提供可供通约的参考性导引，化解既有惯例与法律规范之间可能存在的冲突与不一致，形塑行业规范，助力行业发展。美国的商业电影制作者很早就意识到标准化的重要意义[⑥]，例如，好莱坞影视行业中存在的"pay or play"条款，广泛存在于艺人与制片方之间的协议中，指的是即便影视剧未能如期拍摄，艺人应获得的预期报酬或定额报酬，不受影响[⑦]；其效力及内容在中国法上会是一种什么样的可能结果，有赖于娱乐法实践对之予以定型；定型之后，"pay or play"条款的作用，可像FOB、CIF等国际贸易术语一样，之于行业纠纷的避免与化解以及行业效率的提升，具有不

---

① Adam Epstein, *Entertainment Law*, Pearson Education, Inc. 2006. p. 3.
② Gary Greenberg, *How to Build and Manage an Entertainment Law Practice*, American Bar Association, 2001, p. 14.
③ Thomas D. Selz, Welvin Simensky, Patricia Nassif Acton & Robert C. Lind, *Entertainment Law: Legal Concepts and Business Practices*, Second Edition, West Group, 1998. p. 3.
④ 宋亚辉：《风险控制的部门法思路及其超越》，载《中国社会科学》2017年第10期，第155页。
⑤ Sherri L. Burr & William D. Henslee, *Entertainment Law: Cases and Materials on Film, Television, and Music*, Thomson West, 2004, p. 2.
⑥ [美]托马斯·沙兹：《旧好莱坞·新好莱坞：仪式、艺术与工业》，周传基、周欢译，北京大学出版社2013年版，第33页。
⑦ Peter Muller, *Show Business Law: Motion Pictures, Television, Video*, Quorum Books, 1991, pp. 24-25.

容忽视的意义。

第五，可以弥补中国目前法学教育的某些欠缺。中国的法学教育缺少行业经验的贯融，缺乏对行业法律经验之理论概括和总结，具有行业实践理性的知识还没有能够充分地进入法学教育。① 打通横亘在法律与娱乐行业之间的壁垒，把娱乐行业的法律问题凝练出来、体系化呈现出来，对于解决中国法学教育中的盲点填补以及新兴学科与交叉学科发展不足、课程体系不够完善等问题②，均有积极作用。另外，行业法律经验研究可以弥补规范研究对经验把握不足的缺陷，从经验中推出理论，通过新实践的检验，使理论获得更大范围的解释力、规范性和正当性。③

综上，对于学术研究而言，娱乐法是否是一个独立的法律部门，娱乐法学是否是一门独立的学科，都只是"名"，而真正应关注的应该是其中的"实"；也就是说，在娱乐领域，有哪些值得研究的法律问题，这些娱乐法律问题可以利用什么样的知识资源以及如何予以解决，才是娱乐法应当着重关注的。④ 目前，娱乐法虽然不如民法、刑法、行政法和诉讼法等学科那么紧密周延，但它得到了充分发展。尽管在外观上暂时的松散性还没有被彻底完善，但是至少可以认为它是一个以解决娱乐行业法律问题为中心的新法律领域和新法学研究分支。娱乐行业是一种无可否认的社会力量，它如果不能算作是国家的硬实力，那么它也应该被纳入国家软实力的范畴。美国中央情报局一直塑造着好莱坞的电影和电视⑤，影视业很容易强制推行由国家官方宣传的思想意识⑥，好莱坞凭借着它的市场、战略以及文化层面的实力影响着世界⑦，娱乐对政治的影响以及政治对娱乐的介入已经得到了权威的论证与广泛的接受⑧。应当承认的是，娱乐法还处在发展的初期，还处于一种尚待最终塑形的状态，但不能因此而选择性忽视娱乐法的既有实践与理论研究。娱乐法是一块学术新大陆，作为学科的特殊性或作为学科的体系完整性还有待进一步挖掘；然而，在一个规则日趋复杂的社会中，在"隔行如隔山"的专业化背景下，娱乐法因数量巨大的具体规则和重叠的信息而呈现出高度碎片化的行业性法律问题。对娱乐法进行聚焦于娱乐领域的梳理、提炼和总结，并按照行业生产、制作、交易与消费逻辑而设计出来的结构安排，结合海量司法案例及蕴含其中的裁判要旨与精神，讲述和分享处于婴儿或孩童阶段的娱乐法是极为必要且有意义的。在实践参与和学术研究意义上，一个新兴法律领域——娱乐法——已经诞生。

---

① 苏力：《法律与文学：以中国传统戏剧为材料》，生活·读书·新知三联书店2017年版，第17页。
② 张文显：《关于构建中国特色法学体系的几个问题》，载《中国大学教学》2017年第5期，第7页。
③ 杨子潇：《经验研究可能提炼法理吗？》，载《法制与社会发展》2020年第3期，第207页。
④ 周青山：《论体育法的行业法属性》，载《武汉体育学院学报》2017年第11期，第64页。
⑤ 〔美〕特里西娅·詹金斯：《好莱坞内部的中情局：中央情报局如何塑造电影和电视》，蓝胤淇译，商务印书馆2015年版，第5页。
⑥ 〔英〕马修·阿尔福特：《好莱坞的强权文化》，杨献军译，经济科学出版社2013年版，第63页。
⑦ 〔法〕诺文·明根特：《好莱坞如何征服全世界：市场、战略与影响》，吕好译，商务印书馆2016年版，第3页。
⑧ 〔法〕贝尔纳·古奈：《反思文化例外论》，李颖译，社会科学文献出版社2010年版，第14—18页。

第二节　娱乐法内容与渊源

一、娱乐法内容

娱乐商业交易活动中的法律原则、规则、惯例和实践,是娱乐法的基础组成部分。[①] 作为行业法的娱乐法,倘若将整个娱乐产业链牵涉的所有法律问题全都装入,其内容大致与中国法律体系相差无几,因为娱乐产业自身以及其上下游产业链,完整覆盖了第一产业、第二产业和第三产业,以至于在娱乐降临的时代,一切行业都是娱乐业。[②] 若不适当进行范围控制,娱乐法的研究内容会失去特色,会因"大而无外"导致"大象无形",无法让人抓住重点,迷失在法律大草原之中找不到方向,以至于无法有效地指导实践,无法为娱乐行业的规范性内容开展有针对性的研究。与此同时,也不能将娱乐法仅仅缩限在著作权一隅,尽管著作权是娱乐行业的核心资产,但若将娱乐法与著作权画等号,无疑无法为娱乐行业中的法律问题提供系统性的整体解决方案;质言之,娱乐法的内容也不能"小而无内"。一个法律领域和法学学科通常由核心范围与边缘地带构成,核心范围具有确定性和清晰性,边缘地带具有开放性和漂移性。

(一) 娱乐法内容的确定性

娱乐法是规范娱乐行业中各种活动和行为的原则与规则的总体。娱乐法范围的确定性可以从多个角度予以理解,如从传播角度看,娱乐法涉及电影、电视、现场演出、音乐、网络游戏、动漫和出版等媒介。其中,电影、电视和音乐,是娱乐法的传统稳定内核[③],娱乐法解决的现实法律问题之范围亦因此而被大致框定。从功能角度分析,娱乐法涉及娱乐产品之生产、制作、传播、发行和销售等环节,这些环节发生过程中形成纵向法律关系和横向法律关系,是娱乐法研究与实践的主要场域。从规范构成看,《电影产业促进法》《电影管理条例》《中外合作摄制电影片管理规定》《进口影片管理办法》《广播电视管理条例》《广播电视节目制作经营管理规定》《中外合作制作电视剧管理规定》《互联网文化管理暂行规定》《网络表演经营活动管理办法》《营业性演出管理条例》《演出经纪人员管理办法》《音像制品管理条例》《音像制品出版管理规定》等法律法规,以及《中国电影制片人协会行业自律公约》《中国电视剧制作行业自律公约》《中国游戏行业自律公约》《中国音乐工作者自律公约》等行业自治规范,是其特色性构成。从部门法视角出发,知识产权法、合同法、反不正当竞争法、广告法、侵权责任法、劳动法、反垄断法、税法,是解决娱乐行业现实法律问题的常用内容。从行业细分法角度观察,娱乐法包括电影法、电视法、网络游戏法、音乐法、现场演出法等法律领域。

融合如此众多法律部门相关法律规范的娱乐法是不是继网络法之后的又一部"马法"(关于马的法律)? 1996年美国芝加哥大学关于网络法地位的一次激烈论战,被学界称之为"马法之争"。弗兰克·伊斯特布鲁克法官认为:"马法非法",网络法与"马法"一样。"马法"

[①] X. M. Frascogna, Jr.、Shawnassey B. Howell and H. Lee Hetherington, *Entertainment Law for the General Practitioner*, American Bar Association, 2011, pp. 3-4.

[②] 〔美〕斯科特·麦克凯恩:《一切行业都是娱乐业:从高饱和市场中以极致用户体验脱颖而出》,张媚译,中信出版社2019年版,第1页。

[③] Sherri L. Burr & William D. Henslee, *Entertainment Law: Cases and Materials on Film, Television, and Music*, Thomson West, 2004, pp. 868-940.

是一个必要的法律部门吗?答案显然是否定的。马的所有权问题由财产法调整,马的买卖由交易法规范,马踢伤人由侵权法规范,马的品种、估价和治病均由相应的部门法处理。倘若将之汇集为一部"马法",会极大损害法律体系的统一性。因特网引起的法律问题具有同样的性质。网络空间的许多行为很容易归入传统法律体系加以调整。人为地裁剪现行法律、创制网络法,不过是别出心裁,没有任何积极意义。由所谓的网络侵权法、网络合同法与网络财产法等构成的网络空间法是根本不存在的。①

网络法作为一个新生事物,在新生之初,受到各种质疑理属正常。1999年,哈佛大学法学教授劳文斯·莱思格在《哈佛法律评论》撰文指出,"网络法不是马法",网络空间的问题无法通过单一的传统法律予以调整;网络法具有独特的性质和特征,网络行为突破了国界的限制,给政府治理带来了巨大挑战,需要一套区别于现实空间的法律进行规制。② 现在看来,网络法的特殊性是毋庸置疑的,它在国内法和国际法两个层面都得到了确认。③

其实,无论是"马法"还是"牛法",如果是生手,不但无法骑马御牛,反而会因为不熟悉牛马的特点而"人仰牛马翻"。以解决现实法律问题为中心的娱乐法,聚合知识产权法、合同法、反不正当竞争法、广告法、侵权责任法、劳动法、反垄断法、税法等多个法律部门中的相关法律规范之意义也正在于此。这些综合法律规范既是娱乐法的研究对象,也是其他相关法学学科的研究对象,但前者着重适用于娱乐行业的特殊性,后者则关注行业无涉的普遍性,两者是特殊与一般的关系。

(二)娱乐法内容的漂移性

以解决现实法律问题为中心的娱乐法,其内容就像证据法一样,具有漂移性。④ 比如,曾经被认为是娱乐法组成部分的体育法⑤,如今在娱乐法教科书中不易找到它的身影。在网络游戏产业化发展尚处于初级阶段时,游戏法并非娱乐法必含内容;然而,游戏法现在成为娱乐法必不可少的组成部分。行业具体问题的除旧布新、娱乐产业范围的迭代更新、科学技术的推陈出新,均是影响娱乐法内容"漂移"的因素。如今,娱乐行业已经出现了代际差别,可以分为传统的娱乐以及升级版的娱乐,与此相关,也就有了传统的娱乐法以及升级版的娱乐法。一方面,要构建第一代的娱乐法,解决与此相关的合同法、著作权法、侵权法、商标法等权利纠纷问题;但另一方面也要面对新一代的娱乐法问题,即解决网络信息、虚拟时空以及人工智能等带来的一系列新问题。⑥ 事实上,所有法律部门及法律领域在不同的时空都具有漂移性,差别只是程度上的不同而已。

"漂移性"不但体现在范围上的变化,而且体现在相关内容重要性上的"位移"。比如,舞台表演是一种非常古老的娱乐方式,在影视工业没有得到充分发展之前,规范舞台表演的法律制度,是娱乐法应予关注的重要内容。可以认为,即便受到影视工业冲击,舞台表演在

---

① Frank H. Easterbrook, Cyberspace and the law of the Horse, *University of Chicago Legal Forum*, 1996, pp. 207-216.
② Lawrence Lessig, The Law of the Horse: What Cyberlaw Might Teach, *Harvard Law Review*, Vol. 113, 1999, pp. 501-549.
③ Kristen E. Eichensehr, The Cyber-Law of Nations, *Georgetown Law Journal*, Vol. 103, 2015, pp. 317-380.
④ 〔美〕米尔建·R.达马斯卡:《漂移的证据法》,李学军、刘晓丹、姚永吉、刘为军译,何家弘审校,中国政法大学出版社2003年版。
⑤ Jeffrey Helewitz and Leah Edwards, *Entertainment Law*, Delmar learning, 2004, pp. 309-340.
⑥ 高全喜:《娱乐法、虚拟世界与未来生活》,载《东方法学》2018年第2期,第99页。

文化和艺术媒介中仍扮演着重要角色①,但不容否定的是,与舞台表演息息相关的现场演出法律制度,在理论研究与实践总结层面,或处于缺位状态,或处于边缘化状态,很难说受到了重视。② 事实上,所有法律部门及法律领域在不同的时空都具有"漂移性",差别只是程度上的不同而已,"漂移性"并不是"确定性"的对立面,反而是开放与包容的娱乐法所具有的品格。

娱乐法发展过程的初级阶段性质,既为其范围的"漂移"拓展提供了成长空间,也制约了范围的四处"漂移"。具有"漂移性"的娱乐法并非天马行空,它紧紧围绕娱乐产业五大分支——电影、电视、音乐、网络游戏和现场演出——生产和销售过程中形成的纵向法律关系与横向法律关系,融合了知识产权法、合同法、反不正当竞争法、广告法、侵权责任法、劳动法、反垄断法、税法等多个法律部门及特色性自治文件中的相关规范,阐述与研究了娱乐行业所涉主体之活动和行为在管制与流转两大层面的理论与实践的法律问题。

为说明方便,可以把娱乐法比作一个吊挂着的铃铛。铃铛的主体部分,是知识产权法,其中著作权是娱乐产业不折不扣的核心资产,小说、剧本、电影、电视剧、歌曲、表演、游戏以及衍生品等等,都离不开著作权的保护。合同法是吊挂铃铛的绳索,没有绳索,铃铛无处吊挂。从创意取得、剧本开发、筹组团队、对外募资,到影视剧拍摄完成、后期制作、送交发行、参与影展、衍生品开发等所有阶段,都需借合同安排和划定所涉主体间的权利义务,音乐演唱会如此,网络游戏行业亦如是。③ 合同法与知识产权法的紧密结合,是行业生产力变现的法律手段;并且在一定程度上,知识产权制度在实际运行过程中,出现了合同化的趋势,通过合同以各种方式和措施来最大化专属权利的利益。④ 铃铛里面的响器,是不正当竞争法、反垄断法、侵权法与行业自治规范的聚合,遇到问题时,具有"报警"功能,没有响器,铃铛无法发挥其正常功效。至于铃铛的其他附件,属于见仁见智的部分,从美观的角度添加一些装饰物,可以使得铃铛的艺术感更加强烈。为其他功能的达成,把响器做成各种形状,可以使得铃铛的响声更容易发出或者使得铃铛的响声更加悦耳或优柔;响器形状的不同以及铃铛的其他附件,则可以类比劳动法、广告法、税法等法律在娱乐法"铃铛"体系中的添加融合。添加得巧妙,则浑然一体,艺术天成;添加得不当,则容易陷入窘境。

二、娱乐法渊源

法的渊源,也称"法源"或"法律渊源",在语义上是一个十足的多义词,可以从不同的角度对其进行解说⑤,如法的历史渊源、法的理论渊源、法的政治渊源、法的物质渊源、法的解释渊源以及法的效力渊源等等。"渊源"这一概念是重要的,因为它能使法律规则得到认定并与其他规则相区别。⑥

法源有形式法源和实质法源之分。有权机关或者立法机构按照立法程序确立的法律规范是为形式意义上的法源,能够为法院援引为裁判依据的所有规范可以称为实质意义上的

---

① Jon M. Garon, *Entertainment Law and Practice*, Carolina Academic Press, 2014, p. 381.
② Robert M. Jarvis, et al., *Theater Law: Cases and Materials*, Carolina Academic Press, 2004. p. 1.
③ Robert W. Gomulkiewicz, *Software Law and Its Application*, Second Edition, Wolters Kluwer, 2018, p. 275.
④ Jason Mazzone, *Copyfraud and Other Abuses of Intellectual Property Law*, Stanford University Press, 2011, pp. 95-105.
⑤ Tim Hill, *Sourcebook on Public International Law*, Cavendish Publishing Limited, 1998, p. 59.
⑥ 〔英〕詹宁斯、瓦茨修订:《奥本海国际法》(第一卷第一分册),王铁崖、陈公绰、汤宗舜、周仁译,中国大百科全书出版社 1995 年版,第 13 页。

法源,包括立法机构制定的或者司法机关认可的裁判规范。当今社会,形式意义上的法源是主要的或者基本的裁判依据,但其他实质性法源仍有其价值。① 法源还有正式法源和非正式法源之别。如博登海默教授认为,正式渊源,是指那些可以从体现为权威性法律文件的明确文本形式中得到的渊源,如宪法和法规、行政命令、行政法规、条例、自主或半自主机构和组织的章程与规章、条约与某些协议以及司法先例。非正式渊源,是指那些具有法律意义的资料和值得考虑的材料,而这些资料和材料尚未在正式法律文本中得到权威性地或至少是明文地阐述与体现,如正义标准、推理和思考事务本质的原则、衡平法、公共政策、道德信念、社会倾向和习惯法。②

以解决现实法律问题为中心的娱乐法,是以问题为导向的"临床法学"。作为"基础法学"的民法、刑法和行政法等传统法律部门中的主要规范内容,之于娱乐法实践虽具有无可替代的基础性价值,但倘若将"基础法学"的所有规范内容全部纳入"临床法学"的范畴,"基础"与"临床"的区分也就没有了实质意义,就像"理科"与"工科"的关系一样,不能因为数学、物理、化学的基础价值性而把它们归入应用型和实践型的"工科"。③

审视和研究法源可以而且能够从许多不同的视角出发。从法律适用亦即定分止争的司法裁判之角度,法源理论是用来解决司法者在裁判案件时如何以及去哪里寻找法的渊源及如何确定法的渊源,也就是"找法"并适用和援引的问题。娱乐法是由众多法律领域汇集而成的"法律丛"④,具有应用性、实践性和行业性。"民法乃万法之母"之观点暂不论对错,但可以说举凡有交易之处,就有民法的身影。娱乐行业参与者间的权利义务调整无时无刻不需要民法的介入,从最广泛的意义上说,民法也是娱乐法的渊源。不过,以这种方式介绍娱乐法的渊源,忽视了娱乐法的行业性和以解决现实问题为导向的特征,是将"基础法学"与"临床法学"予以混同和不加区分的结果。以解决娱乐行业现实法律问题为圆心,围绕定分止争和法律适用过程中的"找法"介绍娱乐法的渊源,其应用、实践和行业层面的意义方可凸显。

(一)宪法与法律

1. 宪法

宪法对娱乐行业从业者的保护以及娱乐行业从业者的宪法性权利,是娱乐法的研究内容。⑤ 在中国,宪法通常不能直接作为司法裁判依据,比如最高人民法院(简称"最高法院")在 1986 年作出的《关于人民法院制作法律文书如何引用法律规范性文件的批复》中指出,不能援引宪法。但是,在司法实践中援用宪法规定的情况也偶有出现⑥,如 2001 年,最高法院在《关于以侵犯姓名权的手段侵犯宪法保护的公民受教育的基本权利是否应承担民事责任的批复》中指出:

---

① 孔祥俊:《法律解释与适用方法》,中国法制出版社 2017 年版,第 15 页。
② 〔美〕E. 博登海默:《法理学:法律哲学与法律方法》,邓正来译,中国政法大学出版社 2004 年版,第 429—430 页。
③ 申卫星:《时代发展呼唤"临床法学"——兼谈中国法学教育的三大转变》,载《比较法研究》2008 年第 3 期,第 121 页。
④ 宋震:《艺术法重述:框架与案例》,知识产权出版社 2014 年版,第 13 页。
⑤ Jeffrey Helewitz and Leah Edwards, *Entertainment Law*, Delmar learning, 2004. pp. 1-29.
⑥ 例如,天津某法院审理的一起案件,法院在该案调解书中指出:"我国宪法明文规定,对劳动者实行劳动保护,这是劳动者的权利,受国家法律保护,任何个人和组织都不得任意侵犯。被告张学珍身为雇主,对雇员应依法给予劳动保护,但却在招工表中注明'工伤概不负责',这是违反宪法和有关劳动法规定的,也严重违反了社会主义公德,属无效民事行为。"最高人民法院公报编辑部编:《最高人民法院公报典型案例和司法解释精选》,中华工商联合出版社 1993 年版,第 185 页。

你院[1999]鲁民终字第258号《关于齐玉苓与陈晓琪、陈克政、山东省济宁市商业学校、山东省滕州市第八中学、山东省滕州市教育委员会姓名权纠纷一案的请示》收悉。经研究,我们认为,根据本案事实,陈晓琪等以侵犯姓名权的手段,侵犯了齐玉苓依据宪法规定所享有的受教育的基本权利,并造成了具体的损害后果,应承担相应的民事责任。①

该批复被最高法院审判委员会于2008年12月8日通过《关于废止2007年底以前发布的有关司法解释(第七批)的决定》所废止。在中国,《宪法》是所有法律的渊源,其中,《宪法》第22条第1款、第35条、第41条和第47条,是与娱乐法直接相关的宪法条款,下面为条文不完全列举:

"国家发展为人民服务、为社会主义服务的文学艺术事业、新闻广播电视事业、出版发行事业、图书馆博物馆文化馆和其他文化事业,开展群众性的文化活动。"

"中华人民共和国公民有言论、出版、集会、结社、游行、示威的自由。"

"中华人民共和国公民对于任何国家机关和国家工作人员,有提出批评和建议的权利;对于任何国家机关和国家工作人员的违法失职行为,有向有关国家机关提出申诉、控告或者检举的权利,但是不得捏造或者歪曲事实进行诬告陷害。

对于公民的申诉、控告或者检举,有关国家机关必须查清事实,负责处理。任何人不得压制和打击报复。

由于国家机关和国家工作人员侵犯公民权利而受到损失的人,有依照法律规定取得赔偿的权利。"

"中华人民共和国公民有进行科学研究、文学艺术创作和其他文化活动的自由。国家对于从事教育、科学、技术、文学、艺术和其他文化事业的公民的有益于人民的创造性工作,给以鼓励和帮助。"

2. 法律

在特定问题上,举凡具有"解决娱乐行业现实法律问题"之功效的法律,都是娱乐法可资使用的渊源,如《民法典》《商标法》《不正当竞争法》《广告法》和《劳动合同法》等等。娱乐行业的核心资产是著作权,《著作权法》的功效与地位因此而凸显。2017年3月1日开始实施的《电影产业促进法》是娱乐法的特色渊源,它既是对过去十几年电影产业化改革的政策、措施、手段、制度的法律总结,也是对中国电影在经过非常态超高速发展之后进入稳定完善期的促进和保障;它的出台使得电影的政府管理者、电影企业运营者、电影行业从业者,能够有共同的法律依据,最大限度地达成有效的沟通、交易和竞争。譬如,它降低了摄制电影的准入门槛,抵制"黄赌毒"行为,倡导"德艺双馨"等等。《广播电视法》尚处于立法推进进程之中,已被列入国家广播电视总局2019—2028年立法工作规划。

(二)行政法规和部门规章

行政法规是国务院根据宪法和法律制定的领导和管理国家各项行政工作的各类规范性文件的总称,其效力低于宪法和法律。部门规章是指国务院所属部委和具有行政管理职能

---

① 山东省高级人民法院(1999)鲁民终字第258号民事判决书"依照《中华人民共和国宪法》第46条、《中华人民共和国教育法》第9条……和最高人民法院(2001)法释25号批复的规定,判决如下……"周道鸾编著:《民事裁判文书改革与实例评析》(第二版),人民法院出版社2003年版,第241页。

的直属机构,根据法律和国务院的行政法规、决定、命令,在本部门的权限范围内制定的规定、办法、实施细则、规则等规范性文件。

目前,娱乐行业中具有鲜明特征的大量规范都直接体现在行政法规和部门规章中,如《电影管理条例》《电影企业经营资格准入暂行规定》《电影艺术档案管理规定》《中外合作摄制电影片管理规定》《聘用境外主创人员参与摄制国产影片管理规定》《关于广播影视行政部门公务员在广播影视节目中署名的暂行规定》《国产电影片字幕管理规定》《外商投资电影院暂行规定》《点播影院、点播院线管理规定》《进口影片管理办法》《卫星地面接收设施接收外国卫星传送电视节目管理办法》《卫星电视广播地面接收设施管理规定》《广播电视管理条例》《广播电视设施保护条例》《广播电台电视台播放录音制品支付报酬暂行办法》《广播电影电视行政处罚程序暂行规定》《广播电影电视行政复议办法》《广播电影电视立法程序规定》《境外机构设立驻华广播电视办事机构管理规定》《电影片进出境洗印、后期制作审批管理办法》《广播电视节目传送业务管理办法》《广播电视节目制作经营管理规定》《广播电视视频点播业务管理办法》《中外合作制作电视剧管理规定》《境外电视剧节目引进、播出管理规定》《广播电视广告播出管理办法》《广播电视安全播出管理规定》《电视剧内容管理规定》《有线广播电视运营服务管理暂行规定》《著作权法实施条例》《信息网络传播权保护条例》《计算机软件保护条例》《著作权集体管理条例》《互联网信息服务管理办法》《互联网文化管理暂行规定》《网络出版服务管理规定》《互联网安全保护技术措施规定》《网络文化经营单位内容自审管理办法》《移动互联网应用程序信息服务管理规定》《网络游戏管理暂行办法》《互联网直播服务管理规定》《网络表演经营活动管理办法》《营业性演出管理条例》《演出经纪人员管理办法》《大型群众性活动安全管理条例》《音像制品管理条例》《音像制品出版管理规定》《广播电台电视台播放录音制品支付报酬暂行办法》和《录音法定许可付酬标准暂行规定》等等。

根据《立法法》的规定,宪法具有最高的法律效力,一切法律、行政法规、地方性法规、自治条例和单行条例、规章都不得同宪法相抵触;法律的效力高于行政法规、地方性法规、规章;行政法规的效力高于地方性法规、规章;地方性法规的效力高于本级和下级地方政府规章;省、自治区的人民政府制定的规章的效力高于本行政区域内的设区的市、自治州的人民政府制定的规章。部门规章之间、部门规章与地方政府规章之间具有同等效力,在各自的权限范围内施行;同一机关制定的法律、行政法规、地方性法规、自治条例和单行条例、规章,特别规定与一般规定不一致的,适用特别规定,即"特别法优于一般法";新的规定与旧的规定不一致的,适用新的规定,即"新法优于旧法"。

根据国家广播电视总局发布的2019—2028年立法工作规划,未来需要修订的行政法规与部门规章主要有:《广播电视管理条例》《有线电视管理暂行办法》《广播电视设施保护条例》《卫星地面接收设施接收外国卫星传送电视节目管理办法》《卫星电视广播地面接收设施管理规定》《境外节目引进传播管理规定》《广播电影电视行业统计管理办法》《〈卫星电视广播地面接收设施管理规定〉实施细则》《卫星电视广播地面接收设施安装服务暂行办法》《电视剧内容管理规定》《中外合作制作电视剧管理规定》《广播电视编辑记者、播音员主持人资格管理暂行规定》《境外卫星电视频道落地管理办法》《境外机构设立驻华广播电视办事机构管理规定》《广播电视站审批管理暂行规定》《广播电视节目传送业务管理办法》《广播电视节目制作经营管理规定》《广播电视视频点播业务管理办法》《广播电台电视台审批管理办法》《广播影视节(展)及节目交流活动管理办法》《广播电视无线传输覆盖网管理办法》《互联网视听节目服务管理规定》《专网及定向传播视听节目服务管理规定》《广播电视广告播出管理办法》《广播电视安全播出管理规定》《有线广播电视运营服务管理暂行规定》等。未来需要制定的行政法规与部门规章主要有：《信息网络传播视听节目管理条例》《国家应急广播条例》《广播电视公共服务促进条例》以及《广播电视节目管理条例》《广播电视安全播出管理条例》《广播电视国际合作促进条例》《广播电视从业人员管理条例》《国家广播电视总局立法工作规定》《国家广播电视总局行政规范性文件管理规定》《境外人员参加节目制作管理规定》等。

（三）司法解释

司法解释是指最高司法机关按照规定程序对具体应用法律作出的正式解释，即最高法院和最高人民检察院（简称"最高检察院"）根据1981年《全国人民代表大会常务委员会关于加强法律解释工作的决议》的规定，对于具体应用法律、法令的问题作出的具有法律约束力的抽象性解释。根据最高法院《关于司法解释工作的规定》（法发[2007]12号）的规定，司法解释具有法律效力，指定程序上，须经过立项、备案、起草、论证、修改、通过和发布几个阶段，司法解释应经最高法院审判委员会讨论通过。司法解释的名称有"解释""规定""批复"和"决定"四种。对审判工作中如何具体应用某一法律或者对某一类案件、某一类问题如何应用法律制定的司法解释，采用"解释"。根据立法精神对审判工作中需要制定的规范、意见等司法解释，采用"规定"。对高级人民法院、解放军军事法院就审判工作中具体应用法律问题的请示制定的司法解释，采用"批复"。修改或者废止司法解释，采用"决定"。司法解释施行后，人民法院作为裁判依据的，应当在司法文书中援引。人民法院同时引用法律和司法解释作为裁判依据的，应当先援引法律，后援引司法解释。

《立法法》第104条第3款规定，最高法院、最高检察院以外的审判机关和检察机关，不得作出具体应用法律的解释。最高法院、最高检察院联合发布《关于地方人民法院、人民检察院不得制定司法解释性质文件的通知》（2012）重申，地方"两院"一律不得制定在本辖区普遍适用的司法解释性质文件，制定的其他规范性文件不得在法律文书中援引。

不少法律判决书均引用司法解释文本中的规定作为其法律裁决或法律决定的依据。例如，"依照……和最高法院《关于执行〈中华人民共和国刑事诉讼法〉若干问题的解释》第280条第（1）项的规定，裁定如下……"[①]，"本院根据《关于审理存单纠纷案件的若干规定》第6条第（2）项第1目的规定……判决如下……"[②]

之于娱乐法研究与实践有重要意义的司法解释有诸如最高法院《关于审理涉及计算机网络著作权纠纷案件适用法律若干问题的解释》（2000年）、《关于审理著作权民事纠纷案件适用法律若干问题的解释》（2002年）、最高法院、最高检察院《关于办理侵犯知识产权刑事案件具体应用法律若干问题的解释》（一）（二）（三）、《关于审理侵害信息网络传播权民事纠纷案件适用法律若干问题的规定》（2012年）、《关于审查知识产权纠纷行为保全案件适用法律若干问题的规定》（2018年），等等。

（四）国际法

1.《保护文学和艺术作品伯尔尼公约》（*Berne Convention for the Protection of Literary and Artistic Works*）

该公约简称《伯尔尼公约》，1886年9月制定于瑞士伯尔尼，最后一次修订于1971年在

---

① 中华人民共和国最高人民法院（2002）刑复字第92号刑事裁决书。
② 中华人民共和国最高人民法院（2000）经终字第141号民事判决书。

巴黎完成,并于1979年修正,是迄今为止最重要的国际著作权条约[①],它具有非常广泛的代表性,截至2019年10月,缔约方总数达187个[②]。1992年10月15日中国成为该公约成员方。《伯尔尼公约》涉及对作品和作品作者的保护。《伯尔尼公约》以三项基本原则为基础,载有一系列确定所必须给予的最低保护方面的规定;并载有为希望利用这些规定的发展中国家所作出的特别规定。该三项基本原则为:第一,国民待遇原则。对于起源于一个缔约方的作品(即作者为该国国民的作品,或首次发表是在该国发生的作品),每一个其他缔约方都必须给予与各该缔约方给予其本国国民的作品同样的保护。第二,自动保护原则。保护的取得不得以办理任何手续为条件。第三,独立保护原则。保护不依赖于作品在起源国是否存在保护;不过,如果某缔约方规定的保护期比《伯尔尼公约》所规定的最低期限更长,作品在起源国不再受保护的,可以自起源国停止保护时起,拒绝予以保护。《伯尔尼公约》为应受保护的作品、应受保护的权利以及保护的期限设定了最低标准。

第一,必须加以保护的作品包括文学、科学和艺术领域内的一切成果,不论其表现形式或方式如何。

第二,除若干允许的保留、限制或例外以外,以下各项权利必须被视为专有的许可权:翻译权;对作品进行改编和编排的权利;戏剧、戏剧音乐、音乐等作品的公开表演权;文学作品的公开朗诵权;对作品的演出进行公开传播的权利;广播权(缔约方可以只规定获得报酬的权利,而不规定许可权);任何方式或形式的复制权(缔约方可以在某些特殊的情况下,允许未经许可的复制行为,但条件是,复制不与作品的正常利用相抵触,也不无理地损害作者的合法利益;缔约方也可以对音乐作品的声音录制品规定获得公平报酬的权利);以作品为基础制成音像作品的权利,以及复制、发行、公开表演或向公众传播该音像作品的权利。此外,《伯尔尼公约》还规定了"精神权利",即表明作品的作者身份的权利,以及反对对作品进行任何篡改、删改或其他修改、或与作品有关的将有损于作者名誉或名声的其他毁损行为的权利。

第三,关于保护的期限,一般规则是必须保护到作者死后50年为止。但是,该一般规则也有例外。对于匿名作品或假名作品,保护期为作品合法地向公众提供以后50年,但如果假名使作者的身份确定无疑,或作者在有效期内公开了其身份,则例外;在后一种情况下,应适用一般规则。对于音像(电影)作品,最短的保护期为作品向公众提供("发行")以后50年,或者未向公众提供的,为作品完成以后50年。对于实用艺术作品和摄影作品,最短期限为这类作品完成以后25年。

《伯尔尼公约》巴黎文本的附录还准许发展中国家为在某些与教育活动相关的情况下翻译和复制作品而适用非自愿许可。在这种情况下,允许不经权利人授权进行所述的使用,但要支付法定的报酬。

2.《保护表演者、音像制品制作者和广播组织罗马公约》(*Rome Convention for the Protection of Performers, Producers of Phonograms and Broadcasting Organizations*)

该公约简称《罗马公约》,1961年10月26日,由国际劳工组织与世界知识产权组织及联合国教科文组织共同发起,在罗马缔结本公约,于1964年5月18日生效。《罗马公约》系"闭合式"公约,即以参加《伯尔尼公约》或《世界版权公约》为前提条件,只有参加了两个版权

---

① 李明德、许超:《著作权法》(第二版),法律出版社2016年版,第271页。
② 参见 https://www.wipo.int/treaties/en/ActResults.jsp?act_id=26,最后访问时间:2020年5月28日。

公约中的一个,才允许参加《罗马公约》。《罗马公约》对表演者的表演、录音制品制作者的录音制品和广播组织的广播节目予以保护。

表演者(演员、歌唱家、音乐家、舞蹈家以及表演文学或艺术作品者)受到保护,以制止未经他们同意的某些行为,例如:广播和向公众传播他们的现场表演;对他们的现场表演进行录制;复制未经表演者同意的原始录制品,或者以不同于所同意的目的进行复制。

录音制品制作者有权许可或禁止对他们的录音制品进行直接或间接的复制。在《罗马公约》中"录音制品"是指任何对表演的声音或其他声音制作的专为有声的录制品。如果为商业目的发行的录音制品被再次使用(例如广播或以任何形式向公众传播),那么使用者必须一次性付给表演者或录音制品制作者或付给二者一笔公平的报酬。然而,各缔约方有不适用此项规定或对其适用加以限制的自由。

广播组织有权许可或禁止某些行为,即:转播它们的广播节目;录制它们的广播节目;复制这种录制品;在公众需支付入场费方可进入的场所向公众传播它们的电视广播节目。

《罗马公约》允许国内法对上述权利规定如下限制和例外:私人使用、在时事报道中少量引用、广播组织利用自己的设备为自己的广播节目进行暂时录制、纯粹出于教学或科学研究目的的使用以及国家法律对文学和艺术作品的版权规定例外的任何其他情况。此外,一旦表演者同意把表演录入影像或音像录制品,关于表演者权利的规定则不再适用。

关于期限,保护期从下列行为发生之年年终算起,必须至少持续到20年期满为止:(1)对于录音制品和其中录有的表演,录制完成之年年终;(2)对于未录入录音制品的表演,实际演出之年年终;(3)对于广播节目,实际播放之年年终。但越来越多的国家法律至少对录音制品和表演规定50年的保护期。

3.《世界知识产权组织版权条约》(WIPO Copyright Treaty)

《世界知识产权组织版权条约》属于《伯尔尼公约》所称的特别协议,涉及数字环境中对作品和作品作者的保护。《世界知识产权组织版权条约》于1996年缔结,2002年生效。任何缔约方即使不受《伯尔尼公约》的约束,亦均须遵守《伯尔尼公约》1971年(巴黎)文本的实质性规定。此外,《世界知识产权组织版权条约》还提及受版权保护的两个客体:第一,计算机程序,无论其表达方式或表达形式如何;第二,数据或其他资料的汇编("数据库"),无论采用任何形式,只要由于其内容的选择或编排构成智力创作。

在授予作者的权利方面,除了《伯尔尼公约》承认的权利以外,《世界知识产权组织版权条约》还授予三种权利,即发行权、出租权,以及扩大的向公众传播的权利。具体而言,发行权是指授权通过销售或其他所有权转让形式向公众提供作品原件或复制品的权利。出租权是指授权将以下三类作品的原件或复制品向公众进行商业性出租的权利:第一,计算机程序(计算机程序本身并非出租主要对象者除外);第二,电影作品(但仅对商业性出租已导致对此种作品的广泛复制从而严重损害复制专有权的情况适用);第三,按缔约各方(自1994年4月15日已对此种出租实行公平报酬制度的国家除外)国内法的规定,以录音制品体现的作品。向公众传播的权利是指授权将作品以有线或无线方式向公众进行任何传播的权利,包括"将作品向公众提供,使公众中的成员在其个人选定的地点和时间可获得这些作品"。所引短语尤其涵盖通过互联网按要求进行的交互式传播。

在限制与例外方面,《世界知识产权组织版权条约》纳入了《伯尔尼公约》规定的确定限制和例外的"三步检验法",并将它扩大适用于所有的权利。《世界知识产权组织版权条约》附带的议定声明规定,国内法按照《伯尔尼公约》建立的限制和例外,可以扩大适用于数字环境下。缔约方可以设计新的适于数字环境的例外和限制。扩大已有的限制和例外以及设计新的限制和例外,只有符合"三步检验法"的条件时才是准许的。在期限方面,保护期对于任何类型的作品,必须至少为 50 年。

《世界知识产权组织版权条约》规定,享有和行使公约所规定的权利无需履行任何手续。《世界知识产权组织版权条约》还要求缔约各方必须规定法律补救办法,制止规避由作者为行使其权利而使用的技术措施(如加密码),并制止去除或改变为对其权利进行管理(例如,发放许可、收取和分配版税)所必需的信息,诸如辨认作品或作品的作者身份的某些数据("权利管理信息")。另外,《世界知识产权组织版权条约》要求每一缔约方必须根据其法律制度采取必要措施,以确保《世界知识产权组织版权条约》的适用。特别是,每一缔约方必须确保依照其法律可以提供执法程序,以便能采取有效行动,制止对《世界知识产权组织版权条约》所涵盖权利的任何侵犯行为。这种行动必须包括防止侵权的快速补救和为遏制进一步侵权的补救。

4.《视听表演北京条约》(*Beijing Treaty on Audiovisual Performances*)

该条约简称《北京条约》,由 2012 年 6 月 20 日至 26 日在北京举行的保护音像表演外交会议通过。《北京条约》把《罗马公约》(1961 年)中对歌唱家、音乐家、舞蹈家及演员的保护针对数字时代进行了现代化更新。此前,《世界知识产权组织表演和录音制品条约》(WPPT)更新了对表演者和录音制品制作者的保护,但《北京条约》针对数字时代的更新构成了进一步的补充。《北京条约》涵盖表演者在不同媒介中的表演,如电影和电视,还包括音乐家通过 DVD 或其他视听平台录制的音乐表演。《北京条约》授予了表演者在已录制和尚未录制表演中的经济权利以及某些精神权利。

具言之,《北京条约》规定表演者对其以视听录制品录制的表演,例如电影,享有复制权、发行权、出租权和提供权四种经济权利。① 对于未录制的(现场)表演,《北京条约》规定表演者享有三种经济权利,即广播权(转播的情况除外)、向公众传播的权利(除非表演已属广播表演)、录制权。条约还规定表演者享有精神权利,即要求承认其系表演者的权利(除非使用表演的方式决定可省略不提其系表演者),以及反对任何将有损表演者声誉的歪曲、篡改或其他修改的权利,但同时应对视听录制品的特点予以考虑。

《北京条约》还规定,表演者应享有授权广播和向公众传播其以视听录制品录制的表演的权利。但是,缔约各方可以通知,它们将规定一项对于以视听录制品录制的表演直接或间接地用于广播或向公众传播获得合理报酬的权利,以代替授权的权利。在提出保留的情况下,任何缔约方均可以限制或拒绝这一权利;在保留的范围之内,其他缔约方可以拒绝将国民待遇给予作出保留的缔约方("互惠性")。

关于权利的转让,《北京条约》规定,缔约方可以在其国内法中规定,表演者一旦同意表演的视听录制,上述专有权即转让给视听录制品的制作者(除非表演者与制作者之间的合同有相反规定)。不依赖于这种权利的转让,国内法或者具有个人性质、集体性质或其他性质的协议可以规定,表演者有权依照《北京条约》的规定,因表演的任何使用而获得使用费或合

---

① 《北京条约》对该四项经济权利的定义分别为:复制权是指授权以任何方式或形式对以视听录制品录制的表演直接或间接地进行复制的权利;发行权是指授权通过销售或其他所有权转让形式向公众提供以视听录制品录制的表演的原件或复制品的权利;出租权是指授权对以视听录制品录制的表演的原件和复制品向公众进行商业性出租的权利;提供权是指授权通过有线或无线的方式向公众提供以视听录制品录制的任何表演,使该录制的表演可为公众在其个人选定的地点和时间获得的权利。这一权利尤其涵盖通过互联网按要求进行的交互式提供。

理报酬。

《北京条约》纳入了《伯尔尼公约》规定的确定限制和例外的"三步检验法",并将它扩大适用于所有的权利。《北京条约》规定,保护期必须至少为50年,享有和行使条约所规定的权利无需履行任何手续。《北京条约》要求缔约各方必须规定法律补救办法,制止规避由表演者为行使其权利而使用的技术措施(如加密),并制止去除或改变为对上述权利进行管理(例如,发放许可、收取和分配使用费)所必需的信息,诸如标明识别表演者、表演和视听录音品本身的某些数据("权利管理信息")。

涉及技术措施和限制与例外之间关系的一条议定声明澄清,任何规定均不阻止缔约方采取有效而必要的措施,以确保当视听表演已采用技术措施而受益人有权合法使用该表演时,受益人能享受例外或限制规定。若前述有效而必要的措施只有在权利人未对该表演采取能让受益人享受缔约方国内法所规定的例外与限制的情况下才可能需要。在不损害录有表演的视听作品的法律保护的情况下,关于技术保护措施的义务不适用于不受或不再受履行《北京条约》的国内立法保护的表演。缔约各方应对《北京条约》生效时存在的已录制的表演以及《北京条约》对缔约各方生效之后进行的所有表演,给予《北京条约》所规定的保护。但是,缔约方可以声明,对于《北京条约》对每一缔约方生效时存在的表演,将不适用关于复制、发行、出租、提供已录制表演以及广播和向公众传播等部分或全部专有权的规定。对于此种缔约方,其他缔约方接下来可以以对等方式限制这些权利的适用。

最后,《北京条约》要求每一缔约方必须根据其法律制度采取必要的措施,以确保《北京条约》的适用。特别是,缔约方必须确保依照其法律可以提供执法程序,以便能采取有效行动,制止对《北京条约》所规定权利的任何侵犯行为。这种行动必须包括防止侵权的即时补救以及为遏制进一步侵权的补救。

《北京条约》的批准和生效表明,使世界知识产权组织所体现的多边准则制定体系能有效地发挥作用,为创作者和艺术家提供重要的最新保护。此外,《北京条约》将对所有的世界知识产权组织成员方产生具体的积极影响,包括发展中国家和发达国家。《北京条约》给各成员方及其表演者所带来的益处将体现在诸多方面,包括经济发展、视听表演者改善的地位以及文化多元性。

5.《与贸易有关的知识产权协议》(Agreement on Trade-related Aspects of Intellectual Property Rights, TRIPS)

TRIPS是世界贸易组织法律框架的组成部分,明确了知识产权是一种私权,它于1994年在WTO成立时通过。签署TRIPS是WTO的一揽子要求,任何想要加入WTO的成员方都必须按照TRIPS的要求制定严格的知识产权法律;因此,TRIPS对各成员方知识产权的立法、司法与执法发挥着重要的影响作用。与其他知识产权条约不同的是,TRIPS具备有力的执行机制,成员方都受WTO争议解决机制的约束。

著作权与邻接权、商标权、地理标志权、工业品外观设计权、专利权、集成电路布线图设计权、未披露的信息专有权,是受TRIPS保护的知识产权。国民待遇和最惠国待遇是TRIPS确立的两大原则,国民待遇是指,在保护知识产权方面,每一成员方应给予其他成员方的待遇其优惠不得少于它给予自己国民的优惠;最惠国待遇是指,在知识产权的保护方面,由一成员方授予任一其他国家国民的任何利益、优惠、特权或豁免均应立即无条件地给予所有其他成员方的国民。就版权与邻接权而言,TRIPS就如下事项做了规定:与《伯尔尼公约》的关系、计算机程序和数据汇编、出租权、保护期、限制和例外、对录音(音响录制品)的保护。在权利与客体范围上,TRIPS对计算机程序的保护超越了《伯尔尼公约》,对邻接权的保护低于《罗马公约》。①

(五)政策

政策或者说国家政策,是在法律之外,国家为施政而制定的具有原则性、概括性、针对性、指导性和灵活性的社会规范。政策不同于通常所说的司法政策,在适用法律时决定法律规则选择适用的刑事政策、民事政策或者行政政策,通常都是在法有明文规定时的选择或适用方法。我国早期一些法律明文规定了政策的法律渊源地位,如《民法通则》第6条规定的"民事活动必须遵守法律,法律没有规定的,应当遵守国家政策"。在法律适用中,政策具有补充性,即在法律没有规定时,可以适用政策;法律已有规定的,政策可以作为选择法律具体适用方式的依据。例如,由于法律规范的原则性、抽象性或者概括性,其含义可以有多种解释,在确定所要选定的解释时,就可以依靠政策。当然,随着法治的发达和法律体系的完善,政策的空间已渐趋缩小。② 尽管如此,在知识产权领域,司法需要的政策思维依然鲜明和重要,知识产权司法的政策性是由知识产权的特殊性、知识产权法律的裁量性以及知识产权保护制度的公共政策属性决定,当前知识产权司法保护中确定保护强弱的导向性标准,都是政策选择的结果。③

为繁荣发展社会主义文艺,推出更多思想精深、艺术精湛、制作精良的优秀电视剧,丰富人民群众精神文化生活,支持电视剧繁荣发展,国家新闻出版广电总局等五部委于2017年6月联合下发《关于支持电视剧繁荣发展若干政策的通知》。该项政策分为14条,包括:加强电视剧创作规划;加强电视剧剧本扶持;建立和完善科学合理的电视剧投入、分配机制;完善电视剧播出结构;规范电视剧收视调查和管理;统筹电视剧、网络剧管理;支持优秀电视剧"走出去";加强电视剧人才培养;保障电视剧从业人员社会保障权益;明确新的文艺群体职称评审渠道;加强电视剧宣传评介;完善支持电视剧发展的财政投入机制;引导规范社会资本支持电视剧繁荣发展;加强组织领导。

在影视娱乐行业,部分政策具有突发性,政策类的"意见""精神"从出台到实施的间隔时间非常短,如2004年"涉案剧退出黄金档",2011年严控穿越、宫斗剧播出的精神,2014年"劣迹艺人封杀令"④等,使得相当数量的影视剧在制作和交易过程中面临来自政策层面突如其来的挑战⑤。

(六)行业自律公约与行业惯例

在市场经营活动中,行业协会或者自律组织为规范特定领域的竞争行为和维护竞争秩序,会结合其行业特点和竞争需求,在总结归纳其行业内竞争现象的基础上,以自律公约等形式制定行业内的从业规范,以约束行业行为体的行为或者为其提供行为指引。这些行业性规范常常反映和体现了行业内的公认商业道德和行为标准,可以成为人民法院发现和认

---

① 刘丽娟编:《郑成思知识产权文集——国际公约与外国法卷(一)》,知识产权出版社2017年版,第181—183页。
② 孔祥俊:《法律解释与适用方法》,中国法制出版社2017年版,第39—40页。
③ 孔祥俊:《司法哲学》,中国法制出版社2017年版,第396—397页。
④ 在美国虽没有类似于"劣迹艺人封杀令"的政策或规则,但对艺人在言语和行为上不得违反美国式的政治正确也同样有未曾言明的要求。如赛亚·华盛顿(Isaiah Washington)在2006年10月因针对另一名艺人使用"faggot"这一具有歧视同性恋的词语,除公开道歉外,他还被ABC电视台开除出《实习医生格蕾》(Grey's Anatomy)剧组。Sandi Towers-Romero, *Media and Entertainment Law*, Delmar Cengage Learning, 2009, p.256.
⑤ 宋蕾:《影视剧制片项目风险管理研究》,中国传媒大学出版社2017年版,第85—86页。

定行业惯常行为标准与公认商业道德的重要来源。① 当国家意义上的部门法不完备时,行业规范或行业习惯便会以"自我创造"的方式"生产"出来②,成为法院审理相关案件时的参考。如广东省高级人民法院(简称"广东高院")《关于网络游戏知识产权民事纠纷案件的审判指引(试行)》(粤高法发〔2020〕3号)第4条规定:"审理网络游戏知识产权案件,应尊重行业特点和发展规律,参考行业自律规范和商业惯例。"

当然,这些行业规范性文件不能违反法律原则和规则,必须公正、客观。行业自律公约是行业自律管理中普遍存在的文件,是现代行业自律管理的最基本的手段之一,对于维护行业自律管理组织的日常运转、分配行业自律组织成员的权利义务以及保障本行业的持续健康发展具有重要作用。

在娱乐行业中广泛存在许多行业性自律公约,如《中国电影制片人协会行业自律公约》《中国电视剧制作行业自律公约》《中国广播电视从业人员自律公约》《中国网络视听节目服务自律公约》《中国游戏行业自律公约》《移动游戏行业自律公约》《互联网搜索引擎服务自律公约》《中国互联网行业自律公约》《搜索引擎服务商抵制违法和不良信息自律规范》《抵制恶意软件自律公约》《新闻出版广播影视从业人员职业道德自律公约》《中国纪录片工作者自律管理倡议书》《中国网络文学版权联盟自律公约》《中国文艺工作者职业道德公约》《中国音乐工作者自律公约》《中国美术工作者自律公约》《抵制庸俗低俗、奢靡之风广告自律公约》等等。

以《新闻出版广播影视从业人员职业道德自律公约》为例,中国新闻文化促进会、中国电影表演艺术学会、中国电影导演协会等50家行业社团于2015年9月在北京签署该自律公约,它主要内容有:不搞有偿新闻和虚假新闻;传递正能量,不在网络及其他媒介上制作或传播有害信息;追求健康向上的文化品位,不使用低俗粗俗媚俗的语言、文字和图像;确保制作服务质量,不提供粗制滥造的出版物、视听作品和技术服务;对社会公众负责,不制作、代言和传播虚假广告;崇尚契约精神,不做出影响行业诚信和秩序的违约行为;积极自主创新,不抄袭剽窃他人创意及成果;开展健康的媒介与文艺批评,不贬损他人名誉及作品;树立良好职业形象,不涉"黄赌毒"和违反公序良俗的行为。为增强其拘束力,该自律公约还提出,签约社团应将相关内容纳入社团章程实施管理,签约社团所属的会员单位也应将相关内容纳入聘用合同、劳动合同及与合作方签订的业务合同。

再以演员片酬为例,2017年9月,中国广播电影电视社会组织联合会电视制片委员会、中国广播电影电视社会组织联合会演员委员会、中国电视剧制作产业协会、中国网络视听节目服务协会联合发布《关于电视剧网络剧制作成本配置比例的意见》,指出:"各会员单位及影视制作机构要把演员片酬比例限定在合理的制作成本范围内,全部演员的总片酬不超过制作总成本的40%,其中,主要演员不超过总片酬的70%,其他演员不低于总片酬的30%。"《关于电视剧网络剧制作成本配置比例的意见》的性质并非法律,而仅系行业自治性规范,但它在片酬管制中可以起到的引导及软约束作用,却是实实在在的。

在"暴雪娱乐有限公司、上海网之易网络科技发展有限公司诉游易公司知识产权纠纷案"③中,针对行业自律公约,法院明确地指出"游戏产品从业者,违反反不正当竞争法及游戏

---

① 中华人民共和国最高人民法院(2013)民三终字第5号民事判决书。
② 孙笑侠:《论行业法》,载《中国法学》2013年第1期,第54页。
③ 上海市第一中级人民法院(2014)沪一中民五(知)初字第22号民事判决书。

行业自律公约的相关规定的,应当承担相应的法律责任"。该案合议庭审判长刘军华法官在判决后接受刊登在《人民法院报》上的《网游〈炉石传说〉被抄袭研发商暴雪公司一审获赔》一文记者采访时对案件评析道:游戏行业作为新兴行业,已经成为经营者投资获利的重要市场,经营者在市场交易中,应当遵循自愿、平等、公平、诚实信用的原则,遵守公认的商业道德。为规范游戏行业的健康发展,中国软件行业协会组织制定了《中国游戏行业自律公约》,鼓励游戏行业从业者开展合法、公平、有序的竞争;游易公司作为游戏产品从业者,违反了反不正当竞争法及游戏行业自律公约的相关规定,应当承担相应的法律责任。

通报及取消资格,是违反行业自律公约中常见的惩戒形式。比如《中国电视剧制作行业自律公约》第 16 条规定,本会特设会员诚信档案,对会员违反本公约的行为,视情节轻重,进行网上公布,并发布行业通报,直至取消会员资格。《中国游戏行业自律公约》第 10 条规定,对于严重违反本公约的从事游戏产品经营活动的单位和个人,将在本行业内通报批评,或在相关媒体或网站上公布其违约行为;本协会的会员如果违约行为情节严重的,取消其协会会员资格。

行业自律公约虽然不一定可被作为法律规范性文件在法院裁判文书中得以援引,但不妨碍将其作为认定行业惯常行为标准和公认商业道德的参考依据,最高法院在"北京奇虎科技有限公司、奇智软件(北京)有限公司与腾讯科技(深圳)有限公司、深圳市腾讯计算机系统有限公司不正当竞争纠纷案"①中做了阐述:

> 《互联网终端软件服务行业自律公约》第 18 条规定终端软件在安装、运行、升级、卸载等过程中,不应恶意干扰或者破坏其他合法终端软件的正常使用;第 19 条规定除恶意广告外,不得针对特定信息服务提供商拦截、屏蔽合法信息内容及页面。该自律公约系互联网协会部分会员提出草案,并得到包括本案当事人在内的互联网企业广泛签署,该事实在某种程度上说明了该自律公约确实具有正当性并为业内所公认,其相关内容也反映了互联网行业市场竞争的实际和正当竞争需求。人民法院在判断其相关内容合法、公正和客观的基础上,将其作为认定互联网行业惯常行为标准和公认商业道德的参考依据,并无不当。

行业惯例是否存在,行业自律组织的意见通常具有重要的参考意义。最高法院在审理"电视剧《樊梨花》发行合同纠纷案"②时,针对是否存在"摄制组直接向借调演员支付劳务报酬"这一行业惯例,采纳了中国广播电视学会电视制片委员会在《关于电视剧组借用演职人员报酬支付的问题的解释》中提出的意见,对该行业惯例给予了认可。在没有通过行业自律公约或行业标准予以内涵及外延固定前,以行业惯例形式存在的行业术语欠缺法律上的稳定性,在实践中使用这些行业术语时,容易引发纠纷。比如,在影视行业,"开机""开机摄制"既是日常口头用语,也经常在合约文本中可以见到。但究竟什么是开机、什么是开机摄制,不同的人可能有不同的解释。对于有些人来说,开机意味着不可或缺的一场大多数主创人员都到场焚香、祭祀和祈福的仪式;对另一些人来说,开机不过是把摄影机打开,开始摄制影视剧,哪怕是为该影视剧所需的空镜而开始拍摄。电视剧《网球女将》当事双方就是否已经

---

① 中华人民共和国最高人民法院(2013)民三终字第 5 号民事判决书。
② 中华人民共和国最高人民法院(2013)民抗字第 47 号民事判决书。

"实际开机拍摄"产生争议而交由北京市丰台区人民法院裁断。① "安徽五星东方影视投资有限公司与北京中录博大文化传播有限公司、项朝正著作权转让合同纠纷"也是双方当事人对"开机摄制"理解不同而诉请法院裁判的案例。② 在该案中,原被告在《〈英雄志〉版权转让合同》中约定,《英雄志》在签约日起一年半时间内开机,则安徽五星东方影视投资有限公司拥有该标的剧集播映发行的全部权利,否则北京中录博大文化传播有限公司和项朝正有权收回《英雄志》的改编权,并不作任何退款补偿。

作为该案证据材料的《公证书》③显示,安徽五星东方影视投资有限公司申请对电视剧《英雄志》举行开机仪式的过程进行保全证据公证;拍摄人员王思聪、郭小军以及邀请人员张纪中、袁超、蔡劲松、王仑于2012年6月6日上午10时18分来到北京市昌平区北七家摄影棚,在公证员的监督下,举行电视连续剧《英雄志》开机仪式。从《公证书》及所附现场拍摄光盘与照片的内容可见,电视连续剧《英雄志》开机仪式横幅、著名导演张纪中等有关演职人员在现场工作的场景、影视工作人员在横幅下留影、有关演职员在摄影棚拍摄《英雄志》有关剧情镜头的画面等。

"摄制"在《现代汉语词典》(第七版)中的解释是"拍摄并制作(影视片等)","拍摄"词条的解释是"用摄影机或摄像机把人、物的形象记录在底片、磁带或其他存储介质上"。针对是否"开机摄制"这一焦点问题,一审法院认为"开机摄制"的定义应该等同于"拍摄"的定义,《公证书》记载的《英雄志》"开机仪式"的相关内容,对照"开机摄制"的定义,足以证明安徽五星东方影视投资有限公司已于2012年6月6日"开机摄制"《英雄志》。北京中录博大文化传播有限公司和项朝正没有对其所称根据"业内惯例","开机摄制"应包括"演职员名单、改编剧本和拍摄时程计划"等予以举证证明,双方在订立的合同中也没有对"开机摄制"的定义作出如"业内惯例"所称之约定,同样没有对安徽五星东方影视投资有限公司需提交"立项批文、资金预算、剧组筹建和主要六位一号男女演员之合约"等资料之义务予以约定,故北京中录博大文化传播有限公司和项朝正对"开机摄制"的解释以及要求对方提供其称的材料方始证明为正式摄制,属于单方解释,不符合合同的约定和法律的规定。

北京中录博大文化传播有限公司和项朝正不服原审判决,认为"开机摄制"必须是实质性的拍摄,安徽五星东方影视投资有限公司至今未能提供完整的改编剧本、演职员名单、拍摄计划,未进行实质性拍摄,一审法院错误认定《英雄志》已"开机摄制"。二审法院认为,"开机""开机摄制"是要求受让方在签约日起一年半时间内开始此项工作,但并没有程度上的要求,安徽五星东方影视投资有限公司只要按约定时间开始了此项工作,即履行了合同义务,现其提供了按期开机拍摄剧本的镜头,举证责任即完成。因此,北京中录博大文化传播有限公司、项朝正主张依据此条款解除合同,收回"标的著作"的改编权,不符合合同约定的解除条件。

再比如,虽然在美国电影行业中,"制片人"是电影的版权人④,独立制片人是美国电影体系的组成部分⑤;但是,我国最高法院在"陈敦德、北海中鼎股份有限公司等诉香港沛润国际

---

① 参见 https://www.chinacourt.org/article/detail/2008/10/id/325201.shtml.,最后访问时间:2020年5月28日。
② 安徽省合肥市中级人民法院(2012)合民三初字第00142号民事判决书;安徽省高级人民法院(2013)皖民三终字第00055号民事判决书。
③ 北京市利兆公证处(2012)京利兆内民证字第1717号公证书。
④ 〔美〕威廉·W.费舍尔:《说话算数——技术、法律以及娱乐的未来》(第二版),李旭译,上海三联书店2013年版,第51页。
⑤ 曾钢:《好莱坞之外的美国电影——美国的电影独立制片人》,载《电影评介》1993年第9期,第29页。

有限公司等著作权许可使用合同纠纷案"①中指出,案涉电影作品协议中"独立制片人"的概念,不是著作权法意义上的制片人概念,而是在国内电影制片投资方式向综合性多元化发展的改革过程中出现的俗称概念,意指影片投资与具体摄制组织者;这一俗称,不具有法律上的含义。

即便是出现在行政性规定中的影视行业术语,也同样面临着含义不明的尴尬,如"制作权",它最早出现在《电视剧制作许可证管理规定》(广播电影电视部令第17号)(已失效)之中。其第11条和第13条规定,"持长期许可证单位与未持许可证单位合作摄制电视剧,应以持证一方为主""合作制作的电视剧,该剧的制作权和著作权不得由未持有许可证一方独家享有"。我国著作权法律体系中并没有"制作权"这一法律用语;故而"制作权"的含义,只能是由当事方约定,对合作拍摄活动时的各自分工方式进行安排,只要这种约定不违反法律规定,当事人可依意思自治原则约定制作权的内容。若约定不够清晰明确,就容易使发生纠纷的概率增加。简言之,如果对行业术语了解不够深入,娱乐合同的精确含义就难以掌握②,风险规避与排除也愈发艰难。

网络游戏行业在实践中被反复使用的常见术语,诸如内测、首测、公测、封测、上线、流水、运营、软件更新、升级、扩展包、混服等等,若不专门定义,其内涵与外延同样会因为视角不同而出现不同的观点。在游戏产业的发展进程中,新的名词术语不断涌现,从产品类型、运营模式、跨界融合等方面均有着较大变化,对行业政策的制定、管理与服务、报告和分析、企业之间的交流、员工的培训乃至知识产权纠纷等带来了许多困扰。2019年10月,《网络游戏术语》团体标准研制工作启动会在北京召开。该团体标准在中宣部出版局的指导下,由中国音像与数字出版协会游戏出版工作委员会和中国新闻出版研究院牵头,在中国音像与数字出版协会团体标准化技术委员会立项。

第三节 娱乐法研究与科技

一、娱乐法研究

(一) 美国娱乐法研究与实践

早在优士丁尼罗马法时期,与娱乐法具有部分交叠的艺术法就已经被系统研究。③ 娱乐法真正被发掘并被广泛关注当数《加利福尼亚法律评论》1954年春季号专门刊载关于"娱乐产业与法"的系列文章之后。该组文章旨在为娱乐法的深入研究提供帮助和注入活力④;涉

---

① 中华人民共和国最高人民法院(1999)知终字第12号民事判决书。
② Sherri L. Burr, *Entertainment Law in a Nutshell*, Forth Edition, Thomson Reuters, 2017, p.2.
③ "优士丁尼罗马法中的艺术法,包括以艺术品为客体的物权法、债法、继承法、行政法、刑法等方面,它们共同运作,保障了绘画和雕塑在罗马社会的广泛存在和流转,服务于城市和道德表彰的公共目的。"徐国栋:《优士丁尼罗马法与绘画、雕塑——罗马艺术法综论》,载《法学》2010年第3期,第47页。艺术法(Art Law),是自20世纪70年代起,伴随着欧美等国的艺术投资热潮,在大量的理论和实践的基础上,由各国法律工作者和艺术家共同培育和发展起来的,在法学领域逐渐形成的一个独立的分支学科。这门学科要研究和解决的是艺术品在生产(包括发掘、创作等)、传播(包括销售、流转等)和使用(包括复制、收藏)过程中所涉及的有关法律问题,诸如艺术品的进出口、拍卖、鉴定、保险、税收以及艺术家的言论自由和知识产权保护,等等。这些问题不可能单单靠某一部单行法规来解决,而必须由多种法律和法规加以调整。周林主编:《艺术法实用手册》,国际文化出版社公司1998年版,第87页。
④ Adrian A. Kragen, Law and the Entertainment Industry: Introduction, *California Law Review*, Vol. 42, 1954, p.1.

及的主题有娱乐产业中的个人服务合同之谈判与履行[①]、默示合同与文学财产[②]、法官与陪审团在文学财产诉讼中的作用[③]、构思与标题的不正当竞争[④]、世界版权公约[⑤]、电影审查与美国联邦最高法院[⑥]等。

好莱坞影视娱乐行业的各参与者,需要律师保护其权益;倘若好莱坞律师不知道娱乐产业如何运作,对于保护客户权益而言,他们会处于不利的局面。[⑦] 伴随着好莱坞电影工业的发展,娱乐法逐步获得美国律师协会(American Bar Association)认可,并被纳入美国法学院的课程体系之中。与此同时,一批娱乐法教材纷纷出版,如 Sherri L. Burr 撰写的《娱乐法精要》(*Entertainment Law in a Nutshell*)于 2017 年推出第四版;Donald E. Biederman 等人编写的《娱乐行业中的法律与商务》(*Law and Business of the Entertainment Industries*),其第五版早在 2007 年就已面世;Jon M. Garon 撰写《娱乐法及其实践》(*Entertainment Law and Practice*)第三版业已修订完毕。还有诸如《音乐产业合同:案例与文本》(*Music Industry Contracts: Cases and Forms*)、《娱乐法:音乐》(*Entertainment Law: Music*)、《电子游戏法精要》(*Video Game Law in a Nutshell*)、《电子游戏法:案例、法规、文本、问题与材料》(*Video Game Law: Cases, Statutes, Forms, Problems & Materials*)、《戏剧法:案例与材料》(*Theater Law: Cases and Materials*)等娱乐法分支学科的书籍纷纷出版。

此外,还涌现了一大批直接与娱乐法相关的专业期刊,如《洛杉矶洛约拉娱乐法评论》(*Loyola of Los Angeles Entertainment Law Review*)、《加州大学洛杉矶分校娱乐法评论》(*UCLA Entertainment Law Review*)、《哈佛体育与娱乐法学刊》(Harvard Journal of Sports and Entertainment Law)、《伯克利娱乐与体育法学刊》(*Berkeley Journal of Entertainment and Sports Law*)、《得克萨斯娱乐与体育法评论》(Texas Review of Entertainment & Sports Law)、《传媒与娱乐法学刊》(*Media & Entertainment Law Journal*),等等。

通常,影视、音乐、网络游戏和现场演出是娱乐法律师的主要执业领域;然而,对于执业者而言,试图成为一个娱乐法全领域的通才往往不具有可行性,因此大多数娱乐法律师通常专注于娱乐法的某个特定领域。[⑧] 与好莱坞巨大电影从业人员数量相反的是,好莱坞的娱乐法律师曾经并非不稀缺,因此有时候为艺人提供法律服务的律师同时也担任制片公司的法律顾问,尽管这两个角色存在发生利益冲突的可能。[⑨] 现在,娱乐法是一个具有高度竞争性

[①] Gordon Youngman, Negotiation of Personal Service Contracts Law and the Entertainment Industry, *California Law Review*, Vol. 42, 1954, pp. 2-17. David Tannenbaum, Enforcement of Personal Service Contracts in the Entertainment Industry Law and the Entertainment Industry, *California Law Review*, Vol. 42, 1954, pp. 18-27.

[②] Benjamin Kaplan, Implied Contract and the Law of Literary Property Law and the Entertainment Industry. *California Law Review*, Vol. 42, 1954, pp. 28-39.

[③] William B. Carman, The Function of the Judge and Jury in the Literary Property Lawsuit Law and the Entertainment Industry, *California Law Review*, Vol. 42, 1954, pp. 52-76.

[④] Rudolf Callmann, Unfair Competition in Ideas and Titles Law and the Entertainment Industry, *California Law Review*, Vol. 42, 1954, pp. 77-88.

[⑤] Joseph S. Dubin, The Universal Copyright Convention Law and the Entertainment Industry, *California Law Review*, Vol. 42, 1954, pp. 89-119.

[⑥] Albert W. Harris, Movie Censorship and the Supreme Court: What Next Comment, *California Law Review*, Vol. 42, 1954, pp. 122-138.

[⑦] Sherri L. Burr, *Entertainment Law in a Nutshell*, Forth Edition, Thomson Reuters, 2017, p. 2.

[⑧] Gary Greenberg, *How to Build and Manage an Entertainment Law Practice*, American Bar Association, 2001. pp. 13-14.

[⑨] Dina Appleton & Daniel Yankelevits, *Hollywood Dealmaking: Negotiating Talent Agreements*, Allworth Press, 2002. p. 5.

的执业领域,以至于娱乐法律师所从事和承担的职能,从传统意义上较为单一的法律角色,转向为法律、营销、广告、人脉、交易以及其他商业活动的混合角色,并时刻把防止利益冲突放在执业纪律的紧要位置。①

鉴于娱乐行业法律服务的迅猛发展,美国律师协会为之专设娱乐与体育产业论坛委员会(Forum on the Entertainment & Sports Industries)以予因应。该委员会的使命是为律师提供娱乐与体育法律方面的教育和培训,为讨论影响这些领域的问题提供平台,并在法律实践中培养行业律师精英。由于涉及多种多样的主题,该委员会设立了诸多分部门,诸如艺术和博物馆、数字媒体与新技术、电子游戏、文学出版、诉讼、许可和销售、电影、电视、有线电视和广播、音乐和个人形象、体育运动、戏剧和表演艺术等。该委员会还组织经验丰富的执业律师编写出版了一系列实践指引与实务操作的书籍。如《为律师从业者准备的娱乐法》(Entertainment Law for the General Practitioner)、《美国律师协会独立制片法律指南:合同、版权,以及你需要知道的一切》(The American Bar Association's Legal Guide to Independent Filmmaking: Contracts, Copyright, and Everything Else You Need to Know)、《为律师从业者准备的音乐法》(Music Law for the General Practitioner)、《摄影法手册》(The Photography Law Handbook)以及《演艺人员、运动员和艺术家的税务》(Taxation of Entertainers, Athletes, and Artists),等等。

此外,佛罗里达州律师协会②、纽约州律师协会③、北卡州律师协会④、马里兰州律师协会⑤、田纳西州律师协会⑥、明尼苏达州律师协会⑦等,美国绝大多数州律师协会,均为娱乐法专设了相关的专业委员会或部门。

如今,娱乐法在美国法学院课程体系中,已属常见科目;为满足对娱乐法人才的旺盛需求以及日益增多的娱乐法诉讼,众多美国法学院还专门设置了与娱乐法相关的法律硕士(LLM)项目。⑧ 知名媒体《好莱坞报道》(The Hollywood Reporter)持续数年在全美法学院范围内就娱乐法的教研及影响力进行排名,2018年进入榜单的法学院有加州大学洛杉矶分校法学院、哈佛大学法学院、南加州大学法学院、哥伦比亚大学法学院、加州大学伯克利分校法学院、乔治城大学法学中心、西南大学法学院、斯坦福大学法学院、乔治华盛顿大学法学院、康奈尔大学法学院、纽约大学法学院、加利福尼亚黑斯廷斯法学院、密西根大学法学院、宾夕法尼亚大学法学院。本书选取排名前五的法学院开设的娱乐法课程或项目做一简要介绍。

1. 加州大学洛杉矶分校法学院(UCLA School of Law)

娱乐法、电视法、音乐法以及电影发行等均可在加州大学洛杉矶分校法学院的课程表中找到。娱乐法课程从法律、商业以及金融的视角对娱乐业,特别针对电影、电视、数字内容的

---

① Donald E Biederman, et al., *Law and Business of the Entertainment Industries*, (Fifth Edition), Praeger Publishers, 2007, pp. 9–12.

② 参见 https://www.floridabar.org/about/section/section-ES/,最后访问时间:2020年5月28日。

③ 参见 http://www.nysba.org/EASLHomePage/,最后访问时间:2020年5月28日。

④ 参见 https://www.ncbar.org/members/sections/sports-entertainment-law/,最后访问时间:2020年5月28日。

⑤ 参见 https://www.msba.org/for-members/sections/entertainment-sports-law/,最后访问时间:2020年5月28日。

⑥ 参见 https://www.tba.org/section/entertainment-and-sports-law-section,最后访问时间:2020年5月28日。

⑦ 参见 https://www.mnbar.org/members/sections/art-entertainment-law-section,最后访问时间:2020年5月28日。

⑧ Charles J. Harder, eds, *Entertainment Law & Litigation*, Matthew Bender & Company, Inc., 2016, pp. 4–21.

制作和分销领域,做概要性阐述。为达致商业和创造性的目标,娱乐法课程着重于知识产权法、公司法、税法、雇佣法、破产法、国际法以及其他各种法律领域的实务运用,通过探究传统媒体模式的内容及新技术所带来的变革,使研习者具备创造性思维以及解决实际问题的基本能力。

电视法课程介绍电视产业的概貌,同时阐述律师的角色及相关法律原则。该课程重点关注电视产业正在面临的新挑战,通过强调律师在塑造当前和未来的实践与政策上的作用,以应对正在进行的电视产业数字化生产和分配的范式转换,同时还讨论如何用已长期存在的法律原则去协调现有技术与商业实践。

音乐法课程旨在为学生提供一个基本框架,以了解音乐及行业面临的复杂的法律、商业和金融问题。该课程的重点是审查与音乐的创作和开发有关的重要合同,并研究这些合同中的重要商务与法务条款及其对财务可能产生的影响;另外,该课程还对音乐创作者和版权所有者会产生影响的司法和立法环境予以讨论。

电影发行课程集中介绍国内及国际的电影发行,侧重于使研习者掌握主要的电影公司与剧院、电子化销售、视频点播、实体家庭视频、付费电视和免费电视等渠道的一般性知识以及对相关交易所涉会计事务的适当处理。该课程还介绍如何与主要电影公司和放映商、零售商、特许商之间达成交易,也讨论包括互联网、移动设备等在内的电影传播新技术对行业的未来带来的改变。

2. 哈佛大学法学院(Harvard Law School)

哈佛大学法学院的娱乐与传媒法课程,对此领域独有的法律问题和通行行业规范进行了详细介绍。该课程关注娱乐行业与传媒行业所面临的新挑战,以回应关于数字化生产和分销的根本性转变,并且着重讨论在构建目前与未来的实务和政策方面律师所能发挥的作用。通过介绍影视剧、音乐、数字娱乐和媒体行业的并购交易规范,协调当前技术与长期的法律准则规制下的商务实践所带来的挑战以及国会、各种联邦机构与部门角色的分工在建立和实施娱乐和传媒业的政策和法规中的作用,使学生获得三个方面的能力:有关娱乐和媒体法领域的诉讼、事务处理、政策导向。

3. 南加州大学法学院(USC Gould School of Law)

南加州大学法学院开设的娱乐法课程由知名律师事务所高级合伙人和大型制片单位的法律顾问讲授,主要聚焦于娱乐行业的交易业务。该课程向学生介绍影视工作室、广播电视网、唱片公司、明星经纪人、娱乐法事务律师和诉讼律师、银行及其他金融家、行业公会在相关法律中的地位以及经常出现在娱乐业务中的法律问题,包括合同、侵权、法律救济、限制公开使用权、隐私权、创意保护、票据、分账及公司并购等。

此外,还开设娱乐法实务课程,涉及的议题有演员、作家、制片人、导演和部门主管之间的互动与交易,文学材料的保护以及版权法基础知识和独立电影融资。实务课程为学生提供一些注重实践技能的练习,如起草投资意向书、模拟谈判和审查惯例协议。该课程邀请娱乐行业领头人作为客座讲师授课,以使当前最相关的商业和法律问题得到具体讲述。

4. 哥伦比亚大学法学院(Columbia Law School)

哥伦比亚大学法学院的艺术和娱乐法课程,帮助学生得以熟悉与反思娱乐业工作者在工作中遇到的各种问题,对法律和律师在艺术与娱乐世界中可以扮演的角色进行批判性思考。该课程包括研讨会、实践、模拟训练三大模块。通过研讨会,讲授版权、商标、非营利法、音乐版权、知识产权许可的知识以及有效工作所需的实践技能,如客户面试、客户咨询和合同谈判。实践主要围绕低收入艺术家和非营利艺术组织涉及的版权问题而展开,为客户提供审查、谈判、起草合同,解决争端,以及保护版权和商标等方面的协助。模拟训练要求学生至少要参加两种角色扮演练习,一种是模拟客户咨询,另一种是模拟谈判。

该课程有三个方面的目标。第一,使学生对艺术和娱乐法的实质性领域,如版权、商标、音乐版权、电视许可、技术许可有一定的了解和认知。第二,让学生获得与客户进行沟通(采访和咨询)、谈判、调解、法律写作和研究等领域的各种律师技能。第三,了解艺术团体的关注点和它们在关于财政赞助、营利性、组织形式等方面的选择以及律师在促进他们的工作中可以扮演的角色。

5. 加州大学伯克利分校法学院(UC Berkeley School of Law)

娱乐法在加州大学伯克利分校法学院被分为两大部分,一为影视娱乐法,一为音乐娱乐法。影视娱乐法课程以影视行业娱乐法实务的实践性概述展开,通过结合讲座、客座讲师、小组练习和模拟谈判,解决和习得如下事项:(1)娱乐产业背后的法律和监管基础;(2)各种影视协议的来龙去脉和详细结构;(3)如何谈成一份成功的娱乐协议;(4)对行业趋势和技术革新保持时刻的敏感。通过对该课程的学习,学生能应对日常实践中出现的娱乐法最常见的问题,并有识别、理解、分析及提出解决方案的能力。

音乐娱乐法课程,主要探讨音乐产业的商业和法律议题:第一,数字革命带来的变化和影响;第二,录制音乐产业的兴起和形成及其传统商业模式;第三,新兴商业模式及其发展趋势;第四,从艺术家、作曲家、唱片公司以及消费者等角度理解和思考音乐产业的各项法律议题。

(二)中国娱乐法研究与实践

《环球法律评论》在1990年刊发了一篇译文《英美两国娱乐法概况:有关演员声望和名次的法律的产生》,这是"娱乐法"这一称谓在中国法学界的正式亮相。在此之前,钱辛波、姜宇辉等四人编写的《各国广播电视法选辑》由群众出版社于1984年出版发行;该书选辑了土耳其广播电视组织法、美国1976年版权法(摘录)、美国1934年通讯法(节译)、美国全国广播家协会电视规范、日本广播法、澳大利亚1942年广播电视法(译)、德意志联邦共和国广播法规,等等。此后,娱乐行业各分支领域的法律著述日渐丰硕,如聚焦于电影领域的法律专书《电影与法律:现状、规范、理论》[1];《影视法导论——电影电视节目制作人须知》[2]从影视制作的侧面介绍有关业务活动需要遵守的法律知识与法律规范;《电视剧法律问题研究》[3]对我国电视剧领域的法律问题进行了较为全面介绍和分析;《广播电视法律制度概论》[4]系统梳理了我国广播电视法律制度,并对其原理与规律作了探讨;《电子游戏司法保护研究》[5]从民事、行政及刑事视角,对游戏领域的热点法律问题进行分析与总结,尝试对游戏产业的法律保护提供思路与方法。

自20世纪90年代以来,以影视和游戏为代表的娱乐产业,在中国得到了长足发展,与此相伴随,娱乐产业因利益分配产生的争议纠纷不断,如何系统掌握娱乐产业的各种法律规

---

[1] 宋杰:《电影与法律:现状、规范、理论》,中国电影出版社1993年版。
[2] 魏永征、李丹林主编:《影视法导论:电影电视节目制作人须知》,复旦大学出版社2005年版。
[3] 李丹林:《电视剧法律问题研究》,中国传媒大学出版社2007年版。
[4] 涂昌波:《广播电视法律制度概论》,中国传媒大学出版社2007年版。
[5] 孙磊:《电子游戏司法保护研究》,知识产权出版社2018年版。

范以应对挑战,成为摆在从业者和管理者面前的急切问题,宋海燕教授撰写的《娱乐法》①可被认为是对这一问题的关切性回应。她曾在美国迪士尼公司任法律顾问,并在美国法学院讲授娱乐法课程,熟悉好莱坞娱乐产业的商业模式与纠纷解决机制。《娱乐法》一书既对美国好莱坞产业运作方式做了系统介绍,又对电影、电视以及游戏产业所涉及的法律问题及合同条款进行微观剖析,同时还阐述了娱乐法的基本原理制度。在译著方面,刘茳女士翻译了戴娜·阿普尔顿和丹尼尔·杨科利维兹合著的《好莱坞怎样谈生意:电影、电视及新媒体的谈判技巧与合同模板》(Hollywood Dealmaking: Negotiating Talent Agreements for Film, TV and New Media),该书介绍了美国好莱坞影视娱乐行业的协议框架与内容;谢丽·L.柏尔教授的著作《娱乐法》(Entertainment Law in a Nutshell),由李清伟教授组织翻译,该书是美国法精要丛书中的一本,以精炼的笔触概括性介绍了美国娱乐法的基本内容。

伴随着行业发展,中国的娱乐法实践,从最初无人问津和鲜有知者,到如今竞相涌入且热度难减,"为什么当今娱乐法在中国有这么大的需求,是因为大量的纠纷存在,广阔的娱乐传媒市场迫切需要一套娱乐法和传媒法予以规范,需要依据这些规则解决纠纷。这样才能形成良好的市场发展秩序,促进它们的良性发展,而不是恶性竞争"②。但直至21世纪头10年,中国高校法学院在娱乐法专业人才供给方面,并没有较为显著的努力和成效,娱乐法课程的开设略显迟滞。③尽管如此,娱乐法实践并没有伫立在原地静待,而是从最初的影视作品之版权维权,发展到如今的"一站式"深度参与,包括了从小说改编权的购买到剧本创作,从剧组设立到筹拍准备,从主创人员的聘请到拍摄场地的租赁,从联合投资摄制与发行到影视剧项目的众筹和私募,从电影院发行与放映到电视剧上星播放,从服装等传统周边产品到邮票与主题乐园等衍生品的体系化开发与运营,从音乐到剧院,从游戏到演唱会等等各个分支行业领域的各阶段。在司法层面,各级人民法院受理和审结了大量娱乐行业纠纷,为娱乐法研究提供了最直接、最具参考意义和最接地气的对象。

从"野蛮生长"到"规则之治"的转向,是娱乐行业可持续发展的必然,在经验总结、理论梳理、体系构筑、比较借鉴的基础上,中国高校,如华东师范大学、上海交通大学、中国政法大学、中国传媒大学、湘潭大学等,纷纷开设娱乐法课程,以回应娱乐业法律服务领域人才短缺的现状,并重娱乐法理论与实践,围绕娱乐行业的现实法律问题,着力培养学生解决娱乐法律问题的实务操作能力以及娱乐业法律风险的识别、防控和解决能力。

进入2019年,娱乐法不但成为中国政法大学法律硕士学院的独立专业方向,更是成为北京大学法学院知识产权法专业的博士招生方向。可以认为,以娱乐法为代表的行业法,为法学院的课程设置、人才培养和学科研究,从另一个侧面揭示了可资参考的新动向。

二、娱乐法与科技

现代科学技术对法律的影响广泛而深远,因科学技术发展而引发的社会生活的变化对法律制度产生重大影响。对于娱乐产品的作者来说,技术有两种截然不同的结果。一方面,可以使得潜在受众剧增,不像以往只有少数人可以在音乐厅或剧院欣赏表演;另一方面,复制技术使得潜在消费者几乎可以在接近零花费的情况下获得娱乐产品。同时,在娱乐法领

---

① 宋海燕:《娱乐法》,商务印书馆2014年版。
② 高全喜:《娱乐法、虚拟世界与未来生活》,载《东方法学》2018年第2期,第100页。
③ 李卓谦:《华东师范大学法学院新设娱乐法课程》,载《民主与法制时报》2018年4月15日,第7版。

域,一些原来不具有发声权的创造者能够通过科技带来的便利和改变,来完成他们的创作,并让受众接触到他们的作品;新科技也改变了娱乐行业中的竞争形式,削弱了行业中老牌玩家对作品内容和消费者的控制,使得它们不得不在旧商业模式和新商业机会之间做出取舍抉择[①],致使娱乐行业中的生产规则、交易规则和分配规则发生相应调整或改变。在主体、客体、范围、内容等领域,娱乐法均受到科技直接或间接的影响。

(一)娱乐法与人工智能

1956年夏,麦卡锡、明斯基等科学家在美国达特茅斯学院开会研讨"如何用机器模拟人的智能",首次提出"人工智能"(Artificial Intelligence)概念。人工智能是研究开发能够模拟、延伸和扩展人类智能的理论、方法、技术及应用系统的一门新的技术科学,研究目的是促使智能机器会听(语音识别、机器翻译等)、会看(图像识别、文字识别等)、会说(语音合成、人机对话等)、会思考(人机对弈、定理证明等)、会学习(机器学习、知识表示等)、会行动(机器人、自动驾驶汽车等)。如同蒸汽时代的蒸汽机、电气时代的发电机、信息时代的计算机和互联网,人工智能正成为推动人类进入智能时代的决定性力量。[②]人工智能已经深入娱乐法众领域的各个方面,人工智能机器人通过学习已经能够生成极具艺术性和美感的美术作品,如2018年11月,由人工智能创作的一幅画《爱德蒙·贝拉米肖像》(*Portrait of Edmond Bellamy*)在纽约佳士得拍卖行拍卖,最终以43.2万美元的价格成交;计算机游戏软件在人工智能的帮助下,也能自行生成全新游戏界面供玩家使用。[③] 2018年2月,在平昌冬奥会闭幕式"北京8分钟"表演过程中,智能机器人做出非常复杂并且赋有艺术特点的动作,将运动姿态的多样性和与演员表演、演出音乐、地面投影、场地灯光等统一起来,完整地呈现出舞美创意,像芭蕾舞演员一样一边旋转、一边画出优美的弧形,而且还是多台智能机器人之间进行协调运作。

再譬如,在纪录片的拍摄与制作过程中,人工智能通过对海量数据的分析,可以为纪录片制作环节中的选题、策划提供参考选项,比如提供社会热点、观众偏好等,缩小纪录片选题范围,加速纪录片选题、策划的决策过程。人工智能也可以帮助纪录片制作团队做拍摄环节的辅助设计,生成拍摄脚本,甚至可以做纪录视频的粗剪,或者配乐的选取、体验等,从而大幅度提升纪录片制作的效率、效果。纪实、纪事类纪录片中经常有一些人类摄像师无法拍到的画面,人工智能可以辅助制作团队进行拍摄工作。比如长时间水下深潜的海底景观拍摄、野生动物捕猎的追踪拍摄,或是一些危险环境下的战争纪实拍摄等,这些都能通过"智能助理"得以解决。"智能助理"已经成为人们生活中的一部分,它们能够在纪录片拍摄过程中执行多种任务,比如通过语音实现远程控制功能,或者对拍摄机器人进行语音控制,从而使纪录片的拍摄更为简单、快捷。特别是在危险的环境下,"智能助理"可以辅助摄像师进行拍摄,以在保证摄像师人身安全的同时获得大量的第一手素材。[④]

人工智能对现行法律原则、法律主体、权利制度和责任制度可能产生的影响与挑战,在娱乐法领域也有相同的映射,如人工智能生成的小说或剧本,是否可以被视为著作权法上的客体予以保护?如果可以,那么,该小说或剧本的权利主体是谁?若该小说或剧本抄袭、剽

---

① 〔美〕迈克尔·D.史密斯、〔印度〕拉胡尔·特朗:《流媒体时代:新媒体与娱乐行业的未来》,鲁冬旭译,中信出版集团股份有限公司2019年版,第3—4页。
② 谭铁牛:《人工智能的历史、现状和未来》,载《智慧中国》2019年第Z1期,第87页。
③ 熊琦:《人工智能生成内容的著作权认定》,载《知识产权》2017年第3期,第3—4页。
④ 王麟达:《浅析人工智能对电视媒体的影响和发展趋势》,载《电视研究》2018年第12期,第64页。

窃了第三方的作品,由谁承担相应的责任?制片方对该小说或剧本进行改编、摄制,应当得到谁的授权以及获得什么类型的授权?

在文学学者看来,人工智能创意写作不可能达到"人心惟危,道心惟微,惟精唯一,允执厥中"的境界,从文学传统、文学本体以及文学所表达人心隐微曲折的心理活动等方面来看,人工智能尚不能置换人的主体意识,故而人工智能之创作有其不可跨越的铁门槛。① 持有同样观点的法律学者认为,如果人工智能生成的内容在表现形式上不符合作品的构成要件,如计算机生成的无独创性数据库,当然不能作为作品受到保护。但如果人工智能生成的内容在表现形式与人类创作的作品类似,如机器人绘制的图画、写出的新闻报道或谱出的乐曲,则需要从其产生过程判断其是否构成作品。迄今为止这些内容都是应用算法、规则和模板的结果,不能体现创作者独特的个性,并不能被认定为作品。②

众所周知,自然界的鬼斧神工,不是作品,原因在于该鬼斧神工不是人类智慧的结果,不是人类思想的表达。动物的画画也不是作品,一项作品的完成,若全无人类之精神作用力贯注其中,仅系透过机器之自动操作完成时或仅系动物涂画,即便其智力可能颇高,但因非属人类精神之创作,故无著作权可言。③ 人工智能生成内容与猴子自拍照或动物画画之间存在的显著不同在于,人工智能生成内容中体现了人类的劳动,人工智能本质上仍然是"人类智力"的外化,人类在人工智能生成内容的输出过程中仍然存在一定程度的选择和安排。现有的人工智能生成内容虽然从表面上看脱离了人类的参与和掌控,但本质上仍然是人类思维的过程赋予和结果输出。将人工智能生成内容予以法律保护,并将其权属或权益赋予相关人类参与者都是题中应有之。④ 进而言之,虽然机器人不是具有生命的自然人,也区别于具有自己独立意志并作为自然人集合体的法人,将其作为拟制之人以享有法律主体资格,在法理上尚有斟榷之处,但是人工智能生成之内容,可以构成受著作权保护的作品⑤;规范有创造能力的人工智能,将其创作的文学、音乐、艺术和其他内容纳入法律保护的客体之中⑥。

生成物的著作权归属,是紧随人工智能生成物的可版权性之后的问题。目前,理论上的学说主要有:

1. 人工智能作者说。欧盟委员会法律事务委员会在2016年5月提交一项动议,要求欧盟委员会把正在自动化智能机器"工人"的身份界定为"电子人"的身份,并赋予这些机器人依法享有著作权等特殊的权利与义务。⑦ 人工智能具有独立自主的行为能力,有资格享有法律权利并承担责任义务,人工智能应当具有法律人格。⑧ 该说认为,人工智能是人工智能生成物的作者,对生成物享有著作权。

2. 人工智能所有者说。⑨ 虽然"作品归于作者"是一个基本的原则,但随着工业版权的出现,权利归属的重心已从作者转向投资人;基于人工智能尚不具备独立的法律人格,从人工智能领域产业政策加以衡量,应该建立起以所有者为核心的权利构造。

---

① 汪春泓:《人工智能与文学创作三思》,载《华南师范大学学报(社会科学版)》2019年第5期,第171—177页。
② 王迁:《论人工智能生成的内容在著作权法中的定性》,载《法律科学》2017年第5期,第148页。
③ 简启煜:《著作权法案例解析》(修订第三版),台湾元照出版有限公司2014年版,第42—46页。
④ 冯刚:《人工智能生成内容的法律保护路径初探》,载《中国出版》2019年第1期,第5—10页。
⑤ 吴汉东:《人工智能时代的制度安排与法律规制》,载《法律科学》2017年第5期,第131页。
⑥ 〔美〕约翰·弗兰克·韦弗:《机器人是人吗?》,刘海安、徐铁英、向秦译,上海人民出版社2018年版,第212页。
⑦ 孙占利:《智能机器人法律人格问题论析》,载《东方法学》2018年第3期,第11页。
⑧ 袁曾:《人工智能有限法律人格审视》,载《东方法学》2017年第5期,第50页。
⑨ 易继明:《人工智能创作物是作品吗?》,载《法律科学(西北政法大学学报)》2017年第5期,第146页。

3. 人工智能编程者说。① 编程者是人工智能得以诞生的创造性贡献者,没有编程者的劳动,人工智能及生成物的产出均无可能,故而,视人工智能编程者为作者,不但是对人工智能编程者创造性劳动的认可,也可以激励人工智能编程者创造出更多的人工智能,多样化人工智能生成物。

4. 人工智能使用者说。② 使用者作为智能作品的适格作者更具优势。首先,使用者在时空上与智能作品联系最为密切。使用者虽不从事创造性工作,但在智能作品生成过程中具有不可或缺的作用,这表现为点击按钮、打字、润色等触发、完善行为。缺失这些先行行为,智能作品便不复存在。其次,使用者一般也是智能作品的投资者。没有投资者的投资,就不能有效拉动智能作品的市场需求,智能程序设计者改良程序的设计意愿亦将缺乏外部动力。当使用者不能将智力劳动作为资本获利时,纯粹的投资获利可作为一种替代路径,理应受法律保护。再次,将使用者作为智能作品的适格作者,无需考虑知识产权经济激励理论的存废问题以及程序设计者作为作者双重获利问题,可在最大限度内维持现有法律制度框架,避免过度颠覆现行各部门法下的基本概念。

5. 社会公有领域说。③ 在人工智能生成物的权利主体无法明确的情况下,将其作为无主作品直接归入社会公有领域。虽然这也不啻为一种解决方法,但是,人工智能生成物被归入公有领域,意味着无论是编程设计者还是人工智能使用者抑或其他主体,均不能成为人工智能生成物的作者。无论是人工智能的编程设计者抑或人工智能使用者,他们对人工智能生成物的产生均付出了或多或少的个人劳动,将人工智能生成物归于公有领域,无疑使得其所付出的劳动得不到对等的收益,对于激励其投入资源继续进行智力创造和人工智能技术改进等存在消极影响。④

6. 合同约定说。如果编程者通过契约方式(如在线电子服务协议)放弃权利,应该予以尊重。⑤ 需要重新重视人工智能设计者、所有者、使用者之间的合同安排,并且按照合同优先的原则确定权利、解决权属纠纷;约定优先的权利归属原则,仍然是这一权利构造的基础。⑥

北京互联网法院审理的"北京某律师事务所诉北京百度网讯科技有限公司侵害署名权、保护作品完整权、信息网络传播权纠纷案"⑦,被视为是"首例人工智能生成内容著作权案"。该案判决既可以视作是对异彩纷呈之理论学说的回应与检视,也可以被理解为中国现有法律体系具有容纳性以含涉人工智能对娱乐法新问题带来的挑战。

该案原告在起诉状中提出,它系涉案文章《影视娱乐行业司法大数据分析报告——电影卷·北京篇》的著作权人,2018年9月9日首次在其微信公众号上发表,涉案文章由文字作品和图形作品两部分构成,系法人作品;2018年9月10日,北京百度网讯科技有限公司经营的百家号平台上发布了被诉侵权文章,删除了涉案文章的署名、引言等部分,侵害了它所享

---

① Annemarie Bridy, Coding Creativity: Copyright and the Artificially Intelligent Author, *Stanford Technology Law Review*, Vol. 5, 2012, pp. 1-28.
② 孙建丽:《人工智能生成物著作权法保护研究》,载《电子知识产权》2018年第9期,第29页。
③ Robert Yu, The Machine Author: What Level of Copyright Protection is Appropriate for Fully Independent Computer Generated Works, *University of Pennsylvania Law Review*, Vol. 165, 2017, pp. 1246-1269.
④ 朱梦云:《人工智能生成物的著作权归属制度设计》,载《山东大学学报(哲学社会科学版)》2019年第1期,第122页。
⑤ 王小夏、付强:《人工智能创作物著作权问题探析》,载《中国出版》2017年第17期,第36页。
⑥ 易继明:《人工智能创作物是作品吗?》,载《法律科学(西北政法大学学报)》2017年第5期,第146页。
⑦ 北京互联网法院(2018)京0491民初239号民事判决书。

有的信息网络传播权、署名权、保护作品完整权,并造成相关经济损失。据此,请求法院判令北京百度网讯科技有限公司赔礼道歉、消除影响,并赔偿其经济损失。

北京百度网讯科技有限公司辩称,涉案文章含有图形和文字两部分内容,但均是采用法律统计数据分析软件获得的报告,报告中的数据并不是北京某律所经过调查、查找或收集获得,报告中的图表也不是由其绘制所得,而是由分析软件自动生成,因此涉案文章不是原告通过自己的智力劳动创造获得,不属于著作权法的保护范围,请求法院驳回原告的全部诉讼请求。"涉案文章是软件自动生成的,故而不构成作品"是被告答辩的核心。为此,法院对涉计算机软件智能生成内容的性质及其权益归属等关联问题予以了回应。具体分为如下三个方面:

第一,关于计算机软件智能生成内容是否构成作品。

法院认为,从分析报告生成过程看,选定相应关键词,使用"可视化"功能自动生成的分析报告,其内容涉及对电影娱乐行业的司法分析,符合文字作品的形式要求,涉及的内容体现出针对相关数据的选择、判断、分析,具有一定的独创性。但是,具备独创性并非构成文字作品的充分条件,根据现行法律规定,文字作品应由自然人创作完成。虽然随着科学技术的发展,计算机软件智能生成的此类"作品"在内容、形态,甚至表达方式上日趋接近自然人,但根据现实的科技及产业发展水平,若在现行法律的权利保护体系内可以对此类软件的智力、经济投入予以充分保护,则不宜对民法主体的基本规范予以突破。因此,自然人创作完成仍应是著作权法上作品的必要条件。

涉案分析报告的生成过程有两个环节由自然人作为主体参与,一是软件开发环节,二是软件使用环节。软件开发者(所有者)没有根据其需求输入关键词进行检索,该分析报告并未传递软件研发者(所有者)的思想、感情的独创性表达,故不应认定该分析报告为软件研发者(所有者)创作完成。同理,软件用户仅提交了关键词进行搜索,应用"可视化"功能自动生成的分析报告亦非传递软件用户思想、感情的独创性表达,故该分析报告亦不宜认定为使用者创作完成。软件研发者(所有者)和使用者均不应成为该分析报告的作者。

分析报告系威科先行库利用输入的关键词与算法、规则和模板结合形成的,某种意义上讲可认定威科先行库"创作"了该分析报告。由于分析报告不是自然人创作的,因此,即使威科先行库"创作"的分析报告具有独创性,该分析报告仍不是著作权法意义上的作品,依然不能认定威科先行库是作者并享有著作权法规定的相关权利。

第二,关于计算机软件智能生成内容的署名。

有关分析报告的署名问题,无论是软件研发者(所有者)还是使用者,非创作者都不能以作者身份署名,应从保护公众知情权、维护社会诚实信用和有利于文化传播的角度出发,在分析报告中添加生成软件的标识,标明系软件自动生成。

第三,计算机软件智能生成内容虽不构成作品,但不意味着公众可以自由使用。

虽然分析报告不构成作品,但不意味着其进入公有领域,可以被公众自由使用。分析报告的产生既凝结了软件研发者(所有者)的投入,也凝结了软件使用者的投入,具备传播价值。如果不赋予投入者一定的权益保护,将不利于对投入成果(即分析报告)的传播,无法发挥其效用。对于软件研发者(所有者)来说,其利益可通过收取软件使用费用等方式获得,其开发投入已经得到相应回报;且分析报告系软件使用者根据不同的使用需求、检索设置而产生的,软件研发者(所有者)对其缺乏传播动力。

如果将分析报告的相关权益赋予软件研发者(所有者)享有,软件研发者(所有者)并不会积极应用,不利于文化传播和科学事业的发展。对于软件使用者而言,其通过付费使用进行了投入,基于自身需求设置关键词并生成了分析报告,其具有进一步使用、传播分析报告的动力和预期。因此,应当激励软件使用者的使用和传播行为,将分析报告的相关权益赋予其享有,否则软件的使用者将逐渐减少,使用者也不愿进一步传播分析报告,最终不利于文化传播和价值发挥。如前所述,软件使用者不能以作者的身份在分析报告上署名,但是为了保护其合法权益,保障社会公众的知情权,软件使用者可以采用合理方式表明其享有相关权益。

可见,尽管"未来已来"的人工智能确实正在产生新的保护客体,创造新的保护领域,以及带来保护标准的适应,但它所造成的影响依然是局部的和浅层的[①],娱乐法律制度亦没有达到必须进行深刻和全面变革以适应人工智能之发展的程度。当然,这并不意味着人工智能对娱乐法冲击可以忽略不计;相反,应未雨绸缪地开展娱乐法理论研究,在面对人工智能与娱乐行业互动过程中产生新应用及新问题时,使娱乐法律制度具有预见性、超前性和足够的容纳性,为娱乐行业的健康发展提供保障。

(二) 娱乐法与虚拟现实、增强现实和混合现实

虚拟现实(Virtual Reality,VR)技术是一种计算机仿真系统,通过对三维世界的模拟创造出一种崭新的交互系统。它利用计算机生成模拟环境,是一种多源信息融合的交互式三维动态视景和实体行为系统仿真,并使用户沉浸到该环境中。VR工作原理是用头盔或眼罩等设备阻断人眼与现实世界的连接,同时通过实时渲染的画面,营造出一个全新的、虚拟的世界。这种虚拟现实技术,可以使用户沉浸在特定的视听空间内,将传统的平面显示方式全息化、立体化,提升用户视听体验。虚拟现实技术的应用形式多种多样,主要有"VR游戏""VR影视""VR演艺""VR直播""VR旅游""VR教育""VR社交"等。[②] 虚拟现实产业链包括硬件、软件、应用和服务。其中,硬件包括上游的零部件和中游的设备,零部件主要包括传感器、光学设备、芯片和显示屏;设备分为两部分,输出设备和交互设备。输出设备,即显示端,包括头盔类、眼镜类和一体机;交互设备,即捕捉反馈,包括动作捕捉、手势识别、声音感知等。软件主要指信息处理系统,即运算处理,主要包括采集合成、渲染呈现和物理反馈。应用即内容,开发不同的应用场景,制作多样化的内容。服务,即分发运营,包括平台分发、内容运营和销售渠道等。

就娱乐行业而言,虚拟现实已深入渗透到电影、戏剧、游戏、新媒体艺术等诸多领域。比如,好莱坞电影和商业剧集拍摄VR版预告片或宣传物料,推广影片概念,或者延长电影的衍生链条;戏剧充分利用现实剧场与虚拟观看的不同临场感,探索VR头戴式显示器内外虚拟角色和真实演员给观众带来的体验;游戏叙事中的第一人称视角、分支剧情选择,在虚拟现实中实现了最大化的沉浸感;各类新媒体艺术在原有的基因之上,利用VR头戴式显示器的近眼屏幕所营造的无框界面,探索虚拟现实视听语言的全新语法。如今,虚拟现实以新媒介、新科技、新艺术等不同形态,进入电影节的展映、市场、创投等官方单元,已成为国际电影节的标配之一。另外,跨媒介领域是VR重要的发展方向。美术馆、博物馆已经成为VR与沉浸艺术结合的理想领域,为传统绘画、雕塑艺术提供了新的观看视角和传播方式。商业展

---

① 孔祥俊:《人工智能知识产权保护的现状与前瞻》,载《光明日报》2019年8月30日,第11版。
② 高红波:《中国虚拟现实(VR)产业发展现状、问题与趋势》,载《现代传播(中国传媒大学学报)》2017年第2期,第8页。

览中,以全景投影和交互体验为主导的沉浸式大展,例如来自日本的花舞森林与未来游乐园、上海的出厂设置艺术展、GameBox 沉浸游戏展、故宫与凤凰卫视合作的清明上河图大展,都在探讨虚拟与现实的融合与边界。① 在很大程度上,VR 技术与影视、游戏、文化等领域的深度结合,意味着一种艺术形式的诞生。②

虚拟现实产业中的权利保护不仅涉及 VR 平台投资者、开发者、使用者等多方利益的博弈,还涉及现实空间与虚拟现实空间之间跨空间利益的保护与协调,这使得该领域的保护比较复杂。目前我国 VR 产业新业态已粗具规模,但虚拟现实环境下知识产权保护规则的研究与探索,与美国相比,还有待进一步发展③,尽管"暴风魔镜(VR)侵犯电视剧《大唐女将樊梨花》著作权纠纷"④历经两审已于 2017 年尘埃落定。

在该案中,乐视网天津公司是涉案影视作品《大唐女将樊梨花》在中国大陆地区独占性信息网络传播权的权利人,并享有对于侵权行为依法维权的权利。乐视网天津公司发现暴风魔镜公司未经合法授权,通过其经营的"暴风魔镜"(VR)应用提供涉案影视作品的非法在线播放。乐视网天津公司认为,暴风魔镜公司违法提供该影视作品在线播放的行为侵害了其对该影视作品享有的专有独占性信息网络传播权,造成了极大的经济损失,故诉至法院。法院认定暴风魔镜公司未经授权通过互联网在"暴风魔镜"应用软件的安卓移动客户端中以在线播放的方式提供了涉案影视作品,侵犯了乐视网天津公司享有的信息网络传播权,依法应承担停止侵害、赔偿损失的法律责任。

除虚拟现实之外,还有增强现实与混合现实。增强现实(Augmented Reality,AR)也被称为扩增现实,是一种将真实世界信息和虚拟世界信息"无缝"集成的新技术,是把原本在现实世界的一定时间空间范围内很难体验到的实体信息(视觉信息、声音、味道、触觉等),通过电脑等科学技术,模拟仿真后再叠加,将虚拟的信息应用到真实世界,被人类感官所感知,从而达到超越现实的感官体验。其技术核心为将计算机生成的感官数据以文本、图形、视频或其他媒体形式叠加在现实场景之上。⑤ 混合现实(Mixed Reality,MR)是指将虚拟世界与真实世界相融合,同时叠加个体感官获取信息,打造出多维临场体验的先进技术,被应用于教育、影视、游戏、医疗等多项领域,它是对虚拟现实与增强现实的融合应用及优化提升。⑥ 在娱乐行业中开发虚拟现实应用内容,或者使用增强现实技术、运用混合现实技术,授权与领权依然是核心要点,既要防止过多授权,也要避免领到不足以开发运营虚拟现实的权利。对于意图在"电影、电视剧、动画、游戏、音乐、现场演出"等多个领域实现闭环运营的主体而言,在领权时,确认虚拟现实、增强现实与混合现实等特定传播方式已被揽入囊中,不可不谓没有必要。

(三)娱乐法与区块链

简单地说,区块链就是一种去中心化的分布式账本数据库。每个区块就像一个硬盘,把

---

① 车琳:《国际电影节中虚拟现实的艺术建构与产业探索》,载《北京电影学院学报》2019 年第 2 期,第 80—88 页。
② 车琳:《一种艺术形式的诞生——威尼斯国际电影节与虚拟现实的发展》,载《当代电影》2017 年第 11 期,第 102—104 页。
③ 王丽颖、刁舜:《我国虚拟现实空间中的知识产权保护规则论纲》,载《知识产权》2019 年第 10 期,第 66—71 页。
④ 北京市石景山区人民法院(2017)京 0107 民初 12358 号民事判决书;北京知识产权法院(2017)京 73 民终 2083 号民事判决书。
⑤ 乔宜梦:《增强现实图书出版物著作权侵权风险及应对——兼评〈著作权法〉第三次修改》,载《编辑之友》2018 年第 3 期,第 90 页。
⑥ 谢晶:《"5G+混合现实"出版物著作权侵权风险及其应对》,载《出版与发行研究》2020 年第 4 期,第 84 页。

信息全部保存下来,再通过密码学技术进行加密,这些被保存的信息就无法被篡改。根据《人民日报》官方科普,可以对区块链做如下比喻性描述:

> 以前,你们家里有个账本,你一人来记账。爸爸妈妈把工资交给你,你记到账本上。中间万一你贪吃,想买点好吃的,可能账本上的记录会少几十块。
>
> 利用区块链技术后,相当于用全家总动员的方式进行记账。你在记账,爸爸也在记账,妈妈也在记账,他们都能看到总账。你不能改,爸爸妈妈也不能改。这样想买烟抽的爸爸和想贪吃的你都没办法了。

区块链有四个方面的基本特点:第一,安全。区块链不受任何人或实体控制,数据在多台计算机上完整地复制(分发),攻击者没有一个单一的入口点,数据安全性更有保障。第二,不可篡改。一旦进入区块链,任何信息都无法更改,甚至管理员也无法修改此信息。第三,可访问。网络中的所有节点都可以轻松访问信息。第四,无第三方。区块链的去中心化可以帮助点对点交易。因此,无论是交易还是交换资金,都无需第三方的批准,区块链本身就是一个平台。

区块链对未来生活有多方面的影响,诸如不需要烦琐的个人证明、看病可以避免反复检查、旅行消费更便捷、交易无需第三方、商品来源可追溯,等等。在民事司法领域,区块链能够把法官从事实认定难题中解放出来,是一次民事司法的生产力革命。① 作为娱乐行业之核心资产的版权,区块链可以建立全新的真实性溯源与验证方式,并形成透明高效的信任机制,可以使保护版权更有效,有利于版权交易②;创作者把作品放在区块链上,一旦有人使用了他的作品,他立即就能知道;相应的版税也会自动支付给创作者。区块链技术既保护了版权,也有助于创作者更好更直接地向消费者售卖作品。

在区块链技术没有介入之前,娱乐法领域的版权保护,向来都面临诸如作品权属难以确定、取证困难、赔偿数额证明难等一系列问题;具有不易篡改、去中心化、去信任特点的区块链有助于解决各类作品的传播、司法保护、损失确认中的实际难题,无论它的表现形式是影视剧、游戏、音乐,抑或是现场演出。当然,技术并非万能,也存在可能扩大侵权行为隐蔽性、无法判定"实质性相似"等问题。简而言之,区块链为版权保护提供了新的解决方案,其应用也需要逐步完善和改进。③ 最高法院于2018年出台的《关于互联网法院审理案件若干问题的规定》,明确了通过区块链技术取得的证据,如果能够证明它的真实性,互联网法院应当予以采信。就目前来讲,对于电子证据、区块链证据的采信,还只是限定在互联网法院,虽然传统法院是否采信还有待观察,但这一趋势似已形成。

---

① 史明洲:《区块链时代的民事司法》,载《东方法学》2019年第3期,第110页。
② 陈晓菡、解学芳:《颠覆式创新:区块链技术对文化创意产业的影响》,载《科技管理研究》2019年第7期,第135页。
③ 夏朝羡:《区块链技术视角下网络版权保护问题研究》,载《电子知识产权》2018年第11期,第110页。

影视篇

第二章　剧本
第三章　影视剧参与者
第四章　影视剧制作
第五章　影视剧发行与开发

第二章

剧　　本

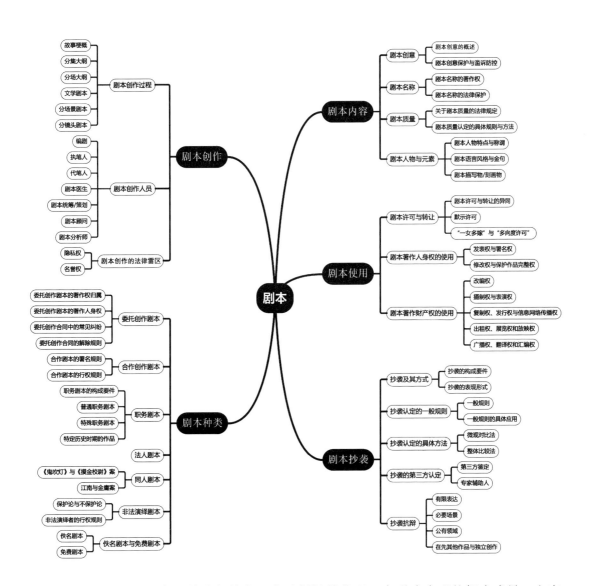

作品是指文学、艺术和科学领域内具有独创性并能以一定形式表现的智力成果。文字作品，是指小说、诗词、散文、论文等以文字形式表现的作品。剧本是文学作品的一种体裁，由人物的对话（或唱词）和舞台指示组成。剧本虽然是以镜头、场景、段落为语言单位形成的视听语言系统,但由于它的表现形式是文字,并且依靠字、词、句、段来讲述故事、传递情感、表达思想,故与小说、诗词、散文和论文等一样,同属于著作权法上的文字作品。创作剧本的基础性目的是用于拍摄影视作品,因而剧本具有区别于小说、散文、诗歌等文学形式的作品功能,它在创作内容及表达方式上需要符合影视作品的拍摄及视听呈现需求,主要以场景及台词设置为作品内容的展现方式。剧本一定是文字作品,文字作品并非都是剧本;但是,作为文字作品的剧本,与其他非剧本类文字作品在法律性质上并无二致,同样受著作权法保护。

第一节 剧本创作

制作影视剧,第一步就是要创作剧本;如果把整部影视作品的创作比作建一幢大楼,那剧本就相当于地基,而地基的好坏直接影响到上层建筑的质量、朝向以及大致形状。剧本是影视剧的基础,在影视创作中所处的位置异常重要。[1] 剧本乃一剧之本,剧本创作的质量高低直接关系影片的成功与失败;剧本是电影的灵魂,是一部电影成功与否的关键。[2]

一、剧本创作过程

剧本创作过程以及剧本各阶段的表现形式,是法律从业者应当了解的内容;离开对这些具体内容的了解,笼而统之地谈论剧本创作者的权利、义务及保护,是行业知识匮乏的结果。通常而言,影视剧剧本创作有如下几个阶段,有时候其中某些步骤可以省略或者与其他步骤合并。[3]

(一)故事梗概

故事梗概就是故事提要,亦即人们常说的故事的主要内容,它是描述基本故事情节的简要文字稿。一般情况下,故事梗概的叙述很简洁,有助于制片方迅速对其价值作出判断。简明扼要、紧扣主题是故事梗概的特点。虽然有些编剧可能会认为好的故事梗概只要用一句话就能表达清楚,比如"一条主线描述了什么人在什么地方做了一件什么事"。但这种做法不但难以给制片方带来深刻的吸引力,在法律上的保护空间也非常有限,甚或是没有。

(二)分集大纲

对于编剧来讲,撰写分集大纲是为了使制片方对剧作有更多的了解,也是为剧本写作整理思路,当一个剧本由不同的几个人共同完成时,分集大纲显得尤为重要。在分集大纲中,每一集戏中最主要的事情是分集大纲应含有的内容,有时甚至包括主要场景中的情节,即把每一集的"戏眼"呈现出来。"分集大纲系剧本的创作指引,体现每集电视剧的故事安排及走

---

[1] 王世杰主编:《影视剧作法》,北京大学出版社2010年版,第16页。

[2] 向往:《电影剧本创作的重要性:兼谈北京电影学院毕业联合作业的剧本创作现状》,载《北京电影学院学报》2009年第4期,第23页。也有观点认为,"剧本,一剧之本"之说不应绝对化,并且,"一剧之本"的主张,本身就有着强调把语言文学放到第一位,而把表演艺术(包括歌舞表演)放到为语言文学、为剧本服务的位置,使之从属于语言文学的意味。在戏曲中,剧本并不是起决定性作用的"一剧之本"。陈多:《说"剧本,剧本,一剧之本"》,载《戏剧艺术》2000年第1期,第103—108页。另外,在拍摄和制作实践中,也不乏没有完整剧本且获得成功的影片,如英国导演迈克·利执导的《赤裸裸》(Naked,1993),在1993年戛纳电影节上获得了最佳导演奖,该片采用许多由演员即兴创作的元素而被业界称为"罕见"。Bertrand Moullier & Richard Holmes, Rights, Camera, Action! IP Rights and the Film-Making Process, WIPO Publication No. 869E, p.9.

[3] 〔美〕林恩·格罗斯、拉里·沃德:《电影和电视制作》(第4版),毕根辉、梁明、霍文利译,华夏出版社2001年版,第4—13页。

向,不包含对所有情节的详细描述。"①分集大纲是针对电视剧而言的,电影中没有"集"的概念,故电影无需进行分集大纲的创作。

（三）分场大纲

这是影视剧都有的大纲模式,它是按顺序编排剧本中的所有场景,并对每个场景中的事件做简短说明;分场大纲无需编写对白,也不必进行详细叙述。它的目的是把故事梗概中提及的基本故事要素扩展成一个可操作性的文字稿,它按顺序分列出每场戏中发生的事件。按照时间先后为序,是为正叙故事,其他则为插叙故事、倒叙故事等等。

（四）文学剧本

文学剧本亦称文学脚本、脚本,它是在大纲的基础上扩充而来的,有故事细节、人物语言动作等,比大纲更加丰盈充实。脚本是影视剧本创作中的一项非常重要的步骤,它用文学手法讲述影视故事,读起来很像一部注重细节描写的小说。好的脚本可以准确地提供完成剧本所需的视觉形象与环境气氛,并以此设计对话,在分场大纲的基础上丰富人物性格,对场景、表演及行为动机作出详细描述。在形式上,文学剧本要明确地分场景,每个场景都标明地点、时间（日景或夜景）、内景或外景、人物,逐一描述在该场景下发生的事件、语言、动作等。镜头、场景和段落是文学剧本的三大基本语言单位。

镜头是文学剧本最基本的表意单位,一个镜头是指摄像机在一次开机到停机之间拍摄的连续的画面片段。根据摄制的要求与效果的不同,一个镜头可能短至一秒,也可能长至十几二十分钟,无论这段连续画面是短还是长,都视为一个镜头。② 镜头主要由画面、景别、拍摄角度、镜头的运动方式、镜头长度、镜头的声音六个要素构成。早期的文学剧本中,对于镜头画面、人物的动作表情等都有非常细致的描写,在实际拍摄中可以起到适当限制导演与演员的发挥之作用。现在的文学剧本越来越具有简约倾向,只需通过画面、镜头的声音等将剧本情节叙述清楚,不再过多地纠缠技术细节与表情,给影视其他制作环节留出更大的创作空间。场景指的是在同一空间与时间中的一组具有叙事连贯性的镜头来表达事件与人物的动作。场景必须包含环境、人物和事件这几个基本要素。在格式上,一个场景需要有空间与时间的简单提示。剧本的段落是指一段相对完整的情节,是由一系列紧密联系的场景形成的相对独立的部分。通常情况下,剧本的一个段落会清楚地叙述一个完整的事件,具有比较明确的开端、中段和结局。③

（五）分场景剧本

分场景剧本是一种不以镜头而以场景来划分的导演工作本,是将文学剧本转化为分镜头剧本的过渡形式,在剧本创作过程中它属于比较靠后的步骤,它将所要拍摄的场景分解成许多小的单元。其内容首先包括有关地点和场景的简要说明,说明文字下面是有关场景与演员表演的描述,之后才是每个角色的对白和适当的舞台提示,但并不涉及机位设置或详尽的拍摄说明。

（六）分镜头剧本

分镜头剧本也称分镜头脚本或制作台本。文学剧本为影视剧的拍摄奠定了基本的情节基础,但它还不能直接进行拍摄,将文学剧本转化为直观立体的视听形象,分镜头剧本是重

---

① 北京市朝阳区人民法院(2019)京 0105 民初 13438 号民事判决书。
② 严富昌:《影视剪辑》,北京大学出版社 2017 年版,第 3 页。
③ 徐燕主编:《剧本写作教程》,中国传媒大学出版社 2017 年版,第 22—26 页。

要媒介。通常情况下，分镜头剧本应该把分场景剧本中涉及的场景、人物、对白与表演等内容分成单个镜头进行编写，并注明摄影机的位置、角度、运动方式，并说明镜头转换的手法和技巧。分镜头剧本通常是由导演确定，而不是编剧；且导演会将编剧预留下来的创造空间也充分显示在其中。一个详尽的分镜头剧本，可以为导演和剧组人员提供完成影片所需的技术资料，从而保证摄制工作的有序性和可预测性，是各个创作部门理解导演构思设计、统一创作思想、落实具体艺术要求和制定拍摄计划的依据。

在实际工作中，一些导演不编写分镜头剧本，只是将文学剧本改成场景拍摄本，到现场拍摄时，再根据拍摄现场的具体情况，进行即兴创作，临时做出分镜头处理，把注意力集中于演员的表演上，并根据演员的实际情况调整调度、设计镜头。无论是预先设计镜头编写分镜头剧本，还是根据现场拍摄即兴处理分镜头，导演都必须一个一个镜头进行拍摄，最后再将镜头素材组接起来。因此，拍摄前的分镜头剧本的构思创作十分重要，尽管可能分好的镜头与实际有差距，但它毕竟是拍摄的蓝本和依据，有了这个分镜头的过程，导演准备会更充分、总体把握更准确。①

分镜头剧本主要包括镜号、场景提示、景别、摄法、画面内容、音乐、音响效果、镜头长度等要素。镜号，即镜头顺序号，它是按照组成画面的镜头的先后次序，用数字进行的顺序性标注。在实际拍摄过程中，为了拍摄的便利，拍摄的顺序不一定与设定好的镜号顺序一致，镜号作为某一镜头的代号，在拍摄时可以将不同的镜头按照提前规定好的镜号准确标记下来，在编辑时按顺序编辑即可。场景提示，是对拍摄具体环境的简单提示。景别，是指被摄主体在画面中呈现的大小和范围，包括远景、中远景（四分之三镜头）、中景、近景、特写等②，分镜头剧本需要将每一个镜头景别的要求及变化准确地予以规定，以便于实际拍摄。摄法，即对拍摄时采取的各种拍摄方法——推、拉、摇、移、跟、升、降等进行详细规定与记录，便利摄影操作。画面内容，主要是指呈现在镜头中的视觉内容，包括对环境的规定、情节的设置、人物的语言动作表情等。音乐，是指为了增强剧情氛围而特意设计的音乐，如影片的主题曲与插曲，某个电视剧在特定氛围中不时出现的音乐旋律等。音响效果，是为了配合画面内容而出现的与之相匹配的音响效果，以此来表现不同的生活气氛，起到烘托的效果，如市场的喧嚣声，一双高跟鞋走在地板上的画面配合着高跟鞋发出的声响等。镜头长度，指镜头画面的时间，即镜头的长短。过去用胶片拍摄时，镜头长度以英尺为单位标记，现在数字化拍摄以秒为单位标记镜头长度。

一般而言，故事梗概、分集大纲、分场大纲和文学剧本由编剧创作，分场景剧本及分镜头剧本则由导演及其团队完成。虽然分镜头剧本是在文学剧本的基础上编写而来，但由于导演在编写过程中不可避免地会融入一些个性化的艺术创作在其中，并且在短片或者动画片中，分镜头剧本的提纲挈领作用是动画设计过程的重中之重。③ 因此，导演对分镜头剧本是

---

① 李康、李思嫘：《电视导演基础》，中国传媒大学出版社2012年版，第18页。

② 远景可以容纳一个或多个人物，可以用来进入或移出一个场景。"四分之三镜头"，亦称"美国镜头"，是一种能够看到人物身体3/4的镜头，它主要用于摄影棚而非实景拍摄，其用途是在为这一场景搭建的摄影棚的范围内跟踪拍摄动作。中景是腰部以上的镜头，通常用于拍摄两个人或更多人物的谈话，比如在汽车或酒吧中。中景比远景更为贴近人物，会比远景流露出更多的感情。特写主要是为了传情达意，主要用途是强调戏剧性，它是极端情感化的，可以用来强化戏剧重点。〔美〕肯·丹西格：《导演思维》（修订版），吉晓倩译，文化发展出版社2019年版，第89—91页。近景镜头是把人物的胸部以上的部位居于画面中，当他们说话或对别人谈话做出反应时便把注意力集中于他们的脸部。〔澳〕理查德·麦特白：《好莱坞电影：美国电影工业发展史》，吴菁、何建平、刘辉译，华夏出版社2011年版，第308页。

③ 罗婷：《动画设计的分镜头脚本研究》，载《艺术百家》2013年第5期，第255页。

否享有著作权之问亦随之产生。譬如,有观点认为:"分镜头剧本是导演指导现场拍摄的工作方案,这些工作方案目的是将剧本表达的内容由文字形式以音画的形式表现出来,这里有导演的创造性劳动,而且有特定的表现形式,应该说,导演只要以有形的形式写出了分镜头剧本,导演对此应享有著作权。"[1]事实上,除最高法院公报案例中记载过一例著作权人不满导演分镜头剧本的删改而发生的纠纷之外[2],在实践中因分镜头剧本产生的著作权纠纷较为少见。故事梗概、分集大纲、分场大纲和文学剧本在著作权法上的独创性是梯度上升的,内容越丰富,人物与故事越饱满,其受著作权法保护的可能性也越大。

在行业内,通常情况下,若无特别指明,由故事梗概、分集大纲、分场大纲和文学剧本构成的文字作品统称为"剧本";分场景剧本及分镜头剧本系导演在编剧剧本的基础上为拍摄而编写,不被算作是编剧意义上的剧本。

二、剧本创作人员

剧本创作不但是一个漫长的过程,在现代,剧本也通常并非一两个人的智力结晶,而是数人甚或是十数人共同努力的结果。譬如,在以好莱坞为代表的电影工业体系里,大多数电影剧本的生产早已是流水线式。一般情况下,一个编剧写完剧本后,交由另外一个人修改和增补,再由一两位编剧负责统筹全局。当然,一个剧作也常常会先后雇佣十几位或数十位编剧。在这种单向的剧作流程中,负责具体写作的各位编剧往往独立工作,有人可能只加一句台词、几个笑话或一个配角角色,有的则可能全部推倒重写。多轮删改下来,到了影片上映的时候,很多编剧已经找不到自己写过的东西了。[3] 在中国,编剧对工业化流水线、多人"接力"等合作创作模式有一定了解,认为合作创作具有集思广益、取长补短、缩短周期、提高效率等优势,但仍有不少编剧倾向于独立完成剧本创作,对合作创作可能造成价值观不统一、叙事断裂及影响个性化风格等问题持保留态度。[4]

为了保证不犯常识性错误,往往有专业知识方面的人对剧本进行校核与审读,最后再由编剧统一修改、润色、定稿。以《老友记》为例,拍摄时长持续10年,剧本创作团队始终都保持两位数的规模,他们长时间聚在一起为某个细节进行讨论。在法律上,只有创作作品的人才是作者;为他人创作进行组织工作,提供咨询意见、物质条件,或者进行其他辅助工作,均不视为创作。

(一)编剧

编剧与剧本作者是同义词,一个是行业术语,一个是法律用词。虽然"剧本创作"等类似称谓,或多或少也具有指称作者的意味,但是,在行业内,被广泛认可的称谓依然是编剧。在电影《墨攻》的片头字幕中,张之亮有导演、编剧、监制三个头衔;该片编剧李树型的署名为"剧本创作",被放在片尾字幕。[5] 为什么李树型没有被署上编剧之名,而非要称之为"剧本创作",其中的复杂与微妙,大概只有涉事方才能说得清楚。[6] 编剧的署名权受到侵犯并不鲜

---

[1] 魏永征、李丹林主编:《影视法导论:电影电视节目制作人须知》,复旦大学出版社2005年版,第205页。
[2] 《中华人民共和国最高人民法院公报》1990年第1期(总第21期)。
[3] 李道新:《资本逻辑与影视编剧的身份定位》,载《艺术评论》2014年第7期,第9页。
[4] 钟欣:《继续追问:电影剧本创作质量提升之路——2017年电影编剧与电影创作调研报告》,载《当代电影》2018年第7期,第141页。
[5] 北京市第二中级人民法院(2007)二中民初字第6836号民事判决书。
[6] 赵建新:《编剧话语权:从创作到利益》,载《艺术评论》2014年第2期,第62页。

见。如《人民日报》2008年3月25日发表《编剧讨薪记》,讲述了"八一厂"编剧康丽雯被侵权的故事:从影片《马石山十勇士》首映式时的主创人员上台到媒体宣传,都没有康丽雯的出现;电影海报上罗列了14个人的名字,从导演、摄影、美术、制片主任、副制片主任,到会计、化装、服装、道具,却单单没有编剧的名字。在署名权问题上,广电部电影事业管理局第531号文件《关于修订故事影片字幕规定的通知》中,规定了故事影片的常规署名,编剧位列第一。但如今影视作品的片头第一位署名者,少有专为编剧保留。① 影视作品是集体智慧的结晶,在众多宣传中频繁出现的"某某作品"等字样,在一定程度上淡化了编剧的地位,强化了导演即电影本身的印象;编剧地位被弱化的同时,也为优秀编剧人才的流失和原创后劲不足埋下了隐患。②

1. "花式"编剧署名

除法人作品外,剧本作者是自然人。自然人作者具有表明自己身份的权利,即署名权。为作者署"编剧"之名,即视为作者的署名权得到了保障。但是,在形形色色的实践中,除"编剧"这一相对固定且被行业认可的署名方式外,还有诸如"总编剧""联合编剧""原创编剧""改编编剧""二(多)稿编剧""定稿编剧""台词编剧""助理编剧"等署名方式。因这些花样繁多的署名方式中也含有"编剧"字样,故在不少情况下,"正牌"编剧认为这些署名方式在实质上淡化了其作者身份,构成对其署名权的侵犯。暂不论剧本艺术质量的高低以及剧本市场反响的强弱,剧本的诞生,之于编剧而言,的确犹如"十月怀胎",其中的艰辛与心力付出,常人往往难以想象。正因如此,编剧对可能会影响和淡化其作者身份的"花式"署名,尤为重视。然而,对于这些"花式"署名,行业内尚无被广泛接受的通用惯例;在法律层面,这些"花式"署名也并非都受到司法实践的否定性评价。比如在业内备受关注的《芈月传》署名权纠纷。③

该案两审判决分别澄清了三个问题:第一,"总编剧"这一术语在法律上的性质;第二,总编剧与剧本贡献之间的关系;第三,总编剧与原创编剧之间的关系。在判决书中的具体阐述为:(1)根据文意理解,"总编剧"和"原创编剧"称谓反映不同编剧在创作中的工作性质和分工侧重,二者并不存在明显的优劣之分。况且,也没有证据表明,在剧本创作领域存在总编剧必然比其他编剧对作品的贡献更高、地位更显著的标准或者惯例。(2)总编剧既不是法律概念也不是合同约定名词,影视行业不存在有关总编剧署名规则的行业惯例,总编剧与剧本贡献度之间也不存在必然关系,总编剧强调的是指导性、全局性,而原创编剧强调的是本源性、开创性,虽然侧重点不同,但均是肯定两位编剧对剧本的贡献,总编剧并未贬损蒋胜男作为原创编剧的身份和对剧本的贡献;即使为王小平署名总编剧在一定程度挫伤了蒋胜男的感情,使其产生消极的心理感受,但也不属于著作权法意义上的署名权保护范畴。

虽然持"总编剧和原创编剧并没有优劣高下"之观点,但法院也并没有因为"影视行业不存在有关总编剧署名规则的行业惯例"而任由未参与实质创作的自然人署"总编剧"之名。法院之所以认为王小平可以署"总编剧"之名,是基于对"《芈月传》电视剧剧本的创作事实""《芈月传》蒋胜男剧本、《芈月传》王小平剧本、《芈月传》电视剧内容比对的事实"充分查明的

---

① 郑晓红:《近年我国编剧著作权维权状况述评》,载《中国出版》2009年第3期,第51—52页。
② 王玉春:《"剧本"瓶颈:新世纪中国电影发展的困境与应对》,载《当代文坛》2012年第1期,第83页。
③ 浙江省温州市鹿城区人民法院(2015)温鹿知初字第74号民事判决书;浙江省温州市中级人民法院(2017)浙03民终351号民事判决书。

基础上做出的判定。"王斌诉中央电视台编剧署名纠纷案"[①]是原告诉请署"总编剧"之名而未得到法院支持的案例。在该案中,王斌以自己在电视系列剧《朋友》的创作中确定了该剧的"总体走向、并设定了人物及人物关系,在此基础上指导各分集剧本的编剧,并负责最终审订各分集剧本,直至完成"为由,认为制作单位未在剧中署其为"总编剧"的行为,侵犯了他的权利。法院认为,王斌提出的策划文案较为简单,只是提出了自己对系列剧的理解,提出一些观点和倾向性意见,并没有提出成熟的剧本大纲,不足以为全剧设定人物关系和故事走向;在剧本创作中期,对剧本提出修改意见并能决定是否能够使用的也并非王斌一人,所以王斌要求作为总编剧的署名权之要求,不应予以支持。

"编剧"前定语的不同,反映了在剧本形成过程中不同的工作性质和分工侧重。如"二(多)稿编剧"指的是在剧本第二稿或第三稿做出贡献的人,"定稿编剧"指的是对剧本定稿做出贡献的人,"台词编剧"指的是对剧本台词及台词设计做出贡献的人,等等。然而,这并没有消除在法律上可能带来的问题,即"总编剧""联合编剧""原创编剧""改编编剧""二(多)稿编剧""定稿编剧""台词编剧""助理编剧"等署名者,虽然为剧本的完成做出了贡献,但他们是否对剧本享有著作权?

2. 合作创作者

通常情况下,著作权属于作者,创作作品的人是作者,如无相反证明,在作品上署名的人为作者。只有进行创作的人才能成为作者,这里的创作是指直接产生文学、艺术或者科学作品的智力劳动;仅为他人创作进行组织工作,提供咨询意见、物质条件等,由于其行为不具有创造性而不能成为作者。在剧本上署名的各类编剧,对剧本是否享有著作权,取决于其行为是否属于具有"创造性"或是否属于"创造性劳动"。换一个角度,如果一部作品被认定为"合作作品",则可以推导出该作品有两个或两个以上付出创造性劳动的创作者,亦即有两名或两名以上编剧对作品共享著作权。认定一部作品是否是合作作品有三种学说:

第一,两要件说。[②](1)合作作者具有共同创作某一作品的合意,两个以上的作者在创作作品的时候,具有将自己的创作成果合并为一个整体的"意图"。(2)合作作者具有共同创作的行为,为作品的完成付出了直接的和实质性的劳动。那些仅仅提供素材、想法或某些细节的人不属于作者,因为他没有从事原创性的创作活动;合作作品的作者,必须是在数量上和质量上对合作作品作出了相当的贡献。

第二,三要件说。[③](1)合作创作的合意。合意是合作从而产生合作作品的基础,它意味着不同作者在创作同一合作作品时,具有将各自创作的部分纳入一个整体的意图,在缺乏这种意图时,不同的作品虽然被合并在一起成为一部作品,仍然不能成为合作作品。(2)共同创作的行为。每个合作作者对合作作品都做出了创造性贡献,为作品的创作做出了实质性的、直接的贡献,且都应当亲自参加作品的创作。至于是分开进行创作,还是聚在一起创作,则在所不论。这里的共同创作,可以根据一定的创作数量和质量判断。(3)共同的创作成果是否表现为一个共同作品。亦即在形式、结构上都是一个连贯的、完整的作品,创作结果表现为一个有机联系的整体。

第三,四要件说。[④](1)合作作品的创作者须为两个或者两个以上的人。(2)两个或者

[①] 北京市海淀区人民法院(2001)海知初字第51号民事判决书。
[②] 李明德编著:《著作权法概论》,辽海出版社2005年版,第144页。
[③] 冯晓青:《著作权法》,法律出版社2010年版,第124—125页。
[④] 吴汉东主编:《知识产权法》(第三版),北京大学出版社2011年版,第44—45页。

两个以上的人相互须有共创作品的合意,若没有合意,则不是合作作品。如对毛泽东诗词《沁园春雪》谱曲而创作的歌曲,不是合作作品,而是组合作品。(3) 两个或两个以上的人须有共创作品的行为,创作行为包括:对作品的完成进行了实质性的构思;对作品的完成提出了实质性的建议;对作品的完成进行了实质性的表达;对作品的完成进行了实质性的修正或删减。(4) 各创作者的贡献形成一件完整的作品。

司法实践对"两要件说"表现出更多的倾向性。如江苏省高级人民法院在"李德权与王兆彦著作权权属纠纷案"[①]的裁定书中指出:

> 认定构成合作作品,需要同时满足以下两个要件:第一,合作作者之间具有共同创作某一作品的意图,即共同创作的合意;第二,合作作者各方为作品的创作完成都做出了直接的、实质性的贡献。

在"王欲知诉高晓蓉等作品署名权纠纷案"[②]中,成都市中级人民法院认为:

> 要成为合作作者必须符合两个条件:一是合作作者必须有共同创作愿望,他们对创作行为及后果有明确认识,目标一致。二是合作作者必须都参加了共同的创作劳动。没有参加创作劳动,仅为创作提供咨询意见或其他辅助劳动的人不能称为合作作者。

法院在"北京科学技术出版社有限公司等与李鸿江著作权权属、侵权纠纷案"[③]中持的观点是:

> 通常情况下,合作作品的成立要满足两个要件:一是具有合作意图,即各方在创作作品之前或创作作品时具有共同创作完成一个作品及成为合作作者的意图;二是具有合作事实,即各方共同参加创作,对作品作出直接的、实质性的贡献。所谓"参加创作"是指对作品的思想观点、表达形式付出了创造性的智力劳动,或者构思策划,或者执笔操作,如果没有对作品付出创造性的劳动,就不能成为合作作者。

不难得知,无论在学理上,还是实践中,是否可以成为合作作者,除去合意因素外,为剧本提供创造性劳动是最重要的判定标准。然而,试图通过正面描述的方式对"创造性劳动"予以量化并非易事。学理上概括的"对作品的完成进行了实质性的构思,对作品的完成提出了实质性的建议,对作品的完成进行了实质性的表达,对作品的完成进行了实质性的修正或删减",可作参考,但较难直接适用。法院有时候对创作工作的描述也过于宽泛,如在"吕瑞明等诉马少波、上海书城侵害作品署名权纠纷案"[④]中,把参与"剧本的立意、构思、修改及组织等"均纳入创作工作范畴。为此,除从正面概括性阐述何为创造性劳动,还应从反面否定不属于创造性的劳动,方可为模糊的"创造性劳动"圈定大体边界。例如,仅为创作提供咨询意见或其他辅助劳动,或仅仅提供素材、想法或某些细节,这些均不算创造性劳动。

"总编剧""联合编剧""原创编剧""改编编剧""二(多)稿编剧""定稿编剧""台词编剧""助理编剧"等署名者对剧本是否享有著作权,需要对其工作的性质进行判定,倘若属于创造性劳动,则无论署名为何,均是剧本作者,对剧本享有著作权。若不属于创造性劳动,则不是剧本作者,对剧本不享有著作权;此时,为之署名,则有侵犯"正牌"编剧署名权之虞。可见,

---

① 江苏省高级人民法院(2015)苏审二知民申字第00004号民事裁定书。
② 四川省成都市中级人民法院(2005)成民初字第574号民事判决书。
③ 北京知识产权法院(2016)京73民终字第27号民事判决书。
④ 上海市高级人民法院(2002)沪高民三(知)终字第57号民事判决书。

行业内的"花式"署名是事物的表象,表象背后的创造性劳动才是法律认可的实质。

因此,即便是为剧本完稿提供修改工作,只要达到创造性程度和要求,修改者作为编剧的身份仍然不容否认。在著作权法上,修改权中的修改指的是非实质性改动。剧本修改则不然,可能是非实质性改动,也可能是实质性改动。一旦剧本修改工作达到了创造性程度和要求,修改者则转变为创作者,是剧本的合作作者,剧本是合作剧本。"李萧与北京新世邦文化传媒有限公司侵犯署名权纠纷案"①对此予以了确认:

> 在电视剧《江阴要塞》的拍摄前夕,该剧的前面几稿(包括王伟民的修改稿)都不能让唐家家属和投资人满意,在该剧马上要拍摄的情况下,投资方决定由制片人李萧执笔对剧本进行最后拍摄稿的修改。在工作中,李萧一直和唐家家属保持联系,遇到问题及时通过电话和电子邮件一一询问家属。经过李萧的修改,该剧最后拍摄的剧本刻画和丰富了主要人物的性格,删减了很多不必要的内容,使整个故事更集中更好看,既保持了原来剧本的风格和样式,又通过一些戏份的增加和人物刻画,使得情节更加丰富和好看,人物更加鲜活和感人。李萧参与了对王伟民导演修改稿的修改工作,且该修改的内容涉及人物性格、人物关系、全剧基调等有关全局的根本性问题,对剧本是否能够用于拍摄起到了至关重要的作用,因此李萧的修改工作起到了编剧的作用,李萧应当为涉案剧本的编剧。

浙江省高级人民法院(简称"浙江高院")在"马宁与卢健著作权权属、侵权纠纷案"②中也表达了同样的看法:

> 马宁的初始职责虽然在于提出修改意见而未被约定参与共同创作,但其在涉案作品创作的过程中,提出了部分情节并亲自完成了部分内容的写作,应视为与卢健共同付出了创造性智慧劳动。故涉案《逆风》故事大纲和《逆风》分集大纲作品应视为由马宁和卢健共同创作完成,属合作作品。

从"平庸的导演和演员无法毁坏一个伟大的剧本,但一个糟糕的剧本无法挽救杰出的导演和演员"③的描述中可见编剧的重要性。中国编剧的地位之受重视程度尚有待进一步提高,其权益未能得到充分保护也是目前国内编剧界面临的问题④;而韩剧在中国传媒市场上取得的巨大商业成功,其核心原因取决于编剧,而促使编剧有信心写出优秀作品的重要基础,则是对编剧与作品的不断持续保护。⑤ 相比较之下,中国的编剧整体上呈现为散漫状态;在力量上,与"美国编剧协会"(The Writers Guild of America, WGA)几乎没有可比性。美国编剧协会由电影和电视职业编剧组成。以密西西比为界限,WGA 于 20 世纪 50 年代分为美国东部和西部两个分会,即总部位于纽约的 WGA East 和总部位于洛杉矶的 WGA West。协会最重要的工作是代表编剧与资方行业协会(电影和电视制作人联盟)谈判《基础协议》(Basic Agreement);《基础协议》通常 3 年一次更新谈判,内容非常详尽,包括最低工资标准、署名约定、纠纷解决程序、影视剧重播及其他收入分成、报酬追索、养老与福利等各个方面。

---

① 北京市朝阳区人民法院 2010 朝民初字第 456 号民事判决书。
② 浙江省高级人民法院(2016)浙民终 90 号民事裁定书。
③ Mark Litwak, *Dealmaking in the Film and Television Industry: From Negotiations to Final Contracts*, Third Edition, Silman-James Press, 2009, p.175.
④ 郑晓红:《近年我国编剧著作权维权状况述评》,载《中国出版》2009 年第 3 期,第 53 页。
⑤ 〔韩〕申惠善:《简述韩国电视剧编剧体制》,载《北京电影学院学报》2006 年第 2 期,第 13—20 页。

现行有效的最新版为 2017 年版,其全称为《2017 美国编剧协会与电影和电视制片人联盟的〈院线及电视基础协议〉》(2017 Writers Guild of America-Alliance of Motion Picture and Television Producers: Theatrical and Television Basic Agreement)。客观地说,美国编剧协会为维护编剧的权益起到了不可替代的作用。①

中国编剧在团队组织上,也无法与国内的"中国电影家协会""中国电影导演协会""中国作家协会"相比,整体上显示出边缘化的弱点,尚未能形成"有效"的团体,无法在影视行业内与其他力量形成相互制衡的态势。②

(二)执笔人

在法律层面,剧本编剧不一定需要实际执笔,也可以被认定为作者。法院在"肖涛生与邹士敏著作权权属及侵权纠纷案"③中指出,关于"没有执笔的问题,由于我国《著作权法》所称的'合作创作的作品',是指作者对作品的创造性智力劳动方面的贡献,每个合作者不一定都必须亲自动手、亲自执笔"。在"徐建兴与黄慧著作权权属纠纷案"④中,法院也认为:"对于合作创作行为的认定,一是看如何具体执笔创作,实践中合作者'参与创作'的形式可以多种多样,甚至并不要求亲自动手执笔;二是看独创性智慧是否融入合作作品中,如果有证据证明实际表达已经不可分割地融入并体现出合作方的独创性智慧,则应当认定合作作者对合作作品的形成具有直接的、实质性贡献。"

再如,忆述类作品之忆述者并不实际执笔,其作者身份与地位并不能在法律上被当然地排除。在"黄焕新诉文采公司侵犯著作权纠纷案"⑤中,法院指出,《中国最后一个"皇妃"李玉琴自述》系以李玉琴经历为题材完成的传记作品,署名为"李玉琴忆述王庆祥撰写";对于此类作品,忆述者一般提供作品的素材和相关材料,以展示其生活体验、情感和好恶,撰写者则运用自己的表现方式真实反映忆述者的思想、感情、生活和人生历程,无论忆述者还是撰写者均对作品的完成做出了独创性的贡献,应认定为合作作品。

执笔者是否属于作品的创作者,应以执笔者是否在这一过程中提供了具有独创性的智力劳动加以确认。如作品的具体故事、情节等均由他人创作并加以口述表达,执笔者仅以辅助记录的方式将相关口述转换为文字形式加以记载,那么,这种执笔并不属于著作权法意义上的合作作者。在"琼瑶诉于正案"⑥中,林久愉根据原告琼瑶口述整理剧本《梅花烙》,是一种记录性质的执笔操作,并非著作权法意义上的整理行为或融入独创智慧的合作创作活动,故林久愉并不是剧本《梅花烙》作者,琼瑶才是剧本《梅花烙》的作者及著作权人。

"李淑贤与王滢等关于《我的前半生》著作权纠纷案"⑦是我国发生较早、影响最大的著作权执笔纠纷案件,该被称为"天字第一号"著作权纠纷的大案,从起诉到终审判决历时近十年,惊动了从地方法院到最高审判机关等三级法院,并得到了最高法院两届首席大法官的关注。

溥仪在东北抚顺战犯管理所时,由其口述,其弟溥杰执笔,写了一份题为《我的前半生》

---

① Stephen Breimer, *The Screenwriter's Legal Guide*, Third Edition, Allworth Press, pp. 216-288.
② 倪骏、许海燕:《编剧生态面面观:边缘化与风险机制》,载《艺术评论》2016 年第 12 期,第 74—76 页。
③ 四川省高级人民法院(2007)川民终字第 668 号民事判决书。
④ 启东市人民法院(2015)启知民初字第 0001 号民事判决书。
⑤ 北京市第一中级人民法院(2009)一中民初字第 8806 号民事判决书。
⑥ 北京市第三中级人民法院(2014)三中民初字第 07916 号民事判决书。
⑦ 最高人民法院民事审判第三庭编著:《最高人民法院知识产权判例评解》,知识产权出版社 2001 年版,第 367—375 页。

的自传体悔罪材料。有关领导阅后即要求有关部门派人帮助整理该材料并予出版。在写作出版过程中,李文达根据组织的指派,曾帮助溥仪修改出书,李文达在该书的成书过程中付出了辛勤的劳动。李文达之妻王滢认为李文达是该书的创作者,对该书享有著作权。北京市中级人民法院在一审判决中认定"《我的前半生》一书的著作权归溥仪个人享有"。王滢不服,上诉至北京市高级人民法院(简称"北京高院")。北京高院就该案向最高法院提出请示,最高法院在征求国家版权局、专家学者的意见后,组成合议庭对该案进行了审查。但合议庭有两种截然相反的意见:

第一种意见认为,《我的前半生》是李文达与溥仪合作作品,他们都应享有著作权。主要理由是:(1)李文达不是简单地记录、整理溥仪的口述材料,而是直接参与了该书的创作;(2)李文达与溥仪创作该书的过程已形成合作创作的事实;(3)作品不论以什么口气、什么人称写的,不影响著作权的归属,李文达用文学形式表达出溥仪的想法,就享有该书的著作权。

第二种意见认为,《我的前半生》一书的著作权应属溥仪所有,其死亡后,财产等权利可由李淑贤继承。李文达是该书的执笔者,不享有著作权,但可以分得适当的经济报酬。主要理由是:(1)整个创作、出书过程是上级领导交给群众出版社和李文达帮助溥仪创作、出版《我的前半生》的过程。溥仪与群众出版社或李文达之间未构成合作创作该书的事实和默契,而形成了群众出版社和李文达帮助溥仪创作、出版该书的默契和事实。在这种默契和事实基础上形成的溥仪署名的自传体作品,著作权应属溥仪享有。(2)《我的前半生》完全以第一人称描写作者本人的经历、思想,与其他作品创作不同,有其特殊性。执笔者即使有创作设想,想自由发挥,也要经过特定人的同意。其创作天地很有限。从承担社会责任的角度看,也是署名者特定的个人。(3)从社会影响和稳定既存的民事关系角度出发,凡这类自传体作品署名本人,又无书面约定是与他人合作创作的,不论参与创作的人或班子作了何种工作,均应认定为署名者即自传的特定个人为著作权人。参加创作的人员可区别情况适当分得经济报酬。

最高法院民庭庭务会对该案进行研究,与会法官一致同意认定《我的前半生》一书的著作权应归溥仪个人享有,该书不属于合作作品。同时还指出,《我的前半生》一书是由溥仪署名,以第一人称阐述其亲身经历为内容的一部自传体作品,它在形式及内容上均与溥仪个人身份联系极其密切。这部作品反映了溥仪思想改造的过程和成果,体现了溥仪的个人意志,该书出版后的舆论评价和社会责任,也只能针对溥仪,并且由溥仪个人承担。对这类作品,如果没有明确的约定,不宜认定为与他人合作作品。领导人、社会知名人士等特殊任务的自传体文学作品,由他人或写作班子参与创作的为数不少,如果《我的前半生》著作权纠纷案肯定帮助修改创作的人员享有著作权,就可能引起连锁反应,已稳定的民事关系就会发生动荡。对今后由他人或者写作班子参与个人自传创作的,提倡对著作权归属事先约定。如无约定均以署名的作者为著作权人,参与创作人员要求确认为合作作品的不予支持。

根据本案的具体情况,最高法院审判委员会也认为,以认定溥仪为《我的前半生》一书的作者并享有该书的著作权为宜。北京高院接到最高法院的意见后作出判决:

> 《我的前半生》一书从修改到出版的整个过程都是在有关部门的组织下进行的,李文达是由组织指派帮助溥仪修改出书,故李文达与溥仪不存在合作创作的事实。《我的前半生》一书既是由溥仪署名,又是溥仪以第一人称叙述亲身经历为内容的自传体文学

作品;该书的形式及内容均与溥仪个人身份联系在一起,它反映了溥仪思想改造的过程和成果,体现了溥仪的个人意志;该书的舆论评价和社会责任也由其个人承担;因此,根据该书写作的具体背景和有关情况,溥仪应是《我的前半生》一书的唯一作者。①

该案催生了最高法院《关于审理著作权民事纠纷案件适用法律若干问题的解释》(2002)第14条,即当事人合意以特定人物经历为题材完成的自传体作品,当事人对著作权权属有约定的,依其约定;没有约定的,著作权归该特定人物享有,执笔人或整理人对作品完成付出劳动的,著作权人可以向其支付适当的报酬。另外,该解释第13条还就另一种执笔人类型做了规定:由他人执笔,本人审阅定稿并以本人名义发表的报告、讲话等作品,著作权归报告人或者讲话人享有;著作权人可以支付执笔人适当的报酬。

综上,执笔人是否可以成为作者以及享有相应的著作权,关键在于该执笔人是否参与了创作,提意见、控宏观及参与为数不多之修改的执笔人不是作品作者。简言之,没有参加创作的人,不能成为合作作者。正如北京市第二中级人民法院在"翟小菲与程尉东关于《中国空姐》电视剧文学本著作权纠纷案"②中指出的:"著作权归属的唯一法律标准是参加创作并付出创造性的智力劳动。"若执笔人实质性参与了创作,并直接承担作品相应的法律与社会责任,则可以认定为著作权法上的作者并享有相应的著作权。

(三) 代笔人

实践中存在"代笔"现象,署名编剧自己并不参与实际创作,而是请人代而写之。代笔人亦称写手、枪手、影子作家。这种操作手法在世界各地均不鲜见。在好莱坞,有一些人是专门给别人写第五稿、第六稿,甚至第九稿、第十几稿来养活自己的;对这些枪手而言,每一稿都单独签好合同,是他们代笔写作之前需要做的最重要的事。③ 在中国台湾地区,有一种"影子作家"的商业操作模式,即安排"影子作家"为知名的公众人物代笔,同时约定以公众人物为著作权人并享有著作权。在实务运作上,基于商场上银货两讫与行业的惯例,外包专业写手并不会出面主张权利,或是也没有足够的证据来证明自己才是真正的著作权人。在实务上,还有一些出版社会事先预定某一特定的笔名,再与不同的"影子作家"约定,要求他们所完成的作品都要使用这个笔名,并且禁止他们再使用该笔名于其他非该出版社出版的作品上,出版社通过这批"影子作家"共同使用同一笔名的方式,来创作系列作品以建立品牌。④

对于代笔行为的法律效果,存在两种截然不同的观点,一种认为代笔构成对社会公众的欺骗,是不当行为;另一种认为代笔属于著作权的私权范畴,外界无权质疑。当前代笔行为越来越复杂,代笔逐渐演变成为一个产业。如在中国,有"代写网""无忧代笔网""中华代笔网"等;在日本,代笔是合法的正当生意,代笔公司通过网站开展业务且明码标价,还将写手的能力公开,供顾客挑选;在加拿大,作家协会对代笔进行撮合,其掌握从事代笔业务的人员名单,并帮助需要代笔者介绍合适的代笔人,发布代笔业务的指导价格。⑤ 一般而言,代笔人、"职业写手"或"影子作家",对撰写出来的作品是否享有署名权或著作权,在很大程度上取决于其与合同相对方的约定。在没有约定的情况下,只要不违反公序良俗,法律通常不予

---

① 北京市高级人民法院(1995)高知终字第18号民事判决书。
② 刘薇:《电视剧文学本〈中国空姐〉著作权纠纷案》,载《电子知识产权》1999年第3期,第9—10页。
③ 周铁东:《好莱坞编剧的要素》,载《中国广播电视学刊》2014年第8期,第10页。
④ 曾胜珍、黄锋荣:《图解著作权法》(第二版),台湾五南图书出版股份有限公司2014年版,第80页。
⑤ 邹跃:《署名权异化研究》,高等教育出版社2017年版,第102—106页。

干涉。不过,如果做进一步思考,代笔行为不仅关涉个人利益,而且也涉及公共利益,至少需要考虑文化消费者的如下权益①:(1)知情权。消费者有权知悉其购买、使用的商品或接受的服务的真实情况,有权要求提供作品的真实作者、创作时间、创作方式等有关情况。(2)选择权。消费者有权在不受外界干扰的环境下形成自己的判断,做出文化消费的抉择,名人请枪手代笔,容易导致消费者在错误的指引下,做出错误的选择。(3)公平交易权。在名人请枪手代笔而又不如实署名的情况下,消费者基于对名人的确信、偏爱而实施文化消费行为,其"公平交易权"就可能遭受侵害。

但是,在波斯纳看来,娱乐行业的捉刀代笔是否真的会给消费者带来损害或侵犯消费者的权益,并非没有可讨论的空间。他认为,当伦勃朗在完全由其助手完成的画作上签署自己名字的时候,且随着越来越多伦勃朗署名的作品被发现是由其他美术家绘制的,其作品全集已经逐渐缩水;按照现代社会的标准来衡量,伦勃朗的做法属于欺诈,因为这是通过假托作者的做法来提高作品的价值,这就好像是给某劣质品牌贴上一个声誉卓著的商标一样。换一个思路,倘若图书包装经营者在每一个系列丛书中都保持合理的同一性,使读过第一本书的读者在阅读系列丛书第二本及随后各本的时候不会感到很明显的断裂,那么这种"图书包装"就没有重大的欺诈;就好像是使用一个商标,商标经常是品质同一性的保证,可口可乐汽水是从很多不同的瓶装工厂生产出来的,这并不影响它的品质和口感。②

(四)剧本医生

对于被列入拍摄计划的剧本,也可能因投资者、制作团队或是有话语权的主演提出修改意见,而面临修改。在这种情况下,制片方通常会聘请专业编剧进行修改,这些人通常被称为"剧本医生"(Script Doctor),他们受雇"打扮"或"修整"剧本,例如加入幽默桥段或是添加一些别的"花边",往往在影视剧即将投拍前才接受修改任务,要在很短的时间里发挥救火功能。在好莱坞,随着大片的投入越来越高昂,对剧本的选择日益谨慎,而剧本的定稿更是要综合各方意见,以期达到最佳的市场效果。在这种背景下,聘请有成功经验的剧本医生加入成了好莱坞大片的常规做法。大部分时候,剧本医生是在影视剧开拍前加入,但在一些特殊案例中,影片拍摄完成后都可能请来剧本医生补救。③ 著名导演弗朗西斯·福特·科波拉在1973年奥斯卡颁奖典礼的获奖感言中,感谢罗伯特·汤作为剧本医生为《教父》做出了巨大贡献,这被认为是业界首次公开披露剧本医生。

通常,剧本完稿只意味着编剧的工作暂时告一段落,当导演或主演确定后,剧本可能会受到新的审视,因为他们可能会基于自身对艺术的理解或其他原因而对剧本提出具体修改要求。此时,倘若编剧不驻组,那么具体的修改和润色任务就由剧本医生来完成。发现现有剧本的漏洞,并加强薄弱环节,是剧本医生修改和润色稿件的原始出发点,对现有剧本的人物和故事进行颠覆性改动不是剧本医生的工作范围。概言之,剧本医生的主要工作任务是对剧本进行内容"扫描",对剧本存在的问题、漏洞及需要调整之处,依照导演或演员的意见进行补充、修正和润色。一般情况下,剧本医生不具有剧本作者的身份,不享有编剧署名权,正如法院在"王强诉葛竞等侵犯著作权纠纷案"④中所指出的:

---

① 梅术文:《著作权保护中的消费者运动与制度创新》,知识产权出版社2015年版,第79—89页。
② 〔美〕理查德·波斯纳:《论剽窃》,沈明译,北京大学出版社2010年版,第27—36页。
③ 彭侃:《好莱坞电影剧本开发体系》,载《当代电影》2014年第7期,第30页。
④ 北京市海淀区人民法院(2001)海知初字第51号民事判决书。

并非所有参与剧本修改工作的人员均可成为剧本的合作作者,而需视修改者的工作是否构成具有独创性的表达而定,简单地编辑、机械地整理或提出口头修改意见等均不能使该修改者取得合作作者身份。

在好莱坞,剧本医生不搞原创,他专门给人写第九稿、第十稿,甚至是第三十稿,而且不署名。① 我国虽然还没有专门的"剧本医生"这一职业称谓,但实践中,制片人、策划和导演等,都在有意无意地充当这样的角色。②

(五)剧本统筹/策划

在法院看来,"剧本统筹是对剧本修改、整理、编辑等工作的统称,通过这些工作使剧本在形式上达到前后统一、表达流畅的基本要求"③。剧本统筹的任务,就是分集剧本、分镜头脚本整理和全剧统稿,实际上履行的是类似出版行业责任编辑职能。1996年全国人大教科文卫委和国家版权局联合举办"著作权法修改研讨会",曾经探讨过"剧本策划"是否属于作者范围的问题。由于策划者的构思多以口头表述、口头建议或"头脑风暴"的方式存在,故在影视行业中,一般不将剧本策划即提供构思者视为作者。当然,如果剧本策划提供大量素材和情节构思,并且在文学剧本执笔者认可其构思成果的前提下,也可以将该策划列为合作作者。在影视行业实践中,策划和统筹在影视剧字幕上均予署名,同时给付他们参与创作的劳务酬金。④

"王伊与栖霞市文化局委托创作合同纠纷案"⑤事关剧本统筹署名及报酬支付。栖霞市文化局与王伊签订《编剧合同书》,对王伊参与电视连续剧《牟氏庄园》分场讨论及剧本统筹工作达成协议,约定了工作完成时间、稿酬支付标准以及王伊完成工作后享有《牟氏庄园》电视台播出版本第二编剧署名权、文学统筹署名权以及其他所有衍生产品的第一编剧署名权和文学统筹的署名权等事项。在该案中,法院认为,电视剧《牟氏庄园》拍摄所依据的剧本是在王伊进行的分场讨论的基础上改编而成,王伊统筹了编剧交给她的剧本,实际完成了最后的剧本统筹工作,故她享有约定的署名权利,并有权要求栖霞市文化局依照合同约定支付剩余款项。

在"王强诉葛竞等侵犯著作权纠纷案"⑥中,对参与剧本实质创作人员的署名"淡化"为"剧本统筹"的做法,法院给予了否定性评价。在该案中,王强在剧本修改过程中所做工作包括:执笔剧本的具体改动;将剧本从头到尾都过了一遍,除第15、16、17集之外对剧本均进行过修改;对剧本中的剧情设计、人物构造、故事走向等进行修改等。法院认为,虽无法确定王强具体修改的比例,但可以确认王强在剧本修改过程中实际完成了部分具有独创性的创作工作;《生命的颜色》剧VCD外包装以及该剧宣传册中或仅将葛竞署名为编剧,或将王强署名为剧本统筹,并不能否定王强在该剧剧本修改过程中实际完成的具有独创性的创作工作,亦不能否定王强作为该剧剧本合作作者的身份。

(六)剧本顾问

剧本顾问,从科学、文化和技术层面对剧本进行把关,以确保剧中用到的行话和术语正

---

① 周铁东:《好莱坞编剧的要素》,载《中国广播电视学刊》2014年第8期,第9页。
② 陈晓春、李京:《剧本医生:电视剧项目评估与案例剖析》,人民邮电出版社2017年版,第1页。
③ 北京市东城区人民法院(2008)东民初字第3073号民事判决书。
④ 赵玉忠:《略谈影视剧作片名与主创人员职责的行业惯例与规范》,载《北京电影学院学报》2013年第4期。
⑤ 北京市第二中级人民法院(2009)二中字终字第3748号民事判决书。
⑥ 北京市海淀区人民法院(2005)海民初字第15258号民事判决书。

确无误,他们通常是精通某一领域的专家。影视剧《生活大爆炸》的剧本顾问是知名物理学家大卫·索兹伯格,他对剧集中出现的科学内容之"靠谱性"负责,包括白板上的方程式。在侦探剧领域,非吉姆·纽西弗罗是资深剧本顾问,曾担任《法律与秩序》《火星生活》《灵书妙探》《记忆神探》等剧集的顾问,这与他长达23年交警、巡警、便衣和警长工作,直至以一级警探身份退休的经历息息相关。

冯小刚导演的电影《我不是潘金莲》因没有法律层面的剧本顾问之参与,导致该剧剧情中存在法律专业性知识硬伤。在该影片中,女主角李雪莲为了达到生二胎的目的,与丈夫秦玉河决定"假离婚",在民政局办理了离婚手续。然而半年后,她发现秦玉河居然已经另与别人结婚。李雪莲气不过,便起诉到法院要求确认双方是假离婚。开庭后,法官王公道根据他们确实办理了离婚登记,判决李雪莲败诉。事实上,如法律界众所周知,法律上并没有"假离婚"的概念,只要婚姻双方当事人依法办理了离婚登记手续,婚姻关系即宣告解除。李雪莲拿出了离婚证,说明已经离婚了。她只能就离婚后财产纠纷起诉,而不能就离婚提起诉讼。如果她起诉离婚案件,法院不会受理。如果她采取隐瞒方式获得立案,审理后也只能被驳回。而片中起诉前她找王公道出示了离婚证,说明法院已经知道她已离婚,在立案阶段就会被挡在门外,法院正确做法是不予受理,或者受理了"裁"驳,而不是"判"。

(七)剧本分析师

当编剧的剧本通过自己投稿或是经纪人递交给制片方之后,在好莱坞,最先读到它们的是剧本分析师,他们按件计费,在相当程度上左右着剧本的命运,就像是好莱坞的卫兵。每一个递交给好莱坞影视公司的剧本都要经过剧本分析师的分析和总结,因为繁忙的制片人无暇看完冗长的剧本。剧本分析师负责把剧本中的故事和核心元素用简短的话总结出来,并给出是否值得开发的评估结论。大影视公司会聘用专职剧本分析师,小影视公司也会有固定合作的兼职剧本分析师。① 每家影视公司使用的剧本分析表格式不同,但大致会包括以下几个部分:(1)总结,即用非常简短的篇幅对剧本进行总结;(2)剧本提要,即对剧情的概括和缩写,同时也梳理出剧本中的角色;(3)评论,即剧本分析师根据自己的阅读感受,对剧本的优点和缺点以及编剧的长项和短处进行评论,例如是否长于描写角色和对话,在结构和情节上是否有所欠缺等。

实践中,有的影视公司还会要求剧本分析师将剧本与其他题材相近的、大家比较熟悉的剧本进行比较。当完成这些内容后,剧本分析师需要在分析评估报告中填写关于剧本的基本信息,并对之打分,打分涉及的具体项目有结构、角色、对话、故事和布景等方面,打分等级可以是十分制、百分制,或者优良中差等。剧本分析师还要对整个剧本/项目做出评价,给出推荐、可考虑、通过或否决的意见,供影视公司的决策者参考。

著作权法所称创作,是指直接产生文学、艺术和科学作品的智力活动。为他人创作进行组织工作,提供咨询意见、物质条件,或者进行其他辅助工作,均不视为创作。剧本医生、剧本统筹、剧本策划、剧本顾问和剧本分析师,在剧本形成过程中虽均有一定程度的劳动性付出,但通常情况下,他们的工作并非著作权法意义上的创作行为,故而不是剧本的作者,也不享有署名编剧的权利,只享有与其工作性质相匹配的署名和报酬请求权。

著作权法对文字作品并没有字数要求,几页、几段、几句甚至一两句文字,只要具有独创性,都具有可版权性;此时,剧本医生、剧本统筹、剧本策划、剧本顾问和剧本分析师是否可以

---

① 彭侃:《好莱坞电影剧本开发体系》,载《当代电影》2014年第7期,第29页。

被视为该几页、几段、几句甚至一两句文字作品的作者,进而主张"编剧"的身份与权利呢?固然对于该几页、几段、几句甚至一两句文字来说,他们是著作权法意义上的创作者,但放置到动辄几十集的剧本中来看,他们的贡献难以被视为实质性的。正如法院在"《北平无战事》署名权纠纷案"中所指出的:

> 在没有特殊约定的情况下,对于电视剧的编剧署名权的实现应当与参与整部电视剧剧本创作的程度和深度相匹配,与合同约定的创作对价相匹配,如果仅仅是参与了创作或者说付出了劳动即享有署名权的话,则必然会推导出一整部电视剧剧本哪怕只是使用了参与创作者一句话、一段话,也要为其署名编剧的结论,这显然是站不住脚的。①

概言之,在剧本创作过程中,合作作者之身份的获得,除"质"的贡献之外,还应有"量"的贡献。综合"质"与"量"两个层面的考量,方可作出恰当的判断。一旦过"量",就可能向"质"这个维度发生偏移和转变。如法院在"程尉东与翟小菲关于《中国空姐》电视剧文学本著作权纠纷案"中认定的:

> 翟小菲口述的这些情节虽然是从民航的真实生活中采访来的,但是经过了翟小菲的艺术加工,加入其智力劳动的成果,已经超出了"素材"的范畴而构成著作权法意义上的文学创作,因此翟小菲应为《中国空姐》剧本的合作作者。②

综上,编剧是剧本在法律上的作者,纷繁多样的剧本创作实践与形态使得剧本创作者及创作参与者之间的界限变得模糊。一方面,作为编剧团队一员参与创作时,除去有关于编剧身份与地位的明确约定外,为自己参与剧本写作及剧本完成之付出的事实留存详细的证据,可以为日后主张合作作者之身份提供可考的依据。另一方面,编剧在接受影视公司的剧本委托创作时,为避免没有直接及实质性贡献的修改者搭剧本编剧之署名的便车,淡化自己的创作事实,在合约中对署名权条款进行细致约定,可以有效免去许多不必要的纠纷。

三、剧本创作的法律雷区

在行业内,剧本有原创剧本与改编剧本之分。③ 一般而言,原创剧本指故事是原创的,而不是来源于已有作品的剧本;改编剧本,是基于已有作品或故事,通过创作性改编而来的剧本。无论是原创剧本还是改编剧本,只要具有独创性,作为文字作品,其法律性质并无二致。与此同时,原创剧本与改编剧本之间的区别也并非泾渭分明,如电影《大话西游》系列,虽然人物来源于《西游记》,但故事是全新的。从故事的角度看,《大话西游》系列剧本是原创剧本;从人物的角度看,它们属于改编剧本。换言之,只要不是"从头到脚""从内到外"的纯粹原创,基本上都可以归为改编之列,差别在于创作元素使用的多寡。譬如,一个基于真实人物而创作的剧本,其故事内容与情节可以是全新的、原创的,也可以是对实际发生的事件进行创作性改编而产生。为此,对原创剧本与改编剧本进行区分,法律上的意义不在于其作为文字作品的性质,而在于创作过程中应注意的问题有所不同。

根据已有作品改编而来的剧本,应获得该已有作品著作权人的同意,除非该已有作品已经过了著作权法上的保护期。对于过了著作权法保护期的作品,可以自由利用和改编,但依

---

① 北京市朝阳区人民法院(2015)朝民(知)初字第4495号民事判决书。
② 北京市高级人民法院(1998)高知终字第15号民事判决书。
③ Sandi Towers-Romero, *Media and Entertainment Law*, Delmar Cengage Learning, 2009, p. 185.

然不能侵犯作者的著作人身权。在著作权人是自然人的情况下,根据我国《著作权法》第23条的规定,其著作权中的财产权与发表权最长保护期限为作者终生及其死亡后50年,截止于作者死亡后第50年的12月31日;如果是合作作品,截止于最后死亡的作者死亡后第50年的12月31日。① 也就是说,过了著作权法保护期的作品,其作者至少已故50年。《著作权法实施条例》第15条规定:"作者死亡后,其著作权中的署名权、修改权和保护作品完整权由作者的继承人或者受遗赠人保护。著作权无人继承又无人受遗赠的,其署名权、修改权和保护作品完整权由著作权行政管理部门保护。"署名权的保护很好理解也便于操作,只要在新作品上注明原作者及原作品名称即可。在改编创作时,对原作品作者的修改权也几无侵犯的可能,实践中需要注意的是避免对原作品作者之保护作品完整权的侵犯。毫无疑问,无论是改编抑或原创,抄袭是剧本创作过程中当然不能触碰的雷区。

根据真实人物而创作的剧本,既可以是来源于历史真实人物,也可以是来源于当代真实人物。以真实人物故事为基础的影视剧经常可以获得票房的成功②,根据真人真事或者传记改编的影视剧数量很多,好莱坞盛产改编自真人真事和社会事件的电影,如电影《当幸福来敲门》(The Pursuit of Happiness,2006)、《刺杀肯尼迪》(Killing Kennedy,1991)、《费城故事》(Philadelphia,1993)、《猫鼠游戏》(Catch Me If You Can,2002)等等。改编自真人真事或真实社会事件的影视剧,因为其可信度和真实性,往往产生巨大的能量和社会反响,甚至能借助事件的曝光,为被表现的题材和领域争得社会志愿,起到推动社会进步的作用。比如电影《辛德勒的名单》传播人道和正义,讴歌与黑暗势力斡旋与斗争的勇气;根据美国20世纪40年代真实事件改编的好莱坞电影《一级谋杀》(Murder in the First,1995),美国因此废除了不人道的单独监禁制度。③

作为文学作品的剧本,其创作手法并非简单描写现实中的人和物,编剧在现实的基础上经过充分的想象与虚构而创作的剧本,属于文学艺术合理的表现形式,由于剧本多样化的分类及其虚构性特征,编剧在创作过程中对于其依据事实的遵循,容易受到文学创作自由的影响,进而使得剧本,尤其是以原型人物为创作基础的剧本容易造成所涉人物之名誉或隐私损害。从侵害名誉权的角度出发,剧本内容的违法性主要是指编剧不是出于对艺术创作自由的追求进行创作,而是以损害他人名誉为最终目的,通过剧本的表现方式对他人进行侮辱、诽谤或者是揭露他人的隐私,致其名誉受到不应有的损害。

(一)隐私权

根据真实人物创作故事,如果该真实人物的生平、事迹以及经历过的事件已经被公开,那么使用这些元素通常无侵犯隐私权之虑。倘若其生平、事迹以及经历过的事件尚未被公开,则事先获得该真实人物的许可是避开隐私权纠纷之雷区的有效举措。我国《民法典》第1032条规定,隐私是自然人的私人生活安宁和不愿为他人知晓的私密空间、私密活动、私密信息;自然人享有隐私权,任何组织或者个人不得以刺探、侵扰、泄露、公开等方式侵害他人的隐私权。属于隐私的私人生活信息内容非常广泛,从家庭成员、社会关系、财产状况,到个人的身高、体重、病史、身体缺陷、健康状况、爱好、婚恋史等,与每个人的日常生活密不可分。

---

① 美国1998年《版权期限延长法案》将著作权保护期限延长至作者死后70年。有观点认为,保护期的延长并未为作者提供额外的创作激励,反而加重了创作过程中可见的负担。Neil Weinstock Netanel, *Copyright's Paradox*, Oxford University Press, 2008, pp. 199-200.
② 〔美〕露易丝·利维森:《电影制片人融资指南》(修订第6版),曹怡平译,北京联合出版公司2016年版,第55页。
③ 厉震林、濮波:《电影编剧九讲》,文化艺术出版社2015年版,第305—306页。

隐私权的客体比较广泛,其内容主要有:(1)身体秘密,指身体隐秘部位即生殖器官和性感器官、身高、体重、健康状况、身体缺陷等;(2)私人空间,即个人住宅及周围居住环境、私人专用箱包、日记等;(3)个人事实,指个人生活经历、生活习惯、性格爱好、社会关系、学历、婚恋状况、收入情况等;(4)私人生活,指一切与社会无关的个人生活,如日常生活、社交、性生活等。① 与《民法典》第1034条规定的自然人个人信息相比,隐私包含的信息类型较窄,只有那些自然人不愿意公之于众的个人信息才受隐私权的保护,而一般性的个人信息则不属于隐私权的保护范围。个人信息是否属于隐私,在司法实践中是根据其是否超出了"社会的容忍度"为标准进行侵权判定的,以一个"一般人"的标准进行衡量的,而不是根据个案进行判断。因此,对于那些不涉及敏感信息以及已经公开的个人信息不再具有隐秘的特点只能寻求个人信息的保护,而非隐私权的保护。

隐私隐瞒权、隐私利用权、隐私保护权、隐私支配权,是隐私权的四项权能。在审判实践中,侵害隐私权引起的纠纷主要有刺探、调查个人情报、资讯,干涉、监视私人活动,侵入、窥视私人领域,擅自公布他人隐私,非法利用他人隐私等。② 《民法典》第1033条列举的侵犯隐私权的行为有:(1)以电话、短信、即时通信工具、电子邮件、传单等方式侵扰他人的私人生活安宁;(2)进入、拍摄、窥视他人的住宅、宾馆房间等私密空间;(3)拍摄、窥视、窃听、公开他人的私密活动;(4)拍摄、窥视他人身体的私密部位;(5)处理他人的私密信息;(6)以其他方式侵害他人的隐私权。

《民法典》把隐私权作为一种独立的民事权利加以规定并予以保护,最高法院早在2008年制定的《民事案件案由规定》就设置了隐私权纠纷案由。在现有剧本纠纷中,单独涉及隐私权的纠纷较为少见。隐私权和名誉权在性质上有相似之处,两种权利在某些情况下会出现交叉、重叠与竞合,一个侵权行为可能同时侵害隐私权和名誉权。根据最高法院《关于审理名誉权案件若干问题的解答》(法发[1993]15号)第7条"对未经他人同意,擅自公布他人的隐私材料或以书面、口头形式宣扬他人隐私,致他人名誉受到损害的,按照侵害他人名誉权处理"之规定,如果侵权人擅自披露他人隐私的行为侵害了他人的隐私权,同时也导致他人名誉受到损害的,构成侵权责任的竞合,按照侵害他人名誉权来处理。这项原则在最高法院《关于审理名誉权案件若干问题的解释》(法释[1998]26号)第8条规定中得到了具体体现:"属于个人隐私范畴的淋病、梅毒、麻风病、艾滋病等疾病,若被他人披露和公开,致使患者名誉受到损害的,应当认定为侵害患者名誉权。"

(二)名誉权

根据《民法典》第1024条规定,名誉是对民事主体的品德、声望、才能、信用等的社会评价;民事主体享有名誉权。任何组织或者个人不得以侮辱、诽谤等方式侵害他人的名誉权。侮辱和诽谤是名誉权侵权行为的主要表现方式。两者的区别在于诽谤主要是传播不利于受害人名誉的虚伪事实或者以他人传播的虚伪事实为依据进行不利于受害人名誉的不当评论。无论是传播虚伪事实还是据以为前提进行评论的虚伪事实,都有可能使社会上的其他人相信是真实的,达到误导他人的作用。而侮辱则不具备误导他人的作用,社会上的其他人一般也不会相信侮辱的内容是真实的。因此,事实基本真实的抗辩适用范围仅限定于采用

---

① 王胜明主编:《中华人民共和国侵权责任法释义》(第2版),法律出版社2013年版,第346—347页。
② 曹建明主编:《最高人民法院民事案件案由规定理解与适用》,人民法院出版社2011年版,第56—57页。

诽谤方式侵犯名誉权的情况,在侮辱人格的名誉权案件中并不适用。从名誉权的角度出发,文学剧本的侵权主要是指编剧不是出于艺术创作自由的追求进行创作,而是以损害他人名誉为目的,通过对他人进行侮辱、诽谤或者是揭露他人的隐私,致其名誉受到不应有的损害。

纪实类文学剧本与创作性文学剧本,在名誉权侵犯认定上,有难易程度的差别。纪实类文学剧本,一般为原型作品,较多地依赖于原型人物和既有事实而创作,其描写、议论、刻画的对象是真人真事,编剧在创作过程中,涉及对具体人物言行、事件经过的描写、议论都应本着对当事人负责的态度,客观、公正地进行,对取得的创作素材应在合理范畴内进行核实,不得进行有损特定人名誉的虚构或者做不当的议论。创作性文学剧本,包括完全想象虚构的作品以及不用现实中人物的真名真姓,却反映了现实中对某类人某些事的观点立场的作品。尽管法院在"陈琳等诉吴东峰名誉权纠纷案"①中,就创作性文学剧本的侵权分析进路做了一般性的阐述,即事件是否具有历史真实性,是否具有侵权故意,是否对写作素材的处理有过失(比如核实相应素材的来源、权威性等等)。但是,与纪实类文学剧本侵害名誉权的认定相比,创作型文学剧本的内容是否侵犯他人名誉权更加难以认定。②

1. 剧本中的真实人物与名誉权侵权

《民法典》第1027条第1款规定:"行为人发表的文学、艺术作品以真人真事或者特定人为描述对象,含有侮辱、诽谤内容,侵害他人名誉权的,受害人有权依法请求该行为人承担民事责任。"电影《霍元甲》的公映而引发的霍寿金诉中国电影集团公司等侵害名誉权纠纷③,是剧本故事是否侵犯他人名誉权的典型案例,该案对于编剧在创作剧本过程中如何平衡文艺创作中的"虚构与真实"具有重要参考意义。

原告霍寿金是霍元甲长子霍东章的第四个儿子,是霍元甲在国内唯一健在的孙子。原告诉称,影片侵犯了其祖父霍元甲的名誉,将霍元甲描写成从小生性好斗、好勇斗狠、乱收酒肉徒弟,甚至滥杀无辜的一介江湖武夫。因为其滥杀无辜,招致老母、独女被仇人残忍杀害,霍元甲被塑造成了一名无父、无母、无妻、无子、无女的落魄流浪汉,与以往人们印象中的民族英雄形象相差甚远。作为一代武学宗师,霍元甲在影片中被刻画成为一个寄人篱下生活长达7年之久,被并莫名其妙地被称作"阿牛"的人。原告认为,文学创作需要虚构是可以理解的,而影片《霍元甲》已经大大超出了这个限度。霍元甲生前育有二子三女,父、母、妻、子、女均于原告祖父去世后多年才辞世,家中多为长寿者,子孙人丁兴旺,生活于中国及海外。影片与历史事实大相径庭,令知晓霍元甲生平的普通民众产生疑惑,令不了解霍元甲生平的民众产生错误认识,使霍元甲这一民族英雄的社会评价普遍降低。被告侵犯了霍元甲的名誉,请求判令停止影片《霍元甲》的各种发行放映行为,消除影响,恢复名誉,公开赔礼道歉。

案件焦点在于:取材于真实历史人物的电影,在文艺创作中采取了大量虚构、夸张的表现手法,设计杜撰了"母女被杀""灭门无后"等情节;这些虚构、夸张与情节,是属于艺术创作中服务于剧情和人物塑造需要的表现手法与技巧,还是属于恶意歪曲事实,其行为应受到什么样的法律评价?北京高院在判决书中从两个方面对上述焦点问题予以了分析和回应:

第一,关于电影《霍元甲》所涉及的情节是"歪曲历史事实"还是属于文艺创作中的表现

---

① 北京市第一中级人民法院(2008)一中民终字第9239号民事判决书。
② 中国文联权益保护部编著:《捍卫名誉:文艺界名誉权典型案例评析》,中国文联出版社2015年版,第191—192页。
③ 北京市第一中级人民法院(2006)一中民初字第14855号民事判决书;北京市高级人民法院(2007)高民终字第309号民事判决书。

手法和表现技巧。

电影《霍元甲》系取材于真实历史人物的故事片。所谓故事片,是"综合了文学、舞蹈、音乐、戏剧等各种艺术形式,以表现和虚构为基础的,通过演员表演来完成的一种影视片类型",它的主要特点是虚构性、表演性。故事片区别于纪录片,后者是"直接从现实生活中选取图像和音响素材,通过非虚构的艺术表现手法,真实地表现客观事物以及作者对这一事物认识的纪实性影视节目"。故事片可以取材于真实的历史人物,但在故事情节、事件安排等方面则以虚构为基础,追求"艺术的真实"而不是"历史的真实"。因此,单纯地以历史中"真实的霍元甲"为标准去评价艺术化了的人物形象,显然不符合故事片的创作规律。

霍元甲为民间历史人物,关于其事迹历史典籍记载较少。霍寿金提交的证据之一,即上海精武创始人兼主干卢炜昌先生于民国七年(1918年)四月八日所写的"霍公元甲遗事并精武体育会之梗概",有关于霍元甲事迹及精神的简要介绍,如年少习武,吓跑英国奥皮因,打败日本柔道队,创办精武,后被日本人趁其治病之机毒死。上述史料记载总体上脉络较为粗疏。霍寿金提交的由晨曲所著、2006年6月百花文艺出版社出版的《正说霍元甲》亦是作者在诉讼过程中根据有限的史料编辑完成。显然,仅凭有限的史料难以塑造出丰满、完整的艺术人物形象,同时也为艺术家构思、想象、创造提供了更大的空间。不可否认,文艺作品对于发掘、阐释、传播霍元甲作为一代武术家的事迹与精神,传承民族文化起到了积极的作用,客观上也使霍元甲及其后人领受更多的声誉。因此,霍元甲的后人应具有足够的尊重和宽容,应允许艺术家有较大的艺术创作自由和空间。

退一步而言,历史是"对过去事实的有意识、有选择的记录",后人总是通过自身的理解、演绎来诠释历史和历史人物。因此,从严格意义上来讲,历史是过去发生的事实,因而是客观的;同时,历史又是当代人对过去的事物的理解,因而是主观的。在本案的具体情况下,通过司法认定何为"真实的历史"或"真实的霍元甲"实属勉为其难,显然由历史学家去探讨更为适当。即使在相同的史料条件下,塑造人物可以有不同的方式,至于表现手法的巧妙还是拙劣,则是文艺批评和探讨的范围。

因此,电影《霍元甲》中虚构的一系列情节属于文艺创作中的表现手法、表现技巧,不能简单地用"歪曲历史"的结论来评价。

第二,关于影片中"母女被杀"情节及"无后"问题。

影片《霍元甲》并非对历史人物霍元甲全景式的人物事件记录,"母女被杀"情节系服务于剧情和人物塑造的需要,其本身并不能推导出霍元甲"无后"之结论;并且,影片中自始至终并未正面或刻意表现霍元甲"无后"问题。而且,一般受众在观看影片后并不必然得出"霍元甲无后"的印象或结论。霍寿金提交的华文报纸对部分观众的采访也证明,观众大多是"从欣赏和娱乐的角度去观看电影",普遍没有注意到影片中霍元甲的生平问题。因此,霍寿金的主张难以确认。但是,需要特别指出的是,在影片设计的"母女被杀"等情节上,霍氏后人及特定的群体有不同于一般观众的观察视角和特殊体验,其感受是合情合理的。充分考虑到其感受的合理性,也可以体察霍氏后人因此可能遭受的不快与不便。

"民事活动应遵循自愿、公平、等价有偿、诚实信用的原则。"根据诚实信用原则的要求,以历史人物为题材进行商业影片拍摄,应充分尊重历史人物之后人的感受,照顾到其合理的情感利益,并尽可能地避免给其造成不良影响。客观地说,影片在故事情节的虚构方面尽管不具有违法性,但在"灭门"等情节的处理上,确实难称妥当。中国电影集团公司及其第一制片分公司、星河投资有限公司等影片制作单位并未对霍氏后人的情感利益予以适当的关照,应予以指出并要求影片制作方引以为戒。

至于电影《霍元甲》是否符合侵害了死者的名誉权,北京高院在判决书中指出:

> 侵害死者的名誉应符合以下几个要件:过错;违法行为;损害后果;违法行为和损害后果之间的因果关系。影片《霍元甲》旨在弘扬霍元甲的爱国精神与武术精神,从艺术上再现一代武术家成长和思想变化的过程,其主观上并无捏造事实毁损他人名誉的故意和过失。一方面,《霍元甲》通过了原广电总局和原文化部的审查,制片方根据行政主管部门的意见进行了适当的修改,从总体上排除了侮辱、诽谤等情节的存在;另一方面,现行法律并没有要求制片方必须征得历史人物后人的同意才能进行电影创作,也没有要求制片方必须调查史实、走访所描写对象的后人以及依据事实编写剧本,因此,影片的拍摄行为难以称为非法行为。上诉人提交的证据仅表明了特定群体对于电影的感受,即主观上该群体由于特定的地位和角色所产生的"名誉感"的降低,并不必然代表客观上霍元甲一般社会评价降低。综上,上诉人关于侵害霍元甲名誉之主张不能成立。

申言之,在法院看来,名誉与名誉感有本质上的区别。个人的主观感受会因生活环境、教育背景、性别、年龄等社会生活因素以及个人思维方式和性格的不同而存在较大的差异。名誉感是个人对人格价值的主观感受,不仅极其脆弱,很容易受到伤害,而且本身也可能不真实或不切实际,即使与社会评价一致,因个体的差异也会对他人的行为作出完全不同的反应,故而很难找到一个可供司法裁判的客观评断标准对其进行救济。[①] 在创作历史人物和事件类剧本时,对于权威部门已经做出定性的历史事件和人物,应予以参照;在剧本中若持有不同意见,应客观、谨慎。对于有些历史事件,由于各种原因相关史料至今尚未公开,或者难以获得,或者只是零散的片段,不同的亲历者在法律限度内对同一事实存在不同甚至相反的回忆和解读,只要不是故意虚构事实并侮辱、诽谤他人人格,均不会存在侵权问题。如在"曹天予诉周国平、长江文艺出版社侵害名誉权纠纷案"[②]中,法院指出,周国平虽然比较直白地表达了他对大学时代曹天予的观点和看法,有些看法甚至是负面的看法,所使用的"利用""虚伪""演戏冲动"等词虽然带有一定的贬义性,但周国平未完全凭空杜撰内容,而是回忆与解读者视角不同下的正常文学表达。

2. 剧本中的"聚合性"人物与名誉权侵权

虚构的故事,既可能是天马行空般的纯虚构,也可能有生活中的原型,只不过该原型未必是某个人物,而是诸多人物的聚合。《宦官小章子》是一部描写清末太监生活的电视剧。该剧于1999年播放后,清末太监小德张的养孙张某向法院提起诉讼,认为该剧有许多编造、丑化的内容,侵犯了小德张的名誉权,要求赔偿。[③] 法院认为,无论历史上曾经处于何种角色的公民,其个人的人身权权利均平等地受国家法律的保护,从电视剧《宦官小章子》所反映出来的历史事件和历史人物可推断出,剧中主人公"小章子"基本上是以清末太监小德张为生活原型,但此时剧中人物"小章子"已经不仅仅是现实生活中的某个人,而是太监这一群体的艺术缩影。因此,将剧中人物与现实人物简单等同、对号入座的做法是欠妥的。电视剧中表现主人公行为的情节,因在历史题材的文字作品中均有登载,故原告所称被告捏造、编造该

[①] 江必新主编:《最高人民法院指导性案例裁判规则理解与适用(侵权赔偿卷二)》,中国法制出版社2014年版,第69页。
[②] 北京市高级人民法院(2006)高民终字第954号民事判决书。
[③] 北京市朝阳区人民法院(1999)朝民初字第6630号民事判决书。

情节的主张,不予支持。

概言之,在主角系经"聚合性"创作出来的剧本中,需避免主角是生活中某一个特定人物的简单再现。诚如波斯纳法官所言:"一个虚构角色是几个活人的复合体时,诽谤的危险要小得多。"①

3. 剧本中的"映射型"人物与名誉权侵权

"映射型",指的是名义上虽然不是以特定人为描写对象,但实质上,所针对的是特定人。描述对象若是不特定的人,则适用《民法典》第 1027 条第 2 款规定:"行为人发表的文学、艺术作品不以特定人为描述对象,仅其中的情节与该特定人的情况相似的,不承担民事责任。"以"映射"的方式描写特定人的名誉侵权问题,最高法院早在 1993 年发布《关于审理名誉权案件若干问题的解答》第 9 条予以了规定,即或者虽未写明真实姓名和住址,但事实是以特定人为描写对象,文中有侮辱、诽谤或披露隐私的内容,致其名誉受到损害的,应认定为侵害他人名誉权。

在"冯景华诉黑龙江电影电视剧制作中心名誉权纠纷案"中②,原告冯景华认为《赵尚志》剧中的人物"冯界德"原型是其祖父,黑龙江电影电视剧制作中心在剧中将冯界德塑造成向日本军队出卖赵尚志行踪的叛徒,没有任何事实依据,其行为构成名誉侵权。该案历经一审和二审,原告败诉,法院认为剧中"冯界德"为虚拟人物。然而,该案进入再审程序后,根据《山河呼啸——东北抗联征战实录》一书的记载,及《关于冯国斌同志家庭历史结论》等材料,法院从五个方面比较《赵尚志》剧中"冯界德"与冯景华祖父:一是两人姓名同音;二是职业相似,冯景华祖父以打猎为生,与剧中"冯界德"收山货职业相似;三是活动的时期、地点吻合;四是冯景华祖父曾被怀疑从事特务行为等部分内容与剧中情节吻合;五是在赵尚志活动历史时期、地点,有"冯界德"其人,黑龙江电影电视剧制作中心不能证明除冯景华祖父外尚有与"冯界德"同名的其他人物记载。进而最终认定,《赵尚志》剧中的"冯界德"并非虚拟人物,其原型是冯景华祖父冯界德,判决被告侵权成立。

麦家的谍战小说《风声》也曾遭遇过"映射型"人物名誉权侵权诉讼。③ 小说讲述抗战期间,汪伪政权为了找出代号为"老鬼"的共产党人,把几个有嫌疑的人关在一幢小楼中进行审问。共产党人为保护重要情报与敌人斗智斗勇的故事。故事被设定发生在杭州西湖边的裘庄里,裘庄的主人曾开风花雪月场所,并与青帮黑会勾结,杀人越货,裘家的老二是个智力障碍者。状告麦家的裘某称,他的父亲曾拥有西湖边的"裘社",《风声》中对裘庄主人及其二儿子的描写,系对其父亲及其本人名誉的侵犯。该案二审法院认为,虽然《风声》关于裘庄地理位置的描写,与裘某父亲曾经所有的房屋因均位于西湖附近而存有相似之处,但不能仅凭这一点即认定麦家构成了侵权;《风声》描写的裘庄的具体坐落、建造年代、面积、结构与现实生活中的杭州市孤山××路××号房屋均不同,且描写的裘庄主人和子女的生活年代、家庭构成情况等与原告及其父亲的实际生活经历也明显不符,小说人物与现实人物之间并不能建立排他性的联系,因此不能认定小说《风声》是以裘某及其父亲为特定描写对象。

---

① 〔美〕理查德·A. 波斯纳:《法律与文学》(增订版),李国庆译,中国政法大学出版社 2002 年版,第 511 页。
② 哈尔滨市南岗区人民法院(2013)南民二初字第 1191 号民事判决书;哈尔滨市中级人民法院(2014)哈民一民终字第 556 号民事判决书;哈尔滨市中级人民法院(2017)黑 01 民再 2 号民事判决书。
③ 杭州市江干区人民法院(2010)杭江民初字第 12 号民事判决书;浙江省杭州市中级人民法院(2010)浙杭民终字第 1508 号民事判决书。

4. 剧本中的公众人物与名誉权侵权

公众人物是指在社会生活中广为人知、具有相当高知名度的社会成员。公众人物有多重分类方法，诸如当代公众人物和历史公众人物、主动公众人物和被动公众人物。公众人物一定是真人，但真人未必是公众人物。因公众人物较社会一般人在承受社会舆论方面有较高容忍义务，"公众人物比普通公民更具有义务忍受对其名誉的轻微伤害"[①]。故在剧本创作过程中，涉及公众人物的创作，相较于涉及普通真实人物的创作，就名誉权侵权而言，前者自由度更高。比如作为历史公众人物的乾隆、刘罗锅，其后人并没有因《戏说乾隆》《宰相刘罗锅》中的虚构与夸张故事而提起侵犯名誉权之诉。同理，对于历史公众人物的霍元甲，一审法院在"霍寿金诉中国电影集团公司等侵害名誉权纠纷案"的判决书中强调："霍元甲作为历史公众人物，对其名誉的保护范围并不同于普通人，而应受到一定的限制。历史人物的后代对此应持有一定的容忍态度。"[②]

主动公众人物，主要是在主观上自愿甚至追求、放任自己成为公众人物，或者虽不是主观自愿但因其主动选择了公共事务，涉及公共利益而必须置于公众视野监督之下而被视为公众人物，比如，演艺明星、体育明星、著名学者等各界知名人士以及政府高官，其成为公众人物更多源于其自身才艺或公共职位。被动公众人物，主要是出名或成为社会公众关注的焦点并非出于自愿，而是因为某些重大事件的偶然性介入或者参与的某些事件具有新闻价值、影响社会公共利益或触发了公众兴趣，与之联系或相关而成为公众人物。比如，"走廊医生"事件中的兰某。[③] 此类公众人物只是一般民众，其成为公众人物更多源于特定社会事件，在声望、影响力、社会地位等身份特征上相对于主动公众人物较低，而且其公众性或知名度可能会随着重大社会事件的淡出而随之淡出，重新成为一般民众。北京市海淀区人民法院在《涉网络名誉权案件审判白皮书（2013—2018）》中指出，相比涉普通大众的名誉权案件，审理涉公众人物案件时应该考虑对于公众或媒体行使言论自由及舆论监督等权利的行为对公众人物人格权益造成的损害或妨碍，公众人物应负有一定限度的容忍义务，因此人民法院会基于公共利益及正当公众兴趣等优先保护的价值取向和利益考量，对公众人物的名誉权等人格权所涵摄的人格利益进行正当的、必要的、适度的合理限制，在认定言论是否构成以侮辱、诽谤等方式侵害名誉权的"标准"或"程度"上，采取相对于言论涉及普通大众的情况更为宽松的尺度。

综上，为避免隐私和名誉侵权纠纷，在涉及原型人物或真实人物的剧本创作中，有两个应当注意的主要方面：一是避免严重失实，即在创作过程中，尽可能避免在关于生死、婚恋、贞节、品德等方面有较大出入；二是主观无恶意，即相关虚构的情节内容主要为艺术加工，目的在于强化主题和增强剧情的观赏性，而非出于对当事人的恶意侮辱或毁谤。[④] 此外，还有两种可以有效绕开名誉权纠纷的事前方法：一为"后人参与型"，一为"当事人放弃型"。"后人参与型"，在《梅兰芳》和《叶问》等影视剧中得到了运用。在拍摄之初，也就是剧本创作阶段，以约请剧中核心人物之后人作为顾问的方式，让其参与到剧本创作中来，以此把握创作尺度，不至于在播映后被诉至公堂。"当事人放弃型"主要是针对还在世的真实人物影视剧，

---

① 上海市静安区人民法院（2002）静民一（民）初字第1776号判决书。
② 北京市第一中级人民法院（2006）一中民初字第14855号民事判决书。
③ 北京市第二中级人民法院（2017）京01民终5729号民事判决书。
④ 国家新闻出版广电总局政策法制司编：《广播影视案例分析：传播内容篇》，中国广播影视出版社2014年版，第156页。

通常是指在剧本创作阶段，以一定的对价（可能有对价，也可能无对价）获得当事人的弃权声明，以避免日后相见于法庭。

无论是"当事人放弃型"还是"后人参与型"，取得授权或豁免，目的是避免陷入侵权纠纷之中，并非法律规定的强制性要求。但针对特殊题材和特定人物，根据《电影剧本（梗概）备案、立项须知》中的要求："凡影片主要人物和情节涉及外交、民族、宗教、军事、公安、司法、历史名人和文化名人等方面内容的（简称特殊题材），需提供电影文学剧本一式三份，并要出具省级或中央、国家机关相关主管部门同意拍摄的书面意见，涉及历史和文化名人的还需出具本人或亲属同意拍摄的书面意见。"也就是说，如果电影涉及特殊题材，且涉及历史和文化名人（此类作品一般都用真名），在电影剧本（梗概）备案、立项中，需要取得本人或亲属同意拍摄的书面意见。

另外，根据2018年5月起施行的《英雄烈士保护法》，革命烈士的名誉权得到法律的特别保护，禁止歪曲、丑化、亵渎、否定英雄烈士事迹和精神。英雄烈士的姓名、肖像、名誉、荣誉受法律保护。任何组织和个人不得在公共场所、互联网或者利用广播电视、电影、出版物等，以侮辱、诽谤或者其他方式侵害英雄烈士的姓名、肖像、名誉、荣誉。任何组织和个人不得将英雄烈士的姓名、肖像用于或者变相用于商标、商业广告，损害英雄烈士的名誉、荣誉。

文学剧本有虚构内容几乎是无法避免的，在判断涉及真人或真事的文学剧本是否违背"真实性"的问题上，司法应秉持谦抑的立场，避免武断干涉文学剧本创作的自由。另外，为避免因虚构内容被对号入座，以"本片纯属虚构，如有雷同，实属巧合"开头或结尾，提醒观众不要信以为真，不要将剧情与现实生活进行联想和臆测，发生纠纷时也具有抗辩作用。

然而，电影《霍元甲》片尾"本片取材自真人真事，但故事纯属虚构，如有雷同，实属巧合"的陈述，将"真人真事"与"虚构的故事"混为一体的做法，客观上容易造成霍氏后人及部分特定群体将影片与"真实的"霍元甲比对，并得出"歪曲历史"或"毁损名誉"的结论。陈可辛《亲爱的》片尾虽注明"本片根据真人真事改编，部分情节并未真实发生"，但播出了女主人公李红琴原型高永侠的真实镜头，影片虚构的下跪、陪睡内容令原型难以接受，虽然陈可辛向其致歉，但原型高永侠仍一度表示将起诉制片方，尽管诉讼最终并没有付诸实施。可见，相比较而言，"本片纯属虚构，如有雷同，实属巧合"更具有名誉权侵权的防御性功效。从下面两影片的声明中可以看出，在涉及真实事件或人物时，中国制片方还可以做得更好。

《我不是药神》：

> 本片部分内容取材于真实事件，但人物情节均为虚构，剧作属再创作，并非真实记录。

《印度合伙人》/《护垫侠》（Pad Man，2018）：

> 本片取材于阿鲁纳恰拉·穆鲁伽南塔姆先生的生平。虽然本片故事的情节源自真实事件的启发，但是片中某些人物、角色、性格、事件、地点和台词皆为虚构，是为了剧情而创作出来的。此类虚构或创作与任何人、生者或死者或任何产品或实体或实际事件的名称，或实际人物或历史有任何的相似之处，完全是出于戏剧性目的，并不打算反映任何实际人物、历史、产品或实体。此外，片中所描绘的人物、事件和公司以及所使用的名字皆为虚构。

第二节 剧 本 种 类

剧本种类繁多,诸如电影剧本、电视剧本、动画剧本、小品剧本、相声剧本、快板剧本、音乐剧剧本、舞台剧剧本、情景剧剧本、哑剧剧本、二人转剧本、电视栏目短剧剧本、话剧剧本等等。不同剧本在创作方式虽然各不相同①,但从法律角度看,无论剧本的名称或类型为何,只要是著作权法上的文字作品,均无差别地受著作权法保护。剧本的版权所有者又称为著作权人,其对剧本享有版权。通常情况下,作者是最主要的版权人,著作权人就是作者。但是,作者以外的其他人根据合同或者法律的直接规定,可以享有著作权,进而被称为著作权人。易言之,在"作者"与"著作权人"之间并不能画等号,作者可能是著作权人,也可能不是著作权人。

一、委托创作剧本

(一)委托创作剧本的著作权归属

委托创作占影视剧剧本产生方式的多数,因为投资方直接和下游营销渠道挂钩,了解市场脉搏和需求,所以经他们策划的项目往往会得到市场的青睐,可以避免闭门造车,影视剧拍完后却卖不出去;在此种创作模式下,编剧写出来的剧本成活率更高,尽管也可能会使得编剧丧失创作的主动权,因为此时剧本创作已经不再是单纯基于创作欲望,而是出于投资方的需求和要求。② 关于委托创作剧本,《著作权法》第19条对其权利归属做了规定:"受委托创作的作品,著作权的归属由委托人和受托人通过合同约定。合同未作明确约定或者没有订立合同的,著作权属于受托人。"简言之,"有约定,从约定;无约定,归创作人"。

在"广东唱金影音有限公司与中国文联音像出版社、天津天宝文化发展有限公司、天津天宝光碟有限公司、河北省河北梆子剧院、河北音像人音像制品批销有限公司著作权纠纷上诉案"③中,法院在认定委托人与受托人之间没有约定的事实基础之上,将剧本的著作权判归创作人所有:

> 吴祖光受聘整理的《三打陶三春》剧本,尚羡智受聘整理的《双错遗恨》《清风亭》剧本,是受委托整理的作品,由于委托人未与吴祖光、尚羡智约定剧本的著作权的归属,因此吴祖光、尚羡智对受托整理的剧本依法享有著作权。

当事人之间是否存在《委托创作合同》是判定是否是委托创作行为的重要依据,但在实践中法院并不仅以是否存在标题为《委托创作合同》的文件为唯一的判定依据,而是根据双方间的合同约定、合同目的等多重因素进行考量。无论当事人双方间的合同标题为何,只要在实质上被认定为具有"委托创作"之合意的,委托创作关系就在双方之间建立起来。法院在"河北文化音像出版社有限公司与薛磊委托创作合同纠纷上诉案"④中表达了这个观点:

> 关于《聘用电视剧编剧合同》是否属于委托创作合同的问题。《聘用电视剧编剧合同》是双方真实意思的表示,符合合同法的相关规定,为合法有效的合同,双方当事人应

---

① 王超:《话剧剧本创作与影视剧本创作的异同》,载《艺术百家》2012年第7期,第344页。
② 赵建新:《编剧话语权:从创作到利益》,载《艺术评论》2014年第2期,第63页。
③ 中华人民共和国最高人民法院(2008)民三终字第5号民事判决书。
④ 河北省高级人民法院(2016)冀民终22号民事判决书。

严格予以遵守。《聘用电视剧编剧合同》的前序部分明确约定,河北音像公司聘用薛磊为《暖城》电视剧的编剧,薛磊也接受聘用,说明薛磊为河北音像公司做的具体工作,就是编写《暖城》电视剧的剧本。该聘用合同是决定双方关系的基础,体现在剧本的创作上,就是委托与被委托的关系。在该合同履行过程中,双方之间严格按照《聘用电视剧编剧合同》第3条有关分集故事梗概、全剧故事梗概均要提交河北音像公司审核,如不符合其要求,薛磊应在10天内修改分集故事梗概的约定,通过电子邮件往来对故事大纲及剧本等内容进行了充分的协商、研讨及多次的修改,河北音像公司对薛磊提交的作品内容充分地表达了自己的意志。这些过程与单纯的著作权买卖(转让)关系不同,符合委托创作合同的构成要件。因此,《聘用电视剧编剧合同》属于委托创作合同。

在"合同未作明确约定或者没有订立合同的,著作权属于受托人"的情况下,最高法院《关于审理著作权民事纠纷案件适用法律若干问题的解释》(2002)第12条规定,委托人在约定的使用范围内享有使用作品的权利;双方没有约定使用作品范围的,委托人可以在委托创作的特定目的范围内免费使用该作品。简言之,受委托创作的作品,著作权的归属有约定的从约定,没有约定的,受托人在约定的范围内享有作品的使用权,没有约定使用范围的,受托人在委托创作的特定目的范围内享有使用权。

对于制片方而言,在委托创作合同中,若没有对剧本的著作权进行约定,不影响制片方基于"特定的目的范围"——制作影视剧——免费使用该剧本,因为制作影视剧是制片方委托创作剧本之无可置疑的特定目的,除非合同中另有其他规定。但是,这并不等于说,"特定目的范围"的边界是清晰可见的。比如,可以制作影视剧,是否就必然可以推导出可以在世界范围内不受任何限制地发行该影视剧呢?法院在"万军诉汤潮军、北京华夏金马文化传播有限公司等著作权纠纷案"[①]中所持的观点是:

> 万军与汤潮军没有订立书面合同,现双方对委托作品的使用范围说法不一,且均未提交证据,本院依据事实予以判断:一般来说,歌手委托他人为其创作乐曲,首要目的是将该作品用于表演,故汤潮军在演出中使用涉案作品符合双方约定的委托目的,但该作品能否被他人录音、录像并复制、发行相关录音、录像制品,应由表演者与著作权人明确约定,汤潮军主张双方就涉案乐曲使用范围达成一致,其应承担相应的举证责任,现其未能提供证据,应承担举证不能的后果。

如果说法院在"万军诉汤潮军、北京华夏金马文化传播有限公司等著作权纠纷案"中对"委托目的"的解释趋严的话,那么,在"袁兵与杭州娃哈哈集团有限公司侵害作品复制权纠纷、侵害作品发行权纠纷申诉案"[②]中,法院对"委托创作的特定目的范围"的解释尺度则放得较宽:

> 本案中对委托创作目的的解释不能拘泥于最初的征稿内容;结合历史因素进行分析,考虑到涉案委托创作行为的时代背景、娃哈哈公司的企业发展阶段等历史状况因素,并不能得出涉案征集图案仅限于娃哈哈营养液使用的明确意思表示;从交易习惯的角度解释,娃哈哈公司及其前身通过大量的资金投入、长期的市场运作使得"娃哈哈"系列商标积累了良好的商誉,娃哈哈公司作为市场经营主体,在扩大经营规模的基础上,

---

① 北京市海淀区人民法院(2006)海民初字第25641号民事判决书。
② 浙江省高级人民法院(2016)浙民申3200号民事裁定书。

第二章 剧　本

推陈出新，继续沿用承载良好商誉的原有系列商标，符合市场经营规律和商业交易习惯，亦能保障消费者对商品真实来源的知情权，并未逾越"委托创作的特定目的范围"，属正当使用。

鉴此，对于制片方而言，值得再一次强调为剧作进行投资的人或出钱的人，并不必然与取得作品之著作权相关联，为避免纠纷，如有意进行委托创作，应提示投资方签订规范的委托创作协议，明确权利的归属，并且，宜在委托创作合约的恰当部分，适当地将委托创作的目的予以泛娱乐化，以使委托创作成果并不被局限于特定单一目的之用。

（二）委托创作剧本的著作人身权

根据《著作权法》第19条的规定，委托作品的著作财产权可以完全由当事人约定，无任何限制；但是，委托作品的著作人身权是否可以通过合同约定其归属，则存在不同的看法。

1. 委托人和受托人通过合同约定的只能是委托作品的著作财产权，不能约定著作人身权的归属，著作人身权归作者享有

该观点的主要理由在于，著作人格利益具有专属性，是不可转让的。[①] 例如法院在"《中国特警》剧本著作权纠纷案"[②]中持的观点是，剧本精神权利具有不可转让和不得放弃的特点，放弃署名权的行为是无效的民事行为。对于委托创作作品而言，我们很难从理论上解释为什么真正的创作者不能享有著作人格权利益，不能修改作品、保护作品的完整性，甚至不能决定是否发表作品，而委托者仅仅通过一纸契约和经济上的对价，就享有了创作者才能享有的人格权利。这与著作人格权的人身属性以及不可继承、不可转让的理论大相径庭。[③] 我国《著作权法》明确规定经济权利可以许可、转让或者部分转让，并因此获得报酬，这种规定从另一方面说明精神权利是不能许可和转让的，否则便没有必要这样单独加以规定。[④] 有观点更是认为，不论作者当时让非作者署名是出于什么动机，当时的心理状态是否光明、或是想基于出版、或是抱有讨好巴结上司的不正常心态，都不能否认作品是创作人创作的事实。……如果在司法实践中，造成这样一种结果，即真正的作者的权益得不到保护，而那些自己不创作，却在别人作品上署名的人反倒扬眉吐气，照样以作者自居，这违背了著作权法制的第一位的原则。[⑤]

在影视娱乐行业，除原本已经呈"眼花缭乱"之势的各种"花式"署名之外，还有基于提携新人之考虑，而自愿在自己创作的剧本上署他人之名的做法。如在"琼瑶诉于正案"中，电视剧《梅花烙》的原创故事及剧本均由琼瑶创作完成，琼瑶为剧本的作者，琼瑶的助手林久愉提供了创作辅助与文稿整理工作，根据琼瑶的要求并经林久愉同意，为了提携新人，在电视剧《梅花烙》剧集的署名中，将林久愉署名为"编剧"，将琼瑶署名为"编剧指导"。[⑥] 若不是案件判决书公开，林久愉因获得琼瑶的青睐，而被赋予了"编剧"之身份，这种身份转让，或者说身份加持，很难说不违背朴素的公平正义感。

[①] 李琛：《知识产权法关键词》，法律出版社2006年版，第190页。
[②] 北京市海淀区人民法院（2003）海民初字第2603号民事判决书。
[③] 周晓冰：《著作人格权的保护》，知识产权出版社2015年版，第22页。
[④] 吴伟光：《著作权法研究：国际条约、中国立法与司法实践》，清华大学出版社2013年版，第207页。
[⑤] 刘春田：《著作权立法的意义》，载司法部和国家版权局：《中华人民共和国著作权法讲析》，中国国际广播出版社1991年版，第102页。
[⑥] 宋鱼水、冯刚、张玲玲：《文艺作品侵权判定的司法标准：琼瑶诉于正案的审理思路》，北京大学出版社2018年版，第160页。

2. 委托人和受托人既可以通过合同约定委托作品的著作财产权,也可以通过合同约定委托作品的著作权人身权

该观点的主要理由是,凡未被明令禁止,均不应被随意限制,《著作权法》未对委托人和受托人可以约定的对象作出限定,从语义上可以理解为既包括经济权利,也包括精神权利。① 在"严会生诉于京旭案"中,北京市第一中级人民法院和北京高院就认为,委托创作协议中约定创作者不享有编剧署名权,并没有什么不妥,委托创作的人身权不可转让的说法没有法律依据。② 郑成思教授赞同这种观点,他指出:"某作者尚不出名时,为能出书而拉上一位未从事创作的名人在作品上署名,待成名后又指责该名人署名为非法。如果版权法一概否认精神权利可以放弃,则这位作者后来的指责就合法了。而他原先的部分放弃署名权,实际上为自己捞到了好处,后又能'依法'否认自己曾放弃的事实"③,这是非常不公的。

在"电影《墨攻》李树型诉张之亮侵犯著作权纠纷案"④中,法院委婉地提出著作人身权并非不能通过合同转让:

> 依据著作权法的规定,作者的人身性权利一般不能转让,除非在委托创作关系中有明确约定。

质言之,在该案审理法院看来,根据著作权法的规定,可以在委托创作关系对作者的人身性权利之转让做出约定。

3. 委托人和受托人是否可以通过合同约定著作人身权的归属,不宜一概而论,应根据作品的不同以及权项的不同进行区分

该观点认为,对于那些主要发生在法人之间的,创作以大量人力、物力、财力投入为条件的工程技术作品、实用艺术作品,约定人身权利归属于委托人并无不妥。至于那些主要是自然人创作,物质投入并不是创作的决定因素,作品的完成主要取决于作者个人智慧的文学、艺术作品,则关于人身权权利归属的约定应当受到适当的限制。⑤ 进而言之,通过合约约定著作权人身权中的发表权、修改权和保护作品完整权之归属,其效力不应被否定;但是,著作权人身权中的署名权不能通过约定进行转让。绍兴市中级人民法院秦善奎法官对其之所以认同根据权项做不同区分的观点做了阐述⑥:

> 合同自由是基本法律原则,应当予以遵守,除非有明确规定。对于人身权事项,涉及作者的精神人格,对此,《民法总则》第143条第3项规定,民事法律行为在不违反法律、行政法规的强制性规定,不违反公序良俗的前提下有效,也即违反法律、行政法规的强制性规定,违反公序良俗的行为无效。对于著作人身权是否可以约定,《著作权法》(2010)并没有明确规定予以限制,反而在第17条中"特意"没有加上"著作财产权"的限制性术语。那么,阻碍该类委托合同的效力就只是"公序良俗"一个条件。对于人身权中的发表权、修改权、保护作品完整权与作品的使用密不可分,与作者的精神人格关系并不密切,约定归属并不违反公序良俗,甚至是法律所倡导的行为,比如《著作权法实施

---

① 李明德、许超:《著作权法》,法律出版社2003年版,第156页。
② 李永明主编:《知识产权案例研究》,浙江大学出版社2002年版,第635—637页。
③ 郑成思:《版权法》(上),社会科学文献出版社2016年版,第281—282页。
④ 北京市第二中级人民法院(2007)二中民初字第6836号民事判决书。
⑤ 韦之:《著作权法原理》,北京大学出版社1998年版,第53页。
⑥ 秦善奎:《知识产权民事审判证据实务研究——以智慧的方式善待智慧》,知识产权出版社2018年版,第155页。

条例》第 10 条规定：著作权人许可他人将其作品摄制成电影作品和以类似摄制电影的方式创作的作品的，视为已同意对其作品进行必要的改动。因此，关于发表权、修改权、保持作品完整权的约定应为有效约定。对于署名权，与作品的使用关系往往不大，但于作者的精神人格往往关系密切，因此关于署名权归属的约定违反公序良俗，确实会导致王迁教授所担心的"花钱买论文"合法化之违反公序良俗的情形的存在，此时，可以适用《民法总则》关于民事法律行为无效的规定认定该约定无效。

因《民法总则》第 143 条第 3 项的内容在《民法典》中也有相同的规定，秦善奎法官的分析在《民法典》背景下同样具有参考意义。

4. 不应将约定人身权归属与约定不行使署名权划等号

在该观点看来，首先，人身权中的发表权、修改权和保护作品完整权以允许约定归属为妥，因为发表权与使用难以截然分开，使用往往意味着公之于众；修改权、保护作品完整权与使用也紧密相连，所以《著作权法实施条例》第 10 条规定，著作权人许可他人将其作品摄制成视听作品的，视为已同意对其作品进行必要的改动。其次，约定人身权归属于委托人享有，不为法律所承认；约定作者不行使著作人身权，则应得到法律的尊重。在委托合同中，委托人与受托人约定的受托人不署名等，不是约定著作人身权转让。署真名、署假名甚至不署名，都是署名权的应有之义。而且，这种约定是双方意思表示一致。因此，若受托人通过合同表示不再行使署名权的，不违背法律的规定。① 在"重庆西艺装饰设计有限公司与杨继国再审申请案"②中，最高法院指出，署名权是作者的权利，是否署名、以何种方式署名，权利人可以处分。放弃署名权，是著作权人对署名权进行处分的表现方式之一。③ 英国法虽然持"精神权利是不能被让渡的"观点，但认为"精神权利却可以被放弃"；只不过当获得一项放弃精神权利的声明时，或者当一个弃权行为发生时，应检查此类情形所形成的权利是否足够，此种弃权是可撤销的还是不可撤销的，是有条件的还是无条件的，相关弃权行为是否能够满足对该作品进行使用的需要？④

我国台湾地区"著作权法"第 21 条规定，著作人格权专属于著作人本身，不得让与或继承。在委托创作的情况下，可否由双方约定"著作人不得行使其著作人格权"之文字？台湾地区"智慧财产局"在 2010 年时表示，著作人格权具有一身专属性，属于著作人本身，故不得让与或继承。至于在委托他人完成著作之合约中所谓"不行使著作人格权"，系指不行使权利，并非指著作人不享有这些权利。因此，若受托人已同意不向委托人主张姓名表示权，则委托人在著作上不署名之行为，不构成对受托人之著作人格权的侵害。⑤ 可见，在实践中，我国台湾地区也认可以"不行使著作人格权"为表现形式的"放弃"。

综上，整体上，实务界支持可以通过合同约定"发表权、修改权和保护作品完整权"之归属的观点略略占优；至于署名权，倾向性的意见尚未形成。不过，即便禁止委托方与受托方之间转让署名权，这也并不意味着当事方不能自由处分署名权。也就是说，虽然署名权无法转让，但是可以通过约定或声明放弃署名权或以署特定之名的方式行使署名权。比如，甲委

---

① 陈锦川：《著作权审判：原理解读与实务指导》，法律出版社 2014 年版，第 71—72 页。
② 中华人民共和国最高人民法院(2010)民申字第 18 号民事裁定书。
③ 杜颖：《知识产权法学》，北京大学出版社 2015 年版，第 66 页。
④ 〔英〕萨莉·斯皮尔伯利：《媒体法》，周文译，武汉大学出版社 2004 年版，第 505 页。
⑤ 罗明通：《著作权法论》(Ⅰ)，台湾台英国际商务法律事务所 2014 年版，第 476—477 页。

托乙创作剧本,双方在委托创作合同中约定:"该剧本的署名方式为:乙放弃署名权,同意在该剧本之上署甲方之名、甲方署他人之名、署编造之名,且承诺不对该署名提出恢复之请求。"这种约定,在代笔写手的合同中作用尤其重要。倘若觉得这种约定还不足以安心,那么,利用限制人身权使用的方式做约定,也具有可行的替代性。比如:"乙方受甲方委托创作剧本,乙方向甲方承诺并保证,在剧本的著作权保护期限内,乙方不以任何方式主张署名权、修改权、发表权和保护作品完整权。"在纯粹为商业目的委托创作作品的关系中,如果当事人约定买断作品的所有权利,基于对当事人意思自治的尊重,无需僵化地认定人格权类的人身权不能转让,法院也完全可以通过缩限解释等方式解决法律适用问题;在这种情况下,当事人之间存在的是市场交易关系,只有按照当事人意愿把法律关系扯清,才能便利交易和降低交易成本。①

（三）委托创作合同中的常见纠纷

委托创作多以合同的方式确定委托人与受托人的义务,通常而言,委托合同在结构与内容上的主要条款有:鉴于、剧本基本情况（剧名、长度、字数、集数）编剧人员、创作地点、创作方式、创作内容（剧本大纲、人物小传、分集大纲、分场、对白剧本）、创作流程（工作筹备阶段、故事大纲提交、分集大纲提交、分集剧本提交、全本修改、补充）、内容审核与认可的标准和操作细节、创作服务费总额、分阶段创作服务费、集数调整、税务、其他费用（剧本协调会、研讨会、前期调研、采访等过程中的差旅费、杂费）、剧本交付、交付时间节点、交付介质、交付确认、剧本认可与修改、剧本权利归属的一般规则、剧本权利归属的特殊规则、影视剧的权利归属、署名要求权、署名内容及方式、剧本权利保留与限制、宣传推广、甲方承诺与保证、乙方承诺与保证、保密、合同中止与终止、单方解除权及其行使、违约责任、不可抗力、双方关系、权利义务转让禁止、法律适用、争议解决、通知与送达、签署。尽管合约内容颇为丰富,但实践中依然纠纷不断;为此,挑选出一些常见纠纷供学习了解,其裨益毋庸赘言。

1. 剧本字数

通常情况下,在《剧本委托创作合同》中都会有关于剧本字数的约定,比如"每集剧本应不少于12000字"。这种约定还不够清晰,从不同的角度认识该约定中的12000字,会有不同计算方法和计算结果,比如"word 纯字数""word 字数"。《使用文字作品支付报酬办法》(2014年)第5条规定:支付报酬的字数按实有正文计算,即以排印的版面每行字数乘以全部实有的行数计算。占行题目或者末尾排不足一行的,按一行计算。《出版文字作品报酬规定》(1999年)第7条规定:支付报酬的字数按实有正文计算,即以排印的版面每行字数乘以全部实有的行数计算。末尾排不足一行或占行题目的,按一行计算。可见,如果按照《使用文字作品支付报酬办法》和《出版文字作品报酬规定》的字数统计方法计算,字数容易"膨胀";也就是说,可能纯字数只有10000字,但若采用"以排印的版面每行字数乘以全部实有的行数计算。末尾排不足一行或占行题目的,按一行计算"的方式,字数统计结果高于12000字是非常稀松平常的事。

"林海鸥诉北京晟龙天华公司委托创作合同纠纷案"②是一起关于剧本字数统计的纠纷。原告林海鸥主张排版字数是指每个版面中每行的字数乘以行数,在版面上图、表、公式、空行均以满版计算,全书字数等于每个版面字数乘以页码数。北京晟龙天华公司辩称不知悉"排

---

① 孔祥俊:《知识产权保护的新思维——知识产权司法前沿问题》,中国法制出版社2013年版,第18—19页。
② 北京市第二中级人民法院(2008)二中民初字第16166号民事判决书。

版字数"的计算方法,以为"排版字数"就是"纯字数"。法院最终没有采纳北京晟龙天华公司的抗辩主张。可见,在《剧本委托创作合同》中除需要约定剧本字数以外,还需要对字数统计方式予以约定方可有效避免因字数统计方式不一而导致的字数是否符合要求之纠纷。

2. 计酬集数

获得报酬是受托人最为关注的问题之一。在委托创作合同中,计酬集数方式多种多样,比如按实际创作集数计酬、按实际拍摄集数计酬、按许可证载定集数计酬、按实际播放集数计酬等,这些计酬方式还可以结合"就低不够高"或"就高不就低"的原则来确定计酬集数或计酬标准。若约定不明,极易引发纠纷,如发生在"郝岩与吴毅之间的著作权合同纠纷"[①]。

在该案中,原告郝岩与被告吴毅签订《编剧合同》,双方约定被告吴毅聘用原告郝岩担任编剧创作30集电视连续剧《王大花的革命生涯》的电视剧剧本。关于编剧酬金,双方约定被告吴毅应按照该剧成品实际剪辑集数付给原告郝岩约定酬金,若成品实际剪辑集数少于创作集数,以创作集数为准;成品实际剪辑集数以国家审查机关签发发行许可证集数为准。案涉电视剧《王大花的革命生涯》的许可证的集数为43集,该剧首轮播出集数为40集。被告吴毅共支付原告郝岩40集酬金;原告要求被告另行支付3集编剧酬金,故诉至法院。该案案情比较简单,但是与计酬集数相关的概念却非常复杂,如"成品实际剪辑集数""创作集数""发行许可证集数""播出集数"等等。在委托合同中详尽地对计酬集数予以约定,是避免发生该类纠纷的重要预防措施。

3. 剧本修改

制片方委托编剧进行剧本创作,必定对剧本内容和质量有相应的要求,倘若制片方对编剧交付的阶段性初稿不满意,根据合约提出剧本修改要求,编剧应予配合。但疑问之处在于,若没有对修改次数进行约定,制片方反反复复提出近乎无休止的修改要求,作为受托方的编剧,是否有拒绝修改的权利? 在"北京泰合百联传媒广告有限公司与王力羽、王力召、刘霄红委托创作合同纠纷案"[②]中,法院认为,原被告双方对停止创作的原因虽各执一词,但《剧本创作合同》约定"乙方须按照甲方对分集大纲及人物小传的修改意见进行修改","甲方对该剧本的修改和采用具有决定权",北京泰合百联传媒广告有限公司有权在创作的相应阶段提出修改意见,故王力羽、王力召、刘霄红有关剧本创作停止系因北京泰合百联传媒广告有限公司不断提出修改意见的辩称意见,不予采纳。从该案体现的裁判精神来看,在委托创作合同中对剧本修改的具体要求、次数、程序等等进行细致的约定,不无必要。

4. 受托方未按照约定顺序创作

创作,有时候按部就班,有时候信马由缰。无论是哪一种形态,都是创作的真实规律。在委托创作合同中,若对创作顺序有约定,那么,按照合同约定的顺序进行创作,便是受托人的义务,而不能任由其进行跳跃式创作,尽管按部就班可能会为创作灵感的生成带来阻碍。在"朱睿与吴毅委托创作合同纠纷案"[③]中,双方签署的《编剧合同》对于朱睿的创作顺序作出约定,即应以剧本大纲、人物小传、分集大纲、剧本初稿、定稿为创作的先后顺序,同时对付款时间、方式和金额进行了约定。根据《编剧合同》的约定,朱睿向吴毅提供的每一个创作阶段的剧本或剧本分集大纲均需在得到吴毅认可后,方可进行下一步创作。若双方在创作的任

[①] 大连市西岗区人民法院(2017)辽0203民初4064号民事判决书。
[②] 北京市丰台区人民法院(2013)丰民初字第725号民事判决书。
[③] 北京知识产权法院(2016)京73民终144号民事判决书。

一阶段无法达成共识或经朱睿修改仍不符合吴毅要求的,吴毅有权终止合同,并无需向朱睿支付后期酬金。在综合考虑合同具体约定的基础上,法院认为:双方当事人在《编剧合同》中对于创作顺序以及要求朱睿在吴毅对每一个创作阶段的成果认可后方能进行下一步创作的约定,符合影视剧剧本创作的行业惯例,对于确保剧本质量符合要求具有重要价值;朱睿在交付了剧本大纲后即进入了分集大纲的创作,在交付 1—5 集剧本前其始终未交付人物小传,违反了《编剧合同》对于创作顺序的约定,且分集大纲和 1—5 集剧本亦未得到吴毅的认可,故吴毅就该 1—5 集剧本向朱睿支付酬金的条件并未成就。

5. 委托方未及时就剧本提出反馈意见

受托方阶段性创作成果交付后,若委托方迟迟不就阶段性创作成果是否符合创作要求予以表态,致使受托方不知是该等待,还是该开启后一阶段的创作。若是一直等待,无疑,时间成本巨大;若是开启后一阶段的创作,则恐违反合约约定的按顺序创作之要求。在委托创作合同中,对委托方及时就阶段性成果提出反馈意见予以约定,对于避免受托方处于无所适从的状态具有非常积极的意义。"翼云时代(北京)科技有限公司与北京完美视界影视文化传媒有限公司委托创作合同纠纷案"[①],涉及的是委托方未及时就剧本提出反馈意见而被法院作出不利判决的案情。

在该案中,按照双方签署的合同之约定,在每集节目剪辑前,如果北京完美视界影视文化传媒有限公司对翼云时代(北京)科技有限公司提供的脚本方案提出异议,翼云时代(北京)科技有限公司应当听取北京完美视界影视文化传媒有限公司的意见并在要求的时间内进行修改;每集节目剪辑工作开始,并经北京完美视界影视文化传媒有限公司书面确认(信件、电子邮件、传真)后视为当集剪辑脚本合格完成。涉案合同约定,北京完美视界影视文化传媒有限公司有义务针对方案及时反馈意见,如在翼云时代(北京)科技有限公司提交脚本 3 个工作日内,北京完美视界影视文化传媒有限公司无反馈意见,则翼云时代(北京)科技有限公司按照项目通过并可进行下一步工作来处理。法院认为,翼云时代(北京)科技有限公司已履行了第 12 集脚本的交付义务,尽管北京完美视界影视文化传媒有限公司不认可合格通过,但未举证证明其履行了反馈告知义务,因此视为翼云时代(北京)科技有限公司交付的第 12 集脚本通过;因此,北京完美视界影视文化传媒有限公司应当及时履行付款义务。

6. 受托人迟延交稿及委托人主张赔偿的基本证据要求

在"零安邦诉北京高格依麦影像文化有限公司委托创作合同案"[②]中,法院认定,受托方零安邦未按照合同约定的日期提交剧本,延误了电视剧的拍摄计划,导致演职人员报酬以及租用器材设备费用的增加;由于受托方的违约行为给委托人造成了损失,在委托方提出请求时,受托方应当予以赔偿,故零安邦应当赔偿北京高格依麦影像文化有限公司的损失。

委托方北京高格依麦影像文化有限公司为了证明因零安邦迟延交稿造成的损失,向法院提交了以下证人的证人证言:《亲爱的,看招》剧组外联制片何明、生活制片郑俊发、演员陈海军、演员兼副导演韩文阁、执行制片张世杰、现场制片边策、现场执行导演方旭、演员郑毓芝、美术黄煌、演员关新伟、演员徐红梅;他们在证言中均指出:由于没有剧本,不能按期开机,并造成剧组二次进景拍摄,导致拍摄进度、周期延长,造成很大损失。其中,外联制片何明、生活制片郑俊发、演员陈海军、演员兼副导演韩文阁、执行制片张世杰、现场制片边策、现

---

① 北京市朝阳区人民法院(2017)京 0105 民初 18964 号民事判决书。
② 北京市第一中级人民法院(2005)一中民初字第 2093 号民事判决书。

场执行导演方旭出庭作证,证明根据他们和北京高格依麦影像文化有限公司所签的《聘用演职人员合同书》,由于聘用期限终止日延长,北京高格依麦影像文化有限公司除额外支付给张世杰约定费用之外,还支付了相应的延期费。为支持其租用灯光、器材等而支出了额外费用的诉讼请求,北京高格依麦影像文化有限公司出具了其与北京龙光影视器材有限公司签订的《租赁合同》。

在确定赔偿数额方面,法院指出,对北京高格依麦影像文化有限公司支付给出庭的七位证人,即何明、郑俊发、陈海军、韩文阁、张世杰、边策、方旭的延期聘金予以确认,但由于证人郑毓芝、黄煌、关新伟、徐红梅没有正当理由未出庭作证,故该证人证言不能作为单独认定案件事实的依据。针对北京高格依麦影像文化有限公司提供的租用器材相关费用的损失,法院对《租赁合同》约定的数额予以确认。

(四)委托创作合同的解除规则

制片方委托编剧进行剧本创作,出现皆大欢喜的双赢结果无疑最佳。但在实践中,制片方与编剧互不满意,以至于要分道扬镳的情况也并不少见。此时,若依照合同的约定行使合同解除权,只要有清楚的约定,双方大概不太容易发生纠纷;在双方就解除条件约定不明的情况下,纠纷则很难避免。委托创作合同受《民法典》的规制与调整。《民法典》第933条规定:"委托人或者受托人可以随时解除委托合同。因解除合同造成对方损失的,除不可归责于该当事人的事由外,无偿委托合同的解除方应当赔偿因解除时间不当造成的直接损失,有偿委托合同的解除方应当赔偿对方的直接损失和合同履行后可以获得的利益。"这项规定除对无偿委托和有偿委托之随时解除委托的责任进行了区分外,与《合同法》第410条"委托人或者受托人可以随时解除委托合同。因解除合同给对方造成损失的,除不可归责于该当事人的事由以外,应当赔偿损失"之规定没有其他差别。该项规定通常被解读为"任意解除权"。

1. 任意解除权的学理分析

从学理上分析,任意解除在中国法上有若干类型:(1)在承揽合同中,承揽工作项目是为定作人的利益而进行的,甚至仅对定作人有意义,如果情势变更等原因使承揽工作变得对定作人已经没有意义、没有必要,却仍要定作人忍受承揽人继续完成工作的结果,显然不合理;在此类情况下,允许定作人解除合同,同时充分赔偿承揽人的损失是适当的。(2)对于某些合同,基于特别的立法政策,法律赋予特定当事人任意解除权,如《保险法》第15条规定:除本法另有规定或者保险合同另有约定外,保险合同成立后,投保人可以解除合同,保险人不得解除合同。《农村土地承包法》第29条规定:承包期内,承包方可以自愿将承包地交回发包方。(3)在继续性合同场合,当事人任何一方都均可据双方的信任基础已经丧失为由行使解除权,《合同法》第410条即属此类。[①] 如最高法院在"上海盘起贸易有限公司与盘起工业(大连)有限公司委托合同纠纷案"[②]中强调:"委托合同基于当事人之间的相互信任而订立,亦可基于当事人之间信任基础的动摇而解除。"

崔建远教授认为,《合同法》第410条的规定,在实务中出现了一些负面的作用。例如,委托事务接近完成,甚至于受托人为履行事务而专门设立了公司,从事委托合同约定的业务,恰在此时,委托人援用该条规定而主张解除合同。虽然有时可以找出"可归责于该当事

---

① 崔建远:《合同法总论》(中卷),中国人民大学出版社2012年版,第585—590页。
② 中华人民共和国最高人民法院(2005)民二终字第143号民事判决书。

人的事由",但因赔偿范围受到因果关系等因素的制约,赔偿数额远远低于委托合同继续有效给受托人带来的利益。如何妥善解决此类问题,是应当注意的。仅从《合同法》第410条的字面含义来看,委托合同中当事人的任意解除权没有条件限制,任何一方都可以随时以双方的信赖基础丧失为由将合同解除。但是,若从法意解释和目的解释入手,结论可能会有所不同,比如江平教授认为,委托合同有民事委托和商事委托之分,民事委托合同大多为无偿、不要式的合同,其信任所指主要是受托人的人品及办事能力,受托人是基于既有的甚至是先天具有的人品及办事能力处理或管理委托人的事务,往往是顺便帮助委托人完成其事项,不需要额外增加费用专为委托事项培养能力。即使委托人随时终止委托合同,受托人也无经济损失。所以,各国或地区的民法大多规定当事人可以任意解除或终止委托合同,《合同法》第410条就是这种思潮的产物,是这种规定的模仿。与此不同,商事委托合同的常态是有偿合同、要式合同,其信任所指是受托人的商誉及经营能力,有的受托人专为委托事项而成立公司来经营委托事务,有的为完成委托事务而改变自己的经营方向、经营领域,有的为完成委托事务要投入大量的人力和物力,来开拓市场、联系客户等等。一旦委托人随时可以任意解除合同,受托人就要遭受重大损失,甚至公司终止。对于这些受托人显然应当予以周到的保护。① 王利民教授也认为,如果允许委托人任意解除,显然会影响合同关系的稳定,有悖商事合同的本旨,对于一些具有商事交易性质的事务委托合同,不宜允许当事人行使任意解除权。②

在"中绿之源(厦门)贸易有限公司诉长沙川圣酒业有限公司委托合同纠纷再审案"③中,法院认为,即使是商务委托,委托人也有权任意解除合同:

> 由于本案所涉《经销合同书》是一种商务委托,它的订立和履行是基于双方当事人的相互信任,一旦这种信任发生动摇,均应准许当事人终止委托合同关系。中绿之源公司提前解除对川圣酒业公司的委托合同关系,属于行使法定解除权。但该提前解除行为给川圣酒业公司造成了损失,且没有归责于川圣酒业公司事由,中绿之源公司应当依法承担相应的赔偿责任。

综上可见,《民法典》第933条规定关于委托合同当事人享有任意解除权的规定,主要是基于"委托合同基于当事人之间的相互信任而订立,亦可基于当事人之间信任基础的动摇而解除"的认识。至于行使任意解除权给另一方带来的损害,则根据"无偿委托合同的解除方应当赔偿因解除时间不当造成的直接损失,有偿委托合同的解除方应当赔偿对方的直接损失和合同履行后可以获得的利益"的原则在个案中予以衡平。剧本等文字作品的委托创作合同,委托方和受托方是否都享有任意解除的权利,不同法院所持的观点不尽一致,支持与不支持者均有。

2. 支持任意解除权的案例

"北京海牧天和文化传媒有限公司与沈钰委托创作合同纠纷案"④是支持任意解除委托创作合同的代表性案例。沈钰与北京海牧天和文化传媒有限公司(简称"海牧天和公司")签

---

① 崔建远:《合同法总论》(中卷),中国人民大学出版社2012年版,第590—591页。
② 王利明:《合同法研究》(第三卷)(第二版),中国人民大学出版社2015年版,第729页。
③ 湖南省高级人民法院(2014)湘高法民再终字第130号民事判决书。
④ 北京市第三中级人民法院(2014)三中民(知)初字第12048号民事判决书;北京市高级人民法院(2015)高民(知)终字第2751号民事判决书。

订了《电影〈爱情泥瓦匠〉(暂定名)剧本委托创作合同》,约定沈钰接受海牧天和公司委托创作剧本《爱情泥瓦匠》,海牧天和公司应向沈钰支付稿酬 20 万元。合约在履行过程中,海牧天和公司向沈钰发出《终止合同通知函》,提出解除《合同书》,并表明不再支付剩余稿酬。沈钰认为,海牧天和公司的单方解除合同行为既不符合合同约定解除的条件,也不符合法定解除的条件,自始无效,属于以行为表明不再履行付款义务的严重违约行为,给沈钰造成了经济损失。请求判令海牧天和公司向沈钰支付剩余稿酬即经济损失 15 万元。

法院认为,海牧天和公司虽无权依约解除合同,但委托创作合同双方之间具有委托与受托性质的关系,相关合同的签订亦依赖于双方之间必要的了解和接触;根据"委托人或者受托人可以随时解除委托合同"的规定,应当认为委托创作合同的委托方可依法享有任意解除权,被告海牧天和公司关于其享有任意解除权的主张成立。

在"北京环球发现文化传媒有限公司与韩卫平委托创作合同纠纷案"①中,法院也支持了委托创作合同的一方享有任意解除权。2014 年上半年,韩卫平与北京环球发现文化传媒有限公司(简称"环球公司")达成口头协议,约定韩卫平委托环球公司拍摄并制作六集纪录片《韩先楚》。2014 年 7 月至 11 月韩卫平前后三次委托案外人向环球公司支付了共计 150 万元纪录片制作费。2015 年 1 月韩卫平向环球公司提出因资金不足,故不再拍摄,要求其提交支出的单据,退还剩余的款项。2015 年 1 月 30 日韩卫平起诉环球公司,以其没有实质性开展《韩先楚》纪录片的制作工作导致韩卫平合同目的无法实现为由要求解除委托合同并要求退还投资款。法院认为:

> 韩卫平与环球公司达成了委托拍摄纪录片的口头协议。《合同法》第 410 条规定,委托人或者受托人可以随时解除委托合同。因解除合同给对方造成损失的,除不可归责于该当事人的事由以外,应当赔偿损失。本案中,韩卫平依法享有任意解除权,可以随时解除与环球公司达成的委托创作合同,故其依据上述规定主张解除涉案合同,应予以支持。解除合同后,尚未履行的,终止履行;已经支出的拍摄费用无须返还,未支出的部分环球公司应当返还给韩卫平。

3. 不支持任意解除权的案例

在"上海玄霆信息科技有限公司与王钟著作权合同纠纷案"②中,一审合议庭认为在文学作品领域,委托创作活动具有特殊性,一方不享有援引《合同法》第 410 条而任意解除合同的权利,《委托创作协议》合法有效,应当继续履行。理由如下:

> 被告提出解除的依据是《合同法》第 410 条的规定即"委托人或者受托人可以随时解除委托合同",但本案系著作合同纠纷,文学作品的委托创作协议不同于《合同法》中委托合同,《合同法》中的委托合同是指委托人和受托人约定,由受托人处理委托人事务的合同,其合同目的是为他人处理事务,委托合同订立后,受托人在委托的权限内所实施的行为,等同于委托人自己的行为。而委托创作协议的文学作品必须依赖于作者的创造性智力劳动,即使委托人有思想、观点的要求,也只是受托人创作的限定范围,并不能取代受托人的智力创造。因此两者在性质、内容及法律适用上显然是不同的,本案并不适用《合同法》第 410 条的规定。

---

① 北京知识产权法院(2016)京 73 民终 367 号民事判决书。
② 上海市浦东新区人民法院(2010)浦民三(知)初字第 424 号民事判决书。

在"卢建中与时代东华公司著作权合同纠纷案"①中,"委托合同之委托人有权随时解约"的观点也没有被一审法院接纳。二审法院则没有否定"委托合同之委托人有权随时解约"的观点,而是从没有发送解除通知的角度,认定时代东华公司构成违约:

> 根据《合同法》的相关规定,如果时代东华公司要求解除合同,应当通知卢建中。时代东华公司在没有将解除合同的意思表示通知卢建中的情况下,以合同已经解除为由,拒付应付的剧本酬金拒绝履行合同,没有法律依据。

不支持委托创作协议的当事方享有任意解除权的法理,其原因概在于委托创作协议与《民法典》第933条中的委托合同有别,不能混为一谈。其核心区别在于:普通的委托合同,受托人行为的法律效果归属于委托人,受托人处理委托人事务时受委托人指令之限较大;而文字作品类的委托创作协议,不但法律上没有直接将创作出来的作品划归委托人所有,而且受托之事项的完成在很大程度上依赖于受托人的智力创造。事实上,法院在"上海玄霆信息科技有限公司与王钟著作权合同纠纷案"中的说理论证部分,并没有消除"为什么委托合同与委托创作协议之间性质有所不同"的疑虑。为此,法院在"张畀愚与海宁润禾影视有限公司著作权合同纠纷案"②中采取了较为审慎的观点:

> 虽然创作合约书中约定海宁润禾公司有单方终止合同的权利,但由于委托创作合同的特殊性,对受托人的完成成果是否符合合同约定,缺少较为客观的评价标准,从涉案合同约定内容看,对于一稿修改稿阶段完成后,张畀愚能否继续进行下阶段的创作的决定权在于海宁润禾公司,且以海宁润禾公司的主观判断为准。故本院认为,海宁润禾公司在合同中享有的终止创作合同这一项权利的行使,应依据张畀愚的客观创作成果,合理审慎地行使。

可以认为,法院在该案中持的是折中观点,即不明示反对,也不直接支持,而是以"应依据客观创作成果,合理审慎地行使"作为其裁判考量重心。

无论是支持还是反对,任意解除委托创作合同的一方,除非有不可抗力的确定事由,否则需要向另一方承担赔偿责任。故而,剧本委托创作方欲解除合同,最可靠的方式是在委托创作合同中对解除规则进行清楚的约定,避免用简单粗暴的方式行使委托合同中的任意解除权;毕竟,在委托他人进行创作时,对受托人的基本能力与信任还是有的,否则也不会将"一剧之本"的重任委之其身。另外,基于同样的理由,在迫不得已需要解除合同时,根据实际创作的程度和成果,予以经济上的适当赔偿,亦不失为息讼之良方。

二、合作创作剧本

一人创作的剧本是独著剧本,合作剧本是指由两人或两人以上创作的剧本。独著作品与合作作品的著作权保护期限有所不同。《著作权法》第23条规定,公民的作品,其发表权、著作财产权的权利的保护期为作者终生及其死亡后50年,截止于作者死亡后第50年的12月31日;如果是合作作品,截止于最后死亡的作者死亡后第50年的12月31日。另外,根据《著作权法实施条例》第14条的规定,在合作作者之一死亡的情况下,若该死亡作者对

---

① 北京市第一中级人民法院(2003)一中民初字第11074号民事判决书;北京市高级人民法院(2004)高民终字第625号民事判决书。
② 浙江省海宁市人民法院(2015)嘉海知初字第33号民事判决书。

合作作品享有的著作财产权无人继承又无人受遗赠的,由其他合作作者享有。实践中,独著与合著剧本之署名规则与行权规则,是被广泛关注的重点。

(一)合作剧本的署名规则

两人以上合作创作的作品,著作权由合作作者共同享有。因此合作作者之间的法律地位是平等的,只要是合作作者对作品均享有著作权利。如作者之间就署名顺序有约定,可按作者之间的约定处理。如果当事人没有约定,对于署名顺序的性质认识,法院在观点上并不完全一致。例如,在"周桓诉董维贤擅自更改合作作品作者署名顺序侵害著作权纠纷案"[①]中,针对该案董维贤擅自更改作者署名顺序是否构成侵权,法院认为,署名顺序虽然反映着各个合作作者在创作作品中的贡献和作用的差别,并且在一定程度上影响社会舆论对作者成就的评估,但署名顺序先后并不能改变作者享有权利的性质和范围;因此,署名顺序的更改,从现行法律依据来看,并不构成对作者署名权的侵害。

然而,上述观点并没有在"张绍蓁诉任义伯著作权案"[②]中被采纳,相反,法院提出应当考虑合作作品完成的阶段性、连贯性以及共同创作人在共同创作中的地位和作用,以决定署名顺序。在该案中,张绍蓁的作品初稿系其独立创作完成;任义伯经张绍蓁同意后,通过对张绍蓁作品初稿的修改,再创作出了中标作品,任义伯的再创作活动也是独立完成的。法院认为,由于任义伯再创作出的作品与张绍蓁的初稿有承袭关系,应视为对张绍蓁作品初稿修改后的定稿,虑及该合作作品创作过程的连贯性和阶段性,以及客观地体现两位作者在共同创作中的地位和作用。因此,作者署名顺序应为"初稿张绍蓁,定稿创作任义伯"。该案裁判中体现出来的精神与原则,在最高法院《关于审理著作权民事纠纷案件适用法律若干问题的解释》(2002)第11条中得到反映:"因作品署名顺序发生的纠纷,人民法院按照下列原则处理;有约定的按约定确定署名顺序;没有约定的,可以按照创作作品付出的劳动、作品排列、作者姓氏笔画等确定署名顺序。"

易言之,因创作内容多少、创作重要性的不同和创作能力的差异,剧本合作创作者在创作过程中的贡献不一定是等值的;在没有约定署名顺序的情况下,创作性贡献大与创作性贡献小,应在署名顺序上得到体现。这与大众日常感知是一致的,即署名在前比署名在后要好;并且,在实践中,署名在前,更容易收获更多的关注,资源也更容易向署名在前者倾斜。比如,以学术作品之学术论文来说,第一作者与第二作者在晋升成果计算时,有显著的区别。审理"杨倩与刘晓宏民事纠纷案"[③]的法院针对"涉案作品的署名顺序是否合理,及署名顺序应如何确定的问题"也秉持了上述思路:

> 如合作作者没有事先约定署名方式,可以按照各作者在创作作品中的劳动贡献大小来确定作品署名排列的先后顺序。为查明杨倩与刘晓宏对合作翻译作品《随机边界分析》所作的贡献,原审法院委托鉴定中心就译稿一、译稿二、清样稿与涉案翻译作品之间的对应关系进行鉴定。该司法鉴定结论显示,杨倩在翻译创作《随机边界分析》一书的贡献大于刘晓宏,其从事的创造性劳动居主要地位,应该署名在先。

[①] 北京市中级人民法院(1991)中民终字第1943号民事判决书。
[②] 四川省高级人民法院(1993)川高法民终字第3号民事判决书。
[③] 上海市第二中级人民法院(2008)沪二中民五(知)初字第24号民事判决书;上海市高级人民法院(2009)沪高民三(知)终字第131号民事判决书。

上海知识产权法院在"刘炯与李小鹏署名权纠纷案"①中的观点也是一样。

（二）合作剧本的行权规则

合作剧本有可以分割使用和不可分割使用之分。《著作权法》第14条第3款规定："合作作品可以分割使用的，作者对各自创作的部分可以单独享有著作权，但行使著作权时不得侵犯合作作品整体的著作权。"根据全国人大法工委的解释和说明，可以分割使用的合作作品，是指合作者对各自创作的部分可以单独使用，可以单独享有著作权（包括人身权和财产权）的作品。例如，甲、乙、丙三人合写一本包括十五个故事的童话集，每人各写五个故事。甲、乙、丙对各自创作的五个故事都分别享有著作权；此外，甲、乙、丙对这本共同创作的童话集共同享有著作权。又如，甲、乙、丙、丁四人合作创作一幅图画，甲画松树，乙画竹子，丙画梅花，丁负责题词。在这幅画中，丁的书法可以分割使用从而单独享有著作权，如果画中的松、竹、梅没有交叉不可分离的情况，则甲、乙、丙对其所画松、竹、梅也分别享有著作权。同样四人对这幅整体的画共同享有著作权。不可分割的合作作品，通常由合作者共同构思和确定编写提纲、分工写作、相互审阅，最后由一两人统一定稿。由于思想观点的相互渗透，以致虽有写作分工，也无法确定哪一部分属于谁的创作。两人共同构思、共同讨论的内容，即使仅由其中一人执笔，另一人审定，这类作品也属于不可分割的合作作品。

剧本作为一个整体，究竟是可分割作品还是不可分割作品？比如一部30集的电视剧《最美好的爱》剧本，第1—15集由甲完成，第16—30集由乙完成，虽然可以区分不同集数的具体编剧，但就整部剧作来说，因为剧中人物和人物关系、故事主线与情节等，都已经相互渗透并融合为一体。即便甲和乙明确约定各自对各自创作的部分享有独立的著作权，还会衍生出更为复杂的情况，甲和乙都有权对各自创作的剧集进行扩写、续写和改编或者授权他人进行扩写、续写和改编，进而在理论上可能出现许许多多基于该剧之人物与主要元素的衍生作品。在这种情况下，无论是对于甲还是对于乙而言，剧本《最美好的爱》的市场价格可能会受到减损，因为原本只有一部30集的《最美好的爱》剧本，如今，在理论上说，以《最美好的爱》之主题、人物、情节与线索为主体的续集、番外、旁支、前传，在数量上可能是泛滥的；"物以稀为贵"让位于"物以丰为廉"是可以预见的趋势。

合作作品不可以分割使用的，其著作权由各合作作者共同享有，通过协商一致行使；不能协商一致，又无正当理由的，任何一方不得阻止他方行使除转让、许可他人专有使用、出质以外的其他权利，但是所得收益应当合理分配给所有合作作者。可见，不可分割使用的合作剧本，原则上应由合作者共同就剧本权利的行使达成一致意见，若无法达成一致意见，任何一个作者意欲单独对合作剧本行权，皆须满足四个方面的条件：第一，与其他合作作者协商，且协商未果；第二，其他合作作者是无正当理由的拒绝；第三，必须是对合作剧本行使除转让、许可他人专有使用、出质以外的其他权利；第四，所得收益应当合理分配给其他合作作者。这一原则的确定，既是从保护权利人角度出发，对不可分割共有作品单独使用边界作出的限定，也是基于鼓励作品更大范围地使用和文化更广深度地传播，从而对权利人著作权的适当收缩。

在"张淳诉中国戏剧家协会等侵犯著作权纠纷案"②中，剧本由三方共有，其中两方未经协商，将之进行了改编，被法院认定为侵权。法院在判决中指出：

---

① 上海知识产权法院（2018）沪73民终396号民事判决书。
② 北京市第二中级人民法院（2002）二中民初字第10140号民事判决书。

本案《瓦氏夫人》剧剧本作为合作作品是不可以分割使用的,张淳、宋安群、谢国权作为《瓦氏夫人》剧剧本的合作作者,行使该剧的著作权应共同进行协商。宋安群、谢国权与常剑钧共同对该剧本进行再度创作,在原剧本的基础上,部分人物、故事情节等均发生了较大的变化,形成了在《瓦氏夫人》剧剧本基础上的改编剧本,但宋安群、谢国权并未就改编原剧本一事与张淳协商,且在《剧本》杂志上以宋安群、谢国权、常剑钧的名义发表三人改编后的《瓦氏夫人》剧剧本,并未为原剧本作者署名,由此,宋安群、谢国权、常剑钧共同侵害了张淳对《瓦氏夫人》剧剧本所享有的改编权、获得报酬权、署名权,应承担停止侵权、赔礼道歉、赔偿经济损失的法律责任。

法院在"王兆彦、王兆华著作权权属纠纷再审复查案"[①]中认定合作作品的作者之一无正当理由阻止其他作者行使权利,不受法律保护:

> 涉案作品(《小白龙探母》)的合作作者为王兆彦、王兆华、李德权,王兆彦曾就该作品的出版与李德权协商,但无法达成一致意见,李德权表示"你出你的"和"你要出书把我的东西拿掉"。李德权虽在审理中表示"你出你的"和"你要出书把我的东西拿掉",其真正含义是不赞同王兆彦、王兆华出书,但根据法律规定,李德权在无正当理由的情况下,不得阻止其他合作作者行使除转让权以外的其他权利,因此李德权不得阻止王兆彦、王兆华行使出版权,王兆彦、王兆华出版涉案作品并无不当。而李德权已明确作出"你出你的"和"你要出书把我的东西拿掉",在此情形下,王兆彦、王兆华未将李德权列为作者,并无不当,其行为亦不构成侵权,李德权据此申请再审,理由不能成立。

在"齐良芷、齐良末等诉江苏文艺出版社侵犯著作权纠纷案"[②]中,未经全部著作财产权人同意,而由部分著作财产权人将作品交付出版,法院并没有做出构成侵权的认定。法院在裁判文书中指出:

> 齐白石作为享誉世界的艺术大师,其作品如果由于未取得所有继承人同意而无法在保护期内出版,则不仅不符合原告方自身的利益,也不符合著作权法促进文化传承和发展的精神。被告出版《煮画多年》一书是为了配合齐白石去世50周年的纪念活动,其出版行为具有一定的公益性质,并在出版前与齐白石纪念馆签订了书面合同,得到了齐白石部分继承人的许可,被告的出版行为并不会妨碍齐白石继承人对作品的正常使用也不会损害其合法利益。综合这些因素,法院认为被告取得齐金平、齐灵根的许可即应视为已获得了合法授权,其出版《煮画多年》不构成侵权。

法院在该案中之所以没有做出侵权认定,主要原因在于,涉案作品并非合作作品,而只是著作财产权归多人共有的独著作品。该案对于区分合作作品与著作财产权由多人享有的独著作品之行权规则不无实践上的启示意义。

三、职务剧本

(一)职务剧本的构成要件

职务文字作品是指作者与他供职的单位之间存在劳动关系,文字作品是为完成其所在

---

① 江苏省高级人民法院(2015)苏审二知民申字第00004号民事裁定书。
② 《中华人民共和国最高人民法院公报》2012年第9期(总第191期)。

单位的工作任务而创作的。工作任务,是指作者在该单位中应当履行的职责。国家版权局版权管理司在《关于〈快乐大本营〉一案给长沙市开福区人民法院的答复》(权司[1999]73号)中认为,关于职务作品,其主要由两个要件构成:(1) 作品的作者同单位之间必须是一种职务性的上下级关系,即劳动法或者类似劳动法(例如国家公务员同国家机关或者事业单位之间的)法律关系;(2) 作品必须是履行单位工作任务的结果。所谓单位工作任务,指职工根据单位下达的书面或者口头指示创作与本单位工作业务范围有关的作品。也就是说,单位工作任务又可以分为两部分:第一,创作的作品必须与单位的业务范围有关;第二,单位应当有明确的工作指示,至少有口头指示。尽管职务作品通常同本单位的工作业务范围有关,但是,并非凡是与本单位工作业务范围有关的都是职务作品。不是为履行单位工作任务创作的作品,即使其内容与单位工作业务范围有关,也不是职务作品。因此,在认定职务作品时,上述有关职务作品的要件以及关于单位工作任务的两个部分缺一不可,否则不能视为职务作品。

职务文字作品有普通职务作品和特殊职务作品之分,这两种不同职务文字作品的著作权归属有所不同。

(二) 普通职务剧本

普通职务作品的著作权由作者享有,单位在其业务范围内有优先使用权。在"广东唱金影音有限公司与中国文联音像出版社、天津天宝文化发展有限公司、天津天宝光碟有限公司、河北省河北梆子剧院、河北音像人音像制品批销有限公司著作权纠纷上诉案"[①]中,法院认为:

> 公民为完成法人或者其他组织工作任务所创作的作品是职务作品。张特、王昌言、张占维、赵鸣歧、马全贵、王焕亭和徐惠宝等人,对涉案剧本(《蝴蝶杯》《陈三两》《打金砖》《春草闯堂》和《血染双梅》)文字、音乐的整理均为完成本单位的工作任务的行为,因此由他们整理的作品属于职务作品,其著作权依法应归整理人享有。

普通职务作品完成两年内,未经单位同意,作者不得许可第三人以与单位使用的相同方式使用该文字作品。职务作品完成两年内,经单位同意,作者许可第三人以与单位使用的相同方式使用作品所获报酬,由作者与单位按约定的比例分配。作品完成两年的期限,自作者向单位交付作品之日起计算。在两年的期限内,即使单位不使用该作品,作者也不能许可第三人在与单位业务相同或相似的范围内使用该作品。该作品完成的两年后,作者对作品行使著作权,不受单位业务范围内的优先使用权之限制,可以自由行使权利。

(三) 特殊职务剧本

特殊职务作品有两类。一类主要是利用单位的物质技术条件创作,并由单位承担责任的工程设计图、产品设计图、地图、计算机软件、小说、文字、剧本等职务作品;所谓物质技术条件,是指该单位为公民完成创作专门提供的资金、设备或者资料。另一类是法律、行政法规规定或者合同约定著作权由单位享有的职务作品。对于特殊职务作品,作者享有署名权,著作权的其他权利由单位享有,单位可以给予作者奖励。特殊职务作品的"特殊"之处在于,作品的创作不仅依赖于作者的能力,还必须依赖所在单位专门提供的资金、设备或者资料。正常工资不能被归入"单位专门提供的资金"之范畴,必须是工资之外的专项资金。

---

① 中华人民共和国最高人民法院(2008)民三终字第5号民事判决书。

在"章金元、章金云等与浙江绍剧艺术研究院著作权权属、侵权纠纷案"①中,一审法院的观点是:

> 本案涉案作品属于戏剧创作范畴,并非依靠单位专门资金、设备才能完成,实际上,七龄童改编作品是在极其艰苦的物质环境下完成,显然不符合特殊职务作品的构成要件。

二审法院虽然将涉案的《孙悟空三打白骨精》认定为"特殊历史条件下形成的特殊职务作品",但同时也指出:

> 绍剧艺术研究院既不能证明该剧本的创作系顾锡东、七龄童在其所在单位中应当履行的职责,也不能证明其为顾锡东、七龄童的创作提供了专门的资金、设备或者资料等物质技术条件。

可见,在该案中,二审法院实际上是依照是否有"专门资金、设备或者资料等物质技术条件"作为认定"特殊职务作品"之著作权归属的依据。

(四)特定历史时期的作品

由于《著作权法》(1990)系在中华人民共和国成立后多年实施的,对于那些创作于《著作权法》(1990)施行前特定历史时期的作品,由于当时尚未建立著作权制度,在权利归属的认定上,法院倾向于不直接适用现行著作权法对职务作品的权利归属做确定的判断标准,而是根据个案的实际情况,综合平衡后予以认定,以避免导致判断结论与当事人的实际预期不一致的结果。"上海美术电影制片厂与曲建方著作权纠纷案"②,即为一例。

涉案"阿凡提"等角色造型美术作品由曲建方于20世纪70年代在上海美术电影制片厂(简称"美影厂")工作期间为完成《阿凡提:种金子》美术影片的拍摄而创作。涉案角色造型创作完成后,美影厂将其投入了涉案影片和后续影片的拍摄并出版发行了相关音像制品,另还曾许可他人在银行卡上使用涉案角色形象;而曲建方在涉案影片公开发行前,即使用涉案作品在期刊上发表连环画和形象插图,后又持续以涉案作品对外投稿并在公开出版物上发表,使用或授权他人使用"阿凡提"等角色形象拍摄动画片,将"阿凡提"等角色形象授权他人在产品包装、广告宣传及手机动漫项目等载体中使用。在此期间,曲建方于1989年2月从美影厂离职,于1996年7月取得"阿凡提"美术作品著作权登记证书。美影厂和曲建方均因他人未经授权使用涉案角色形象而以提起诉讼的方式主张过权利,也分别被相关法院确认为涉案角色形象的权利人,但至诉讼前,双方均未向对方主张权利。

法院认为,涉案作品创作距今已有三十余年,当时我国正处于计划经济时期,《著作权法》(1990)尚未颁布实施,美影厂也没有关于作品权利归属的规定,在此背景下,涉案作品的著作权归属需充分考虑作品创作时无法可依的现实,不能机械套用现行法上的概念,否则将会导致法律事实与客观事实发生偏差。综合考量创作背景和过程、当事人的行为及其真实意思表示,并考虑公平、诚信等因素来进行审查判定。据此,涉案作品著作权财产权应由曲建方和美影厂共同享有。

---

① 绍兴市中级人民法院(2013)浙绍知初字第46号民事判决书;浙江省高级人民法院(2014)浙知终字第100号民事判决书。
② 上海市徐汇区人民法院(2013)徐民三(知)初字第1048号民事判决书;上海知识产权法院(2015)沪知民终字第200号民事判决书。

四、法人剧本

一般来说,著作权只依创作产生,创作是一种生理性思维活动,只有自然人具备这种生理能力,法人不具备这种能力。所以,当制定著作权归法人的规则时,从理论上就有可能同创作产生著作权的原则冲突。但是,实践中确实存在需要由法人出面并且直接享有著作权的作品,尽管这类作品同个人作品相比数量不是很大,但对之予以规范的必要性亦不容否认。在这种条件下,产生了著作权法中的法人作品之规定。

由法人或者其他组织主持,代表法人或者其他组织意志创作,并由法人或者其他组织承担责任的作品,法人或者其他组织视为作者。构成法人作品需具备三个条件:第一,必须由单位主持创作;第二,作品必须代表单位意志;第三,作品产生的责任必须由单位承担。如无相反证明,在作品上署名的法人或者其他组织为作者。法人作品的著作权完全归法人所有,作品的实际创作者对作品不享有任何著作权,包括署名权在内。在"杨丹群与杭州瑞丽文化传播有限公司著作权侵权纠纷案"[①]中,法院判定:

> 协议书明确了《孟姜女》剧本的著作权归瑞丽公司所有,同时协议书还明确了《孟姜女》剧本系由瑞丽公司主持,按照瑞丽公司意志创作,并由瑞丽公司承担责任的作品。根据《著作权法》第 11 条第 3 款的规定,本案作品符合法人作品的构成要件,属于法人作品,该法人即瑞丽公司视为作者,享有全部的著作权。

在司法实践中,对法人作品的构成要件通常都做较为严格的限定,在判定某作品是否属于法人作品时,态度较为谨慎。北京高院在《2009 年知识产权审判新发展》中指出,对法人作品的认定应当注意两点:其一,著作权法立法的本意是对法人作品作严格解释,著作权法首先就是要保护作者的利益,以鼓励他们创作更多的有利于社会发展的作品,因此对法人是不是作品的作者、作品是否属于法人作品应限制在一定的范围之内,不宜扩大解释;其二,著作权法为法人作品设置了众多的条件,说明对法人作品的立法采取了谨慎的态度,根据著作权法立法的本意,法人作品应属于较少的情况,对法人作品应作严格的解释。还需要注意的是,对法人作品的构成要件应作严格限定。同时,还就"由单位主持创作""代表单位意志"和"作品责任由单位承担"做了具体说明:

第一,"由单位主持创作",应是由代表单位的人员负责组织该项创作,从创作的提出、立意、人员、日程的安排、物质技术条件的提供、创作的进程、完成等各个方面都由单位负责主持,而并非只是简单地提出任务,布置工作。

第二,所谓代表单位的意志,是指创作思想及表达方式均须代表、体现单位的意志。如果某一作品完全或者主要地体现了单位的意志,个人创作者自由思维的空间不大的,可认定为代表了单位的意志;但个人在单位提供或者要求的条件下,可以自由发挥创造力、抒发其思想,对作品的结构安排、情节处理、材料取舍、思想表达等可以由个人意志所决定的,则不能认定为体现了单位的意志。单位仅仅提出创作作品的任务本身,以及创作者个人根据单位提出的原则性要求去创作,都不能认为是"体现了单位的意志"。

第三,作品产生的责任由单位承担,是指作品产生的责任必须也只能由单位承担,个人实际上承担不了作品产生的责任。

---

① 浙江省高级人民法院(2005)浙民三终字第 208 号民事判决书。

"曲靖卷烟厂与赵继康著作权纠纷案"①的法院裁判,体现了严格谨慎认定法人作品的思路:

> 由于《五朵金花》剧本自创作完成至今,署名人一直为季康、公浦,没有第三人就该著作权的权属问题主张权利,曲靖卷烟厂要否定赵继康是《五朵金花》作者需承担举证责任。从曲靖卷烟厂提交的十五组证据看,首先反映出赵继康和王公浦二人确为该剧本的执笔人。曲靖卷烟厂主张该剧本是法人作品,但以上证据仅反映了剧本《五朵金花》创作时的历史背景,不能证实该作品是由哪一具体法人或者组织主持创作,并由该具体法人或者组织承担责任,且庭审中曲靖卷烟厂也未明确提出该作品应以何法人或组织为作者。曲靖卷烟厂以上述证据证明《五朵金花》剧本是法人作品,应由法人享有著作权的主张不能成立。

除去"必须由单位主持""作品必须代表单位意志"和"作品产生的责任必须由单位承担"三个要件之外,国家版权局版权管理司在《关于〈快乐大本营〉一案给长沙市开福区人民法院的答复》(权司[1999]73 号)中认为,还应加上一条,即"法人作品必须由法人署名,不能由别人署名"。在国家版权局版权管理司《关于如何认定法人作品和职务作品给辽宁铁岭中院的答复》(权司[1999]3 号)也强调"通常首先从署名认定法人作品"。

在实践中,应将法人署名与法定代表人署名区分开来。法院在"潘超诉晏秋风著作权权属纠纷案"②的处理中,对法定代表人署名与法人署名之法律效果的异同做了分析。在该案中,涉案《好字行天下》系列丛书是基石公司自成立以来出版、经营的唯一商品,是按照基石公司的经营策略,由基石公司提供编写人员、字库及其他相应物质条件完成的。整个编写进程受基石公司控制,并由基石公司承担法律责任。晏秋风虽署名为主编,但其是公司法定代表人且并未单独领取报酬,故涉案作品不能认定为体现个人意志的个人作品,也不能认定为体现创作者意志且仅由单位提供物质技术条件的职务作品,而应认定为完全体现法人意志的法人作品,著作权归属于法人。

五、同人剧本

同人作品,是指同好者在原作或原型的基础上进行的再创作活动及其产物。③ 通常情况下,同人作品的创作主体是"同好者",即某一原作的拥趸者、粉丝;创作方式是"原作上的再创作",即通过借用原作人物,设置新环境,描写新情节来诠释新主题;原作领域包括文学、影视、动漫、游戏或其他流行文化;常见的作品种类有文学作品、漫画插图、电子游戏和广播剧等。④ 从著作权法的视角出发,"同人作品"有"演绎类同人"和"非演绎类同人"之别。演绎类同人,实质上是基于原作品改编而来的新作品,这一类同人作品受到著作权法的规制,改编者需要获得原作品作者的授权,始得在授权范围内从事之,除非改编者只是自己改着玩儿,不对外发表和传播。非演绎类同人,通常是利用原作品的人物名称在架空世界观的基础上创作出来的新作品,比如《大话西游》就是一个很好的例子,它完全跳脱了原作品《西游记》的

---

① 云南省高级人民法院(2003)云高民三终字第 16 号民事判决书。
② 湖北省武汉东湖新技术开发区人民法院(2016)鄂 0192 民初 461 号民事判决书。
③ 王铮:《同人的世界:对一种网络小众文化的研究》,新华出版社 2008 年版,第 3 页。
④ 徐丽苑、曹莉亚:《论同人作品的出版现状及其发展前景》,载《杭州电子科技大学学报(社会科学版)》2011 年第 3 期,第 61 页。

故事情节,而重新架构了事件、背景、世界观。还有穿越时空类同人作品,在一个架空的背景下利用原作的某些元素进行的创作;之所以叫穿越类,是因为作品中的角色可以穿越到其他时代,也可以现代中的人穿越到原作的背景中。《此间的少年》就属于这种情况:作者江南借用武侠人物的视角记录了自己的青春,讲述了在汴京大学,与令狐冲、乔峰、郭靖、黄蓉等人作为同学的校园故事,这样的作品并非演绎类同人。①

在没有获得授权的情况下进行同人创作,新作品是否侵犯原作品的权利?"《鬼吹灯》与《摸金校尉》案"以及"江南与金庸案"被认为是中国司法实践对该问题的回应。

（一）《鬼吹灯》与《摸金校尉》案②

天下霸唱(张牧野)于2007年将《鬼吹灯》原著两部八卷著作权中的财产权通过书面合同全部转让给起点中文网所属的上海玄霆娱乐信息科技有限公司(简称"玄霆公司")。后来,天下霸唱又使用《鬼吹灯》系列作品中的同人元素创作了《摸金校尉》,由先锋出版公司授权群言出版社出版发行。

玄霆公司起诉称,《摸金校尉》大量使用《鬼吹灯》中的人物名称、形象、关系、盗墓方法、禁忌等独创性表达要素,侵犯了其享有的演绎权,表现为通过改编、续写或其他形式对原著进行演绎的权利。天下霸唱表示,《摸金校尉》一书中的主角还是《鬼吹灯》系列小说中的3位主人公,但是分别称为胡爷、雪梨杨和王胖子。小说的故事情节、故事内容与《鬼吹灯》系列小说完全不同,时间线也没有延续《鬼吹灯》系列小说,而是一部全新创作的新作品。即便《摸金校尉》是《鬼吹灯》系列小说的续写作品,根据约定,原告仅仅限制了天下霸唱在新作品中使用"鬼吹灯"三个字作为作品名称或主要章节标题,并没有限制天下霸唱创作类似题材的作品。况且,原告从天下霸唱处只获得了续写作品的一般许可,天下霸唱仍然保留自己续写和许可他人续写作品的权利,故原告无权向被告主张权利。上海市浦东新区人民法院经审理后认为:

> 文字作品中的人物形象等要素离开故事情节(具体表达)很难获得著作权保护。《摸金校尉之九幽将军》虽然使用了与"鬼吹灯"作品相同的人物名称、关系、盗墓规矩、禁忌等要素,但前者有自己独立的情节和表达内容,这些要素和自己的情节组合之后形成了一个全新的故事内容,这个故事内容与原告作品在情节上并不相同或相似,也无任何延续关系。所以法院不能支持原告主张的著作权侵权。

原告作为受让合同权利的一方当事人,较被告张牧野而言,具有更为丰富的版权运营经验。而允许作者使用自己作品中的人物等相关要素创作系列故事,符合著作权法鼓励文学艺术作品创作的宗旨,有利于增进广大读者福祉。在此情形之下,对合同条款的解释应首先基于严格的字面解释,任何超越上述合同约定内容的扩大解释必须具有充分的依据。否则,将会不正当地剥夺作者使用其原有作品中主要人物等要素继续创作作品的权利,从而损害作者的正当合法权益,影响社会公众整体利益。据此,从合同约定内容来看,可以得出以下几点结论:第一,双方约定的是《鬼吹灯Ⅰ》及《鬼吹灯Ⅱ》著作财产权的转让,并未包括两部作品基于作品人物等相关要素形成的权益;第二,被告张牧野许可原告可以按照原告自己的安排和市场的需要对《鬼吹灯Ⅱ》作品进行再创作、开发外围产品等,该许可只是普通许可,

---

① 袁秀挺:《同人作品知识产权问题迷思——由金庸诉江南案引出》,载《电子知识产权》2017年第1期,第53页。
② 上海市浦东新区人民法院(2015)浦民三(知)初字第838号民事判决书。

并未就上述权益作出排他性或独占性的许可;第三,尽管合同的约定存在不明确之处,且存在语病,但可以明确的是,该约定并未排除被告张牧野使用原作品中的人物等相关要素继续创作作品的权利,只是对其后续创作的作品名称、章节标题及署名方式作出限制。

玄霆公司不服一审判决,并于 2017 年 11 月组织专家论证会,围绕"小说《鬼吹灯》作品中的主要人物形象,包括与之牵连的人物关系、摸金校尉盗墓规矩、禁忌方法等,是否应当作为'表达'受到著作权法保护"的问题进行集中讨论,来自中国人民大学、北京大学、西南政法大学等学校与单位的专家在充分讨论后达成一致,形成《专家法律意见书》。该《专家法律意见书》提到:

> 人物是小说的综合体,是创作的核心目标和结果……对人物的文字描述就是小说作品本身……小说人物,特别是那些脍炙人口的经典的名著,无一不是以创造典型形象著称。人物塑造是小说创作的核心成果。人物是小说作品的本体,是小说作品的主体。按照著作权法,小说中的人物描述,作为文字作品,属于著作权的保护对象……(既然)在小说作品三个要素中,人物是核心。利用既有作品现成人物进行新的创作,就是利用了小说的核心,新作所付出的是涉及新的情节与环境,其独创性可以大打折扣。

据此,《专家法律意见书》认为,未经著作财产权人授权,他人无权利用现有作品人物从事继续创作,否则会被认定为侵犯著作权,并以 1992 年钱钟书指控署名鲁兆明的小说《围城之后》侵权并最终使得该小说停止发行的先例对此观点进行了佐证。在论证过程中,与会专家一致认为,小说《鬼吹灯》作品中对主要人物形象胡八一、Shirley 杨、王胖子、大金牙诸人的刻画,是贯穿整个作品的小说核心人物,包括与之牵连的人物关系、摸金校尉盗墓规矩、禁忌方法等语言文字描述,均为受著作权法保护的作品,故而,袭用小说《鬼吹灯》中的核心人物的表达与描述继续创作的新作品《摸金校尉》,是对《鬼吹灯》小说著作权法意义上的利用。

《专家法律意见书》的形成,并不能说明学界在这个问题上有统一的认识。比如,有学者撰文指出,《摸金校尉》故事的展开并不以《鬼吹灯》为基础,两部小说的相似之处无论是数量还是重要性方面都相当有限。其中相同人物、特征、关系及盗墓方法、道具和禁忌仍属于较为简单的元素,并未带入较多具体情节,其起到的作用主要在于识别作品来源,也就是使读者联想到《鬼吹灯》并感觉《摸金校尉》是经权利人授权的续集。这种标识性的使用有别于表达的使用,无论其是否可能构成不正当竞争,却难以构成对著作权的侵权。[①]

(二) 江南与金庸案[②]

金庸诉称,江南(真名:杨治)创作的《此间的少年》未经其许可,照搬其作品中的经典人物,在不同环境下量身定做与其作品相似的情节,对他的作品进行改编后不标明改编来源,擅自篡改作品人物形象,严重侵害了他享有的改编权、署名权、保护作品完整权及应当由著作权人享有的其他权利。同时,被告通过盗用上述独创性元素吸引读者、牟取竞争优势,获利巨大,违背了诚实信用原则,严重妨害了他对原创作品的利用,构成不正当竞争。

广州市天河区人民法院审理查明,金庸所著的《射雕英雄传》《笑傲江湖》《天龙八部》《神雕侠侣》由三联书店于 1994 年 5 月在内地出版,均具有极高的知名度及影响力。江南于 2000 年创作《此间的少年》,发表于网络。从 2002 年起多次出版。经比对,《此间的少年》中

---

① 王迁:《同人作品著作权侵权问题初探》,载《中国版权》2017 年第 3 期,第 9 页。
② 广东省广州市天河区人民法院(2016)粤 0106 民初 12068 号民事判决书。

人物名称与金庸四部作品中相同的共 65 个,包括郭靖、黄蓉、令狐冲、小龙女、乔峰等。

针对著作权侵权之诉求,法院认为,《此间的少年》不构成著作权侵权:

> 虽然《此间的少年》使用了原告四部作品中的大部分人物名称、部分人物的简单性格特征、简单人物关系以及部分抽象的故事情节,但上述人物的简单性格特征、简单人物关系以及部分抽象的故事情节属于小说类文字作品中的惯常表达,《此间的少年》并没有将情节建立在原告作品的基础上,基本没有提及、重述或以其他方式利用原告作品的具体情节,而是在不同的时代与空间背景下,围绕人物角色展开撰写故事的开端、发展、高潮、结局等全新的故事情节,创作出不同于原告作品的校园青春文学小说,且存在部分人物的性格特征缺失,部分人物的性格特征、人物关系及相应故事情节与原告作品截然不同,情节所展开的具体内容和表达的意义并不相同。在此情况下,《此间的少年》与原告作品的人物名称、人物关系、性格特征和故事情节在整体上仅存在抽象的形式相似性,不会导致读者产生相同或相似的欣赏体验,二者并不构成实质性相似。因此,《此间的少年》是杨治重新创作的文字作品,并非根据原告作品改编的作品,无需署上原告的名字,相关读者因故事情节、时空背景的设定不同,不会对原告作品中人物形象产生意识上的混乱,《此间的少年》并未侵害原告所享有的改编权、署名权、保护作品完整权。

针对不正当竞争之诉,法院支持了金庸的诉请,认为江南、北京联合出版有限责任公司、北京精典博维文化传媒有限公司等三被告的行为构成不正当竞争:

> "同人作品"一般是指使用既有作品中相同或近似的角色创作新的作品,若"同人作品"创作仅为满足个人创作愿望或原作读者的需求,不以营利为目的,新作具备新的信息、新的审美和新的洞见,能与原作形成良性互动,亦可作为思想的传播而丰富文化市场。但本案中,杨治作为读者"出于好玩的心理"使用原告大量作品元素创作《此间的少年》供网友免费阅读,在利用读者对原告作品中武侠人物的喜爱提升自身作品的关注度后,以营利为目的多次出版且发行量巨大,其行为已超出了必要的限度,属于以不正当的手段攫取原告可以合理预期获得的商业利益,在损害原告利益的前提下追求自身利益的最大化,对此杨治用意并非善意。特别需要指出的是,杨治于 2002 年首次出版时将书名副标题定为"射雕英雄的大学生涯",将自己的作品直接指向原告作品,其借助原告作品的影响力吸引读者获取利益的意图尤为明显。因此,杨治的行为具有不正当性,与文化产业公认的商业道德相背离,应为反不正当竞争法所禁止。综上,杨治未经原告许可在其作品《此间的少年》中使用原告作品人物名称、人物关系等作品元素并予以出版发行,其行为构成不正当竞争,依法应承担相应的侵权责任。

在美国的"同人圈","尽管有些版权所有者允许爱好者制作同人作品,以期待这种热情能增加他们的收益,但是大多数版权所有者禁止同人作品。而这种禁止往往遭到其消费者群体的强烈反对。同人作品的个人制作者往往会在同人作品中置入免责声明。这些免责声明意味着该作者并未获得原电视节目或电影所有者的许可。爱好者们往往声称:由于同人作品的作者未获取经济回报,因此不构成侵权"[①]。从这个观点来看,"江南与金庸案"的法院裁判依然留下一个悬而未决的疑问,即未经授权的非演绎类同人创作,若是免费流传,不具

---

① 〔美〕朱莉·E.科恩、莉蒂亚·P.劳伦、罗斯·L.欧科迪奇、莫林·A.奥洛克:《全球信息经济下的美国版权法》(上),王迁、侍孝祥、贺炯译,商务印书馆 2016 年版,第 394 页。

有任何营利性,是否构成著作权侵权?学理上的肯定说与否定说都有说理空间,司法实践的权威意见还有待观察更高一级法院的判决。

无论如何,没有获得原著作者许可的非演绎类同人作品是否侵权,在法律上回答这个问题,可能至少需要考虑如下几个因素:(1)单纯的人物名称不具有可版权性,其道理与作品标题通常不具有可版权性一样,倘若具有可版权性,那么,在极端的情况下,一个人端坐在家中一个月,苦思冥想出一部含有数万个人物名字的文字作品,进而受到著作权法的保护,任何人在未经同意的情况下,都不得使用,无疑是不可接受的。(2)人物名称、人物性格和人物关系的使用,是否构成侵权,关键要看使用量的多少;也就是说,核心在于同人作品使用原著之人物名称、人物性格和人物关系是否构成具有表达层面的实质相似性,而表达层面是否实质相似又与内容的多寡息息相关。至于究竟在"多"与"寡"的度该如何掌握,还是需要在个案中交由法院自由裁量。(3)不得对人物进行歪曲篡改,若将原著人物进行颠覆性的歪曲篡改,比如把原著中的民族英雄以勾结外邦、卖主求荣的形象体现在同人作品之中,此时,原著之保护作品完整权受到侵犯,应无疑义。(4)若没有对人物进行歪曲篡改,也构不成以表达实质相似的方式使用人物名称、人物关系和人物性格,则非演绎类同人作品无法受著作权法的规制,但并非完全不受法律控制。倘若非演绎类同人作品以营利为目的,至少可以认为,在原著颇有知名度的情况下,这种同人创作具有不正当竞争的性质,不宜认为完全没有"搭便车"的嫌疑。恰如法院在"完美世界(北京)软件有限公司与上海野火网络科技有限公司、福建博瑞网络科技有限公司等侵害作品改编权纠纷案"[①]中所认定的:

> 被告野火公司在《六大门派》游戏中对《笑傲江湖》《倚天屠龙记》《射雕英雄传》和《神雕侠侣》四部文字作品相关要素的使用,构成对原告完美世界公司的不正当竞争。

六、非法演绎剧本

(一)保护论与不保护论

演绎作品,是一种学理上的概括,它大致是指以现有作品为基础,对其进行改编、翻译、注释、整理或摄制以后,所得到的新的作品。[②] 非法演绎他人作品所形成的作品,系非法演绎作品。非法演绎作品是否能够获得版权保护,在国际范围内存在保护论和不保护论两种态度[③]:

不保护论认为,原作者的授权,是演绎作品获得版权保护的前提条件,非法演绎作品因为侵犯了原作者的演绎权,所以不能受到版权保护。支持该观点的理论基础有三:第一,任何人不能从侵权行为中获利,是大陆法系和英美法系共有的一项基本原则。若给予因侵权行为而获得的利益以法律保护,无异于鼓励侵权行为的发生。第二,非法演绎作品不给予版权保护,是"不受版权法保护的作品"之应有之义,就像剽窃作品不受版权保护一样。第三,如果保护非法演绎作品,非法演绎作者可能会在原作者尚未公开发表其作品之前,利用非法演绎作品抢占原作的市场,这对于原作者的作品而言,至少是巨大的经济伤害。

保护论认为,非法演绎作品,虽然侵犯了原作者的演绎权,但只要具备作品的一般构成要件,就仍然受版权法保护。"未经已有作品著作权人的许可,在已有作品的基础上创作出新作品,可能涉及侵害已有作品的著作权,但由于新作品本身属于创作活动的产物,林生星

---

① 上海市杨浦区人民法院(2015)杨民三(知)初字第55号民事判决书。
② 崔国斌:《著作权法:原理与案例》,北京大学出版社2014年版,第331页。
③ 孙玉芸:《作品演绎权研究》,知识产权出版社2014年版,第115—117页。

付出了自己的独创性劳动,不影响林生星对新作品即涉案作品所享有的著作权,他人未经许可不得随意使用。"① 保护论有消极保护论和积极保护论之分。其中,消极保护论认为,未经原作者许可创作的演绎作品受版权保护,演绎作者有权针对他人侵害其版权的行为进行维权,但不享有积极地许可他人使用演绎作品的权利,除非获得原作者的同意。积极保护论认为,非法演绎作品不仅可获得版权保护,而且是作为独立作品受到保护,即演绎作者既可对该作品的原创部分享有版权,也可对该作品出版或发行享有权利。

关于非法演绎作品的理论观点和司法实践,如今在认识上比较趋于一致,即非法演绎作品也是作品,应当受到保护②,作品属非法演绎不受法律保护的理由无法律依据③;不过,这种保护是一种消极保护,不是积极保护。茅昉晖法官评论"叶兆言诉北京大学出版社、陈彤、南京先锋图书文化传播有限责任公司侵犯著作权纠纷案"时指出:"陈彤未经许可将叶兆言同名小说改编成电视小说的行为,已经侵犯了原作品著作权人的改编权,属于非法演绎作品。虽然陈彤在改编过程中付出了创造性劳动,但非法演绎作品相对于合法演绎作品,在使用时应当受到一定限制,这不妨碍演绎作者禁止他人对演绎作品的使用。未经原作品著作权人许可的单纯演绎行为,并未对原作品著作权人造成损害;但演绎作者如公开发表或利用演绎作品,须经原作品著作权人的同意。如果将非法演绎作品和合法演绎作品同等保护,获得完整的著作权,将破坏版权制度对原创作品的激励作用。"④

"龚凯杰诉王蓓、浙江泛亚电子商务有限公司著作财产权纠纷案"⑤是关于《死了都不卖》歌曲之歌词的非法演绎是否受保护的另一案例。该案虽不涉及剧本,但歌词作为文字作品,其非法演绎的法律后果,与作为文字作品之剧本的非法演绎之法律后果相同。审理该案的法院指出:

> 原告根据自己的炒股经历和对股票市场的认识而作的《死了都不卖》歌词,与《死了都要爱》歌词相比,主题、内容都不同,文字表达上存在较大的差异,客观上足以识别为一个新的文字作品。该文字作品符合我国《著作权法》所保护的作品应达到的独创性要求,故原告对此享有著作权,应受我国《著作权法》的保护。两被告以龚版《死了都不卖》抄袭《死了都要爱》歌词和使用《死了都要爱》曲调为由抗辩原告的权利,但两被告不是《死了都要爱》歌词的权利人,原告歌词对《死了都要爱》歌词是否构成侵权,不是本案审理的范围,即使原告歌词与《死了都要爱》歌词之间存在侵权嫌疑,也是原告与《死了都要爱》歌词作者之间的关系,且这只可能影响到原告利用作品,但并不影响原告在自己作品被侵权时向他人主张权利。原告填写歌词,使用了《死了都要爱》一歌的乐曲,原告应处理好与《死了都要爱》曲作者之间的关系,未经曲作者许可,不得利用改填词后的歌曲。但这同样不影响原告就其创作的文字作品在被他人侵权时主张保护的权利。故两被告以《死了都要爱》歌曲抗辩原告对《死了都不卖》歌词之文字作品的著作权,理由不足。……两被告关于原告作品不受著作权法保护的主张,不予采纳。

---

① 北京市海淀区人民法院(2018)京0108民初50091号民事判决书。
② Craig Joyce, Marshall Leaffer, Peter Jaszi, Tyler Ochoa & Michael Carroll, *Copyright Law*, Ninth Edition, Matthew Bender & Company, Inc., 2013, p.229.
③ 武汉东湖新技术开发区人民法院(2015)鄂武东知初字第00028号民事判决书。
④ 最高人民法院知识产权审判庭编:《中国知识产权指导案例评注》(第三辑),中国法制出版社2012年版,第263页。
⑤ 上海市浦东新区人民法院(2007)浦民三(知)初字第120号民事判决书。

综上可见,非法演绎指的是在没有获得原著者授权的情况下,以现有作品为基础,对其进行改编、翻译、注释、整理或摄制的行为。非法演绎作品尽管"非法",但依然受著作权法的保护,只不过是一种消极保护,即非法演绎者有权阻止他人使用非法演绎作品,非法演绎者无权积极主动地对非法演绎作品行使权利。

(二)非法演绎者的行权规则

当非法演绎作品遭受侵权时,非法演绎者应如何保护自己的权利?针对这个问题,法院在"孙宝成诉新疆青少年出版社、河南省新华书店发行集团有限公司侵害其他著作权财产权纠纷案"[1]中指出:"应当允许非法演绎作品的著作权人提起侵权之诉并获得赔偿,以保护其独创性劳动。"非法演绎的著作权人有权提起禁止侵权之诉,已是共识。但是否有权获得赔偿,从不同的角度考虑,可以得出不同的结论。第一个考虑角度:倘若非法演绎者可以获得赔偿,意味着非法演绎者可以通过自己的非法行为获益,这与"任何人不能通过非法行为而获益"的法彦相悖。例如在"郭泽龙与北京微梦创科网络技术有限公司等著作权纠纷案"[2]中,非法演绎作品的作者郭泽龙不但获得了赔偿,法院还支持了他因署名权受到侵犯而要求被告赔礼道歉的诉求。事实上,法院的此类判决难说对非法演绎行为不具有鼓励示范效应。第二个考虑角度:倘若非法演绎者不可以获得赔偿,那么侵权人就算是被诉,也没有什么太大的压力,大不了就是"下线"或"下架",在无需承担赔偿责任的制度环境下,反倒会激励侵权人采取更为直接和疯狂的侵权手法。如何在上述两个角度之间找到理论和司法上的平衡点,值得进一步思考。

七、佚名剧本与免费剧本

(一)佚名剧本

作者身份不明,是佚名剧本之所以产生的主要原因,此处论及的佚名剧本并不包括作者基于各种原因不愿意署名而以"佚名"的署名方式呈现的作品。《著作权法实施条例》第13条规定:"作者身份不明的作品,由作品原件的所有人行使除署名权以外的著作权。作者身份确定后,由作者或者其继承人行使著作权。"可见在我国,作者身份不明的文字作品或剧本,影视机构可以直接向作品原件的持有者获得相应的著作财产权,诸如改编权、摄制权等。实践中,电子化时代如何确定作品的原件并不容易;另外,向原件的持有者支付对价以换取该作品的改编权和摄制权还有一个风险,那就是:当支付完毕之后,作者的身份被明确了,影视机构是否应当再向该作品的作者支付一次对价?抑或作者不同意出让或许可改编权与摄制权,影视机构如何才能获得有效的救济?基于此,总体上并不建议影视机构选用此类佚名作品,除非该佚名作品已经是流传甚广、其佚名性已被世人皆知的巨著。

(二)免费剧本

中国四大名著家喻户晓,从著作权法的角度看,这几部作品任何人都可以对之予以利用、改写、改编或续写,只要不侵犯作者的署名权、修改权、保护作品完整权即可。申言之,免费剧本或免费文字作品,指的是著作财产权过了保护期的剧本或作品。《著作权法》第23条规定:作品的发表权和著作财产权,其保护期为作者终生及其死亡后50年,截止于作者死亡后第50年的12月31日;如果是合作作品,截止于最后死亡的作者死亡后第50年的12月

---

[1] 郑州市中级人民法院(2014)郑知民初字第725号民事判决书。
[2] 北京知识产权法院(2018)京73民终345号民事判决书。

31日。法人或者非法人组织的作品、著作权(署名权除外)由法人或者非法人组织享有的职务作品,其发表权和著作财产权的保护期为50年,截止于作品首次发表后第50年的12月31日,但作品自创作完成后50年内未发表的,著作权法不再保护。

从历史作品中找可供改编材料,是一件非常划算的事情,可以节省很大一笔费用。如果以2021年为界的话,不妨在1971年之前的文字作品中去寻找线索与资料,如果发现值得一试,则可进一步看看该文字作品是否达到了可以免费使用的条件。

第三节 剧本内容

一、剧本创意

著作权只保护作品的表达,而不是作为其基础的思想。这项原则常常令好莱坞大批雄心勃勃的影视策划人感到意外与不快,他们每周向电视台和电影公司发出新的电视连续剧或者电影的创意,却只是收到回函——如果他们最终收到什么回复的话——告知他们,创意是没有著作权的;只要电视台或电影公司没有采用与投稿者表达其思想所采用的相同词句,它们就能对该思想本身加以自由利用。[①]"剽窃思想"是娱乐行业中常见的问题。[②]"思想与表达两分法"是著作权法的基本原则,其含义是著作权法并不保护抽象的思想、思路、观念、理论、构想、创意、概念、工艺、系统、操作方法、技术方案,而只是保护以文字、音乐、美术等各种有形的方式对思想的具体表达。[③]

(一)剧本创意的概述

"创意,即创造出新意或新的意境。创意属于思想。"[④]思想与表达两分法原理在著作权国际公约和各国著作权法中都有体现。《伯尔尼公约》第2条"受保护的作品"意指思想本身不受著作权保护,但思想一旦被阐述或表达出来,就存在对借以表现思想的文字、符号、线条等的著作权保护,即能够受到保护的是表现形式而不是思想本身。TRIPS第9条第2款明确规定:"版权的保护仅延伸至表达方式,而不延伸至思想、程序、操作方法或数学概念本身。"《美国版权法》第102条规定:"本法保护的作品,是指以现在或者未来开发的有形形式固定的具有原创性的作品,直接或借助于机械设备可以感知、复制或者传播的作品。""任何情形下,都不得将对原创作品的保护延伸至思想、程序、过程、系统、操作方法、概念、原理、发现,不论这些内容在作品中以何种形式阐述、说明、解释或体现。"

虽然我国《著作权法》没有关于"思想与表达两分法"的直接规定[⑤],但这项原则深深地体现和嵌入在司法实践之中。如最高法院在"雷献和、赵琪与张晓燕其他著作权权属侵权纠纷申请再审案"[⑥]中对思想与表达两分法做出的阐述:

> 我国《著作权法》所保护的是作品中作者具有独创性的表达,即思想或情感的表现

[①] [美]保罗·戈斯汀:《著作权之道:从古登堡到数字点播机》,金海军译,北京大学出版社2008年版,第15页。
[②] Paul C. Weiler, *Entertainment, Media, and the Law: Text, Cases, Problems*, West Publishing Company, 1997, p.469.
[③] 王迁:《知识产权法教程》(第二版),中国人民大学出版社2009年版,第46页。
[④] 陈锦川:《著作权审判:原理解读与实务指导》,法律出版社2014年版,第11页。
[⑤] 体现思想表达两分法基本原理的,是我国《计算机软件保护条例》第6条,该条规定:"本条例对软件著作权的保护不延及开发软件所用的思想、处理过程、操作方法或者数学概念等。"
[⑥] 中华人民共和国最高人民法院(2013)民申字第1049号民事裁定书。

第二章 剧 本

形式,不包括作品中所反映的思想或情感本身。这里指的思想,包括对物质存在、客观事实、人类情感、思维方法的认识,是被描述、被表现的对象,属于主观范畴。思想者借助物质媒介,将构思诉诸形式表现出来,将意象转化为形象、将抽象转化为具体、将主观转化为客观、将无形转化为有形为他人感知的过程即为创作,创作形成的有独创性的表达属于受著作权法保护的作品。著作权法保护的表达不仅指文字、色彩、线条等符号的最终形式,当作品的内容被用于体现作者的思想、情感时,内容也属于受著作权法保护的表达,但创意、素材或公有领域的信息、创作形式、必要场景或表达唯一或有限则被排除在著作权法的保护范围之外。必要场景,指选择某一类主题进行创作时,不可避免而必须采取某些事件、角色、布局、场景,这种表现特定主题不可或缺的表达方式不受著作权法保护;表达唯一或有限,指一种思想只有唯一一种或有限的表达形式,这些表达视为思想,也不给予著作权保护。

"思想与表达两分法"在一般意义上并不难理解。诸如"英雄救美,最终抱得美人归"几千年来被无数人演绎成一个个有区别但又熟悉的故事,同样题材和主题的文学剧本,任何人都可以创作,都不享有专有垄断权。但是,具体到如何区分文学剧本中的思想与表达,并非易事;有时候,即便在法院裁判文书中看上去已经阐释得很详细的说理部分,亦难以令人把握其确切的精要之所在。例如在"上海华某文化艺术有限公司与上海某剧院侵害作品改编权纠纷案"[①]中,法院指出:

  文学作品中的表达可以包含故事的结构、故事的情节,包括主要事件、事件的顺序、人物间的交互作用及发展等。固然对作品情节的描述可以有一个从具体到抽象的过程,然并非所有的情节均属于表达,受著作权法保护,作为表达的情节本质上还是表现为具体事件和矛盾冲突,用以塑造人物性格、表现作品主题,有一定的具体性。当对作品的故事情节概括抽象到一定程度时,其已脱离表达范畴,属于作品的思想,不受著作权法保护。该种思想与表达的区分,仅能根据个案情况综合判断,越具体的情节,成为表达的可能性越大。同时,因故事情节与人物塑造、主题表达密不可分,往往越具体的情节越能体现人物的塑造、主题的表达,而越抽象的情节则越不涉及人物与主题,故在思想与表达区分的模糊区域,情节与人物塑造、主题表达的关系对于判断情节是否属于表达亦具有一定的作用。

虽然如何区分文学剧本中的思想与表达并非易事,但这并没有妨碍法院在司法实践中对这个问题的持续探索,尤其将问题放置于个案之中诠释思想与表达之间的界限。如法院在"陈喆与余征著作权权属、侵权纠纷案"[②]中,对"思想与表达"之区分的阐述:

  著作权法保护表达而不延及思想。一般来说,思想是指概念、术语、原则、客观事实、创意、发现等等。表达则是指对于思想观念的各种形式或方式的表述,如文字的、音符的、数字的、线条的、色彩的、造型的、形体动作的表述或传达等。从这个意义上说,表达所形成的就是作品。

  这就需要对思想与表达作出区分。本院认为,抽象概括法可以作为思想与表达的分析方法,即将一部文学作品中的内容比作一个金字塔,金字塔的底端是由最为具体的

[①] 上海市徐汇区人民法院(2012)徐民三(知)初字第4号民事判决书。
[②] 北京市第三中级人民法院(2014)三中民初字第07916号民事判决书。

表达构成，而金字塔的顶端是最为概括抽象的思想。当文字作品的权利人起诉他人的文字作品侵害其作品的著作权时，需通过对比的方式予以确认，则可参照相似内容在金字塔中的位置来判断相似部分属于表达或思想：位置越接近顶端，越可归类于思想；位置越接近底端，越可归类于表达。

文学作品中的人物设置及人物关系，如果仅仅是"父子关系""兄弟关系""情侣关系"等，无疑处于金字塔的顶端，应属于思想范畴；如果就上述人物关系加以具体化："父亲是王爷而儿子是贝勒但两人并非真父子""哥哥是偷换来的贝勒而弟弟是侧福晋的儿子""情侣双方是因偷换孩子导致身份颠倒的两个特定人物"，则相对于前述人物关系设置而言，这样的具体设计无疑将处于金字塔结构的相对下层；如果再将特定事件安插在存在特定关系的人物之间，则无疑又是对人物设置及人物关系的更为具体化设计，这样的设计又会体现在金字塔更加底层的位置。如果人物身份、人物之间的关系、人物与特定情节的具体对应等设置已经达到足够细致具体的层面，那么人物设置及人物关系就将形成具体的表达。

文学作品中的情节，既可以被总结为相对抽象的情节概括，也可以从中梳理出相对具体的情节展现，因此，就情节本身而言仍然存在思想与表达的分界。区分思想与表达要看这些情节和情节整体仅属于概括的、一般性的叙事模式，还是具体到了一定程度足以产生感知特定作品来源的特有欣赏体验。如果具体到了这一程度，足以到达思想与表达的临界点之下，则可以作为表达。

可见，对文学作品进行版权保护时很关键的一点就是作者所享有的权利不应该仅仅局限在作品的文字上面，否则，剽窃者就很可以容易地通过一些无关紧要的改动来逃避侵权责任。一旦文字上的占用不再成为检验的标准，就应该着眼于作品整体性的考虑。[①]

法院在该案裁判书中提及的"抽象概括法"，源于美国司法实践中的"抽象测试法"，该方法由美国法官汉德在1931年判决的案件中首度提出。该案原告创作了一个戏剧作品，被告拍摄了与戏剧故事相似的电影。两部作品都是讲犹太人和爱尔兰人两个家庭的孩子组建家庭的故事。由于宗教和种族意识，两个家庭起初都不同意孩子的婚事，闹出了各种戏剧性的故事，最后经孩子们一番努力，两家终于和好。简言之，两个故事的共同点是：犹太父亲和爱尔兰父亲之间的一场争吵、他们孩子之间的婚姻、孙子的出生与和解。汉德法官认为[②]：

> 被告从原告那里借用这么多，可能是因为原告的成功似乎证明这是一个持久受欢迎的主题。即便如此，同时假定原告的戏剧完全原创，新颖性对版权并不必要，原告也不能垄断此类故事背景。虽然原告发现了该矿藏，但是她不能将它据为己有。故事主题过于概括和抽象，只是她的思想的一部分。一个关于爱尔兰人和犹太人的冲突以及他们孩子的婚姻，并不比罗密欧与朱丽叶的故事轮廓更容易得到版权保护。

所谓"抽象测试法"就是，在判断两部作品是否具有实质相似性时，就原告作品和被告作品进行一系列层次不等的抽象和摘要，然后进行比较；如果两部作品相似之处处于高层次的中心思想、主题、故事结构，就不构成实质性相似，不存在侵权；如果两部作品相似之处是在

---

① 李响：《美国版权法：原则、案例与材料》，中国政法大学出版社 2004 年版，第 295 页。
② Sheldon W. Halpern, *Copyright Law: Protection of Original Expression*, Carolina Academic Press, 2010, pp. 468–470.

低层次的故事进展、具体事件、人物关系等具体细节上,就构成实质性相似,有可能构成侵权。抽象测试法不但为思想与表达的区分提供了分析进路,而且标志着思想和表达区分法进入相对成熟的阶段。①

根据"思想与表达两分法"的原理,剧本创意不属于著作权保护的对象,即便这个创意很有意思、很有新意。比如某编剧与制片人或投资人在非常正式的关于剧本创作的商务会谈中说道:"我的提议是,把孙悟空、特洛伊木马、秦始皇、朱元璋以及京杭大运河开挖等全都编进这个故事之中。"无疑,这个创意是天马行空的新创意,以前也没有人提过,但是该编剧的创意依然无法得到著作权法的保护,因为他的创意依然仅停留在"思想"层面。"角色越没有被仔细塑造,则越不可能受版权保护。这是对作者的处罚,因为他使得角色很不鲜明。"②

在"张铁军诉王晓京案"③中,法院不但阐明了"著作权法不保护创意或构思",而且还进一步指出"著作权人不能阻止他人使用其作品中所反映出的思想或信息"的观点。在该案中,张铁军曾向王晓京介绍关于成立"中华女子乐坊"乐队演奏民乐的创意,张铁军希望王晓京投资,王晓京因此阅读和接触了张铁军撰写的关于"女子十二乐坊"之《策划文案》和《整合报告》;此后,王晓京未就成立"中华女子乐坊"与张铁军进行合作;2001年5月,王晓京与案外人孙毅刚为被上诉人世纪星碟公司创作完成了《实施计划》,随即世纪星碟公司成立了"女子十二乐坊"乐队,演奏新民乐,产生一定社会影响。在法院看来,作品包括思想与表达,由于人的思维和创造力是无法限定的,因此著作权不延及思想,只延及思想的表达;在著作权法的保护范围中,不包括思想、方法、步骤、概念、原则或发现,无论上述内容以何种形式被描述、展示或体现。由此可见,著作权法不保护创意或构思,著作权人不能阻止他人使用其作品中所反映出的思想或信息,张铁军的诉请不应得到支持。

作品的构思,与剧本创意一样,也属于思想范畴,不受著作权法保护。在"庄羽诉郭敬明侵犯著作权纠纷案"④中,法院在裁判文书中写道:

> 作品的构思,是指作者在孕育作品过程中所进行的思维活动,包括选取、提炼题材,酝酿、确定主题,探索最适当的表现形式和结构方式,在叙事性作品中还包括考虑人物活动与事件进展的布局等。构思主要体现作者对作品宏观上的谋篇布局。构思的结果是关于作品描述了什么人在何种背景下发生了什么事的概括性的描述,不涉及作品的具体事件的展开性描述,更不涉及作品细节的描写。由于它通常不考虑作品的细节问题,因此具有高度概括性。正因为它是对作品整体高度概括的、一般性的描述,其属于作品的"思想",而不是作品的"表达"。著作权法中没有保护作品构思的规定,因此构思不能受到著作权法的保护。

(二)剧本创意保护与滥诉防控

虽然剧本创意、构思和思想,不能受到著作权法的保护,即使为之投入和耗费了时间和金钱⑤,但这并不意味着它们没有经济价值;相反,创意具有巨大的经济价值。自英国于

---

① 张今:《著作权法》,北京大学出版社2015年版,第20—21页。
② 崔国斌:《著作权法:原理与案例》,北京大学出版社2014年版,第45页。
③ 北京市第二中级人民法院(2005)二中民终字第00047号民事判决书。
④ 北京市第一中级人民法院(2004)一中民初字第47号民事判决书。
⑤ Craig Joyce, Marshall Leaffer, Peter Jaszi, Tyler Ochoa & Michael Carroll, *Copyright Law*, Ninth Edition, Mattthew Bender & Company, Inc., 2013, p. 123.

1997 年开始推动创意创业政策并有效地提升国内经济后[1],创意经济作为一种新的发展范式正在全球兴起。联合国亦分别于 2008 年、2010 年和 2013 年发表《创意经济报告》,共计约 160 万字[2],全面分析和研究了创意产业对经济发展的巨大价值。

创意往往是一部影视剧的起点,"所有发行的节目和电影都始于一个构思"[3],一个好的创意对剧本有时候可以起到非常积极的作用且具有很大的商业价值。一方面,当创意人拿出自己的创意供他人评估时,是冒着很大的风险的,因为版权法并不保护思想观念或创意,制片人从创意中所吸收的仅仅是提供者的思想观念,而不是具体的表达。另一方面,经常收到他人创意的制片人也面临着巨大的风险,当作品问世后,一些提供者可能会以似曾相识而主张报酬,甚至提起诉讼。[4] 作为实务解决之道,如果需要对"创意""构思"或"点子"进行保护,可根据实际情况利用《民法典》等法律,通过与相对人签订合同的形式保护创意。[5] 比如在美国,对于独立制片人来说,他可能有一个很不错的影视剧创意和想法,当他敲响制片公司的大门并与之交流时,签署协议是保护创意和想法的重要举措。[6] 无疑,签署书面合约是最好的保护手段,然而,初次会谈时就向制片人提出签署书面合约的要求会有点尴尬,甚或会让制片人觉得受到某种冒犯进而产生一种不舒服的感受,使得签署书面合约在实践中难有可操作性;那么,创意权利人在向制片人披露创意之前做如下陈述是有必要和可行的:"在我向您披露我的创意之前,我希望您理解并可以确认:倘若您一旦使用了我的创意,我希望得到合理的费用支付。"[7]

另外,权利人还可通过商业秘密许可的方式控制可被披露的范围或使用的限度,使创意的商业秘密价值得以实现。[8] 所谓创意,本质上只不过是一个能够带来商业利益的思想或者观点。这样的思想或者观点要想受到著作权法保护,就必须通过具有独创性的作品形式表现出来;创意如果表现为某个具有新颖性、创造性、实用性的技术方案,可以申请专利,受专利法保护。如果创意人不愿意公开其创意,可以采用商业秘密的形式保护其创意。《反不正当竞争法》第 9 条第 3 款的规定,商业秘密是指不为公众所知悉、具有商业价值并经权利人采取相应保密措施的技术信息和经营信息等商业秘密。司法实践中,法院通常以秘密性、保密性、价值性三个构成要件对商业信息是否构成商业秘密进行审理。不过,北京高院知识产权庭课题组在关于商业秘密司法审判调研报告中指出,在以判决方式审结的案件中,原告主

---

[1] 李天铎:《创意管理与文化经济》,台湾远流出版公司 2011 年版,第 1 页。
[2] 《创意经济报告》是由联合国贸发会议(UNCTAD)和联合国开发计划署(UNAP)南南合作特设局共同发起的政策导向型报告,即关于创意经济发展的"政策导向性文件",由联合国体制内多机构合作编制,旨在为各国决策者勾勒出创意经济的发展现状,评估创意产业面临的机遇与挑战,并提出政策建议;《创意经济报告》的编制出版,在国际范围内产生了重大影响,已成为世界各国调整产业发展战略、加快创意经济发展的一个重要文件。参见王铁军:《创意经济学》(上册),社会科学文献出版社 2018 年版,第 26 页。
[3] 〔美〕Arnold P. Lutzker:《创意产业中的知识产权:数字时代的版权和商标》(第二版),王娟译,人民邮电出版社 2009 年版,第 225 页。
[4] 李明德:《美国知识产权法》(第二版),法律出版社 2014 年版,第 792—793 页。
[5] 李扬:《知识产权法基本原理(II)——著作权法》,中国社会科学院出版社 2013 年版,第 31 页。
[6] Thomas A. Crowell, *The Pocket Lawyer for Filmmakers: A Legal Toolkit for Independent Producers*, Second Edition, Elsevier Inc., 2011, p. 7.
[7] Mark Litwak, *Dealmaking in the Film and Television Industry: From Negotiations to Final Contracts*, Third Edition, Silman-James Press, 2009, p. 18.
[8] Richard S. Gruner, Shubha Ghosh, and Jay P. Kesan, *Transactional Intellectual Property: From Startups to Public Companies*, Fourth Edition, Carolina Academic Press, 2018, p. 467.

张的商业秘密未获得司法保护的案件数量,明显大于原告主张获得支持的案件数量。[①]

针对恶意磋商以获取他人创意并予以剽窃的行为,上海市第二中级人民法院在"上海卓尚信息有限公司诉艺龙网信息技术(北京)有限公司不正当竞争案"[②]中提出的保护思路是:

> 假借订立合同,恶意进行磋商的过程中剽窃他人创意的,受害一方除可以向法院起诉要求其承担缔约过失责任外,如果构成著作权等知识产权侵权或者侵犯商业秘密的,受害方还可以提起侵权之诉。

在美国,若剧作家自行向电影公司提交创意,那么他们在提交创意、梗概或剧本时,需要同时签署《提交协议》,声明同意放弃对电影公司的追诉权。一般常见的《提交协议》主要包括以下条款:第一,作家希望电影公司考虑其提交的创意或剧本材料;第二,作家承诺本人是提交的创意或剧本的唯一合法作者,对提交的创意或剧本享有知识产权,且创意或剧本中并无任何侵犯第三方知识产权的内容;第三,作家认同电影公司可能已接触过类似的创意或剧本,故同意电影公司无需承担对创意或剧本的保密义务;第四,作家了解电影公司有接受或拒绝所提交的创意或剧本的权利。[③] 电影公司之所以要求剧作家签署此类《提交协议》,主要是因为创意和构思不够具体性,使得即便是不同的创意和构思,相互之间也容易出现类同、近似,故而未雨绸缪地约请剧作家签署《提交协议》,对于避免日后可能发生的诉讼,具有非常积极的意义。

二、剧本名称

(一)剧本名称的著作权

"著作权法对作品的保护是为了鼓励创作,而不是阻碍创作,对过于简单的表达提供保护,会影响他人利用这种简短的表达创作出内容丰富的作品。因此,某些过于简短的表达即使是首创的,且也体现了智力创造,它们也必须被留在公有领域,为其他创作者所用。"[④]质言之,受著作权保护的作品是作者思想感情的表达,如果一种表达缺乏最起码的长度,仅仅是个别字词或字词的简单组合,通常难以获得著作权的保护。国家版权局版权管理司在1996年7月发布的《关于作品标题是否受著作权保护的答复》中认为,作品的标题不宜由著作权法保护。当然,与国家版权局版权管理司所持的"不宜由著作权法保护"之谨慎观点不同的是,美国版权局的立场更为鲜明,它在一份公报中强调:标题并非著作权法的保护对象,无论其多么新颖别致、与众不同或者语义双关、富于暗示,标题都不能为著作权法所保护。[⑤]

法院在"曲靖卷烟厂与赵继康著作权纠纷案"[⑥]中,就剧本名称是否可以获得著作权法上的保护做了判定。原告(笔名季康)与王公浦(笔名公浦)于1959年共同创作了电影文学剧本《五朵金花》,该剧本被拍摄成同名电影于1959年公映。被告曲靖卷烟厂未经两位作者同意,擅自将"五朵金花"作为香烟商标使用,利用《五朵金花》的知名度进行牟利。被告的行为严重歪曲了原告和王公浦创作《五朵金花》的原意,侵犯了原告的著作权。

---

① 北京市高级人民法院知识产权庭课题组:《〈反不正当竞争法〉修改后商业秘密司法审判调研报告》,载《电子知识产权》2019年第11期,第67页。
② 上海市第二中级人民法院(2000)沪二中知初字第31号民事判决书。
③ 宋海燕:《如何保护作品的创意》,载《中国版权》2018年第3期,第32页。
④ 王迁:《著作权法》,中国人民大学出版社2015年版,第30页。
⑤ 杨延超:《版权战争》,知识产权出版社2017年版,第93页。
⑥ 云南省高级人民法院(2003)云高民三终字第16号民事判决书。

因我国《著作权法》对作品名称是否受著作权法保护没有明文规定;案件在审理过程中,法院就文学作品名称是否受著作权法保护这一问题向原国家版权局去函,原国家版权局版权管理司于 2001 年 12 月作出了权司(2001)65 号《关于文学作品名称不宜受著作权法保护的答复》。该答复认为作品名称是否受著作权法保护取决于该名称是否具有独创性,如具有独创性则应保护;同时认为对作品名称适用《反不正当竞争法》调整更为恰当。法院收到该答复之后,结合案情与法律的具体规定和立法精神,在判决书中指出:

> 《五朵金花》剧本是一部完整的文学作品,"五朵金花"四字仅是该剧本的名称,是该剧本的组成部分,读者只有通过阅读整部作品才能了解作者所表达的思想、情感、个性及创作风格,离开了作品的具体内容,单纯的作品名称"五朵金花"因字数有限,不能囊括作品的独创部分,不具备法律意义上的作品的要素,不具有作品属性,不应受著作权法保护;在著作权法领域,不同作者基于各自的创作可以产生名称相同但形式、内容不同的作品。

尽管在学理上有观点认为,钱钟书的《围城》和贾平凹的《废都》,其标题具备作品要件,可以作为独立的作品进行保护。① 但是,在"五朵金花"案之后,我国法院关于作品名称或标题是否受著作权法保护这一问题的司法态度,大体秉持了相同的思路。如在"《胭脂扣》与《胭脂盒》著作权纠纷案"②中,就"两部作品名称类似是否构成著作权侵犯",法院认为:

> 作品名称仅是原作的组成,小说整体享有著作权并不意味着作品名称亦同时享有单独著作权。事实上,仅就作品名称而言,属于公有领域的词组,并不具有独创性,即使纳入作品考量,作品名称亦不属于承载原作主要内容的基本表达。……作品名称,无论是胭脂扣还是胭脂盒,都是一样物件,其文字组合本无所谓独创性,谈不上是表达。

再以"舌尖上的中国"著作权纠纷案为例。③ 马明博和肖瑶汇编出版了图书《舌尖上的中国》,该书按一定的主体和题目汇编选入了 106 篇名家关于饮食的散文;中央电视台制作了与马明博和肖瑶图书同名的纪录片《舌尖上的中国》,且编著了一本图书《舌尖上的中国》授权光明日报社与凤凰联动公司出版,中央电视台制作的纪录片与编著的图书,均为饮食题材。马明博和肖瑶将中央电视台、光明日报社与凤凰联动公司诉至法院。法院在判决书中就"图书名称《舌尖上的中国》是否为受著作权保护的作品"做了回答:

> 我国《著作权法》只保护符合独创性要求的劳动成果,因此任何劳动成果只有同时符合"独立创作"和"具有最低限度的创作性"两方面的条件才能成为著作权法意义上的作品。涉案书名"舌尖上的中国"系两个通用名词的简单组合,且该书名仅有六个字,缺乏相应的长度和必要的深度,无法充分地表达和反映作者的思想感情或研究成果,无法体现作者对此所付出的智力创作性,故该书名本身不包含任何思想内容,不符合作品独创性的要求,并不是作者思想的独特表现,故二原告据此主张其拥有著作权,与我国《著作权法》的规定不符。"舌尖上的中国"此六个字的组合不是我国《著作权法》所保护的作品。

综上,作品的名称为了概括反映作品的内容都较为短小精炼,因此作品名称一般都缺乏

---

① 李扬:《知识产权法基本原理》,中国社会科学出版社 2010 年版,第 249 页。
② 上海市徐汇区人民法院(2012)徐民三(知)初字第 4 号民事判决书;上海市第一中级人民法院(2012)沪一中民五(知)终字第 112 号民事判决书。
③ 北京市东城区人民法院(2012)东民初字第 09636 号民事判决书。

形式上最起码的长度和实质上必要的深度,无法有效表达作者赋予的思想感情和个性特点,所以,作品名称本身难以构成我国《著作权法》意义上具有独创性的作品;作品的名称若要构成具有独创性的作品,就得具备一定的容量,不能过于短小,但这又与作品名称的宗旨和作用不符。[1] 就连在承认作品名称可以得到著作权法保护的德国,雷炳德教授观察到的事实却是:"尽管帝国法院理论上准许对标题进行著作权保护,但是在具体的案件中却一一予以否认。"[2]如同德国学者所总结的,作品标题通常情况下不受著作权法的保护,因为简短的文本、语句、字词,要获得著作权法的保护,其独创性要求必定要比长文本的要求高。[3]

(二) 剧本名称的法律保护

尽管如此,并不是说作品名称完全不受法律保护,它可能会落入反不正当竞争方面的法律之保护范畴之内。[4] 对知名的作品名称而言,未经许可的使用则可能构成违反《反不正当竞争法》第 6 条"经营者不得实施擅自使用与他人有一定影响的商品名称、包装、装潢等相同或者近似的标识,引人误认为是他人商品或者与他人存在特定联系"的行为。也可能构成违反《反不正当竞争法》第 2 条的行为。该条规定:"经营者在生产经营活动中,应当遵循自愿、平等、公平、诚信的原则,遵守法律和商业道德。本法所称的不正当竞争行为,是指经营者在生产经营活动中,违反本法规定,扰乱市场竞争秩序,损害其他经营者或者消费者的合法权益的行为。"

早在 1996 年,国家版权局办公室在一份名为《关于作品标题是否受著作权保护问题的意见》(权办[1996]59 号)的文件中,对作品名称著作权保护的尴尬以及作品名称保护的其他法律路径就做了较为详细的描述:

> 文字作品的名称应属于作品的标题。作品的标题不仅限于文字作品的标题,还涉及音乐作品、美术作品等各类作品的标题。作品的标题能否成为著作权的客体,在整个世界范围还没有统一的规定。有的国家对其采取著作权的方法给予保护,有的国家采取其他方法给予保护,有的国家则不予保护。在给予作品标题著作权保护的国家,也并非所有的作品标题都受著作权保护,而是视情况对作品的标题分别采用著作权法或者反不正当竞争法给予保护。例如法国 1957 年《著作权法》第 5 条规定:"智力作品的标题,只要具有独创性,同作品一样受本法保护。即使在作品保护期届满后,任何人不得在可能引起混淆的情况下,以个人名义在同类作品上使用该标题。"对于那些不具备独创性的作品标题,则适用反不正当竞争法。这里提出了一个问题:在给予作品标题著作权保护时,如何界定标题的独创性。我国《著作权法》没有明确规定标题可否作为单独的作品受到著作权法的保护。鉴于国外的实践经验,如果只对具有独创性的标题给予著作权法保护,在司法审判中就必须划定是否具有独创性的界限,这无疑会给司法审判工作带来很大困难。因此,我们认为,作品的标题宜由反不正当竞争法给予保护,而不宜由著作权法进行保护。这样,不管标题是否具有独创性,只要被他人用于商业目的,都有可能寻求法律救济。

---

[1] 李明德:《知识产权法》,法律出版社 2008 年版,第 32 页。
[2] 〔德〕M. 雷炳德:《著作权法》,张恩民译,法律出版社 2005 年版,第 531 页。
[3] 〔德〕图比亚斯·莱特:《德国著作权法》(第 2 版),张怀岭、吴逸越译,中国人民大学出版社 2019 年版,第 32—33 页。
[4] Mark Litwak, *Dealmaking in the Film and Television Industry: From Negotiations to Final Contracts*, Third Edition, Silman-James Press, 2009, p. 57.

三、剧本质量

作为制片人,在选择剧本时,总是倾向于把好剧本定义为:一个剧本,或者是对历史、对文化、对社会、对人文有自己的认识,或者是塑造了多个鲜明的人物,或者是讲述了一个特别扣人心弦的故事,而且和现实有连接,能引发观众的共鸣,那就是一个好剧本。然而,电视台或者说市场,对好剧本的阐述更为直接,即他们往往拿以往播出后反响不错的作品来举例,以题材类型、故事风格、收视率、美誉度等等来评判和选择新的项目。这体现了在文艺作品领域,无一定之规的经验主义,其生命力依然强盛。[①] 然而,正因为"经验主义"具有"无一定之规"的性质,使得剧本质量之好与坏,成为事实上的"罗生门"[②]。

(一)关于剧本质量的法律规定

"按质按量交货"是所有行业的通行惯例,影视娱乐行业也不例外。制片方约请编剧创作剧本,在合同中通常也都会有关于稿件质量的条款。稿件的质和量是否符合要求,若双方"有约定",无疑"从约定"是最便利的手段。若双方没有对剧本稿件质量做出约定,可以依照《民法典》第 510 条和第 511 条规定,来寻找解决问题的答案。《民法典》规定:

> 第五百一十条 合同生效后,当事人就质量、价款或者报酬、履行地点等内容没有约定或者约定不明确的,可以协议补充;不能达成补充协议的,按照合同相关条款或者交易习惯确定。

> 第五百一十一条 当事人就有关合同内容约定不明确,依据前条规定仍不能确定的,适用下列规定:

> (一)质量要求不明确的,按照强制性国家标准履行;没有强制性国家标准的,按照推荐性国家标准履行;没有推荐性国家标准的,按照行业标准履行;没有国家标准、行业标准的,按照通常标准或者符合合同目的的特定标准履行。

> ……

概而言之,若制片方与编剧之间没有关于剧本质量的具体约定,《民法典》建议的确定剧本质量标准的方法是:(1)双方就剧本质量评定标准进行磋商,以达成双方都认可的补充规定;(2)若双方无法达成补充协议的,则首先按照国家标准"交稿"和"验收";(3)若没有国家标准的,则按照影视娱乐的行业标准"交稿"和"验收";(4)若没有国家标准、行业标准的,则按照剧本的"通常"标准或者"符合合同目的的特定标准""交稿"和"验收"。由于关于剧本质量并不存在国家标准和行业标准,《民法典》第 510 条和第 511 条看似严密的规定,但在实际操作中仍然无法轻易地为剧本质量争议的解决提供简明和有效的方法。正因如此,在"李惠康等与中国福利会儿童教育电视制作中心著作权合同纠纷案"[③]中,法院建议编剧与影视公司应当就剧本质量做出清楚的约定,以避免纠纷的发生:

> 由于本案系争的标的是文学作品,是一种智力成果,既无国家标准,也无行业和通

[①] 侯洪亮:《制片人眼中的好剧本》,载《中国广播电视学刊》2014 年第 8 期,第 8 页。

[②] 《罗生门》是由日本导演黑泽明执导,三船敏郎、京町子、森雅之、志村乔等主演的悬疑影片,于 1950 年 8 月 25 日在日本上映。该片主要讲述了一起由武士被杀而引起的一宗案件以及案件发生后人们之间互相指控对方是凶手的种种事情以及经过的故事。该影片获得 1951 年威尼斯国际电影节金狮奖、意大利电影评论奖、奥斯卡荣誉奖等众多奖项。"罗生门"一词在中文语境中,可解释为"事件当事人各执一词,真假难辨,事实扑朔迷离"等义。

[③] 上海市第一中级人民法院(1999)沪一中知初字第 51 号民事判决书。

常标准,因此,为实现合同目的,当事人在签订本案合同时应充分协商,对合同标的的质量要求尽可能规定得细致、清楚,验收时能有明确的标准。

(二) 剧本质量认定的具体规则与方法

在与制片方的合同中,常常会有条款要求编剧对作品进行修改至制片方满意为止,只有剧本质量通过制片方的审核、得到制片方的书面认可,编剧始得享有报酬;并且,质量的认定标准非常模糊,完全由制片方说了算。① 在行业内,这种条款被称为"剧本质量终审权"条款。"剧本质量终审权"究竟应当掌握在谁的手中以及如何恰当地行使"终审权",是缔约实践与司法实践中备受关注的议题。

1. 制片方单方认定

在"北京海颂世纪文化传媒有限公司等诉孙绍博委托创作合同纠纷案"②中,涉案合同约定,北京海颂世纪文化传媒有限公司(简称"海颂世纪公司")、北京新爱喜文化传播有限公司(简称"新爱喜公司")有权要求孙绍博对《故事大纲》《分集大纲》和《全剧剧本》等相关作品按照海颂世纪公司、新爱喜公司标准修改;一切与该剧本有关的作品均需海颂世纪公司、新爱喜公司书面确认,方可定稿;孙绍博因本剧剧本的质量最终达不到海颂世纪公司、新爱喜公司要求(以海颂世纪公司、新爱喜公司判断为准),海颂世纪公司、新爱喜公司有权单方解除合同。故而法院认为:

> 当事人对作品质量存在争议时,首先应当依据当事人在合同中约定的标准和要求进行确定。根据涉案合同约定,海颂世纪公司、新爱喜公司有权要求孙绍博对《故事大纲》《分集大纲》和《全剧剧本》等相关作品按照海颂世纪公司、新爱喜公司标准修改;一切与该剧本有关的作品均需海颂世纪公司、新爱喜公司书面确认,方可定稿;孙绍博因本剧剧本的质量最终达不到海颂世纪公司、新爱喜公司要求(以海颂世纪公司、新爱喜公司判断为准),海颂世纪公司、新爱喜公司有权单方解除合同。从涉案合同的上述约定可以看出,作品质量以海颂世纪公司、新爱喜公司判断为标准。在合同履行过程中,海颂世纪公司与新爱喜公司从未表示过孙绍博提交的作品符合合同要求,也未给予过孙绍博书面确认。现海颂世纪公司与新爱喜公司表示孙绍博提交的剧本没有创意和故事情节,无法进行拍摄、拍摄了也没有收视率、投入市场也不会获得利益,因此应当以海颂世纪公司与新爱喜公司的上述判断为准,认定作品质量未达到合同要求。

张雅文与潇湘电影制片厂因是否在约定的时间内交付合乎质量要求的剧本《盖世太保枪口下的中国女人》而发生纠纷③,法院对涉案合同进行分析后认为,张雅文交付的剧本虽经修改,仍未能达到合同中所约定的"由策划中心审定认可的完整的电视文学剧本"的质量标准,对此应视为张雅文没有完全履行合同约定的义务。该案亦属对制片方单方行使剧本质量终审权之约定予以支持的裁判。

然而,制片方单方行使剧本质量终审权的约定,因完全依赖于制片方的主观认知,并且不排除制片方利用该条款故意向编剧或受托方施以不正当压力和提出不合理要求之可能。为防其弊端,是故,在司法实践中,纯粹的"既然合同约定剧本要得到委托方的认可,就应当

---

① 郑晓红:《近年我国编剧著作权维权状况述评》,载《中国版权》2009年第3期,第53页。
② 北京市朝阳区人民法院(2015)朝民(知)初字第05783号民事判决书。
③ 长沙市中级人民法院(2007)长中民再重初字第0077号民事判决书。

以委托方的主观认识为标准"并没有得到一致的认同。相反,在"中国文采声像出版公司与王放放案"①中,法院的观点是:

> 全部认可系属主观标准,而剧本作为委托创作的标的,具有特殊性,即不同的人会产生不同的理解和标准。为避免主观上的不确定性和任意解释的危险性,需要进行限缩解释。因此在是否完成剧本要求的标准上不应完全取决于当事人的好恶,应当采取客观标准,按照符合合同的目的来解释,即符合电视剧拍摄的标准。

虽然说法院在该案中的观点对于编剧而言有积极的一面,不过,就像剑有两刃一样,"符合电视剧拍摄的标准"可存在被影视公司认为过于低下的可能;因为"符合电视剧拍摄的标准"几乎与"超低门槛"没有太多区别,因为但凡是剧本,都差不多可以被拍摄成电视剧;若仅以"符合电视剧拍摄的标准"为标准,不但无法解释影视公司为什么选择编剧甲,而不选择编剧乙、编剧丙或编剧丁,也无法解释为什么在编剧市场中,编剧甲的每集身价与编剧乙的每集身价会存在数万元甚至数十万元之别。

在《芈月传》剧本之"蒋胜男与王小平著作权权属、侵权纠纷案"②中,法院对影视公司与编剧关于剧本质量认定权的约定给予了认可。法院认为:

> 对剧本质量的认定权在于花儿影视公司,其有权自主判定剧本是否符合要求.从花儿影视公司提交的蒋胜男与王小平、制片人曹平之间的邮件往来内容,可以反映在蒋胜男进行剧本创作期间.制片方对蒋胜男提交的剧本并不满意,并多次提出修改意见,但其修改后的作品仍不符合要求。

北京知识产权法院陈锦川法官虽认同"由委托方认可"这一剧本质量的约定判别标准,但他并没有对"由委托方认可"持完全的放任态度。他认为,对是否达到委托方的认可,也要根据合同履行的具体情况来判断,要分析委托方的理由是否正当,而不能绝对地以委托方的无理理由为标准。③ 在"林海鸥诉北京晟龙天华委托创作合同纠纷案"④中,针对委托人若怠于行使合同中诸如"在15天之内提出修改意见"等之类的权利,法院认为:

> 北京晟龙天华公司在收到涉案电视剧32集剧本初稿后,未在合同约定的15日内提出修改意见,根据合同约定,应视为林海鸥已经完成该剧本的创作和修改责任。

可见,在该案中,法院综合了主客观两方面的因素,以确定剧本质量是否达到了创作要求。申言之,影视公司与编剧就剧本质量倘若做的是"由委托方认可为准"的约定,那么,在编剧交稿时,若委托方不予认可,编剧会因为这个选项的约定而无可奈何。为此,若从编剧的立场出发,在此类合同中加入类似"委托方应在收到稿件后……天之内提出修改意见,若没有修改意见,则视为稿件符合要求"的条款,对于权益保护而言,无疑益多弊少;并且,这类条款也不会对影视公司造成所谓的不利,一方面法律从来不保护"躺在权利上睡觉的人",另一方面影视公司积极行使提意见的权利,也有助于双方同心协力提高创作效率、提高创作质量。

发生在北京华影天诚影视文化投资有限公司(简称"华影天诚公司")与许特生之间的委

---

① 北京市海淀区人民法院(2007)海民初字第18296号民事判决书。
② 温州市鹿城区人民法院(2015)温鹿知初字第74号民事判决书;温州市中级人民法院(2017)浙03民终351号。
③ 陈锦川:《著作权审判:原理解读与实务指导》,法律出版社2014年版,第53页。
④ 北京市第二中级人民法院(2008)二中民初字第16166号民事判决。

托创作合同纠纷,是一例终审权行使不及时,而"失去终审权"的案例。[①] 涉案合同约定,剧本修改稿创作完成后许特生应递交给华影天诚公司剧本评审委员会进行审查,委员会应在15个工作日内提出修改意见。许特生应根据修改意见完成剧本的二次修改创作,所需时间由双方协商,如协商未果则以华影天诚公司意见为准。评审委员会审看第二稿修改剧本,如剧本仍没有达到要求,可再次提出修改意见。许特生应根据修改意见继续对剧本进行修改完善直至华影天诚公司满意为止,修改时间由双方协商,如协商未果则以华影天诚公司意见为准。如许特生完成的剧本修改稿达到华影天诚公司拍摄要求,则华影天诚公司应向许特生开具书面的剧本签收确认通知。许特生创作剧本应达到拍摄标准。

法院认为,华影天诚公司并未提供任何证据证明其就许特生提交的剧本提出过修改意见,其所主张的剧本字数不符合合同约定、质量未达到拍摄标准、未通过评审委员会的评审等事由,并不能成为其不履行合同约定的分期付酬义务的抗辩事由,故对其主张不予支持。

2. 第三方认定

因单方认定中的主观性较强,故寻找第三方对剧本质量进行居中认定,是实践中的另一种做法。如"北京海牧天和文化传媒有限公司与沈钰委托创作合同纠纷"一案的判决书所披露的:

> 双方约定:甲方在进行剧本质量审查时,定稿的认定标准可以参照以下方式:(1) 可以上级审查机关的通过为标准,如国家新闻出版广电总局重大革命和历史题材审查小组的意见;(2) 可以具备参赛征文获奖的标准认定;(3) 可以通过邀请4位双方认可的影视剧本专家组织论证会,以客观标准评定。[②]

倘若当事人没有约定以第三方或有关部门的审查结果为依据,那么,审查结果不能作为判断剧本的依据。例如,按照有关规定,某些题材的影视剧及剧本创作要获得拍摄,需经过有关部门的审批。有关部门的审批结果是否作为剧本质量标准的依据,取决于当事人双方是否在合同中进行了约定。没有约定的,不能据此判断剧本质量高低。法院在"赵亮、张小兵、张蕾与佳和盛世公司、长影集团、八一电影制片厂著作权合同纠纷案"[③]中,体现了该裁判思路:

> 北京海潮文化发展有限责任公司与八一电影制片厂电影文学部的协议、佳和盛世公司与徐锁荣的协议仅能反映协议双方的意思表示,与本案没有直接联系,且协议关于"剧本完成经过双方讨论认定并经重大题材领导小组通过后再支付部分费用"的条款亦没有明确是否按重大题材领导小组通过的集数来支付以及具体支付的方式,故佳和盛世公司关于"根据重大题材领导小组通过的集数支付稿酬是惯例"的主张不能成立。创作20集的《青年毛泽东》剧本是张天民根据要求创作的,重大革命历史题材影视创作领导小组成员对涉案剧本的评价及该小组要求该剧仅写到"八七会议"为止的理由表明,涉案剧本仅被审批通过12集与剧本的创作是否达到要求没有必然的联系,佳和盛世公司亦没有证据证明这一主张,故其关于重大历史题材小组仅审批通过12集的事实说明

[①] 北京市高级人民法院(2010)高民终字第873号民事判决书。
[②] 北京市高级人民法院(2015)高民(知)终字第2751号民事判决书。
[③] 北京市高级人民法院(2004)高民终字第1482号民事判决书。

张天民交付的作品没有完全达到委托人的要求,因而其有权拒绝支付未被审批通过集数的相应报酬的主张不能成立。对剧本能否通过重大革命历史题材影视创作领导小组审批以及审批通过多少集等事宜,剧本创作委托方应予预见并在事前采取相应措施。涉案剧本委托方却在委托张天民创作剧本时没有对此予以约定,由此产生的风险应由委托方承担。

综上,剧本质量的认定,无论由制片方认定还是由第三方认定,都具有一定的主观性;由当事方事先就剧本质量认定的程序与各项细则与细节予以约定,是避免纠纷的最好办法。一旦发生纠纷,宜本着平等保护投资人和作者合法权利的原则,依法作出裁判;不宜先入为主地将任何一方视为"弱者"予以加强或倾斜保护。一方面,作者虽可能处于一个相对弱势的地位,但另一方面影视剧制作者需要投入巨额资金,需要承担极大的市场风险,从剧本开始创作到影视剧开拍期间市场都有可能发生变化,甚至导致所有投资"打水漂"。因此,要兼顾两方的利益,平等保护。正如法院在"中国文采声像出版公司与王放放案"[①]中指出的:

> 虽然专业剧作家在剧本创作中的思路和设计应当得到尊重,但是本院仍认为,作为拍摄影视作品基础的剧本不仅是文学作品也是电影产品的一部分,多数情况下既要具备专业的文学素养亦要考虑影视剧的市场需求。因此在修改意见已然明确的情况下,编剧有义务按照既有方案的要求进行修改。

优质剧本的脱颖而出及成功孵化,离不开行业标准的制定、高素质人才队伍的完善。建立剧本非标产品量化评估体系,对编剧的创作进行相对客观的判断,并进一步搭建编剧与制片方的信任平台,建设具有行业公信力的影视剧本评估平台机制,对于中国从影视大国到影视强国的迈进而言,十分重要。[②]

四、剧本人物与元素

(一)剧本人物特点与称谓

经精心塑造的人物特点,作者对之饱含深情;但作品塑造的人物特点属于思想观念范畴,不受著作权法保护。如法院在"苏州市历史文化名城研究会与苏州电视台、苏州市广播电视艺术培训中心侵犯著作权纠纷案"[③]中指出:

> 当事人称其作品中人物的新形象是其塑造的,属于智力创作成果,应受著作权法保护。电视剧虚构了有关该人物之情节,侵犯了其保护作品完整权。我国《著作权法》保护的是对思念观念的表达,而非思想观念本身。另外,历史人物在民间有多种传说。本案诉争电视剧未表达剧中人物形象特点而虚构的有关情节正是编剧等对人物形象的独创表达,当事人称电视剧虚构情节侵犯其保护作品完整权没有法律依据。

剧本人物称谓,亦即人物名称,作者对之难有著作权法上的权利。"脱离故事情节和人物塑造,仅就主人公姓名和恋人关系难以形成受著作权法保护的作品的独创性表达"[④],申言

---

① 北京市海淀区人民法院(2007)海民初字第18296号民事判决书。
② 钟欣:《继续追问:电影剧本创作质量提升之路》,载《当代电影》2018年第7期,第144页。
③ 最高人民法院民事审判第三庭编:《知识产权审判指导》(总第8辑),人民法院出版社2007年版,第229—231页。
④ 上海市第一中级人民法院(2012)沪一中民五(知)终字第112号民事判决书。

之,作品必须表达一定的思想、情感,传达一定的信息,简单的某一个人物的称谓如果没有其他材料配合,难于表达出什么思想、情感,传达出信息,人们也难于看出它所包含的意义,因此,一般情况下不宜作为作品给予保护。但是,倘若人物的称谓具有独创性的,则可以构成作品,产生著作权。

（二）剧本语言风格与金句

作者在长期的创作过程中,可能会形成相对比较固定的语言风格,比如王朔的作品、古龙的作品,在语言风格上呈现出一种稳定的特点。"作品的语言风格是指作者在创作中表现出来的语言方面的特色及个性,它体现了作者的个人创作风格。一般而言,不同的作者由于具有不同的生活经历、艺术素养及个性气质,其作品具有不同的语言风格。作品的语言风格不属于作品的表达形式,不应由某个作者垄断,否则会阻碍文化的发展。"①

金句,其大致意思是"名言名句",它指向的不是"著名、闻名或知名的人的言语、句子",而是"著名、闻名或知名的言语、句子",与人是否出名无关。当然,在通常意义上,人若是愈加著名、闻名或知名,其言语和句子也相对更容易广为人知,尽管看上去是一些平淡无奇的言语和句子。"有些事隆重地开幕,结果却是一场闹剧;有些事开场时是喜剧,结果却变成了悲剧。""婚姻是一座围城,城外的人想进去,城里的人想出来。""如果你爱他,就把他送到纽约,因为那里是天堂;如果你恨他,就把他送到纽约,因为那里是地狱。"以上句子分别出自王朔的《一声叹息》、钱钟书的《围城》、曹桂林的《北京人在纽约》;在中国大陆,对于特定年龄层的大众而言,可能未必读过这些书,但这些金句,却或多或少被印记在脑海中。

未经作者同意而擅自使用其金句的行为,是否侵犯了作者的著作权？"朱德庸诉唯众影视公司、第一财经公司、北京电视台著作权纠纷案"②的法院裁判是一种观点的代表。《关于上班这件事》的作者为朱德庸,全书第一章开篇以引言的方式写道:"说到每天上班8小时这件事,其实是本世纪人类生活史上的最大发明,也是最长一出集体悲喜剧。你可以不上学,你可以不上网,你可以不上当;你就是不能不上班。"《上班这点事》节目是一档以职场话题为内容的谈话类节目,著作权由唯众公司与第一财经公司共同享有。北京电视台在播出最初几期《上班这点事》节目时插播了《上班这点事》宣传短片。在该短片中,节目嘉宾面对镜头称"你可以不上学,可以不上网,也可以不上当,但是你不能不上班"。《上班这点事》节目的宣传海报,其中以海报中人物语言的形式使用了"你可以不上学,可以不上网,可以不上当,但你就是不能不上班"和"每天上班八小时,可算是人类生活史上的大发明,也是最长一出集体悲喜剧,所以,你不能不看《上班这点事儿》"语句。法院认为:

> 虽然脱口秀电视栏目——《上班这点事》的标题、宣传海报和短片中出现了与朱德庸作品的书名和第一章引言相同或近似的内容,但朱德庸所主张被侵权内容仅为《关于上班这件事》一书的作品题目和内容片段,在整部作品中所占的比例极小,未构成该作品主要或核心部分,并且《上班这点事》节目之中并未使用《关于上班这件事》一书的内容,因此,原审法院认定上述相同或近似内容的出现,尚未达到侵犯《关于上班这件事》一书著作权的程度。对朱德庸有关侵犯著作权的主张以及赔礼道歉的诉讼请求,不予支持。……

---

① 北京市第一中级人民法院(2004)一中民初字第47号民事判决书。
② 北京市海淀区人民法院(2009)海民初字第11406号民事判决书。

如同剧本名称是否可以受著作权法保护之门未被堵死一样,语句即便不长,其是否受著作权法的保护,依然应该让位于个案的分析判断;如果某一语句能表达一定的思想、情感,传达一定的信息,而且该表达具有独创性,则应认定为作品。① 比如,在"古桥"牌空调案中,涉及"横跨冬夏,直抵春秋"这一语句是否构成作品的判断问题,北京市第一中级人民法院认为,该语句虽然字数不多,但内涵丰富,足以构成著作权法意义上的文字作品。② 在著作权上支持"横跨冬夏,直抵春秋",否定"你可以不上学,你可以不上网,你可以不上当,你就是不能不上班",其标准究竟在哪儿,无论是理论界还是实务界都没有统一的意见。不过,上海市人民法院驳回了对"娃哈哈"文字的商标使用主张著作权的诉讼请求,此案例为我们认定著作权保护对象的界限,又画了一条线。③

(三) 剧本描写物/刻画物

"清明时节雨纷纷,路上行人欲断魂。借问酒家何处有?牧童遥指杏花村。"唐代诗人杜牧名作《清明》,具有强烈的画面感,与李白名篇"日照香炉生紫烟,遥看瀑布挂前川。飞流直下三千尺,疑是银河落九天"一样。假若他们的著作权尚在保护期内,尚没有进入公有领域,某甲根据诗作《清明》表达出来的意境,借助"雨""赶路的人""酒家""牧童""水牛""杏花村"等元素,画成一幅画,某甲的行为是否侵犯了杜牧诗作的著作权?或者把这个问题"缩小",作者对作品中的描写物或刻画物,是否可以主张著作权保护?法院在"陈乐光与欧阳黔森著作权权属、侵权纠纷申请再审案"④中表达了否定的观点。陈乐光主张欧阳黔森作品中用以调动军队的兵符是来源于他的独创,欧阳黔森构成剽窃;法院认为,陈乐光所提及的道具,属于思想范畴,这些表述不属于著作权法意义上的作品,不受著作权法保护,况且调兵符的表述也并非陈乐光所独创。

"摸金符是摸金校尉的护身符,只有佩戴摸金符才算正宗的摸金校尉",小说《鬼吹灯》以及相关影视作品的读者和观众对摸金符这一作品形象并不陌生。因认为千禧之星珠宝股份有限公司未经授权推出了摸金符系列金银饰品,系对系列小说《鬼吹灯》著作权的侵犯,同时也是应予规制的不正当竞争行为,上海玄霆娱乐信息科技有限公司(简称"玄霆公司")将千禧之星公司、北京易科成志科技发展有限公司、《鬼吹灯》作者天下霸唱及无锡天下九九文化发展有限公司共同诉至法院,要求法院判令四被告停止侵权并赔偿经济损失。玄霆公司认为:摸金符是《鬼吹灯》中的重要道具,具有独创性,应受著作权法保护;涉案摸金符吊坠属于美术作品,其基本表达和《鬼吹灯》中关于摸金符表达基本一致,构成对《鬼吹灯》作品的改编,侵犯了改编权。被告的意见是:虽然摸金符是《鬼吹灯》作品中的重要道具,但原告未证明其是从何获得对摸金符的排他性权利的;原告认为自己的改编权受到侵犯,但其并未说明《鬼吹灯》作品对摸金符的基本表达是什么;并且在事实上,《鬼吹灯》作品中仅有80多字关于摸金符的简单描述,金银饰品的制作不足以构成对文字作品的改编。

作者对其作品中的刻画物或者描写物是否享有著作权,在好莱坞经验中可供对照参考的概念是"故事角色造型"(story character),它不同于来源于漫画绘本的外观视觉造型,而

---

① 周冕:《广告语著作权纠纷案件若干问题的探讨》,载蒋志培主编:《著作权新型疑难案件审判实务》,法律出版社2007年版,第239—247页。
② 北京市第一中级人民法院(1996)一中知终字第114号民事判决书。
③ 北京市高级人民法院知识产权庭编:《北京知识产权审判案例研究》,法律出版社2000年版,第166页。
④ 中华人民共和国最高人民法院(2014)民申字第2061号民事裁定书。

是来自文字作品。① 美国学者的如下观点可以为解答这个问题提供一扇窗户:"通过视觉性刻画的角色与通过文字性描述的角色的可版权性标准是不一样的,一幅图片胜过千言万语,被刻画的充分程度决定了可版权性的程度。"② 如同法院在"金庸诉江南案"③中所指出的:

> 角色商业化使用权并非法定的权利,通过文字作品塑造而成的角色形象与通过美术作品、商标标识或其他形式表现出来的角色形象相比,缺乏形象性与具体性……主张以角色商业化使用权获得著作权法的保护并无法律依据。

第四节 剧本使用

一、剧本许可与转让

剧本一经创作,著作权人就有权对之进行使用,但拥有剧本的版权与剧本的开发利用并不能等而视之。④ 使用的方式多种多样,既可以授予他人独家使用,也可以授予他人排他使用,还可以授予他人一般性使用;既可以将著作财产权全部授予他人使用,还可以仅仅将部分权利授予他人使用;既可以约定他人在一定时间和空间范围内使用,亦可以约定他人不受时间和空间范围的限制予以使用;既可以仅准许他人用特定语言使用,还可以约定他人用全世界各语种予以使用。

(一)剧本许可与转让的异同

除自用外,许可和转让是行使著作权的两种主要法律方式。剧本著作权人对外许可或转让剧本权利,可以有多种方式与组合。比如,剧本著作权利人可以仅把制作成真人电视剧的权利授予出去,而把制作成电影的权利掌握在自己手中;把制作成动画片的权利让渡给他方,而把改变成漫画并予以出版的权利予以保留,等等。⑤ 著作权人可以许可他人行使全部或部分著作财产权,著作权人可以全部或者部分将著作财产权转让给第三方使用。一般意义上,除非是一次性"永久整体买断"剧本作品的全部著作权,许可与转让并没有实质性的差别,因为"附有时间限制的著作权转让实质上是著作权的专有使用许可"⑥。例如在"北京飞天瑞霖文化传播有限公司与孙亮著作权合同纠纷案"中,法院指出:

> 《转让合同书》虽名为"转让",内容中也使用了"转让"一词,但从该合同所设定10年的期限可知,此处的"转让"实质为"许可使用",该《转让合同书》的性质应为许可使用合同,因此,上诉人关于《转让合同书》属于著作权转让合同而非著作权许可合同的主张缺乏事实及法律依据,不予支持。⑦

但在实践中,还是应当尽量避免使用"转让"一词,只要不是一次性"永久整体买断"之交

---

① 杨吉:《娱乐业的玩"法"》,中国社会科学出版社2017年版,第90页。
② 〔美〕朱莉·科恩、莉蒂亚·劳伦、罗斯·欧科迪奇、莫林·奥洛克:《全球信息经济下的美国版权法》(上),王迁、侍孝祥、贺炯译,商务印书馆2016年版,第391页。
③ 广州市天河区人民法院(2016)粤0106民初12068号民事判决书。
④ Craig Joyce, Marshall Leaffer, Peter Jaszi, Tyler Ochoa & Michael Carroll, *Copyright Law*, Ninth Edition, Matttew Bender & Company, Inc., 2013, p.299.
⑤ Stephen Breimer, *The Screenwriter's Legal Guide*, Third Edition, Allworth Press, 2004, p.22.
⑥ 中华人民共和国最高人民法院(2016)最高法民申174号民事裁决书。
⑦ 北京市第一中级人民法院(2014)一中民终字第23号民事判决书。

易,用"许可"或"授权"来界定此等交易,对于版权人而言,安全系数相对更高一些;否则,宜在转让或出售合约中,加入"归回条款"(Reversion Clause)以明确:倘若在约定的时间内没有或未能制作成影视剧,"转让"或"出售"的权利自动回归剧本著作权人所有。[1]与"归回条款"相近但含义不同的另一个在好莱坞常见术语是"周转权"(turnaround),它一般是通过约定授予编剧或制片人的,是指个人对一个项目或剧本暂时取得部分控制的权利。在娱乐行业它通常的适用方式是:制片方聘用编剧创作剧本或购买编剧的现有剧本,但是在进行剧本版权交易之后,有时候又决定放弃这个项目,不再开发并停止了所有研发活动。此时,若编剧不享有周转权或通过"归回条款"获得关于剧本的权利,则这个剧本以及其他文字材料就会被积压在制片公司的仓库里。反之,如果允许行使周转权,编剧或制片人就有权在一定的时间段(通常是18个月)去寻找愿意接手的新买家,围绕剧本重新策划新项目。原制片方允许编剧行使周转权的常见要求是:新买家要补偿原买家在开发该作品时付出的成本费用,如文字作品购买费、支付给编剧和制片人的费用;有时候还会要求由购买方支付新项目5%的净利润。[2]

依照《著作权法》第26条的规定,使用他人作品应当同著作权人订立许可使用合同,本法规定可以不经许可的除外。许可使用合同包括下列主要内容:(1)许可使用的权利种类;(2)许可使用的权利是专有使用权或者非专有使用权;(3)许可使用的地域范围、期间;(4)付酬标准和办法;(5)违约责任;(6)双方认为需要约定的其他内容。依照《著作权法》第27条的规定,著作权人转让其作品的著作财产权的,应当订立书面合同。权利转让合同包括下列主要内容:(1)作品的名称;(2)转让的权利种类、地域范围;(3)转让价金;(4)交付转让价金的日期和方式;(5)违约责任;(6)双方认为需要约定的其他内容。

另外,《著作权法实施条例》第23、24和25条,对著作权的对外许可与转让也做了规定:使用他人作品应当同著作权人订立许可使用合同,许可使用的权利是专有使用权的,应当采取书面形式,但是报社、期刊社刊登作品除外;专有使用权的内容由合同约定,合同没有约定或者约定不明的,视为被许可人有权排除包括著作权人在内的任何人以同样的方式使用作品,除合同另有约定外,被许可人许可第三人行使同一权利,必须取得著作权人的许可;与著作权人订立专有许可使用合同、转让合同的,可以向著作权行政管理部门备案。

之所以要求以书面的方式约定许可与转让事宜,其意义并不在于"不以书面合同的方式约定许可与转让事宜"者无效,而在于避免双方对各自的权利义务之边界不清晰。口头约定著作权的许可与转让事宜的,依然有效,只不过发生纠纷时,双方都只是"口说无凭",不利于事实的查明与真相的查清。

在美国好莱坞实践中,选择权协议(Option Agreement)是常见合同文本,制片方通过该协议向作品权利人支付一笔选择费(Option Fee),获得在未来特定期限内的独家开发制作权,这个期限从几个月到几年不等,在这个期限内,制片方集中运作融资、邀请主创人员、剧本开发以及其他前期拍摄工作。期限届满时,若制片方无法找到足够的投资或者已经失去拍摄的兴趣,则可以选择放弃;此时,作品的相关权利就回到权利人手中。若届时制片方决

---

[1] Mark Litwak, *Dealmaking in the Film and Television Industry: From Negotiations to Final Contracts*, Third Edition, Silman-James Press, 2009, p.73.

[2] 〔美〕黛娜·阿普尔顿、丹尼尔·扬科利维兹:《好莱坞怎样谈生意:电影、电视及新媒体的谈判技巧与合同模板》(第2版),刘茳译,北京联合出版公司2016年版,第68—69页。

定继续拍摄制作,便可按照选择权协议的规定行使购买权,向作品权利人支付全额"购买价格"。① 对于制片方而言,他可以通过选择权协议"锁定"某作品在一段时间内的制作权②;即使最终因不满意或筹集不到投资经费而被迫放弃制作,相比一次性购买剧本而言,损失依然要小得多。③ 毕竟,好莱坞开发的电影项目只有 30% 左右进入实质制作阶段。④

优先谈判权(Right of First Negotiation)与最终否决权(Right of Last Refusal)也是在好莱坞交易实践中产生的权利形态,这两项权利的适用如今不再局限于剧本交易之中,游戏行业同样可以找到其身影。⑤ 优先谈判权,在剧本交易实践中,是指若作者围绕文字作品进行续集、前传或旁支创作,购买方(制片方)享有优先与作者就该续集、前传或旁支之著作权许可或转让进行谈判的权利,只有当享有优先谈判权的购买方明确表示放弃或拒绝购买之后,作者始可就该续集、前传与旁支寻找其他潜在买家。为防止作者向享有优先谈判权的制片方提出过高的初始价格,以逼迫享有优先谈判权的制片方在事实上不得不放弃或拒绝之情势的出现,制片方通常会在合同中置入最终否决权条款予以牵制。最终否决权条款是指,在享有优先谈判权的制片方放弃或拒绝购买后,若作者就该续集、前传与旁支与第三方达成了购买合意,作者应向制片方充分完整地披露该购买合意的各项条件,以便制片方决定是否以同样的条件购买;只有制片方明确放弃或拒绝购买后,作者才能向第三方出售。倘若向第三方出售的条件发生了变化,此时,作者又必须将变化了的交易条件向制片方做充分完整的披露,以使制片方可以在变化了的条件下再次评估是否购买该续集、前传或旁支。可见,优先谈判权与最终否决权的"联合",既可以为制片方提供优先审读作品和谈判的权利,还可以起到保障其与作者间的交易条件不比第三方高的作用。为避免作者利益在优先谈判权与最终否决权的制度安排下被"掏空",在合约中加入"触发机制"可以起到适当制衡的作用。所谓触发机制,是指为优先谈判权与最终否决权的行使设定必要的门槛,而不是任由制片方无条件地享有和行使优先谈判权与最终否决权,这些门槛可以是诸如经原作品制作的影视剧应达到的票房条件、收入条件、分红条件等等。

(二)默示许可

许可他人使用自己的作品并非一定需要以书面的方式而为之,从法律的角度看,只要许可人与被许可人达成一致的合意,究竟是通过口头还是书面的方式达成一致,都是可以的。在著作权法领域,对默示许可历来异常谨慎,正常情况下,只要没有明示,即为著作权人所保留,被许可人不得行使。《著作权法》第 29 条规定:许可使用合同和转让合同中著作权人未明确许可、转让的权利,未经著作权人同意,另一方当事人不得行使。这项规定要求剧本"买方"应格外注意自己所买到的剧本著作权是不是真的符合自己设定的商业目的和计划,"漏买"的结果,可能会使商业目的和计划的达成受阻,甚至是达成不能。比如,在"《大境门》剧本(电视剧《大商道》)案"中⑥,初审法院认为:

---

① 宋海燕:《娱乐法》,商务印书馆 2014 年版,第 185 页。
② 〔美〕Philip H. Miller:《媒体制作人法律实用手册》,何勇、李丹林译,人民邮电出版社 2009 年版,第 72 页。
③ 王甫、吴丰军:《电视制片管理学》,复旦大学出版社 2006 年版,第 329 页。
④ Bertrand Moullier & Richard Holmes, *Rights, Camera, Action! IP Rights and the Film-Making Process*, WIPO Publication No. 869E, p. 12.
⑤ David Greenspan, *Mastering the Game: Business and Legal Issues for Video Game Developers*, WIPO Publication No. 959E, pp. 41-43.
⑥ 陕西省西安市中级人民法院(2016)陕 01 民初字 163 号民事判决书;陕西省高级人民法院(2017)陕民终 88 号民事判决书。

从河北寰球影视中心与周力军签订《协议书》的内容看,协议仅约定河北寰球影视中心以120万元价格购买《大境门》剧本,周力军同意将《大境门》剧本交由河北寰球影视中心拍摄,该协议中并未约定摄制权以外的著作权是否转让。《著作权法》第27条规定:许可使用合同和转让合同中著作权人未明确许可、转让的权利,未经著作权人同意,另一方当事人不得行使。按照上述规定,在协议书未明确约定的情况下,不能认为周力军已经通过该协议将除人身权以外的所有著作权转让给了河北寰球影视中心。二审法院认为,河北寰球影视中心与周力军签订《协议书》,周力军同意将《大境门》剧本交由河北寰球影视中心拍摄,该协议中并未约定摄制权以外的著作权是否转让。同日,周力军向河北寰球影视中心出具《授权书》亦明确转让的是《大境门》剧本的摄制权。在双方未明确约定的情况下,不能认为河北寰球影视中心取得该剧本除人身权以外的所有著作权。

最高法院在公报指导案例"张晓燕诉雷献和、赵琪、山东爱书人音像图书有限公司著作权侵权纠纷案"[1]中也强调,双方之间是否形成许可播出合同,应当有明确的同意,在没有明确同意的情况下,不能认为许可播出合同已经成立。

可见,"购买"剧本和"出售"剧本的确是充满了法律气息的技术活儿。对于"购买方"而言,应慎之又慎地对待剧本著作权转让或许可合同,以免"出了钱,但没买到自己想要的权利,甚至是买到的权利不足以实现自己的商业目的"。不过,不无疑问的是,倘若买方和卖方在合约中约定:"买方购买卖方享有著作权的小说(文字作品),以拍摄影视剧。"此等情势下,买方是否有权对该小说进行改编,以形成拍摄影视剧所必需的剧本呢?如果严格依照《著作权法》第29条的解释,答案似乎是否定的。但如果依照合同目的来解释,买方对该小说进行剧本改编的权利似乎是不言而喻。

然而,在默示再许可是否存在以及其效力如何这个问题上,司法实践却有不同的认识。比如,北京市第一中级人民法院在"北京飞天瑞霖文化传播有限公司与孙亮著作权合同纠纷案"[2]中认为,依据《著作权法》的规定,许可使用合同和转让合同中著作权人未明确许可、转让的权利,未经著作权人同意,另一方当事人不得行使。鉴于《影视剧本著作权转让合同书》中并未约定飞瑞公司享有将所获权利再行许可他人的权利,因此,未经著作权人孙亮的许可,飞瑞公司不得将其获得的使用权再行许可他人使用。同是该法院,在"胡燕怀诉北京电视艺术中心、中国青少年音像出版社侵犯著作权纠纷案"[3]中的观点却正好相反:

> 该案原告将自己创作的文学作品的改编和摄制权许可给了案外人(自然人),该案外人又将其许可给了两被告,被告据此拍摄了相应的影视作品,原告遂起诉两被告未经许可使用作品。法院认为,影视作品的摄制活动是不可能通过个人行为来完成的,原告在许可案外的自然人以改编和摄制的方式使用作品的时候,应当预料到该自然人必然要通过再许可给具有拍摄能力和拍摄资格的主体的方式才能够实现改编和摄制权的权能。所以,原告的首次许可行为实际上已经暗含了再许可的意图,也就是说,再许可本身就是原告真实的意思表示。在这种情况下,认定再许可行为合法,两被告的行为由于

---

[1] 中华人民共和国最高人民法院(2013)民申字第1049号民事裁定书。
[2] 北京市第一中级人民法院(2014)一中民终字第23号民事判决书。
[3] 北京市第一中级人民法院知识产权庭编著:《知识产权审判分类案件综述》,知识产权出版社2008年版,第32—33页。

已经获得了著作权人的许可而无需承担侵权责任是妥当的。

(三)"一女多嫁"与"多向度许可"

"一女多嫁",简而言之,说的是一个剧本或作品,分别许可或转让给多人的情况。北京市朝阳区人民法院于2020年发布的《文化产业知识产权审判白皮书》(2015年度—2019年度)中指出,著作权转让或专有许可内容如未进行著作权登记则作品转让或专有许可的情况无法为外界获知,授权主体更换授权客体名称等"移花接木"的多重授权做法更加大了被授权人考察是否存在在先授权的难度,司法实践中因重复授权引发的纠纷较为常见;如在涉及影视节目制作的文化产业中,小说、剧本的权利人将作品授权给不同的剧方供开发影视项目。倘若出现"一女多嫁",究竟谁才是真正可以获得权利的人?比如甲将自己的作品分别许可或卖给乙、丙、丁、戊、戌,谁最终有权取得该作品的著作权或使用权?在这种情况下,通常以合约的生效时间先后来决定,即生效在先者,获得该作品的著作权或使用权,而法律上的"善意第三人"难以适用。如北京高院在《侵害著作权案件审理指南》(2018)中的规定:著作权人对相同权利重复进行转让或者许可的,在能够查清先后顺序的真实情况下,认定在先受让人或者被许可使用人取得著作权或者专有使用权,但有相反证据的除外。这个原则在《老鼠爱大米》"一女四嫁"①案中得到了体现。

在该案中,杨臣刚于2000—2001年创作出《这样爱你》(后改名为《老鼠爱大米》)。后杨臣刚与王虎分别于2002年7月13日和2003年3月1日签订两份合同,约定杨臣刚将歌曲《这样爱你》词曲的著作财产权转让给王虎。王虎于2003年4月20日将该权利转让给北京太格印象文化传播有限公司。2004年10月10日,杨臣刚授权飞乐公司独家使用歌曲《这样爱你》词曲,后飞乐公司发现杨臣刚的授权存在瑕疵,故从曾与杨臣刚于2002年11月6日签订著作权转让合同的"著作权人"田传均处取得该歌曲词曲的使用权。此外,杨臣刚于2004年6月以2000元的价格卖给武汉歌手誓言;2004年9月又以8000元的价格卖给飞乐唱片公司的歌手香香。北京市海淀区人民法院在判决书中指出:

> 我国现行法律法规对于如何确定著作权转让合同中权利转移发生效力的时间并无明确规定,在本案所涉的数份著作权转让合同中对此亦无约定,而现亦无关于著作权权属情况的适合公示方法,故本院认为著作权转让合同生效之时著作权即发生转移。如果转让合同签订时,作品创作完成且内容固定,该歌曲词曲著作权亦已于当时转移,是否实际交付该歌曲的词曲手稿或实际交付的词曲手稿是否为其本人所书写,均无碍于受让人受让取得该歌曲词曲的著作财产权。著作权转让后,原著作权人再为转让因缺乏处分权而无效,且不能适用善意取得制度。善意取得制度系为保护交易安全而创设的民法制度,该制度面临着如何在善意第三人的权利和在先受让者的权利之间进行平衡或取舍的问题。我国现行《著作权法》并无关于善意取得制度的规定,参照我国《民法通则》《担保法》以及相关司法解释关于善意取得制度的规定,该制度的合理性应来源于公信力,否则在先受让者的权利无法得到保护,同时也会出现如何判断在后第三人善意与否的问题。善意取得制度的适用须以占有或登记作为公示方法且此种方法具有公信力为前提,而对于作为无形财产的著作权来讲,现并无与之相关的适当公示方法及相应的公信力;如善意取得制度可适用于我国现行著作权法领域,则在著作权曾数次转让情

---

① 董美根:《知识产权许可研究》,法律出版社2013年版,第21页。

况下可能发生诸多第三人均享有著作权之冲突,从而导致无法保障真正权利人的利益,亦无法保护交易安全。

与"一女多嫁"之重复许可性质不同的是,实践中存在的"多向度许可"。此种许可方式表达的精神与原则是:受让人或者被许可使用人通过合同取得约定的著作权或者专有使用权,著作权人在合同约定范围外就不相同的权利再次处分的,是为"多向度许可"。表现在实践中,诸如同一人物传记的著作权人授权不同主体从不同视角将作品摄制成影视作品,并不被法律所禁止。申而言之,人物传记的著作权人在许可他人独家享有其作品的电视剧改编权和摄制权后,又以该特定人物的继承人身份,将该特定人物的生平授权第三人拍摄影视作品,只要两次授权作品反映的侧重点不同,故事结构、主要人物设置、主要情节等方面不同,即使二者在故事情节的描述上存在相似之处,也因法律并不禁止同一人物传记从不同视角摄制成影视作品,人物传记的著作权人并不构成违约。"陈郁龙与王海成著作权许可使用合同纠纷案"即为此例。[①]

陈郁龙(甲方)与王海成(乙方)于 2011 年 3 月签订《电视剧改编权与拍摄权有限独家许可合同》,约定自合同生效之日起,乙方将《我的父亲王洛宾》作品的电视剧改编权及摄制权以有偿方式有限独家许可给甲方,期限 5 年。2013 年 2 月,陈郁龙与他人协商成立西安天启影视制作有限公司,合作拍摄陈郁龙依照王海成授权创作的 34 集音乐电视剧《半个月亮爬上来》。2014 年 1 月,王海燕、王海星、王海成、王洛宾遗嘱执行律师与北京金洋湖国际文化传媒有限公司签订授权合同书,同意北京金洋湖国际文化传媒有限公司以王洛宾先生的故事素材和歌曲素材创作电视剧剧本,摄制电视剧《歌海情天》及与此相关的衍生产品。陈郁龙认为,王海成在与其签约期内重复授权他人拍摄《我的父亲王洛宾》书中的故事情节制作《歌海情天》电视连续剧,给其造成巨大经济损失,请求法院判令王海成赔偿其经济损失。

西安市中级人民法院审理认为,王海成是否将其创作的《我的父亲王洛宾》人物传记许可给原告陈郁龙使用后,又许可他人将其创作的人物传记作品改编、摄制电视剧是判定其是否构成违约的关键。根据案件事实,王海燕、王海星、王海成、王洛宾遗嘱执行律师与北京金洋湖国际文化传媒有限公司签订授权合同书,同意北京金洋湖国际文化传媒有限公司以王洛宾先生的故事素材和歌曲素材创作电视剧剧本,摄制电视剧《歌海情天》及与此相关的衍生产品;电视剧《歌海情天》及相关的衍生产品中有权使用有关王洛宾先生的各种故事素材、十二首歌曲和王洛宾先生的姓名、肖像;陈郁龙曾表示关于《歌海情天》基本上与剧本《半个月亮爬上来》不太搭界,冲突不大,两部片子风格迥然不同。《歌海情天》已在中央电视台 8 频道播映,是一部以几个现代年轻人的爱情故事为主线,穿插反映王洛宾生平的电视剧。电视剧《歌海情天》与《我的父亲王洛宾》均是以历史人物王洛宾为题材创作的作品,二者在故事情节的描述上存在相似之处也在所难免,但二者反映的侧重点不同,《歌海情天》并非以《我的父亲王洛宾》为基础进行改编的电视剧。加之对同一人物传记从不同视角摄制成电视剧法律并无禁止,因此陈郁龙以《歌海情天》电视剧大量使用《我的父亲王洛宾》书中故事情节,将《我的父亲王洛宾》作为重要的结构线索、重要道具,片中多次用特写和近景加以表现,其创作的《半个月亮爬上来》已无法再用为由,认为王海成将《我的父亲王洛宾》一书的电视剧改编权和摄制权再次许可他人使用违反约定,事实依据不足。

[①] 西安市中级人民法院(2015)西中民四初字第 00440 号民事判决书;陕西省高级人民法院/(2017)陕民终 712 号民事判决书。

二、剧本著作人身权的使用

（一）发表权与署名权

1. 发表权

发表权，即决定作品是否公之于众的权利，也称为对外披露权；它不但包括决定作品是否公之于众，还包括决定作品在何时、何地以及何种方式公之于众。发表权的行使可以通过合同进行约定；若合同仅约定被告行使发表权，但未对发表方式进行约定的，原告主张被告的发表方式侵害发表权的，通常难得到支持。但是，被告发表作品方式违反合同约定的，原告可以提起违约之诉或者侵权之诉。作者将其尚未公开发表的美术作品原件转让给他人，可以推定作者同意受让人以展览方式发表其作品，但双方另有约定的，应排除在外。作品一经著作权人或其授权人发表，发表权便行使完毕，即发表权一次用尽。发表权一次用尽，意味着即使作品的发表未经著作权人同意，但作品已经公之于众，他人使用该作品，著作权人主张侵害发表权的，法院亦不会给予支持。

公之于众的"众"，是理解发表权的核心。"众"指的是对象的不特定性，无论对象数量上的多寡，只要不特定的对象能够通过公开的方式获得作品，即便实际上只有一两人获得了作品，也构成对发表权的行使。比如，在家庭过年聚会时将作品提供给大家欣赏，从对象的性质看，依然属于"特定"的，而不是发表权所要求的"不特定对象"，尽管这可能是一个人数多达 100 人的大家庭。相反，假若将自己的作品传播至互联网，即使听众、读者或观众只有少数的几个人或者压根就没有听众、读者或观众，也被视为公之于众，构成对发表权的行使。另外，虽然在进行著作权登记过程中，有关代理机构、版权局等经办人员能够接触到所登记的作品，但这种形式的接触并不当然代表作品被公之于众，因而也不能视为作品的发表。① 进而言之，作品登记的主要目的是维护作者或其他著作权人和作品使用者的合法权益，有助于解决因著作权归属造成的纠纷，并为解决著作权纠纷提供初步证据。可见，进行登记的主要作用在于证明权利的归属，故作品的著作权登记一般不构成著作权法意义上的发表。②

发表权之所以需要受到保护，除发表权与著作权财产权紧密相关以外，发表权有些时候还事关作者的声誉、名誉，甚至健康和生死，这是"因为作品通常是作者的思想表达，与作者的精神和人格有着紧密的关系，所以作品的公之于众对作者精神有很大的影响；违反作者的意愿将作品公开可能会给作者带来精神的损害甚至是人身的损害，例如为了避免生前的各种纷争，一位作者可以要求在其去世后将其日记或者传记公开出版，作者的这种选择和自由应该得到法律的保护。又例如为了避免政府或者其他组织对其的迫害，作者可以决定其作品发表的时间、地点和方式"③。

与其他著作人身权不同的是，发表权的保护有时间限制。就自然人作者而言，发表权的保护期限为作者终生及其死亡后 50 年，截止于作者死亡后第 50 年的 12 月 31 日；如果是自然人合作作品，截止于最后死亡的作者死亡后第 50 年的 12 月 31 日，死后 50 年没有发表的，发表权不再受保护，任何人都有权将其发表。作者生前未发表的作品，如果作者未明确表示不发表，作者死亡后 50 年内，其发表权可由继承人或者受遗赠人行使；没有继承人又无

---

① 广东省高级人民法院(2007)粤高法民三终字第 379 号民事判决书。
② 中华人民共和国最高人民法院(2010)民申字第 281 号民事裁定书。
③ 吴伟光：《著作权法研究：国际条约、中国立法与司法实践》，清华大学出版社 2013 年版，第 210 页。

人受遗赠的,由作品原件的所有人行使。法人或者其他组织的作品,其发表权的保护期为50年,截止于作品首次发表后第50年的12月31日,但作品自创作完成后50年内未发表的,著作权法不再保护。

作为编剧,除非对自己的作品仍颇不满意且抱着不出精品不罢休的原则,一般都不愿意自己的完稿作品被"雪藏",而是希望早点公之于众,在社会上得到广泛的传播。所以,发表权,一般来说是可以许可给他人处置的权项。不过,倘若购买剧本的公司,买过去的目的就是"雪藏",此时,对于编剧而言,很可能是得不偿失的。因为某种题材的剧本或故事,过了"雪藏"期之后再公之于众,就不太可能备受关注了。亦基于此,编剧在出售或对外许可剧本的时候,最好与合同相对方谈好开机拍摄的时间,以便作品可以早日问世。当然,在实践中,谈好开机拍摄的时间,往往是不够的,因为购买方或摄制方,开机拍摄之后,是否能够顺利完成影视剧的拍摄且拿到发行许可证,不无变数。为此,若能够在协议中约定完成影视剧拍摄和拿到发行许可证的时间,则可以更好地督促购买方或摄制方早日制作完成并采用各种适当的办法获得发行许可证,作品才有望早日以影视剧的方式公开传播。如果时限届满,未能完成摄制并获得许可证,对外许可或出售出去的权利,依照协议全都收回,即"回笼再售";如此,不但使得作品被公开传播的概率增大,消除了被"雪藏"而默默无闻的可能,而且还可再售获利。

2. 署名权

署名权,即表明作者身份,在作品上署名的权利。署名权包括四个方面的内容:作者有权标明和确定自己的作者身份;作者有权署真名、笔名、艺名或假名;作者有权不署名;作者有权禁止他人在他人的作品上署自己的名。作者未在首次发表的作品上署名的,不能视为其放弃署名权;放弃署名权,可以解释为作者同意不署名,但若欲将之理解为"他人在其作品上有权署名"则容易被法院所否定。① 职务作品的署名权归作者享有,因此,法院通常不支持法人或者非法人组织就侵害署名权的行为提起的诉讼。

因署名方式发生的纠纷,判断是否侵害署名权,一般性的考虑因素主要有:(1) 署名方式是否足以使公众知晓作者与作品之间的联系;(2) 署名方式是否符合行业惯例及公众的认知习惯;(3) 作品的类型、特点以及使用方式;(4) 当事人之间是否存在约定。

如今,署名权利观念已基本普及,直接侵犯署名权的情况并不多见,即便出现相关纠纷,对错之间的边界也相对泾渭分明。但是,下述两个署名权纠纷已决案例,仍具有重要的参考价值,尤其是对于娱乐法的实务而言。

在"梁信与中央芭蕾舞团著作权纠纷案"②中,当事双方在1993年6月签订的协议中约定的是在今后演出芭蕾舞剧《红色娘子军》的节目单、海报等宣传资料中注明"根据梁信同名电影文学剧本改编字样"。中央芭蕾舞团认为,其官方网站不属于合同约定的节目单、海报,故在其网站上未署名行为不构成对梁信署名权的侵犯。对此法院认为,凡在使用作品时都应为其署名,且信息网络传播行为是一种新兴的传播形式,具有传播快、受众广的特点,双方已有约定的情形下,在官方网站上介绍涉案芭蕾舞剧《红色娘子军》时未能署名,构成了对署名权的侵犯。可见,法院对合同中约定的署名方式之"等"字,做出了跨类型解释,没有支持中央芭蕾舞团仅限于节目单、海报同类署名方式的抗辩。

---

① 北京市第二中级人民法院(2003)一中民终字第9510号民事判决书。
② 北京市西城区人民法院(2012)西民初字第1240号民事判决书。

《芈月传》署名权纠纷,是一起关于未在海报或片花上署名,是否侵犯署名权的案件。[①] 针对《芈月传》电视剧海报、片花上未署名行为是否侵害蒋胜男署名权的问题,法院认为:

> 在作品上的署名行为具有判断著作权权属的初步证明效力,能够表明作者与特定作品之间的紧密联系。而在海报、片花上的署名行为并不具有法律赋予的表明作者身份的推定效力。因此,作品是作者享有署名权的前提和载体,离开作品,就不存在侵害著作权法意义上的署名权。为宣传电视剧而制作的海报、片花并非作品本身,不具备全面传达该作品相关信息的功能,其用途类似于广告,需要在有限时间、空间内快速吸引公众的注意力,故海报、片花中通常会载明作品中最精彩、最引人关注的要素,比如强大的演员阵容、著名的导演、出品单位、精彩画面等,而编剧署名显然不构成海报、片花的必备要素。我国著作权相关法律未对在海报、片花上为作者署名作出规定,当事人也未对在海报、片花上为作者署名作出约定,同时,影视行业亦不存在在海报、片花上必须为作者署名的行业惯例,而且,花儿影视公司已经在电视剧片头、DVD 出版物、部分海报上载明"本剧根据蒋胜男同名小说改编"、署名蒋胜男编剧身份,客观上足以使公众知悉蒋胜男的作者身份。故蒋胜男主张花儿影视公司未在《芈月传》电视剧部分海报、片花上载明"本剧根据蒋胜男同名小说改编"、署名蒋胜男编剧身份,侵害其署名权,缺乏依据。

(二) 修改权与保护作品完整权

修改权是指作者有权对其作品进行修改或者授权他人进行修改。修改与否,怎么修改以及是否授权他人修改,都应根据作者的意愿,不应强制。修改,是对作品内容作局部的变更以及文字、用语的修正。看似简单明了的修改权,但有观点认为,修改权是著作权法规定的著作权权利内容中争议最大、至今尚无定论的权项。主要观点有三:观点之一,修改权与保护作品完整权是一项权利的两个方面(一权两面说),修改权从正面肯定作者有权修改自己的作品,保护作品完整权从反面禁止他人修改自己的作品。观点之二,修改权控制的修改是对作品内容作局部的变更以及文字、用语的修正,从而区别于"歪曲、篡改"(轻重有别说)。观点之三,修改权是作品发表后作者修改作品的权利。目前持观点三的不在少数。[②]

修改,是一种改动,与字数的多寡并无直接关系,虽然改动字数多更容易触犯著作权人的修改权,但这并不是说改动字数少就一定安全无虞。在"秦皇岛市抚宁县印刷厂与中国人民公安大学出版社案"[③]中,最高法院所持的观点是:

> 通过比对《人大学》和《人大制度学》两本书,30 余万字的内容中不同之处未超过 200 字,且不同之处仅仅在于,《人大制度学》因书名改动,故在前言、目录以及书中相应之处将"人大学"替换为"人大制度学",其余内容并未改动。本院认为,虽然公安大学出版社对涉案图书的修改量很小,但因未征得王清秀同意,公安大学出版社仍属于侵犯作者修改权的行为,应承担相应的民事责任。虽然著作权人享有修改权,但有些修改并不会被法院认定为侵权,甚至直接被法律认定为必需。例如,报社、期刊社可以对作品作文字性修改、删节。还比如《著作权法实施条例》第 10 条的规定,著作权人许可他人将

[①] 浙江省温州市鹿城区人民法院(2015)温鹿知初字第 74 号民事判决书。
[②] 陈锦川:《可否将现行著作权法中的修改权理解为作品发表后作者修改作品的权利?》,载《中国版权》2019 年第 3 期,第 16—17 页。
[③] 中华人民共和国最高人民法院(2010)民提字第 166 号民事判决书。

其作品摄制成视听作品的,视为已同意对其作品进行必要的改动,但是这种改动不得歪曲篡改原作品。

剧本完成之后,在不同阶段对之进行一定的修改,是非常正常的事情,也是必要的工作,尤其是对于雕琢一件精品剧本而言。剧本,往往具有很强的时代气息,而时代气息又往往受各种社会风潮或思潮的影响,或许剧本中的一句话,原本平淡无奇,但若加上时代流行的元素,这句话就变得深入人心。以《红楼梦》为例,据说曹雪芹前后修改了十年,增删了十几次。总体上来说,编剧对修改权的坚持,并不是十分的必要,因为为了迎合市场的口味或通过政府审查之需,对剧本进行一些必要的修改,这也是商业逻辑的自然结果。与其过于执拗修改权不予售出或许可,不如在保护作品完整权上下功夫。

保护作品完整权,是指作者保护其作品的内容、观点、形式等不受歪曲、篡改的权利。保护作品完整权侧重于保护作者的思想与其作品所表达出来的思想的同一性,其他人不得通过歪曲、篡改等方式改动作品而造成读者对作品以及作者思想观点的误读。歪曲是指故意改变事物的本来面目或对事物作不正确的反映,含有贬义;篡改是指用作伪的手段对经典、理论、政策等进行改动或曲解。① 《伯尔尼公约》第 6 条之二规定,作者有权禁止任何曲解、割裂或以其他方式篡改该作品,或与该作品有关的可能损害其荣誉或名誉的其他毁损行为。这一条款是保护作品完整权的国际公约依据。"在小说被改编成戏剧或电影的过程中,为迎合某些观众的口味儿对原文进行略带色情性的曲解,是损害了他作为严肃作者的声誉,还是相反——给他的作品增添了一种更合适较近时期的观众口味的色彩"?② 在德国学者莱温斯基看来,对某种行为是否是"歪曲""割裂"或"损毁行为"的判断,必须仅从作者的主观视角予以判断,而不应从消费者、娱乐产业的视角或任何其他、即使是"客观的"视角予以判断;因为,作者对艺术表达的选择由作者自己决定,否则,就不能实现这一条款的设立目的。③

在全国人大法工委看来,判断是否侵害保护作品完整权,应当综合考虑被告使用作品的行为是否获得授权、被告对作品的改动程度、被告的行为是否对作品或者作者声誉造成损害等因素。申言之,第一,作者将其著作权转让或者许可他人之后,受让人或者被许可使用人根据作品的性质、使用目的、使用方式可以对作品进行合理限度内的改动。第二,判断是否属于在合理限度内的改动,应当综合考虑作品的类型、特点及创作规律、使用方式、相关政策、当事人约定、行业惯例以及是否对作品或者作者声誉造成损害等因素。第三,作者有权保护其作品不被他人丑化,不被他人作违背其思想的删除、增添或者其他损害性的变动;保护作品完整权的意义在于保护作者的名誉、声望以及维护作品的完整性。保护作品完整权与修改权是互相联系的,侵犯修改权往往也侵犯了作者的保护作品完整权。在著作权立法上,将两者规定成一条的也不少见。但修改权与保护作品完整权两者的侧重点不同。修改权是为了更好地表达作者的意志,保护作品完整权主要是从维护作者的尊严和人格出发,防止他人对作品进行歪曲性处理以损害作者的声誉。因此,修改权维护作者的意志,保护作品完整权维护作者的声誉。不过,北京市海淀区人民法院认为,在实践中,作者的声誉是否受损并不是保护作品完整权侵权成立的条件。仅因被告的修改或者使用作品而导致作者的声

---

① 徐卓斌:《侵害署名权、保护作品完整权和修改权之认定》,载《人民法院报》2014 年 4 月 3 日,第 6 版。
② 《保护文学和艺术作品伯尔尼公约(1971 年巴黎文本)指南》,刘波林译,中国人民大学出版社 2002 年版,第 35 页。
③ 〔德〕西尔克·冯·莱温斯基:《国际版权法律与政策》,万勇译,知识产权出版社 2017 年版,第 122 页。

誉有所降低不能得出侵犯了作者保护作品完整权的结论,而应审查是否有歪曲、篡改的情况发生;侵权行为致使作者的声誉受到影响是判断侵权情节轻重的因素,并可能导致侵权人承担更大的侵权责任。①

"张牧野等与乐视影业(北京)有限公司等关于《九层妖塔》著作权权属、侵权纠纷案"②涉及保护作品完整权的诉请,一审法院与二审法院基于完全相同的事实,做出了截然相反的判决。一审法院认为:

> 鉴于电影作品的特殊创作规律,结合《著作权法实施条例》关于"必要的改动"的规定,判断涉案电影是否侵犯张牧野的保护作品完整权时,应当要充分考虑改编者的艺术创作自由,尽量缩小保护作品完整权的控制范围。在当事人对著作财产权转让有明确约定、法律对电影作品改编有特殊规定的前提下,司法应当秉持尊重当事人意思自治、尊重创作自由的基本原则,在判断涉案电影是否侵犯张牧野的保护作品完整权时,不能简单依据电影"是否违背作者在原著中表达的原意"这一标准进行判断,也不能根据电影"对原著是否改动、改动多少"进行判断,而是注重从客观效果上进行分析,即要看改编后的电影作品是否损害了原著作者的声誉。作品是作者思想的外现与反映,是作者人格的外化与延伸。保护作品完整权的主要意义就在于从维护作者的尊严和人格出发,防止他人对作品进行贬损丑化以损害作者的声誉。

二审推翻了一审法院的判决,在判决书中做了以下说理:

> 作者的名誉、声誉是否受损并不是侵害保护作品完整权的要件。首先,我国现行《著作权法》规定的保护作品完整权并没有"有损作者声誉"的限制。是否有"有损作者声誉"的限制,涉及权利大小、作者与使用者的重大利益,对此应当以法律明确规定为宜,在《著作权法》尚未明确作出规定之前,不应对该权利随意加上"有损作者声誉"的限制。其次,即便因改动而导致作者的声誉有所降低也不能直接得出侵犯了作者保护作品完整权的结论,仍应审查是否确有歪曲、篡改的情况发生。因此,一审判决关于是否侵害保护作品完整权以"改动"是否损害了原作品作者的声誉为构成要件的认定于法无据,本院予以纠正。侵权行为致使作者的声誉受到影响只是判断侵权情节轻重的因素,并可能导致侵权人承担更大的侵权责任。相关公众的评价可以成为判断作者声誉是否受到影响的重要因素,特别是在改动具有合法授权的前提下。即便属于"必要的改动",《著作权法实施条例》第10条的但书内容也再次重申了"这种改动不得歪曲篡改原作品"。法条如此行文并不是不必要的重复,而是对保护作品完整权的强调。就是说,即使改动是必要的,所做的改动程度也在必要限度内,但如果改动的结果仍然导致作者在原作品中要表达的思想情感被曲解,则这种"必要的改动"仍然有可能歪曲、篡改原作品,进而侵犯原作者的人身权利。

保护作品完整权也被称为"尊重权",尊重编剧创作作品的本意,避免剧本经修改后而致使其本意被歪曲、曲解、割裂。简言之,保护作品免遭不良对待,即"恶搞"剧本。一个原本是贤淑与善解人意的女角,被以剧情需要之名,篡改成一个怨毒与风流成性的女角,这就是对

---

① 宋鱼水主编:《著作权纠纷:诉讼指引与实务解答》,法律出版社2014年版,第96页。
② 北京市西城区人民法院(2016)京0102民初83号民事判决书;北京知识产权法院(2016)京73民终587号民事判决书。

作品完整权的侵犯。比如,在"樊祥达与上海电视台关于《上海人在东京》著作权纠纷案"[①]中,樊祥达创作了小说《上海人在东京》,樊祥达通过协议将该小说的改编权和摄制权授予上海电视台行使。同名电视剧拍摄、播映之后,樊祥达认为上海电视台制作的电视剧《上海人在东京》竭力美化日本人、丑化中国人,严重歪曲和篡改了原著小说,且损害了作者的声誉。其中,电视剧《上海人在东京》第16集"情侣旅馆"将小说中的女主角白洁改写成一个以自己的贞操换取"保人"的低贱女人,是对原小说的严重篡改和主题思想的歪曲。樊祥达以其享有原著小说之保护作品完整权受到侵害为由,将上海电视台诉至法院。

其实,剧本中的很多人物,编剧均有一定的感情寄托于上。当某个寄托了厚重感情且在一定程度上内化于心的角色,其性格特征及善恶被颠覆性修改之后,不但会影响编剧所认知的剧本之原意,而且对投入感情于上的编剧而言,未必不是一种精神上的伤害。鉴此,在实务中,保护作品完整权通常不宜一并将之出售或许可出去,如果强势的制片方一定要求编剧出售保护作品完整权的话,那么不妨在协议中加入"任何修改或改编不得构成对剧本之立意和结构的歪曲、曲解、割裂或任何其他形式的损害与不良对待"之类的表述,以便留有回旋余地。

保护作品完整权侵权成立的条件是否应将作者声誉受损纳入其中,支持与反对的声音各有其立基点;在泛娱乐大时代背景下,就改编作品是否侵害了原作者的保护作品完整权之认定来说,宜引入"双重标准",以衡平各方之利益,使文化传播、文化创新与文化繁荣有所保障。详言之,在对侵害保护作品完整权的认定上,同样是对原作品进行改编,但改编行为是否经过合法授权,将导致适用"双重标准":即对未经许可的改编,采用从严的认定标准;而对经过合法授权的改编,采用相对从宽的认定标准。从权利限制的角度看,"当作者将著作权许可或转让给他人之后,作者的保护作品完整权应当受到更严格的限制,权利的行使必须符合诚实信用原则,不得滥用权利。如果动辄主张他人的使用构成'歪曲、篡改',被许可人或受让人的财产权益就会形同虚设"。对于影视作品这种往往需要汇聚大量人力、物力、财力方可启动创作的特殊作品,在合法获得改编许可的情况下,对侵害保护作品完整权的认定应当进一步从宽,即须达到德国著作权法规定的"粗暴歪曲或割裂"的程度方可构成。[②]

三、剧本著作财产权的使用

著作财产权有十三项,分别是复制权、发行权、出租权、展览权、表演权、放映权、广播权、信息网络传播权、摄制权、改编权、翻译权、汇编权以及应当由著作权人享有的其他权利。其中"应当由著作权人享有的其他权利",是著作权利人的"兜底"权利,体现了著作权权利体系的开放性,但在司法实践中适用该权项,至少应考虑如下因素:第一,现有权项无法囊括所涉行为;第二,对被诉侵权行为若不予制止,是否会影响著作权法已有权利的正常行使;第三,对被诉侵权行为若予以制止,是否会导致创作者、传播者和社会公众之间的重大利益失衡。

与著作人身权不同,著作权财产权的转让或许可完全被法律所允许。这些权利是否需要"惜售"或"惜许可",端赖于剧本著作权人对日后是否会使用这些权利的预期,倘若预计需要使用,则可惜之;倘若预计无太多使用的可能,则可售之或许可之。

---

① 上海市第二中级人民法院(1996)沪二中民初(知)字第28号民事判决书。
② 杨德嘉:《与改编权相关的法律问题分析》,载《中国版权》2017年第6期,第12—13页。

(一) 改编权

改编权,指的是改变作品,创作出具有独创性的新作品的权利。作者未经许可在被诉侵权作品中使用了原作品的表达,并创作出具有独创性的新作品,属于改编权控制的行为;作者仅使用了原作品中不具有独创性的表达,则不属于改编权控制的行为,原作品著作权人无法主张构成侵害改编权。侵害改编权不以作品体裁(小说、诗歌、剧本、杂文等等)、类型(电视、电影、游戏、舞台剧、主体公园等等)的变化为要件。作者未经许可在被诉侵权作品中使用了原作品的表达,但并未形成新的作品,属于复制行为,原作品著作权人若主张构成侵害改编权,无法得到支持。在原作品基础上再创作形成的改编作品,著作权由改编者享有,改编者有权禁止他人使用改编作品。改编者行使其著作权应当取得原作品著作权人许可,他人使用改编作品应当同时取得改编作品著作权人和原作品著作权人许可。

改编,是一种重新解读,至少是在读过原著之后,选择哪些元素可以转换,并决定如何通过一个声音和影像的媒介来实现这些元素。在一个多世纪的电影历史中,已经有太多的电影剧本改编自文学作品。在其中的任何一年里,美国发行的商业影片中大约有 1/3 改编自已经公开出版的文学作品。改编之所以值得研究,不仅仅是因为其数量巨大,也因为其质量过硬。每年被提名为奥斯卡金像奖最佳影片中的电影,大多数来自改编,众多著名导演选择拍摄文学作品改编的电影,而大部分持续占据票房榜首的电影都来自改编。① 改编,当有改编授权。改编权的行使,由当事人约定具体的行权规则,比如改编影视剧的部次、改编期限、改编的地域范围、改编语言、改编用途、改编方式、改编对价、改编权的收回,等等。

(二) 摄制权与表演权

摄制权,是指以摄制视听作品的方法将作品固定在载体上的权利。制作影视剧,获取剧本的摄制权是为必需。著作权人许可他人将其作品摄制成视听作品的,视为已同意对其作品进行必要的改动。通常,因影视作品的特殊艺术表现手法所做的改动,以及因政策规定、技术水平、拍摄设备等所限而进行的改动,可以认定属于必要的改动。

表演权也称公演权,不公开的演出,用不着取得作者的许可,但公演并不一定是直接在公共场所演出;如果把演出录了音或录了像,再拿到公共场所去播放,也属于公演。② 我国《著作权法》规定的表演权是指,公开表演作品以及用各种手段公开播送作品的表演的权利。表演有现场表演和机械表演两种形式。现场表演是指当场发生的表演,演出者向现场观众表现作品的行为,包括诗歌朗读、戏剧舞台表演、音乐演奏、舞蹈、曲艺等的表演;机械表演是指通过录音机、录像机等设备录制表演后将录制的表演再现的行为。我国《著作权法》中的机械表演不包括广播电台、电视台的无线播放,也不包括电影作品的放映,因为广播电台、电视台的无线播放属于广播权控制范围,放映电影类作品属于放映权的控制范围。表演权引发的案件主要包括未经许可表演戏剧作品(表演话剧)、音乐作品(举办演唱会)、文学作品(朗诵诗歌)等。③ 值得提及的是,表演权保护的对象是作品,而不是演员的表演;演员的表演由表演者权进行保护。实务中,下列情形不属于(机械)表演权控制的范围,可以适用著作权法其他规定予以调整:(1)广播电台、电视台以无线方式传播对作品的表演或者后续以无线或者有线方式转播该表演;(2)通过互联网以交互式手段传播作品的表演;(3)放映电影

---

① 〔美〕约翰·德斯蒙德、彼得·霍克斯:《改编的艺术:从文学到电影》,李升升译,世界图书出版公司 2016 年版,第 2—3 页。
② 刘丽娟编:《郑成思知识产权文集——国际公约与外国法卷(一)》,知识产权出版社 2017 年版,第 445 页。
③ 宋鱼水主编:《著作权纠纷:诉讼指引与实务解答》,法律出版社 2014 年版,第 104 页。

作品或者以类似摄制电影方法创作的作品等。

（三）复制权、发行权与信息网络传播权

复制权，是指以印刷、复印、拓印、录音、录像、翻录、翻拍、数字化等方式将作品制作一份或者多份的权利。复制是再现作品的行为，是在有形物质载体上相对稳定和持久地再现作品；若仅仅是作品内容的再现而未借助于有形物体，则构成表演、广播或放映行为。根据复制行为涉及的载体类型，可以将其分为五类：从平面到平面的复制，从平面到立体的复制，从立体到平面的复制，从立体到立体的复制，从无载体到有载体的复制。有口述作品载体化、即兴表演载体化等，是典型的从无载体到有载体的复制。另外，将已有作品制成数字化作品，不论已有作品以何种形式表现和固定，也属于复制行为。著作权意义上的复制需要有固定性和可感知性，易言之，须以现在或者将来发展的方法固定于载体之上，能够直接或借助于机械或装置被感知；复制是发行的前提，倘若剧本需出版，复制权通常是附随一并许可的；若不需出版，则复制权可以留在手中。

发行权是指，以出售或者赠与方式向公众提供作品的原件或者复制件的权利。发行权主要是用于控制向社会提供作品复制件的行为。① 此处的复制件指的是以印刷、复印、拓印、录音、录像、翻录翻拍等方式将原件制成的复制品。以信息网络方式传播作品的，因并没有发生所有权的转移，故不构成对发行权的侵犯，而是侵犯了作品的信息网络传播权。正如有观点指出的："进入数字时代以后，信息网络传输又成为新的容易与发行混淆的行为。信息网络传输通常也使得接收者获得作品的复制件。但是，这里并没有发生有形复制件所有权的转移。除非对发行权进行扩充解释，否则它无法涵盖信息网络传输行为。中国立法者最终选择在发行权之外单独创设所谓的信息网络传输权，从而保持发行权的历史定位不变。"② 信息网络传播权，是以有线或者无线方式向公众提供，使公众可以在选定的时间和地点获得作品的权利。

对于剧本而言，与发行权相关的是剧本的纸质出版；信息网络传播权主要是控制剧本数字化传播事项，诸如制作 PDF、Word 等格式文件或电子书等上传到网上传播、朗读之后把音频上传到网上传播，等等。剧本著作权人可以根据实际情况决定这两项权利的留与存。路遥的《平凡的世界》未经许可被制作成有声读物在"荔枝 FM"平台上传播，路遥之女路茗茗以侵害作品信息网络传播权为由将"荔枝 FM"的运营者广州荔支网络技术有限公司诉至法院，并获得了法院的支持。

在实务中，有观点认为，把文字作品制作成有声书，通过网络进行传播，所需要的权利是"信息网络传播权及其转授权、有声读物改编权，以及制作、复制和销售电子出版物的权利"。在"谢鑫与深圳市懒人在线科技有限公司、杭州创策科技有限公司等侵害作品信息网络传播权纠纷案"③中，法院对制作并传播"有声书"所需的权利类型做了阐述：第一，涉案作品在被制成有声读物时，被改变的仅仅是形式，其文字内容并未被改变，制作有声读物的过程属于对涉案作品的复制，而非演绎。第二，对涉案作品进行朗读不会形成改编作品。在著作权法中，朗读行为不属于创作行为，而属于对作品的表演，朗读本身不会为作品添加新的独创性成分。固然，对同一作品，不同的朗读者在朗读时会对音调、语速作出不同的选择，甚至于会

---

① 王迁：《著作权法》，中国人民大学出版社 2015 年版，第 176 页。
② 崔国斌：《著作权法：原理与案例》，北京大学出版社 2014 年版，第 397 页。
③ 杭州铁路运输法院（2016）浙 8601 民初 364 号民事判决书。

配以富有个性的背景音乐或音效,最终传递出的声音可能存在差别,给听众带来不同的感受。但因这种选择与安排并未改变作品的文字内容,即未改变作品之表达,故不属于对作品的演绎。因而,涉案有声读物实为朗读涉案作品并进行录音后形成的录音制品,是对涉案作品的复制,而不属于对涉案作品进行演绎之后形成的新作品。

在深圳市懒人在线科技有限公司(下称懒人公司)经营的"懒人听书"网(lrts.me)上,可以自由选择时间与地点在线收听《神秘马戏团》作品之录音,并可随意选择进度;懒人公司亦确认公众可以在其个人选定的时间地点收听《神秘马戏团》录音。懒人公司在其网站上向公众提供涉案作品之录音,即以有线方式提供涉案作品之复制件,使得公众可以在其个人选定的时间与地点进行收听,即获得涉案作品,其行为属于信息网络传播行为,受信息网络传播权控制。另外,制作录音制品不涉及对作品的改编,不受改编权控制,而应受表演权、复制权之控制,因而杭州创策科技有限公司所取得之"改编权"不得作为制作录音制品的授权依据。

(四)出租权、展览权和放映权

出租权,是指有偿许可他人临时使用视听作品、计算机软件的原件或复制件的权利,计算机软件不是出租的主要标的的除外。展览权,即公开陈列美术作品、摄影作品的原件或者复制件的权利。放映权,指的是通过放映机、幻灯机等技术设备公开再现美术、摄影、视听作品等的权利。通常情况下,剧本著作权人可以不用太多关注该三项权利的留与存。但是,倘若剧本是手写稿,那么,展览权的去留问题,可以多斟酌几遍,因为剧本手写稿在内容上是文字作品,同时,它亦可能会因为书法的优美而构成美术作品。比如茅盾先生创作的一篇题为《谈最近对的短篇小说》近万字评论文章之手稿,被法院认为既属于文字作品,也属于美术作品。①

(五)广播权、翻译权和汇编权

广播权,即以有线或者无线方式公开传播或者转播作品,以及通过扩音器或者其他传送符号、声音、图像的类似工具向公众传播广播的作品的权利。翻译权,是指将作品从一种语言文字转换成另一种语言文字的权利。汇编权,是将作品或者作品的片段通过选择或者编排,汇集成新作品的权利。

第五节 剧 本 抄 袭

一、抄袭及其方式

(一)抄袭的构成要件

《著作权法》规定,剽窃他人作品的,应当根据情况,承担停止侵害、消除影响、赔礼道歉、赔偿损失等民事责任。根据全国人大法工委的释义,剽窃他人作品,是把别人的作品据为己有的侵权行为,剽窃与抄袭基本上是同一语义。剽窃他人作品与演绎作品不同,演绎作品的作者对原作品进行了创造性的劳动,创作了新的作品,而剽窃他人作品,没有创造性的劳动。例如,将一部小说中的人物名称、故事发生的年代、地点等作了改动,或者其中个别情节略作变化,其主要内容,表现手法都是抄袭他人的作品。剽窃他人作品的目的,是为了将其出版发行,谋取名利,该行为严重地损害了作者的人身权和财产权,侵权行为人应当承担民事

---

① 江苏省南京市六合区人民法院(2016)苏 0116 民初 4666 号民事判决书。

责任。

原国家版权局版权司在《关于如何认定抄袭行为给青岛市版权局的回复》(权司[1999]第6号)中对抄袭做了较为详细的阐述:著作权法所称抄袭、剽窃,是同一概念,指将他人作品或者作品的片段窃为己有。抄袭侵权与其他侵权行为一样,需具备四个要件:(1)行为具有违法性;(2)有损害的客观事实存在;(3)和损害事实有因果关系;(4)行为人有过错。由于抄袭物需发表才产生侵权后果,即有损害的客观事实,所以通常在认定抄袭时都指经发表的抄袭物。因此,更准确的说法应是,抄袭指将他人作品或者作品的片段窃为己有发表。对抄袭的认定,不以是否使用他人作品的全部还是部分、是否得到外界的好评、是否构成抄袭物的主要或者实质部分为转移。凡构成上述要件的,均应认为属于抄袭。

(二) 抄袭的表现形式

针对学术文章的抄袭,中国知网学术不端系统做了细致的分类:第一,按抄袭的内容分类,有论点(结论、观点)抄袭、论据论证(实验和观测结果分析)抄袭、表格数据抄袭、图像图形抄袭、概念(定义、原理、公式等)抄袭、文章套改、引言抄袭等七种表现形式。第二,按抄袭文字的篇幅分类,有句子抄袭、段落抄袭、全篇抄袭。

娱乐行业中的抄袭,可以笼统地概括为"低级抄袭"和"高级抄袭"。前者是指,原封不动或者基本原封不动地复制他人作品的行为;后者指的是,经改头换面后将他人受著作权保护的独创成分窃为己有的行为。低级抄袭的认定比较容易,高级抄袭需经过认真辨别;那些一眼就可以看出来的抄袭,并不是法律上的难点和争点,难的是那些处于借鉴与抄袭之间的剧本,它们往往不是非黑即白或泾渭分明,若没有一双法眼,有时候的确不容易从灰色的梯度空间中得到法律正解。影视娱乐行业中常遇到的高级抄袭有:改变作品的类型将他人创作的作品当做自己独立创作的作品,例如将小说改成电影;不改变作品的类型,但是利用作品中受著作权保护的成分并改变作品的具体表现形式,将他人创作的作品当做自己独立创作的作品,例如利用他人创作的电视剧本原创的情节、内容,经过改头换面后当做自己独立创作的电视剧本。

在实际创作过程中,还有一种"无意识抄袭",它指的是,作者通过阅读等方式把他人的作品已经融入自身的意识之中,在创作作品时,无意识地生成或调动与他人作品相一致的表达方式。无意识抄袭的例子被波斯纳记载在他的《论剽窃》一书中。卡薇娅·维斯瓦坦纳与布朗公司签订出版合同,《奥珀尔梅莎如何被吻、发狂并获得新生》2006年4月出版后的数周之内,《哈佛红报》揭露维斯瓦纳坦涉嫌剽窃,并列举了13个剽窃段落。维斯瓦纳坦起初否认一切,但后来声称,她的抄袭是"无意识的",因为她已经"吃透了"麦卡弗蒂的小说;她说自己拥有照相机一般的记忆,尽管这不是为了抄袭。[①]

二、抄袭认定的一般规则

(一) 一般规则

司法上认定抄袭或剽窃,通常分三步走:第一步,排除不受著作权法保护的内容,如构思、语言风格、创意等,再如根据相同历史题材创作作品中的题材主线、史实脉络,属于思想范畴。第二步,排除不具有独创性的表达方式,如公有领域的常用表达,尤其需要考虑作品的题材,在人物传记等历史题材的作品间,由于作品主题的限制,在表达方式和语言风格上

---

① 〔美〕理查德·波斯纳:《论剽窃》,沈明译,北京大学出版社2010年版,第3—5页。

存在雷同的可能性更大。选择某一类主题进行创作时,不可避免地采用某些事件、人物、布局、场景,这种表现特定主题不可或缺的表达不受著作权法保护。在作品对比方面,应当着重查明被诉侵权作品是否使用了在先作品在描述相关历史时的独创性表达。通常情况下,原告若不能证明这种表达方式为其独有,就不能武断地认定被告抄袭或剽窃。第三步,"接触+实质相似"。凡是依据社会通常情况,具有合理的机会或者合理的可能性阅读或听闻作品的,即构成"接触";"实质相似"则是从一般读者的角度,两部作品在思想的表达上构成实质性的相同或者近似。①

就接触而言,除直接实际阅读外,还包含依据社会通常情况,被告有合理的机会或合理的可能性阅读或听闻原告的著作。接触可分为直接接触与间接接触,前者,是指行为接触著作物,诸如行为人参与著作物的创作,行为人有取得著作物,或行为人有阅览著作权等情形。后者,是指在合理情况下,行为具有合理机会接触著作物的,均属于间接接触的范畴。诸如著作物已经公开发表或出版,被告可以在市面上较为轻易地获得,或者著作物有相当程度的广告或知名度等情形。主张他人的著作抄袭自己的作品,负有接触之举证责任。接触虽应以直接或间接证据证明之,但倘若原告与被告的作品"明显近似",足可合理排除被告有独立创作的可能性时,则不必有其他接触的证据,就足可以推定被告曾经接触过原告的著作,原告不必另行举证,被告若认为两作品并非明显近似或著作是被告独立创作,则举证责任转由被告负担。②

"实质相似"是定性说法,司法没有统一的定量标准;在文学实践中,存在有意或无意忽视"实质"两字,而只将眼睛瞄准"相似"二字的情况,以致只要发现两个作品有相似之处,就诉诸法庭;甚至有人为了寻找相似之处,不惜打着灯笼,拿着放大镜来寻找。实际上,适当和适度地借用他人作品中的独创性部分是创作中常见的现象,在某种意义上也是对他人经验的一种汲取,是对艺术传统的一种继承,是对艺术技巧的一种借鉴。③ 文学作品的创作,很难是孤立地闭门造车之结果,通常是相互学习借鉴和创新的过程。借鉴既可能是指单纯利用思想而非表达的行为,也可能是指合理使用。至于何种行为是侵权,何种行为是合理借鉴,实际上首先涉及的还是思想与表达的界限。借鉴者创作的新作品是在借鉴原作中的主题、情感、构思等归于"思想"内容的基础上进行自己的独创性表达,该表达不同于或脱离于被借鉴作品中的具体表达。④ 通常,思想上的借鉴并未涉及侵害原创作者的独创成果,不涉及侵害著作权的情形;而具体表达上的借鉴,则需考量借鉴内容所占的比例,这包括借鉴内容在原创作者作品中的所占比例及借鉴部分内容在新作品中的所占比例。而这个比例的衡量,不仅要进行量化考量,也要从借鉴内容的重要性、表达独创性角度,即质的维度上考量。评判标准也需结合具体案件情况进行个案分析判断。⑤ 也就是说,在文学创作领域,有些相似,是非实质性的,它属于合理借鉴范畴,不会受到法律的否定性评价。比如,法院在"上海华某文化艺术有限公司与上海某剧院侵害作品改编权纠纷案"⑥中所指出的:尽管从《胭脂盒》中

---

① 北京市高级人民法院(2011)高民终字第31号民事判决书。
② 罗明通:《著作权法论》(Ⅱ),台英国际商务法律事务所2014年版,第483—484页。
③ 刘汉波:《著作权司法实践中的文学观念批判——以文学剽窃的认定为中心的考察》,中国社会科学院出版社2014年版,第143—156页。
④ 北京市高级人民法院(2018)京民终226号民事判决书。
⑤ 北京市第三中级人民法院(2014)三民初字第07916号民事判决书。
⑥ 上海市第一中级人民法院(2012)沪一中民五(知)终字第112号民事判决书。

隐约可以看到《胭脂扣》的影子,但这种印象更多地体现为借鉴而不是演绎。

(二) 一般规则的具体应用

判断被告是否接触过在先作品或者存在接触的可能时,一般考虑如下因素:(1) 在先作品是否已经公开发表;(2) 在先作品未发表的,但被诉侵权作品作者或者其关联主体与在先作者之间是否存在投稿、合作洽谈等情况。被诉侵权作品与在先作品的表达相同或者高度相似,足以排除独立创作可能性,且被告未作出合理解释的,可以根据在案证据推定被告接触过在先作品。譬如,原被告之作,若连错别字部分都一样,非常容易被认定为抄袭。[①] 不过,"错误"也分具体情况,不能只要发现相同"错误"就径直判定抄袭。

在"夏德宝与林黎胜等侵犯著作财产权纠纷案"[②]中,法院并没有仅因发现被告作品中有类似于原告"故意种植的错误"而判定侵权。在该案中,夏德宝认为,在国内除了心胸专科医院外,所有的综合性医院中,如果没有设立心脏中心或心脏研究所,在大外科的建制下,没有一家医院独立设立心脏外科,而是综合设立心胸外科。在《生命之门》中,夏德宝有意种植了在综合性医院中设立心脏外科这个错误,而《柳叶刀》中同样存在这个错误。一审法院认为,首先,夏德宝为了证明其观点成立,提供了一些证据,但仅凭这些证据并不能当然得出夏德宝所主张的观点。其次,即使两部作品中确实均存在这个错误,但仅凭这一个错误就判定《柳叶刀》抄袭了《生命之门》的相关内容,或者两部作品在表达形式上相同或者相似,理由和条件都是不充分的。夏德宝就此提出上诉,二审法院驳回了夏德宝的上诉,在判决书中指出,夏德宝主张《柳叶刀》剽窃了《生命之门》中其故意设置的"错误",不能成立。夏德宝主张其在作品中设置了"心脏外科"这一地理场景的"错误",但不论是否设置心脏中心或心脏研究所,综合性医院设置心脏外科并不鲜见,且医院内部科室的设置系各医院根据自身实际情况所定,夏德宝的"错误"之说难以成立。即使该"错误"成立,也不能以此认定被上诉人构成剽窃。夏德宝在二审中还主张其在《生命之门》中设置了男主角越级手术的错误,但经对照其依据的相关卫生行政主管部门的规定,得不出男主角越级手术的结论。

概言之,作品间的共同错误或无意义的成分是判断是否接触的重要佐证之一。所谓共同错误或无意义的成分,是指原告与被告著作中共同存有原告故意安排或无意疏忽所产生的错误或无意义的表述。例如,原著作中的错别字、排版瑕疵、语法错误、不实资料、不必要的冗言等等。这些均可能是原告所设计的陷阱,或一时的疏忽所致,若同样出现在被告作品之中,具有相当的接触证明力度。只不过,共同的错误或无意义的成分,有时也可能是因为巧合所致,也可能是共同来源于某一个其他作品,为此,即使出现这种情形,还应当个案判断,不能一概定论。[③]

按照"不告不理"的原则,对于抄袭的认定应当以原告的具体诉讼主张为基础,即原告主张构成抄袭的具体部分作为判断对象。[④] 判断作品是否构成实质性相似一般采用综合判断的方法,比较作者在作品表达中的取舍、选择、安排、设计等是否相似,不从或少从主题、创意、情感等思想层面进行比较。具体来说,判断作品是否构成实质性相似,通常考虑如下七项因素:(1) 台词、旁白等是否相似;(2) 人物设置、人物关系是否相似;(3) 具体情节的逻辑

[①] 简启煜:《著作权法案例解析》(修订第三版),台湾元照出版有限公司2014年版,第388页。
[②] 南京市中级人民法院(2009)宁民三初字第116号民事判决书;江苏省高级人民法院(2010)苏知民终字第0163号民事判决书。
[③] 罗明通:《著作权法论》(Ⅱ),台英国际商务法律事务所2014年版,第383—393页。
[④] 北京知识产权法院(2015)京知民终字第1148号民事判决书。

编排是否相似;(4)是否存在相同的语法表达、逻辑关系、历史史实等错误;(5)特殊的细节设计是否相同;(6)两作品相似的表达是否属于原告主张权利作品的核心内容;(7)其他因素。

法院在"赵兴华与北京亚轩文化交流有限责任公司、北京华语大业文化传媒有限公司侵害著作权纠纷案"①中,阐述了"接触+实质相似"规则的具体应用。

赵兴华根据自己的亲身经历创作了中篇小说《山花依旧》,并发表于"榕树下"网站。其于2006年1月将该小说改编成电影剧本《小站情怀》。2008年8月、2010年7月,赵兴华先后将《山花依旧》和《小站情怀》发表于"江山文学网"。2007年,制片人王宝国准备筹拍这部电影,赵兴华于2008年1月用电子邮件的方式将《小站情怀》剧本发送给他。后有影视公司决定筹拍赵兴华的电影剧本《小站情怀》,并于2011年6月6日与赵兴华签订了购买《山花依旧》的电影、电视剧改编权以及电影剧本《小站情怀》的合同。2011年10月,赵兴华得知电视上的"家庭影院"频道正在播放根据其中篇小说《山花依旧》改编的电影。赵兴华随即在网上检索到这部出品于2010年的电影《小站》及其相关资料,发现剧情和人物与赵兴华的小说《山花依旧》和剧本《小站情怀》故事情节和人物完全相同,场景和台词也与其剧本绝大部分相同,该片片尾字幕显示编剧为照兴和陈玉梅。故赵兴华向法院提告。北京市丰台区人民法院认为,"接触"加"实质相似",是作品构成剽窃的判断原则。"接触"这一事实可以从赵兴华于2008年1月用电子邮件的方式将《小站情怀》剧本发送给准备筹拍这部电影的制片人王宝国之中得到确证和认定。就是否构成"实质相似",法院的观点是,故事背景是小说及电影的背景是故事得以展开的主要线索,故事的情节和人物的思想无不受到当时背景的影响;人物设置及描写,包括主要人物的人数及名字、主要人物的身份、主要人物的性格以及主要人物的关系;故事情节及对话是叙事性文艺作品中具有内在因果联系的人物活动及其形成的事件的进展过程,它属于作品的表达,具有独创性的故事情节应当受到著作权法的保护。对两作品的前述三大内容予以对比后,法院在判决书中指出:

> 电影《小站》与小说《山花依旧》、电影剧本《小站情怀》,无论在人物特征还是人物关系方面,都极为相似。同时,围绕这些主要人物描写的一个个具体的故事情节亦存在众多雷同之处。涉案的电影及小说叙事性较强,同时,文学创作是一种独立的智力创造过程,离不开作者独特的生命体验。因此,即使以同一时代为背景,甚至以相同的题材、事件为创作对象,尽管两部作品中也可能出现个别情节和一些语句上的巧合,不同的作者创作的作品也不可能雷同。同时,被控侵权的情节和语句是否构成抄袭,应进行整体认定和综合判断。对于一些不是明显相似或者来源于生活中的一些素材,如果单独对其情节和语句进行对比就认为构成剽窃,对被控侵权人是不公平的。但如果在两部作品中相似的情节和语句普遍存在,则应当可以认定被控侵权的情节构成了抄袭。本案中,《小站》与《山花依旧》《小站情怀》都是以20世纪70年代青年军人执行任务时与女知青的感情纠葛为题材的电影故事,从以上本院认定的构成相似的情节和语句的数量来看,已经远远超出了可以用"巧合"来解释的程度,且相似部分已构成了整部电影的实质内容。

---

① 北京市丰台区人民法院(2012)丰民初字第1278号民事判决书。

三、抄袭认定的具体方法

（一）微观对比法

两作品是否实质相似，对其中的故事背景、故事情节、人物性格、人物特征、人物关系、人物设置、人物对话、台词以及其他表达，诸如关于环境的描述、心理活动的描述，还有细节动作的描述等进行对比，是微观对比法。通过微观对比，可以发现字句、段落、情节等是否存在相似之处。

就剧本中的情节为例，因情节的构成离不开事件、人物和场景，故情节可以具有独创性，继而成为剽窃对象。如在老版电视剧《三国演义》里，刘关张桃园结义的背景是黄巾起义，新版《三国演义》刻意把黄巾起义虚化，把结义的目的改成剿除董卓。在老版电视剧的"三英战吕布"中，关羽、张飞二将战吕布未能取胜，刘备加入战局后，吕布才落败逃走。与老版不同，在新《三国演义》中，张飞先战吕布，不敌；关羽加入后局势逆转，险斩吕布于马下；刘备见了拍马上去，为吕布挡住厉害的杀招，反倒救了吕布一命。另外，新版第二集中，曹操刺杀董卓不成，当即出逃，回过味来的董卓大怒，立即派吕布血洗曹府。这些情节都是新版《三国演义》中的增量要素，老版的情节更忠实于原著，新版的这些增量创新部分就有可能成为他人剽窃的对象。①

但是，微观上的相似或者局部的相似甚至相同，并不能得出两作品之间构成实质相似。电视连续剧剧本其篇幅通常都不短，两作品微观上"量"的相同或相似若没有累积到一定的程度，很难发生"质"变。如在"王浙滨等与胡建新等侵犯著作权纠纷案"②中，两作品之间存在情节设计上的相同或相似，但因数量较少，故法院做出并不构成实质相似的认定：

> 《历史的背后》和《与皇帝离婚的女人》两部作品属于同一题材的作品，根据上述比对可知，两部作品仅在6处情节设计上存在相同或相似。由于故事主线、人物形象、人物关系、主要内容等均需要具体的情节支撑和表现，综合两部作品的故事主线、主人公、主要人物及其关系以及主要内容，仅凭上述情节的相同或相似之处，不能得出两部作品构成实质相似的结论。《历史的背后》系抄袭之作的主张，缺乏事实和法律依据，不予支持。

再如在"刘育新诉陈燕民等侵犯著作权纠纷案"③中，法院通过对比后判定：

> 虽然《人生几度秋凉》中个别情节抄袭自《古街》具有独创性的内容，但相对于两部作品的整体内容而言，《秋凉》抄袭的内容只占很小部分，并不构成实质性相同。由陈燕民担任导演，编剧并由喜洋洋公司、中国煤矿文工团、华风气象公司联合录制的电视连续剧《人生几度秋凉》未使用小说《古街》中的实质性内容，不构成对刘育新就《古街》所享有的著作权的侵犯。

在学理上，如果被控侵权行为人虽未经著作权人的同意，使用甚至抄袭了受著作权保护的作品或作品的片段，但若情节轻微，未对该作品的正常使用产生任何实质不利的影响，亦未对权利人的权利造成实质性的损害，有观点认为主张应适用"不计琐细原则"（de minimis

---

① 王坤：《反剽窃法律制度研究》，社会科学文献出版社2014年版，第118—120页。
② 北京市高级人民法院(2011)高民终字第31号民事判决书。
③ 北京市第一中级人民法院(2006)一中民终字第6246号民事判决书。

第二章 剧 本

non curate lex),免除行为人的责任,以寻求在权利人利益与著作权法所体现的社会公共利益之间的平衡。① "版权法要求我们从整体上考察作品被使用部分的质与量"②,"不计琐细原则"是美国版权法上的一个概念,亦称为"法律不关注微不足道的事情"(the law does not concerns itself with trifles)。首先,在版权法背景下,"微不足道"与在大多数法律背景下具有相同的含义:非常琐碎的技术性的侵权行为不会招致法律后果。其次,"微不足道"可能意味着复制是如此的无足轻重,以至于不满足实质相似的量的要求。在抄袭作为事实被确认之后,还需要调查"实质相似"的原因在于人们没有区分事实上的抄袭与可诉的抄袭。前者仅仅要求侵权作品事实上抄袭了版权作品的一些内容,后者则要求抄袭满足量和质的要求,足以支持侵权成立的结论。③

"不计琐细原则"在"王天成诉周叶中、人民出版社著作权纠纷案"④中有所体现。该案一审法院指出:

> 经比对,其中7处计1398字内容与原告涉案作品的相应部分的表述基本一致,但与原告论文4万余字的总数,以及《宪政解读》一书22万余字的总数相比较而言,比例较小;该7处不构成《宪政解读》一书的实质内容,且散见于该书中的各个章节,属于对他人作品的合理借鉴,尚不能认定构成著作权法意义上的侵权。

王天成不服一审判决,上诉至北京高院,二审维持原判。王天成申诉至最高法院。最高法院驳回了王天成的申诉⑤:

> 剽窃他人作品是《著作权法》禁止的行为,这里的剽窃,一般是指将他人的作品当作自己的作品使用的行为。判断未经许可使用他人作品的行为是否构成剽窃,可以根据被诉侵权行为是否属于合理使用并注明了出处,是否使用了他人思想表达形式的主要部分或实质性部分,以及使用他人作品的数量等因素,进行综合考量。经比对,该9处的内容分别载于《再论》第一部分13个问题的5个问题中和第二部分15个问题的第1个问题中,占全文字数的5.6%;载于《解读》的第9页、第17页、第25页、第26页、第175页、第187页、第199页、第209页、第215页,占全书22万余字的0.55%,上述相同部分无论是文字数量还是在篇章结构中的重要性,均未构成《再论》文的主要部分,亦未构成《解读》的主要部分。

由此观之,文字作品的抄袭,可分为可诉的抄袭和不可诉的抄袭。不可诉的抄袭,是"不计琐细原则"下的少量抄袭,它并不一定构成著作权法上作为侵权行为的抄袭。"北京九歌泰来影视文化有限公司诉中国人民解放军总政治部话剧团等侵犯著作权纠纷案"⑥是一起法院认定存在19处内容抄袭,但最终却作出不抄袭判决的案例。一审法院认为:

---

① 张广良:《"不计琐细原则"在侵犯著作权案件中的适用研究》,载《法学家》2008年第4期,第87页。
② 〔美〕朱莉·科恩、莉蒂亚·劳伦、罗斯·欧科迪奇、莫林·奥洛克:《全球信息经济下的美国版权法》(下),王迁、侍孝祥、贺炯译,商务印书馆2016年版,第857页。
③ 崔国斌:《著作权法:原理与案例》,北京大学出版社2014年版,第675—676页。
④ 北京市第二中级人民法院(2006)二中民初字第06122号民事判决书;北京市高级人民法院(2006)高民终字第1254号民事判决书。
⑤ 中华人民共和国最高人民法院(2009)民申字第161号民事裁定书。
⑥ 北京市第一中级人民法院(2002)一中民初字第8534号民事判决书;北京市高级人民法院(2004)高民终字第221号民事判决书。

从文学创作的角度可明显感觉到《激情燃烧的岁月》的情节系来自《我是太阳》,因《我是太阳》一书创作及公开发表在先,在被告没有举出相反证据证明其独创的情况下,应认定《激情燃烧的岁月》这些情节抄袭自《我是太阳》。这些情节包括男主人公的身份,男、女主人公均系经组织介绍而成亲,男、女主人公夫妻关系上存在争执至吵闹等,其他多为细节上的相同及相似。根据以上分析可以认定,《我是太阳》与《激情燃烧的岁月》为两部不同的作品,但《激情燃烧的岁月》在部分情节、细节及对白抄袭自《我是太阳》具有独创性的内容,相对于两部作品的整体内容而言,《激情燃烧的岁月》抄袭的内容只占很小部分……《我是太阳》与《激情燃烧的岁月》是两部不同的作品,虽然《激情燃烧的岁月》在部分情节、细节及对白抄袭自《我是太阳》享有著作权的内容,但只占很小部分,不构成实质性相同。

这个判决引起原告的强烈不满,遂提起上诉。二审法院对相关表达进行了比对:

　　44处经对比,《激情燃烧的岁月》的有关表达与《我是太阳》基本相同或相似,因《我是太阳》一书创作及公开发表在先,在对方当事人没有举出相反证据证明其独创的情况下,应认定《激情燃烧的岁月》使用了《我是太阳》的44处内容。经查,这44处主要涉及有关情节,包括男主人公的身份,男、女主人公均系经组织介绍而成亲,男、女主人公夫妻关系上存在争执至吵闹等,其他多为细节方面的……19处经对比,也基本上属于相同或相似之处。虽然其中所描述的或为众所周知的历史事件,或为生活中常见的情节或语言,但作为体现在整部作品之中的诸多表达或表达形式的总和,无疑具备著作权法意义上的独创性。因而应当认定《激情燃烧的岁月》亦使用了《我是太阳》的上述19处内容。

有意思的是,北京高院认定19处内容存在抄袭,但最后的判决却是:

　　上诉人九歌泰来公司以两部作品之间存在着部分抄袭内容为由指控被上诉人侵犯了其所享有的改编权和摄制权,缺乏事实和法律依据;其要求被上诉人停止侵权、赔偿因侵犯改编权和摄制权而造成的经济损失的诉讼请求,亦于法无据,本院不予支持。

上述案例讲述的是22集电视剧有19处内容上的抄袭,未被法院作出法律上的否定性评价。40集电视连续剧在情节上有27处相同和相似,法院得出结论却是相反,如"郭强诉上海电影(集团)有限公司侵害作品摄制权纠纷案"①。在该案中,郭强是剧本《金嗓子周乙》的著作权人,上影集团、新文化公司、中先公司、禾祥公司未经其同意和授权,擅自将《金嗓子周乙》更名为《天涯歌女》后摄制成40集电视连续剧,在国内外电视台、网络、广播台等平台上播放,并制成音像制品发行。法院认为:

　　剧本《金嗓子周乙》与电视剧《天涯歌女》相同或相似的情节1—29中,除情节23、28外,其余27个情节均属于剧本《金嗓子周乙》的独创性表达。现电视剧《天涯歌女》使用了与剧本《金嗓子周乙》相似的独创性表达,其中包括些故事内容、人物设置、人物关系、具体情节、场景,甚至还采用了完全相同的台词对白,两者已构成实质性相似。原审法院关于两部作品不构成实质性相似的认定有误,本院予以纠正。

---

① 上海市徐汇区人民法院(2013)徐民三(知)初字第35号民事判决书;上海市第一中级人民法院(2014)沪一中民五(知)终字第43号民事判决书。

究竟什么样的抄袭事实才能构成著作权法上作为侵权行为的抄袭呢？现行法律规定和司法实践并没有给出一个可以完全量化的清晰标准。抄袭的"量"没有具体的字数标准①，但可以从两个层面判断：(1) 实质性相似的表达在被诉侵权作品中的数量、比例；(2) 即便在被诉侵权作品中的数量不算多、比例不算大，但被抄袭的内容占据了权利作品之足够比例的。

苏州知识产权法庭也赞同"量"与"质"两层次判定说：为避免社会大众在从事文学艺术创作活动时"动辄得咎"，进而阻碍文学艺术领域的创新，对于少量的、对著作权人权益影响甚微的抄袭行为，不宜作为侵权行为处理。具体应当围绕被诉侵权行为是否实质性影响著作权人权益这一核心准则，从量与质两个方面进行判定。从量的角度来看，当被抄袭部分占到整个作品内容达到一定比例以上，能够起到某种程序的替代作用，则应当认为对权利人的权益造成实质性影响，进而构成侵权；从质的角度来看，若被抄袭部分虽然占整个作品内容的比例很低，但该部分系体现整个作品独创性的核心部分或者被抄袭部分本身具有相应独创性可以单独作为一个作品予以保护，亦应认为对权利人权益有实质性影响，同样构成侵权。②

就像前述各司法案例所展示的，"量"无法用一把具有固定刻度的尺子直接衡量，因具体个案的不同，"量"呈现出"变动不居"的特点。为避免"变动不居"给法律的稳定性、一致性和可预测性带来损害，在微观对比法之外，还需要引入整体感观法，亦可称之为大众欣赏体验。

(二) 整体比较法

整体比较法，亦称整体感观法，即通过普通观察者对作品整体的内在感受来确定在后作品是否构成实质性相似。由于人和受著作权保护的作品都或多或少地包含了一些不受著作权保护的成分在其中，因此，采用不同的判断方法有可能直接影响案件的判决。③ 作品之间存在相同或相近似已经达到一定程度，使读者在阅读过程中对两部作品产生了整体近似的联想时，才宜认定构成实质性相似。

例如，在"王浙滨等与胡建新等侵犯著作权纠纷案"④中，虽然有数处情节上的相似，但是，法院最终以"不会导致读者对于两部作品产生相同或相似的欣赏体验"而做出了不构成实质相似的判决。"张晓燕诉雷献和、赵琪、山东爱书人音像图书有限公司著作权侵权纠纷案"⑤也对读者的欣赏体验给予了关注。在该案中，1999年12月，张晓燕开始改编创作《高原骑兵连》剧本，20集电视连续剧《高原骑兵连》(简称"张剧")于2000年12月该剧摄制完成，张晓燕系该剧著作权人。被告雷献和作为《高原骑兵连》的名誉制片人参与了该剧的摄制。被告雷献和作为第一编剧和制片人、被告赵琪作为第二编剧拍摄了电视剧《最后的骑兵》(简称"雷剧")。2009年7月1日，张晓燕从被告山东爱书人音像图书有限公司购得《最后的骑兵》DVD光盘，发现与"张剧"有很多雷同之处，主要人物关系、故事情节及其他方面相同或近似，"雷剧"对"张剧"剧本及电视剧构成侵权。法院认为：

《高院骑兵连》剧本("张剧")、《最后的骑兵》剧本("雷剧")、《骑马挎枪走天涯》《天

---

① Richard S. Gruner, Shubha Ghosh, and Jay P. Kesan, *Transactional Intellectual Property: From Startups to Public Companies*, Fourth Edition, Carolina Academic Press, 2018, p.467.
② 苏州知识产权法庭：《2018年苏州知识产权法庭著作权典型案例及评析》，载《中国版权》2019年第1期，第38页。
③ 袁博：《赢在IP：知识产权诉讼实战策略》，中国法制出版社2017年版，第110页。
④ 北京市高级人民法院(2011)高民终字第31号民事判决书。
⑤ 中华人民共和国最高人民法院(2013)民申字第1049号民事裁定书。

苍茫》，均系以 20 世纪 80 年代中期精简整编中骑兵部队撤（缩）编为主线展开的军旅、历史题材作品。经对比，整体而言，"雷剧"与"张剧"具体情节展开不同、描写的侧重点不同、主人公性格不同、结尾不同，二者相同、相似的故事情节在"雷剧"中所占比例极低，且在整个故事情节中处于次要位置，不构成"雷剧"中的主要部分，不会导致读者和观众对两部作品产生相同、相似的欣赏体验，不能得出两部作品实质相似的结论。

在"朱茹月与江苏凤凰文艺出版社有限公司等著作权权属、侵权纠纷案"[①]中，一审法院借助"读者欣赏体验"不同，没有支持原告的诉请：

> 从文学创作的角度可以明显感觉到《皇后纪》的情节借鉴或是参考了《秀丽江山》，因《秀丽江山》发表在先，且两书系同一公司运作出版，故《皇后纪》对《秀丽江山》有接触的可能，故在孔艳华没有举出相反证据证明其独创情况下，应认定孔艳华对朱茹月小说的上述情节设计进行了一定使用。但需要指出的是即使一部作品的作者在创作的过程中参考、借鉴了已有的作品，基于有利于文化传播和传承的考虑，只要该作品在具体表达上没有以不合理的方式使用他人作品，没有将他人的作品据为己有，也不应认定为侵权，因此是否构成侵权，就还需要对上述相似情节的使用做进一步的分析。在小说《皇后纪》使用的《秀丽江山》的上述情节中，除了第 4 处、第 6 处（阴丽华入宫觐见刘秀被封贵人及刘秀发病的情节）的内容达到了千字外，其余内容均从数十字到数百字不等，很多内容不过数句或一语带过。相较于《秀丽江山》800 千字及《皇后纪》400 千字的内容而言，上述情节内容无论是在绝对数量、所占比例以及重要程度等方面均未达到作品的核心内容和基本内容，结合两部小说的主要人物设计与情节、文字等因素，从读者欣赏体验的角度考虑，两部作品是分别具有独创性的两部不同作品，并不构成实质性相似。孔艳华对小说《秀丽江山》的使用尚在合理范围内，应属在创作过程中对他人作品的适度借鉴，并未达到侵犯著作权的程度。

二审法院则绕开"读者欣赏体验""整体感观""整体印象"，从相似情节数量远超"巧合"的角度，对一审法院判决做了改判：

> 小说创作是一种独立的智力创造过程，离不开作者独特的生命体验。因此，即使以同一时代为背景，甚至以相同的题材、事件为创作对象，尽管两部作品中可能出现个别情节上的"巧合"，不同作者创作的作品也不可能雷同。涉案两部小说都是以阴丽华与刘秀的传奇爱情为题材的长篇历史小说，存在若干处近似情节或可用"巧合"解释，但从以上认定的 48 处构成相似的情节来看，已经远远超出了可以用"巧合"来解释的程度。虽然两部小说的不同之处是客观存在的，但侵害文字作品著作权案件的审理重心并非落在两部文字作品的不同上，而在于两部文字作品的近似之处，在于被控侵权作品的作者能否对近似之处作出合理的解释，如表达有限或有史料依据。然而本案中孔艳华虽主张上述 48 处是其独立创作，但对此并未提交充分的证据，且对于上述 48 处近似之处也无法作出合理解释，考虑到孔艳华有在先接触《秀丽江山》的可能，根据"接触加实质性近似"的原则，应该认定《皇后纪》中 48 处情节系孔艳华使用了朱茹月《秀丽江山》中的相应内容。应当认定孔艳华侵害了朱茹月就其作品《秀丽江山》享有的著作权。原审

[①] 北京市东城区人民法院（2013）东民初字第 14212 号民事判决书；北京市第二中级人民法院（2014）二中民终字第 06934 号民事判决书。

法院认定孔艳华对《秀丽江山》的情节设计进行了使用是正确的,但认为这种使用尚在合理范围内属于对他人作品的适度借鉴,依据不足,应该予以纠正。

究竟是"因为实质性相似,所以产生相同的欣赏体验",还是"因为欣赏体验相同,进而判定实质性相似的存在"。在陈锦川法官看来,方法都是为认定是否相似的目标服务的,必须服从于保护作品、保护独创性表达的实质。

从作品的整体与部分关系看,作品的独创性,既可以体现在作品的整体上,也可以体现在组成作品整体的各个部分中。不仅作品作为整体可以产生著作权,对整部作品中体现出作者个性的某部分,作者也可以主张著作权。假如某部作品的很小一部分纯粹在表达上体现了受著作权法保护的独创性特征,那么,即使是对该部作品这一小部分进行的抄袭也构成对著作权的侵犯。实质性相似不能仅仅从整部作品来看,只是作品中的部分、甚至是小部分近似也属于实质性相似的范畴。①

该观点在"《斛珠夫人》诉《楚乔传》抄袭纠纷案"②中得到了体现:

展示作者独特创意的长篇小说能够成为著作权法意义上的作品,但不能当然认为小说中的一部分或某个段落仅因缺乏对人物的塑造或情节的完整架构而不构成作品。小说中凡是能够完整表达作者思想、体现作者独立构思的片段,都可以认定为是作品。

提告作品与被控侵权作品	相同或相似情况	是否侵权
《与皇帝离婚的女人》与《历史的背后》	6处情节设计存在相同或相似	不侵权
《古街》与《人生几度秋凉》	个别情节抄袭	不侵权
《我是太阳》与《激情燃烧的岁月》	19处表达相同或相似	不侵权
《秀丽江山》与《皇后纪》	48处相似情节	侵权
《金嗓子周乙》与《天涯歌女》	27个情节相同	侵权
《斛珠夫人》与《楚乔传》	15处表达相同或相似	侵权

四、抄袭的第三方认定

(一)第三方鉴定

司法实践中,在进行相同、相似度比对时,通常采用当事人提供基础比对数据后法院再结合案件情况就相同或相似度进行认定,但此种认定方式掺杂主观因素较多,且由于作品的不同,专业性的要求亦不相同,易导致当事人对于司法公正的怀疑。可以尝试引入第三方专业机构对是否构成相同或相似及构成相同或相似的比例进行鉴定。③ 不同的鉴定方,结论有时候甚至完全相反。比如在"吴德铭与谢丽红关于《吾土·吾神·吾人》电视剧剧本抄袭案"④中,法院委托中国版权研究会版权鉴定专业委员会对电视剧《南疆英豪》剧本与《吾土·

---

① 陈锦川:《何为"实质性相似"?》,载《中国版权》2018年第5期,第17页。
② 北京知识产权法院(2019)京73民终2071号民事判决书。
③ 合肥知识产权法庭:《2018年合肥知识产权法庭著作权典型案例及评析》,载《中国版权》2019年第1期,第56页。
④ 云南省昆明市中级人民法院(1994)昆民初字第37号民事判决书。

吾神·吾人》剧本进行了鉴定,其鉴定意见和结论为:《吾》剧剧本作者在创作前曾经接触过《南》剧剧本,故可以认为《南》剧剧本对《吾》剧剧本从创作题材的选取,主题思想的启发,形成与确立,创作素材的收集,剧本题材的选择等有着不可否认的影响,但上述内容都不属于著作权的保护范围,故不构成对《南》剧著作权的侵犯。《吾》剧和《南》剧是各自以不同的风格和方法表现出来的两个完全不同的艺术品,两剧本在某些细节上的相似之处,系源于同一史实或风俗等创作素材,二者不存在抄袭、剽窃和模仿;也不存在改编和被改编的关系,故不能认定《吾》剧剧本的作者侵犯了《南》剧剧本的作者的著作权。原告吴德铭通过其代理律师的律师事务所委托了云南省版权局对两个剧本是否相同相似进行了鉴定,其鉴定结论为:"两剧本反映的是同一历史事件,同一主题。两剧本的主要线索、重要情节、重要细节、部分场景、主要人物及性格特征相同或相似。"

正如最高法院在判决中强调的,鉴定机构出具的鉴定结论属于证据的一种形式,作为具有重要的诉讼价值的鉴定结论,必须符合客观性、关联性和合法性的要求。对于鉴定程序合法,当事人没有异议的鉴定结论,一般可以作为法院认定相关案件事实的依据。但是,这并不意味着简单地将鉴定结论直接作为裁判的依据,具体案件中对案件事实的实质性审查判断仍是法官是否采信鉴定结论的前提,否则无异于将对案件事实的审查权让渡于鉴定机构。① 约言之,抄袭既是事实判断,又是法律判断;"所谓实质相似,则由法院就争执部分的质或量加以观察,为价值判断。"②

(二)专家辅助人

专家辅助人在诉讼中的功能只是单一地协助当事人就有关专门性问题提出意见或者对鉴定意见进行质证,回答审判人员和当事人的询问、与对方当事人申请的专家辅助人对质等活动也是围绕着对鉴定意见或者专业问题的意见展开的。其功能和目的只是辅助当事人充分有效地完成诉讼活动,他并不具有法官的"专业助手"的功能。"琼瑶诉于正案"引入了专家辅助人。原告委托的专家辅助人汪海林就剧本创作问题当庭发表意见,认为剧本的核心创作价值体现于精彩的情节段落设计,而就具体情节基于特定的串联及编排将成为剧本的最终表达。对在先剧本的内容使用,仅通过观看其电视剧的内容即可实现。从人物设置与影视作品情节关联上来看,用于比较的两部作品男女主人公的关系及情节安排如果呈现出一定程度的相似性,则可以作为两部作品相似的判断基础,具体的人物设置、人物关系、具体情节及桥段以及由情节串联而成的剧情均可作为剧本的创作表达。而对于相关情节,如用于比较的两部作品在部分细微环节存在差异,则需要考虑发生差异的部分是否仍保持着同样的戏剧功能,如戏剧功能未发生实质变化,则不能简单排除前后作品的相似关系。③ 专家辅助人在实践中经常被错误理解为专家证人,事实上二者性质并不相同。专家证人的功能是双重的。他在诉讼中,既要在事实发现上为法庭提供帮助,也要辅助当事人进行诉讼,而辅助法庭事实发现的功能是其最主要和优先的功能。专家证人的功能与大陆法上鉴定人的功能非常接近。

五、抄袭抗辩

针对已经发起的抄袭诉讼,准备抗辩事由是必做"功课",通常,抗辩事由一般包括如下

---

① 中华人民共和国最高人民法院(2011)民申字第 259 号民事裁定书。
② 罗明通:《著作权法论》(Ⅱ),台英国际商务法律事务所 2014 年版,第 403 页。
③ 北京市第三中级人民法院(2014)三中民初字第 07916 号民事判决书。

情形:原告主张的权利超过法定保护期;原告主体不适格;被诉侵权行为不属于原告主张的权利控制范围;被告使用原告的作品具有合法授权;被诉侵权行为属于合理使用或者法定许可的情形。有限表达、必要场景、公有领域、在先其他作品以及独立创作等,是经常被援引的事项。

(一) 有限表达

我国《著作权法》并未明确规定有限表达的概念。表达唯一或有限,是指一种思想只有唯一一种或有限的表达形式,这些表达视为思想,也不给予著作权保护。作品是思想的表达,著作权法只保护思想的表达形式,而不保护被表达的思想。因此,对于作品独创性的判断,可以通过是否存在多种表达的可能性进行判断。如果存在着多种表达的可能性而非仅仅是对事实或者功能的有限表达,则可以认定该表达具有独创性。反之,则表达不具有独创性。被告能够举证证明被诉侵权作品由于表达方式极为有限而与原告主张权利的作品表达相同或者实质性相似的,可以认定有限表达抗辩成立。例如在"胡强等与刘和平等著作权权属、侵权纠纷案"[1]中,法院指出:

> 关于细节或者文字具体表述方面的两处相似或者相同内容:方孟敖指挥飞机降落时使用的技术术语应当说属于有限表达的范围,并不能为一方当事人所垄断独占。

(二) 必要场景

必要场景,指的是选择某一类主题进行创作时,不可避免而必须采取某些事件、角色、布局、场景,这种表现特定主题不可或缺的表达方式不受著作权法保护。被告能够举证证明被诉侵权作品与原告作品表达相同或者实质性相似系因表达某一主题必须描述某场景或者使用某场景的设计造成的,可以认定必要场景抗辩成立。

在"雷献和、赵琪与张晓燕其他著作权权属侵权纠纷申请再审案"[2]中,法院在判决书中强调:

> 鉴于《高原骑兵连》《最后的骑兵》《骑马挎枪走天涯》《天苍茫》均系以特定历史时期骑兵部队撤(缩)编为主线展开的军旅题材作品,除了《骑马挎枪走天涯》受短篇小说篇幅的限制,没有三角恋爱关系或军民关系外,其他三部作品中都包含三角恋爱关系、官兵上下关系、军民关系等人物设置和人物关系,这样的表现方式属于军旅题材作品不可避免地采取的必要场景,因表达方式有限,不应受著作权法保护。

法院在"朱茹月与江苏凤凰文艺出版社有限公司等著作权权属、侵权纠纷案"[3]中也提出:

> 对于女主角不认识篆体字,因两部小说都是穿越类小说,穿越类小说往往都会出现此类从现代穿越到古代的人物不认识古代文字的情节,这属于此类小说的必要场景。

(三) 公有领域

被告能够举证证明被诉侵权作品与原告作品存在相同或者实质性相似的表达部分来源于公有领域的,可以认定公有领域合法来源抗辩成立。法院在"毕然与范稳等著作权纠纷再

---

[1] 北京市朝阳区人民法院(2015)朝民(知)初字第4495号民事判决书。
[2] 中华人民共和国最高人民法院(2013)民申字第1049号民事裁定书。
[3] 北京市第二中级人民法院(2014)二中民终字第06934号民事判决书。

审案"①中指出：

> 作品中相同或相似的时代背景或故事情节是两部作品都反映了相关少数民族的革命斗争史、宗教信仰史以及民族风情、民族习惯等相同或相似的元素。这些相同或相似的革命斗争和宗教信仰方面的作品元素，在很大程度上来看，它们是属于公有领域的素材，反映这些公有领域的素材，只要每个作者有不同的文字表达方式就不能认定是对他人作品的剽窃。

"王长征与余华著作权纠纷案"②也涉及公有领域抗辩。在该案中，原告王长征诉称，原告自2001年开始着手创作小说《王满子》，2003年7月完稿，2004年7月7日首次将独创作品《王满子》发表于"百灵文学网"。2005年8月，被告余华的一部作品《兄弟》也与读者见面。原告发现余华所著小说《兄弟》与自己所著《王满子》在故事情节方面存在相同或者说是相似；在人物、情节结构、词句等方面亦存在相同或相似，造成了两本书在整体上形成了实质性的相似。余华的行为严重破坏了原告作品的完整性和独创性，存在剽窃之实，已构成对原告著作权的侵害。法院认为：

> 对原告《王满子》与被告《兄弟》比对，原、被告的作品确有一些相似的地方，如选择了一个相同的时代背景，都是从文化大革命到今天信息时代四十年的时间；都是描写了一个由爷爷或奶奶、父亲、母亲和兄弟两人组成的大家庭里的故事。但上述时代背景、人物关系及人物特征这些作品元素系属于公有领域的素材，任何人均可以使用。

公知素材，是公有领域的一部分；被广为所知的史实，属于公知素材。假设某作者在创作某一历史题材的作品是虚构了其中的部分人物和情节，但对史实部分与虚构部分并未加以说明，致使公众难以分辨，乃至随着作品的传播和影响的增加，人们对原本虚构的人物和情节渐渐信以为真，甚至当然地认为这就是历史事实。此时，如果另有作者以相同题材创作新作品，并在不知实情的情况下降上述虚构人物和情节使用于新作之中，那么这一使用是否构成侵权？对此，我们认为，尽管这些人物和情节最初源于杜撰，但由于长期以来是以史实而非杜撰的形式存在于公众的认识之中的，故其性质在客观上已经发生了改变，在某种意义上，其应归于人们的普遍认识，而不再专属于原作者本人了。相应地，其他作者如果基于对公众认识的信赖，合理地认为所使用的上述人物和情节系属史实，那么，无论原作的相应部分最初如何具有独创性，在后的使用者都不应受到有关侵权的责难。③ 该观点在"赵某诉单田芳等侵犯著作权纠纷案"④中得到体现。

值得提及的是，特定情境、有限表达及公知素材并非完全可据以有效抗辩的"尚方宝剑"，在特定个案中，若"特定情境、有限表达及公知素材"融入具体的情节之中，那么，它们仍然可以视作为独创性表达。法院在"陈喆与余征著作权权属、侵权纠纷案"⑤中给出了说明：

---

① 中华人民共和国最高人民法院(2008)民监字第192号民事裁定书。
② 滨州市中级人民法院(2006)滨中民三知初字第18号民事判决书。
③ 宋鱼水主编：《著作权纠纷：诉讼指引与实务解答》，法律出版社2014年版，第168页。
④ 北京市海淀区人民法院(2007)海民初字第4989号民事判决书。
⑤ 北京市第三中级人民法院(2014)三中民初字第07916号民事判决书。

特定场景、有限表达、公知素材的使用虽不受著作权法限制,但并不意味着以其为基础,经作者独立创编形成的作品内容也会自动归入特定场景、有限表达或公知素材。利用这些素材创作出一个完整的剧情,其中包含人物设置、人物之间的关系、场景、情节、基于故事发展趋势形成的情节等许多要素,当然可以受著作权法的保护。创作者不能阻止他人使用特定情境、有限表达或公知素材,但当然可以阻止他人使用基于其独创成果产生的作品。因此,在考虑使用特定情境、有限表达及公知素材为基础形成的作品及内容是否属于著作权法保护时,应重点判断作者在使用相关素材时,是否加入了具有独创智慧的表达而赋予了相关成果特定的独创意义。在著作权侵权案件中,如果相关作品的内容足以认定为具体的表达,对于其是否属于特定情境、有限表达或公知素材,而非作者独立原创,这一举证责任应在被告。

(四)在先其他作品与独立创作

被告能够举证证明被诉侵权作品与原告作品存在相同或者实质性相似的表达部分来源于在先的其他作品,可以认定在先其他作品合法来源抗辩成立。被告能够举证证明被诉侵权作品与原告作品虽存在相同或者实质性相似的表达部分,但属于对同一题材独自创作的巧合,可以认定独立创作抗辩成立。独立创作有两层意思:一为作者从无到有,没有接触他人著作,完全独立创作而完成;一为作者在创作时,曾参考他人著作,并以他人著作为基础,再进行创作,创作的成果与原著作之间客观上已可识别,而非仅仅是细微上的差别。可资作为被告独立创作的证明性资料有,会议记录、会议纪要、备忘录、笔记、工作日志、草稿、草图、可行性研究报告、分析资料、原始资料、创意活动的照片与录音等等。在"殷小英与深圳电影制片厂等侵犯著作权纠纷案"[①]中,法院认为,尽管二者在素材选择上存在一致性,但结合各具体情况分析,剧本《大雪小雪》及电影《我们手拉手》这两部不同表现形式的作品均是其创作者运用各自才智独立创作完成的,二者之间不存在剽窃的问题。

综上,由不同作者就同一题材创作的作品,作品的表达系独立完成并且有创作性的,应当认定作者对创作作品各自享有独立著作权。由此可见,著作权法禁止后来作者抄袭他人在先创作的作品,但允许不同作者就同一题材再次进行独立创作。抄袭和独创的认定标准,在于双方作品是否存在不合理的相似。考虑到文学作品创作的特点和规律,基于同一史实出现的相同场景,基于类似题材出现的有限表达,基于公有领域形成的常见情节,不能作为认定抄袭的标准。双方作品虽然存在不少相似之处,但这些相似点或因深化、细化、个性化程度不足,因而不能成为认定抄袭的标准;或因在深化、细化、个性化过程中出现较大区别,因而使被控作品产生了独创性。分析原告列举的典型例证及其他对比点,双方作品之间不存在无正当理由的、超出巧合可能的、不合理的相似。著作权法应当为文学创作保留合理的法律空间。诸如此类的合理相似如被认定为侵权,将严重影响文学创作活动的正常开展。

[①] 北京市高级人民法院(2007)高民终字第539号民事判决书。

第三章

影视剧参与者

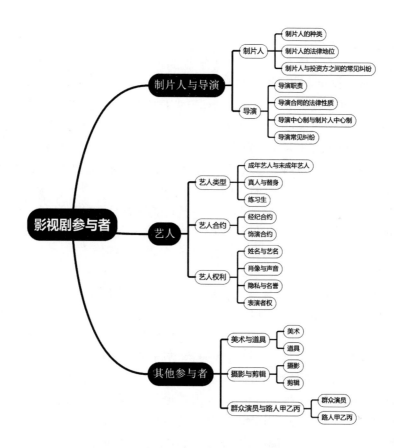

第一节 制片人与导演

一、制片人

制片人是影视剧项目的经理人,其工作贯穿了产品价值链的各个环节,他们是影视剧项目的灵魂人物;对投资方负责是制片人的职业准则,在面对影视剧这种高风险项目时,进行有效的风险控制显得尤为重要。① 制片人不必是专家,但必须是通才,一方面要对电影市场

---

① 司若:《制片人——影视剧项目经理的角色定位与工作责任》,载《当代电影》2010年第6期,第64页。

胸有成竹,另一方面要对电影艺术了如指掌。他们应该精通电影制作和流通领域中各种基本知识。首先,制片人要有很好的市场理念和出色的经营管理能力。其次,制片人要有广博的电影知识。① 最后,制片人对制片过程中的法律问题应有整体的了解以及熟悉一些相关的法律。② 好莱坞传奇制片人理查德·扎努克认为,制片人就像一个交响乐团的指挥,他可能不会弹任何一种乐器,但是他知道所有乐器应该弹成什么样,制片人负责将创意概念变成可操作和市场化的概念,他们也负责为电影融资,他们负责管理电影生产过程中的所有环节,没有哪一职业像电影制片一样管理着其他的专业工种,包括剧本写作、导演和表演。③ 制片人是影视剧成败的关键因素之一,以至于奥斯卡有惯例,即当一部电影获得当年的最佳影片时,只有制片人才有资格受领这个奖项。④

(一)制片人的种类

根据制片内容划分,制片人大致可分为电影制片人、电视剧制片人、栏目制片人、特别节目制片人等;从称谓的角度看,有制片人、联合制片人、联席制片人和助理制片人之分;从职责类型出发,有受托制片人和独立制片人。受托制片人,是项目的总经理,为投资方负责,根据与投资方之间的合同或者行业惯例,代投资方管理项目之开发、制作、发行等阶段。独立制片人,在美国是这样一个词,八个已经确立起来的电影公司把自己封为大制片厂(华纳兄弟、米高梅电影公司、派拉蒙影业公司、哥伦比亚影业公司、环球影片公司、联美电影公司、20世纪福克斯电影公司、迪士尼电影公司),并开始用这个词去称呼和它们开展竞争的公司。⑤ 在我国,独立制片人不是著作权法意义上的制片人概念,而是在国内电影制片投资方式向综合性多元化发展的改革过程中出现的俗称概念,意指影片投资与具体摄制组织者;这一俗称,不具有法律上的含义。⑥ 独立制片人与制片内容结合,形成不同种类的独立制片人,如独立电影制片人、独立电视剧制片人和独立栏目制片人等。在"咸阳三人行文化传媒有限公司诉咸阳教育电视台广播电视播放合同纠纷案"⑦中出现的"独立制片人栏目",如法院所指出的:

> 原、被告双方签订《咸阳教育电视台独立制片人栏目合作合同》约定,被告确定原告承办咸阳教育电视台独立制片人栏目,独立制作和经营《少儿星空》栏目,合作费用9万元,由原告按季度缴纳,被告以周播的形式予以播出,合作期限为1年。

其实质是当事人双方就所涉电视栏目的"承包"事宜而约定的称谓。

在行业中,与制片人更容易发生混淆的概念是监制。有观点认为监制就是一个CEO,监制在三种情况下起着决定性的作用:一是拍摄团队的配置必须经过监制的认可;二是最终对于影片市场效果的判断必须监制说了算;三是拍摄资金的使用合理性必须得到监制的首肯。⑧ 譬如,电影《十月围城》和《投名状》没有制片人,只有监制。另有观点认为,监制通常是

---

① 辛晓玲:《中国电影产业化进程中的制片人定位》,载《科学·经济·社会》2009年第2期,第127—128页。
② Thomas A. Crowell, *The Pocket Lawyer for Filmmakers: A Legal Toolkit for Independent Producers*, Second Edition, Elsevier Inc., 2011, p. 6.
③ 陈旭光:《试论中国电影的制片管理:观念转型与机制变革》,载《当代电影》2014年第1期,第23页。
④ 张明智、宋培义主编:《电视剧出品人与制片人教程》,中国广播影视出版社2016年版,第64—65页
⑤ 〔澳〕理查德·麦特白:《好莱坞电影:美国电影工业发展史》,吴菁、何建平、刘辉译,华夏出版社2011年版,第200页。
⑥ 中华人民共和国最高人民法院(1999)知终字第12号民事判决书。
⑦ 咸阳市秦都区人民法院(2018)陕0402民初5565号民事判决书。
⑧ 龚艳:《监制中心制之探索——〈一路惊喜〉的类型尝试与借鉴》,载《当代电影》2015年第4期,第43页。

指对影视制作过程的投资使用和生产进度履行监督和控制职能的人,其职能类似于有限责任公司或股份有限公司设置的"监事"人员。比如投资方聘用职业制片人,为了保证投资经费不被挪用或滥用,同时委派监制进组与制片人共同管理摄制经费。在多家单位出资联合制作影视剧的情况下,通常可以由其中一家单位委派制片人,其他投资单位委派监制进组与制片人共同管理摄制经费。在行业实践中,有些影视制作方聘请专家学者或著名导演参与重大题材剧目艺术创作和质量把关,设置近似于导演职能的"艺术总监"之类的艺术监制职称,并在字幕上予以署名和给付劳动报酬。① 还有观点认为,制片人需要和监制分开,制片人更多涉及融资、法律、市场等方面的专业知识,监制是从艺术性上把控电影的质量。②

中国内地影视行业中的监制一词,来源于香港。在中国香港的电影黄金时代,邵氏兄弟(香港)有限公司(以下简称"邵氏")每天都有好几部影片同时在拍,质量高高低低完全失控,为了保证质量,"邵氏"就委托一个比较成熟的导演,每天到六个剧组转巡、把关,但并不负责这些电影从剧本到预算到拍摄的各个环节。中国香港的监制不同于好莱坞的制片人体系,是一种本土化的自创自生机制,好莱坞没有监制这个词。在诞生之初,监制对影视剧的成本不负责任,只对影片这么拍或那么拍提意见,是艺术层面不负责具体事务的总指导。制片人则既要保证质量,又要成本控制。

另外,经常见诸影视剧片头或片尾字幕中的 executive producer,其来源与解释也颇为复杂。例如,有观点指出,executive producer 通常直译成"执行制片人",其实是错译,让人错以为 executive producer 是制片执行者或制片人的助理。其实,在好莱坞,executive producer 指代的是出品人,也可以是投资方或其代表,因为该词在商界往往指的是"高级主管";给制片人做助理工作的叫作 line producer,与内地行业中的制片主任(production manager)概念相近。在华语影视行业,中国内地把 producer 理解为"制片人",视"监制"为"监督他人制片"的虚职;中国香港把 producer 当成"监制",而把"制片"理解成"制片主任"。香港电影金像奖的最佳影片奖,刻在最佳影片奖杯上的是监制的名字,而不是导演;香港没有制片人的概念,他们说的监制就是制片人。好莱坞没有监制的概念,中国内地同时把香港和好莱坞的经验吸收进来,既有制片人,又有监制。③ 在中国内地地区的语境下,制片人是项目的首席执行官;监制是对项目艺术质量进行把控但又不负责操作具体事务的总指导。

(二) 制片人的法律地位

在美国,电影版权最先归属于制片人④;在中国,电影作品和电视剧作品的著作权由制作者享有。制片人与制作者虽读起来相差不大,但其法律意涵却相去甚远。影视剧"封面显示的总制片人、执行制片人是指在作品制作过程中相关参与者的具体分工,并非对应我国《著作权法》中制作者的概念"⑤。制片人不是中国著作权法上的制作者,即不是版权权利人。这个观点并没有被广泛接受,即便在法院系统内部也没有得到一致性的认同。如有法院在判

---

① 赵玉忠:《略论影视创作生产的行业惯例与规范》,载中国社会科学院知识产权中心、北京市高级人民法院民事审判第三庭主编:《知识产权办案参考》(第7辑),中国方正出版社2003年版,第40—41页。
② 张欣:《产业发展新形势下中国电影制片人的作用与责任——"中国电影产业与中国电影制片人研讨会"综述》,载《当代电影》2014年第1期,第5页。
③ 黄建新、周黎明、安晓芬等:《适时建立和完善中国电影制片人机制》,载《当代电影》2014年第1期,第8—10页。
④ 〔美〕威廉·W.费舍尔:《说话算数:技术、法律以及娱乐的未来》(第二版),李旭译,上海三联书店2013年版,第51页。
⑤ 上海市第一中级人民法院(2013)沪一中民五(知)终字第228号民事判决书。

决书中认为,就权利主体而言,影视剧作品的著作权归于制片人在法律规定上是明确的,制片人应系唯一的权利主体①,影视剧作品的著作权利应归属于作品的制作人②。为此,以法院在"安徽金涛影视制作有限公司与安徽金百合影视文化传播有限公司纠纷案"③中所阐述的正确观点为例,理解制片人与制作者在法律意义上的区别,具有积极意义:

> 我国《著作权法》规定,电影作品和电视剧作品的著作权由制作者享有。因《著作权法》中对于作为著作权人的制作者在影视作品中的标注形式并无要求,实践中亦存在多种标注形式,故对制作者身份的认定应结合具体事实予以考虑,而不能仅依据影视作品中的标注形式予以确定。同时,《著作权法》中规定的制作者并不等同于影视作品中标注的制片或制品人,前者系著作权法意义上的用语,是指对影视作品享有权利并承担义务的主体,后者系影视行业中的用语,两者并非当然同一主体。具体到本案,陈鹏在涉案《苍天厚土》剧中被标注为制片人,但这一标注并不相当于著作权法意义上的制作者。

当然,这个案例并不能被解读为凡是在影视剧片头片尾被署名为"制作者"的,就一定是该影视剧的著作权人,也不能被解读为凡是非署"制作者"之名的,比如署名"制片人",一律不是该影视剧的著作权人。不过,署"制作者"之名的,可以作为影视剧版权认定的基础性参考,在个案中,还要考虑合同约定、实际投资方等诸多要素。

制片人本质上是影视剧项目的首席执行官,受投资方委托,对项目进行全方位的管理。制片人与投资方之间的法律关系有多种形态,比如劳动关系、劳务关系、合作关系等等。具体是什么法律关系,还有赖于在具体个案中进行具体分析。比如,在"李玉森、天津铭智汇扬文化传媒有限公司劳务合同纠纷案"④中,法院的观点是:

> 原、被告签订的是《制片人聘任合同书》,合同目的是就原告担任本剧总制片人事宜达成协议,从合同内容及形式上看,该协议并无身份、经济、组织上的从属性,原、被告无人身隶属关系,被告向原告支付的亦非工资而是补助费及片酬,该协议符合劳务协议的法律特征,故原告主张双方系劳务合同关系并以劳务合同纠纷为案由起诉,符合法律规定,予以支持。被告主张之劳动关系,无事实及法律依据,不予支持。

总体上,制片人如果是投资方的员工,则被认定为劳动法律关系的概率较大;如果制片人只是被投资方所雇,专门负责特定影视剧项目的制作,给付特定的报酬,不支付社保等福利,并且影视剧项目结束之后除后合同义务之外,彼此均"各走各路",制片人与投资方之间被认定构成劳务关系的概率较大;若制片人与投资方,各自按照资金或技能投资特定影视项目,共担风险、共享收益,这种情况下,双方被认定为合作关系的可能性较大。前述制片人与投资方之间的法律关系形态与认定,也可以适用于导演、演员、摄影、剪辑、剧务及剧组人员与投资方之间。

因制片人是项目的首席执行官,同时又是投资方委派的代表,故而,制片人的行为及其法律效果,在某种程度上,与公司的法定代表人具有一定的可类比性。譬如,在"聚星嘉艺

---

① 苏州市吴江区人民法院(2017)苏 0509 民初 8477 号民事判决书。
② 苏州市虎丘区人民法院(2017)苏 0505 民初 3357 号民事判决书。
③ 安徽省高级人民法院(2013)皖民三终字第 00048 号民事判决书。
④ 天津市第一中级人民法院(2017)津 01 民终 5937 号民事判决书。

(北京)文化发展有限公司与北京经典商务宾馆有限责任公司等服务合同纠纷案"[①]中,聚星嘉艺(北京)文化发展有限公司(简称"聚星嘉艺公司")系电影《谁的青春不叛逆》的投资方和发行人,王文冶系该电影的制片人,该部电影的相应收益由聚星嘉艺公司享有。针对王文冶作为制片人带领摄制组人员在商务宾馆住宿所产生的住宿费用事宜,法院认定,应由聚星嘉艺公司负担,商务宾馆为电影《谁的青春不叛逆》摄制组人员提供了住宿服务,该摄制组应当按照约定支付相应的住宿费用。

(三)制片人与投资方之间的常见纠纷

1. 署名顺序纠纷

制片人在影视剧中的署名,主要由双方以合同的方式约定具体内容,比如署名方式、署名顺序、署名载体、署名的排他性、署名位次等等。发生在广州真牛文化艺术策划有限公司与友邦兄弟(北京)影视文化传播有限公司之间的侵犯著作权纠纷[②],是一起因署名顺序而引发的案件。在该案中,原告认为友邦公司在影片发行过程中,未与其协商,擅自将其法定代表人孙立平列为总制片人,另一股东傅国禄列为制片人,将原告的主要职员姜帆列为排在傅国禄之后的制片人,而未将原告人员并列为总制片人,严重损害了原告的利益,故而诉至法院。

2. 劳务报酬纠纷

制片人劳务报酬名目及其组合,在实践中多种多样,如"苏江宏,香港卫视国际传媒集团有限公司与深圳市港视投资发展有限公司劳务合同纠纷案"判决书所披露的,投资方与制片人通过《聘用协议书》约定制片人苏江宏的劳务报酬由两部分组成:一是每月固定薪金人民币 3 万元,二是电影开机后分两次支付给制片人的剧组劳务报酬人民币 100 万元,同时明确约定"双方签订的'制片人合同'所列开机前支付的款项,为本电影项目特殊支出费,不在苏江宏劳务报酬之列,仅是挂在苏江宏名下支出"。[③] 引发劳务报酬纠纷的原因,其表现形式也同样是事由繁多,无法简单地将之类型化。为此,签约前的细致约定,签约后的诚实守信、认真履约,对法律服务提供者均提供了介入机会,也提出了较高的实践技能要求。

为避免纯粹说理而可能带来的空洞感,以"辛莉莎与北京强润影视有限公司劳务合同纠纷案"[④]为例,探究制片人劳务报酬纠纷的一个侧面,具有实际的塑形意义。北京强润影视有限公司(简称"强润公司")(甲方)与辛莉莎(乙方)签订《〈八女投江〉职员聘任书》,合同约定:甲方投资拍摄 30 集电视连续剧《八女投江》,特聘乙方担任执行制片人工作。合同签订后,强润公司向辛莉莎支付了第一笔酬劳 4.5 万元。随后,辛莉莎与谭锐铭、杨连泽、孙永强、柏琳、施大军、金鸽、陈焕良、何永高到横店取景,通过聘用演员、后期制作、职员对影片开拍前的工作进行筹备。辛莉莎在诉状中称,合同签订后,我依据合同履行职责,开展工作,但强润公司未依约履行合同,并启用其他摄制组和制片人开机拍摄该合同所涉电视剧,且拒不向我支付第二笔酬金。法院认为:

> 制片人系影视剧制片生产制作人,全权负责剧本统筹、前期筹备、组建摄制组(包括演职人员以及摄制器材的合同签订)、摄制成本核算、财务审核、执行拍摄生产及后期制

[①] 北京市第三中级人民法院(2015)三中民终字第 07885 号民事判决书。
[②] 北京市西城区人民法院(2009)西民初字第 6394 号民事调解书。
[③] 深圳市中级人民法院(2013)深中法民终字第 3067 号民事判决书。
[④] 北京市昌平区人民法院(2015)昌民初字第 6700 号民事判决书。

作等。执行制片人在制片人不在时,担当制片人角色,代制片人管理剧组,执行制片人权利及义务。制片主任代表制片人行使影视作品生产期间的行政管理权利,权限包括:负责摄制组日常工作的管理、负责召集主创人员和全组开会、编制制片计划和预算、与导演核定演员和职员名单等。强润公司与辛莉莎签订《〈八女投江〉职员聘任书》后,由辛莉莎担任执行制片人的工作,后强润公司又与徐志伟签订聘用合同,由徐志伟担任制片主任一职,执行制片人与制片主任在权限上存在重合性,且二份合同涉及的剧集均为《八女投江》,合同内容存在着重合性,强润公司亦认可与徐志伟签订合同后,由徐志伟替代辛莉莎的工作,故强润公司与徐志伟签订的合同已对辛莉莎造成根本违约。关于辛莉莎主张劳动报酬的数额,艺术创作不能简单量化,辛莉莎提交的剧本、职员聘用合同、场地拍摄预算、后期制作合同、服装租赁合同及服装报价等证明其已经进行了相关的准备工作,亦履行了合同的部分义务。强润公司应向辛莉莎支付劳动报酬,数额由法院综合辛莉莎已完成工作及本案的实际情况酌定。

3. 对赌纠纷

对赌,是对赌双方对于未来不确定的情况进行一种约定;如果约定的条件出现,一方可以行使约定的权利;如果约定的条件不出现,另一方行使约定的权利。制片人与投资方的对赌,可以是制片的整个环节中的任何一个节点,只要双方有这个真实意思表示即可。摄制完成时间、获得公映或发行许可证时间、播映时间、播映平台/院线、成本控制(不超支或超支幅度)、发行业绩等等,是较为常见的对赌"点"。在"上诉人周金辉、龚智勇与被上诉人李静、深圳市东方琦星传媒有限公司纠纷案"[①]中,当事人双方约定以取得《国产电视剧发行许可证》为获取权利与报酬的条件和目的,是较为典型的对赌安排。法院在判决书中指出:

> 本案中,周金辉已经履行了其出资义务,但龚智勇(制片人)却未按照合同的约定日期取得涉案电视剧的《国产电视剧发行许可证》,符合合同约定的根本违约情形,按照合同约定应当向周金辉退还投资款和利息,周金辉据此要求返还投资款及相应利息具有事实和法律依据。

为对赌协议起草文本并非难事,在影视娱乐行业中,需要特别注意的是,因行业特性,制片过程中可能会发生的各种无法预测的情境,根据立场为之做出相应的例外性安排,是提供此类法律服务的基本要求。

二、导演

(一)导演职责

导演是讲故事的主宰,他的首要工作有两项:第一项重要工作是阅读剧本后,在脑海中构筑起对这部电影的设想,包括它的影像、声音和感觉。导演通过研究其他电影、艺术研究、旅行和阅读,把这个设想发展成对这部电影的风格、节奏以及基调的策划。第二项重要工作是将自己的意图与剧组工作人员沟通。在筹拍阶段、拍摄阶段和后期制作的过程中,指导和帮助演员表演并掌控剧组的艺术和技术环节。理想的导演明确地知道他想要什么,这样才能使沟通清晰而有效,并营造一种积极的、使每个人都能融入其中的创作环境。导演工作虽然看起来光鲜,但绝不是简单的活儿。为了确保电影制作的时间和预算,导演需要有良好的

---

① 深圳市中级人民法院(2018)粤03民终16655号民事判决书。

协调能力。他需要组织和协调包括演员、摄影师、剪辑师、音响师、服装设计师、化妆师、美工师、制片人以及编剧的工作。[1] 导演不但在不小程度上决定影视剧的艺术水准,而且,实证研究显示,在中国电影市场,明星导演和明星演员会对电影票房产生显著影响,其中明星导演的影响力更强。[2]

关于导演的职责,中国电影导演协会、广电部电影事业管理局根据电影、电视剧的创作规律,作过如下概述:在电影、电视剧制作中,导演是艺术创作的中心、组织者和总负责人,导演对这一职责的履行,涵盖影视作品的全过程,其中包括:(1)前期筹备阶段:从文学剧本到分镜头剧本、选择演员、确立作品的总体艺术构思及其在各创作部门的实施方案;(2)中期实拍阶段:组织指导全片全部场景和镜头的摄制;(3)后期制作阶段:剪辑、录音、合成。以上三个阶段,分别包含着导演艺术的不同内容,相互渗透,但不可替代。导演的创作意图,应当通过三阶段的完整过程,在与全体创作合作者的不断协调和共同提高中才能得以实现。[3] 也有学者对导演职责做了归纳,虽然总体上的三阶段与前面的内容相一致,但各阶段的具体描述,不尽相同。把该观点列举出来,便利法律服务提供者在起草和修改导演合同时,可以找到适合具体项目内容的相关表述。"影视剧导演的工作大体包括以下内容:(1)筹备阶段。研究文学剧本,统一创作意图;收集资料,体验生活;初选全片外景;完成导演阐述;完成分镜头剧本创作;选定全部演员,确定人物造型等。(2)拍摄阶段。指导完成全部内景、外景、场地景、特技镜头、片头字幕和预告片的拍摄,完成全部内容拍摄。(3)后期制作阶段。指导完成拍摄介质及素材的粗剪与精剪,对白、音乐、音响效果及混合录音,音像合成等工作;送审;修改补拍;制作原底和标准拷贝。"[4] 概言之,导演负责把以文字为表现形式的剧本转换为视觉影像镜头,镜头则由剪辑师组接成一部影视剧;然而,导演工作的起点与终点都相当模糊,因为导演在创作剧本或筹备拍摄阶段就会介入,直到后期制作完成才放手,导演的职责贯穿影视剧从构思直至完成的整个创作阶段。导演、编剧和剪辑师对影视剧的贡献虽各有侧重,但尽可能动人地讲述故事这一目标是一致的;不同的是,在讲述故事时,编剧使用文字,剪辑师使用画面与音响,而导演使用摄影机镜头和表演。[5]

当然,无论表述内容呈现出什么样的不同,总体上,导演的职责系围绕艺术活动而展开,也以艺术活动为依归。制片人,则多从管理的角度开展工作。当前,还有一种"完全导演",指的是导演、制片人、编剧和明星的职能统一,其功能可以由导演一个人承担,也可以由完全导演团队承担。[6] 徐静蕾在其作品中身兼制片人、导演、编剧和主演等职务,可视为中国大陆的"完全导演"典型代表之一。

(二)导演合同的法律性质

导演与投资方之间的关系,如同制片人一样,主要是依靠合同内容来确定。与制片人不

---

[1] 〔美〕Jason J. Tomaric:《电影制作百宝箱:从剧本到上映,好莱坞电影制作全攻略》,张可、熊潇译,人民邮电出版社2016年版,第282—283页。
[2] 池建宇:《演员与导演谁更重要——中国电影票房明星效应的实证研究》,载《新闻界》2016年第21期,第36页。
[3] 宋莹:《影视作品中导演身份的认定:张华勋、张扬诉华诚文化传播公司著作权纠纷案》,载中国社会科学院知识产权中心、北京市高级人民法院民事审判第三庭主编:《知识产权办案参考》(第7辑),中国方正出版社2003年版,第32页。
[4] 赵玉忠:《略论影视创作生产的行业惯例与规范》,载中国社会科学院知识产权中心、北京市高级人民法院民事审判第三庭主编:《知识产权办案参考》(第7辑),中国方正出版社2003年版,第42页。
[5] 〔美〕肯·丹西格:《导演思维》(修订版),吉晓倩译,文化发展出版社2019年版,第6页。
[6] 林天强:《从制片人中心制、电影作者论到完全导演论——对好莱坞、新浪潮和中国电影新生代的一个模型推演》,载《当代电影》2011年第2期,第113页。

一样的是,导演直接参与影视剧的创作,由此可能不得不回答投资方与导演之间的合同在性质上,究竟属于委托创作合同还是劳务合同这一问题。在"章曙祥与江苏真慧影业有限公司导演合同纠纷案"①中,关于导演合同性质的理解,真慧公司主张涉案合同为雇佣合同,总导演的工作必须服从于投资方的意愿,而章曙祥则认为是委托创作合同。法院认为,案涉合同名称为"总导演聘请合约",由于著作权法规定电影作品著作权归制片人所有,同时导演享有法定的导演署名权,而导演工作不能脱离合同约定的剧本独立进行,所以导演聘用合同在性质上不属于著作权法规定的委托创作合同;又因为导演工作属于影视艺术创作中的重要环节,在我国著作权法体系下该合同也不能简单定性为真慧公司所主张的雇佣合同,故应当认定导演聘用合同为一种独立的无名合同。

(三)导演中心制与制片人中心制

美国好莱坞的制片管理制度经历了明星中心制、导演中心制,最终过渡到由职业制片人进行电影片管理的制片人中心制。在好莱坞的制片人中心制下,制片人完全处于主导地位,导演的权力被大大削弱,制片人无论在市场定位还是艺术创作方面都拥有最终决定权。导演中心制存在不少弊病,对电影产业的专业化及市场化进程会产生负面的阻碍作用。首先,以导演为中心的制片机制容易导致影片完全呈现"作者电影"风格,作品的成败完全由导演一人决定,很多"孤芳自赏"式的作品不能准确适应当下电影市场的需求,造成票房惨案,加大了影片的投资风险。其次,导演中心制弱化了编剧、制片人等核心人员的地位。②

在中国,制片人与导演之间的运作模式:一是制片人中心制。制片人中心制是指,在影视剧制作经营过程中,以制片人为中心的一种管理体制,即制片人受投资人和出品方委托,有效地管理影视剧制作经营的全过程,保证作品完成盈利目标的管理机制。在这种制度下,制片人具有对题材选择、摄制组人员确定、资金计划和分配、摄制管理、后期制作、发行营销等全方位的决策权。③ 二是双方合作制。一般采用由制片人提供所需资金与导演提供创作班底在内的所需资源合作完成,双方根据约定进行分配利润或共担风险。三是导演中心制。导演在影片的筹备和制作过程中,对每一重要环节工作均负责并发挥主导作用,制片人则是按照导演的要求发挥保障等辅助作用。如在银幕上经常可以看到的"张艺谋作品""冯小刚作品""姜文作品"。

导演中心制与制片人中心制各有利弊,相互若能各补所长、各去其短,加强联合,影视产业的健康发展之路当更为顺畅。④ 但是,业界始终存在着导演中心主义与制片人中心主义之争。这种争议,有时是因合约履行过程中的细节性事项而引发"缺少被尊重的感受",如发生在周晓文诉北京现代天幕影视文化传播有限公司之间的一起纠纷。⑤ 根据判决书的记载和披露,合同约定导演周晓文需全程亲自指导该剧直至后期制作完成全片。后期制作中,因与制片方就工作地点发生矛盾,周晓文作为导演除完成初剪及个别配音指导外,其他工作并未亲自参加,尽管事出有因,制片方的行为不够审慎以致矛盾激化,擅自变更工作地点且强行拿走素材带的做法对导演等创作人员不够尊重,但是合同规定对工作场所等事项以制片方意见为主,这些行为并不足以构成对合同条款的违反,故而法院认为,周晓文据此不予全面

---

① 江苏省高级人民法院(2014)苏知民终字第 0185 号民事判决书。
② 靳斌:《重构与融合:电影产业新格局》,知识产权出版社 2016 年版,第 252—253 页。
③ 高福安等:《影视制片管理基础》,中国传媒大学出版社 2018 年版,第 2 页。
④ 曹潇:《论新时期电影创作体制的转型:从导演中心制到制片人制》,载《大众文艺》2019 年第 8 期,第 146 页。
⑤ 北京市海淀区人民法院(2002)海民初字第 10317 号民事判决书。

履行导演职责没有根据,关于周晓文是拒绝履行还是被拒绝履行职责,因合同赋予导演以指导的权利,如果制片人拒绝导演,导演有权利提出要求并行使权利,本案中并无证据证明此节,故应为周晓文拒绝全面履行。

导演中心主义与制片人中心主义之争,更突出地表现在市场导向还是艺术导向之争。虽然市场导向与艺术导向并不直接相互背离,但两者在不少情况下,也很难完全重合。通常情况下,导演是被影视剧投资方雇佣者,按照投资方的要求对影视剧的整体质量进行把关。导演在艺术层面的造诣虽可能高于投资人,但投资方对市场的敏锐度则可能要略胜导演一筹。当艺术与市场相冲突时,究竟以哪一方的意见为准成为导演与投资方之间产生分歧的"常爆点"。当然,避免此类"常爆点"的最佳办法是在合约中清楚地把导演的职责、要求、权利等内容详细地落在纸上。在实践中,即便合约中有"导演对艺术创作具有最终决定权"的约定,纠纷依然被提交至法院,寻求裁判。"章曙祥与江苏真慧影业有限公司合同争议"即属此例。法院在判决书中写道[①]:

> 首先,本案双方就"艺术创作最终决定权"的争议事实上集中于最终剪辑权(终剪权)的争议。该争议亦体现了目前影视行业较为突出的导演中心制与制片人中心制的争论。在我国历史上曾长期实行导演中心制,即导演在影视创作中占据主导地位,而代表投资方的制片人居于次要地位,但近年来随着影视行业市场化和产业化的快速发展,影视行业的资本投入和利润回报亦不断增大,制片人通过对整个影视制作全过程的审查和管理,以期获得最大的商业利益,而与此同时,导演在影视创作中的核心地位也正越来越被投资方所削弱,纷争时有所见。目前我国影视行业正处于导演中心制向制片人中心制的过渡时期,而完善的制片人中心制亦尚未完全确立。尽管如此,本院的基本观点是,无论影视制作行业是采取导演中心制还是制片人中心制,有关影视剧创作的最终决定权特别是终剪权的归属问题,都应当首先依合同约定加以确定,即合同明确约定导演享有终剪权或者投资方享有终剪权的,均应当从其约定,只有在合同约定不明时,才考虑以行业惯例加以确定。
>
> 其次,本案应认定合同关于终剪权归属的约定是明确的。双方在合同第8条明确约定:"乙方作为该片总导演,对该片的艺术创作具有其最终的决定权",尽管真慧公司对此作出了相反的解释,并以合同关于"乙方同意,并向所有投资方负责"等条款约定加以抗辩。对此,本院认为,由于合同第8条非常明确地约定总导演对艺术创作具有最终决定权,而影视剧的艺术创作包括前期筹备、中期拍摄及后期制作过程,故除非合同明确约定将终剪权排除在外,总导演对艺术创作的最终决定权应当包括终剪权。至于真慧公司主张合同约定总导演同意向所有投资方负责,就意味着投资方享有终剪权,对此本院认为,在合同条款未明确将总导演同意向所有投资方负责定义为投资方享有终剪权的前提下,对该条款的常规理解应当是总导演依据合同完成导演工作任务并保证其应当达到的艺术水准就是对投资方负责。基于以上理由,本院认为,真慧公司认为总导演的艺术创作必须服从投资方的要求,进而直接解释为投资方享有终剪权,明显不符合合同约定,属于不适当地扩张了投资方的权利。
>
> 最后,本院亦理解,正是由于影视剧拍摄投资风险巨大,作为投资方除关注影片艺

---

① 江苏省高级人民法院(2014)苏知民终字第0185号民事判决书。

术价值外,可能更关注投资的直接市场回报,更何况真慧公司称其作出最终剪辑版本选择之前已经进行了市场调研,但无论如何,影视剧的制作首先是艺术创作活动,有其基本的艺术创作规律,而投资方在聘请导演时,肯定事先对导演的艺术水准有着基本认同。当投资方与导演在艺术创作上产生重大分歧时,双方首先应当协商解决,如协商解决不成,则投资方仍应当秉持契约精神,尊重合同约定。当然,为防止纠纷,双方亦应当就终剪权的归属事先在合同中以明确的术语表达加以约定。综上,鉴于真慧公司在合同中并没有特别声明终剪权归其所有,故对其主张,本院不予支持。

法院在该案判决书中还专门就"关于投资方利益与导演利益平衡的问题"进行了阐述:

> 众所周知,影视创作是文化创意产业的重要组成部分,其高投入、高风险且艺术创作活动极其复杂的特性,决定了对艺术与市场两方面都有很高的要求。就投资方而言,在关注影视作品投资与回报的同时,要强调尊重艺术创作的规律;就导演而言,在专注艺术创作的同时,也应当适度兼顾投资方投资利益的回报,如此才能实现双方利益的平衡。影视创作合同的履行,明显不同于标的为工业品的普通商事合同。在创作过程中,因艺术创作或者市场需求所进行的必要创作调整并不少见,然而无论是导演还是投资方提出的调整,都应本着善意协商进行,且以不损害艺术创作水准为原则。如果协商不成,则强调契约精神,遵守合同约定,仍具有相当程度的必要性,如此才能有效减少纠纷,减少不必要的损害,从而真正促进影视艺术创作的繁荣,促进影视产业的发展。

关于制片人中心与导演中心之间关于商业与艺术导向的争议,可以借鉴的是,在法国,终剪权属于导演,从影片开始拍摄起,他就对影片拥有控制权[①];在好莱坞,导演一般不太可能直接决定剧本的编写与后期的剪辑[②],正如这部影片是"某某制片人的 production,是某某导演的 film"所蕴含的道理一样。

(四) 导演常见纠纷

1. 署名纠纷

署名权是著作权法直接赋予导演的权利,是身份性的权利,非法定事由,不受剥夺。然而,在 20 世纪 80 年代的司法实践中,曾出现过导演署名权被剥夺的案例。1983 年,北京市海淀区人民法院审结一起关于导演署名权的案件,导演因生活作风问题受到处分进而被取消了署名导演的资格,由此引发纠纷;法院最终确认决定导演身份的是工作而不是其他。[③] 实践中还有一种"署名淡化"的争议,即把原本不是导演的人署名为导演,由此淡化了"正牌"导演的身份、工作付出与贡献,如"张华勋、张扬诉华诚文化传播公司侵犯著作权纠纷案"[④]。在该案中,电视连续剧《隋唐演义》出品方将作品署名为"总导演:张华勋;导演:张扬;武打导演:刘家成",张华勋、张扬主张刘家成没有从事过该剧的导演工作,电影公司的行为侵犯了其署名权。法院的基本观点是:

> 本案只有张华勋、张扬具有导演身份,有权在其作品上署名为总导演、导演;同时具

---

① 〔法〕洛朗·克勒通:《电影经济学》,刘云舟译,中国电影出版社 2008 年版,第 87 页。
② 〔澳〕理查德·麦特坞:《好莱坞电影:美国电影工业发展史》,吴菁、何建平、刘辉译,华夏出版社 2011 年版,第 125—128 页。
③ 马秀荣:《艺术、金钱和法律》,载中国社会科学院知识产权中心、北京市高级人民法院民事审判第三庭主编:《知识产权办案参考》(第 7 辑),中国方正出版社 2003 年版,第 1 页。
④ 北京市海淀区人民法院民事判决书(1996)海知初字第 30 号民事判决书。

有排斥无导演身份的刘家成在其创作的作品上署名为导演的权利。电影公司的行为虽然为张华勋、张扬正确署名,但其将刘家成署名为武打导演的行为势必引起公众对张华勋、张扬在导演该剧过程中所付出的创作性劳动而依法享有的社会评价产生质疑,事实上淡化了张华勋、张扬在该剧中的导演身份,混淆了作者的创作分工,侵害了张华勋、张扬的署名权。

著作权法只规定了影视作品的导演的署名权,戏剧的导演,是否也享有署名权呢?漳州市中级人民法院在"汤丽诉云霄潮剧团侵犯署名权案"中指出:

> 戏剧作品是指供舞台演出的作品。通俗地说,就是指剧本形式体现的一种智力劳动成果,其作者为编剧,作品内容以文字、图谱等形式表现和固定。戏剧的排练、演出,当然是根据一定的剧本进行的。但要将静态的剧本内容以动态的舞台形象和效果表现出来,则必然依赖导演的劳动。电影作品的导演根据电影剧本导演,是用电影语言、用镜头进行再创作,其创作成果是用胶片等载体记录下来并以放映设备放映再现。演出的戏剧的导演是根据戏剧剧本进行导演,运用的是舞台语言和形体语言进行再创作,其创作成果是用舞台形象、表演程式固定下来并通过再演出而再现。戏剧导演与电影等影视作品的导演都是通过其导演艺术进行再创作,都是在艺术领域内的创作,都是将静态形象变成动态形象的创作,都是将多种艺术形式结合在一起的创作,都同样表现为一种产生复合艺术成果的智力活动。所以,戏剧导演对自己导演并据以演出的戏剧,应同电影导演对自己导演并据以放映的电影享有署名权一样,享有该种法律意义上的署名权,并受同一法律规范保护和调整,原告有权主张导演署名权。

虽然该案最终以"戏剧巡演的宣传材料中未标明导演姓名的行为没有侵犯导演的署名权"为由,驳回了原告的起诉,但法院对戏剧导演之署名权的确认,是无疑义的。

2. 导演对原作的增删改

导演在编写分镜头剧本的过程中,不可避免地会融入一些个性化的艺术创作在其中,若涉及对剧本或原作的增删改,是否构成著作权侵权?发生在陈立洲、王雁与珠江电影制片公司、王进之间的侵害著作权纠纷是一起此类案件。[①] 法院指出:

> 被告王进担任电影《寡妇村》的导演,其编写的分镜头剧本和拍摄的电影《寡妇村》,对原著《寡妇村的节日》中某些情节、细节、对白、环境、场景及人物动作等方面进行了增删。参照文化部《关于故事片厂电影文学工作的若干规定》中关于"导演接受厂领导通过的文学剧本后,应该在充分尊重文学剧本基础(主题思想、主要情节和主要人物关系)的前提下进行导演艺术的再创作,以便实现剧本的意图和提高影片的质量"的规定,王进的行为属导演进行电影导演艺术再创作的权限许可范围内的,未构成对原告的《寡妇村的节日》的主题思想、主要情节和主要人物关系方面描写的实质性改变。原告以被告删改了关于乌蛋丘的描写为由诉被告篡改了原著,不能成立。法院在该案中体现出来的裁判旨要是,导演在进行电影导演艺术再创作的权限许可范围内对原著进行增删改编,且未构成对作品的主题思想、主要情节和主要人物关系方面描写的实质性改变,因此不构成对著作权的侵犯。

---

① 《中华人民共和国最高人民法院公报》1990年第1期(总第21期)。

3. 导演艺术质量纠纷

艺术是导演最为紧要的事,尽管有制片方也会把项目预算开支与控制交由导演负责并因此而发生纠纷,如"北京十月天文化传媒有限公司与孙铁导演合同纠纷案"①。评价导演工作的标准,主要由双方在合约中约定,通常是根据导演的职责而定,如相应的技术标准、政治标准、分镜头剧本、摄制进度、成片水准等等。与剧本质量的评定具有主观性一样,影视剧的艺术质量也经常是"公说公有理婆说婆有理";不过,与剧本质量不一样的是,影视剧的发行与放映,因须接受审查并获得相应的许可证,故而,可以视为其质量具有某些底线性要求。在美国学者丹西格看来,导演有称职的导演、优秀的导演和伟大的导演之分,还有一种就是执导太差的导演。② 无论是"执导太差",还是"称职""优秀"与"伟大",都是充满主观性的评价标准,在契约中引入这些标准,不但无助于目标的实现,而且容易引发矛盾与纠纷。譬如,"南京飞元实业有限公司诉王永旗等电视剧制作质量纠纷案"③是一起因双方对合同中约定的"达到中上等水平"理解不一致而发生的案件。

该案原告于1997年10月分别与被告栾戈平、王永旗签订了电视剧制作协议,聘任栾为导演、王为制片主任。协议书中约定,两被告对制作电视剧《的士大劫案》的艺术质量承担责任,保证艺术质量达到中上等水平,保证达到发行方(北京电视艺术中心)的要求。1999年8月北京电视艺术中心广告部致函原告称,《的士大劫案》发行已近两年,效果很不理想,主要问题是剧本比较粗糙、节奏较慢、叙事线路不清晰、演员表演一般化,镜头运用、剪辑、动效等缺乏特点;另外该剧的长度不长不短,不好安排,加上现行发行市场供大于求,建议重新剪辑并改变发行价格及方式等。该片取得了江苏省广播电视厅颁发的发行许可证。

在法院看来,当事人关于电视剧艺术质量"达到中上等水平"和"达到北京电视艺术中心的要求"的约定,系双方真实意思表示,而且不违反法律规定,应当认定有效;电视剧《的士大劫案》的质量没有达到北京电视艺术中心的要求,王永旗和栾戈平应当承担违约责任。虽然委托制作电视剧协议中关于该电视剧的艺术质量标准达到中上等水平的约定不太明确,但是关于该电视剧的质量要求约定是明确的,即达到发行方北京电视艺术中心的要求。

关于电视剧质量标准的行业惯例以及电视剧的艺术标准问题,在法院看来,国家有关部门对此没有做出相关的规定。广电管理部门只是在审查和颁发电视剧发行许可证时规定了8条审查标准,主要是政治内容的审查,关于艺术质量标准没有具体规定,按照一审法院调查相关的管理部门称,电视剧的艺术质量标准不宜规定,因为艺术质量高的电视剧发行量不一定大,而粗制滥造的电视剧反而有可能销路好,故电视剧艺术质量标准不存在部颁标准和行业标准。关于颁发发行许可证的审查问题,法院认为,通常对电视剧质量衡量的依据是达到思想性、艺术性与观赏性的"三性"统一。电视剧在颁发许可证审查时应当对其艺术质量进行相应的审查,评委主要对其的"三性"进行综合审查,但是各个评委的主观因素影响较大。可以说通过许可证审查的电视剧起码是达到及格水平,一审认定通过许可证审查即达到中上等水平没有法律依据。因为颁发发行许可证的电视剧中既包括达到或超过中上等水平的,甚至是精品,也包括刚刚勉强及格并未达到中上等水平的。因为及格与中上等水平之间存在一段距离,故中上等水平没有具体的可操作标准。关于发行方的操作惯例问题,法院

---

① 北京市第一中级人民法院(2015)一中民(商)终字第4066号民事判决书。
② 〔美〕肯·丹西格:《导演思维》(修订版),吉晓倩译,文化发展出版社2019年版,第27—55页。
③ 江苏省高级人民法院(2000)苏知终字第86号民事判决书。

认为,发行方在发行之前应当对电视剧进行质量审查,因为所要发行的电视剧必须具备发行的基本条件,具备相当的市场竞争力,才能推向市场,参加市场竞争,按一般操作规则是应当组织专家对电视剧进行必要的审查。对在发行过程中发现的质量问题提出质量异议,一般应当掌握在合理的期限内。

作为个人的导演与作为组织的制片方,两者的力量是不平衡的;通常,制片方资金雄厚且拥有丰富的人力和渠道资源。在美国,为矫正这种力量上的不均衡,由电影、电视、舞台剧、广播等艺术领域的导演成立"美国导演协会"(Directors Guild of America,DGA)。DGA的一项重要工作是代表会员与资方行业协会(电影和电视制作人联盟)谈判《基础协议》(Basic Agreement),以此为其成员(包括导演、副导演、导演助理、制片经理、舞台经理等)的创意权利、经济权利以及其他权利与权益提供基础性保障。现行有效的《基础协议》形成于2017年,其全称为《美国导演协会与电影和电视制片人联盟的〈基础协议(2017年版)〉》(Directors Guild of America—Alliance of Motion Picture and Television Producers: Basic Agreement of 2017)。

第二节 艺 人

对于影视业而言,艺人资源是运营与开发的核心竞争力,离开艺人,兴盛与发达更可能只是存在于想象之中。[①] 艺人的概念比演员要广泛,演员是艺人的一种,除演员之外,歌星、笑星、乐手等,都可以归入艺人的范畴。不同的艺人在权利关注点上可能存在不同,但是,艺人在法律层面需要注意的问题点,或者说法律上关于艺人的权责,以演员为例进行阐述,基本上可以化约为用。为此,本节对艺人和演员不作严格区分。

电影、电视剧、话剧等,尽管艺术样式、传播的途径各自不同,但是却都依赖于演员的表演[②],演员是影视作品赖以存在的现代传播基础[③]。虽有俗语"戏保人",但同时也有"人保戏"之说。[④] 演员的最高任务,是塑造性格鲜明、生动的人物形象[⑤];在产业链条中,当一个演员由于在某部影片中成功地塑造了某种类型的角色,他/她就会被一直挑选去饰演这种类型的角色,定型为类型演员。[⑥] 与类型演员不同的是,从法律的角度可以对演员做不同角度的区分。

一、艺人类型

(一)成年艺人与未成年艺人

对艺人做成年与未成年之分,主要原因在于他们民事行为能力有所差别,行为的法律效果也随之不同。根据《民法典》的规定,18周岁以上的自然人为成年人,不满18周岁的自然人为未成年人。成年人为完全民事行为能力人,可以独立实施民事法律行为。16周岁以上的未成年人,以自己的劳动收入为主要生活来源的,视为完全民事行为能力人。8周岁以上

[①] 王中磊、尹鸿、王止筠:《艺人资源是影视业开发与运营的核心竞争力》,载《当代电影》2012年第5期,第76页。
[②] 刘中哲:《演员创造力是表演艺术的生命》,载《现代传播(中国传媒大学学报)》2014年第2期,第149页。
[③] 〔法〕克洛德·雷奇:《论演员与表演》,艾非译,载《戏剧艺术》2003年第5期,第10页。
[④] 张明智、宋培义主编:《电视剧出品人与制片人教程》,中国广播影视出版社2016年版,第69页。
[⑤] 周雨:《"超以象外 得其环中"——演员如何创造真实的人物情感》,载《当代电影》2014年第10期,第165页。
[⑥] 孙德元:《电影演员的类型与类型化表演》,载《当代电影》2018年第4期,第125—126页。

的未成年人为限制民事行为能力人,实施民事法律行为由其法定代理人代理或者经其法定代理人同意、追认,但是可以独立实施纯获利益的民事法律行为或者与其年龄、智力相适应的民事法律行为。不满8周岁的未成年人为无民事行为能力人,由其法定代理人代理实施民事法律行为。不能辨认自己行为的成年人为无民事行为能力人,由其法定代理人代理实施民事法律行为。不能完全辨认自己行为的成年人为限制民事行为能力人,实施民事法律行为由其法定代理人代理或者经其法定代理人同意、追认,但是可以独立实施纯获利益的民事法律行为或者与其智力、精神健康状况相适应的民事法律行为。无民事行为能力人、限制民事行为能力人的监护人是其法定代理人。基于前述关于未成年人民事行为能力的规定,介绍如下三个案例,对于理解涉及未成年艺人的经纪合约、出演合约之法律效果以及法务上的风险防范,有积极的参考意义。

1. 无民事行为能力:施某与温州星工场文化传播有限公司合同纠纷[①]

该案的核心在于,监护人李某是否有权代理被监护人施某签订涉案协议?法院认为,作为监护人的李某无权代理被监护人施某与星工场公司签订《艺人经纪协议书》。理由在于:

第一,依据本案发生时应适用的《民法通则》,施某是不满10周岁的未成年人,是无民事行为能力人。虽然涉案《艺人经纪协议书》由施某的监护人即母亲李某代为签署,但监护人应当履行监护职责,保护被监护人的人身、财产及其他合法权益,除为被监护人的利益外,不得处理被监护人的财产。也就是说,监护人作为法定代理人代理的民事活动范围应当有所限制,特别是为无民事行为能力人设定合同义务。

第二,涉案《艺人经纪协议书》具有居间、代理、行纪的综合属性,是具有多个类型相结合的综合性合同。协议约定了双方当事人权利义务及违约责任,是双务合同,不是单务合同,或纯获取利益的合同。协议为施某设定义务及违约责任,不符合法律规定,而且施某的合同义务履行具有人身依赖关系属性,监护人或法定代理人无法代为履行。因此,作为监护人的李某无权代理被监护人施某与星工场公司签订《艺人经纪协议书》,其代理行为超越了其法定代理权范围,应认定为无权代理。

2. 限制民事行为能力:上海久尚演艺经纪有限公司与蒋某某合同纠纷[②]

在该案中,2012年10月12日原被告签订《SNH48专属艺人合约》时,被告及其母亲全程参与并认可,但被告为12周岁的未成年人,该合约的法律效力应如何评价?

根据本案发生时的法律,10周岁以上的未成年人是限制民事行为能力人,可以进行与他(她)的年龄、智力相适应的民事活动;其他民事活动由他(她)的法定代理人代理,或者征得他(她)的法定代理人同意。本案争议的《SNH48专属艺人合约》签约的过程和结果经被告及其母亲参与并认可。《SNH48专属艺人合约》所确定双方权利和义务的内容是符合法律规定且被告亦是兴趣爱好所在和愿意为之努力发展的方向,故被告法定代理人为被告所作的决定,并没有损害被告的利益。审理中,被告认为该合约违反了《义务教育法》第14条的规定即"禁止用人单位招用应当接受义务教育的适龄儿童、少年。根据国家有关规定经批准招收适龄儿童、少年进行文艺、体育等专业训练的社会组织,应当保证所招收的适龄儿童、少年接受义务教育;自行实施义务教育的,应当经县级人民政府教育行政部门批准"。对照原、被告签订的《SNH48专属艺人合约》所约定的内容,没有发现原、被告间的关系是招用与

[①] 温州市鹿城区人民法院(2014)温鹿西商初字第768号民事判决书。
[②] 上海市虹口区人民法院(2015)虹民一(民)初字第3275号民事判决书。

被招用的关系,而是教育培训与实践演艺的关系,以及双方合约明确的居间、代理和行纪关系。在此期间,被告向所在的学校提交了请假申请并获准许。从双方约定内容和被告在履约中并没有出现影响被告享受义务教育的权利。因此,法院在判决书中认定:"原被告于 2012 年 10 月 12 日签订的《SNH48 专属艺人合约》依法有效并对双方具有约束力。"

3. 16 周岁以上的未成年人:王海萍与北京冉熙影视文化交流中心合同纠纷[①]

王海萍与北京冉熙影视文化交流中心于 2015 年 6 月 9 日签订《影视剧演职人员聘用合同》。王海萍认为,由于其属未成年人,对合同约定的内容以及将要按合同履行的事务不能正确理解,要求被告返还 12000 元服务费及支付相应酬金,遭到拒绝,现诉至法院,要求确认双方之间签订的《影视剧演职人员聘用合同》无效。法院认为,王海萍签订合同时虽未满 18 周岁,但已满 16 周岁,当时系由成年人陪同且知晓支付服务费事项,可以认定王海萍对合同内容知晓并确认,系其真实意思表示。综上,王海萍所述内容并非确认合同无效的法定事由,其主张确认该合同无效,无事实及法律依据,本院不予支持。

与未成年艺人签约,从事演出行为的,除去《民法典》的相关规定之外,还应当对《未成年人保护法》《义务教育法》给予关注,以免在承担行政层面责任的同时,还要面对合约效力得不到保障的危险。譬如,《未成年人保护法》第 68 条规定:"非法招用未满 16 周岁的未成年人,或者招用已满 16 周岁的未成年人从事过重、有毒、有害等危害未成年人身心健康的劳动或者危险作业的,由劳动保障部门责令改正,处以罚款;情节严重的,由工商行政管理部门吊销营业执照。"该法第 71 条规定:"胁迫、诱骗、利用未成年人乞讨或者组织未成年人进行有害其身心健康的表演等活动的,由公安机关依法给予行政处罚。"

(二) 真人与替身

真人出演与替身出演之间的区别,在于替身隐匿在幕后,难有人知晓;真人则被镁光灯所聚焦,光鲜亮丽。替身有走位替身和摄影替身两种。拍摄前常常需要用临时演员的走位和定位帮助确定镜头、灯光等拍摄要素,这种走位替身并不用于实际拍摄。摄影替身在实际拍摄中替代演员在影视剧的画面中出现。知名艺人与制片方在出演合约中,通常会对替身的使用及要求作出较为详细的约定;然后,再由制片方与替身签订彼此间的权利义务安排。下面是知名艺人与制片方在合约中较为常见的"替身条款",甲方是制片方,乙方代表艺人。

> 如该剧中乙方艺人有武指动作戏份时,甲方需要提前与乙方协商并确认;如乙方艺人认为拍摄可能使自己受伤或者导致伤势加重的,甲方应聘请替身演员代替乙方艺人出演危险戏份。
>
> 甲方需要乙方艺人出演任何暴戾、不道德、全身正面及背面裸露、做爱或淫秽镜头的,应事先征得乙方艺人同意。若确因剧情需要,甲方可自付费用聘用替身演出该类乙方艺人所拒绝之动作,但须事先征得乙方艺人同意并由乙方艺人决定替身裸露的尺度。
>
> 甲方须承诺严禁替身演员以乙方艺人替身之名义进行任何宣传,甲方有义务管理并监督替身演员严禁以任何方式对乙方艺人造成包括精神在内的损害。
>
> 替身演员违反其与甲方签署的保密协议的,甲方应在知悉或经乙方通知后立即采取措施避免替身演员违约行为造成的影响进一步扩大。因替身演员违反保密协议,或者违反其他约定给乙方艺人造成任何损失的,甲方应在发现后或接到乙方艺人通知后

[①] 北京市丰台区人民法院(2015)丰民初字第 17836 号民事判决书。

实施法律举措,以阻止替身的继续炒作和防止影响的继续扩大;若该等影响对乙方艺人造成损害,甲方有过错的,应予赔偿。

在实务中,担心替身演员借用艺人的热度自我炒作、四处宣传,是被替艺人最在意的点。比如,在"北京傲游天下科技有限公司与北京荣信达影视艺术有限公司侵犯著作权纠纷案"①中,判决书披露,傲游公司为宣传推广的目的,在涉案网站上,把《恋》剧的片名改为"《恋爱中的宝贝》(周迅裸替)"。

电影《夜宴》中章子怡的裸替——演员邵小珊要求制片方华谊兄弟公司在电影结尾字幕上打上自己的名字,以行使身份表明权。制片方表示不会在电影中为邵小珊署名,因为在双方的合同中明确约定由制片方全权安排署名。该争议中暴露出来的法律问题是:第一,当事人是否有权通过约定排除身份表明权?第二,消费者对裸替有没有知情权,亦即消费者是否有权知道影片中的裸露镜头不是章子怡而是邵小珊;另外,消费者完全基于影片主角唯美情色表演而花钱观看,然而却不知道主角不是真人而是裸替,消费者的选择权与公平交易权是否也受到了侵犯?针对第一个问题,最高法院骆电法官认为,裸替演员属于表演者,制片方与演员约定排除表演者的身份表明权是无效的,因为附着于人身的精神性权利非经法律规定不能自行变更。②周晓冰法官认为,应对裸替参与拍摄的行为是否属于艺术创作的范畴进行区分,若不属于艺术创作的范畴,则无需为之署名,就像影视剧摄制过程中有些工作者,如茶水工,本身虽然付出了一定的劳动,但其劳动与艺术创作并无直接关系,故不在电影中为其署名也属正常。如果属于艺术创作的范畴,则可以依照行业惯例或习惯为之署名,在行业惯例及习惯不甚清楚的情况下,在"其他演出人员"中署名也是可以的,而不必一定要明确标明"邵子珊章子怡裸替"字样。如果制片方发布"这部影片没有使用替身"等诸如此类的声明,那么,即便在片尾"其他演出人员"中给替身署了名,但依然侵犯了替身的权利。③就第二个问题,若裸替的戏份在影片中是不可删除的,删除之后就会对影片的逻辑、连贯性、美感、叙事和欣赏体验带来显而易见的减损,那么,制片方应当通过适当的方式让消费者可以知晓裸替的存在,在片头或片尾给裸替署名即为方式之一。

(三)练习生

练习生是日韩一种挖掘新艺人的方法,在韩国被大众所熟知,几乎每个娱乐公司都有新秀练习生储备。在中国娱乐行业,练习生是一个比较新的名词,但早在20世纪30年代,练习生制度就已经存在。练习生制的背景是我国旧工商业中本有一种训练人才的方法,名为学徒制。青年子弟,无论曾否受过文字教育,都可进入各种工艺或商业作学徒。完全用实作的方法,学习各业中必具的知识技能。传授的人即是从事各业的技师或店主。学徒的期限或3年或5年不等。在学习期内,普通是只供膳宿,没有报酬④,具有剥削隐在性的特点⑤。20世纪五六十年代关于练习生的规范性要求,体现在诸如《国务院关于学徒(练习生)是否按期转为正式工人问题的通知》(1957年4月)、商业部颁发的《关于在商业、饮食业、服务业建立学徒、练习生制度的若干规定(草案)》[(62)商组字第1818号]等文件之中。

---

① 北京市第一中级人民法院(2010)一中民终字第4155号。
② 骆电、胡梦云:《著作权司法裁判标准与尺度》,法律出版社2013年版,第108页。
③ 周晓冰:《著作权法适用与审判实务》,中国法制出版社2008年版,第312—313页。
④ 何清儒:《什么是练习生》,载《教育与职业》1935年第3期,第169页。
⑤ 雷前虎、崔莉萍:《练习生制:中国最早的现代学徒制探索》,载《教育与职业》2019年第17期,第107页。

练习生制度经日韩造星运动而引发关注,它在本质上是一种类学徒制在现代的应用。韩国艺人大多在小学或高中即被经纪公司签下培训,称为"练习生",培训周期一般是两到三年,从十四五岁开始培训,到十六七岁成熟期时出道。韩庚在《鲁豫有约》中接受访问时说,在韩国当练习生的时候,最多每天要连续练习20个小时,魔鬼般的练习非常苦,吃住都在公司。以韩国练习生合约为例,其条款有几大特点:第一,期限长。比如,韩国组合东方神起三名成员与SM娱乐公司签署的合约长达13年。第二,私人空间狭窄、自由度低。比如"欲与异性交往,应事先和公司商议,接受指挥监督""家庭人员是否有负债,是否有丑闻""私人问题不得隐瞒""出国须经公司批准"等条款常见诸其中。第三,提成低、违约金高。提成比例低的可至1∶9,即公司拿九成,艺人只得一成;若艺人想解约跳槽或换回"自由身",天价违约金可以在事实上打消艺人的此种念头。

在法律层面讨论练习生,若练习生系未成年人,则适用与未成年人相关的规则;若练习生已经成年,因已具备完全的民事行为能力,故其为自己的行为负责,惟合约是否属于可撤销、效力如何、可解除性等问题,依照适用合同法等法律制度。为熟悉中国大陆练习生制度的合约常见条款,以便提供相应法律服务之前有相关的整体性、概况性经验,在此,摘录"张某与北京嘉某某华文化传媒有限责任公司合同纠纷案"[1]判决书中公开披露原告(乙方)与被告(甲方)签订《练习生培养及演艺经纪业务全权合约》的主要内容如下:

乙方同意作为甲方旗下签约艺人,接受甲方的培训和辅导,练习生分为 A、B、C 三个级别;乙方签约后,为 C 级别练习生。

甲方将为乙方提供全方位的培训,其中声乐、舞蹈、表演为主课程,每门课程 48 课时,共 144 课时,造型设计、公众形象塑造、艺人艺德修养、媒体应对技巧、艺人自我行销、宣传炒作技巧为辅助课程,每门课程 1 课时,共 6 课时,所有课程总计 150 课时。

乙方接受培训 1 至 3 个月后,由甲方评定是否获得 B 级别练习生的身份,获得 B 级别身份的练习生可前往韩国接受 1 个月强化培训,赴韩培训包含但不限于:舞蹈、健身、化妆及韩语课程;未获得 B 级别身份的练习生可选择继续接受甲方国内培训等待下次评级,也可以选择解除本合约,甲方将于 7 日内全额无息返还乙方签署本合约时相关押金。

乙方经韩国公司强化培训后,由甲方与韩国公司共同评定乙方是否获得 A 级别练习生的身份,甲方将为 A 级别练习生提供艺人管理部评估报告、艺人形象设计报告、艺人演艺职业发展规划的制定、艺人艺术形象摄影、艺人电子资料简介制作、录音棚练习使用、艺人 EP(单曲)制作、艺人 EP(单曲)封面内页设计、艺人 EP(单曲)CD 套装排版印刷、艺人网络宣传等;未获得 A 级别身份的练习生在合约有效期内可继续在韩国接受培训等待下次评级,也可返回国内解除本合约,甲方将于 7 日内全额无息返还乙方签署本合约时相关押金。

甲、乙双方同意,在合约有效期间(包括乙方作为练习生的整个期间),进行独家排他性的娱乐业经纪管理合作,乙方委托甲方担任其演艺经纪管理人,甲方接受乙方的委托,根据本合约的约定担任乙方的独家经纪管理人。

甲方应在本合约签署后向乙方提供合约约定的培训和演艺经纪服务,甲方应尽力

---

[1] 北京市通州区人民法院(2015)通少民初字第 25253 号民事判决书。

为乙方提供演艺经纪服务,甲方为保证乙方有效地实施本合约,将指派相应配套服务和有关服务人员。

乙方同意支付人民币 8 万元作为履行合约的担保,合约期满前,如乙方未被评定为 A 级别练习生,同时未出现乙方严重违约情况,甲方将向乙方全额无息返还保证金;在合约期内,任何一方违反本合约约定即构成该方违约,除本合约另有规定外,违约方应向非违约方承担违约责任,补偿非违约方因实际及可能承受或招致的所有损失、赔偿金或费用(包括但不限于合理的法律顾问费)等。

二、艺人合约

(一) 经纪合约

1. 艺人经纪合约的性质

艺人经纪合同的法律性质,直接决定了《民法典》中关于有名合同的规定是否可以直接适用。比如,倘若把艺人经纪合同视为委托合同或行纪合同,则艺人具有法定的单方解约权。然而,若赋予艺人以单方解约权,会鼓励成名艺人为了追求高额收入而恶意解除合同,不利于演艺行业秩序的维护。因此,对艺人经纪合同的法律性质应放置到具体案件及具体约定中予以考察,不能简单地将其归属于居间合同、行纪合同或委托合同的范畴。

审理"北京新画面影业有限公司与窦骁表演合同纠纷案"[①]的二审法院在判决书中指出,本案《(演出经纪)合约》具有居间、代理、行纪的综合属性,属于演出经纪合同。此类合同既非代理性质亦非行纪性质,而是具有几个类型相结合的综合性合同。该案二审合议庭陶钧法官在案件判决后就"演出经纪合同"的属性做了进一步分析:

> 根据《合同法》的规定,委托合同是委托人和受托人约定,由受托人处理委托人事务的合同;行纪合同是行纪人以自己的名义为委托人从事贸易活动,委托人支付报酬的合同;而居间合同是居间人向委托人报告订立合同的机会或者提供订立合同的媒介服务,委托人支付报酬的合同。虽然从"演出经纪合同"的表象上分析,均存在经纪公司根据艺人商业活动收入获得固定比例收益的情形,但是经纪公司往往在艺人成名前的培养及宣传过程中,会付出相应成本。同时,在此类合同履行中,有时是艺人直接参加经纪公司自行出资的商业活动,双方此时存在劳务关系;有时经纪公司在某些商业活动中是为艺人寻找、提供机会,而有时在某些活动中经纪公司又是直接代表艺人签约,并且经纪公司也需要承担艺人违约,而给第三方造成损失的违约责任,这就决定了"演出经纪合同"在现实生活中具有居间、代理、行纪的多重性,难以通过合同法规定的有名合同进行规制,需要综合考虑诉争合同的具体内容进行确定。由此,"演出经纪合同"既非代理性质,亦非行纪性质,而是各类相结合的综合性合同。涉案《合约》属于典型的"演出经纪合同"。[②]

业内知名的"蒋劲夫与天津唐人影视股份有限公司合同纠纷案"[③],法院就双方通过签订《经理人合约》《合作协议》建立的合同关系的性质,在判决书中予以了回应。该案一审法院

---

① 北京市高级人民法院(2013)高民终字第 1164 号民事判决书。
② 最高人民法院知识产权审判庭编:《中国知识产权指导案例评注》(第六辑),中国法制出版社 2015 年版,第 319—320 页。
③ 北京市朝阳区人民法院(2015)朝民(商)初字第 43905 号民事判决书。

指出,本案蒋劲夫与天津唐人影视股份有限公司(简称"唐人影视公司")通过签订《经理人合约》《合作协议》建立的合同关系属于演艺经纪合同,演艺经纪合同属于一种具有鲜明行业特征属性的商事合同,兼具居间、委托、代理、行纪、服务的综合属性,构建了经纪公司与艺人之间的特殊合作共赢关系,因此演艺经纪合同并不能简单归类为合同法分则分类的某种固定类型合同,而是兼具多重性质的一种新型合同。

除以上几个典型纠纷外,艺人经纪合约具有综合法律属性的观点,在"张杰与上海上腾娱乐有限公司解约纠纷案"[①]中,也被法院确认。法院认为,张杰与上海上腾娱乐有限公司之间签署的《上海上腾娱乐有限公司推广艺人演艺代理协议书》同时具有委托代理性质、居间性质、行纪性质、演艺经纪性质和雇佣性质。

2. 经纪资格与艺人经纪合约的效力

根据《营业性演出管理条例》《营业性演出管理条例实施细则》和《演出经纪人员管理办法》的规定,演出经纪人员,包括在演出经纪机构中从事演出组织、制作、营销,演出居间、代理、行纪,演员签约、推广、代理等活动的从业人员以及在县级文化主管部门备案的个体演出经纪人。设立演出经纪机构,应当有3名以上取得演出经纪资格证书的专职演出经纪人员。从事营业性演出的居间、代理活动为职业的个体演出经纪人,应当依法到工商行政管理部门办理注册登记,领取营业执照,并向所在地县级人民政府文化主管部门备案。演出经纪合同中应当注明负责该项业务演出经纪人员的演出经纪资格证书证号。

上述规范性文件在性质上不属于全国人大通过的法律,经纪合同若有所违反,是否会导致合同无效,司法裁判有三种代表性观点。

第一,合同无效。法院在"唐磊诉北京普新纪元文化传播有限公司合同纠纷案"[②]中认为,唐磊与北京普新纪元文化传播有限公司(简称"普新纪元公司")签署的《演出经纪合约》内容表明,普新纪元公司系从事唐磊演艺活动的代理、行纪、居间等经纪活动的经营单位,故普新纪元公司的性质应视为演出经纪机构。根据国务院发布的《营业性演出管理条例》第14条规定,申请设立演出经纪机构,应当按照国家规定的审批权限向省级以上人民政府文化行政部门提出申请;经审核批准的,取得《营业性演出许可证》。取得《营业性演出许可证》的,应当持证向工商行政管理部门申请注册登记,取得营业执照后,方可营业。最高法院《关于适用〈中华人民共和国合同法〉若干问题的解释(一)》第10条规定,当事人超越经营范围订立合同,人民法院不因此认定合同无效。但违反国家限制经营、特许经营以及法律、行政法规禁止经营规定的除外。本案中,普新纪元公司始终未取得《营业性演出许可证》,故其与唐磊签订的《演出经纪合约》及其《补充协议》,因违反行政法规禁止性经营的规定,应属无效。

第二,合同中的内容部分有效、部分无效。经纪合同通常具有综合性,艺人经纪合约中涉及的经纪性事项,在没经纪资质的情况下,因无否定合同效力的法律法规强制性规定,经纪合约不会因此而无效。但若经纪合约涉及非经纪性事项,且有据以否定合同相应内容的法律法规强制性规定,司法态度会趋向于"分而治之","杨蒿玥与老孙文化(北京)有限公司演艺经纪合同纠纷案"[③]即属此例。法院认为,杨蒿玥与老孙公司签订的《独家经纪合约》,系双方当事人意思表示,其中不涉及营业性演出的部分不违反法律、法规等强制性规定,属

---

① 上海市第二中级人民法院(2008)沪二中民一(民)终字第1830号民事判决书。
② 北京市第一中级人民法院(2005)一中民初字第8224号民事判决书。
③ 北京市第一中级人民法院(2008)一中民终字第14677号民事判决书。

有效约定。其中涉及营业性演出的部分,违反了国务院发布的《营业性演出管理条例》的相关规定,属无效条款。

第三,合同有效。因上述规范性文件在性质上不属于全国人大通过的法律,所以,即使有所违反,也不会导致合同无效。例如法院在"北京新画面影业有限公司与窦骁表演合同纠纷案"①中所阐明的:

> 新画面公司不具备演出经纪机构的资质而签订涉案合同的行为,既没有明确规定属于无效行为,也不会必然损害国家利益和社会公共利益,不能据此认定为无效合同。因此,窦骁以此为由认为涉案合同系无效合同的主张,于法无据。

再如,在"北京热度文化传媒有限公司与张颖合同纠纷案"②中,被告提出,双方签订的《艺人经纪合同》因违反法律规定应属无效,关于艺人、演员、经纪的相关行政法规规章规定,演员应当获得演员证,经纪人或经纪机构应当具备相应的艺人经纪资质,并报请相关文化行政主管部门批准。法院认为,案涉合同不仅包含关于演出安排的约定,还包括北京热度文化传媒有限公司对张颖的商业运作、包装、推广等多方面内容,而且各部分内容相互联系、相互依存,构成双方完整的权利义务关系,故案涉合同并非行纪性质,而是综合性合同,包括演出安排在内的所有条款均是当事人双方真实意思表示,不违反法律、行政法规的强制性规定,本着尊重当事人意思自治及诚实信用的原则,应确认合同有效。

在《民法典》第153条的背景下,民事法律行为违反法律、行政法规的强制性规定的,无效;但是,如果该强制性规定不导致该民事法律行为无效的除外。申言之,强制性规定可划分为效力性强制性规定与管理性强制性规定。效力性强制性规定指法律及行政法规明确规定违反了这些禁止性规定将导致合同无效或者合同不成立的规范,或者是法律及行政法规虽然没有明确规定违反这些禁止性规范后将导致合同无效或者不成立,但是违反了这些禁止性规范后,如果使合同继续有效将损害国家利益和社会公共利益的规范。管理性强制性规定指法律及行政法法规没有明确规定违反此类规范将导致合同无效或者不成立,而且违反此类规范后如果使合同继续有效也并不损害国家利益或者社会公共利益,而只是损害当事人的利益的规范。因此,违反效力性强制性规范时,将导致合同无效的结果发生,违反管理性强制性规范时,则要依据合同法及民法等部门法律的具体规定,对合同效力进行评判。一般来说,管理性强制性规定的侧重点在于禁止违反强制性规定的事实行为,以禁止其行为为立法目的;效力性强制性规定的侧重点则在于违反强制性规定的法律行为上,以否认其法律效力为立法目的。因此,在对二者区分过程中,可以从法律、法规是否对效力有明确规定、是否涉及公共利益的侵害、是否针对一方当事人行为还是针对双方当事人的行为方式、是否存在例外情形的规定等方面进行判断。③ 由此观之,北京市第二中级人民法院在窦骁表演合同纠纷案中所持的观点是在通盘考虑之后做出的决定。

3. 经纪合约解除纠纷

在约定解除或终止条件不成就的情况下,对于名义上是艺人经纪合约,但实质上是具有特定内容的混合性无名合同而言,法院对待艺人提出的解约诉求,通常均谨慎对待。例如法

---

① 北京市第二中级人民法院(2012)二中民初字第16451号民事判决书。
② 宣城市中级人民法院(2017)皖18民终625号民事判决书。
③ 广东省高级人民法院(2015)粤高法民三申字第59号民事裁定书。

院在"北京新画面影业有限公司与窦骁表演合同纠纷案"①中所阐述的:

> 《(演出经纪)合约》既非代理性质亦非行纪性质,而是具有个类型相结合的综合性合同,因此不能依据合同法关于代理合同或行纪合同的规定由合同相对方单方行使解除权。为了体现合同自愿、公平以及诚实信用等基本原则,在该类合同权利义务关系终止的确定上应当主要遵循双方约定、按照合同法的规定进行界定,不能在任何情况下都赋予当事人单方合同解除权。因为在演艺行业中,相关从业人员(即艺人)的价值与其自身知名度、影响力紧密相关,而作为该行业从业人员的经纪公司,在艺人的初期培养、宣传以及知名度的积累上必然付出商业代价,同时艺人是否能够达到市场的影响力,存在不确定性,由此经纪公司在艺人的培养过程中存在一定风险。在艺人具有市场知名度后,经纪公司对其付出投入的收益将取决于旗下艺人在接受商业活动中的利润分配,故若允许艺人行使单方解除权,将使经纪公司在此类合同的履行中处于不对等的合同地位,而且也违背诚实信用的基本原则,同时会鼓励成名艺人为了追求高额收入而恶意解除合同,不利于演艺行业的整体运营秩序的建立,因此在演艺合同中单方解除权应当予以合理限制。

实践中,还有以合约权利义务条款不对等,对艺人的限制过多,遂援引"显失公平"提出解约诉求的。在"上海灿星文化传播有限公司与李素萍其他合同纠纷案"②中,法院认为,李素萍是成年人,具备缔约能力。李素萍在参加2012年"中国好声音"比赛时向评委介绍,其坚持唱歌近十年,为了实现音乐梦艰辛打拼。就以往的经历,李素萍应当对一个歌手所处的境遇有所了解,对签订《合约书》所涉及的内容应有所理解。而在提出解约前,李素萍未曾对合约的效力提出异议,也没有要求撤销合约。由此可见,《合约书》应该是双方当事人真实意思表示,在内容不违反法律或社会公共利益情形下,《合约书》应属合法有效,当事人应当按约履行。由于涉案合约的特殊性,灿星公司在履行合同时,为经纪李素萍演艺活动,要投入人力、财力,为了保证其投入的回报和活动接洽后李素萍履约,在合同中对李素萍作出限制性约定,也属正当。在合同中,权利、义务条款数量是否对等,并不意味着权利义务的绝对对等。李素萍以合同中权利、义务条款数量的对比,作为判断合同内容是否公平的依据,理由牵强,难以认同。

由于演艺活动的履行,必须有艺人的配合方能实现,这使得艺人经纪合同在一定程度上具有人身性,尤其是当艺人与经纪公司之间的信任关系已经丧失,法院若判令合同继续履行,如何使判决可以得到实际的执行,也未必不是一个问题。为此,不少法院的裁判思路是:"没有正当理由的解约,是违约行为;因艺人经纪合约具有一定的人身性,难以强制继续履行,故违约者当予赔偿。""贾某与上海东锦文化传播有限公司其他合同纠纷案"③是一起历经三级法院实体审查的案件,三级法院一以贯之地体现了该裁判思路。

在该案中,上海东锦文化传播有限公司(简称"东锦公司")(甲方)与贾某(乙方)签订经纪合同,合同期限自2007年4月5日起至2017年4月5日止。合同约定:乙方授权委托甲方担任乙方演艺事务的全球独家经纪人,凡关于乙方于全球的演艺工作和事务皆由甲方独

---

① 北京市高级人民法院(2013)高民终字第1164号民事判决书。
② 上海市长宁区人民法院(2014)长民一(民)初字第6875号民事判决书。
③ 上海市第一中级人民法院(2014)沪一中民四(商)终字第692号民事判决书。上海市高级人民法院(2014)沪高民一(民)再提字第8号民事判决书。

家拥有开发权、代理权、推广权等并负责乙方包装、培训、演艺安排及代理签约各项经纪事项等。在本合同有效期内,除经双方书面同意外,该授权委托为不可撤销,且对甲乙双方均具有约束力,不因合同履行出现违约情况而失效,乙方不需另行出具或签署委托书。本合同所指的演艺事务包括但不限于,甲方从乙方利益出发根据需要出资为乙方安排的教育培训课程及国内外进修、访问和考察,乙方参加所有的营利性及有酬性质的演出、展示活动、宣传推广活动,例如电影、电视、唱片、舞台、图书、表演、杂志与封面等照片拍摄。未经甲方书面许可或同意,乙方不得擅自或委托、授权、让与、允许任何第三方及本人从事本合同所涉的条款内容事项,且不论该授权委托以何种名义、何种方式或独资、合资、联营等形式出现、参与,若有该等情况发生均属无效。本合同有效期内,甲方始终要把乙方放在一线演员的位置进行打造,同样乙方也要竭尽全力,力争上游,永不懈怠地朝着甲方为其设计的目标努力,本合同生效5年后,如果在2012年4月6日前未达到预期目标,即乙方电视剧市场片酬没有达到每集人民币2.5万元,甲、乙双方都有权提出终止本合约,但要经过友好协商,本着互利的原则拿出妥善的解决方案,并互相结清款项。在合同有效期内,甲方将全面、系统地规划乙方演艺生涯,制订演艺计划书并出资努力推介乙方,甲方将负责各项宣传推广活动,并承担费用,包括国际国内旅费、公关费、投资等。未经甲方书面同意,乙方不得擅自或委托、允许任何第三方订立与乙方演艺事务相关的任何合同、协议文件或承诺,包括但不限于赞助、代言合同及与其类似或相近的活动。如乙方违反本约定,甲方有权采取一切适当的管理及制裁手段,包括但不限于诉诸法律,停止该等演出活动或合作项目在全球公开演出、广播、发行、出版并可以发表公开声明予以谴责。并且,乙方应于收到甲方书面通知后立即给付甲方500万元作为违约金,并另行赔偿因乙方违约给甲方造成的其他损失。在本合同有效期内,乙方承诺一旦得知任何第三方有意向与乙方订立任何与本合同所涉甲方利益相冲突的合同时,应及时向甲方通报并转介给甲方洽谈,以利于甲方开展工作。同时,乙方承诺不得擅自或委托、允许任何第三方向甲方或经甲方书面认可以外的其他任何媒体、机构发布上述信息。如因乙方上述行为而导致甲方或其他任何第三方损失的,乙方应支付500万元违约金并承担一切后果及赔偿。甲乙双方无正当理由不得解除本合同,一方违约变更、解除合同导致对方或其他任何第三方损失的,由过错方承担一切后果及赔偿。

上海市徐汇区人民法院一审认为,东锦公司与贾某所签经纪合同真实、有效,双方均应恪守。系争经纪合同的主要内容系贾某授权委托东锦公司担任其演艺事务的独家经纪人,属于演艺经纪合同范畴。但我国的相关法律对演艺经纪合同的合同性质并未作出明确规定。从系争合同的内容来看,合同对东锦公司与贾某的权利义务进行了详细而明确的约定,涉及社会保险、"劳动法"、知识产权等诸多内容。从系争合同的性质来看,也同时具有委托合同、劳动合同、行纪合同、居间合同等特征。此外,演艺经纪合同受演员自身发展规律的影响,其主要经济利益往往产生于合同履行期限的后期,故系争合同着重突出了其不可撤销性,此不可撤销性亦是签约双方订立合同时的真实意思表示。此不可撤销的特点,有别于委托合同双方享有任意解除权的特征,故贾某关于双方系委托合同关系,贾某可以随时解除合同的辩解,不予采信。

上海市第一中级人民法院二审的观点是:贾某主张本案经纪合同属于委托合同法律关系,但纵观合同内容,经纪合同中并不仅仅涉及委托法律关系,双方还就社会保险、知识产权等内容做了明确约定,显然该合同性质不能简单定义为委托合同。贾某关于其享有法律规定的任意解除权的意见,不予采信。合同中明确约定了终止双方合同关系的行使条件,贾某以其片酬未达双方约定的标准为由主张其可行使约定解除权的证据不充分,不予支持。贾某在合同期内未经东锦公司的同意擅自参与电视剧《无贼》的拍摄、录制MV、在网络媒介及报纸杂志上进行宣传推广的行为违反了经纪合同约定,贾某应当承担相应的违约责任。演艺经纪合同的履行应当考虑双方当事人的合意,现履行过程中双方矛盾较深,贾某已通过与他人签订演员聘用合同等行为表明其不愿再履行本案系争合同,故双方合同已无继续履行的必要。故一审法院驳回东锦公司要求继续履行与贾某所签经纪合同的诉讼请求,是属正确。

针对贾某是否享有合同解除权,上海市高级人民法院(简称"上海高院")再审认为,首先,双方合同约定,如果在2012年4月6日前未达预期目标,即乙方的电视剧市场片酬没有达到2.5万元每集,甲、乙双方都有权提出终止本合约,但要经过友好协商,本着互惠互利的原则拿出妥善的解决方案,并互相结清款项。贾某认为其距离该时间节点最近的一部电视剧《隐婚日记》片酬未达2.5万元每集,因此其享有合同解除权。对此,演员由于其知名度的提高导致其片酬处于一个动态变化过程,纵观贾某在东锦公司工作的5年多时间,其电视剧市场片酬处于不断上升过程,至2011年,贾某的多部电视剧片酬已达2.5万元每集。尽管《隐婚日记》的合同片酬未达2.5万元每集,但其还享有32万元的报销费用,现贾某仅凭《隐婚日记》的合同片酬未达2.5万元每集即认为东锦公司违约,其享有合同解除权,不符合公平原则,也与双方合同关于解除合同须经双方协商,并互相结清款项的约定不符,不予采纳。其次,双方合同约定:合同有效期内,甲方始终要把乙方放在一线演员的位置进行打造,同样乙方也要竭尽全力,力争上游,永不懈怠地朝着甲方为其设计的目标努力。在涉案合同只履行一半时间的情形下,贾某即认为东锦公司未按约对其进行包装、宣传、推广致使贾某成为一线演员的合同目的难以实现,贾某有权行使法定解除权的观点亦不予采纳。鉴于本合同的特殊性,继续履行合同显然对双方均无益处,因此一审判决对东锦公司要求继续履行合同的诉请未予支持,二审法院对该观点予以认同,并无不当,应予维持。

"没有正当理由的解约,是违约行为;因艺人经纪合约具有一定的人身性,难以强制继续履行,故违约者当予赔偿"的裁判思路与原则,看似公允持平,其实在中国法境下,违约金数额往往是有限的,通常难以填平守约方的实际与预期利益损失,进而在一定程度上"激励"着潜在的违约者;为此,判决合约的继续履行也未必不是法院可以考虑的判项。诚然带有人身性质的合约无法强制履行,但是如果司法确认合约继续履行的话,经纪公司的独家代理权至少还在手中,即便无法强制艺人参演或代言,经纪公司也可以通过不接活儿的方式对艺人进行雪藏和"封杀";面对雪藏和"封杀"的震慑力,反倒可以促进合约的继续履行。或许是基于这方面的考虑,法院关于经纪合约的新近判决,呈现出向"继续履行"倾斜的趋势。

例如在"天阶精英影视文化传媒(北京)有限公司与孙祖君合同纠纷案"①中,法院强调:

> 天阶公司与孙祖君签订的《演艺经纪合同》不仅涉及委托的内容,也具有行纪、居间、劳动等多重法律特征,不宜仅以委托合同认定双方之间的法律关系。因此孙祖君无权以委托人的单方解除权主张解除合同。天阶公司在签约后为孙祖君提供了上述演艺机会,虽然在履行合同过程中存在一些瑕疵,但不足以构成孙祖君要求解除合同的法定理由,双方签订的《演艺经纪合同》合法有效,双方均应依约履行合同。

---

① 北京市朝阳区人民法院(2016)京0105民初37659号民事判决书。

再如法院在"金晨与天津唐人影视股份有限公司合同纠纷案"①的判词中指出：

> 关于金晨所主张的双方已缺乏信任导致合同无法继续履行，双方虽在合同履行过程中产生了分歧，但并不存在合同无法履行的法定情形，双方当事人之间的信任虽是履行合同的重要基础，但缺乏信任并非享有合同解除权的法定理由，且现唐人影视公司亦表示希望继续履行《演艺经纪合同》，金晨以缺乏信任为由主张行使合同解除权，于法无据，不予采纳，驳回原告金晨的全部诉讼请求。

但是这个趋势在《民法典》背景下可能会受到影响，因为《民法典》第580条强调，若法律上或者事实上不能履行，是守约方可以请求继续履行的除外情形。易言之，若法律上或事实上不能履行，守约方关于继续履行的请求难以得到支持。因此，如何为违约行为设计出不会被法院否决且具有实质震慑和惩罚意义的赔偿，是经纪合约中的重点。

（二）饰演合约

选角，是导演要做的最重要的决定，选对演员意味着已经成功了一大半。② 在好莱坞，电影演员、电视演员、舞蹈演员、木偶剧演员、特技演员、配音演员、主持人等可以申请加入影视演员协会及美国电视和广播艺术家联盟（Screen Actors Guild—American Federation of Television and Radio Artists，SAG-AFTRA），成为其会员；SAG-AFTRA通过与代表制片公司的电影和电视制片人联盟谈判并制定基础协议，以维护会员的薪酬标准、养老金、工作条件及劳动保护等合法权益。目前，2017年基础协议是最新版本，其全称为《影视演员协会及美国电视和广播艺术家联盟基础协议》（Screen Actors Guild-American Federation of Television And Radio Artists Alliance of Motion Picture And Television Producers Codified Basic Agreement of 2017）。

在中国，演员与制片方之间的权利义务关系也主要由饰演合同来约束，这类合同有时也称演出合同、演员聘用合同等。饰演合同既可以由艺人的独家经纪公司与制片方签署，也可以由演员本人与制片方签署。无论是和谁签署，饰演合同中通常都包括一些基础性的条款，诸如档期、驻组、饰演角色、探班、拍摄地、转场、住宿及其标准、交通工具及其标准、体型维持（包括发型、颜色、体重、身材、肌肤等）、拍摄期间怀孕（女性）、价款、支付、税负、保险（人身意外伤害险）、影视剧著作权归属、剧照及角色形象的使用、版本剪辑、后期录音、署名、宣发活动的参与、服从剧组管理、离组与请假、黄赌毒、公序良俗、国家利益、负面/不利言论禁止、演员的保证与承诺、补拍、保密、不可抗力、违约、解约、争议解决、管辖权等等。饰演合约在影视业的链条之中举足轻重，是影视娱乐产品产出的重要一环；以至于有观点认为，签约的艺术已经渐渐取代拍片的艺术，要了解好莱坞是怎么运作的，只要仔细阅读明星所签的契约即可；譬如，美国加利福尼亚州州长阿诺·施瓦辛格为拍摄《终结者3》而签订的合约长达330页，可以称得上是"契约教科书"，由好莱坞娱乐法律师花费一年半的时间，研拟了近21份草案始得完成。③

无论是对投资合作方而言，还是对影视剧播映平台与机构来说，已经确定含演员在内的主创人员之后，若有更换，制片方不但构成违约，而且投资合作方撤资、播映平台与机构拒绝播出也属正常。为此，花时间对饰演合同条款设计与风险管控，其意义显而易见。以禁止不

---

① 北京市朝阳区人民法院（2017）京0105民初20698号民事判决书。
② 〔美〕威廉·鲍尔：《如何做导演：从观念到技术》，孙菲、蔡晓颖译，北京联合出版公司2017年版，第47页。
③ 〔美〕艾德华·杰·爱普斯汀：《好莱坞电影经济的内幕》，郑智祥译，台湾稻田出版有限公司2011年版，第10页。

利或负面言论条款为例,它是出演合约中的常见条款,旨在防止演员因各种不满而发布不利于其参演的影视剧或制片方的言论,或者发布关于其参演的影视剧或制片方的负面言论。内容看似简单、清晰、明了,但在执行中若不能妥当细化,该条款的实际效果被打折扣或根本达不到目的,就会是预料之中的事情。

因演员聘用合同发生纠纷的类型多种多样,比如东阳双华嘉辰影视文化有限公司与居文沛之间发生的演员单方退演纠纷①、《电影演员聘用合同》签署后未能开机拍摄而发生的款项退还纠纷②、制片方认为演员不能胜任工作而解除演出合同引发的纠纷③、制片方摄制完毕而未能如数支付演员报酬的争议④、在组未参与拍摄的报酬支付纠纷⑤,等等。相比较而言,禁止黄赌毒、遵从公序良俗,以及不背离国家利益的言行,是艺人应坚守的底线,也是制片方在饰演合约中难以妥协和退让的条款,因为若不予以严肃规范和苛以重责,影视剧可能无法播映,已经播映的也可能会招致下架的风险,以致制片方血本无归。

例如,国家新闻出版广播电视总局办公厅《关于加强有关广播电视节目、影视剧和网络视听节目制作传播管理的通知》(新广电办发[2014]100 号文件)(下称《通知》),在坊间被称为"劣迹封杀令"。鉴于个别编剧、导演、演员等广播影视从业人员因吸毒、嫖娼等违法行为被公安机关查处,其行为触犯了法律法规,败坏了社会风气,尤其是作为社会公众人物,损害了行业形象,造成很坏的社会影响,对广大青少年健康成长尤为不利。该《通知》要求:第一,各级广播电视播出机构不得邀请有吸毒、嫖娼等违法犯罪行为者参与制作广播电视节目;不得制作、播出以炒作演艺人员、名人明星等的违法犯罪行为为看点、噱头的广播电视节目;暂停播出有吸毒、嫖娼等违法犯罪行为者作为主创人员参与制作的电影、电视剧、各类广播电视节目以及代言的广告节目。第二,各级有线电视网络公司在电视视频点播、电视回看等业务服务中,暂停播出(点播)有吸毒、嫖娼等违法犯罪行为者作为主创人员参与制作的电影、电视剧和各类电视节目。第三,城市电影院线、电影院、农村电影放映院线和电影队暂停放映有吸毒、嫖娼等违法犯罪行为者作为主创人员参与制作的电影。第四,网络视听节目服务机构暂停传播有吸毒、嫖娼等违法犯罪行为者作为主创人员参与制作的电影、电视剧、网络剧、微电影和各类节目,不得邀请有吸毒、嫖娼等违法犯罪行为者参与制作网络视听节目、网络剧、微电影;不得制作传播以炒作演艺人员、名人明星等的违法犯罪行为为看点、噱头的网络视听节目。第五,在广播影视对外交流中,暂停有吸毒、嫖娼等违法犯罪行为者作为主创人员参与制作的电影、电视剧和各类节目的赠送、销售和交流。

公序良俗,其含义非常丰富,在出演合约中,主要是指艺人应当坚持德艺双馨,遵守法律法规,尊重社会公德,恪守职业道德,加强自律,树立良好社会形象。艺德,顾名思义是指包括演员在内的一切艺术工作者的思想品德,是演艺人员的职业操守,是衡量其品行高下的根本尺度。⑥ 因影视娱乐行业的政策性较强,艺人若有违反艺德和公序良俗的言行,经舆论发酵后给其出演的影视剧所可能产生的影响或带来的结果,往往难以预测,故而在饰演合约中应予以重视并加大力度予以规制。

---

① 北京市第三中级人民法院(2014)三中民终字第 13010 号民事判决书。
② 北京市第三中级人民法院(2016)京 03 民终 14008 号民事判决书。
③ 四川省成都市中级人民法院(2015)成民终字第 3503 号民事判决书。
④ 北京市第三中级人民法院(2014)三中民终字第 03438 号民事判决书。
⑤ 北京市第二中级人民法院(2014)二中民终字第 06005 号民事判决书。
⑥ 刘金祥:《论影视演员艺德建设》,载《当代电视》2018 年第 9 期,第 16 页。

在饰演合同中,另一个需要关注的重要问题是艺人的片酬与纳税。根据2018年中央宣传部、文化和旅游部、国家税务总局、国家广播电视总局、国家电影局等联合印发的《通知》之要求,应加强对影视行业天价片酬、"阴阳合同"、偷逃税等问题的治理,控制不合理片酬,推进依法纳税,促进影视业健康发展。具体而言,在制定出台影视节目片酬执行标准之前,现阶段每部电影、电视剧、网络视听节目全部演员、嘉宾的总片酬不得超过制作总成本的40%,主要演员片酬不得超过总片酬的70%;同时,严格规范影视剧、网络视听节目片酬合同管理,加大对偷逃税行为的惩戒力度等。

艺人应根据其收入水平,履行纳税义务;收入的统计标准一般包括电影电视剧片酬、导演监制费用、数字专辑收入、演唱会门票收入、比赛奖金、代言费用和活动费用等等。《个人所得税法》第9条规定,个人所得税以所得人为纳税人,以支付所得的单位或者个人为扣缴义务人。从这个规定来看,若作为自然人的艺人不是出演合同中的缔约一方时,而是由艺人的经纪公司与制片方签署出演合约,艺人就不是纳税义务人,因为片酬的流向是作为缔约一方的经纪公司,而不是艺人的私人账户。由艺人作为缔约一方签署"阴阳合同"以达到偷逃税的目的,当下已然少见,毕竟此种方式的行政与刑事风险太大,是谓"不可承受之重"。实践中,"多层嵌套"的筹划税务之方式,更为常见。该方式也有多种样态,主要模型可简述为:

> 艺人甲通过自己名下的戊工作室参与某影视剧演出,制片方把片酬直接打到戊工作室;戊工作室以理财或者投资的名义,将该笔片酬转入甲某成立的戌公司;戌公司将该笔片酬转入甲某设立的庚公司。以此类推,直到经过核算后,需要缴纳的税点为最低,甚至为零时,再通过现金、置业等方式转回至甲及其关联利益人的账户中。

需强调的是,不管采用什么方式,只要所涉行为与税法的原则与规则不相符,均存在被"穿透"的可能;为此,个人所得税的税务筹划,应谨慎而行。再以较为通行的"包税条款/协议"为例,它约定艺人出演的到手价,税务由制片方依法合规妥善处理。最高法院在"山西嘉和泰房地产开发有限公司与太原重型机械(集团)有限公司土地使用权转让合同纠纷案"[①]中对"包税条款/协议"的效力予以了肯定,其要旨为:虽然我国税收管理方面的法律、法规对于各种税收的征收均明确规定了纳税义务人,但是并未禁止纳税义务人与合同相对人约定由合同相对人或者第三人缴纳税款,即对于实际由谁缴纳税款并未作出强制性或禁止性规定;因此,当事人在合同中约定由纳税义务人以外的人承担转让土地使用权税费的,并不违反相关法律、法规的强制性规定,应认定为合法有效。

需要提及的是,最高法院在该案中的观点,针对的是包税当事双方在民事关系上的有效性;在行政责任层面,包税条款虽然转移了税费的实际承担主体,但法律、行政法规规定的纳税人、扣缴义务人的纳税责任并不因此免除;倘若非纳税义务人未及时足额缴纳税费,税务机关处罚的主体仍是纳税义务人;刑事责任更应引起重视。

三、艺人权利

(一)姓名与艺名

根据《民法典》第110条的规定,自然人享有姓名权。自然人有权决定、使用和依照规定改变自己的姓名,禁止他人干涉、盗用、冒用。所谓姓名,是指表示自然人并与他人相区别的

---

① 中华人民共和国最高人民法院民事判决书(2007)民一终字第62号民事判决书。

符号,它并不限于自然人的户籍、身份证上的姓名,还包括由本人选定并可随时变更的笔名、艺名、曾用名以及我国传统文化中的字、号等。姓名的功能,凭借该符号而将特定自然人与他人区别开来。换言之,姓名的实质是将自然人与他人区分开来的符号。姓名权之所以成为一项权利,就在于该符号与该特定的自然人联系在一起,从而具有了该自然人的人格利益。如果某网名只是在某一特定的社区、论坛等区间使用,一般社会公众并不知晓也无从知晓注册者的真实身份,公众无需也无法将该网名与特定自然人联系起来,故而无从体现现实中自然人的人格利益,因此并不属于姓名权的范畴。但倘若网名经由某种方式,例如实名认证,或者一定程度的广为宣传,使该网名与某一特定自然人紧密联系在了一起,一般社会公众也知晓或足以知晓该网名所指称的特定自然人时,该网名即具备了区别于他人的人格属性,应当属于姓名权的范畴。

在娱乐行业,名字不是空洞的标签而是意义的来源。明星是知名演员,而明星姓名的作用则是简练囊括人们对于这个明星的了解。在好莱坞明星体系中,仅靠表演者的名字就能为银幕带来丰富的提前想象。把"汤姆·汉克斯"而非"汤姆·克鲁斯"置于海报之上,差别可能很小,但是所许诺的意义却相差甚远。在电影这种密集型符号生产的领域,参与者强烈地意识到名字所能传达的意义,因此可以毫不吃惊地发现,在好莱坞历史上姓名的管理、创造和修正是最平常不过的做法。① 成龙、刘德华、梁咏琪、陈慧琳等等,使用的也都是艺名,而不是真名。根据最高法院《关于审理商标授权确权行政案件若干问题的规定》(法释〔2017〕2号)的规定,当事人以其笔名、艺名、译名等特定名称主张姓名权,该特定名称具有一定的知名度,与该自然人建立了稳定的对应关系,相关公众以其指代该自然人的,人民法院予以支持。可见,当艺名足以将自然人与他人区分开来,具有与该特定的自然人联系在一起的功能时,艺人对艺名从而具有了人格利益,他人不得侵犯。在"金龟子"商标纠纷案中,法院以侵犯了知名节目主持人刘纯燕对其艺名"金龟子"享有的在先权利而驳回了"金龟子"商标注册人李某娜的诉讼请求。② 此外,《反不正当竞争法》第6条为姓名权也提供了保护。该条规定,擅自使用他人姓名(包括笔名、艺名、译名等),引人误认为是他人商品或与他人存在特定联系的,属于不正当竞争行为。

1. 使用他人艺名从事演艺活动

发生在胡杨琳与北京太格印象传媒技术有限公司之间的"真假胡杨琳案"③,是一起关于艺名使用是否构成不正当竞争行为的纠纷。2004年3月,胡杨琳加入北京太格印象传媒技术有限公司(简称"太格印象公司");2005年,胡杨琳以"胡杨林"为艺名推出网络歌曲《香水有毒》,并自此成名。2006年至2009年间,其作为太格印象公司签约歌手,以"胡杨林"为艺名进行了多种演艺、宣传活动,多家媒体曾对胡杨琳及其演艺活动进行报道。胡杨琳与太格印象公司之间的《演艺经纪合同》自2009年11月18日解除。2013年,桂莹莹签约太格印象公司,并开始用艺名"胡扬琳"进行演艺活动;同年4月,太格印象公司在第41类上注册"胡扬琳"商标并将该商标授权桂莹莹作为艺名使用。胡杨琳遂将太格印象公司、桂莹莹告上法庭。

在一审法院看来,胡杨琳、桂莹莹以及太格印象公司均属于文化市场中的经营者,胡杨

---

① 〔英〕保罗·麦克唐纳:《好莱坞明星制》,王平译,世界图书出版公司2015年版,第50—51页。
② 北京市高级人民法院(2019)京行终7285号行政判决书。
③ 北京市朝阳区人民法院(2015)朝民(知)初字第22629号民事判决书;北京市第一中级人民法院(2016)京73民终8号民事判决书。

琳与桂莹莹存在竞争关系。胡杨琳在与太格印象公司解约后持续使用艺名"胡杨林"进行大量演艺活动和宣传推广,已使"胡杨林"具有识别商品和服务来源的作用,该艺名既属于胡杨琳的人格权也是商业标识,具有人格和财产双重属性。桂莹莹在知晓"胡杨林"具有一定知名度的情况下仍然使用相似艺名,具有不正当利用"胡杨林"知名度的主观恶意,客观上足以引起消费者混淆。太格印象公司对桂莹莹的相关宣传行为具有使社会公众误认为后来的"胡扬琳"就是以前的"胡杨林"的故意,客观上造成了消费者将两名歌手混淆的事实。二审法院指出,艺名作为自然人的一种称谓,具有一定的人身依附性。虽然胡杨琳曾是太格印象公司的签约歌手,但在此期间,其艺名取得的知名度以及其与艺名间的对应关系,并不因解约而受影响。胡杨琳的艺名作为反不正当竞争法所保护的一种权益,太格印象公司应对胡杨琳的艺名予以尊重和合理避让。但太格印象公司不仅未避让,反而让其新签约的歌手桂莹莹使用与胡杨琳艺名极为相近的"胡扬琳"为艺名,且在其官网、法定代表人的微博等多处予以宣传。这种行为明显具有继续利用胡杨琳艺名知名度并从中获取经营利益的主观恶意。

2. 使用他人艺名进行商标注册

根据最高法院《关于审理商标授权确权行政案件若干问题的规定》(法释〔2017〕2号)的规定第20条的规定,当事人主张诉争商标损害其姓名权,如果相关公众认为该商标标志指代了该自然人,容易认为标记有该商标的商品系经过该自然人许可或者与该自然人存在特定联系的,人民法院应当认定该商标损害了该自然人的姓名权。当与知名艺人的艺名重名时,重名者以真实姓名注册商标的,一方面,与名人重名的权利人,有使用自身姓名的权利,其姓名权亦应受到法律保护;另一方面,如果重名者故意利用重名之便利,制造与名人姓名混同的局面,则对名人姓名权亦构成侵害。如果重名者对其姓名的使用在外观上没有造成混同之危险,则不宜认为对名人姓名造成侵害。所以,是否对名人姓名权侵害关键看主观上是否为故意,且该使用能否使人注意到其与同名人有实质差异,否则为侵权。

《商标法》尚无关于使用姓名(含艺名与真名)注册商标的具体规定,在商标审查评审实践中,对涉及姓名权的如下三种情形会予以规制;并且,在驳回商标注册申请的同时,也会在商标审查系统中将其列为"商标注册禁用词",以保证此后商标审查结论的一致性和稳定性。第一,商标由他人姓名构成,未经许可,易导致公众对商品或者服务来源产生错误认识的,依据《商标法》第10条"带有欺骗性,容易使公众对商品的质量等特点或者产地产生误认的不得作为商标使用"的规定予以驳回。第二,商标中包含公众人物姓名且足以对我国政治、经济、宗教、文化、民族等社会公共利益和公共秩序产生消极、负面影响的,依据《商标法》第10条"有害于社会主义道德风尚或者有其他不良影响的不得作为商标使用"的规定予以驳回。第三,对于侵犯他人姓名权的,依据《商标法》第32条"申请商标注册不得损害他人现有的在先权利"的规定不予注册或宣告无效。"在先权利"包括他人在争议商标申请日之前已经享有的姓名权。

自然人就特定名称主张姓名权保护的,该特定名称应当符合以下三项条件:(1)该特定名称在我国具有一定的知名度、为相关公众所知悉;(2)相关公众使用该特定名称指代该自然人;(3)该特定名称已经与该自然人之间建立了稳定的对应关系。"迈克尔·杰弗里·乔丹诉国家工商行政管理总局商标评审委员会与乔丹体育股份有限公司商标行政裁决案"[①]即

---

① 中华人民共和国最高人民法院(2016)最高法行再27号行政判决书。

为一起"申请商标注册不得损害他人现有的在先权利"的案例,法院认定,涉案再审申请人(迈克尔·杰弗里·乔丹)对争议商标标志"乔丹"享有在先的姓名权,乔丹公司的注册商标损害了再审申请人的在先姓名权。

3. 艺名的归属

真名,其权利归属于该自然人,没有疑义。艺名则略显不同,这个不同主要体现在当艺人与经纪公司之间,就艺名的归属有特别约定时,该约定的效力在法律上应做什么样的评价。例如,判决书披露,陈怡馨与上海丝芭文化传媒集团有限公司签署的《SNH48 专属艺人合约》,关于艺名的约定是:"在合约终止后,原告若要使用本合约有效期内产生的艺名等,须事先得到被告的书面许可等。"之所以如此约定,丝芭公司认为,艺名是公司投入了一定的精力物力打造的结果。①

艺名既属于自然人的人格权也是商业标识,它作为自然人的一种称谓,具有一定的人身依附性,在没有约定的情况下,自然而然,归属于艺人,他人不得侵犯。通过合同约定艺名的归属或限制艺人的使用,"真假胡杨琳案"承办法官巫霁在接受采访时所持的观点是:"公司培养过的艺人,在双方解约之后,若认为公司还可以当然地继续使用该艺名,这种认识是错误的;从本质上来讲,艺名是自然人姓名权在市场竞争的延伸,其与使用该艺名的艺人人格相关,具有人身依附属性,不能通过协议约定等方式来割裂,如果存在这种约定,也应该认定无效。"②当然,针对这个问题是否还可以进一步区分为两种情况予以探讨,也是较为值得讨论的议题,即:艺人在艺名还没有被一般公众所知时,其与公司关于艺名归属与使用限制之约定的效力;艺名已经被一般公众所知,并在艺名与艺人之间建立起了稳定的对应关系时,其与公司关于艺名归属与使用限制之约定的效力。

(二) 肖像与声音

1. 肖像及其识别

《民法典》第 1018 条规定,自然人享有肖像权。肖像权有积极权能和消极权能之分。肖像权的积极权能是指,肖像权人有权依法制作、使用、公开或者许可他人使用自己的肖像;肖像权的消极权能是指,任何组织或者个人不得以丑化、污损,或者利用信息技术手段伪造等方式侵害他人的肖像权。除法律规定外,未经肖像权人同意,不得制作、使用、公开肖像权人的肖像;肖像作品权利人不得以发表、复制、发行、出租、展览等方式使用或者公开肖像权人的肖像。《民法典》规定,肖像是通过影像、雕塑、绘画等方式在一定载体上所反映的特定自然人可以被识别的外部形象。"自然人可被识别的外部形象"是为肖像,除容貌、面貌和相貌之外,其他能够具有可识别性的外部形象,也属于肖像的范畴。形象应当具有完整、清晰、直观和可辨的特征,不能引起一般人产生与原形人有关的思想或感情活动,一般人不能凭直观清晰辨认该内容就是某一自然人的形象,这样的载体不能称为肖像。如果载体所表现的内容,只有凭借高科技技术手段进行对比,才能确定这是某一自然人特有的一部分形象而非该自然人清晰完整的形象,一般人不能凭直观清晰辨认载体所表现的内容就是该自然人,则这一载体也不能称为该自然人的肖像。该自然人只是载体所表现内容的原形,不是肖像人。由于这样的载体所表现的内容不构成肖像,原形人也就对这一内容不享有肖像权。倘若涉案照片,只有脸上的鼻子和嘴部分,不是完整的特定人形象,不能反映特定人相貌的综合特

---

① 上海市虹口区人民法院(2017)沪 0109 民初 23108 号民事判决书。
② 窦京京:《解约了,艺名跟谁一起走?》,载《检察日报》2016 年 2 月 17 日,第 5 版。

征,不能引起一般人产生与特定人有关的思想或感情活动,那么,它就不是法律意义上的肖像,若有权利人据此照片主张保护肖像权,理由不能成立。① 胸模、手模、腿模、臀模、背模,为该特定的身体部位主张肖像权的,较难得到支持。

2. 六小龄童扮演的孙悟空

如果演员以脸谱等非自身形象出演,则完全不是演员自身形象的客观再现,观众也完全不能分辨演员自身形象,一般认为演员不能主张肖像权。比如《西游记》中猪八戒的扮演者马德华,很难就剧中猪八戒的形象主张肖像权。亦即,倘若影视剧中的形象与艺人的真实相貌特征并不重合或相去甚远,艺人的该等形象通常难以得到肖像权的保护,除非公众已在艺人与该形象之间构建起了一种唯一的关联关系,比如章金莱与其扮演的孙悟空之间的关系。在"章金莱与蓝港在线(北京)科技有限公司人格权纠纷案"②中,章金莱认为,他在电视连续剧《西游记》所塑造的"孙悟空"形象家喻户晓。蓝港公司于2008年12月为其公司推出的网络游戏"西游记"代言人一事与我方联系,遭到拒绝。2009年7月,我发现在蓝港公司推出的网络游戏"西游记"的网站及游戏中,使用了我塑造的"孙悟空"形象,该行为侵犯了我的肖像权,故提告至法院。

在一审法院看来,"孙悟空"形象来源于小说《西游记》,是一个拟人化的石猴形象,虽然章金莱在电视剧版《西游记》中塑造的"孙悟空"形象基于其本身的一些外在特征,但与其本人形象具有本质区别和差异。社会公众会将电视剧版《西游记》中的"孙悟空"形象与章金莱建立对应关系,并不是基于二者外在形象的一致性,而是在于其精湛的表演将"孙悟空"形象塑造得栩栩如生、深入人心,使人们记住了扮演者。因此,章金莱塑造的"孙悟空"形象非其本人肖像,蓝港公司在网络游戏中使用"孙悟空"形象的行为不构成对章金莱本人肖像权的侵犯。章金莱不服判决,提起上诉。

二审法院推翻了一审法院关于肖像权认定部分的判决,认为章金莱饰演的"孙悟空"形象深入人心,通过章金莱饰演的"孙悟空"能够识别出章金莱,章金莱对之享有肖像权。具体说理与论述如下:

> 纵观二十几年的司法实践,涉及侵犯肖像权的纠纷多是与人的自然相貌紧密相关,即例如自然人的照片被擅自使用等情形,虽偶有以漫画的方式侵犯肖像权纠纷,但是无论哪种情形,由于涉及的侵权行为往往能够直接反映出人的自然相貌特征,所以,肖像与自然人的相貌特征之间的可识别性成为无可争议的结论。久而久之,由于实务中涉及的侵犯肖像权的纠纷多是直接反映自然人的体貌特征,在适用法律时,肖像权中所蕴含的可识别性也被逐渐淡化了。但是,法律之所以保护肖像权,是因为肖像中所体现的精神和财产的利益与人格密不可分。而当某一形象能够充分反映出个人的体貌特征,公众通过该形象直接能够与该个人建立一一对应的关系时,该形象所体现的尊严以及价值,就是该自然人肖像权所蕴含的人格利益。
>
> 章金莱所饰演的"孙悟空"形象,虽然是基于古典文学作品所创作,并进行了艺术化处理,但是该形象与章金莱个人的五官特征、轮廓、面部表情密不可分。章金莱饰演的"孙悟空"完全与其个人具有一一对应的关系,即该形象与章金莱之间具有可识别性。

---

① 《中华人民共和国最高人民法院公报》2003年第6期(总第86期)。
② 北京市西城区人民法院(2010)西民初字第10534号民事判决书;北京市第一中级人民法院(2013)一中民终字第05303号民事判决书。

在相对稳定的时期内,在一定的观众范围里,一看到"孙悟空",就能认出其饰演者章金莱,并且答案是唯一的。所以,当某一角色形象与自然人之间具有一一对应的关系时,对该形象的保护应该属于肖像权保护的射程。一审判决已经认定"社会公众会将电视剧版《西游记》中的'孙悟空'形象与章金莱建立对应关系",说明对于可识别性并不否认。却得出章金莱饰演的"孙悟空"形象与章金莱本人形象具有本质区别和差异,进而否定对章金莱饰演的"孙悟空"形象以肖像权保护的结论。

退一步讲,如果因为长期的司法实践,业已形成了具有相对固定内涵的肖像权概念,那么成文法相对于不断发展变化的社会生活所具有的滞后性并不是本案的特殊问题。现实生活中产生的矛盾,会使立法当初没有充分讨论的问题突显出来。这时,司法者必须通过解释法律、适用法律来解决纠纷。我国……承认人格权中所蕴含的财产利益,并应该对人格权中的财产利益给予充分的保护。也就是说,法律认可来自个人投资和努力演绎出的形象所具有的商业上的价值,当被他人擅自使用时,不仅仅侵犯肖像权上承载的人格尊严,也侵犯了权利人自己使用或者许可他人使用的财产上之利益。这样不仅会降低回报,挫伤权利人积极投入和努力创造的动力,最终还会影响广大公众从中受益。所以,当某一角色形象,能够反映出饰演者的体貌特征并与饰演者具有可识别性的条件下,将该形象作为自然人的肖像予以保护,是防止对人格权实施商品化侵权的前提。将与肖像有密切联系的形象解释为涵盖在肖像权之中,避免法律文本与社会现实的脱节,可以克服不断发生变化的实践与成文法固有的滞后性之间的割裂。另外,面临以商品化的方式侵害人格标识的纠纷日益增多之现状,在比较法中,对具有标识性的人格利益可以采公开权、形象权之内容予以保护。这种对具有人格标识性的形象予以保护的世界发展趋势,说明与人格利益密切相关的形象具有可保护利益已成为共识。所以,对肖像权的解释,恰恰应当进行适当的扩张解释,积极面对现实并顺应时代的发展,而不是一审判决所认为的"无法随意突破做扩大解释"。

二审合议庭审判长张晓霞事后对该案做了评论,她认为,该案并不是通过创造"形象权""商品化权"之概念,而是通过文义解释、体系解释以及比较法解释等方法,合情合理地解释了肖像权,将与自然人的相貌特征有密切联系的形象纳入肖像权的保护范围,即尊重了自然人对角色形象的投入,同时强调了形象与自然相貌的识别性,避免权利的无限延伸。该案二审判决书中提及的公开权(Right of publicity),是美国法上的概念;在中国,公开权有时也被译为"形象权"。[①] 它是指个人对其姓名、容貌、声音、签名、外观、属性特征等所拥有的使用和开发控制权,是美国娱乐法中的一项常见权利类型。[②] 公开权是保护"你是谁"的一种法律制度,它最初源于隐私权,但与隐私权具有一些重要差别,具有重大的经济价值,对于善于开发利用的人而言,可以带来可观的收入[③],而逐渐在州法层面成型,在美国联邦法层面没有公开权的法律法规,相关的联邦判决均系适用州法上公开权的规定而做出。[④]

[①] 宋海燕:《娱乐法》,商务印书馆 2014 年版,第 166 页。
[②] Charles J. Harder, eds. *Entertainment Law & Litigation*, Matthew Bender & Company, Inc., 2016, p.139.
[③] Sherri Burr & William Henslee, *Entertainment Law: Cases and Materials on Film, Television, and Music*, West, 2004, p.491.
[④] Mark S. Lee, *Entertainment and Intellectual Property Law*, 2013—2014 Edition, Thomson Reuters, pp.141-145.

3. 无可识别体貌特征的人物剪影

"迈克尔·杰弗里·乔丹诉中国工商行政管理总局商标评审委员会案"①是一起关于"人物剪影"是否可以构成肖像,并由自然人对之享有权利的案件。在该案中,迈克尔·杰弗里·乔丹向最高法院申请再审称,涉案人物剪影是其运动形象,该运动形象获得了广泛的传播和关注,故而他对涉案人物剪影享有肖像权。涉案的乔丹公司提交意见认为,再审申请人就人物运动剪影标识不享有肖像权。一方面,该标识与再审申请人的运动形象的身体轮廓并不完全相同,该图形对应的动作是篮球运动中的常见动作,没有表现出再审申请人的个人特征,与再审申请人无关。另一方面,肖像应当清楚反映人物的容貌特征,使得社会公众能够将该肖像识别为肖像权人。标识不具有容貌特征,与再审申请人不能对应,不具有可识别性,不能获得肖像权的保护。最高法院在裁决书中指出:

> 肖像权所保护的"肖像"是对特定自然人体貌特征的视觉反映,社会公众通过"肖像"识别、指代其所对应的自然人,并能够据此将该自然人与他人相区分,因此肖像权所保护的"肖像"应当具有可识别性,其中应当包含足以使社会公众识别其所对应的权利主体,即特定自然人的个人特征,从而能够明确指代其所对应的权利主体。如果请求肖像权保护的标识不具有可识别性,不能明确指代特定自然人,则难以在该标识上形成依法应予保护,且归属于特定自然人的人格尊严或人格利益。从社会公众的认知习惯和特点来看,自然人的面部特征是其体貌特征中最为主要的个人特征,一般情况下,社会公众通过特定自然人的面部特征就足以对其进行识别和区分。如果当事人主张肖像权保护的标识并不具有足以识别的面部特征,则应当提供充分的证据,证明该标识包含了其他足以反映其所对应的自然人的个人特征,具有可识别性,使得社会公众能够认识到该标识能够明确指代该自然人。迈克尔·杰弗里·乔丹所提供的照片中,其运动形象清晰反映了其面部特征、身体形态、球衣号码等个人特征,社会公众据此能够清楚无误地识别该照片中的自然人,故迈克尔·杰弗里·乔丹就照片中的运动形象享有肖像权。诉争商标标识虽然与照片中迈克尔·杰弗里·乔丹运动形象的身体轮廓的镜像基本一致,但该标识仅是黑色人形剪影,除身体轮廓外,并未包含任何与迈克尔·杰弗里·乔丹有关的个人特征,该标识并不具有可识别性,不能明确指代迈克尔·杰弗里·乔丹,其不能就该标识享有肖像权,诉争商标亦不损害其肖像权。

从最高法院在该案中的说理及表现出来的裁判旨要可以推导出,倘若人物剪影可以反映自然人具有个人特征的外部形象,具有可识别性,使得社会公众能够认识到该剪影能够明确指代特定自然人,那么,对人物剪影主张肖像权的大门也并没有被关闭。

4. 剧照中的肖像

海马世纪公司的博客网站《不说了,小六要去重温〈还珠格格〉这部经典了》一文使用林心如在《还珠格格》中的剧照一张,林心如表示其对该图片享有肖像权,海马世纪公司未经其同意擅自使用并用于商业宣传是对其肖像权的侵害。海马世纪公司辩称,其行为不构成对林心如肖像权的侵犯,原因有二:第一,因其使用的是《还珠格格》电视剧的剧照截图,并非林心如本人的照片,而是"紫薇"的照片;第二,若其行为可能发生侵权,主张权利的主体应该是

---

① 中华人民共和国最高人民法院(2015)知行字第332号行政裁定书;北京市高级人民法院(2015)高行(知)终字第965号行政判决书。

电视剧的版权方,而非林心如。法院认为,电视剧照"紫薇"系由林心如个人扮演,海马世纪公司对于该剧照的商业使用明显构成对于林心如个人肖像的侵害。① 这是一起普通案件,并没有引起太多关注。"葛优躺剧照案"②则引发了大讨论,并对一大批"葛优躺微信表情包"产生了影响。

针对使用葛优在系列电视剧《我爱我家》中剧照的行为,被告提出:第一,"葛优躺"系电视剧《我爱我家》剧照,与原告肖像不能等同,两者之间存在明显区别,剧照使观者直接联想到本人时,该剧照才能等同于肖像。第二,葛优饰演的剧中人物纪春生的躺姿经网络转发后,产生巨大影响,形成特有名称"葛优躺",表现了现代人在重压下的一种慵懒状态,介绍相应的生活态度,体现其背后的文化现象和内涵。受众看到"葛优躺"时想到的是其背后的文化内涵而非原告本人,其效果并非肖像性质。针对剧照是否属于自然人"肖像"的范畴这一问题,法院认为:

> 肖像是通过绘画、摄影、电影等艺术形式使自然人的外貌在物质载体上再现的视觉形象。肖像权,是指自然人对自己的肖像享有再现、使用或许可他人使用的权利。其载体包括人物画像、生活照、剧照等。剧照涉及影视作品中表演者扮演的剧中人物,当一般社会公众将表演形象与表演者本人真实的相貌特征联系在一起时,表演形象亦为肖像的一部分,影视作品相关的著作权与肖像权并不冲突。《我爱我家》中的"葛优躺"造型确已形成特有网络称谓,并具有一定的文化内涵,但一般社会公众看到该造型时除了联想到剧目和角色,也不可避免地与原告本人相联系,该表现形象亦构成原告的肖像内容,并非如被告所称完全无肖像性质。被告构成对原告肖像权的侵犯。

> 作为艺术形象的剧照虽不能简单地等同于肖像,但剧照不仅承载了某个镜头,同时也承载了表演者的人物形象。因此,如剧照基本反映的是表演者的面部形象或以面部正面形象为主,具有高度的可识别性,即可认为是表演者的肖像。剧照上存在着肖像权与著作权的双重权利,两项权利仅仅是聚合,不是吸收,不能以照片属于剧照而否定表演者享有的肖像权。

需要予以说明的是,剧照、海报与影视剧截图的法律性质有所不同,法院在"《产科医生》截图著作权纠纷案"③中做了区分。剧照是在影视作品摄制之外,通过对演员外形、服装、道具的设计和调整,结合影视作品的背景和情节,概括表现影片主要情节或人物形象的摄影作品。海报主要是通过剧照、绘画、图形、色彩、文字等要素的创造性的有机整合,形成具有审美意义的平面造型艺术作品,属于著作权法所规定的美术作品。影视作品作为一种前后连贯的视听作品,表现为有伴音或无伴音的连续动态画面,该连续的动态画面是由一帧一帧的静态画面所组成,影视剧截图,即系从连续动态画面中截取出来的一帧静态画面,从本质上来说,该静态画面是影视作品连贯画面的组成部分,而非与之相独立的摄影作品。

剧照和海报系为影视作品的宣传、营销而制作,但仍是独立于影视作品之外的作品,其著作权由作者享有。在剧照和海报上署名的人,是为作者。若没有署名,制片者又未提交作品的底稿、原件、取得权利的合同等任何著作权证明,不能仅凭其系影视作品著作权人,当然

---

① 北京市第三中级人民法院(2016)京03民终6852号民事判决书。
② 北京市海淀区人民法院(2016)京0108民初39764号民事判决书;北京市第一中级人民法院(2018)京01民终97号民事判决书。
③ 北京市朝阳区人民法院(2017)京0105民初10028号民事判决书。

地推定其为涉案剧照、海报的著作权人。影视剧截图,其著作权由制片者享有。未经许可,使用剧照和海报的,同时侵犯作者与肖像权人的权利;使用含有艺人肖像的影视剧截图,同时侵犯制片者与肖像权人的权利。

不过,就截图而言,在"《小丈夫》截图著作权纠纷案"中①,法院认为,电视剧作为一种视听作品,其独创性固然体现在动态图像上,但动态图像在本质上是由逐帧静态图像构成。各帧静态图像虽不是静态拍摄完成,但也体现了摄录者对构图、光线等创作要素的选择与安排,体现出了独创性。鉴于电视剧属于在特定介质上对物体形象的记录,当其特定帧图像所体现出的独创性达到《著作权法》所要求的高度时,该图像便符合《著作权法》及其实施条例关于作品和摄影作品的构成要件的规定。对符合法定要件的特定帧静态图像而言,以摄影作品加以保护,不会为权利人带来超出其创造性劳动价值之外的保护,也不会给社会公众添加额外的负担,或损及他人及社会公共利益。《著作权法》虽然规定视听作品的著作权由制片者完整享有,但并未排除制片者对以类似摄制电影方法创作的作品中所包含的其他作品享有著作权的可能。易言之,制片者同时对以类似摄制电影方法创作的作品以及该作品中可析出的其他作品享有著作权并不违反现行《著作权法》的规定。鉴于涉案电视剧特定帧画面达到了《著作权法》所要求的独创性高度,应认为其符合我国《著作权法》关于作品要件的规定,属于摄影作品。简而言之,若影视作品中的单帧画面体现出足够的独创性,符合摄影作品对独创性的要求,在相应权利人以摄影作品主张权利时,可以被认定为摄影作品,防止侵权人滥用他人电视剧截图。杭州互联网法院的这个观点,随后被江苏省宿迁市中级人民法院在另一个案件中采纳。②

5. 特型演员的肖像

特型演员是从苏联引进的概念,在相貌上他们与历史人物具有高度相似性,其演艺生涯往往只局限于该特定人物。我国主旋律影片中的知名"特型演员",如古月(毛泽东)、王铁成(周恩来)、卢奇(邓小平)、王伍福(朱德)、郭法曾(刘少奇)、孙飞虎(蒋介石)给大众塑造并留下了深刻印象。③ 尽管剧照上聚合着肖像权与著作权两项权利,但是,并非所有演员的剧照均被视为肖像权的客体,比如特型演员的剧照。特型演员的剧照不能被视为肖像权的客体的原因在于,当人们看到特型演员所扮演角色的剧照时,联想到的并非演员本人,而是演员所扮演的那些历史人物,因此对这类剧照的不当使用并没有侵犯到演员本人的人格利益。但是,任何公民都有权利对自己的人格权进行商业化的利用,都可以去代言广告,作为公众人物的特型演员也可以以自己的形象去代言广告,法律对此并未限制,因为人的相貌是自然决定的,不能因为某人相貌与公众人物相似,而额外地遭受权利限制。倘若特型演员在代言过程中通过行为、服饰、造型等多种因素,使其本人形象与其对应的特型角色(如历史公众人物)产生了较高程度的混同,将会对社会公众产生误导,这直接违反了《广告法》规定的基本准则。《广告法》规定了广告不得有的多种情形,包括损害社会公共利益、妨碍社会公共秩序和违背社会良好风尚等等。例如,2007年,湖南浏阳河酒业有限公司为宣传其产品,请来国家一级演员、毛泽东扮演者王霙做形象代言人。引起了社会各界的强烈反响,同时也引起了湖南省有关职能部门的重视。湖南省工商行政管理局以广告涉嫌违规为由,叫停了该广告,

---

① 杭州互联网法院(2017)浙8601民初2296号民事判决书。
② 江苏省宿迁市中级人民法院(2019)苏13民初324号民事判决书。
③ 樊露露:《从特型演员到偶像明星的符号学解读》,载《电影文学》2018年第2期,第26页。

湖南省有关报纸和电视台也停止刊登和播放此广告片。该广告被叫停之后,公司改变了形式,将毛泽东扮演者王霙的广告服装由中山装换成了西装,这样就从造型上与历史人物毛泽东本人进行了明显的区分。①

简言之,特性演员对其真实面貌进行商业化利用,法律没有限制,也不应该限制;倘若这种商业化利用,以变相搭便车的方式对国家利益、公共秩序或公序良俗造成损害的,其边界就如国家工商行政管理总局在《关于禁止利用党和国家领导人的形象做商业促销宣传的通知》(工商广字〔2007〕122号)中所规定的:"禁止企业利用党和国家领导人的名义和形象进行任何形式的商业宣传促销活动,不得使用党和国家领导人(包括已离职或已故党和国家领导人)的形象、题词,或使用特型演员以领导人形象推销产品或者服务。"

6. 集体照片中的艺人肖像

个人对集体照片中自己的肖像是否享有权利以及如何行使权利,在"霍建华与中国电信股份有限公司珠海分公司等肖像权纠纷案"②中,法院指出,虽然涉诉照片为集体照片,但照片对其中每个人都有明确的指向性和可辨认性,霍建华有权主张涉诉照片中其个人的肖像权。但是,"对于个人照片而言,个人的肖像权在集体照中,其权利行使受到一定的限制,对于参与拍摄集体照的成员来说,属于肖像利益的共有人,每个成员都有权合理使用该集体照。集体照片的使用,应符合集体照的拍摄目的;某一成员对集体照使用提出异议的,拍摄成员各方应进行协商沟通,如异议合理成立,则应阻却使用。"③可见,对于集体剧照以及含有多名艺人的影视剧截图,个人对之依然享受肖像权,但在行权时,应为实现摄制目的的使用让开一条道路。

7. 艺人的动画与漫画肖像

动画与漫画肖像,也可以称之为Q版人物形象。为衍生品开发之目的,或者为宣传之目的,在与演员的合同书中,制片方通常都会要求拿到饰演形象Q版化权利,尽管该权利在法律上的定义与边界不甚清晰。之所以制片方关注这项权利,其原因在于,真实面貌或者与之建立起特定和稳定联系的相貌,即便是进行动画或漫画化之后,艺人依然可能享有肖像权。譬如法院在"重庆满橙至盈电子商务股份有限公司与葛优等肖像权纠纷案"④中所阐明的,网络动漫是通过互联网作为发行渠道的动画作品,可以呈现出完整、清晰、直观、可辨的视觉形象,动漫中的人物形象,如能再现出自然人原型的相貌综合特征,使得受众产生与之相关的思想或情感活动的视觉效果,同样属于在物质载体上对肖像的再现形式。角色是影视作品中表演者扮演的剧中人物,角色形象之上并没有特定专门法定权利。肖像权是自然人通过各种形式在客观上再现本人形象而享有的专有权,但表演者并非当然地对其表演形象享有肖像权,应当仅限于真实相貌特征。但肖像具有多个维度,当表演者面部形象特征可清晰再现,一般的社会公众将表演形象与表演者本人联系在一起时,表演形象仍然为肖像的组成部分。涉案动漫使用的标题《非诚勿扰3》,动画人物关系以及形象和画面配音对系列电影《非诚勿扰》加以模仿,"勤奋"的角色命名与葛优扮演的"秦奋",角色名称相近似,动画中"勤奋"台词配音也模仿了葛优语气及声音特点,上述一系列情节进一步增强了网络用户对"勤奋"网络动画指向葛优的主观感受,构成对肖像权的侵犯。

---

① 齐晓丹:《论公众人物的人格权商品化》,载《法律适用》2015年第4期,第61—62页。
② 北京市朝阳区人民法院2018京0105民初56693号民事判决书。
③ 深圳市中级人民法院(2019)粤03民终5106号民事判决书。
④ 北京市海淀区人民法院(2014)海民初字第12312号民事判决书。

实践中,艺人肖像权侵权赔偿存在"同脸不同价"的情况。如"冯亚男(冯莫提)与杭州颜控医疗美容诊所有限公司肖像权纠纷案"[①],冯莫提获赔2万元;"胡歌与苏州俏椰餐饮管理有限公司肖像权纠纷案"[②],胡歌获赔10万元。其原因概在于,赔偿数额与被侵权人的知名度、侵权人的过错程度、涉案肖像权被使用的数量、范围、用途、频次、行业、载体、方式以及其时的市场因素等多种因素相关。

根据《民法典》第1021条和第1022条的规定,艺人可以通过许可使用合同将自己的肖像许可给他人使用,但如果双方对肖像许可使用合同中关于肖像使用条款的理解有争议的,应当作出有利于肖像权人的解释。在肖像许可使用合同中,若对许可使用期限没有约定或者约定不明确的,任何一方当事人可以随时解除肖像许可使用合同,但是应当在合理期限之前通知对方。若对肖像许可使用期限有明确约定,肖像权人有正当理由的,可以解除肖像许可使用合同,但是应当在合理期限之前通知对方。因解除合同造成对方损失的,除不可归责于肖像权人的事由外,应当赔偿损失。据此可见,在《民法典》背景下,使用艺人肖像应就具体问题做出详细约定,以应对"利于艺人之合同条款解释规则"和"艺人单方享有合同解除权规则"。

另外,《民法典》第1023条规定,针对艺人的姓名、声音的许可使用,参照适用肖像许可使用的有关规定;对艺人声音的保护,参照适用肖像权保护的有关规定。

(三)隐私与名誉

隐私与名誉的一般性介绍,在本书"剧本创作的法律雷区"之章节已做了一些阐述。艺人的隐私与名誉之保护,在整体上并没有什么特殊之处,只不过该领域出现的纠纷与争议具有更为活跃的外观表现,其原因在于艺人受社会关注的程度通常要大于普通民众。艺人的名誉权与众人虽也大体相同,但艺人倘若是公众人物,则应有必要的容忍义务,即便他人的所涉言行可能造成轻微损害。[③] 北京高院马军法官和陈昃法官认为其背后的原因在于,公众人物与其他一般的自然人不同,他们的知名度超过常人,基于利益平衡原则,由于公众人物已经从自己的角色中得到了足够的报偿,如社会的普遍尊重、实现抱负、成就感和物质待遇等,因此对其名誉权应当适当弱化保护;在没有"实际恶意"的情况下,公众人物对仅有的"轻微损害"应当"容忍""理解""宽容"和"忍受",这是公众人物名誉权保护的限制尺度。[④] 并且,公众人物应充分顾及其个人品行和道德情操对社会大众的影响和示范效应,时刻注意自己在公开场合的言行举止,努力为社会公众树立良好榜样。

在"《用慈善为赌博张目是丧尽天良》案"[⑤]中,除标题"丧尽天良"之用词外,文章中还含有"一副君子坦荡荡小人长戚戚的架势""对德州扑克怀有的,是一种'真爱'""以前是'黄''毒'大行其道,这下倒好,汪峰主动出来补齐'赌'这个缺""抛下私德当赌徒""为赌局正名"等话语。汪峰认为被告公然贬损原告的人格和形象,误导社会公众对原告的评价,严重侵犯了原告的名誉权,给原告的身心和声誉均造成了极大的伤害;故而向法院提出告诉。法院审理后认为:

---

① 上海市浦东新区人民法院(2019)沪0115民初69620号民事判决书。
② 南京市中级人民法院(2019)苏01民终10785号民事判决书。
③ 广州市中级人民法院(2011)穗中法民一终字第4661号民事判决书。
④ 中国文联权益保护部编著:《捍卫名誉:文艺界名誉权典型案例评析》,中国文联出版社2015年版,第109—111页。
⑤ 北京市朝阳区人民法院(2015)朝民初字第21871号民事判决书。

对于名誉侵权的认定而言,公正评论是一项重要的抗辩事由,其主要内容是如果行为人对公共利益问题或者社会公众关心的问题表达的观点、意见或者看法是公平的,没有侮辱、诽谤性的言辞,且评论所基于的事实为公开传播的事实,则行为人无须承担侵权责任。涉诉文章总体而言是一篇评论文章,该评论所基于的事实主要是:原告所参加比赛的后续赛事经公安部门调查因涉嫌赌博而被叫停。从查明的情况看,该事实本身并非虚构。涉诉文章根据上述事实通过归纳、推理甚至演绎的方式表达观点、提出意见或得出结论,符合评论文章的一般特点。与之相似,该文章的配图,实际是在上述事实的基础上以艺术创作的手法表达自己的观点,可以看做评论的一部分。涉诉文章虽然措辞激烈尖锐,但其所基于的事实大体真实,所作评论基本属于个人观点表达,其言辞并未达到侮辱或诽谤的程度,且该文章和配图所评论的行为具有社会公共利益的性质,文章亦有弘扬社会正气的愿望,因此,涉诉文章并未超出公正评论的范畴,而是媒体正当行使舆论监督权的一种行为,难以认定构成对原告名誉权的侵害。此外,由于原告系具有一定社会知名度的音乐人,属于公众人物的范畴。原告的此种身份容易成为大众关注的焦点,具有吸引舆论的特质,原告亦有更多的机会通过媒体对相关报道或评论加以澄清,因此,其理应对社会评论具有更大的容忍义务。涉案文章的评论虽然有些尖锐,但由于该评论系基于公开传播的事实,且基于社会公共目的发表,相关言论亦未超过损害原告人格尊严的必要限度,因此,原告作为公众人物应对上述评论加以容忍和理解。

与"《用慈善为赌博张目是丧尽天良》案"的相对"保守",法院在"张艺谋诉黄晓阳、华夏出版社名誉权纠纷案"[1]中的所持的态度则显得过于"冒进"。黄晓阳撰写的《印象中国:张艺谋传》由华夏出版社出版发行,该书内容部分直接描述了张艺谋的婚姻生活及感情纠葛,黄晓阳认可在该书出版前未就该部分内容向张艺谋本人核实是否为真实。一审和二审法院虽然认定《印象中国:张艺谋传》之整体行文无过度渲染感情纠葛的倾向,但认为两被告的不当行为干涉了张艺谋对于自身感情生活表达的意志自由,侵害了张艺谋基于自身品行而希望拥有的良好社会评价之预期,不可避免地会使公众对其人格形象产生歪曲的理解,故判定侵犯名誉权成立。

在"保守"与"冒进"之间,只要建立在事实基础上的评论,即使言辞过激,只要没有侮辱他人人格的内容,就不应当承担侵权责任,这是对言论自由的保护。如果认为批评、讽刺就是侵权,只准许媒体发出同一种声音、同一个观点,就会随时陷入侵权险境。《民法典》第1025条和第1026条选择了居于"保守"与"冒进"之间的"中庸":

行为人为公共利益实施新闻报道、舆论监督等行为,影响他人名誉的,不承担民事责任,但是有下列情形之一的除外:(一)捏造、歪曲事实;(二)对他人提供的严重失实内容未尽到合理核实义务;(三)使用侮辱性言辞等贬损他人名誉。

认定行为人是否尽到前条第二项规定的合理核实义务,应当考虑下列因素:(一)内容来源的可信度;(二)对明显可能引发争议的内容是否进行了必要的调查;(三)内容的时限性;(四)内容与公序良俗的关联性;(五)受害人名誉受贬损的可能

---

[1] 北京市第一中级人民法院(2009)一中民初字第1030号民事判决书;北京市高级人民法院(2010)高民终字第411号民事判决书。

性;(六)核实能力和核实成本。

高晓松[①]、伊能静[②]、姚晨[③]、臧天朔[④]、柳岩[⑤]、刘晓庆[⑥]、潘粤明[⑦]等艺人,均遭受过被指名道姓的名誉侵权;实践中还有"含沙射影型侵权"等表现形式。"含沙射影型侵权"与"映射型侵权"意思相同,它指的是不指名道姓地侵犯艺人的名誉权,而是通过案涉信息可以让普通受众能够明确感知和指向特定艺人,即使没有指名道姓,但是仍然构成侵权。在"北京微梦创科网络技术有限公司、广州网易计算机系统有限公司与焦国强、霍建华名誉权纠纷案"[⑧]中,法院通过分析涉诉文字得出的结论是:可以看出涉诉言论不是"泛指"和"明指",而是"特指"与"暗指",并支持了霍建华的名誉权诉求。该案在判决书中的具体说理过程如下:

> 网易公司的涉诉文字属于书面形式的言论,判断书面言论的指向性至少包括两个维度:其一,是该书面言论所表达的指向,主要判断该言论是"特指"还是"泛指",是"明指"还是"暗指"。其二,是言论受众在受领表达后所理解的指向,主要判断受领的言论信息是否具有理解上的确定性或对应性。由此,通过综合考虑书面言论的表达与第三人受领理解的指向最终判定是否指向原告。如果涉诉文字是"特指"某个人,但未直接点出姓名,则在言论指向性上属于"暗指",就需要进一步判断该言论提及的个人特征要素与原告所具有的是否全部相符,而且这些"暗指"的个人特征要素是否具有可识别的显著性,是否足以让第三人意识到该"暗指"的言论传播与原告具有直接或高度的对应性,以至于被理解为特意用来指称原告。如果皆是,就应当认定该涉诉文字指向了原告。就本案而言,从涉诉文字使用"一位"男演员的唯一性表述及陈述的相应事实内容可以看出,陈述的事实并非抽象概括的描述,而是针对特定男演员的具体事实。而且,该涉诉文字并未"点名"指向霍建华,而只是提供了姓氏拼音字母开头为H、籍贯为台湾、性别为男、职业为演艺明星、演艺特点为接演多部古装戏且都在横店拍摄,而且拍摄了金庸名著改编电视剧等特定个人的特征要素。显然,这是在"特指"并"暗指"某特定个人,而非网易公司辩称的那样,只是在抽象地反映横店影视基地男演员的生活状态,并无具体的指向。从法院查明的事实看,霍建华的个人特征全部满足涉诉文字提供的前述个人信息。鉴于这些可供识别的特征要素多达七项,这大大缩小了信息受领者根据这些特征要素锁定个人的范围,实际上提高了通过这个人特征要素总和进行识别的显著性。毕竟社会属性的人是诸多社会关系的总和。在"暗指"的情况下,提供的个人要素特征越多,同时满足这些要素总和的人就越少,甚至可能达到唯一的程度,那么,就越容易锁定并识别特定个人。即使未达到唯一的程度,如果同时满足这些要素总和的人是如此之少,而某特定个人在其中的名气或其他个性特征是如此之显著,以至于一般合理之人在依据这些要素总和进行判断时,很大程度上会合理地将该指向信息与该

[①] 北京市朝阳区人民法院(2002)朝民初字第 04336 号民事判决书。
[②] 北京市第三中级人民法院(2014)三中民终字第 0637 号民事判决书。
[③] 北京市朝阳区人民法院(2013)朝民初字第 18239 号民事判决书。
[④] 北京市第二中级人民法院(2002)二中民终字第 397 号民事判决书。
[⑤] 北京市第三中级人民法院(2014)三中民终字第 02429 号民事判决书。
[⑥] 北京市第二中级人民法院(2013)二中民终字第 13183 号民事判决书。
[⑦] 北京市第三中级人民法院(2014)三中民终字第 13673 号民事判决书。
[⑧] 北京市海淀区人民法院(2015)海民初字第 15079 号民事判决书。

显著之人直接或高度对应,那么,就可以判定这些信息指向了该显著之人。本案中,在可以同时满足前述七项个人特征要素总和的人里,霍建华具有在知名度及参演"多"部金庸小说改编剧古装戏等要素上的重要显著性,足以让一般合理之人将二者直接或高度对应,从而理解该指向性传播被特意用来指称霍建华,这一点从焦国强的涉诉言论及诸多网络用户跟帖认为指向霍建华的留言中可以印证,因此,法院认定网易公司所发涉诉文字是指向霍建华。

对于"含沙射影型侵权"来说,并不要求指名道姓地使用侮辱人格的言辞,只要原告证明在特定情况下,一般合理之人在依据这些要素总和进行判断时,很大程度上会合理地将该指向信息与特定艺人直接或高度对应,那么,就可以判定这些信息指向了该特定艺人。当然,侮辱人格性言辞的判断应坚持整体性原则,应结合上下文整体语境对某些词汇进行理解,避免断章取义;少数激烈、尖刻的用语可能正是作者意见情绪体现所必需的,只有侮辱性言辞构成作者撰文的主要用意之一时,才宜认定其构成以侮辱人格方式侵害他人名誉权。还应特别注意区分批评性评论中的言辞尖刻与侮辱他人人格之间的界限。在批评性评论中,使用一些贬义性词汇是为常见,受害人确实可能因此赶到自身名誉感降低,以致精神痛苦。但是,否定性评论也是评论,有所依据的否定性评论应当是法律允许的,甚至是表达自由所鼓励的。司法解释中的"侮辱他人人格"主要表现为采用谩骂、丑化、侮蔑、猥亵等形式恶意贬损他人的人格尊严。诸如虚伪、逞能、沽名钓誉等贬义性词汇是批判社会中某些人表里不一、哗众取宠行为时的常见用语,不宜轻易认定为对他人人格的贬损或否定。① 另外,受害人的社会评价降低是名誉侵权的主要损害后果,包括社会公众对受害人有负面的议论、评价甚至人身攻击,使受害人在社会生活中被孤立,在职业、生活上产生障碍等;若没有损害后果或者损害后果显著轻微的,则不构成对名誉权的侵犯。

(四)表演者权

1. 表演者权与表演权之间的区别

艺人的表演者权体现在《著作权法》第 39 条之中:"表演者对其表演享有下列权利:(1) 表明表演者身份;(2) 保护表演形象不受歪曲;(3) 许可他人从现场直播和公开传送其现场表演,并获得报酬;(4) 许可他人录音录像,并获得报酬;(5) 许可他人复制、发行、出租录有其表演的录音录像制品,并获得报酬;(6) 许可他人通过信息网络向公众传播其表演,并获得报酬。被许可人以前款第(3)项至第(6)项规定的方式使用作品,还应当取得著作权人许可,并支付报酬。"其中,表明表演者身份以及保护表演形象不受歪曲的权利之保护期不受限制,其余四项财产性权利的保护期为 50 年,截止于该表演发生后第 50 年的 12 月 31 日。表演者的主要义务是,表演者使用他人的作品演出,应当征得著作权人许可,并支付报酬;使用改编、翻译、注释、整理已有作品而产生的作品演出,应当征得演绎作品著作权人和原作品著作权人许可,并支付报酬。

在一般语义上,"表演"有三种含义:第一,戏剧、舞蹈、杂技等演出;第二,把情节或技艺展现出来;第三,做示范性的动作。② 创作性表演、与作品无关的表演和再现性表演,是表演

---

① 中国文联权益保护部编著:《捍卫名誉:文艺界名誉权典型案例评析》,中国文联出版社 2015 年版,第 143—144 页。

② 中国社会科学院语言研究所词典编辑室编:《现代汉语词典》,商务印书馆 1992 年版,第 72 页。

行为的一种分类方式。① 通常,表演主要是指以人体的动作、声音及表情忠实地再现具有可表演性的剧本、乐谱或舞谱等作品;在作品从文字到动作和/或声音的表达媒介转换中,作品的内在表达不变,而表演者也未对作品的外在表达做出创作、选择、安排或取舍。② 表演者权与表演权不应混淆,两者主要区别在于:

第一,保护的客体不同。表演权保护的客体是作品,而表演者权保护的客体是表演活动。保护表演权的原因是作者对其作品的创作,它的客体是作品本身,方式是允许他人以一定方式表演作品并取得报酬。而表演者权要保护的客体是表演者自身在表演作品时的形象、动作、声音等一系列表演活动。所以,一部作品如果经过不同表演者的多次表演,那么拥有表演者权的人不止一个,而表演权主体还是作者一个人,原因就是作品本身没有变化,而各个表演者的活动并不相同。例如电视剧《射雕英雄传》《天龙八部》等,先后有很多不同演员出演的版本,这些不同的演员同等地享有表演者权。无论表演的内容是否相同,表演者对其每次的表演均享有表演者权。

第二,权利主体不同。表演权的权利主体为作者/著作权人,表演者权的权利主体为表演者。表演权的主体是著作权人,也就是创作作品的作者。而表演者权的主体是表演作品的表演者。例如,老舍先生对其话剧《茶馆》和小说《骆驼祥子》拥有的著作权中包括决定这两部文学作品是否被搬上电视荧屏和电影银幕的表演权,而演出《骆驼祥子》的话剧团和电影《茶馆》的演员,如祥子扮演者张丰毅、虎妞扮演者斯琴高娃拥有表演者权。因此,对诗歌、戏剧、音乐、舞蹈、曲艺等艺术形式而言,诗人、剧作家、词曲作者、编舞者、小品相声的创作者是表演权的权利人,而朗诵者、剧团或演员、歌手、舞蹈者、小品相声演员便是表演者权的权利人。由于著作权人可以自行表演作品,也可以授权他人表演,这样就有可能产生表演权与表演者权在主体上的竞合。如某歌曲的词曲唱皆由一人完成,那么他就同时享有表演权和表演者权。

第三,表演者权和表演权在法律性质、保护期限及权利内容上也有不同。针对二人以上共同表演,如果属于可以分割使用的表演,表演者可单独对其表演享有表演者权;如果属于不可分割使用的,则表演者对表演共同享有表演者权。

2. 法律上的表演者

表演者,一般理解为演员、演唱家、演奏家、舞蹈家或者其他演出、演唱、叙述、朗诵、演奏或以其他方式表演文学作品或者艺术作品(包括民间文学艺术作品)的人,在一些国家表演者的概念还被理解为也包含不表演文学或者艺术作品的艺术家(如杂耍艺人)在内。③ 国际法与国内法关于表演者的定义与外延并不完全一致。例如,《保护表演者、录音制品制作者和广播组织的国际公约》第 3 条(甲)规定"表演者"是指演员、歌唱家、音乐家、舞蹈家和表演、歌唱、演说、朗诵、演奏或以别的方式表演文学或艺术作品的其他人员。《世界知识产权组织表演和录音制品条约》第 2 条(a)规定,"表演者"指演员、歌唱家、音乐家、舞蹈家以及表演、歌唱、演说、朗诵、演奏、表现、或以其他方式表演文学或艺术作品或民间文学艺术作品的其他人员。根据《著作权法实施条例》第 5 条的规定,"表演者,是指演员、演出单位或者其他

---

① 创作性表演,是表演者客观上完成了作品创作的表演;再现性表演,与创作性表演相对,是指不包含创作要素而只是呈现既有作品的表演;与作品无关的表演是不创作和不再现任何作品的表演。李宗辉:《论"表演"的类型》,载《中国版权》2012 年第 1 期,第 20—22 页。

② 冯术杰:《寻找表演中的作品——对"表演"和"表达"的概念反思》,载《清华法学》2011 年第 1 期,第 97 页。

③ 世界知识产权组织编:《著作权与邻接权法律术语汇编》,刘波林译,北京大学出版社 2007 年版,第 179 页。

表演文学、艺术作品的人"。

　　法律上的表演者,仅限于对作品的表演,若针对的系非作品而为之表演,则不是法律上的表演者。文字、音乐、戏剧、曲艺、舞蹈、杂技艺术等,均是著作权法上可供表演的作品;魔术、武术、驯兽表演、马戏表演、体育竞技运动员的"表演"均非著作权法意义上的表演,原因在于田径和球类运动员是在从事竞技活动,没有表演文学艺术作品,所以不能称为表演者[①],同理可及魔术、马戏和驯兽等表演。不过,在巴西,表演者则被扩大解释,涵盖足球和田径运动员,这导致巴西版权法像保护演员表演一样,对运动员的比赛活动进行保护。[②]

　　我国《著作权法》(2010)中规定的表演者不仅包括自然人的表演者,而且还包括演出单位,即剧团、歌舞团等表演法人及其他组织。倘若单位被认定为著作权法意义上的表演者,那么个人就不再享有表演者权。比如最高法院在"广东唱金影音有限公司与中国文联音像出版社、天津天宝文化发展有限公司、天津天宝光碟有限公司、河北省河北梆子剧院、河北音像人音像制品批销有限公司著作权纠纷案"[③]中指出,戏剧类作品演出的筹备、组织、排练等活动均由剧院或剧团等演出单位主持,演出所需投入亦由演出单位承担,演出体现的是演出单位的意志,故对于整台戏剧的演出,演出单位是著作权法意义上的表演者;在没有特别约定的情况下,演员个人不享有表演者的权利。经修改,《著作权法》对职务表演作出了新的规定:"演员为完成本演出单位的演出任务进行的表演为职务表演,演员享有表明身份和保护表演形象不受歪曲的权利,其他权利归属由当事人约定。当事人没有约定或约定不明的,职务表演的权利由演出单位享有。职务表演的权利由演员享有的,演出单位可以在其业务范围内免费使用该表演。"

　　3. 表明表演者身份的方式

　　表明表演者身份,是表演者权中的一个重要权项,表演者对该权限也较为关注。表明表演者身份的方式应当体现表演者与其表演之间的联系。当事人对于表明表演者身份的方式发生争议的,一般考虑表演活动的特点、传播方式以及相关行业惯例等因素。通常,下列情形可以认定表明了表演者的身份:(1) 在演出广告、宣传栏、节目单或者文艺刊物刊登的剧照上标明表演者姓名(名称);(2) 在节目表演前后,由主持人介绍表演者的姓名(名称);(3) 广播电台、电视台播报表演者的姓名(名称);(4) 以屏幕上的字幕形式标明表演者的姓名(名称)。在实务中,关于表明表演者身份的纠纷,表现形态多样;选取两例具有典型意义的案例,以了解这些纠纷发生的原因以及法院在裁判文书中的说理,对于挖掘与排除相关风险点,具有积极作用。

　　在表明表演者身份这个问题上,出版物不同版次的封面,前后不一,是否构成对表演者权利的侵犯?法院在"杜旭东与广东嘉应音像出版有限公司等侵害表演者权纠纷案"[④]中给予了回答。在该案中,原告称,在该电视剧光盘(六碟装)首次出版时,光盘包装彩封上表明了我的身份,但在该电视剧光盘(十二碟装)再次出版时,却未在包装彩封上给我署名,嘉应出版公司和博凯公司侵犯了我的署名权。法院针对该问题的意见是:

　　　　杜旭东作为涉案电视剧中的演员,依法享有在该电视剧中表明自己表演者身份的

---

① 李明德、许超:《著作权法》(第二版),法律出版社 2009 年版,第 195 页。
② 郑成思:《版权法》(修订版),中国人民大学出版社 1997 年第 2 版,第 57 页。
③ 中华人民共和国最高人民法院民事判决书(2008)民三终字第 5 号民事判决书。
④ 北京市朝阳区人民法院(2014)朝民初字第 6172 号民事判决书。

权利,即在该电视剧中署名为表演者的权利。表演者的署名权旨在表明表演者与其表演活动之间的联系,故在法律、行政法规等对表演者署名的具体载体、位置、方式等未作出明确规定的情况下,只要能够体现表演者与其表演活动之间联系的署名即可认定为表明了表演者的身份,不构成对表演者署名权的侵犯。涉案电视剧十二碟装的光盘在每集电视剧的片头显示的领衔主演中都有杜旭东的署名,且片尾的演员表中也有杜旭东的署名,该种署名方式已经明确地表明了杜旭东是涉案电视剧中的演员之一,体现了杜旭东与其表演活动之间的联系;现行法律、行政法规等并未规定必须将演员的署名体现在电视剧的光盘彩封上。作为电视剧光盘的出版发行者,为了该光盘的宣传、销售,在不违反法律、社会公德和侵犯他人权利的情况下,其有自行选择产品包装设计的权利。电视剧的演员无权强行要求电视剧光盘的出版发行者必须在光盘包装上为其署名。

主持人的名字不在片头字幕中出现,是否可以由其在节目开场时的自我介绍来替代表明表演者身份?"北京摇太阳文化艺术传播有限公司与耿子涵侵犯著作邻接权纠纷案"[①]即属此例。一审法院认为:

> 涉案节目仅在《2002 我们一同走过》上集的片头字幕中列明了耿子涵的名字,表明了原告作为表演者的身份,其他各集节目均未表明耿子涵作为表演者的身份,摇太阳文化艺术公司侵犯了耿子涵作为表演者享有的表明身份的权利,应承担相应的法律责任。

二审法院推翻了一审法院的判决,在其判决书中指出:

> 耿子涵作为涉案节目的主持人,其作为表演者的相关权利受法律保护。表演者对其表演享有表明表演者身份的权利。表明表演者身份的目的在于使表演者与其表演之间建立起联系,使他人知悉实施表演行为的表演者的身份。因此,只要以他人能够得知的适当形式让他人知悉实施表演的表演者为谁即达到了表明表演者身份的要求。在摇太阳文化艺术公司制作的涉案每一集节目开头,耿子涵对自己身份向听众、观众所作的介绍,是一种表明其主持人身份的形式。因此,应认为摇太阳文化艺术公司已经以适当形式表明了耿子涵的身份,耿子涵的表明表演者身份的权利已得到实现。原审判决认定摇太阳文化艺术公司侵犯了耿子涵享有的表明表演者身份的权利不符合法律规定。

4. 演员对影视作品是否享有表演者权

表演者权是否适用于影视作品,演员对影视作品是否可以基于其表演而主张表演者权,我国《著作权法》对此没有直接的规定。从理论上看至少有两种思路:其一,电影演员视为普通的表演者,享有完整的表演者权。电影制作者为了不受限制地使用电影作品,需要和电影演员签署合同,获得充分的授权或权利转让。其二,电影演员完全不享有表演者权,演员们需要通过与制作者签署合同以保障自己的权益。如果承认演员就电影作品中的表演享有充分表演者权,则可能会使得演员轻易就能够阻止电影作品的后续利用,损害制片者的利益。如果考虑电影涉及的演员众多的事实,制片者受到的威胁就更加真切。另外,《著作权法》的立法者并没有让那些对电影作出同样或者更重要贡献的导演、编剧获得对电影的控制权;因此,很难理解,为什么要赋予数量众多的演员基于表演者权来控制后续电影作品的利

[①] 北京市第二中级人民法院(2003)二中民初字第 06279 号民事判决书。

用。从表演者权立法的字面意思看,只是赋予表演者对所谓"录音录像制品"的复制发行的控制权,似乎不涵盖电影作品在内。这也意味着,一项作品是电影还是录像制品,直接影响其中演员的权利。① 在司法实践中,既有表演者权及于影视作品的裁判,也有表演者不能就影视作品单独主张表演者权的案例。

在"洪钰婷诉如皋市旅游局等侵犯著作权纠纷案"②中,法院认为,通过在被控侵权的"卫生与健康"栏目中播出的片段和双方庭审中陈述的录像形成过程,可以看出这段录像是选拔赛组织者广电局的相关人员通知原告在内的三名决赛选手作为录像中的人物、并选择相应的场所为背景而特意拍摄的,并不是对客观生活事件的机械记录。拍摄中,原告等三人在拍摄者的指导和要求下分别或一起有目的地作出沿小路行走、坐在花坛边谈话、在阳光下举手遮阳眺望等动作,以自然的动作、放松的表情体现摄制者表现"美"和"自然"的意图。原告等三人在这一过程中付出了劳动,其行为和组织者、拍摄者的工作一起构成了视听作品。原告是其中的表演者,依法享有相应的表演者权。

"高健与梅赛德斯—奔驰(中国)汽车销售有限公司侵害表演者权纠纷案"③的核心焦点问题是,高健可否就涉案广告片单独主张表演者权。针对这个问题,法院指出,视听作品中的剧本、音乐等可以单独使用的作品的作者有权单独行使其著作权。而表演者权在著作权法意义上是一种邻接权,是表演者作为作品的传播者因表演他人作品所享有的一项权利。在著作权与邻接权的保护上,著作权法保护的重心是著作权,对邻接权的保护不能超越著作权。根据"举重以明轻"的法律解释方法,既然视听作品的相关作者都不能对该作品行使复制权、发行权等专有权,表演者当然也不应有权行使案涉权利。高健作为模特依据千鼎广告公司与金童子烨公司签订的《奔驰汽车影视短片模特合约》的约定拍摄了涉案广告片,其作为演员根据广告创意的脚本将自己的表演行为融入声音、场景画面中,通过导演的拍摄形成了视听作品,属于著作权法意义上的一种独立的作品形式,而该作品的著作权应归制片人享有。因此,高健作为出演该作品的演员不能再单独行使复制、发行等专有权利。

该案判决后,有观点指出,一方面,影视作品的演员并没有表演"影视作品",而是作为影视作品的创作元素,故不称之为"表演者权";另一方面,影视作品常常由众多演员参与,如果演员享有所谓的"表演者权",可以在出演合同之外据此权利向制片者主张权利,则会赋予演员以大于导演、编剧等电影作者的权利,必将实质性妨碍影视作品的商业性利用。④ 还有论著根据《罗马公约》的规定,得出影视剧演员对其参加演出的影视剧不享有表演者权的结论。该观点认为,《罗马公约》第19条专门对此做出了排除规定,即"不管本公约有什么规定,一旦表演者同意将其表演纳入视觉制品或者视听制品,第7条就不再适用"。这里的视听制品包括影视作品在内。因此,从这个条约来说,演员基于影视剧的表演,不是表演者。参照《罗马公约》的条款,结合电影作品的著作权归属于制片者之中国规定,在中国,可以认为电影演员不是邻接权中的表演者,电影演员的片酬在行业上也是属于劳务报酬,属于与投资方之间签订的劳务合同,而不再单独享有表演者身份了。⑤

事实上,这些论证或回避了为什么演员享有表明其演员身份的权利,或回避了演员难道

---

① 崔国斌:《著作权法:原理与案例》,北京大学出版社2014年版,第333页。
② 江苏省南通市中级人民法院(2007)通中民三初字第0326号民事判决书。
③ 北京市第三中级人民法院(2014)三中民终字第03453号民事判决书。
④ 何怀文:《中国著作权法:判例综述与规范解释》,北京大学出版社2016年版,第447页。
⑤ 吴伟光:《著作权法研究——国际条约、中国立法与司法实践》,清华大学出版社2013年版,第322页。

不享有保护其在影视作品中扮演的角色形象不受歪曲的权利。故而,有观点提出"分割法",即区分表演者权中的人身权与财产权,人身权不受扣减,财产权不能独立享有:我国《著作权法》并未明确表演者对其在视听作品中的表演是否享有独立表演者权,但结合电影类作品著作权归属制度设计的宗旨和《著作权法》关于表演者权的具体规定,在电影类作品的著作权赋予制片者享有和行使的规则下,可以确定表演者除有权表明身份及保护形象不受歪曲外,对其在视听作品中的表演不享有独立的表演者权,制片者对视听作品的整体使用无需征得表演者的许可。[①] 大概缘于该问题在理论上尚未得到充分解决,也没有形成较为一致的共识,北京高院在《侵害著作权案件审理指南》(2018)第6.2条"电影作品与表演者权"中,仅就财产性权利做了回应:视听作品中,表演者就其在作品中的表演主张财产性权利的,不予支持。

第三节 其他参与者

一、美术与道具

(一) 美术

美术是影视艺术的重要组成部分,关系影视作品的成败[②],是塑造银幕形象的一个重要因素[③]。举凡与"美"相关的事务,均可以划入美术组,或称之为"大美术"。从舞台剧的角度看,"舞台美术设计是对舞台空间设计的总称,不仅包括布景、道具、灯光甚至服装等内容,亦有布景、道具、灯光、美术指导、美工等等多种称谓"[④]。美术设计这个称谓本身并不意味着其工作内容或成果必然产生著作权,只有当舞台美术设计所指向的客体符合著作权法规定的作品要件,即具有独创性时,才产生著作前保护的问题。影视作品中的舞台美术与舞台艺术中的舞台美术不无区别。舞台艺术(戏剧)中的舞台美术构成作品的独立性更强、可能性更大;影视作品的舞台美术经过影视技术如摄像、剪辑及其他技术手段的参与,与单纯的现场舞美存在差异,其舞美表现一般难以独立出来。以灯光师为例,有观点认为,灯光在影视作品中不可或缺,由于灯光多数需要借助于特定的情景加以表现,多与其他镜头结合,因此一般都不构成独立的作品。只有在特别情况下,灯光独立出现,具有独创性且可以再现时,才可构成作品。有专门的灯光艺术家,以灯光的方式进行艺术设计,并举办灯光设计展,灯光设计师可能因为艺术水准和市场价值构成美术作品。在影视作品中为专门表现灯光艺术所留的空间没有那么大,构成独立的作品之可能性很小。[⑤] 也有观点指出,在我国的著作权法中,导演、摄影享有署名权,但却没有规定灯光师、美工等享有署名权,而事实上,在电影作品的创作过程中,导演、摄影和灯光师、美工等同为智力创作者,只是参与付出智力劳动的内容和多少存在差异。因此,从逻辑上讲,要么这些主体都可以作为著作人格权主体享有署名权,要么都不能够作为著作人格权主体享有署名权,其作为智力创作者的人格利益被侵犯时,可以通过民法上的人格权予以主张。[⑥]

[①] 苏志甫:《表演者对其参演的视听作品不享有独立表演者权》,载《中国版权》2015年第6期,第22页。
[②] 张鹏:《关于影视美术创作的思考》,载《中国电视》2008年第1期,第58页。
[③] 李居山:《电影美术的特点》,载《电影艺术》1964年第1期,第67页。
[④] 北京市海淀区人民法院(2000)海知初字第182号民事判决书。
[⑤] 马秀荣:《影视作品中的表演、音乐和舞美》,载中国社会科学院知识产权中心、北京市高级人民法院民事审判第三庭主编:《知识产权办案参考》(第7辑),中国方正出版社2003年版,第85—86页。
[⑥] 周晓冰:《著作人格权的保护》,知识产权出版社2015年版,第281—282页。

法院在"孟繁远与内蒙古电影制片厂署名纠纷案"①中,对灯光师的署名问题予以了肯定的回应,但二审法院在署名物料这个问题上的处理,放在如今的观点来看,不无可斟酌之处。该案一审法院认为,孟繁远作为该片灯光组长参加了电影《截拳宗师》的摄制工作,其应在该片中享有署名权及获得报酬权。二审法院的观点是,孟繁远作为主要灯光师参加了《截拳宗师》的拍摄工作,其应享有表明其为该片灯光师身份的权利。涉案《龙闯中原》一片中使用了孟繁远作为灯光师参加拍摄的《截拳宗师》一片中的大量镜头,其应享有在《龙闯中原》影片上映时及为宣传等目的介绍该影片主创人员时表明其灯光师身份的权利。内蒙古电影制片厂未在《龙闯中原》一片发行、上映前介绍该影片主创人员的宣传材料中表明孟繁远身份,孟繁远请求确认其相应的署名权利,应予支持。

服装也是大美术中的一环。影视剧中的服饰是否应受我国《著作权法》的保护,《著作权法》中没有明文规定。一般认为,服装只有构成实用艺术作品,才能获得著作权法的保护。所谓实用艺术品是具有实用性和艺术性,并符合作品构成要件的智力创作成果。从服装的发展历史来看,随着时代的发展,其在款式、色彩等方面都会有不同程度的变化与创新。如果将服装的变化与创新都由设计者个人垄断,则无法平衡个人利益与社会公共利益之间的关系。因此,著作权法保护的是那些具有实用性但更具有艺术欣赏性的服装,其仅是保护服装设计者的思想、情感中具有艺术性的独特表达方式。② 服装成衣若想作为美术作品受到著作权法的保护,在独创性方面必须达到一定的标准,诸如服装的造型类设计、元素、图案、面料等等应达到立体美术作品所要求的高度。

服装设计图作为产品设计图,是由点、线、面和各种几何结构组合而成的图形。服装样板作为从设计图到成衣的中间环节和必经途径,是服装制作、生产过程中的关键。样板的制版工作是专业人员根据经验和特定规格的要求在设计图的基础上完成的,它源于设计图,是设计图的表达和演绎,但又不完全等同于设计图。设计图反映了作者对服装整体的设计理念,而样板则融入了专业制版师对设计图的理解和认知,体现了制衣企业特定的成衣规格与工艺。制版师在制版过程中往往要通过多个步骤才能形成最终定型的样板。③ 总而言之,在服装环节,若具有必要的独创性的话,可以对服装成品、服装设计图、服装样板进行著作权登记;同时,倘若满足专利法的规定,还可以针对服装设计提交外观设计专利申请。当然,即便是受著作权法保护,所有权与著作权并不重合在实体物之上的特性,是制片人和法务都需要关注的问题点。另外,服装设计中的显著性特征如果满足"具有一定影响的商品装潢"之构成要件,那么,就可以获得商标法、反不正当竞争法上的保护。

影视剧中的美术还与角色形象息息相关。以"迪迦奥特曼案"④为例,法院认为,"迪迦奥特曼"作为角色形象不能得到我国《著作权法》保护,而只能作为美术作品予以保护。作为美术作品的"迪迦奥特曼",若没有其他相反证据,其著作权当属作者享有,故而,"迪迦奥特曼"角色形象的著作权由"迪迦奥特曼"美术作品的著作权人享有。

关于影视角色形象的作品类型及著作权归属有四种观点:第一种,影视角色形象属于影视作品中可分割使用的作品,其著作权当然地由影视作品的权利人享有;第二种,影视作品

---

① 北京市朝阳区人民法院(1999)朝知初字第 15 号民事判决书;北京市第二中级人民法院(2002)二中民终字第 5959 号民事判决书。
② 上海市卢湾区人民法院(2010)卢民三(知)初字第 118 号民事判决书。
③ 广州南沙区人民法院(2013)穗南法知民初字第 423 号 民事判决书。
④ 湖北省高级人民法院(2012)鄂民三终字第 23 号民事判决书。

的权利人享有角色形象的著作权,但角色形象是美术作品;第三种,作为美术作品的角色形象,其著作权由美术作品的著作权人享有,而非由影视作品的权利人享有;第四种,影视角色形象作品,比单纯的美术作品多了角色内涵,包括角色的性格特征、代表的主题思想等,这些均是影视作品赋予的。① 在大美术环节,制片方一次性一揽子获得所涉美术作品著作权的意义重大;对于影视剧的后续开发与利用而言,更是毋庸赘言。

(二) 道具

在好莱坞,道具主要是用来装饰场景气氛,它是摆在环境中的一切物品,并且是影响人物行为发展的外部因素,道具的魅力在于构成的环境同人物命运勾连在一起为事件发展服务。道具效果与表现目标要一致,它在影片中有三点作用:一是创造环境气氛,体现年代和历史特征,也可以体现地方特色;二是构成人物关系,通过道具渗透人物关系和人物动作;三是创造事件发展条件,利用道具促使事件发展,成为剧中的角色。从严格意义上讲好莱坞的道具主要指小道具即"戏用道具"。戏用道具是剧情中与演员动作发生关系的道具,如手里拿的书、烟斗、枪、杯子、眼镜、胸前佩戴的物品等。戏用道具是推动人物发展的重要节点,它是演员产生动作的外部条件,说话、停留、做事情,道具辅助行为发展,也可以调整演员的表现状态,使内心动作外化,润色表演,激发情感。戏用道具是激活人物事件的客观角色。② 道具是电影、电视剧、综艺娱乐节目必不可少的组成部分,并且已经成为电视专题节目中现场演示、传情达意、传递信息的工具。③ 有些道具,比如"剑",作为武侠电影的"主题道具",它们不仅是影片中的利器,而且还是武侠电影中印证人物性格的重要标记。④

在制作和使用道具时,对原创道具的法律保护应多予关注,为影视剧衍生品开发提供权利基础,也为避免他人侵权提供保障。使用或借用道具,则需要对道具与著作权相关的事项进行了解——法律尽调,以避免侵权行为的发生。在"电视连续剧《东边日出西边雨》道具著作权纠纷案"⑤中,原告于耀中系陶艺美术作品《支柱》的作者,该作品在中央工艺美术学院的展厅展览、展售。因剧情需要,电视连续剧《东边日出西边雨》剧组经与中央工艺美术学院联系,借用包括《支柱》作品在内的十余件美术作品,作《东》剧的道具使用。《支柱》作为演绎剧中男女主角爱情故事的主要道具,在电视剧中的镜头近 80 次。于耀中提告,并胜诉。

在"向佳红诉电影《九层妖塔》制片方梦想者电影(北京)有限公司、发行方北京环球艺动影业有限公司、投资方乐视影业(北京)有限公司、网络传播单位中国电影股份有限公司侵害著作权纠纷案"⑥中,被告因在案涉影片中的道具上使用了向佳红的书法字体,被判令赔偿14 万元。在该案中,原告向佳红诉称,被告未经授权使用其创作的书法字体中的"鬼""族""史""华""夏""日""报"共 7 个字(简称涉案单字),分别体现在电影道具《鬼族史》和《华夏日报》中,严重侵害了其享有的字体版权。法院认为:

> 书法是一种展现文字之美的艺术表现形式,兼具传情达意和艺术美化的功能。书

---

① 最高人民法院知识产权审判庭编:《中国知识产权指导案例评注》(第五辑),中国法制出版社 2014 年版,第 303 页。
② 全荣哲:《浅析好莱坞电影美术》,载《北京电影学院学报》2011 年第 5 期,第 74 页。
③ 吴洽兵:《道具在专题节目中的作用》,载《电视研究》2006 年第 8 期,第 73 页。
④ 贾磊磊:《剑:中国武侠电影的"主题道具"及其文化价值观》,载《西南大学学报(社会科学版)》2008 年第 2 期,第 30 页。
⑤ 北京市高级人民法院(1997)高知终字第 32 号民事判决书。
⑥ 北京市朝阳区人民法院(2016)京 0105 民初 50488 号民事判决书;北京知识产权法院(2018)京 73 民终 1428 号民事判决书。

法的书写虽然受限于汉字本身笔画和结构上的固定搭配,但书写者仍可借助具体的线条、点画等,在字形结构、偏旁部首比例、笔画长短、粗细选择、曲直设计等诸多方面进行调整和创造,融入自己的选择和判断表现出独特艺术美感,体现出书写者自己的个性,从而具有符合《著作权法》要求的独创性,成为《著作权法》保护的作品。向佳红主张权利的7个单字在断笔方式、布局结构、笔画粗细、曲直、长短以及繁简字组合等方面均体现出了独特的艺术美感,呈现了不同传统行书及其他常见字体的独创性表达,融入了书写者独特的智力判断和选择,属于我国《著作权法》规定的美术作品。涉案电影的道具中使用了涉案单字不排除其起到了说明道具名称的作用,但同时也完整展示了涉案单字的艺术美感,梦想者公司等四被告未经授权,同时也未向向佳红支付报酬,影响了向佳红通过授权获取相应经济收益,该使用行为不属于合理使用。

道具安全也是实践中应予关注的问题,无论是道具供应商,还是道具使用方,双方间关于道具造成第三方损害的责任约定,只在供应商与使用方之间发生效力,无法对抗受害方,"天津中汇影视文化传播有限公司与大连清风小镇文化发展有限公司合同纠纷案"[①]对该原则予以了确认。为此,保持道具处于安全适用状态,对于供应商和使用方而言,均具有重要意义。

二、摄影与剪辑

(一)摄影

作为导演与剧组之间的桥梁,摄影的工作其实是将导演的艺术设想通过摄影机调度、照明、画面构图等艺术方法实现的过程,他不仅为画面效果服务,也要保证剪辑师有足够的素材组成连续的情节。导演和摄影的关系是难分难解的,两者之间的关系对拍摄具有极大的影响力。导演的工作是指导演员和讲述故事,而摄影的工作是通过设计灯光和拍摄方法塑造影片的视觉效果和视觉情感传达方式,导演和摄影导演合作的关键是交流和相互理解。摄影导演通常是拍摄现场工作经验最丰富的人,他擅于掌握技术与艺术的平衡以及提供建议,比如关于摄影机和演员调度、一场戏该有多少拍摄角度、多少镜头、影片的拍摄流程等。[②]摄影师是影视"镜头"的摄录者。

在影视行话中,镜头具有光学镜头与镜头画面两方面的含义。光学镜头是指,摄影机、放映机用以生成影像的光学部件,由多片透镜组成。各种不同的镜头,各有不同的造型和特点,它们在摄影造型上的应用,构成光学表现手段。镜头画面是指,从开机到关机所拍摄下来的一段段连续或不连续的画面,或两个剪接点之间的片段。"巧妇难为无米之炊",没有镜头画面,剪辑师便没有工作物料。当代电影的镜头画面大致可分为远景、中远景(四分之三镜头)、中景、近景、特写等,同时还有拍摄角度、明暗及色彩等不同区分标准。

摄影师对影视剧享有署名权以及依据合约获得报酬的权利。在实际操作中,整个摄影事务可能是"包"给一个有公司载体的团队来完成,此时,关于摄影器材的提供、保管、摄影器材的更换、维修、租赁费用等等,是合约应当关注的重点。

(二)剪辑

剪辑在英语中是编辑(Editing)之意,在德语中是裁剪(Schnitt)的意思,在法语中是组

[①] 大连市旅顺口区人民法院(2018)辽0212民初2531号民事判决书。

[②] 〔美〕Jason J. Tomaric:《电影制作百宝箱:从剧本到上映,好莱坞电影制作全攻略》,张可、熊潇译,人民邮电出版社2016年版,第330页。

合,即"蒙太奇"(Montage),从中文的角度可以理解为剪而辑之①,是将拍摄的视频素材,经过选择、取舍、分解与组接,最终完成一个连贯流畅、含义明确、主题鲜明并具有艺术感染力的作品的艺术创作。美国导演格里菲斯采用分镜头拍摄法,将流动的画面连接起来,形成剪辑艺术,也代表了电影创作的正式开始。② 不少国家的版权法把影视剧制片过程中的"剪辑师"视为作者之一,甚至把剪辑师称为"第二导演"或"不挂导演头衔的导演"。③ 拍摄过程中有很多差错或无奈的妥协,剪辑师必须运用熟练的手法来分散观众对真相的关注。比如,开门动作的剪辑,其时演员打开前门进入一栋普通的住宅,由于展示房子外部和内部的镜头拍摄于完全不同的时间和地点,前者拍摄于外景地,后者拍摄于摄影棚;所以光线、演员的步速、演员的情绪、他转动门把手的角度,甚至是他穿着衬衣的方式等等都会有差异,此时,剪辑师必须巧妙地剪切并控制观众关注的重点,使他们不会注意到那些前后不一致的细节。④

事实上,"电影剪辑的工作其实早在拍摄第一个画面之前就开始了。电影拍摄其实是一个非常枯燥的过程,你要用同一台摄影机一遍一遍地从不同的角度拍摄一场戏,而你必须在前期筹备阶段就考虑这些角度如何能被剪辑在一起构成一场戏。在剪辑室中,剪辑师会把同一场戏的各个角度拍摄的素材剪辑成一段剧情,看上去这段情节就像一件真实的事情,只发生了一次一样。后期剪辑的效果如何,其实很大程度上取决于实际拍摄是否充分考虑了剪辑的需求。……虽然剪辑才是把零散的素材组接成有意义、有逻辑的影片的过程,但经验丰富的导演和摄影师会在他们开始拍摄之前就开始考虑为剪辑所需而拍摄。这样做不仅有利于表现艺术构思、控制成本和工作时间,还能为剪辑工作打好基础。"⑤剪辑师的作用不同于导演或摄影师。导演关心的是结构和表演、情调和哲学观念;摄影师关心的是构图和照明、形象的运动和变化。剪辑师关心的是时间和空间、节奏和速度、视觉和听觉的相互关系。剪辑师提出了影视剧中显然不合格的场面、角度,并对拍摄或录制的最好的部分作出处理。在这一过程中,剪辑师形成和构成了他自己对影片的美学判断,起着富于创造性的艺术家的作用。⑥ 剪辑的目的并不仅仅是把一个个镜头片段简单地连接起来,以讲述一个能够被观众理解的故事,而且还在于提供影片的总体结构,使得影片更富有表现力。⑦

剪辑分为三个阶段:采选剪辑、粗剪、精剪。剪辑工作的第一个步骤叫作采选剪辑。素材分类整理完毕并加上标签后,剪辑师开始从每场戏的文件中选择可以用于组成这场戏的镜头,有的镜头是导演要求使用的最优选择。基本上,采选剪辑还是要依据剪辑师的判断完成,这个阶段的主要任务是搭建出整个故事的结构。采选剪辑一般依据剧本进行,这样导演就可以看到影片最原始的样子。剪辑就像写剧本,采选剪辑就像是写草稿,而粗剪则相当于改写,是一个将粗糙的轮廓打磨成具体形象的过程。粗剪阶段,剪辑师的精力会主要放在故事、角色的发展、叙事节奏等细节上。粗剪结束,意味着大块的修整工作已经完成了,此时电影差不多已基本定型,接下来就要进入精剪阶段。精剪的工作包括从技术层面完善电影的每一帧画面,确保每个转场都是正确的,每个镜头衔接都不出现连续性的错误,每个定场镜

---

① 聂欣如:《影视剪辑》(第二版),复旦大学出版社2012年版,第17—18页。
② 张迪:《剪辑在现代传播中要不断提升》,载《当代电视》2018年第11期,第47页。
③ 郑成思:《版权法》(上),社会科学文献出版社2016年版,第300页。
④ 〔美〕鲍比·奥斯廷:《看不见的剪辑》,张晓元、丁舟洋译,北京联合出版公司2016年版,第13页。
⑤ 〔美〕Jason J. Tomaric:《电影制作百宝箱:从剧本到上映,好莱坞电影制作全攻略》,张可、熊潇译,人民邮电出版社2016年版,第285页。
⑥ 高福安、宋培义、司若编著:《影视制片管理基础》(第2版),中国传媒大学出版社2013年版,第138页。
⑦ 崔玉峰编著:《影视剪辑》,中国传媒大学出版社2019年版,第2页。

头也都剪辑得恰如其分,插入镜头和互切镜头也足够紧凑。剪辑师需要反复推敲每一处剪辑,力求做到完美无瑕。精剪过程可以被看作是技术性的质量控制工作,因为绝大多数艺术性决策已经在粗剪阶段做出来并实施了。[①] 剪辑师与摄影师一样,对影视剧享有署名权和依据合约获得报酬的权利。

"电视剧《镖门》的剪辑师与容丞和悦(北京)影视传媒投资有限公司之间的劳务合同纠纷案"[②],虽然案由系"劳务合同",但本质上是缘于双方在艺术创作理念上的分歧;并且,在剪辑师、摄影师等专业人员与出品方之间发生的纠纷之中,艺术分歧往往或多或少都是纠纷背后不可小视的成因。虽然艺术无价,一方面,出品方应当在一定范围内尊重剪辑师对艺术的理解与观点;另一方面,出品方或者投资方的目的毕竟不可能与经济利益完全脱钩。所以,当双方发生分歧时,友好协商是上策;若无法协商一致,依照合约的规定继续履行合同,既是契约精神的体现,也不至于给双方都带来损失。

"杨钦诉北京新画面影业有限公司侵犯署名权纠纷案"[③]的背后,反映的则是在著作权法中没有被提及的"剪辑",其在影视剧中的地位当为如何的思考,尽管有观点强调,剧作在影视剧创作中是一个贯穿始终的过程,剪辑这一后期工作除了完成对画面、声音的组接之外,也在组接中进行着剧作创作。[④] 法院在该案的判决书中认为:

> 在电影作品中,对一种署名权的主张,首先,要求在行业中,该署名指向的工作内容具有和导演、摄影一样具有的创作性得到普遍认可;其次,要求主张署名权的人能够证明其从事了符合该工作内容要求的创作性劳动;此外,如果当事人之间有关于署名方式的约定,该约定也可以成为确认署名方式的根据之一。原告杨钦主张署名动作剪辑的根据是其与新画面公司签订《演职员合约》中约定的"杨钦在摄制组中担任动作剪辑职务"之内容。但是,该约定是对杨钦工作内容的约定,并非约定著作权法意义上的署名方式,所以,不能以此作为确定署名方式的根据。此外,剪辑虽然作为一种有创作性的工作在行业得到共识,从事剪辑的人具有著作权法意义上的署名权,应当受到法律保护。但是,并不能仅仅凭借称谓而认为与剪辑相关的工作都具有创作性或没有创作性。通过当事人的陈述,不能得出聘任杨钦所从事的动作剪辑职务与在《十面埋伏》电影中署名的剪辑助理之间有实质的区别,而且在《十面埋伏》电影中,并不存在一个动作剪辑的署名方式。在杨钦与被告之间没有明确约定署名方式的前提下,按照杨钦所从事的工作内容,在《十面埋伏》电影中为杨钦署名为剪辑助理并无不当。因此,杨钦认为新画面公司和精英公司拍摄的电影《十面埋伏》侵犯了其署名权的主张,不予支持。

三、群众演员与路人甲乙丙

(一)群众演员

群众演员,又称临时演员,是指在一部影视剧中饰演闲角儿,或无台词或有寥寥无几的几句极端台词,影视剧中的小贩、服务员、士兵、路人、跟班等等,通常都是由群众演员扮演;

[①] 〔美〕Jason J. Tomaric:《电影制作百宝箱:从剧本到上映,好莱坞电影制作全攻略》,张可、熊潇译,人民邮电出版社 2016 年版,第 450—460 页。

[②] 北京市第二中级人民法院(2014)二中民终字第 11618 号民事判决书。

[③] 北京市第一中级人民法院(2006)一中民初字第 2815 号民事判决书。

[④] 金宇轩:《剪辑台上的剧作:以〈绣春刀〉为例试谈剪辑对剧本的改写与重写》,载《当代电影》2016 年第 9 期,第 143 页。

他们也被称为临时演员、无声配角、龙套演员,他们服装的颜色永远不能抢主演颜色的戏。[①] 在实践中,群众演员的招募,有的是制片方根据剧情需要而临时直接招募的,有的是制片方通过提供群众演员服务的机构而提供的。譬如在大型影视城周边都有一些专门招聘临时演员的公司,入职后,由这些公司向各摄制组输出群众演员。群众演员,作为表演者,如同其他艺人一样,在法定权利上不应有所不同,署名权当得到保障,尽管署名的具体方式与主创或其他参演人员有所不同。另外,群众演员对其提供的服务享有报酬请求权。在实务中,谁为群众演员的风险负责,是关注的重点;尽管他们出境未必次数多,但在拍摄过程中面临的风险却并不少。如同法院在"天津中汇影视文化传播有限公司与大连清风小镇文化发展有限公司合同纠纷案"[②]中所披露的,原告在被告景区内拍摄《爱国者》电视剧,原告租用被告的有轨电车及牵引车进行电视剧场景拍摄时,由于有轨电车的牵引钢绳断裂,导致当时正在拍摄工作的20名群众演员受伤,其中2人伤势较为严重。

在直接招募的情况下,临时演员与制片方通常不会被认定为具有劳动关系,尽管临时演员也需要服从制片方的管理,但这种管理是因拍摄需要而必然产生的义务行为,如着装、走位、面部表情和神态等,双方之间是松散的合作关系,而不是具备人身依附性的管理与被管理关系。易言之,不构成劳动关系,但作为雇主的制片方,其雇主责任是无法避免的。雇员(临时演员)在从事雇佣活动中受到伤害的,雇主应当承担损害赔偿责任,除非雇主能举证证明雇员存在故意或重大过失,才能免除或减轻相应的赔偿责任。

如果是由专门提供群众演员的公司输出的,临时演员与制片方之间并不发生直接的法律关系。若临时演员在摄制过程中造成伤亡的,可以得到工伤保险制度的保障。在横店影视城发生过一起群众演员死亡责任案。[③] 该案中,李伟(群众演员)系浙江省东阳市横店影视城管理服务有限公司下属演员公会登记在册的群众演员,其工资由影视城支付,李伟根据演员公会的安排,参与《踏破硝烟》影视剧的拍摄工作,在拍戏途中落水身亡。李伟的父母在诉状中提出,李伟与演员公会形成了劳务关系,该演员公会因为没有提供安全保障义务,导致李伟落水身亡,构成侵权,该演员公会应承担赔偿责任。法院认为:李伟作为群众演员在乘车去拍摄电视剧的途中因下车推车时被水流冲走,造成死亡;电视剧《踏破硝烟》的制作机构即星空影视公司,合作机构即画语者公司,共同投资方即新鼎明公司,对此次事故应承担赔偿责任;根据本案现有证据,无法证明死者李伟与横店影视城公司存在雇佣关系,故李伟死亡的损失应由星空影视公司、画语者公司、新鼎明公司共同承担。[④] 可见,在招募群众演员时,应对相应机构的资质以及该机构与群众演员之间的关系进行仔细的核查,避免"赔了夫人又折兵"。

在实践中,即使通过约定的方式排除制片方为群众演员的伤亡承担任何责任,该类约定同样存在着不被法院认可的风险,比如"王柱生与山西广电影视艺术传媒有限公司、山西广电影视艺术传媒有限公司《廉吏于成龙》摄制组提供劳务者受害责任纠纷案"。[⑤] 在该案中,摄制组与大乔村村民委员会签订协议,约定群众演员由大乔村村民委员会招聘和组织,群演年龄不超过50岁,如因条件不符发生意外,由大乔村村民委员会承担相应责任,与摄制组无

---

① 〔美〕威廉·保尔:《如何做导演:从观念到技术》,北京联合出版公司2017年版,第209—214页。
② 大连市旅顺口区人民法院(2018)辽0212民初2531号民事判决书。
③ 浙江省金华市中级人民法院(2015)浙金民受终字第53号民事裁定书。
④ 北京市第三中级人民法院(2017)京03民终14003号民事判决书。
⑤ 晋中市榆次区人民法院(2017)晋0702民初2236号民事判决书。

关。法院指出,群众演员是电视剧摄制组为电视剧拍摄而短期聘用的临时演员,根据被告提供的摄制组与大乔村村民委员会签订的《协议》,摄制组因拍摄使用群众演员,群众演员报酬由剧组逐日与群演个人结清,故原告作为群众演员与被告摄制组之间形成了雇佣关系。依据法律规定,雇员受伤,雇主应当承担赔偿责任。因被告摄制组已解散,应当由成立摄制组的被告山西广电影视艺术传媒有限公司对原告的损失承担赔偿责任。被告关于应由大乔村村民委员会承担赔偿责任的抗辩,于法无据,不予采纳。

(二) 路人甲乙丙

因取景需要,在开放场合摄制影视剧,难免会将路人甲、乙、丙涉入镜头之中,没有路人甲、乙、丙的开放式街景或菜市场会失去真实性,影响观众的体验感。路人甲、乙、丙是否有权拒绝入镜,他们被入镜之后是否有权要求在影视剧中删除该等镜头,影视制片方倘若需要在开放式的公共场合取景摄制,如何避免被摄入镜的路人甲乙丙提起诉讼,是本部分拟探讨的主要问题。

1. 路人的肖像与隐私权

路人甲乙丙被摄入镜引发的纠纷,首推1984年美国纽约法院审理的"卡尔诉哥伦比亚广播公司案"。哥伦比亚广播公司摄制组的成员在纽约街头拍摄一组关于"纽约春天浪漫故事"的片段。拍摄过程中,原告卡尔恰好与一位女士手牵手路过摄制组的拍摄地点。摄制组成员连忙趋前进行采访,询问卡尔对于春天及感情的想法。采访过程中,卡尔十分紧张。他要求摄制组立即删除其本人与同行女士手牵手的画面。原来,卡尔已经结婚,而其牵手的女士并不是他的妻子,而是他的同事。同时,这位女士也已经订婚,即将结婚。但是,哥伦比亚广播公司并没有接受卡尔的请求,依然保留了相关镜头,并在当晚播放了该节目。其中,卡尔与其婚外女友的牵手镜头在节目中长约四秒钟。卡尔随之提起诉讼,诉由之一为其隐私权遭到了侵犯。美国纽约法院在审理此案时,认为被告摄制的地点为纽约市街头,属于公众场合,并指出原告对其在公众场合的行为应有合理的期待值——即公众场合的行为举止是不受"隐私权"保护的,从而驳回了原告的诉求。[1] 可能是受该案判决的影响,张艺谋导演的电影《秋菊打官司》,有一路人在电影放映版中出境4秒;该路人以肖像权受到侵犯为由,提起诉讼,即"贾桂花诉北京电影学院青年电影制片厂侵害肖像权案"[2]。

北京电影学院青年电影制片厂(简称"电影制片厂")与香港有限公司合作拍摄故事片《秋菊打官司》,1992年2月,该片摄制组在陕西省宝鸡市以偷拍的方法拍摄体现当地风土人情的场景时,将正在街头贩卖棉花糖的贾桂花摄入镜头,并在制成的影片中使用。此画面共占胶片104格,放映时间为4秒。对此,贾桂花事先不知。在公映的《秋菊打官司》影片中,贾桂花的形象占银幕画面1/2多,为正面半身像,其亲朋好友及同事均能确认此段画面人物形象是贾桂花本人。影片放映后,贾桂花曾多次致函《秋菊打官司》影片的拍摄单位之一电影制片厂及该片导演张艺谋,质询为何未征得本人同意,擅自拍摄并在《秋菊打官司》中使用其肖像,均未获答复。1993年年底,贾桂花以电影制片厂为被告,向法院提起侵害肖像权之诉。

原告诉称,《秋菊打官司》公开放映后,原告平静生活不断被打扰,一些亲友、同事和其他人讽刺挖苦,称原告"当了明星""拍片挣了不少钱",使原告精神感到压抑,给工作生活带来

---

[1] 宋海燕:《娱乐法》,商务印书馆2014年版,第153页。
[2] 北京市海淀区人民法院(1993)海民初字第3991号民事判决书;北京市第一中级人民法院(1995)中民终字第797号民事裁定书。

许多麻烦,以至于其所从事的个体经营也无法继续。电影制片厂的行为侵害了原告的肖像权。为此,请求法院认定其侵权行为,判令剪除影片中原告的肖像镜头,公开致歉,并赔偿精神损失和经济损失等。被告答辩称,《秋菊打官司》是一部探索以纪实性拍摄手法制作、体现纪实性风格的故事片;采取偷拍的手法摄制,目的在于使作品更具真实性。拍摄此片的意义不在于赚钱营利,原告诉称此片公映后对其造成许多麻烦和精神痛苦,实非本片制作者本意。

北京市海淀区人民法院认为,根据法律规定,非经本人同意,他人不得以营利为目的使用公民肖像。从现行法律规定来看,即使不以营利为目的,一般情况下使用他人肖像亦应征求被使用者的意见。但是应该强调的是,在一定的条件下,即在合理范围内,法律原则上又有直接使用的通例。此外,是否构成侵权,还要看被使用肖像与营利目的之间是否存在直接的因果关系。故事影片创作的纪实手法具有与其他艺术表现方式不同的特点,采取偷拍暗摄以实现客观纪实效果的需要,也是常用的手法。只要内容健康,符合社会公共准则,不侵害他人合法权益,就不为法律所禁止。因此被使用的肖像只要不具有独立的经济和艺术价值,该肖像人物就不应享有禁止他人使用或索要肖像报酬的权利。否则,电影的纪实创作活动将根本无法进行。原告贾桂花在公共场所从事个体经营。身处社会公共环境之中,身份明确,形象公开。电影制片厂出于影片创作的需要,拍摄街头实景时将其摄入镜头,主观上并无过错。影片虽有4秒定格,但摄制者主观上没有恶意,客观上也没有宣染贾桂花任何不完善之处,该人物镜头的拍摄及使用应被列入合理的直接允许的范围。贾桂花在本片中的镜头非广告性质,也没有独立完整的商业价位,因而不是不可替代。某些人对贾桂花形象的议论,按照社会一般评价标准衡量,不足以给原告造成法律意义上的精神损害。因此认为被告未经贾桂花本人同意,拍摄并使用其肖像具有社会实践的合理性且不违背现行法律关于保护公民该项权利的禁止性规定,故不构成对原告贾桂花的肖像权的侵害,不应为此承担民事责任,驳回原告贾桂花的诉讼请求。

一审判决后,原告不服,上诉至北京市第一中级人民法院。第一中级人民法院审理期间,在法官的主持下,双方自愿协商,《秋菊打官司》摄制组给予原告一些经济补偿,贾桂花撤回上诉。

其实,从学理上看,侵害肖像权并不需要"以营利为目的"这一构成要件,原因在于,坚持把营利目的作为侵害肖像权责任的构成要件,将难以制止非营利目的的其他非法使用肖像的行为;坚持营利目的为侵权要件,就等于只对侵害其财产利益的肖像使用行为才依法追究,其必然的推论是精神损害完全可以用金钱予以赔偿和恢复,这与精神损害不可完全商品化的原则相抵触。

从"卡尔诉哥伦比亚广播公司"案和"贾桂花诉北京电影学院青年电影制片厂侵害肖像权"案可以得知,以少于或等于4秒作为未经路人同意而使其出镜的规则大致是一种误读和误传。路人以隐私权受到侵害为由提告,法院支持的可能性如果不大的话,那么路人倘若以肖像权受到侵害为由而提告,法院给予支持的概率不能说很小。

2. 路人肖像与隐私权的豁免

为避免被诉,一些影片,尤其是现场演示或者表演节目的录制,经常会捕捉一些观众的特写镜头。从理论上说,每一位观众都应签署一份肖像或隐私豁免协议,授权制作公司在影片中使用有其出境的镜头。如果达不到这个要求,制作方采用在拍摄场地的每一个入口最为显眼的地方张贴一张告示,并将这些海报拍摄存证。①

> 本次活动将被录影并用于电视或其他公共性展示,其间可能会有拍摄观众的镜头。我们在此郑重提示您,如果您不希望出境,请勿参加录影,一旦您参加本次拍摄活动,将视为您同意出境,并允许我们在任何媒体或介质上以任何目的播出该内容。谢谢合作,祝您愉快!

还有一些制作方将两种方法合二为一,要求每一位观众在进入拍摄场地前,都必须签署一份附带以上告示内容的简易肖像及隐私权豁免协议。这种做法在录制演播室观众现场参与节目时比较有效,尤其是当观众人数不是特别多,制作人又可以掌控全场的时候。一份同意在相关制作中出现个人形象的承诺,以及声明知晓并同意制作人拥有将包含自己特写镜头的影片用于所有发行渠道的永久性权利,是肖像与隐私权豁免协议的核心条款:

> 对于节目中录制的本人的名字、图像或肖像,本人声明并承诺就此放弃追究制作方及任何第三方因为其使用行为而可能引起的法律责任。

总而言之,无论是在摄影棚拍摄,还是在公开的拍摄区拍摄,若涉及将群众摄入镜头并呈现在影视剧画面之中的,制作和公示相应的权利豁免公告,具有积极的防御作用,之于避免这些群众的肖像与隐私权被侵犯而言。

---

① 〔美〕Philip H. Miller:《媒体制作人法律实用手册》,何勇、李丹林译,人民邮电出版社2009年版,第127页。

第四章

影视剧制作

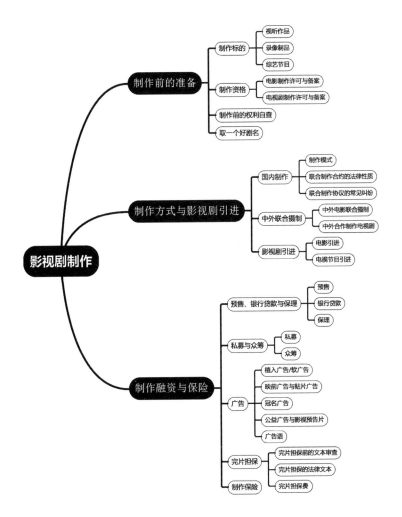

第一节 制作前的准备

一、制作标的

制作标的,指的是做电影、电视或其他。若制作标的不一样,或者标的细分渠道不一样,在法律上所需的权利类型及其范围也会随之有所不同。

(一) 视听作品

电影作品和电视剧作品是著作权法意义上的视听作品。电影是什么？这个问题自电影诞生至今，仍然是一个非常活跃的命题。伴随着技术与媒介的每一次进步与革新，电影的形态都发生了相应的变化，使得这个问题的回答变得更加困难。从无声电影到有声电影，从黑白电影到彩色电影，从胶片电影到数字电影，甚至从普通银幕电影到宽银幕立体电影等，电影与生俱来的技术与媒介属性，不断刷新着观众对电影的认识。① 根据《著作权法实施条例》的规定，电影是指摄制在一定介质上，由一系列有伴音或者无伴音的画面组成，并且借助适当装置放映或者以其他方式传播的作品。《电影产业促进法》所称的电影，是指运用视听技术和艺术手段摄制、以胶片或者数字载体记录、由表达一定内容的有声或者无声的连续画面组成、符合国家规定的技术标准、用于电影院等固定放映场所或者流动放映设备公开放映的作品。可见，依照《电影产业促进法》的规定，只有用于电影院等固定放映场所或者流动放映设备公开放映的作品方为电影，而《著作权法实施条例》并没有此类规定，著作权法意义上的电影的内涵远远大于《电影产业促进法》中的电影。

《电视剧内容管理规定》指称的电视剧是指：第一，用于境内电视台播出或者境内外发行的电视剧（含电视动画片），包括国产电视剧和与境外机构联合制作的电视剧；第二，用于境内电视台播出的境外引进电视剧（含电视动画片、电影故事片）。在这个概念下，没有说明电视剧具体是什么，而是通过来源与播放渠道对电视剧做了分类。从著作权法的角度说，电视剧通常都是"视听作品"。

倘若从剧本著作权人处获得的许可是"制作电影"，实际上的成品却是"网络电影"，倘若诉诸法院，解决这个问题的关键在于厘清"电影"与"网络电影"在法律上的关系。在"王普宁与中文在线数字出版集团股份有限公司等著作权权属、侵权纠纷案"②中，各方当事人的分歧在于中文在线公司是否从王普宁处受让取得了涉案小说的网络电影改编权。原告王普宁认为，"网络大电影"是2014年左右才出现的新的概念和艺术形态，而王普宁与中文在线公司签署"转让合同"时并不存在"网络大电影"的概念，因此"转让合同"中的"电影"仅可能指当时业已存在的院线电影，而不应包括合同签订三四年后才出现的"网络大电影"。传统意义上的"电影"与"网络大电影"并非同一概念，二者无论在适用法律、摄制条件、审查制度、放映播出条件、制作成本、制作周期、传播渠道等方面，均存在较大差异，属于两种不同的作品类型。中文在线公司认为，王普宁在"转让合同"中未区分院线电影和网络电影，应当认定该合同约定的"电影"包括并涵盖了网络电影在内的所有电影形态。按照现代汉语的理解，"网络电影"也好、"院线电影"也罢，"电影"之前的"网络"和"院线"的作用只是给电影分类或划定播放范围，不能改变其二者作为电影作品的本质属性。在法院看来：

> 合同条款均使用了"电影"一词，结合整个条款的用语和表述方式、合同的目的及行业内的交易习惯，该"电影"一词并非日常生活的一般用语，而是在著作权法意义上使用的特定词语。因此，在合同未对其含义作出特别约定的情形下，应该合理推定当事人的真实意思是指著作权法意义上的电影作品。根据《著作权法实施条例》的规定，视听作品，是指摄制在一定介质上，由一系列有伴音或者无伴音的画面组成，并且借助适当装

---

① 潘桦主编：《电影新形态：从微电影到网络大电影》，中国广播影视出版社2018年版，第2页。
② 北京市东城区人民法院 (2016) 京 0101 民初 22069 号民事判决书。

置放映或者以其他方式传播的作品。涉案网络电影《诡案组之魔影杀手》系摄制在一定介质上,由一系列有伴音或者无伴音的画面组成并且借助适当装置放映的作品,属于我国《著作权法》规定的电影作品。

电视剧与网络剧之间的关系亦同此理,如法院在"上海紫源影视文化传媒有限公司与张薇薇著作权转让合同纠纷案"①中所指出的,该案问题的核心在于涉案《作品改编权转让合同》中约定的电视剧改编权及拍摄权,是否包含网络电视剧的改编权及拍摄权。根据法律规定,当事人对合同条款的理解有争议的,应当按照合同所使用的词句、合同的有关条款、合同的目的、交易习惯以及诚实信用原则,确定该条款的真实意思。从法律规定来看,著作权法并未对电视剧作品或网络电视剧作品予以区分,而是统摄在视听作品概念之下。从合同文本来看,涉案《作品改编权转让合同》亦未明确区分电视剧和网络电视剧,合同全文均系以"电视剧改编权及拍摄权"为合同约定客体。张薇薇作为涉案小说的作者,依照通常交易习惯,如其认为涉案合同仅就小说《兰陵缭乱》改编、拍摄为电视剧并传播的权利进行转让,同时保留网络电视剧等新类型电视剧的相关著作权,理应在合同中通过各种方式予以明确。但双方在涉案转让合同中未就"电视剧"或"网络电视剧"的权利进行限定或以其他方式将网络电视剧排除在外,亦未对可能出现的其他新类型电视作品约定相应的保留条款。在"四川广播电视台与北京万合天宜影视文化有限公司等不正当竞争纠纷"②案中,法院还强调,网络剧系因在视频网络平台上播出而被称为"网络剧",这是根据播出渠道作出的定义,涉案剧在法律性质上属于视听作品。

另外,短视频如果具有独创性且符合视听作品的特征,则可以作为视听作品受到著作权法保护。例如法院在"广州华多网络科技有限公司与北京快手科技有限公司著作权权属、侵权纠纷案"③中所提及的,涉案短视频集合了音乐、表演者的表演、特效制作、对话、场景等一个或多个内容,是作者思想和情感的独创性表达,虽然仅有数十秒甚至是十几秒,但这并不等于表达形式非常有限而成为思想范畴的产物,且其作为数字化的视频,客观上亦可被固定并以有形形式复制,故涉案短视频属于视听作品,受著作权法保护。再如北京海淀区人民法院在"刘某与上海一条网络科技有限公司侵害著作权纠纷案"中指出,涉案视频是由拍摄者使用专业摄像设备拍摄,并将多个拍摄素材剪辑组合而成,视频的拍摄和剪辑体现了创作者的智力成果,涉案视频虽时长较短,但属于具有独创性的以类似于摄制电影的方法创作的作品。

(二) 录像制品

录像制品,是指视听作品以外的任何有伴音或者无伴音的连续相关形象、图像的录制品。录像制品与视听作品的区别则不是非常容易一眼分辨出来。在法律上,两者的区别主要在于是否达到了独创性标准。电视剧通常都是视听作品。

影视视听作品是导演根据编剧创作的分镜头剧本挑选并指导演员、灯光师、音响师、摄像师、道具师等精心协作、密切配合而产生的综合艺术作品,影视视听作品具有较高的独创性。而录像制品是对现场表演进行技术性机械录制的产物,录像制品的制作过程需要投资和技术性劳动,但几乎不需要什么创造性的劳动,因而达不到独创性的标准,不能成为作品。

---

① 北京市朝阳区人民法院(2017)京 0105 民初 18110 号民事判决书。
② 北京知识产权法院(2015)京知民终字第 2004 号民事判决书。
③ 北京市第一中级人民法院(2018)京 73 民终 2054 号民事判决书。

影视视听作品的著作权由制作者统一行使,录像制品涉及作者、表演者、录像制作者的权利,各方分别行使自己的权利。日常生活中称为"录像"的东西可能属于录像制品,也可能属于视听作品,究竟属于录像制品还是视听作品,关键在于是否达到独创性要求。视听作品的著作权人可以享有全部的著作人身权和著作财产权,而录像制品的制作者只享有复制权、发行权、出租权和信息网络传播权。①

判断拍摄成果是视听作品还是录音录像制品,广东高院在《关于审理侵害影视和音乐作品著作权纠纷案件若干问题的办案指引》([2012]42号)提供了可遵循的判断方法:电影作品的"独创性"要求较高,一般具有电影制片者与电影导演鲜明的个性化的创作特征;在摄制技术上以分镜头剧本为蓝本,采用蒙太奇等剪辑手法;由演员、剧本、摄影、剪辑、服装设计、配乐、插曲、灯光、化妆、美工等多部门合作;投资额较大;等等。对戏剧、小品、歌舞等表演方式进行拍摄时,拍摄者采用镜头拉伸、片段剪辑、机位改变、片头片尾美工设计、将场景从室内改变到室外等摄制方式,均不能够产生电影作品,其拍摄成果应认定为录音录像制品。以"《百家讲坛》系列节目《永乐大帝》著作权纠纷案"②为例,法院的观点是,在涉案作品是制作者(中央电视台)创制的《百家讲坛》系列节目的一部分,经过导演选题、邀请专家、组织现场、后期制作等综合劳动制作而成的、完整且唯一的视听作品,其表现形式并非表演者现场口述,亦不是经表演者授权第三方对其表演的录音录像,而是邀请学者作为主讲人按照制作方规划进行的"模拟讲座",作品的主体内容虽然以"模拟讲座"的拍摄形式呈现,却不能认为是对"模拟讲座"的简单录制,而是以"模拟讲座"作为该视听作品的一部分;最后,涉案作品是由制作方对不同素材进行选择,凝聚了导演、主讲人、摄影、服装、灯光等有关专业人员的创造性劳动,体现了制作人的策划构思和编排创作,也体现了主讲人的文学感悟,是声音与画面有机结合、多镜头剪辑、组合而成的一种艺术表现,其间能够体现制作者意志,具有较高独创性。因而,《百家讲坛》系列作品,达到了视听作品所要求的独创性高度,应认定为视听作品。

(三) 综艺节目

1. 综艺节目的法律性质

综艺节目,主要是指以娱乐性为主的综合性视听节目,包括但不限于婚恋交友类、才艺竞秀类、文艺汇演类等类型;它可以区分为现场综艺活动和综艺节目视频。现场综艺活动与综艺节目视频在法律上不是同一个类属。综艺节目视频的制作可以是简单地架设几个摄像机,对表演内容进行摄录,然后再予以相应的剪辑,形成节目视频。同时它也可以是非常复杂细致的过程,比如确立节目主题、草拟节目脚本、拟定拍摄计划,选定导演、主持人,邀请嘉宾、配备制作团队、选择拍摄场地,准备服装、化妆、布景、道具、舞美、灯光,节目参与人员在导演指挥下练习走位、动作、表情,有时还需要排练数次;正式拍摄也并非一气呵成,而是在拍摄多段画面后进行剪辑,调整结构层次,后期将解说词、效果声、音乐进行混录并进行音调音量处理等。最终在电视台播放的节目,是经过多次剪辑修改后的劳动成果。该成果凝聚了制作方的资金投入、导演的协调指挥、主持人和嘉宾的即兴创作、摄影师的拍摄以及后期的技术加工等劳动,具有独创性并能以有形形式复制,是视听作品。③

---

① 宋鱼水主编:《著作权纠纷:诉讼指引与实务解答》,法律出版社2014年版,第101—102页。
② 北京互联网法院(2019)京0491民初9052号民事判决书。
③ 丁文严主编:《知识产权案件裁判规则(一):著作权案件审理中客体可著作权性判断》,法律出版社2019年版,第151页。

司法对综艺节目视频法律属性的认识存在不同的看法,诸如把它视为汇编作品①、录像制品②、视听作品③等。综艺节目视频主要涉及三组关系即三大问题:第一,综艺节目视频中可单独使用作品的著作权应如何行使?第二,综艺节目视频中,表演者权应如何行使?第三,综艺节目视频中,可单独使用作品的著作权、表演者权及录音录像制作者权应如何行使?该三大问题的回答,根据综艺节目视频的法律性质不同而不同。

事实上,产生这些不同认定的一个很重要的差异是没有将综艺节目进行有效的区分。综艺节目,以春晚为例,它其实有两种表现形式:一种是在演播大厅现场进行的"现场春晚演出";一种是对"现场春晚演出"的画面进行摄制、选取、编排以及剪辑后,通过互联网或电视等呈现在观众面前的"春晚电视节目"影像。北京高院在《关于审理涉及综艺节目著作权纠纷案件若干问题的解答》(2015)中指出,综艺节目可以区分为现场综艺活动和综艺节目影像;现场综艺活动是否构成作品的判断与综艺节目影像是否构成作品的判断互不影响。

另外,北京高院在《关于审理综艺节目著作权案件的调查研究》(2017)中明确地将"现场综艺节目"与"综艺节目影像"做了区分,并认为综艺节目影像不构成汇编作品的理由是④:第一,不符合汇编作品的定义。汇编作品是对已有作品、作品片段及事实、材料的选择编排。而综艺节目的影像是对现场综艺活动的拍摄,拍摄者对现场综艺活动并没有选择和编排,且其是一个连续的、完整的拍摄过程,并未对已有的、单独的视听作品进行选择编排。有的法院认为中央电视台对于整台晚会的贡献主要体现在对报送节目的选择以及对节目顺序的安排上,该种论述混淆了综艺节目现场活动和综艺节目影像的区分。第二,不符合认定著作权法上认定作品的通常方法。从汇编作品和视听作品的分类来看视听作品属于《著作权法》第3条规定的具体的作品类型,汇编作品出现在《著作权法》第二章第二节著作权归属中。从综艺节目影像的实质来看,其完全符合《著作权法实施条例》对电影作品和录像制品的定义。第三,不能反映出制作单位对综艺节目制作的巨大投入。以"春晚"为例,根据实地调研,中央电视台直播"春晚",并非一个简单的节目的选择编排,其有整台节目的文字脚本、分镜头剧本,导播室有导播导演进行镜头的切换编辑,制作过程复杂程度不亚于电视剧的拍摄。其他婚恋交友类、选秀类均有类似的拍摄制作模式。对于投入大量制作成本的综艺节目若认定为汇编作品,虽然保护了单个作品的权利人,但是忽略了对节目的组织方或投资方付出劳动的尊重。综上,综艺节目影像不属于汇编作品,属于视听作品或者录像制品。

足球等体育赛事节目影像是否可以获得著作权法上的保护,与综艺节目影像的法律性质这一问题具有相似性。体育赛事一般指大型、专业体育竞技比赛活动,是指运动员在预先设定好的统一裁判规则下进行的实时竞技比赛项目;因体育赛事所衍生出的各种赛事节目,如体育赛事直播、转播、录播、体育赛事专题报道、体育赛事评论等,已经成为文娱市场中的重要商品。⑤ 在"北京新浪互联信息服务有限公司与北京天盈九州网络技术有限公司等不正

---

① 上海市浦东新区人民法院(2009)浦民三(知)初字第115号民事判决书。
② 北京市海淀区人民法院(2010)海民初字第8629号民事判决书。
③ 北京市海淀区人民法院(2015)海民(知)初字第27389号民事判决书。
④ 北京市高级人民法院:《关于审理综艺节目著作权案件的调查研究》,执笔人:亓蕾,北京市高级人民法院知识产权庭法官。
⑤ 杨幸芳:《体育赛事节目的法律性质与保护之评析:兼评新浪诉凤凰网中超赛事案》,载《电子知识产权》2019年第12期,第72页。

当竞争纠纷案"[①]中,一审法院和二审法院对涉案足球比赛节目的法律性质所持的观点完全相反,前者认为构成作品,后者认为不构成作品。一审法院在判决书中认为:

> 从赛事的转播、制作的整体层面上看,赛事的转播、制作是通过设置不确定的数台或数十台或数几十台固定的、不固定的录制设备作为基础进行拍摄录制,形成用户、观众看到的最终画面,但固定的机位并不代表形成固定的画面。用户看到的画面,与赛事现场并不完全一致、也非完全同步。这说明了其转播的制作程序,不仅仅包括对赛事的录制,还包括回看的播放、比赛及球员的特写、场内与场外、球员与观众,全场与局部的画面,以及配有的全场点评和解说。而上述的画面的形成,是编导通过对镜头的选取,即对多台设备拍摄的多个镜头的选择、编排的结果。而这个过程,不同的机位设置、不同的画面取舍、编排、剪切等多种手段,会导致不同的最终画面,或者说不同的赛事编导,会呈现不同的赛事画面。就此,尽管法律上没有规定独创性的标准,但应当认为对赛事录制镜头的选择、编排,形成可供观赏的新的画面,无疑是一种创作性劳动,且该创作性从不同的选择、不同的制作,会产生不同的画面效果恰恰反映了其独创性。即赛事录制形成的画面,构成我国《著作权法》对作品独创性的要求,应当认定为作品。从涉案转播赛事呈现的画面看,满足上述分析的创造性,即通过摄制、制作的方式,形成画面,以视听的形式给人以视觉感应、效果,构成作品。

二审法院的观点是:分析著作权与邻接权之间的区别,对于判定案件所涉作品究竟是录像制品还是电影作品具有重要价值。具体而言,二审法院认为:

> 如果除录像制品以外的其他邻接权客体均不具有个性化选择,则在并无相关权威性法律文件存在相反界定的情况下,基于邻接权客体的共性,可推知录像制品不能具有个性化选择。但如果其他邻接权客体中存在具有个性化选择的情形,则可得出相反的结论。以对歌曲的表演为例进行分析。针对同一歌曲,不同表演者的表演之间并不会完全相同,且在很多情况下其所存在的个性化差异足以使听众感受到。只是因该个性化差异尚未实质性影响音乐作品的旋律,因此,并未产生新的音乐作品,而只作为表演进行保护。同时,歌曲表演作为词曲的再现,通常亦能体现出表演有别于词曲之处。《著作权法》中赋予表演者享有精神权利亦在一定程度上承认了表演的个性化差异。录音制品的情况亦并无不同。《著作权法实施条例》第5条第(二)项规定:录音制品,是指任何对表演的声音和其他声音的录制品。依据该规定,录音制品可以是对作品的表演的录制,亦可以是对非作品(即其他声音)的录制。在对于音乐作品的录制中,即便针对同一个歌手演唱的同一首歌曲,同一演奏者演奏的同一乐曲,不同录制者所制作录音制品的声音效果亦很可能存在区别,这一区别显然是由不同录制者的个性化选择所导致。在对于不构成作品的其他声音(例如自然界的各种声音)的录制中,因此类录音制品并不受现有作品所限,故不同录制者的个性化选择不仅体现在对声音的录制上,同时更体现在对声音的选择上,因此,其具有更大的个性化选择空间。但即便如此,其仍只能属于录音制品的范畴。上述分析说明,在不少情况下,邻接权客体中存在具有个性化选择的情形,这一情形说明,同为邻接权客体的录像制品,并不排除个性化选择情形的存在。

[①] 北京市朝阳区人民法院(2014)朝民(知)初字第40334号民事判决书;北京知识产权法院(2015)京知民终字第1818号民事判决书。

因此,简单地以是否具有个性化选择、是否具有独创性来区分著作权的对象和邻接权的对象,在逻辑上是难以论证的,也是说不通的。基于此,在我国《著作权法》中将一系列连续画面同时规定为电影作品与录像制品的情况下,二者的差别仅可能在于独创性程度的高低,而非独创性的有无。虽然涉案体育赛事直播画面体现了直播团队在个性化选择上的付出,但从其故事化创作、慢动作、特写镜头和赛事集锦等角度看,尚不符合独创性的要求。

二审法院还强调:

> 尽管否定了涉案两场体育赛事公用信号所承载连续画面的作品属性,但这一认定并非否认直播团队在这一过程中所付出的智力劳动。尤其是在有着如此众多客观限制的情况下,直播团队个性的彰显更需要高超的能力及水平。但作品的独创性强调的是可被感知的个性化选择,至于完成这一个性选择所需付出的智力劳动的难度并非独创性判断的考虑因素,其与精确临摹虽然需要很高技巧但却不构成作品是同样的道理。

不过,北京知识产权法院的上述观点,并没有对上海法院产生明显的影响。比如,在"央视诉PPTV转播欧洲足球联赛著作权及不正当竞争纠纷案"①中,上海浦东区人民法院所持的观点是:

> 涉案足球赛事节目通过多机位的设置、镜头的切换、慢动作的回放、精彩镜头的捕捉、故事的塑造,并加以导播创造性的劳动,充分体现了创作者在其意志支配下的对连续画面的选择、编辑、处理,故根据上述层进式判断方法,可以将其认定为著作权法意义上的类电影作品。但是,这并不意味着所有的体育赛事节目均构成作品。大型足球赛事节目通过机位设置、镜头的切换、"蒙太奇"手法的运用、慢动作回放、精彩镜头的捕捉、故事的塑造以及导播自身风格的融入,已具有了区别于普通录像制品的显著特征,特别是随着VR、AR等现代技术手段在转播中的应用,相信足球赛事转播的创作空间和独创性水平会进一步提高。但是,体育赛事节目类型多样,它既包括NBA、足球比赛、奥运会开幕式等大型比赛活动的转播,也包括诸如跳高、跳远、举重等纯竞技项目的转播,因此,一项体育赛事节目是否构成著作权法意义上的作品,仍需根据是否符合最低独创性的标准进行个案判断。

2. 综艺节目模式的法律性质

综艺节目模式的相互借鉴与模仿是影视行业中的普遍现象,围绕综艺节目模式所产生的法律纠纷也逐步增加,法律关系日趋复杂。节目模式到底是什么,是属于思想还是属于表达,如果属于前者则不属于著作权法保护的范畴,如果属于后者则可以受到著作权法的保护。一般认为,包括综艺节目在内的电视节目模式属于思想的范畴,著作权法保护表达而不保护思想,因此节目模式不能成为著作权法的保护对象。北京市海淀区人民法院在情感访谈节目《面罩》一案中,表达了上述观点②:

> 对《面罩》节目的构思、创意,只有通过语言文字、符号、线条、色彩、声音、造型等客观形式将这种构思、创意表达出来,才能被人们所感知,才能以有形形式进行复制。同

---

① 上海市浦东新区人民法院(2017)沪0115民初88829号民事判决书。
② 北京市海淀区人民法院(2005)海民初字第15050号民事判决书。

时,当这种表达是独创的且符合法律规定时,才构成《著作权法》保护的作品。故《面罩》节目构思、创意本身并不属于我国《著作权法》规定的作品保护范围。

总体而言,综艺节目模式是综艺节目创意、流程、规则、技术规定、主持风格等多种元素的综合体。综艺节目模式属于思想的,不受著作权法保护;综艺节目中的节目文字脚本、舞美设计、音乐等构成作品的,可以受著作权法保护。虽然综艺节目模式不受著作权法保护,但可以观察到的现象是不少国外公司大量对外销售综艺节目模式,并且每年取得海量商业利润。其原因在于,这些热销的综艺节目模式并不仅仅是版权意义上的节目模式,更确切地说是综艺节目剧本。在娱乐圈,一份典型的综艺节目模式销售合同,事实上包括销售方相关综艺节目的文字脚本、制作宝典、节目大纲、分镜头剧本,同时会对购买方提供相关的咨询、培训等服务,而购买方则根据合同购买到的文字脚本、制作宝典、节目大纲、分镜头剧本来具体组织自己的综艺节目的拍摄。由此可见,所谓的综艺节目模式的买卖或者许可,已经远远超越了综艺节目模式本身的范畴,实际上包含了具体实施综艺节目模式的诸多版权细节,实为综艺节目剧本。①

二、制作资格

(一) 电影制作许可与备案

1. 无需制作许可证

根据《电影管理条例》的规定,只有电影制片单位,才能摄制电影、制作电影复制品、发行并被许可公映电影及其复制品。而申请设立电影制片单位,须由国务院广播电影电视行政部门审批,发给《摄制电影许可证》;申请人拿到《摄制电影许可证》之后,才能到工商部门领取营业执照。电影制片单位以外的单位想要独立从事电影摄制业务,须事先到国务院广播电影电视行政部门领取一次性的《摄制电影片许可证(单片)》,以获得参照电影制片单位拍电影的权利。电影制片单位经批准,可以与境外电影制片者合作摄制电影片(其他单位和个人都不允许合拍),发给申请人一次性的《中外合作摄制电影片许可证》。《电影产业促进法》颁布实施后,目前电影摄制已经是"零门槛",只要是经工商行政管理部门注册登记的影视文化类企业都可以申请拍摄电影;对于拍摄管理,主要通过电影剧本审查或电影剧本梗概备案来把住入口关。

2. 剧本备案

根据《电影产业促进法》第13条第1款的规定,拟摄制电影的法人、其他组织应当将电影剧本梗概向省级电影主管部门备案;其中,涉及重大题材或者国家安全、外交、民族、宗教、军事等方面题材的,应当按照国家有关规定将电影剧本报送审查。

(1) 一般题材的剧本梗概备案

出品单位若系在省级以下注册登记的法人、其他组织,剧本梗概的备案流程为:第一,将剧本梗概向其注册登记地所属省级广电部门报送备案;第二,由国家电影总局定期在其政府网站,就备案编号、电影片名、申报备案单位、编剧、备案结果、备案地以及梗概等基本信息,予以公示;第三,由省级电影管理部门向报送单位出具备案证明文件,目前的做法是发放电影剧本梗概备案回执单。若出品单位系在国家市场监督管理总局、国务院相关主管部门注

---

① 袁博:《综艺节目模式受著作权法保护吗?》,载《中国知识产权报》2016年3月18日,参见 http://ip.people.com.cn/n1/2016/0318/c136655-28209038.html,最后访问时间:2020年5月28日。

册登记的法人、其他组织,或中央和国家机关(军队)所属的电影制片单位,则直接将剧本梗概报送国家电影局备案,并由其公示、出具备案证明文件。

通常来说,办理电影剧本(梗概)备案须提供的材料主要有:第一,拟拍摄影片的备案报告。第二,不少于1000字的电影剧情梗概一份。凡影片主要人物和情节涉及外交、民族、宗教、军事、公安、司法、历史名人和文化名人等方面内容的,需提供电影文学剧本一式三份,并要征求省级或中央、国家机关相关主管部门的意见。第三,电影剧本(梗概)版权的协议(授权)书。

(2) 特殊题材的剧本立项审查

特殊题材分为重大题材和国家安全、外交民族、宗教和军事等方面的题材。所谓重大题材,主要是指重大革命和重大历史题材影片、重大文献纪录片,凡以反映中国共产党、中华人民共和国和人民解放军历史上重大事件,描写担任党和国家重要职务的党政军领导人及其亲属生平业绩,以历史正剧形式表现中国历史发展进程中重要历史事件、历史人物为主要内容的电影、电视剧,均属于重大革命和重大历史题材影视剧。凡剧情主要内容和主要人物涉及国家安全、外交、民族、宗教和军事等方面题材的影视剧,均属国家安全、外交民族、宗教和军事等方面的题材。

出品单位若系在省级以下注册登记的法人、其他组织,办理剧本立项审查的流程为:第一,将剧本向其注册登记地所属省级广电部门报送审查;第二,由国家电影局定期在其政府网站公示立项;第三,由省级电影管理部门向报送单位颁发立项批准文件。出品单位若系在国家市场监督管理总局、国务院相关主管部门注册登记的法人、其他组织,或中央和国家机关(军队)所属的电影制片单位,则直接将剧本报送国家电影局审查,并由其公示立项、颁发立项文件。

(二) 电视剧制作许可与备案

1. 制作许可证

电视剧由持有《广播电视节目制作经营许可证》的机构、地市级(含)以上电视台(含广播电视台、广播影视集团)制作,从事电影制作的单位欲制作电视剧的,须事先另行取得电视剧制作许可。电视剧制作许可证分为《电视剧制作许可证(乙种)》和《电视剧制作许可证(甲种)》两种,由国家广电总局统一印制。《电视剧制作许可证(乙种)》仅限于该证所标明的剧目使用,有效期限不超过180日;特殊情况下经发证机关批准后,可适当延期。《电视剧制作许可证(甲种)》有效期限为2年,有效期届满前,对持证机构制作的所有电视剧均有效。

(1) 乙种证

乙种证的核发,由各省级广播电视行政部门在各自本辖区内负责。所有已取得《广播电视节目制作经营许可证》的机构和地市级以上电视台,如需制作电视剧,均可按程序向省级广播电视行政管理部门提出申领乙种证的申请。申领乙种证时,申请机构须同时出具的书面材料有:第一,制作机构的申请。第二,当地地市级广播电视行政部门或业务主管部门的初核意见。第三,《电视剧制作许可证(乙种)》申领表。第四,总局批准的电视剧题材规划立项批件(复印件),有聘请境外主创人员参与制作的,还需出具总局外事司的批准件(复印件)。第五,申请机构与合作机构、主创人员(编剧、制片人、导演、主要演员等)签订的合约或合作意向书。其中,与社会其他机构合作制作的电视剧,在有关合约中须明确由申请机构为主组建剧组,并对制作全过程负责,合作方不得独家享有版权。与创作人员的协议(意向书)须由申请机构独立、或由申请机构与合作机构共同与第三方签署。第六,编剧授权证明(原件)。

乙种证由国家广电总局统一印制,核发时加盖省级广播电视行政部门公章。乙种证的有效期限一般不超过6个月,如到期未能完成制作,可由发证机关办理延期手续,但不能给同一个剧重复核发乙种证。省级广播电视行政部门应在乙种证正式核发之日起一周内将许可证复印件向国家广电总局社会管理司备案。省级广播电视行政部门要建立健全审核、发放乙种证的各项规章制度,并应将有关办事机构、程序、时效及责任追究等制度向社会公开。省级广播电视行政部门应切实履行行政许可和监管责任,国家广电总局社会管理司将对各地的核发工作予以指导监督。对审核不严、无故拖延、故意刁难、备案不及时或监管不力的,国家广电总局将给予相关发证机构批评、警告、暂停直至收回乙种证核发权等处分。

对不符合申领条件、程序而核发的乙种证,国家广电总局有权责令相关发证机构收回该乙种证,由此造成的经济损失,申请机构可按照国家有关法律要求发证机构承担赔偿责任。中央国家机关所属制作机构申请乙种证时,按现行程序报国家广电总局批准。

(2) 甲种证

电视剧制作机构在连续2年内制作完成6部以上单本剧或3部以上连续剧(3集以上/部)的,可按程序向国家广电总局申请《电视剧制作许可证(甲种)》资格。申领《电视剧制作许可证(甲种)》,申请机构须提交的申请材料主要有:第一,申请报告;第二,《电视剧制作许可证(甲种)》申请表;第三,最近2年申领的《电视剧制作许可证(乙种)》(复印件);第四,最近2年持《电视剧制作许可证(乙种)》制作完成的电视剧目录及相应的《电视剧发行许可证》(复印件)。

《电视剧制作许可证(甲种)》有效期届满前,持证机构若在连续2年内制作完成6部以上单本剧或3部以上连续剧(3集以上/部)的,可向国家广电总局申请延期;不符合条件的,不予延期。

2. 制作备案公示

国产剧、合拍剧的拍摄制作实行备案公示制度。国务院广播影视行政部门负责全国拍摄制作电视剧的公示,省级广播影视行政部门负责受理本行政区域内制作机构拍摄制作电视剧的备案,经审核报请国务院广播影视行政部门公示。申请电视剧拍摄制作备案公示,应当提交的材料主要有:第一,《电视剧拍摄制作备案公示表》或者《重大革命和重大历史题材电视剧立项申报表》,并加盖对应的公章;第二,如实准确表述剧目主题思想、主要人物、时代背景、故事情节等内容的不少于1500字的简介;第三,重大题材或者涉及政治、军事、外交、国家安全、统战、民族、宗教、司法、公安等敏感内容的,应当出具省级以上人民政府有关主管部门或者有关方面的书面意见。

国务院广播影视行政部门对申请备案公示的材料进行审核,并通过其网站对剧名、制作机构、集数和内容提要等予以公示,该公示的打印文本可以作为办理相关手续的证明。电视动画片、重大革命和历史题材电视剧,以及理论、文献电视专题片等广播电视节目,须按照国家广电总局特定的规定执行。

三、制作前的权利自查

在制作之前对权利进行自查的必要性,主要是为了避免制作开始之后始发现权利上的瑕疵或隐患,致使资金投入面临被计入"沉没成本"的风险。

对于获取剧本以制作影视剧而言,改编权与摄制权,是制片方首要关注的权项。《著作权法》第 13 条规定:改编者对改编作品享有著作权,但行使著作权时不得损害原作品作者的著作权。根据该规定,改编者对新作品享有著作权;但问题并没有得到完全的解决,因为"改编者对新作品行使著作权时,不得损害原作品作者的著作权"。什么是"行使著作权时不得损害原作品作者的著作权"? 我国《著作权法》没有明确。回答这个问题,关键在于厘清"原作"与改编而成的"新作"之间在法律上的关系。新作,在学理上,是原作的演绎作品,其著作权归演绎者所有。"演绎行为是演绎者的创造性劳动,也是一种创作方式。已有作品的表达元素包括非独创性元素和独创性元素。由于非独创性元素属于共有领域,并不专属于已有作品著作权人,因此在考量涉及演绎作品的侵权案件时,应准确地甄别相关作品表达元素,作出恰如其分的认定。通常,演绎作品的表达元素由两部分构成:已有作品的表达元素和新创作的表达元素。因此,在演绎作品中,至少存在两个著作权:一是已有作品的著作权,二是进行演绎创作作品本身的著作权。就演绎作品本身的著作权而言,其权利范围仅限于再创作部分。显然,对于演绎作品中的新的表达元素,演绎作品权利人可以自由控制而无须取得已有作品权利人的许可。再次演绎中未包含已有作品的表达元素,不需要已有作品著作权人授权许可。"[①]在演绎作品链中,作者的著作权具有穿透性和连贯性,除非法律上有明确的例外规定。[②] 为此,从法律风险防范的角度出发,在获取文学作品的改编权和摄制权时,宜通过约定的方式,把对演绎作品行权时的限制降至最低,排除需经过原作著作权人之许可,明确无需向原作著作权人支付额外的报酬。

剧本的改编权和摄制权可能会经由数次流转,被许可方或受让方则需要对每一次流转进行全面的法律尽职调查,找出/"归回权"其中可能存在的法律风险,通过适当的办法予以补救。此外,实践中广为存在的"收回权"也是应予关注的重点。"收回权"在合约中有各种各样的表述,譬如,"如果制片方在本协议生效后 3 年内未开始拍摄,或在商定的时间内虽开始拍摄,但未在商定的时间内完成,则作者有权要求收回所许可的改编权和摄制权","制片方若未在本协议生效后的 3 年内开机摄制,则作者有权收回所有的改编权和摄制权,无需退还任何款项,亦无需向制片方支付任何补偿或赔偿"。可见,收回权大致的意思与功能是,限定被许可方或受让方在特定时间内从事某种行为或者完成某项目标,若未能实施或达成的,许可人不但有权收回所有已经授予的权利,并且无需退款、无需赔偿;它与好莱坞影视合同中常见的"归回条款"具有差不多相同的效果。

发生在王潇与北京贺彩文化传媒有限公司(简称"贺彩公司")之间的著作权转让合同纠纷,是一起有关收回权的典型案件。[③] 2014 年 3 月,王潇与贺彩公司签订涉案合同,同意将作品《女人明白要趁早》《女人明白要趁早之三观易碎》的影视(包括但不限于电影、电视剧、网络剧等)改编版权独家转让给贺彩公司。涉案《版权转让合同》约定:如果制片人在合同生效后两年内并未开始拍摄,或在商定的时间内虽开始拍摄,但未在商定的时间内完成,则作者有权要求收回所转让的权利;制片人在约定的时间内未改编作品成为影视项目的,作者有权终止合同。

就双方约定的"改编作品成为影视项目"的完成,王潇认为必须达到完成剧本创作,具备拍摄可能;贺彩公司认为拿到摄制电影许可证即应视为完成。2015 年 7 月,就拍摄影片《女

[①] 浙江省高级人民法院(2014)浙知终字第 100 号民事判决书。
[②] 吴伟光:《著作权法研究:国际条约、中国立法与司法实践》,清华大学出版社 2013 年版,第 248 页。
[③] 北京市朝阳区人民法院(2016)京 0105 民初 39978 号民事判决书;北京知识产权法院(2016)京 73 民终 1091 号民事判决书。

人明白要趁早》,贺彩公司取得北京市新闻出版广电局颁发的编号为京影单证字【2015】第714号(影剧备字【2015】第2652号)《摄制电影许可证(单片)》。法院审理后认为:

> 在贺彩公司未在约定的时间内改编作品成为影视项目的情况下,王潇有权解除合同;除《版权转让合同》约定的两年的期限外,双方并未约定或商定其他期限。因此,贺彩公司有义务在两年的时间内完成影视项目的改编。对于"改编作品成为影视项目"的约定,双方理解不一。但"改编作品成为影视项目",是一个系统的工作,取得摄制电影许可证,仅是开展影视项目的前期准备工作,并不等同于"改编作品成为影视项目",因此贺彩公司相关的抗辩意见并无事实根据。贺彩公司虽提交《女人明白要趁早》的电影、网络剧剧本三份,但这些所谓剧本不具有影视剧本的形式,并不具备拍摄成影视剧的前提,亦不构成"改编作品成为影视项目"的完成。贺彩公司虽提供证据证明电影《女人明白要趁早》于2016年2月举办了开机仪式,但认可之后项目处于停止状态。在剧本尚不具备拍摄条件的情况下,开机仪式的举办,并不符合合同约定的"开始拍摄"影视作品的约定,更不意味着"改编作品成为影视项目"工作的完成。结合电影《女人明白要趁早》在开机仪式后并未实际展开拍摄的事实,截至2016年6月,在双方《版权转让合同》签订超过两年之后,贺彩公司并未在约定的两年时间内实现改编作品成为影视项目,故判决王潇与贺彩公司签订的涉案合同解除。

该案并没有在法理层面阐述更多的东西,而只是根据合同的具体约定,分析了"收回权"以及收回的条件是否已经成就。从该案中可以得到的启发是:第一,收回权本身,应有一个相对清楚的界定,比如在收回权的实施主体、收回的权利内容、收回的方式、收回的触发条件、收回的后果、收回前已经产生的成果或作品之使用等等;第二,收回触发条件中诸如开机、摄制、杀青、改编、上映、首映、播放等非法律用词,应有相对明确的内涵和外延,避免这些行业术语之规定性的缺乏,而带来纠纷隐患。

四、取一个好剧名

一个好的剧名无疑比一个普通剧名更具有吸引力,它对于电影的成功来说,非常重要。[①]为影视剧取名,可以有各种理由。比如,借助作品本身的知名度,沿用作品的名称;为忘不了并难以割舍的年少理想和情怀,借用剧名以隐晦的方式表达;为蹭市场"爆点"或他人作品热度,选用相似或相近的名称。在法律上,蹭他人作品热度,有违反法律"禁止攀附他人之名商品的商誉"之虞,故而取名时应予以重视,并依法对之进行风险排查。"北京永旭良辰文化发展有限公司诉北京泽西年代影业有限公司、北京星河联盟影视传媒有限公司不正当竞争纠纷案"[②]是为一起意图通过"打擦边球"的取名方式,不正当利用他人已有作品的知名度与热度,而陷入官司之中的实例。

在该案中,《笔仙》和《笔仙Ⅱ》已公映且收获了一定的票房和知名度,并在《笔仙Ⅱ》首映时宣布《笔仙Ⅲ》将于2014年7月上映;电影《笔仙惊魂》则跳过《笔仙惊魂2》直接拍摄《笔仙惊魂3》并于2014年4月公映,且在媒体宣传中称《笔仙惊魂3》为"笔仙"系列的恐怖升级之作等。法院的观点是,这种行为容易使相关公众将《笔仙惊魂3》误认为是《笔仙》《笔仙Ⅱ》的

---

① Carol Robertson, *The Little Book of Movie Law*, American Bar Association, 2012, p.324.
② 北京市高级人民法院(2014)高民(知)终字第3650号民事判决书;北京市第三中级人民法院(2014)三中民初字第06412号民事判决书。

续集,对《笔仙惊魂3》和《笔仙Ⅲ》产生混淆,从而使《笔仙惊魂3》借助《笔仙》《笔仙Ⅱ》已经取得的票房影响力和《笔仙Ⅲ》的宣传营销来推广扩大其知名度,提高其票房收入,不公平地利用了永旭良辰公司已开拓的电影市场成果,违反了诚实信用原则和商业道德,构成不正当竞争,应承担相应的法律责任。

"《人在囧途》诉《人再囧途之泰囧》不正当竞争纠纷案"[①]反映的也是剧名法律问题。在该案中,华旗公司享有《人在囧途》电影、剧本和音乐的著作权,拥有《人在囧途》的一切知识产权。《人在囧途》上映后获得了业界的认可和观众的喜爱,成为知名品牌。此后华旗公司便开始筹备拍摄《人在囧途2》,并为此与田羽生签订了剧本委托创作合同,依约对所创作的剧本享有全部知识产权。2010年9月,华旗公司职员王子萱将《人在囧途2》大纲通过电子邮件发给徐峥。2010年11月,华旗公司向国家广电总局申报电影《人在囧途2》时,发现北京奇天大地影视文化传播有限公司申报了《人在囧城》,编剧署名为徐峥、杨庆。华旗公司对此提出异议,国家广电总局随后向湖北省广播电影电视局发函,决定对两个项目暂不公示。后奇天大地公司作出了撤销立项的声明。2011年5月,华旗公司申报的《人在囧途2》电影经审核通过,获得了摄制电影许可证。2012年12月,在华旗公司不知情的情况下,光线传媒公司投资的《人再囧途之泰囧》公映,该片由光线影业公司、影艺通公司、真乐道公司、黄渤工作室出品,徐峥任导演和编剧。华旗公司认为被告的行为构成不正当竞争。一审法院认为:

> 华旗公司电影《人在囧途》在先具有一定的知名度,被告选取基本相同的演员拍摄相同类型的电影本无可厚非,但是在被告知晓华旗公司筹拍电影《人在囧途2》的情况下,仍将其电影名称由《泰囧》变更为《人再囧途之泰囧》,主观攀附华旗公司电影《人在囧途》已有商誉的意图十分明显,同时还多次公开表达《人再囧途之泰囧》是《人在囧途》的"升级版"等观点,造成相关公众对两部电影产生混淆误认。综上,被告不当地利用华旗公司电影《人在囧途》在先获得的商誉,损害了华旗公司基于《人在囧途》的成功所拥有的竞争利益,违反了《反不正当竞争法》的规定,构成不正当竞争,应当承担相应的民事责任。并且,被告在其电影名称中使用了"人再囧途"造成相关公众的混淆误认。一般而言,判断是否构成混淆,应当根据一般人的客观标准,根据标志之间的近似程度、受保护标志的市场声誉、使用商品的相关性、实际混淆的证据、商品销售渠道、相关消费者的识别能力、被告使用标志的主观意图等进行综合考量。被告的电影原名为《泰囧》,后变更为《人再囧途之泰囧》。将"人再囧途之泰囧"与"人在囧途"进行比较,前者所包含的"人再囧途",虽然使用的是"再"字,但在读音上与"人在囧途"相同,具有"再次走上囧途"之含义。因此二者构成使用在电影商品上的近似名称。

> 故而,被告故意变更电影名称为《人再囧途之泰囧》,主观上具有通过使用相近似的电影名称攀附电影《人在囧途》已有商誉的意图,客观上造成了相关公众的混淆误认,损害了华旗公司的竞争利益,属于《反不正当竞争法》规定的"仿冒知名商品特有名称"的行为,同时,考虑到被告电影《人再囧途之泰囧》与华旗公司电影《人在囧途》属于同类型电影,影片的主要演员基本相同,被告在使用相近似的电影名称基础上,多次公开发表"升级版"等言论,违反了市场经营活动中应该遵循的公平原则、诚实信用原则,违反了《反不正当竞争法》的规定,构成不正当竞争,应当承担相应的民事责任。

---

① 北京市高级人民法院(2013)高民初字第1236号民事判决书;中华人民共和国最高人民法院(2015)民三终字第4号民事判决书。

一审判决后，被告提出上诉，并在上诉意见中强调：行业内无论是相关行政法规还是行业实践，均不禁止影片名称相同或相近似的情况，只要影片内容不同即可，从行业实践看，影片名称相同或相近似在电影行业内亦为非常普遍的现象，一审中上诉人提交了200余部相同或近似影片名称的证据材料，如《河东狮吼》《河东狮又吼》；《大内密探零零发》《大内密探灵灵狗》等其出品人并不相同。而且，从行业发展来看，影片名称也不应被过度保护。知识产权法律体系保护的目的在于保护并鼓励创作，而不是为创作设置障碍。影片名称通常都是短语，能够概括影片的短语是非常有限的，不像影片的故事可以千变万化，如果将短语赋予排他性，将会约束创作者的自由。因此，如果利用《反不正当竞争法》这样的法律对影片名称这样的短语予以保护，不仅不是在保护创作，而是在垄断语言资源，不利于电影产业创作及发展，不应也没有必要予以支持。尤其是，国家广电总局对所有影片的立项均会对影片名称进行事前审查，尽管有《人在囧途》的名称在前，国家广电总局也不认为《人再囧途之泰囧》的名称与《人在囧途》构成冲突。

二审法院维持了原判，在判决书中做了如下补充性说理：

> 一般情况下，根据《著作权法》的要求，基于独创性的判断标准和电影作为作品的属性，其名称与其他作品名称一样，较难获得《著作权法》的保护，一般不宜禁止他人创作和使用相同或者近似电影名称表达相同或者近似的电影题材和类型。但电影在商品化过程中，如知名电影的特有名称对相关公众在电影院线及其他市场交易渠道挑选和购买发挥识别来源作用，知名电影的特有名称就应受到反不正当竞争法的保护。尤其是当一个知名电影的特有名称可能反映了电影商品的题材延续性、内容类型化、叙事模式相对固定等特点，其他经营者使用相同或者近似的电影名称，以同类型的题材和内容，采用近似的叙事模式从事电影活动，容易使相关公众对商品的来源产生误认，或者认为经营者之间具有特定联系。鉴于知名电影的特有名称是否受到《反不正当竞争法》保护需要个案审理中依据诸多因素进行综合判断，因此上诉人关于有相近似甚至相同电影名称存在并不为行业规范和实践所禁止，以及电影名称无识别商品来源作用的主张，并不能成为本案的电影名称不属于知名电影特有名称的正当理由。

的确，在影视行业，片名相同或者相近的现象屡见不鲜。比如港产影片《少林寺》有1976年和1982年出品的两个版本，相近的电影片名还有《少林寺传奇》《少林寺弟子》《少林小子》《南北少林》《新少林寺》等等。首拍电影《少林寺》的出品方香港长弓电影公司与其他影视公司并未由此引发纷争。原因有二：首先，上述电影片名中的"少林"或"少林寺"属于通用词汇，首拍电影出品方不享有通用词汇的独占权；其次，上述影片故事内容不同、情节演绎各异、塑造形象有别、主演组合各具特色，不至于被观众视为前一部相同或相近片名电影的续集，故不能将这种现象视为不正当竞争行为。① 事实上，没有发生诉诸法院的纠纷，并不意味着没有纷争；并且，这些影片时代背景下的中国法律体系尚不够完善和发达，使得当时的某些行为并不被当时的法律所严厉禁止。至于20世纪八九十年代，香港出现"黄飞鸿"热，冒出《黄飞鸿之壮志凌云》《黄飞鸿之男儿当自强》《黄飞鸿之狮王争霸》《黄飞鸿之王者之风》《黄飞鸿之龙城歼霸》《黄飞鸿之西域雄狮》《黄飞鸿之铁鸡斗蜈蚣》《黄飞鸿之一代宗师》《黄

---

① 赵玉忠：《略谈影视剧作片名与主创人员职责的行业惯例与规范》，载《北京电影学院学报》2013年第4期，第56页。

飞鸿之男儿当报国》《黄飞鸿之铁马骝》《黄飞鸿之鬼脚七》《黄飞鸿笑传》《黄飞鸿笑传2:黄飞鸿对黄飞鸿》等许多以黄飞鸿命名或以黄飞鸿为主角的影片,与任何人都可以在不侵犯霍元甲之隐私与名誉权的情况下,趁"霍元甲"之热,拍摄制作"霍元甲"系列剧一样。

可见,为影视剧取名,不但是艺术活儿,也是法律活儿。当然,除《反不正当竞争法》之外,通过申请注册商标,剧名也可以获得商标法的保护。在美国,剧名的商标法保护并非易事,因为仅一部剧名的剧名无法获得注册,只有系列剧才有获得注册商标的可能。[①]

第二节 制作方式与影视剧引进

一、国内制作

(一) 制作模式

影视剧的制作,有独立制作、委托制作和联合制作之分。独立制作,是指只有一个出品方的制作方式;委托制作,指的是虽然出品方只有一个,但基于各种原因的考虑,出品方把影视制作事宜委托给另一主体完成,受托方或者说承制方对影视剧不享有版权,按照出品方的要求,完成并交付制作成果并根据约定,享有报酬请求权。有两个或两个以上出品方的影视剧都可以视为是联合制作,在联合制作的情况下,双方或多方的联合模式多种多样,可以根据共同商议的结果自由地安排权利义务。在这种制作分类标准下,无论是独立制作还是联合制作,都可以委托给承制方来实际实施和完成具体的制作事务,所涉事务范围的大小,可由当事方自行约定。

国内制作,说的是出品方均为国内主体。一般而言,因制作影视剧耗资颇大,在国内电视台或互联网平台看到的影视剧,都不止一个出品方,而是有数位甚至十数位出品方;联合制作是目前国内影视剧制作的主要模式。在该模式下,联合制作方通过合同安排彼此间的权利义务,不管合同的名称为何,目的均旨在为彼此的权利义务划定边界。联合制作之所以是国内主要的制作方式,除了可以分摊项目风险以及弥补资金缺口的优点之外,还具有充分利用各投资方自身优势,互补各自在影视剧生产经营过程中某方面能力不足的优点。[②] 比如,擅长发行的、擅长摄制的、擅长剧本创作的、具有演员资源优势的等等,通过聚合在一个影视剧项目中,实现"1+1>2"的效果。与独立制作相比,联合制作模式也有其弊端。独立制作的话语权不会分散,而是集中在一个投资者手中,对于影视剧项目推进及影视剧著作权之行权,可以径直决断;联合制作则不然,不但需要遵守著作权共有的行权规则,在制作过程中还需要顾及其他投资方的意见,甚至有时候会出现各方意见分歧太大,影响影视剧项目推进的情况。所以,为避免合作出现僵局,在联合制作协议中设置"僵局解决"条款尤为必要。

(二) 联合制作合约的法律性质

联合制作方通过合约确定彼此间的权利义务关系,实践中其名称各有不同,诸如联合制作协议、联合投资协议、联合投资制作协议、联合投资摄制协议、联合投资制作发行协议等等。不论其名称为何,倘若因联合制作合约发生纠纷的,法院首先要解决的一个问题便是确定涉案合同的法律性质。

---

① Carol Robertson, *The Little Book of Movie Law*, American Bar Association, 2012, p. 324.
② 宋蕾:《影视剧制片项目风险管理研究》,中国传媒大学出版社2017年版,第98—99页。

1. 联营合同

联营合同是企业之间或者企业与事业单位之间,为了达到一定的经济目的而达成的联合经营的协议。在"宁波广播影视艺术中心与杭州今古时代电影制作有限公司合同纠纷案"①中,法院认为当事方之间构成联营合同关系:

> 从《联合拍摄电影〈十里红妆〉合同书》的内容可见三方系共同出资联合制作电影,拍摄完成后共同进行影片营销,共同审核经费决算,共同分配影片收入的联营合同关系。

之所以在不少联合制作协议纠纷案中,当事人提出"联合合同"问题,原因在于,倘若被认定为联营合同之后,涉案协议中的保底条款就可能会被认定为无效,继而为相关当事人的主张提供基础。最高法院《关于审理联营合同纠纷案件若干问题的解答》(1990)第4条规定,联营合同中的保底条款,通常是指联营一方虽向联营体投资,并参与共同经营,分享联营的盈利,但不承担联营的亏损责任,在联营体亏损时,仍要收回其出资和收取固定利润的条款。保底条款违背了联营活动中应当遵循的共负盈亏、共担风险的原则,损害了其他联营方和联营体的债权人的合法权益,因此,应当确认无效。联营企业发生亏损的,联营一方依保底条款收取的固定利润,应当如数退回,用于补偿联营的亏损,如无亏损,或补偿后仍有剩余的,剩余部分可作为联营的盈余,由双方重新商定合理分配或按联营各方的投资比例重新分配。

比如在"映代码(北京)文化传媒有限公司与北京龙乐东方影视文化传媒有限公司合同纠纷案"②中,映代码(北京)文化传媒有限公司(简称"映代码公司")上诉提出,双方签署的《电影联合投资合同》是联营合同,本案是联营合同纠纷,应当适用最高法院《关于审理联营合同纠纷案件若干问题的解答》(1990)中关于联营合同保底条款无效的相关规定。映代码公司的上诉没有得到支持,法院所持的理由是:

> 联营合同最基本的要素是共同投资、共同经营、共担风险、共负盈亏。对照联营合同的基本要素,本案中,从投资、投资人情况看,双方签订的合同中仅明确了龙乐东方公司投资300万元,而对于涉案影片预算总投资额3000万元由谁来投资,是否为映代码公司投资并不明确;从风险责任承担看,合同中约定若因涉案影片的剧本版权、制作、经营等事宜引起任何法律与经济纠纷,由映代码公司承担全部责任,龙乐东方公司不承担涉案影片的任何经济纠纷责任;从参与经营情况看,虽然在合同中约定了给予龙乐东方公司一定的参与经营权,包括署名权,对剧组重大事务和管理的表决权、决定权等,但同时又约定,映代码公司负责涉案影片的剧本创作、申报立项、拍摄制作、成片后的送审及宣传发行、经营等一切事宜。基于以上的合同约定,本院认为,双方签订的合同并不符合联营合同的基本要素,因此不应认定双方签订的《电影联合投资合同》系联营合同。

可见,是否是联营合同,分析的切入点主要是所有投资人、实际出资情况、风险责任承担责、立项报批情况、摄制参与情况、发行参与情况、署名权分配、版权归属等等,若符合"共同投资、共同经营、共担风险、共负盈亏"之特点的,联合投资制作协议则存在被认定为联营合同的可能。

---

① 杭州市西湖区人民法院(2010)杭西商初字第760号民事判决书。
② 北京市第三中级人民法院(2018)京03民终3940号民事判决书。

2. 民间借贷

民间借贷，是指自然人、法人、其他组织之间及其相互之间进行资金融通的行为。联合投资制作合约，在实践中不乏被认定为"名为投资，实为借贷"。比如，在"四川文化产业股权投资基金合伙企业与四川八骏联盟影视文化传播有限公司、赵平合同纠纷案"①中，针对"原告四川文化产业股权投资基金合伙企业（简称"四川文化产业投资基金"）与被告四川八骏联盟影视文化传播有限公司（简称"八骏联盟传播公司"）之间建立的法律关系性质，是民间借贷关系还是联营关系"之争议焦点，法院认为：

> 根据已查明的事实，原告四川文化产业投资基金与被告八骏联盟传播公司签订的合同虽名为投资协议，但根据合同约定的权利义务可知，原告四川文化产业投资基金向被告八骏联盟传播公司提供资金后，可以享有该剧单位的署名权，但并不参与任何制作、拍摄、发行，也不承担因制作《天下粮田》产生的债务，仅在固定的期限内向被告八骏联盟传播公司收回本金以及固定的收益，符合借贷关系的特征。故本院认定涉案《关于电视剧之投资协议书》名为投资实为借贷，本案应按借贷民事法律关系处理。

再比如在"四川星空影视文化传媒有限公司与上海知书文化传媒有限公司其他合同纠纷案"②中，原被告就电视剧《热血码头》签署了《合同书》，该《合同书》虽约定原被告联合投资拍摄电视剧，但原告并未实际参与电视剧的拍摄、制作、发行等与投资项目有关的经营活动，且无论项目盈亏，原告均有权到期收回全部投资本金并获得固定投资利润，不承担任何投资风险，也不享有其他经济收益，故而法院认定系争《合同书》名为联营实为借贷，本案应按借贷民事法律关系处理。

倘双方间的联合投资制作协议被认定为"名为投资，实为借贷"，那么，在未违反强制性法律法规的情况下，最高法院《关于审理民间借贷案件适用法律若干问题的规定》（2020）就成为确定双方当事人之间权利义务关系的规范性文件。

3. 合伙

在"杭州佳平影业有限公司与杭州南广影视制作有限公司合伙协议纠纷案"③中，一审法院认为，根据杭州南广影视制作有限公司（简称"南广影视公司"）、杭州佳平影业有限公司（简称"佳平影业公司"）、杭报集团三方签订的《电视剧〈东方〉联合投资合同书》的约定，三方之间的关系为共同出资、共享收益、共担风险的合伙型联营体。可能是二审法院认为"合伙型联营体"的确切含义难以界定，遂在终审判决书中把三方之间的关系直接描述为"合伙关系的事实清楚"。

4. 共同投资

发生在武汉武商集团股份有限公司与湖北红色世纪影业有限公司之间的合同纠纷案，法院在判决书中指出④：

> 所谓名为投资、实为借贷，应系为规避法律规定，以投资为名行借贷之实，而从查明的本案事实来看，并不能够认定双方是为了故意规避有关借贷的禁止性规定，而以投资

---

① 成都高新技术产业开发区人民法院（2018）川0191民初7691号民事判决书。
② 上海市杨浦区人民法院（2017）沪0110民初5113号民事判决书。
③ 杭州市上城区人民法院（2014）杭上商初字第2311号民事判决书；杭州市中级人民法院（2015）浙杭商终字第1566号民事判决书。
④ 武汉市武昌区人民法院（2015）鄂武昌民初字第01123号民事判决书。

的合法形式掩盖非法目的,也不应以借贷关系为由否定合同效力。从《关于联合摄制电视剧〈大汉口〉合同书》订立后的履行情况来看,各方出资的真实目的确实是投资联合摄制电视剧《大汉口》,故双方当事人之间形成的是共同投资的法律关系。

5. 无名合同

在"天津柒柒影视文化有限公司、北京土象星座影视传媒有限公司合同纠纷案"①中,法院在判决书中,就案涉的数字电影投资协议之性质,对涉案合同是否系借款合同、是否是联营合同,作出否定性判定之后指出,根据法律的规定,当事人依法享有自愿订立合同的权利,依法成立的合同,自成立时生效。合同法分则规定的合同类型并未涵盖实践中的所有合同,合同法分则或者其他法律没有明文规定的合同,适用合同法总则的规定,并可以参照合同法分则或者其他法律最相类似的规定。天津柒柒影视文化有限公司(简称"柒柒影视公司")签订合同时同意向北京土象星座影视传媒有限公司(简称"北京土象公司")按期支付固定回报,系其真实意思表示,亦是其对自身权利义务的自愿处分,未侵害他人的合法权益,也未违反法律、行政法规的强制性规定,涉案合同依法成立并生效,对双方当事人具有法律约束力,柒柒影视公司应当按照合同约定的数额和期限履行付款义务。

综上,联合投资制作协议因其具体内容的不同,法律性质亦会随之产生变动;法律性质的变动直接关系可适用法律法规的变化。更进一步说,确定当事方之间权利义务关系的规则与原则可能会与在设计或起草合约时所抱持的法律观念有所不同,从而导致设计与起草合约时部分用语或条款安排无法实际发挥作用。辨析联合投资制作协议之性质的实践意义,由此可见一斑。

(三) 联合制作协议的常见纠纷

联合制作固然需要各投资方的精诚合作,但精诚合作若没有合约作为基础,各方权利义务边界无法有效确定,为此,一份内容相对详尽的《联合投资协议》是为必需。通常而言,《联合投资协议》至少应包括如下条款:影视项目基本情况、投资基本情况(投资预算、投资比例、投资进度、共管账户、投资权益转让等)、剧本著作权、影视剧著作权、制作(剧组设立、制作进度、制作责任方、制作用款监督等)、题材备案、完成片送审、领取发行许可证等)、演员、导演、制片)、宣传、发行(国内发行、国外发行、发行渠道、发行代理费、发行价的设定、超过发行价的奖励)、发行收入及其分配、植入广告及其分配、奖项及其分配、税费、保密、署名、保证与承诺、合同变更、合同解除与终止、不可抗力、违约责任、通知与送达、反商业贿赂、僵局解决、争议解决、法律适用、管辖权、成立与生效、其他。

需要指出的是,合作方在每个合作项目中的需求不尽相同,通常很难用一个不变的合同模板适用在变动的商业合作之中,上面所列条款,只是一个框架性提示,具体尚需根据实际情况予以调整或完善。可以认为,对确定合作方之权利义务的《联合投资协议》多下一点功夫,是风险防控的有效手段;若有未尽或约定不明之处,极易引发纠纷。比如浙江人杰文化传播有限公司与浙江影视(集团)有限公司、湖州广播电视总台,因制作进度而发生的纠纷②;北京中影第一电影制片有限公司与艺能娱乐(国际)有限公司,因制作质量导致两次修改而引发的纠纷③;嘉诺(北京)文化传播有限公司与北京宣华门影视文化有限公司,因投资款支

---

① 天津市第三中级人民法院(2019)津03知民终17号民事判决书。
② 湖州市中级人民法院(2016)浙05民终641号民事判决书。
③ 北京市高级人民法院(2008)高民终字第304号民事判决书。

付约定的理解不同而引发争议①;海宁博啦啦影视传媒有限公司与北京顺合伟业影视艺术发展有限公司,因制作集数与主演变动而对簿公堂,最终,一方因合同中"违约方逾期付款超过开机日的,即视为违约方放弃依据本合同取得之所有权益,守约方有权书面通知违约方解除本合同,违约方已投入的资金不予退回,归守约方所有;违约方按投资额20%支付违约金并赔偿守约方的经济损失。守约方有权自行决定与任何第三方进行合作"的约定,而使得已经支付的1800万元投资款彻底打了水漂②;等等。这些纠纷产生的过程,对于法律风险防范而言,都值得了解;只有了解联合投资制作协议在实际运行过程中的风险高发点、争议点、分歧点,才有助于有的放矢地以未雨绸缪之态度,在协议条款与内容上有效地细致打磨。

事实上,即便是简单的常规条款,在娱乐法领域,若不根据行业特点对之予以梳理和调整,同样容易陷入风险之中。譬如,国家广电总局政策的变化属不属于不可抗力?是与不是都有其合理性与正确性。但在司法中,对其属不属于不可抗力以及会不会影响合同义务的履行之判定,通常会结合其他因素予以综合判定,而非依靠"想当然"的方式作出裁判。这充分说明,即便是不可抗力条款,同样需要给予重视,不宜以其"内容简单、套路固定"而忽略之。发生在广西美晨影视文化传播有限公司与北京盛世金盾文化传播有限公司之间的著作财产权纠纷③就是一例证。

北京盛世金盾文化传播有限公司(简称"盛世公司")与广西美晨影视文化传播有限公司(简称"美晨公司")于2004年1月签订合同书,该合同约定:倘因政府官方行为或任何人为不可抗衡之因素,致使订约之其中一方不能履行其在本合约的全部、部分及任何责任和义务时,双方不应视为违约,应在互相谅解的情况下协议如何解决上述不可抗拒之行为。第27条约定:……甲方承诺将于2004年5月底将《警探雷鸣3》20集母带的成片交乙方。美晨公司依约支付给盛世公司该剧版权费总计50万元,盛世公司未能在约定的时间内向美晨公司交付《警探雷鸣3》20集母带的成片。盛世公司认为,《警探雷鸣3》未如期交付的原因是广播电影电视总局政策的变化而导致,其未能履约,不能视为违约,不应该承担违约责任。法院查明,2004年4月,国家广播电影电视总局发布的《关于加强涉案剧审查和播出管理的通知》规定:

一、所有电视台的所有频道(包括上星频道和非上星频道)正在播出和准备播出的涉案题材的电视剧、电影片、电视电影,以及用真实再现手法表现案件的纪实电视专题节目,均安排在每晚23:00以后播放,特殊需要的需向总局专项报批;

二、各省级电视剧审查机构对涉案题材的电视剧、电影片、电视电影要加强审查把关,特别是对表现大案要案,或表现刑事案件的电视剧、电影片、电视电影、电视专题节目中展示血腥、暴力、凶杀、恐怖的场景和画面,要删减、弱化、调整;

三、各级电视播出机构对以真实再现手法表现案件的纪实电视专题节目要严格控制,对涉案题材的影视作品的播出数量要大幅度削减;

四、各有关管理部门要严格控制引进境外涉案题材的电视剧和电影片数量;

五、各级广播电视行政部门要加强对涉案题材的电视剧、电影片、电视电影的题材

---

① 北京市朝阳区人民法院(2014)朝民(知)初字第26850号民事判决书。
② 北京市第二中级人民法院(2018)京02民终7441号民事判决书;北京市东城区人民法院(2016)京0101民初22360号民事判决书。
③ 北京市第一中级人民法院(2005)一中民初字第566号民事判决书;北京市高级人民法院(2006)高民终字第267号民事判决书。

规划审查,严格控制题材数量。

各级审查和播出机构自接到本通知起即刻执行。

针对被告盛世公司辩称其未如期交付《警探雷鸣3》母带的原因是广播电影电视总局政策的变化,根据合同约定在政策变化或发生不可抗因素的情况下未能履约,不视为违约。对此,一审法院没有支持该抗辩理由:

国家广播电影电视总局虽然于2004年4月发布了《关于加强涉案剧审查和播出管理的通知》,但该通知是否是必然导致盛世公司、摄制组不能履约的因素,被告应当举证证明这一事实。而被告并未提交其他证据加以佐证。虽然该通知对涉案题材电视剧的播出时间、播出数量、电视剧场景和画面等方面做出了一些限制,但该通知并未禁止涉案题材电视剧的播出,其对本案所涉2004年1月签订的合同的影响仅限于电视剧内容的修改及画面的调整,而并未必然导致电视剧《警探雷鸣3》无法在各级电视台播出,更不必然导致盛世公司、摄制组不能按时交付电视剧母带。故本院认为该通知并非上述合同约定的致使一方不能履行义务的政府行为或不可抗衡的因素。金盾中心、盛世公司在合理期限内未履行合同主要义务,且在本案中亦未提交关于电视剧拍摄进度的任何证据,而是以合同有相关约定作为不履行合同的依据,其抗辩理由显然不能成立,不予支持。

另外,对联合制作或联合投资类协议中常见的行业性术语和经济类术语有基本了解,是排除风险点和争议点的必需。比如,出现在联合制作协议之附件的影视项目预算之中的线上费用(above-the-line costs)和线下费用(below-the-line costs),前者一般是指版权费以及支付给编剧、演员、导演和制片人的费用,后者指的是除线上费用之外所有其他与影视项目有关的制作费用,如剧组人员薪酬、场地、设备租金、器材消耗、道具、服装等。[1] 之所以做线上费用和线下费用之区分,是因为线上费用的高低主要取决于主创团队的薪资,这也致使线上费用可产生的金额区间跨度很大;而相反,同一制作水准下的线下费用,则相对稳定,可预测性也较高。再如,联合投资协议中必备的"分红条款",所涉及的收入(Gross)、收益(revenue)、费用(fee)、利润(profit)等词语,表面上虽不难理解,但它们在本质上是"合同概念",由双方协商决定,在美国被称为"好莱坞会计学"[2],以至于定义这些概念是一门艺术[3],一部高收入的影视剧,可能会因为某则特别的合同条款而没有产生任何净利润。

二、中外联合摄制

(一)中外电影联合摄制

中外合作摄制电影片有三种形式:第一,联合摄制,即由中外双方共同投资(含资金、劳务或实物)、共同摄制、共同分享利益及共同承担风险的摄制形式;第二,协作摄制,即外方出资,在中国境内拍摄,中方有偿提供设备、器材、场地、劳务等予以协助的摄制形式;第三,委托摄制,即外方委托中方在中国境内代为摄制的摄制形式。其中,协拍片、委托拍片的版权都归外方所有,如果要进入中国内地市场,则需要按照进口片处理。联合摄制是最为普遍的

---

[1] 〔美〕黛娜·阿普尔顿、丹尼尔·扬科利维兹:《好莱坞怎样谈生意:电影、电视及新媒体的谈判技巧与合同模板》(第2版),刘茈译,北京联合出版公司2016年版,第194页。

[2] 宋海燕:《娱乐法》,商务印书馆2014年版,第229页。

[3] 〔美〕艾德华·杰·爱普斯汀:《好莱坞电影经济的内幕》,郑智祥译,台湾稻田出版有限公司2011年版,第199页。

形式,也就是大家惯常所指的"合拍片",在法律性质上等同于国产片。

合拍片较单一国家制作的电影,更容易进入广阔的国际市场[1];海外取景拍摄的便利,也是跨国合拍参与者的考虑因素。合拍意味着在资源上的联合,包括资金、艺人、技术人员等,还意味着风险的分散。具体而言,在资金负担与风险分散方面,需要大量投资的商业电影,可以通过合拍分散融资负担,多方出资制作的电影,在发行、放映环节所承受的压力也被相对减缓。例如,如果一部合拍片在某一区域市场惨遭失败,还可以通过其他区域市场的收入弥补,甚至反败为胜。合拍模式有助于资金与票房压力分散。在艺人层面,选用在跨国市场均具备名气的明星,可以争取到更大范围的粉丝群体,有助于影片的关注度、新引力的提升。在技术层面,电影的落实过程,离不开各个技术部门(特效、美术、化妆、音乐、编辑)的通力合作,跨国合拍能够令两方的电影人获知彼此在具体创作环节中拥有怎样的独特智慧。在此脑力激荡中,许还可以切磋、迸发更多解决创作问题的新思维与新方法。这些对于提升世界电影的文化与技术品质,都是难得的契机。总而言之,在理论上讲,合拍片的确是既理想又合理的创作模式。[2] 合拍片是中国电影制片的重要组成部分,在中外电影文化交流、产业合作、市场开拓等方面发挥着十分重要的作用。

合拍片在我国境内的市场待遇、票房分成等各方面与国产片相同,享受高于进口片的分账待遇,在海外发行方面亦享有不同程度的优势,并与国产片一样享有中国法律、法规规定的各类扶持、奖励等优惠政策。近年来,中国已经与 22 个国家签署了政府间电影合拍协议[3];国家电影主管部门受理的合拍片立项、审查数量持续增长。在实践中,为了获得"合拍片"身份,境外制片机构有的在纯粹的外国电影基础上浮光掠影地使用中华文化元素,或强行塞入与电影主题不甚相干的中国地理符号或人物形象加以点缀,试图以片面化的改装来满足合拍影片的有关规定;还有的影片虽然涉及中华文化及中国主题,但由于其主创人员均来自外国,导致以外国人的角度对中华文化、中国形象、中国国情进行不准确甚至歪曲的诠释和展现。这些情形不能有效承载弘扬中华民族优秀文化传统的功能,均不符合合拍片的认定标准。[4] 比较知名的合拍影片有《勇士之门》(Warriors Gate,2016)、《长城》(The Great Wall,2016)、《功夫熊猫 3》(Kung Fu Panda 3,2016)等等。

国家对中外合作摄制电影片实行许可制度,境内任何单位或个人未取得《中外合作摄制电影片许可证》或批准文件,不得与境外单位或个人合作摄制电影片。未经批准,境外单位或个人不得在中国境内独立摄制电影片。符合联合摄制条件的,发给一次性《中外合作摄制电影片许可证》;符合协作摄制、委托摄制条件的,发给批准文件。联合摄制中需聘用境外主创人员的,应当报国务院广播影视行政部门批准,且外方主要演员比例不得超过主要演员总数的 2/3。联合摄制的电影片,经审查合格,取得国务院广播影视行政部门颁发的《电影片公映许可证》后,方可在中国境内外发行公映;协作摄制、委托摄制的电影片,经审查合格的,可持国务院广播影视行政部门的批准文件办理出境手续。

---

[1] 〔法〕诺文·明根特:《好莱坞如何征服全世界:市场、战略与影响》,吕好译,商务印书馆 2016 年版,第 115 页。
[2] 〔韩〕丁甫荣:《合拍片是否只是幻象?——以中韩合拍片为例》,载《北京电影学院学报》2014 年第 1 期,第 38—43 页。
[3] 这 22 个国家分别是韩国、印度、新加坡、比利时、法国、西班牙、意大利、英国、荷兰、爱沙尼亚、马耳他、澳大利亚、新西兰、加拿大、丹麦、希腊、哈萨克斯坦、卢森堡、俄罗斯、巴西、日本、塔吉克斯坦。
[4] 柳斌杰、聂辰席、袁曙宏主编:《中华人民共和国电影产业促进法释义》,中国法制出版社 2017 年版,第 61—65 页。

中国电影合作制片公司（简称"合拍公司"），是经中国电影主管部门授权管理中外电影合拍的专门机构，受理并审核中外合作摄制电影的立项申请和审查合作拍摄的完成影片是合拍公司的主要职责。同时兼顾监督合作各方履行合作合同，为合作各方提供相关服务，为中国与相关国家商谈政府间电影合作协议提供协助。具体工作有：第一，审读合作摄制的电影剧本；第二，审核合作各方的申报材料；第三，审看合作摄制的完成影片；第四，为境内外电影人提供合拍政策、法规及业务咨询；第五，为境内外电影人介绍合作伙伴；第六，为参与合作摄制的境外工作人员办理入境签证；第七，为用于合作摄制的器材、设备等物资办理通关手续；第八，协助境外摄制组在中国内地拍摄各类短片。

国内外合作摄制影片（合拍片及协拍片）的报批程序分为剧本立项申请、影片摄制及完成片送审三个阶段，这三个阶段通过在电影电子政务平台在线填报申请。①

（二）中外合作制作电视剧

根据《中外合作制作电视剧管理规定》，国家对中外合作制作电视剧（含电视动画片）实行许可制度；未经批准，不得从事中外合作制作电视剧（含电视动画片）活动；未经审查通过的中外合作制作电视剧（含电视动画片）完成片，不得发行和播出。中外合作制作电视剧的方式有：第一，联合制作，系指中方与外方共同投资、共派主创人员、共同分享利益及共同承担风险的电视剧（含电视动画片）制作方式；第二，协作制作，系指由外方出资并提供主创人员，在境内拍摄全部或部分外景，中方提供劳务或设备、器材、场地予以协助的电视剧制作方式；第三，委托制作，系指外方出资，委托中方在境内制作的电视剧制作方式。

申请中外联合制作电视剧立项，应符合的条件有：（1）中方机构须持有《电视剧制作许可证（甲种）》；（2）中方机构应对联合制作的电视剧向国家广电总局同时申报合拍电视剧题材规划；（3）双方共同投资，包括以货币直接投资，或以劳务、实物、广告时间等折价作为投资；（4）前期创意、剧本写作等主要创作要素由双方共同确定；（5）共派创作人员、技术人员参与全程摄制。电视剧主创人员（编剧、制片人、导演、主要演员）中，中方人员不得少于1/3；（6）电视剧的国内外版权归中方及外方共同所有。申请中外协作制作、委托制作电视剧（含电视动画片），应提交的主要文件材料有：（1）申请书；（2）每集不少于1500字的分集梗概或完整的剧本；（3）主创人员（编剧、制片人、导演、主要演员）名单；（4）境内拍摄景点及拍摄计划；（5）合作协议意向书；（6）审批机关可以要求外方提供的相关资信证明。

国家广电总局在正式受理中外合作制作电视剧（含电视动画片）申请后，应当在法定期限内作出是否准予拍摄的决定。符合条件的，由国家广电总局作出准予拍摄的批复；不符合条件的，应当书面通知申请人并说明理由。送审单位对不准予拍摄的决定不服的，可以在收到决定之后，向国家广电总局提出复审申请。

因《中外合作制作电视剧管理规定》属于部门规章，其性质不是"法律、行政法规"，即便当事方的合约中有与之不相符的约定，也不足以构成致使合同无效的理由。比如在"上海益通文化传播有限公司诉唐人电影国际有限公司等著作权合同纠纷案"②中，2003年7月，三家公司签署《合约书》，约定三方联合投资并合作拍摄电视连续剧《仙剑奇侠传》剧，北京永遇乐影视文化艺术有限公司（简称"北京永遇乐"）已获得原著作拥有者授权将同名电脑游戏改编成电视连续剧的权利；剧本由唐人电影国际有限公司（"唐人电影"）撰写并拥有著作权，上

---

① 参见 http://dy.chinasarft.gov.cn，最后访问时间：2020年5月28日。
② 上海市第一中级人民法院(2013)沪一中民五(知)终字第171号民事判决书。

海益通文化传播有限公司(简称"上海益通")、北京永遇乐及其他共同投资方拥有署名权;注册于境外的唐人电影全权负责该剧的一切创作、拍摄和制作工作;上海益通全权负责该剧在中国大陆的一切报批手续。由于唐人电影注册于境外,于是三家公司特别约定《仙剑奇侠传》一剧届时采用国产剧形式向国家广电总局报批,唐人电影永久拥有该剧于中国大陆以外地区的一切版权及所有版权收益,永久拥有该剧于中国大陆地区的一切音像版权;上海益通和北京永遇乐则拥有该剧于中国大陆地区除音像版权以外的一切版权及所有版权收益,7年后唐人电影可以每集 2000 元的价格向另两家公司购回中国大陆地区版权。

2005 年 1 月,拿到国产电视剧发行许可证的 34 集电视剧《仙剑奇侠传》正式在全国各地播放。7 年期限届满后,唐人电影按约提出购回《仙剑奇侠传》剧版权。2012 年 3 月,唐人电影委托案外人苏某通过银行向益通公司汇款 6.8 万元,注明系为《仙剑奇侠传》剧版权费。随后唐人电影委托律师向上海益通和北京永遇乐发出律师函,声明《仙剑奇侠传》剧在大陆地区的播映权自 2012 年 1 月起归唐人电影享有。同年 4 月,上海益通将 6.8 万元返还苏某,称与后者不存在任何业务往来。唐人电影向法院起诉,要求"拿"回《仙剑奇侠传》剧的著作财产权。上海益通主张系争合同无效的法律依据是违反法律、行政法规的强制性规定以及以合法形式掩盖非法目的,主要理由是涉案电视剧实际上是中外合作完成的电视剧,而合约书约定将该剧作为国产剧进行报批手续,规避了《中外合作制作电视剧管理规定》的相关规定,同时构成以"合法形式掩盖非法目的"的情形。法院认为:

> 首先,应尊重当事人的意思自治。合同无效的强制性规定仅限于法律和行政法规,不能任意扩大范围。《中外合作制作电视剧管理规定》作为部门规章,本身不是构成合同无效的强制性法律规定。其次,致使合同无效的非法目的,是指违反法律、行政法规的强制性规定,造成了国家、集体或者第三人利益的损害。系争合同是三方联合投资及合作拍摄涉案电视剧的合作协议,其目的是进行涉案电视剧的创作、拍摄并对涉案电视剧的著作权作出相应的分配,该合同目的并未违反《广播电视管理条例》的相关规定。案件争议在于系争作品著作财产权利的归属问题。系争合同对版权及版权收益作出了相应的分配,系争合同并未因违反法律和行政法规而造成国家、集体或第三人利益的损害,上海益通所称合同约定以国产剧的形式履行报批手续不构成以合法形式掩盖非法目的的无效理由。上海益通还认为系争合同同时违反了《外汇管理条例》《外商投资企业和外国企业所得税法》《外资企业法实施细则》等法律法规,本院认为,上述法律和行政法规的强制性规定与系争合同的有效性无涉。

三、影视剧引进

(一) 电影引进

海外引进片有分账片和批片之别。分账片即电影版权所有者不卖断发行权,而是委托中介机构代理发行,并事先商定比例,按影片的票房收入分成,以使制片方、发行机构和放映单位利益共享、风险共担的进口影片。以进口分账模式来华发行的好莱坞影片,早期多以动作片、科幻片、爱情片为主,近年来,动画片迅速崛起。随着跨类型创作盛行,赛车、奇幻、冒险等亚类型影片的数量也不断扩大[1],如《星球大战》(Star Wars)、《侏罗纪世界》(Jurassic

---

[1] 聂伟、杜梁:《"看得见"与"看不见"的海外大片——分账片引进二十年》,载《当代电影》2014 年第 11 期,第 155 页。

World)等等。批片又称买断片,是指电影版权所有者将某段时间内的某国或地区的发行权以固定价格一次出售,由买方自负盈亏,制片方不拿票房分成的电影,其体量往往要比分账片小很多,由于一开始"买断"费用较低,通常多部打包买断,质量也参差不齐,有"批发"的意思,所以称之为批片。国内电影市场中的"批片"以中小成本影片为主,具有多国别、多题材、多类型的特点。美国影片《敢死队》(The Expendables,2010),该片的买断费在50万美元左右(当时约合330万元人民币),票房高达2.14亿元①;印度电影《摔跤吧!爸爸》(Dangal,2016),其以批片身份进入中国,票房达13亿元;来自西班牙的批片《看不见的客人》(The Invisible Guest,2017),让观众感受到了西班牙悬疑片的魅力。引进片在中国大陆放映,涉及三个主要程序,即送审、引进、发行。举凡进口供公映的电影片,进口前均应当报送电影主管部门进行审查,且能够报送审查的主体在中国大陆是限定的;引进片的引进与发行,如同审查一样,具有特殊的主体性要求。目前,只有中国电影股份有限公司、华夏电影发行有限责任公司,有权完成引进片的送审、引进与发行事项,两公司在权限上略有差别:

	送审权	引进权	发行权
中国电影股份有限公司	分账片 批片	分账片 批片	分账片 批片
华夏电影发行有限责任公司	批片	批片	分账片 批片

该两公司之外的企业可以介入引进片的批片市场,在送审与引进环节,必需依托中国电影股份有限公司才能完成相应的步骤与程序。在发行环节,中国电影股份有限公司或华夏电影发行有限责任公司均可供选择。②

(二) 电视节目引进

境外电视节目是指供电视台播出的境外电影、电视剧(电视动画片)及教育、科学、文化等其他各类电视节目。根据《境外电视节目引进、播出管理规定》,不引进时事性新闻节目。国家广电总局负责境外影视剧引进和以卫星传送方式引进境外其他电视节目的审批工作。省级广播电视行政部门受国家广电总局委托,负责本辖区内境外影视剧引进的初审工作和其他境外电视节目引进的审批和播出监管工作。未经国家广电总局和受其委托的广播电视行政部门审批的境外电视节目,不得引进、播出。引进境外影视剧和以卫星传送方式引进其他境外电视节目的,省级广播电视行政部门正式受理申请后,应在行政许可法规定的期限内作出详细、明确的初审意见,报国家广电总局审查批准。国家广电总局正式受理申请后,在行政许可法规定的期限内作出同意或不同意引进的行政许可决定。同意引进的,发给《电视剧(电视动画片)发行许可证》或同意以卫星传送方式引进其他境外电视节目的批复;不同意引进的,应当书面通知引进单位并说明理由。

经批准引进的其他境外电视节目,应当重新包装、编辑,不得直接作为栏目在固定时段播出;节目中不得出现境外频道台标或相关文字的画面,不得出现宣传境外媒体频道的广告等类似内容。电视台播出境外影视剧,应在片头标明发行许可证编号。各电视频道每天播出的境外影视剧,不得超过该频道当天影视剧总播出时间的25%;每天播出的其他境外电视

---

① 姜雪霏:《批片在国内电影市场中的格局变迁》,载《电影艺术》2018年第5期,第156页。
② 毕然:《影视投资摄制项目和电影产业:法律政策指引及案例解读》,法律出版社2018年版,第311—316页。

节目,不得超过该频道当天总播出时间的 15%。未经国家广电总局批准,不得在黄金时段(19:00—22:00)播出境外影视剧。

第三节　制作融资与保险

"钱不是万能的,但没有钱是万万不能的。拍电影可以说是这一民间谚语的集中体现。"[1]资金是影视剧制作的生命之源。《电影产业促进法》第 40 条专门就影视融资做了规定,国家鼓励金融机构为从事电影活动以及改善电影基础设施提供融资服务,依法开展与电影有关的知识产权质押融资业务,通过信贷等方式支持电影产业发展;鼓励保险机构依法开发适应电影产业发展需要的保险产品,鼓励融资担保机构依法向电影产业提供融资担保,通过再担保、联合担保以及担保与保险相结合等方式分散风险。另外,针对国务院电影主管部门依法公告的电影的摄制,《电影产业促进法》要求合理地确定贷款期限和利率。

从性质上说,影视融资有直接融资和间接融资之分。直接融资的基本特点是共担风险、收益共享,不用定期还本付息,如影视公司股权融资、影视公司上市融资、影视公司并购融资、影视项目的直接融资、主创人员报酬入股分红融资、直接赞助(广告)融资等;间接融资的主要特点是需要按约定的期限定期还本付息,不牵涉影视项目的剩余收益,不直接干涉项目的具体运作,如银行贷款、影视公司债券融资等。[2] 按照渠道分,融资有政府渠道和非政府渠道之分。政府渠道主要指的是通过政府专项资金扶植政策,如电影精品专项资金和国家电影事业发展专项资金获得资金的一种方式。非政府渠道,指的是政府渠道以外的所有其他渠道,主要有预售、银行贷款、私募、众筹、保理、广告、完片担保等。与此同时,在好莱坞的电影制作中,保险是开始一个新项目的第一步[3],保险是影视制作不可或缺的支撑。

一、预售、银行贷款与保理

(一)预售

如果制作方已经完成了剧本制作,也签订了有市场号召力与聚集力的导演、演员,再或者,影视剧类型正巧是当下市场的热门类型,那么,就可以开始影视剧预售了。没有知名导演或演员的"加持",预售通常较难进行。[4] 预售融资是通过签订预售合同,在影视剧完成之前将其特定版权权项提前许可或售出,以获得相应的制作资金;通常情况下,合同规定的预售金额会分期支付给制片方或是在影片完成交付、影片正式播映之时完成支付。[5] 在好莱坞,"未上映影片发行契约"是片商和付费电视公司、有线电视网以及国外发行商所签订的合约,预先将未来要推出的影片的播映权贩售给他们,是好莱坞现金流转中很重要的一部分,可以支应片商在拍片时所产生的费用成本;但这种合约一旦被取消,资金被抽离,很有可能会为片商带来毁灭性的灾难。[6]

---

[1] 〔韩〕丁甫荣:《合拍片是否只是幻象?——以中韩合拍片为例》,载《北京电影学院学报》2014 年第 1 期,第 38 页。
[2] 秦喜杰:《中国电影产业投融资机制研究》,中国电影出版社 2018 年版,第 56—57 页。
[3] 司若:《电影生产的风险与风险控制》,载《当代电影》第 10 期,第 57 页。
[4] Rob H. Aft & Charles-Edouard Renault, *From Script to Screen*: *The Importance of Copyright in the Distribution of Films*, WIPO Publication No. 950E, p. 32.
[5] 杨曼曼、吴兵:《欧盟合拍片融资机制初探》,载《北京电影学院学报》2016 年第 4 期,第 22 页。
[6] 〔美〕艾德华·杰·爱普斯汀:《好莱坞电影经济的内幕》,郑智祥译,台湾稻田出版有限公司 2011 年版,第 10 页。

预售在本质上属于影视剧的发行范畴,由于预售是在影视剧完成制作前达成交易的,最终成片质量还难以确认,因此,成交价格也会稍有折扣。影视剧的国内预售通常有两种方式:一是影视剧的播映权预售,以此获得资金进行影视剧制作;二是将播映权预售款以投资款的方式投入影视剧项目,共享影视剧制作完成后的收益,或者按比例共享版权。① 对于海外预售来说,选择一个国际销售代理商是最常见的做法,对于没有海外销售渠道的制片方而言,更是如此。国际销售代理商会列明预售所需要的一系列资料与清单,制片方按要求准备好中英双语的物料,如包括剧情简介、情节概述、完整的剧本、主创团队成员名单及介绍、导演阐述、概念海报、样片、新闻报道等其他有辅助作用的资料。

(二)银行贷款

银行贷款也是一个有效的融资渠道。业内较为大家熟知的是招商银行为冯小刚导演的《集结号》提供了5000万元贷款。银行贷款看上去很美,但实际操作起来也并非想象中的那么容易。以电影《集结号》为例,为了获得银行贷款,不但马云、王中军与王中磊以个人名义出面担保,而且要求《集结号》票房收入进专设账户进行监管。另外,招商银行严格控制影片成本及支付进度,以每笔1000万元的方式发放五笔贷款,随时检查拍摄进度。综合华谊兄弟、光线传媒和保利博纳从银行获取贷款的经验来看,无论是北京银行、工商银行还是招商银行,发放贷款的基本要求有:第一,制片方公司的法定代表人或实际控制人提供无限连带责任的担保;第二,根据进度的完成情况,按阶段分批支付贷款;第三,影视剧版权质押给银行。

2017年,北京市新闻出版广电局联合北京银行推出"版权银行"概念,为文化影视企业提供共计500亿元授信额度。影视版权所有人将自己的版权作品存入"版权银行","版权银行"通过版权质押、版权应收账款及未来收益权质押的组合担保方式发放贷款,不再需要有形资产抵押或者担保,形成以影视剧版权价值为核心的组合融资方式。版权价值评估,既是版权质押制度得以运行的基础,也是"版权银行"有效运营的重要环节。

中国资产评估协会于2017年10月对《知识产权资产评估指南》进行了修订,其中关于影视剧版权价值评估的规定主要有:第一,著作权资产评估对象。著作权资产,是指著作权权利人拥有或者控制的,能够持续发挥作用并且带来经济利益的著作权财产权益和与著作权有关权利的财产权益;著作权资产评估对象是指著作权中的财产权益以及与著作权有关权利的财产权益。第二,著作权资产评估的权利类别。通常包括:出版者对其出版的图书、期刊的版式设计的权利,表演者对其表演享有的权利,录音、录像制作者对其制作的录音、录像制品享有的权利,广播电台、电视台对其制作的广播、电视所享有的权利以及由法律、行政法规规定的其他与著作权有关的权利。第三,著作权资产的财产权利形式。主要有著作权人享有的权利,以及转让或者许可他人使用的权利。许可使用形式包括法定许可和授权许可;授权许可形式包括专有许可、非专有许可和其他形式许可等。第四,著作权资产评估的内容区分。执行著作权资产评估业务,应当明确著作权资产的权利形式。当评估对象为著作权许可使用权时,应当明确具体许可形式、内容和期限;执行著作权资产评估业务,还应当关注原创著作权和衍生著作权之间的权利关系以及著作权与有关权利之间的关系。

(三)保理

与电影作品大多可在半年左右的时间收到80%以上的分账款不同,电视剧收到账款则需要较为漫长的时间。然而,电视剧公司通常并不通过诉诸法律的方式向电视台追款,其原

---

① 高福安等:《影视制片管理基础》(第3版),中国传媒大学出版社2018年版,第62页。

因在于电视台拥有"市场的力量"——电视剧作品的买家有限,若不维护好关系,可能日后无法发行。对于这一行业现象,有金融机构推出相关服务,帮助电视剧公司收回应收账款,比如金融机构对影视公司提供保理服务,让影视公司将应收账款转让给金融机构,保证现金流及后续作品能够顺利进行拍摄制作;影视公司和金融机构签订合作后,金融机构会先给付影视公司账款,随后金融机构再去向电视台索要账款,进行谈判,而电视台基于自身信用、未来发展等方面因素,不敢拖欠金融机构账款。

保理是以应收账款转让为前提的综合性金融服务。保理又称"保付代理",是指债权人依据与保理商之间的合同约定,将现在的和将来的、基于与债务人订立的销售商品、提供服务、出租资产等基础合同产生的应收账款转让给保理商,保理商向其提供下列服务中的至少一项:融资、销售分户账管理、应收账款催收、资信调查与评估、信用风险控制及坏账担保。保理法律关系的主要特点有[①]:(1)一般存在两个合同、三方当事人。保理是债权人基于与债务人之间的买卖合同、服务合同等基础合同,与保理商签订保理合同,约定将基础合同项下的应收账款转让给保理商,由保理商就受让的应收账款向债权人提供综合性金融服务。保理业务中涉及债权人与保理商之间的保理合同,债权人与债务人之间的买卖合同等基础合同。两个合同中涉及三方当事人,包括债务人(基础合同项下的付款义务人)、债权人(基础合同中的债权人,同时也是保理合同中的应收账款出让人)、保理商(开展保理业务的金融机构及商业保理公司,即保理合同中的应收账款受让人)。(2)保理融资功能应用最为广泛。近年来,随着购货商赊销付款逐步成为主导结算方式,大量应收账款不可能及时变现,保理业务拓宽了融资渠道,有效解决了中小企业的融资困难。据了解,融资在保理业务中所占比例近80%。(3)保理商通过受让债权取得对债务人的直接请求权。保理以应收账款转移为前提,保理商受让应收账款,取得债权人地位。保理商依据与债权人签订的保理合同以债权人身份对应收账款进行持续性的监督管理,如销售分户账管理、应收账款催收等。(4)债务人付款是保理融资的第一还款来源。债权人将应收账款转让给保理商后,保理商为债权人提供资金融通款,包括贷款和应收账款转让预付款。保理融资应以债务人对于应收账款的支付为第一还款来源,并非债权人直接支付款项。只有债务人未依约履行还款责任,保理商才可依保理合同约定向债权人主张相关权利。(5)保理商在一定条件下对债务承担有条件的坏账担保。

总体上,影视制作公司普遍存在从电视台收款难的问题,在很大程度上影响了制作公司的后续创作,影视版权保理公司的电视剧版权保理业务,则可以帮助电视台把钱先垫付给制作公司,而制作公司只需把作品的版权转让给影视版权保理公司作押即可。[②] 不过,因保理最常见的种类是有追索权保理[③],故而导致保理融资模式的使用还不够广泛。根据《商业银行保理业务管理暂行办法》第10条的规定,有追索权保理是指在应收账款到期无法从其债务人处收回时,商业银行可以向债权人反转让应收账款、要求债权人回购应收账款或归还融资。可见,在有追索权保理制度下,版权方负有"兜底"还款责任。

二、私募与众筹

(一)私募

私募投资基金("私募基金")是指以非公开方式向投资者募集资金设立的投资基金。影

[①] 钱海玲:《保理法律关系的认定及疑难问题解决对策》,载《人民法院报》2015年2月4日,第7版。
[②] 韩彪:《版权+渠道:影视版权发展的新路径》,载《光明日报》2016年1月2日,第5版。
[③] 陈光卓:《保理案件审理中的法律问题和司法对策》,载《人民司法》2015年第13期,第52页。

视私募基金的投资模式主要有二:直接投资影视项目和投资影视公司股权。影视私募基金直接投资影视项目,是指基金作为影视项目的投资方,直接将资金投入影视项目,待影视项目发行后,按照影视投资合同的约定分配影视项目的收益。这种投资模式结构清晰,投资收益较快,退出方式相对灵活。为避免影视单一项目所可能具有的风险,比如演员、制作、审批、发行等,影视基金将资金以"打包"的方式投向多部影视项目,可以相对以有效地分散投资风险。浙江文交所监管完成的《乱世书香》电视剧项目,是全国首支针对"单一电视剧"项目开展定向资金募集并实现成功清退的基金。影视私募基金投资影视公司股权,是指影视私募基金因收购非上市影视公司股权,通过非上市影视公司运作影视项目,并最终通过公司上市或并购的方式退出,从而获得投资回报。与直接投资影视项目相比,这种投资模式所需投资金额较大,投资和回报周期较长,对投资者影视行业经验要求较高。

私募基金主要有三种法律架构,即公司制私募基金、信托制私募基金和合伙制私募基金。合伙制私募基金的设立门槛较低,其组织形式具有避免双重纳税的功能,外加内部机制灵活等优点,是多数影视私募基金所采用的法律架构。以私募基金的方式投资影视项目或影视公司股权,在投资协议中当予以特别关注或纳入的条款主要有:优先分红条款、优先清算条款、优先认购条款、优先购买条款、回赎权条款、共同出售权条款、强制随售权条款、反稀释条款和对赌条款等。

设立影视私募基金应严格遵守《私募投资基金监督管理暂行办法》的各项规定,备案之后始得从事私募业务,投资者应当具有合格投资者的身份,投资者的人数累计不得超过《公司法》《合伙企业法》等法律规定的特定数量。影视私募基金不得向合格投资者之外的单位和个人募集资金,不得通过报刊、电台、电视、互联网等公众传播媒体或者讲座、报告会、分析会和布告、传单、手机短信、微信、博客和电子邮件等方式,向不特定对象宣传推介;不得向投资者承诺投资本金不受损失或者承诺最低收益。

从事影视私募基金活动,应坚守底线,不触碰非法集资的红线。根据最高法院《关于审理非法集资刑事案件具体应用法律若干问题的解释》(2010)第1条规定,具备如下四个条件的,即为非法集资活动:(1)未经有关部门依法批准或者借用合法经营的形式吸收资金;(2)通过媒体、推介会、传单、手机短信等途径向社会公开宣传;(3)承诺在一定期限内以货币、实物、股权等方式还本付息或者给付回报;(4)向社会公众即社会不特定对象吸收资金。

(二)众筹

影视众筹,指投资人通过互联网为影视制作全过程募集所需要的资金、人才、剧本、设备等,以达到资助影视项目顺利完成的目的。例如在Kickstarter网站上,电视剧《维罗妮卡·玛斯》(Veronica Mars)的创作团队在不到10个小时的时间里筹集到了200万美元的资金,该众筹项目筹集的资金总额达570万美元。[①] 影视资助项目主要包括院线电影、台播电视剧、新媒体电影、网络剧,众筹一般发生在这些影视作品正式放映之前(影视项目完成之后的众筹为产品众筹),项目筹备、摄制、后期制作、宣传发行的各个环节都可以发起。相比于传统融资模式,影视众筹具有几个方面的优势:第一,拓宽融资渠道;第二,优化影视产业资源配置;第三,宣传推广功能。互联网众筹继承了因特网的传播特性,在影视项目的网络宣传方面具备先天优势。通过众筹,可增加相关电影电视剧的话题讨论度,同时提前锁定部分票

---

① 〔美〕迈克尔·D.史密斯、〔印度〕拉胡尔·特朗:《流媒体时代:新媒体与娱乐行业的未来》,鲁冬旭译,中信出版集团股份有限公司2019年版,第146页。

房收入,节省大笔宣传费用。影视众筹的收益模式大致可分为两种:一种为奖励众筹,属于普遍小额投资;一般多予以实物奖励,风险较低。另一种为与票房挂钩的金融收益模式,受票房影响,收益率波动较大。

动画影片《西游记之大圣归来》采用了众筹方式进行融资,其出品人在微信朋友圈发布了该片的众筹信息,吸引到了 89 位投资人共计 780 万元投资款。他们可获得的本息约为 3000 万元,即每位投资者可以在该项目的投资中人均赚得 25 万元。[1] 网络大电影《最后的操纵者之夜半惊魂》以众筹的方式募集投拍资金,具体模式为"一股计 10000 元,占该项目全网 3 个月上线播放总分账的 0.8%";投资人支付众筹款之后,制片方未能按照约定时间开机,被投资人诉诸法院。[2]

影视众筹存在的问题与风险有:第一,风险较大,互联网金融的风险问题时有暴露。第二,影视制作多属于长周期项目,加之偶然因素如发行渠道、后期渠道的临时更改,可能导致影片定档时间一拖再拖,实物回报或现金收益交付时间超出投资者预期,影响投资满意度。对于回报为浮动收益的影视众筹而言,由于投资收益与影视项目所获利润挂钩,若影片上映后无利润,投资者甚至可能面临"血本无归"的局面。第三,互联网众筹特别是股权众筹整体上仍然不成熟,尚未形成众筹行业规范。平台技术不成熟导致的泄密、信息审核过失导致平台被诉侵权、管理不当造成道德风险,都可能给平台带来直接的经济损失和名誉损失。第四,影视众筹投资的项目结构和资金结构出现了较大的不匹配:小成本的网络视频类项目远远多于院线电影、台播电视剧等大制作项目,但众筹行业所筹集资金大多数流入了大制片,小项目众筹成功率不高。

值得提及的是,影视投资之潜在不确定性因素多,无形资产占比大,对版权保护的依赖性高,产业链条长,故而其风险也越大;为此,以私募或众筹的方式投资影视行业,可以考虑选择专门聚焦某一具体事项,如素材、内容生产、版权、制作、宣发、周边产品、院线等基础设施、影视拍摄基地、主题公园以及休闲旅游等。这些投资领域与项目点,在中国影视市场上,尚处于发展初期,与之对应的空间也就越大,自由度越高。[3]

三、广告

(一) 植入广告/软广告

影视剧广告植入,有商业植入和公益植入之分。商业植入,是指将产品或品牌及其代表性的视觉符号甚至服务内容策略性融入电影、电视剧、电视节目内容中,通过场景再现,让观众留下对产品及品牌的印象,继而达到营销目的的广告形式。[4] 在影视剧和娱乐节目中可以找到诸多适合的植入物和植入方式,常见的广告植入物有:商品、标识、招牌、包装、品牌名称以及企业吉祥物等等。公益植入是指,以唤起公众意识,促进社会公益目的的广告植入行为。[5] 以电视剧植入广告为例,它是电视剧制作方探索出来的与广告商合作共赢的手段之一,电视剧本身就需要各类道具置景,如果这些道具由广告商提供,不光可以增加商品的曝

---

[1] 李冰:《大圣归来 89 位投资人获益超 2200 万 微信圈众筹"野路子"难以复制》,载《证券日报》2015 年 8 月 1 日,第 A4 版。
[2] 深圳市罗湖区人民法院(2016)粤 0303 民初 19192 号民事判决书。
[3] 许安标主编:《中华人民共和国电影产业促进法释义》,法律出版社 2017 年版,第 182 页。
[4] 裴斐:《我国植入式广告的监管与规制之路径研究》,载《中国广告》2012 年第 1 期,第 124 页。
[5] 李新颖:《我国植入式广告法律规制研究概述》,载《中国广播》2012 年第 9 期,第 66 页。

光率,也能助力制片方最大化地拓展盈利空间。不过,强行植入商业广告,甚至是为广告而量身定做剧作,看似可以为电视剧获利,实则是以透支电视剧核心内容为代价①,进而整体上降低电视剧的收视率,减损大众对电视剧的整体评价。比如新版《流星花园》因密集植入广告而备受吐槽;粗略统计,仅前两集就出现了约 15 个品牌的植入,被网友戏称为"广告花园"。

影视作品制片方通过植入广告获得品牌公司或赞助商的大额资金支持,而委托方则通过广告效应扩大知名度和市场影响力,双方达到双赢的局面。然而,由此引发的纠纷也居高不下;比如,植入广告的时长与次数、植入桥段的变动与调整、竞品植入的禁止,等等。这些争议往往缺乏合同的明确约定,需要结合双方签订合同时的真实意思表示进行综合判断。

1. 广告植入方式与一般性要求

在影视娱乐行业中,商业性广告植入的方式主要有:(1) 台词表述:即产品或品牌名称出现在影片台词中。代表性例子是《一声叹息》,徐帆扮演的妻子在电话里多次提到"欧陆经典",特别在影片结束前,徐帆在电话里再次说道:"过安慧桥,过了安慧桥左转,就是'欧陆经典',牌子很大,一眼就看见了!"(2) 特写镜头:这是植入式广告最常见的出现方式,具体方式就是"道具应用",比如电影《手机》中平均几分钟就出现一次摩托罗拉手机。在葛优主演的《没完没了》中,中国银行的广告则堂而皇之地印在"依维克"车身上,在整个影片中反复出现。(3) 扮演角色:商品或品牌在影视剧中不再是道具,而是一个角色,这属于深度嵌入型的广告形式。品牌或商品在影片中出现频率极高,更可以为品牌导入新的联想。《海尔好兄弟》则是用海尔的吉祥物做主演,在低龄观众心目中根植下对海尔品牌的广泛认同。(4) 场景提供:如《刘老根》捧红了鸭绿江边河口的"龙泉山庄",《魔戒 3》的上映则再度在全球影迷心中掀起一股新西兰旅游热。植入式广告成了旅游目的地推广的新方式。(5) 奖品提供:综艺节目中嘉宾与现场观众、场外观众常常有获奖的机会,主持人反复介绍所提供奖品和奖品的赞助商,这种情形下很少有人对广告提出异议,因为奖品正是节目的一个重要元素,更是场内外观众的关注焦点。(5) 节目道具:这是把商品深度嵌入到综艺类节目中,提高与受众的接触率的上佳方式。典型的例子是中央电视台《幸运 52》节目,选手的成绩干脆用商标来代替,其中《幸运挑战》环节中商品竞猜,以及在节目最后邀请观众参与的幸运商标竞猜都将植入式广告的功能发挥到极致。

影视剧拍摄方为了节约或筹措资金,越来越普遍地在影视剧中植入广告,而企业为了扩大品牌宣传,对于这种新的商业营销模式也持积极态度。② 国家广电总局于 2010 年 1 月发布禁止在电视剧中插播广告的通知后,制片方更是纷纷在影视剧中植入广告,以获得资金支持或财务收益。詹姆斯·邦德系列影片《择日而亡》(2002),由于植入了 20 来个相关品牌的广告而增收约 1.5 亿美元。③ 植入广告是广告的一种,其内容、制作与发布等均应遵守《广告法》的规定。比如,广告中对商品的性能、功能、产地、用途、质量、成分、价格、生产者、有效期限、允诺等或者对服务的内容、提供者、形式、质量、价格、允诺等有表示的,应当准确、清楚、明白;广告不得使用"国家级""最高级""最佳"等用语;广告使用数据、统计资料、调查结果、文摘、引用语等引证内容的,应当真实、准确,并表明出处;广告应当具有可识别性,能够使消费者辨明其为广告,等等。

---

① 张辉刚、王玉婷:《失衡与再平衡:论电视剧收视率的社会效益转向》,载《中国电视》2018 年第 12 期,第 30 页。
② 徐飞:《影视剧植入广告的辨识及虚假宣传的认定》,载《人民司法》2013 年第 16 期,第 63 页。
③ 〔英〕马修·阿尔福特:《好莱坞的强权文化》,杨献军译,经济科学出版社 2013 年版,第 6—7 页。

2. 植入广告的识别

《广告法》并没有关于植入广告的直接规定,如何判断影视剧中的哪些情节属于植入广告、植入广告是否属于商业广告,在实践中并非没有争议。上海市浦东新区人民法院审理的"珂兰公司诉辛迪加公司、卓美公司"之"天使之翼"项链吊坠不正当纠纷案①,部分回应了实务关注。原告珂兰公司与被告卓美公司均经营首饰饰品,珂兰公司享有"天使之翼"项链吊坠之美术作品的著作权,并生产和销售该项链吊坠。被告辛迪加公司是电视剧《夏家三千金》的版权人和发行方。《夏家三千金》第二集约第 24 分钟至第 26 分钟处出现了一款与"天使之翼吊坠"美术作品几乎完全相同的吊坠产品,该产品所用的包装盒上醒目地印有被告卓美公司克徕帝珠宝的品牌标识"CRD"。珂兰公司认为,两被告未经原告授权许可,擅自在电视剧中使用与原告受著作权保护的"天使之翼吊坠"美术作品和实物产品构成实质相似的吊坠产品,不但误导了广大观众和消费者,而且严重地侵犯了原告的合法著作权,也构成虚假宣传及违反诚实信用原则的不正当竞争行为。经审理,法院的观点是,广告合作关系并不以书面合约为构成要件,电视剧《夏家三千金》的相关情节构成对被告卓美公司品牌的商业广告宣传。具体说理如下:

> 商业广告是商品经营者或服务提供者自己或委托他人通过一定的媒介和形式介绍和推销其商品或服务的一种宣传活动。本案中,首先,从两被告之间的关系来看,被告卓美公司免费为被告辛迪加公司的电视剧提供拍摄场地,辛迪加公司免费在该剧中为卓美公司的品牌进行宣传。双方之间虽无书面合同,但形成了事实上的广告合作关系。其中,卓美公司是实际的广告主,辛迪加公司是实际的广告经营者,对价即为相互免除的场地费和广告费。其次,从电视剧的相关内容来看,在《夏家三千金》剧中,主人公先在有着明显"CRD 克徕帝"标识的珠宝店中选购首饰;后又在家中打开带有明显"CRD"标识的首饰盒;片尾还显示"CRD 克徕帝浪漫一刻幸福一生"字幕,该些内容具有明显的植入广告的特征,构成对"克徕帝""CRD"品牌的广告宣传。其中,系争项链吊坠与首饰盒一同出现,已成为植入广告的组成部分,客观上能够起到广告宣传的效果,亦构成对被告卓美公司品牌的广告宣传。

3. 植入时长与次数

在"海聚胜万合广告有限公司与央视国际网络有限公司广告合同纠纷案"②中,因央视国际网络有限公司仅在中央电视台转播网络春晚七次,且转播内容中缺少协议约定的机器人拿取健力宝(福财宝囍)新年装饮料部分,与双方签署的《央视网络春晚广告合作协议》之约定不符,存在少播、漏播的情形,法院判定,央视国际网络有限公司构成违约,海聚胜万合广告有限公司据此可以按照协议约定直接扣除少播、漏播广告的相应款项,仅就央视国际网络有限公司实际转播内容给付广告费。

4. 植入桥段变更

在"瑞怡国际文化传播(北京)有限公司与北京派格太合泛在文化传媒有限公司间因电影《富春山居图》发生的植入广告合同纠纷案"③中,双方的合同不但涉及"赞助商品牌元素实际植入时长应不少于 100 秒"的时长问题,而且在《赞助商合作权益确认单》中对 6 个植入桥

---

① 上海市浦东新区人民法院(2011)浦民三(知)初字第 694 号民事判决书。
② 北京市第一中级人民法院(2015)一中民(商)终字第 2598 号民事判决书。
③ 北京市第三中级人民法院(2016)京 03 民终 3374 号民事判决书。

段做了具体描述,法院认为,双方对于6个植入桥段有明确约定,而北京派格太合泛在文化传媒有限公司在未与瑞怡国际文化传播(北京)有限公司协商的情况下,对6个桥段进行变更,构成违约。

5. 竞品植入禁止

农夫山泉股份有限公司与北京麦趣文化传媒有限公司(简称"麦趣公司")签署《电视剧植入广告合同》,该合约约定"乙方保证农夫山泉为该剧饮用水产品唯一植入赞助品牌商,同类产品不得出现在该剧中。若有违反,甲方有权拒付全额广告费用"。在该案中,麦趣公司对镜头中出现其他品牌桶装水的事实予以认可,但其辩称该桶装水仅为剧情布景所需道具,法院没有采纳麦趣公司的意见,认为麦趣公司客观上违反了案涉合同关于"同类产品不得出现在该剧中"之约定,并认定该节事实构成违约。[①]

广告时长、表现形式、植入桥段、竞品植入禁止等,是植入广告合约必不可少的部分,在实务中,以下内容亦是植入广告合约应重点予以关注的核心内容:播映电视台及其他渠道、播映时间、台词嵌入、镜头要求(镜头种类、镜头时长、镜头内容)、情节定制、背景设定与互动道具、片尾鸣谢及条件、海报/剧照授权使用规则、植入素材的知识产权审查及承诺与保证、植入片段汇总及使用规则、探班、植入修改及其限制、植入内容的消除及条件、代言冲突等等。前述内容的设定,不但有助于清晰界定植入方与片方的各项权利义务与要求,而且在谈判过程中,前述内容的增或减甚至可以影响到合约价格。可以认为,前述内容是一份完整植入广告合约的必备条款。

(二)映前广告与贴片广告

映前广告,是由放映方在电影拷贝放映前播放的广告。贴片广告,是指将企业产品广告直接注入影片拷贝或者与电影内容打入同一个数据包内,在电影放映前播出的广告,主要由制片方或发行发进行贴片,是"硬广告"。规范映前广告和贴片广告的规范性文件与自律性文件有《关于加强影片贴片广告管理的通知》(广发影字[2004]700号)、《关于进一步规范电影贴片广告和映前广告管理的通知》([2009]影字79号),以及中国电影发行放映协会、中国电影制片人协会于2011年出台的《电影贴片广告、映前广告自律规则》。在这些规范性文件颁布之前,因放映电影《英雄》前播放广告,张某年于2003年把浙江翠苑电影大世界有限公司(简称"翠苑大世界")诉至法院。原告张某年诉称,翠苑电影大世界在放映影片《英雄》之前,共播出近10分钟的商业广告片。这一行为损害了消费者的权益,构成强迫消费,遂要求翠苑电影大世界退还电影票价40元、赔偿损失40元。杭州市西湖区人民法院经审理认定,原告在翠苑电影大世界购票观看影片《英雄》,与翠苑电影大世界间已形成消费者与经营者之间的法律关系。翠苑电影大世界作为经营者,在事先未告知原告的情况下,在影片放映之前播放商业广告,侵犯了消费者的知情权;对此,法院判令翠苑电影大世界向张子年书面赔礼道歉。

贴片广告、映前广告应在电影票面上标注的电影放映时间之前播放,不得在银幕出现《电影片公映许可证》之后播放,不得占用电影放映时间及在电影放映中播放广告。播放电影广告时间不得超过10分钟。其中,片方、发行方的贴片广告不超过5分钟,院线和影院的映前广告不超过5分钟。发行、放映单位应严格履行合同,加强管理,未经版权方或合作方同意,任何单位不得删减、替换贴片和映前广告。播放贴片广告及映前广告时影院场内需保持照明灯。电影院应按照电影票面上标注的电影放映时间准点放映,场灯关闭后,影片版权

---

① 杭州市中级人民法院(2016)浙01民终7834号民事判决书。

方或经影片版权方授权同意的合作方可在银幕出现《电影片公映许可证》之前,播放不超过5分钟的电影预告片。

映前广告与贴片广告的区别有三:第一,贴片广告由制片方或者发行方运营,映前广告由院线公司或者电影院运营。如"长江公司诉合一公司因《非诚勿扰》等影视节目著作权使用纠纷案"[①]中,法院强调,在著作权许可使用合同中,著作权人与被许可人在已明确约定被许可人只能使用其提供的标准节目版本的情况下,被许可人非经著作权人同意,无权插播或替换节目中的贴片广告。第二,贴片广告是与影片一同拷贝,一同播放,影片播放到哪里,广告就播放到哪里;映前广告是由院线公司或者电影院在放映终端发布,不同影片的映前广告既可以相同,也可以不同,完全取决于院线公司或者电影院的商业安排。第三,映前广告一般在贴片广告之前播放。

"中国电影股份有限公司北京电影营销策划分公司与北京小马奔腾文化传媒股份有限公司合同纠纷案"[②]是一起案情较为简单的"贴片广告纠纷",但从该案判决书中披露出来的院线贴片广告代理协议之主体内容,可以为没有行业经验的法律服务提供者在审合同或制作合同时,提供一些有益的参考。在该案中,北京小马奔腾文化传媒股份有限公司(甲方)与中国电影股份有限公司北京电影营销策划分公司(乙方)签署《广告代理协议书》,甲方委托乙方发布电影《太平轮》院线贴片广告;约定:

广告发布时间:自中国大陆放映电影《太平轮》首映日起至放映该片贴片广告场次达到本合同约定的场次止。

广告发布媒体:中国大陆各地区参加放映电影《太平轮》的影院,影院列表详见本协议附件。

广告发布形式:电影《太平轮》广告贴片放映。

广告发布内容、位置、场次、区域:玛莎拉蒂,60秒,放映场次20800场,发布位置为全国倒一;东风标致,30秒,30000场,全国倒二;珀莱雅,30秒,20000场,全国倒三;净衣卫士,30秒,5000场,全国倒四;兰芝,15秒,20000场,全国倒五;北京现代,30秒,全国倒六。

乙方在电影《太平轮》上贴片广告放映场次达到本合同约定的场次之日起30个工作日内,向甲方提供由本协议约定广告的放映证明(内容应包括放映影片、放映圈期、放映影院、放映场次、观众人数及贴片广告放映内容及位置等),乙方应在广告放映证明上盖章确认。

甲方对广告播出情况如有异议,应在收到广告放映证明后7个工作日内,以书面形式向乙方提出。影片《太平轮》放映完毕,贴片广告放映场次不足约定场次,乙方将按实际放映场次与甲方进行结算;如在影片《太平轮》放映过程中,贴片广告放映场次已超过本协议约定场次数,乙方有权停映甲方贴片广告,甲方无需对超映的场次支付贴片广告发布费。

(三)冠名广告

冠名广告多出现在电视节目之中,电视冠名赞助是特殊电视广告表现形式之一,大体分为栏目冠名和剧场冠名两类,栏目提醒收看、特约播映、栏目冠名、节目导视、新片预告、片尾

---

① 南京市玄武区人民法院(2012)玄知民初字第3号民事判决书。
② 北京市朝阳区人民法院(2017)京0105民初41037号民事判决书。

挂标等也属于冠名的表现形式。许多电视节目、栏目本身就是娱乐或体育赛事，所以，在冠体[①]上两者会发生重合，即冠名者赞助该娱乐活动或体育赛事，同时获得对该娱乐或体育节目的冠名权。以1983年开始举办的"春晚"为例，其冠名权一向都是实力商家的必争之地，几十年以来一直在持续演变的冠名商家，未必不能用一种中国企业浓缩简史的视角去品读。如康巴斯手表、海鸥手表、中华自行车、孔府家酒、沱牌曲酒、哈药六厂盖中盖、太极集团、曲美减肥药、哈药六厂护彤感冒药、美的集团，等等。

针对冠名广告的规范性文件有《广播电视广告播出管理办法》(2011)等。例如，《广播电视广告播出管理办法》第10、18、19和20条规定：(1)时政新闻类节(栏)目不得以企业或者产品名称等冠名。(2)除电影、电视剧剧场或者节(栏)目冠名标识外，禁止播出任何形式的挂角广告。(3)电影、电视剧剧场或者节(栏)目冠名标识不得含有下列情形：① 单独出现企业、产品名称，或者剧场、节(栏)目名称难以辨认的；② 标识尺寸大于台标，或者企业、产品名称的字体尺寸大于剧场、节(栏)目名称的；③ 翻滚变化，每次显示时长超过5分钟，或者每段冠名标识显示间隔少于10分钟的；④ 出现经营服务范围、项目、功能、联系方式、形象代言人等文字、图像的。(4)电影、电视剧剧场或者节(栏)目不得以治疗皮肤病、癫痫、痔疮、脚气、妇科、生殖泌尿系统等疾病的药品或者医疗机构作冠名。

商业冠名在本质上属于广告行为，受广告法的约束。《广告法》第30条规定，广告主、广告经营者、广告发布者之间在广告活动中应当依法订立书面合同。据此，冠名合同亦受合同法调整。冠名类交易合同在实践中的称谓多种多样，冠名合同、冠名赞助合同、冠名权转让合同和冠名权合同是较为常见的名称。冠名合同的法律性质，有四种不同的观点：第一，冠名合同属于具有物权效力的名称许可使用合同[②]；第二，冠名合同系唯一授权许可合同[③]；第三，冠名合同存在两种相互性的许可，一为被冠名方将其"商事人格权"许可给冠名方有偿使用，以获得广告效应，一为冠名方将自己的名称、商号授权许可给被冠名方使用[④]；第四，冠名合同在性质上宜定性为广告传播合同，准用《广告法》中的规定并结合合同法加以调整。[⑤]

国际商会于2003年发布了一项由其营销与广告委员会拟定的《赞助国际准则》(International Code on Sponsorship)。该准则确认，赞助是公司或其他组织的一种重要营销工具，是众多营销策略之一，适用于公司形象、品牌、产品、活动或其他形式的赞助，赞助方与被赞助方应

[①] 所谓冠体，是指可被冠名的对象化事物，具体可分为：(1)实物类冠名，如地位显著、影响较广的物质实体，包括道路、场地、建筑物、构筑物、交通运输工具甚至林木和新物种等。(2)组织、机构冠名，如2007年7月，美国华裔企业家廖凯原通过其基金会与上海交通大学签订协议，向学校捐赠总额不少于3000万美元的资金，用于建设一流法学院；2008年4月，教育部正式批复同意该笔捐赠，上海交通大学法学院被冠名为上海交通大学凯原法学院。(3)赛事、节事类冠名，如平安保险向中超联赛公司支付对价6亿元，享有中超联赛2014—2017年度独家冠名权，在中超联赛每场比赛或举办的有关赛事活动中，被告中超联赛公司要在中超联赛官网、球票上、队员服装、比赛现场外围栏、看台观众席、地面及联赛转播视频上标注"中国平安"或"平安"字样。(4)节目、栏目冠名，如在电视节目《非诚勿扰》上冠名过的护肤品牌韩束。(5)教席、职位类冠名，如《北京大学讲席教授职位管理办法》(2009)规定，讲席教授职位的协议年薪及职位津贴可源自学校专项资金或社会捐赠基金。由学校专项资金支付时，职位全称为"北京大学讲席教授"(Peking University Chair Professor)；由社会捐赠基金支付时，根据捐赠方意愿冠名，职位全称可为"北京大学(基金名称)讲席教授"(Peking University (foundation title) Chair Professor)。(6)对城市的冠名。(7)对人的冠名，如在2000年，美国一家名为"网络地下音乐档案"的网站，向社会表示将向把自己新出生婴儿命名为"IUMA"的家庭支付5000美元，一对堪萨斯州的夫妇从四对竞争者中胜出并赢得了该5000美元。朱体正：《冠名权：界说与运作》，上海浦江教育出版社2015年版，第18—26页。

[②] 常娟、李艳翎：《体育冠名权合同性质的研究》，载《天津体育学院学报》2008年第1期，第50页。

[③] 邓春林：《论体育冠名合同的性质及法律保护》，载《北京体育大学学报》2005年第8期，第1020页。

[④] 沈志先、符望：《冠名权转让中的法律问题》，载《复旦民商法学评论》编委会编：《复旦民商法学评论》(总第3集)，法律出版社2005年版，第59页。

[⑤] 朱体正：《体育赞助冠名合同的法律适用》，载《天津体育学院学报》2008年第5期，第409—412页。

当在诚实信用的原则上订立权责清晰的合同,以确定彼此间的权利与义务。可见,从国际商会的角度看,以赞助的方式冠名或者以冠名的方式赞助,合同是界定彼此权利义务的主要手段。中国法院在冠名类纠纷之中,大多也秉持此观念,以合同法上的原则与规则,适用于具体的个案,尊重意思自治。同时,因其具有广告营销的性质,《广告法》中的规定也有适用的空间。

冠名广告合同,如"中视直觉(北京)广告有限公司与北京清大世纪教育投资顾问有限公司广告合同纠纷案"[①]、"浙江奇咖商贸有限公司与浙江星概念影视传媒有限公司合同纠纷案"[②]和"北京东方体育经纪有限责任公司与北京星空航媒广告有限公司合同纠纷案"[③]等所披露的,其商务条款通常都较为复杂,这些条款的细化与审核需要专门的商务人员对接,始得使相关的冠名赞助权益之回报可以达到预设的目的。在法律角度,宏观层面值得注意的问题有[④]:第一,作为顶级的赞助冠名形式,应在合约中确定排他性的地位,防止冠名过多稀释冠名效果,即使有两个甚至多个冠名,也要保证冠名之间不存在同业竞争关系,否则冠名效果将遭到自我损害。第二,对于两个或多个冠名的场合,还要注意是"主副"冠名结构,还是循环冠名结构。如果是"主副"冠名结构,则应注意副冠名的显示方式;如果是循环冠名结构,则要注意整个冠名节目或项目运作期间前后冠名的转换及维持冠体通名本身的一致性。第三,不宜约定冠名方享有冠名权转让的权利,即不应承诺冠名方有权将该冠名权对外转让或进行质押,以避免给节目或项目的运作带来麻烦。第四,针对冠名商的破产、被并购或者更名等情况,宜在合约中进行必要的约定及解决方案和救济措施。

(四)公益广告与影视预告片

根据《公益广告促进和管理暂行办法》的规定,公益广告是指传播社会主义核心价值观,倡导良好道德风尚,有利于促进公民文明素质和社会文明程度提高,维护国家和社会公共利益的非营利性广告;政务信息、服务信息等各类公共信息以及专题宣传片不属于公益广告。

影视预告片,是将影视剧的精华片段,经过刻意安排剪辑,以制造出令人难忘的印象,而达到吸引观众之效果的短片,是影视剧营销的一部分,是广告的一种。[⑤] 与此同时,不能将它的内容和形式简单地归结为"集锦";预告片不但是电影营销中的关键一环,其内容构成、叙事方式和传播策略都蕴含着创作者的精心考量,浸透着电影工业积累百年的运作经验和美学规范,更重要的是,它甚至在一定程度上获得了独立的艺术属性和审美价值,并衍生出一种电影亚文化。[⑥] 为此,对于那些符合著作权法之独创性要求的预告片,除受广告法约束之外,同时还受著作权法保护。

(五)广告语

"好空调,格力造",中国大陆人对这句广告语甚为陌生的人大概并不是很多。它之所以被众人熟知,原因并不是修辞美、对仗工整,可能更多的是因为大量媒体宣传刺激的结果。一旦不再持续刺激,广知度下降应无疑义。"喝孔府宴酒,做天下文章""孔府家酒,叫人想家""燕舞,燕舞,一曲歌来,一片情"这些都是曾经红遍神州的广告语,如今只有有限的人知晓。在法律上,一直不无争议的是,广告语是否可以受著作权法保护。比如,"刘毅与南宁真

---

① 北京市第三中级人民法院(2018)京03民终2896号民事判决书。
② 宁波市海曙区人民法院(2019)浙0203民初11822号民事判决书。
③ 北京市海淀区人民法院(2013)海民初字第20447号民事判决书。
④ 朱体正:《冠名权:界说与运作》,上海浦江教育出版社2015年版,第89页。
⑤ 许安标主编:《中华人民共和国电影产业促进法释义》,法律出版社2017年版,第151页。
⑥ 闫新:《电影预告片的类型学分析》,载《当代文坛》2013年第1期,第99—102页。

龙伟业广告有限公司、广西中烟工业有限责任公司侵犯著作权纠纷"①涉及对"天高几许,问真龙"这句广告词语定性,法院认为,作品是指文学、艺术和科学领域内,具有独创性并能以有形形式复制的智力创作成果。原告刘毅在看到南宁真龙伟业广告有限公司的征集启事后,根据自己对"真龙"香烟品牌的认识、自己的文化底蕴及社会经验,通过智力劳动,创作出"天高几许?问真龙"广告语。该广告语以高度的概括性,反映对象的鲜明特征,具有丰富的内涵和艺术感染力,具有独创性,且以文字形式表现,可以以某种形式复制,属于著作权法保护的文字作品范畴,受该法的保护和调整。

在"陈某某与上海月星控股集团有限公司著作权权属、侵权纠纷案"②中,法院对"月星家居,我心中的家"这句广告词语是否具有可版权性给予了否定评价:

> "月星家居,我心中的家",其表达语句中的核心词汇或者说核心观念"心中的家",是非常口语化的一种表达,它是人们在日常生活中使用很多、在不同领域都会广泛使用的一种词句;而且采用的是"某某(商品或企业名称),怎样怎样"这样的主谓表达方式,在广告语当中非常之多,较为普遍。故而,从社会一般的认知标准来看,陈某某提交的9字广告语短句并不具备起码的独创性,无论在内容、表达形式、句型结构上都较为简单尚不具备著作权法要求的作品应当具有的最低限度的创造性,不能认定为著作权法所称的作品。

再如"皇城老妈诉皇蓉老妈侵犯著作权纠纷案"③,法院认为,原告主张著作权的"川人川味,蜀地蜀风""岁岁年年,滋味如一"及"有空来皇城老妈坐坐,是缘分……"三句广告用语,是原告为彰显其独特的企业文化和企业形象而在其经营活动中逐渐形成和长期使用的标识性用语。这些用语所使用的词汇虽然不是由原告独创的,但通过原告的拣选、组合及排列,这些广告语体现出了与前人作品不同的个性化色彩,具有独创性,符合文字作品的构成要件,应当受到著作权法的保护。

广告语是否具有可版权性,独创性是关键。广告语的独创性与修辞学、文学、美学等呈正相关关系,正如上海高院知识产权审判庭所说的,广告语著作权的"独创性"标准应该相对较高④,尽管它是从公共政策的角度做出的考虑。

四、完片担保

完片担保(Completion Bond,Completion Guarantee,Completion Guaranty)是由专业的完片担保公司提供的一种影视剧完工担保。通常用于独立投资的电影制作中⑤,由电影制作方购买完片险,根据与投资方双方确定的剧本、演员和制片预算,按时完成并送交发行方。在实务上,当制片人有了影视剧本、预算计划和发行合同时,如果银行同意贷款给制片人,就会再要求制片人提供完片担保公司开具的保单,由其担保影视剧制作能在符合企划书的预算、日程与品质等条件下完成;提供完片担保的保险公司,必须承担影视剧制作超过预算时

---

① 桂林市中级人民法院(2004)桂市民初字第64号民事判决书。
② 上海市普陀区人民法院(2011)普民三(知)初字第1号民事判决书;上海市第二中级人民法院(2012)沪二中民五(知)终字第11号民事判决书。
③ 北京市第一中级人民法院(2002)一中民初字第4738号民事判决书。
④ 上海市高级人民法院知识产权审判庭编:《知识产权案例精选(2011—2012)》,知识产权出版社2014年版,第25页。
⑤ 〔美〕艾德华·杰·爱普斯汀:《好莱坞电影经济的内幕》,郑智祥译,稻田出版有限公司2011年版,第54—56页。

的超支,直至电影完成。① 完片担保正是好莱坞电影制作流程中的重要环节②,对电影制作过程有深入的了解,是从事完片担保的基本前提。完片担保公司派有代表驻组以掌握电影的生产制作过程,并有权接触到相关的账户、记录、报告和日常管理文件,进而在一定程度上可能会给制片人带来一些透明度上的尴尬;但是,完片担保公司对电影制作细节的谙熟,其经验可以帮助制片人预见问题和进行有效的过程管理,以获得最佳制片效果,从而给制片人带来好处。③

电影完片担保的概念最早出现在美国,早期美国电影业绝大部分都是由大型制片公司制作,拍摄资金充足,若在拍摄过程中出现意外事件,完全有资金、有能力保证影片的完成。但是自20世纪50年代初起,越来越多的独立制片人开始拍摄影片,他们通常是一些个人或者小型企业,没有能力吸引资金的赞助,也没有足够的资金和资源向银行等投资人提供借款担保,因此,催生了完片担保公司的产生。完片担保公司帮助这些独立制作公司来承担影片保证在限定的预算和时间内完成的风险,保证影片送到发行商手中。

完片担保公司,不仅要掌握影视生产流程,还要对剧本质量、资金筹集、主创人员能力素质、制片方操控能力、后期发行收益等各个环节进行全方位评估,对影片制作过程进行监控,及时监督控制财务状况。如果影片无法按期完成,完片担保公司将接手影片制作并按承诺的保额赔偿给投资方。从20世纪80年代开始,美国随着美国电影业的产业化发展,越来越多的担保机构、保险机构以及其他金融企业加入完片担保之中,完片担保模式在英美等影视产业较为发达的国家已逐步成熟,并发展出一套完整且周密的机制和一些专门从事完片担保的知名机构,如救火队基金保险公司(Fireman's Fund)、国际电影保险公司(International Film Guarantors)、电影金融公司(Film Finance)等。

我国九部委于2010年联合下发的《关于金融支持文化产业发展指导意见》中特别提出"探索开展知识产权侵权险、演艺、会展、动漫、游戏、各类出版物的印刷、复制、发行和广播影视产品完工险……"。事实上,所谓"完工风险",原本来自建筑行业,指的是因拟建项目不能按期完成建设、不能按期运营、项目建设成本超支、不能达到设计的技术经济指标形成的风险,而"完工险"就是针对这样一些风险设计的专业保险产品。电影的完工风险则包括了影片在制作过程中,因各种原因导致预算严重超支、不按照剧本拍摄、没有按期完成或被迫取消,从而不能顺利移交发行方的情况,完片担保就是对电影完工风险的一种担保。值得指出的是,完片担保,保证的是影视剧的制作风险,而不是投资风险,一部影视剧能不能挣钱,能不能收回投资,均不在完片担保的保障范畴之内。④ 一般来说,一个较完整的完片担保包括以下流程:(1)制片人向完片担保公司提出申请;(2)完片担保公司对选中项目要求制片人提供详细材料,进行全面评估;(3)对通过的项目立项,签署法律文件,收取保费;(4)对制片过程前期进行拍摄计划、拍摄人员的最后确认;(5)拍摄期每日监控财务现金使用状况,影片后期制作的监控;(6)当超支不可避免时,全面接手制片环节,完成影片拍摄和后期制作;(7)如项目停止,对投资人索赔进行全额退款。

(一)完片担保前的文本审查

在为一个影视剧项目提供担保前,对主创、脚本、预算、时间安排和筹资计划进行全面审

---

① 钟基立:《文创与高新产业融资:知识产权价值挖掘的交易设计与风险管理》,北京大学出版社2016年版,第185—186页。
② 吴曼芳、李思樾:《完片担保中国化的障碍分析与模式选择》,载《北京电影学院学报》2017年第2期,第68页。
③ Bertrand Moullier & Richard Holmes, *Rights, Camera, Action! IP Rights and the Film-Making Process*, WIPO Publication No. 869E, pp. 66-67.
④ 吴晓武:《为什么完片担保在中国举步维艰?》,载《电影艺术》2011年第1期,第94页。

查,是完片担保公司的必备功课。完片担保公司就像保险承保人一样,在承诺一个担保之前要仔细地评估每个项目。完片担保公司需要知道制片人拥有一个具有充足日程和预算的剧本以及一个有声誉和可担保的演职员团队,需要检查所有与演员、场地、特效、保险、旅行等有关的主要合同,需要指派特定人员从前期制片开始一直到发行监督项目,需要参加制片人召开的重大会议等等。[①] 具言之,完片担保公司需要审查的资料包括但不限于:(1) 准备选用的剧组重要成员简历,包括导演、演员、第一副导演和制片主任等;(2) 剧本拍摄权利的各项相关法律协议书;(3) 制片人合拍协议;(4) 导演和制片公司间的协议书;(5) 主要剧组成员协议书;(6) 合拍融资协议;(7) 各种保险协议;(8) 已签署的制片人和导演间关于选取演员,预算内拍摄及限制费用的协议;(9) 导演签署的在预算,拍摄期内和预定胶片卷数内完成拍摄的承诺书;(10) 主要演员的协议书;(11) 后期制作时间计划表(不得晚于拍摄结束两周前提供);(12) 已签署的音乐和肖像使用权所需费用均在预算内可完成的承诺书;(13) 音乐使用协议或作曲协议;(14) 已签署的关于发行协议里提到的,在制作过程里而产生的全部公关宣传费用会被计入发行营销费用,而非拍摄费用的承诺书;(15) 与画面和声音以及特效后期制作公司的合同或意向书;(16) 已签署的法律费用不能超过制片预算中规定数额的承诺书;(17) 已签署的发行和预售协议。

(二) 完片担保的法律文本

完片担保机构与制片人就完片担保事宜达成基本一致后,接下来就是一系列正式文本的签署,以确定制片人、完片担保公司、投资人等利害关系人之间的权利与义务。主要文本有:

1.《完片担保协议》(Completion Guarantee Agreement)

该协议是完片担保公司与所有实际投资者之间签署的担保协议,也是系列协议中最重要的一个。通常情况下,该协议会载明,完片担保公司同意按照批准的剧本、日程、预算及合约条款来发行影片,并偿付用于交付这个项目而超出批准预算的任何额外开销。在影片不能按照合约条款发行时,完片担保公司同意偿还投资人用于批准预算花费而提前支付的所有资金。一旦不得不放弃这个项目,避免投资人因投资一个未完成项目而遭受损失。当影片不能完成时,投资人将收回自己的投资;虽然不能从票房总额中获得额外收入,但也不会有什么损失。完片担保公司都会有此类协议的模板,具体条款及细节都会因项目的不同而不尽相同。

2.《完片担保公司与制片人协议》(Producer Bonder Agreement)

这份协议由制片人和完片担保公司签署,并作为制片人按照批准的剧本、日程和预算进行影片制作的一份确认和担保。该协议除需要就完片担保公司对制片人的要求明细、费率、接管条件和接管细则等事项予以规定外,制片人还需要在该协议中承诺不做任何可能使已批准的保险项目无效的行为,或者其他威胁影视剧按时和有效制作的行为。在制片人不能履行职责时,该协议可以确保完片担保公司拥有最终的权利去接管影视剧,并取代制片人完成和发行影片,尽管这种情况在实践中较为罕见,但也不是没有此类案例的存在,如电影《终极天将》(The Adventures of Baron Munchausen,1988)一片的保险公司就曾换过制片人[②]。

3.《接管协议》(Takeover Agreement)

该协议由完片担保公司和制片人签署,这份协议赋予完片担保公司即刻生效的制片接

---

① 〔美〕Eve Light Honthaner:《完全制片手册》(第 4 版),蒲剑译,人民邮电出版社 2014 年版,第 129 页。
② 刘立行:《国家电影制度:政治、经济、文化、产业之理论与实务》,台湾正中书局 2009 年版,第 132 页。

管权力。该协议通常都在签署后暂时搁置,直至制作过程中,完片担保公司必须接管制作的那天,才会派上实际用场。

4.《银行与完片担保公司协议》(Bank-Bond Agreement)

该协议由银行、完片担保公司和制作者共同签署。当银行成为制作的贷款人时,款项一定会按条款分批划入该电影项目银行账户。该协议明确了完片担保公司对于该账户使用的相关权利和条款。

5.《导演承诺书》(Director Letter)

导演承诺其有能力在投资商通过的预算和拍摄周期内完成该影片的全部制作。

(三) 完片担保费

从国际范围来看,对于投资方来说,担保费用一般会是预算的5%—6%。此预算概念为:电影总预算扣除10%超支准备金之后,线上和线下预算相加的净制作预算,所以,通常只有总投资超过1000万美元的电影项目,才具有进行完片担保的可能性。面对制片方,在实际操作中,完片担保保费设置会有两种情况可供制片方选择:

1. 返点担保

返点担保指的是担保公司在前期向制片人收取较高百分比保费,如果制片人可以及时在预算内完成影片的制作并对发行公司交片,担保公司将从保费里按提前谈好的返点返还一部分给制片人(可能会按总预算1%—3%返还)。投资方也会同意制片人收取这个返还保费作为对制片人及时完片的奖金(通常当实际制作最终费用低于总预算时,省下的预算将按投资比例退回给各投资人)。这个做法对制片人既有利又有弊,一方面对制片人个人或制片公司在按时按预算完片的情况下很有利,但另一方面因为要预付高额保费给完片担保公司,会减少拍摄过程中的现金流。在面对第一次合作或风险评定危险性高的制片人时,完片担保公司一般都会采取这种保费形式。

2. 标准保费担保

标准保费担保是指完片担保公司收取的全额保费将不会返还给制片人,即使该电影在预算及拍摄期内完片。但该保费费率会较"返点担保"低些。有良好记录的制片人通常会获得这样的标准保费,而较低的保费会增加拍摄预算的现金流。

虽然《摆渡人》(王家卫导演)、《迷途杀机》(徐静蕾导演)、《双重记忆》(王飞导演)和《大唐玄机图》(张之亮导演)等电影似有"完片担保"参与其中,但实际上,这些都不是严格意义上的完片担保,而是"完片保险"。完片保险主要承保拍摄电影过程中由于自然灾害、意外事故等原因造成的,诸如主演人身意外伤害、拍摄道具损坏等,导致影片无法继续拍摄产生的损失。在流程尚未工业化以及法律制度有别的情况下,美国的完片担保可能需要更多的制度调适,才能更好地适用于中国。

五、制作保险

好莱坞的电影保险最先开始于对明星和导演的人身保险,而时至今日已覆盖了电影的各个要素,因为"风险承受和电影制作是同义词"[1],娱乐行业伴随着高风险[2]。因而很多娱

---

[1] 〔美〕巴里·利特曼:《大电影产业》,尹鸿、刘宏宇、肖洁译,清华大学出版社2005年版,第39页。

[2] Melvin Simensky, Thomas D. Selz, Barbara A. Burnett, Robert C. Lind & Charles A. Palmer, *Entertainment Law*, Second Edition, Matthew Bender & Company Incorporated, 1997, p. 32.

乐公司均设一个风险管理或保险部门,以与保险公司保持密切的沟通与协调。① 保险公司通常会向制片方提供一个"制作包"(production package),其中包括了演员保险,胶片/录像带保险,摄像机等设备故障保险,道具、置景、服饰保险,动物使用保险,办公物品保险,汽车等交通工具保险,财物失窃保险,后期制作中的数码存储、硬盘故障、电脑病毒以及资料传输的保险项目,等等。② 不同类型、题材、规模的影片可以在"制作包"中选择适合自己的方案,对于超大规模或特殊题材的影视剧来说,保险公司会为期量身定做保险项目。比如,为电影《达芬奇密码》拍摄时租用卢浮宫文物承保;为电影《加勒比海盗》中戏服和船只"黑珍珠"好承保,以免这条船和装在特殊容器里的戏服在航经巴拿马运河前往加州时,因遇到飓风而受损。③

在制作实践中,拍摄过程中发生的人身与财产损害事件屡见报端。在人身伤害领域,俞灏明拍摄《我和春天有个约会》时因爆炸而被烧伤;在拍摄《杨门女将》时,张柏芝坠马,致使脸部受伤;高以翔在录制电视节目《追我吧》时猝死。在财产损毁领域,2018年7月11日,《陈情令·魔道祖师》剧组在拍摄电视剧时,因设备电气线路故障引发火灾,造成东阳市方海机械有限公司的厂房损失的火灾事故。④ 电视剧《我的团长我的团》在拍摄一场战争戏时,烟火组意外引爆炸弹,导致一人死亡、两人重伤。⑤

2019年9月,在北京召开的"第十六届中国国际影视节目展"上,中国平安财产保险股份有限公司发布中国平安影视制作财产损失保险,该项保险提供一揽子保险服务解决方案,包括对自然灾害或意外事故导致的直接财产损失及主创人员的死亡、伤残或突发急性病而导致被保险人无法或放弃完成影视制作项目,保险人按照本保险合同的约定负责赔偿已投入预算的可保制作成本;为影棚、布景拍摄防火防盗提供相应的风控管理措施;同时还可提供境外的绑架勒索保险、网络安全保险、无人机保险等产品服务。可以认为,它标志着中国本土化"完片保险"首次落地,在一定程度上解决了我国保险公司对影视行业的相关保险产品数量极少的现状,为满足影视业快速发展的提供了支持。⑥ 尽管如此,对意外伤害险(工作人员的团体险、艺人的个人险)、雇主责任险和财产损失险等险种予以了解,根据实际需要组合搭配,有助于制片方化解和降低风险。

好莱坞还有一种"差错和遗漏"(Errors and Omissions,E&O)保险,它是一种覆盖所有关于权利取得问题的保险,影片若获得了E&O保险,意味着影片潜在的发行商就无需为该影片应取得的权利许可协议或文件而担心;没有获得E&O保险的影片,它在权利链条上的完整度只能由发行商自己来逐一核查并对之进行法律上的评估,确认是否能够满足发行和放映影片的需要。简言之,E&O保险可以为影片提供权利链条完整无瑕疵的保障,通常它可以使影片免受关于侵犯隐私、创意剽窃、版权侵犯、侮辱或诽谤他人人格或产品、商标侵权、影片名称侵权等诉讼指控。⑦ 倘若发生了此类侵权,保险公司按照合同约定予以赔付。⑧

---

① Charles J. Harder, eds, *Entertainment Law & Litigation*, Matthew Bender & Company, Inc., 2016, p.1125.
② 司若:《电影生产的风险与风险控制》,载《当代电影》2009年第10期,第57—58页。
③ 张华、李素艳:《影视运营》,中国传媒大学出版社2015年版,第184页。
④ 东阳市人民法院(2019)浙0783民初2556号民事裁定书。
⑤ 宋蕾:《影视剧制片项目风险管理研究》,中国传媒大学出版社2017年版,第107页。
⑥ 许安标主编:《中华人民共和国电影产业促进法释义》,法律出版社2017年版,第193页。
⑦ Rob H. Aft & Charles-Edouard Renault, *From Script to Screen: The Importance of Copyright in the Distribution of Films*, WIPO Publication No. 950E, p.56.
⑧ Mark Litwak, *Dealmaking in the Film and Television Industry: From Negotiations to Final Contracts*, Third Edition, Silman-James Press, 2009, p.175.

第五章

影视剧发行与开发

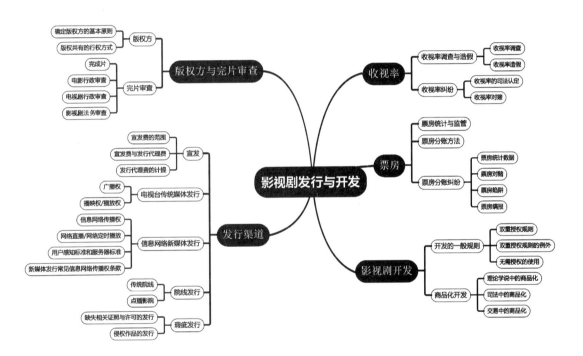

第一节 版权方与完片审查

一、版权方

影视剧发行所涉权利基础是否充分,首要点在于辨识并确定作为权源的版权方,因为只有版权方才有资格对最初的源权利作出处置和安排。对版权链进行审查,可以确认版权方,确定权利流转过程中的无瑕疵。版权链不是单一文本,而是一组文本,它可以说明权利的来龙去脉。① 通过审查版权链,以保证影视剧发行有法律保障。

(一)确定版权方的基本原则

一部影视作品有为数众多的创作者,这为版权法提出了特殊的挑战。综观各国国内法

---

① Michael C. Donaldson and Lisa A. Callif, *The American Bar Association's Legal Guide to Independent Filmmaking*, American Bar Association, 2010, p. 182.

关于影视作品版权归属的法律解决方案，可以分为两大类别：在继承大陆法传统的国家里，电影版权通常归属于对创作影视剧作出贡献的那些自然人。但是这一模式在国与国之间也有很大的区别。有些情况下，影视剧被认为是许多共同作者（诸如导演、编剧、摄影师和作曲者）的合作作品，他们就整体作品共同拥有版权。另外一些国家则只承认导演是电影的作者，然后按照合作作品的规定授予其他创作部分以单独的版权。无论何种情况，在对影视作品进行商业利用之前，制片人必须和每位版权所有人达成协议安排。相反，在遵循普通法传统的国家里，其版权通常将电影的制片人作为唯一的版权所有人。正如同雇佣作品的情况一样，每个对作品作出贡献的人基本不享有任何权利。即使某些权利被授予主要的合作者（如英国版权法授权给电影导演），他们通常在范围上要受到相当的限制并且行使时要满足一系列条件。这种方式背后的理由是为了避免与众多权利所有者进行繁重的谈判从而便利影视作品进入市场。① 根据《著作权法》关于"影视视听作品的著作权由制作者享有，但编剧、导演、摄影、作词、作曲等作者享有署名权，并有权按照与制作者签订的合同获得报酬"的规定，在中国影视剧的著作权归制片者享有，制片者是影视剧的版权人。该规定表明，影视作品的制片是一个过程，由创作、拍摄、制作、合成而构成，集合了多个主体的多项劳动，如果某一个体能够阻止对电影作品的利用，那么，整个作品的利用将会受到损害，从而导致通常情况下所投入的巨额制作成本付之东流。② 为此，因"制作者是最终完成电视剧创作，并承担法律责任的主体，故影视作品的整体著作权由制作者享有"③。谁是影视剧的制作者？通说认为，制作者是指为制作该作品而首先采取行动并承担财务责任的人。④

结合《著作权法》第 12 条的规定，如无相反证明，在作品上署名的公民、法人或者其他组织为作者，也可以根据电影、电视剧等影视作品上明确标明的权属信息确定著作权人。⑤ 实践中，国产影视作品的署名有出品单位、联合出品单位、承制单位、摄制单位、联合拍摄单位、协助拍摄单位等，存在署名方式混乱，导致影视作品著作权人出现难以确认的问题。⑥ 例如，电影《七剑》之 DVD 封套注明慈文公司、宝蓝公司、华映公司联合出品，美林正大投资集团联合摄制，紫光传媒有限公司协助拍摄；而电影《七剑》DVD 播放之时片尾注明东方电影发行有限公司、FortissimoFilms 联合协助拍摄，慈文公司、宝蓝公司、华映公司、美林正大投资集团联合摄制。⑦ 事实上，署名之乱有一部分原因是行业自身所导致的。诸如，电视剧《鹿鼎记》后面署名为"联合摄制"的有四五十家电视台，实际上这些单位跟电视剧《鹿鼎记》的版权没有任何关系。之所以会出现这种现象，是因为电视台利用其相对垄断的优势，要求版权方在其所辖的区域内发行时，必须将其列为"联合摄制"，否则发行合约签不下来。作为"弱势"的版权方，"就范"是无奈之下的理性选择。再如，在"《人在囧途》诉《人再囧途之泰囧》不正当竞争纠纷案"⑧中，湖北省电影发行放映总公司向一审法院作出说明，在本案中放弃原告身份、不参与诉讼，其仅为"挂名出品人"，并不享有出品人的法律权利，被告对此未提出异议。

---

① 联合国教科文组织：《版权法导论》，张雨泽译，郭寿康审校，知识产权出版社 2009 年版，第 45—47 页。
② 〔德〕图比亚斯·莱特：《德国著作权法》（第 2 版），张怀岭、吴逸越译，中国人民大学出版社 2019 年版，第 170 页。
③ 武汉市中级人民法院(2009)武知初字第 48 号民事判决书。
④ 世界知识产权组织编：《著作权与邻接权法律术语汇编》，刘波林译，北京大学出版社 2007 年版，第 149 页。
⑤ 北京市东城区人民法院 2016 京 0101 民初 1786 号民事判决书。
⑥ 北京市第一中级人民法院(2009)一中民终字第 15905 号民事判决书。
⑦ 北京市海淀区人民法院(2007)海民初字第 21822 号民事判决书。
⑧ 中华人民共和国最高人民法院(2015)民三终字第 4 号民事判决书。

为引导影视剧规范署名,便利版权人的确定以及相关权利人之权利的维护,针对关于多种署名方式在权属判断时的效力优先级问题,北京市海淀区人民法院民五庭在《关于影视作品著作权案件署名问题的调研报告》中所持的观点是:第一,权利声明应作为著作权权属认定的最优证据,即影视作品上明确标明著作权权属信息且无相反证据的,应据此认定著作权归属。第二,无权利声明的,但标识了"制作单位""出品单位"或"联合出品单位"以及"摄制单位"或"联合摄制单位"的,除非有相反证据,"制作单位"或"出品单位"应优先于"摄制单位"被确认为著作权人。第三,在无其他证明佐证的情形下,拍摄许可证、发行许可证上署名的主体不宜作为认定著作权人;在具体个案中灵活把握部分署名主体的放弃权利声明。与此同时,该调研报告还就规范署名与真实署名提出了具体的操作性建议:

1. 规范署名。第一,依《著作权法》规定的署名方式进行规范署名,使用©或"版权归属××公司""××公司保留完整版权"等权利声明的形式,并避免署错名、使用简称、台标等不规范形式署名以及不同载体不同署名等情形。第二,对于著作权中的某项权利(如信息网络传播权)归属与著作权人不同的,亦应以独占性权利声明的形式予以明确标识。第三,对于被许可人将某项权利对外授权且其权利存在授权期限的,在权利声明中最好加注获得权利的期限,避免授权到期后与新的被许可人之间的权利产生冲突而被诉。

2. 真实署名。第一,影视作品的署名情况应正确体现作品权属情况,因此,署名应避免与相关的投资拍摄协议、委托创作协议等与权属约定相关的合同内容相冲突。第二,对于非权利人署名的,不应将其在"制作单位"或"出品单位"处署名,探索以"荣誉出品"或"特别鸣谢"等方式进行署名,以与真实著作权人进行明确区分。

海淀区人民法院在这份调研报告中提及的一些原则与规则,在北京高院《侵害著作权案件审理指南》(2018)中得到了具体体现,第10.4条"影视作品权属的认定"规定:除有相反证据外,可以根据电影、电视剧等影视作品上明确标明的权属信息确定著作权人。未明确标明权属信息的,可以认定在片头或者片尾署名的出品单位为著作权人,无出品单位署名的,可以认定署名的摄制单位为著作权人,但有相反证据的除外。制作许可证、拍摄许可证、发行许可证、公映许可证等行政机关颁发的证照,可以作为认定权属的参考,在无其他证据佐证的情况下,不宜单独作为认定权属的依据。

海淀区人民法院在该调研报告中提到的"著作权中的某项权项(如信息网络传播权)归属与著作权人不同的,亦应以独占性权利声明的形式予以明确标识",并没有被北京高院在《侵害著作权案件审理指南》(2018)中采纳。其原因在于著作权独占性权项在实践中的表现方式多种多样,比如时间限制、地域限制、渠道限制、媒介限制等等;与此同时,著作权独占性权项署名,同样存在如同版权人署名一样的乱象。在这种情况下,倘若在原本就尚待进一步规范的影视著作权人署名乱象,增加著作权权项署名,会为权利人的辨识与确定带来更多法律上的不确定性和麻烦,增加实务操作成本,阻碍权利的流转及效益的增进。譬如电视剧《胭脂》片尾标注:独家信息网络传播权归北京爱奇艺科技有限公司所有;联合出品单位:海润影视制作有限公司、海宁月亮开花影视文化有限公司、新丽电视文化投资有限公司、浙江海润影视制作有限公司、北京海润广告有限公司;2016年6月27日获得《国产电视剧发行许可证》。

2016年8月,新丽电视文化投资有限公司出具《版权声明书》,表明该公司自始至终不享有除署名权及收益权以外的任何著作权及相关邻接权;该剧的著作权及邻接权在著作权保护期内由海润影视制作有限公司及其合作方享有。北京海润国际广告有限公司出具《声明书》表明该公司为片尾上载明的联合出品单位之一,享有署名权,不享有该电视剧的版权。并且该公司出具说明函表示:我单位在该剧片尾署名为北京海润广告有限公司。2016年9月,浙江海润影视制作有限公司出具《声明书》表明:同意海润影视制作有限公司对该片信息网络传播权的已经以及将要做出之转让、许可、任何形式授权之行为,我单位在此声明表示同意、授权、许可并确认;且被授权方拥有以上权利的转授权权利及维权权利。①

综上,如何确定影视作品的版权人并没有完全统一的司法裁判标准,在没有相反证据的情况下,作为确认版权人的署名效力次序是:著作权权属信息、出品单位、摄制单位;且在司法实践中,制作许可证、拍摄许可证、发行许可证、公映许可证等行政机关颁发的证照,虽可以作为认定权属的参考,但在无其他证据佐证的情况下,难单独作为认定权属的依据。在实务过程中不能过多迷信"谁投资,谁拥权"的简单逻辑,同时,对片头、片尾、宣传物、影视剧出版物封面和封底,涉及的署名情况进行法律审查,至少应该成为影视法务的工作内容,尤其是在播映之前。

在中国目前的制片体制下,影视剧的原始著作权人是"单位",自然人只能通过继受的方式成为著作权人。比如在"张晓燕诉中央电视台侵犯著作权纠纷案"②中,法院认为,《高原骑兵连》系山东省国际友好联络会和兰州军区政治部电视艺术中心联合摄制,该电视剧的著作权应归属于两单位共同享有,后两单位出具的声明可以视为著作权已经转让给张晓燕;中央电视台对于张晓燕的主体资格并无异议,因此张晓燕有权决定是否将该作品公之于众。

(二)版权共有的行权方式

1. 版权共有的行权不能或受阻风险

因确定影视作品的版权人缺乏统一标准,导致司法裁判中出现认定影视作品版权共有人多达二十几家的案例。如在"上海全土豆网络科技有限公司与上海观视文化传播有限公司案"③中,法院认为:

> 播放涉案电视剧的DVD,显示该片联合摄制单位为黑龙江电视台、安徽电视台、江西电视台、贵州电视台、山东有线电视台、河北电视台、陕西电视台、成都传媒集团、广东南方电视台、湖北广播电视总台电视经济频道、吉林电视台、泉州电视台、西安电视台、云南电视台、太原电视台、乌鲁木齐电视台、渭南电视台、盛唐公司、盛歌公司、丫丫公司。出品单位为陕西电视台第一电视剧工作室、渭南电视台、盛唐公司、盛歌公司、丫丫公司。故若无相反证据,上述联合摄制单位和出品单位享有该片的著作权。

依照《著作权法》第14条关于版权共有之行权规则,影视作品的著作权由共有版权人通过协商一致行使,只有有证据表明版权共有方就影视作品之著作权行权无法协商一致且无正当理由的前提下,方有权利在有限度的范围内对该影视作品行权。在实践中,如果说证明版权共有人"无法协商一致"不是特别难的话,那么,证明其他版权人"无正当理由"则异常艰

---

① 云南省昆明市中级人民法院(2017)云01民初2287号民事判决书。
② 北京市第一中级人民法院(2006)一中民终字第9152号民事判决书。
③ 上海市浦东新区人民法院(2010)浦民三(知)初字第38号民事判决书。

难,正如日常谚语所言"同意只需一个理由,而拒绝可以有成千上万个借口"。如在"北京星传影视文化传播有限公司与中国网通(集团)有限公司辽阳市分公司(中国联合网络通信有限公司辽阳市分公司)等侵犯著作财产权纠纷案"[1]中,法院指出:

> 对于不可以分割使用的合作作品,不能协商一致,又无正当理由的,任何一方不得阻止他方行使除转让以外的其他权利,故星传公司如欲证明 CJ Entertainment 有权单独行使涉案影片除转让以外的其他权利,须首先举证证明涉案影片的其他原始著作权人存在无正当理由而阻止 CJ Entertainment 行使除转让以外的其他权利的情形。在星传公司未能提供相关证据证明确有上述情形存在的情况下,其援引《著作权法实施条例》第9条的规定欲证明自身权利来源合法的主张,缺乏基本的事实依据,对此不予支持。

当然,倘若恰巧遇上版权共有人解散或吊销的情况,则其他版权人对影视作品行权所负担的举证责任会轻很多,也较容易被法院所接纳。"北京紫禁城影业有限责任公司诉上海激动网络有限公司侵犯著作财产权纠纷案"[2]就是这种情况。法院在判决书中写道:

> 根据原告、陕西金花公司、南京世博公司与西安电影制片厂于2000年8月签署的《合约书》约定,涉案电影《谁说我不在乎》(原名《妈妈到了更年期》)的著作权人为原告及陕西金花公司和南京世博公司,西安电影制片厂仅享有涉案影片的出品单位署名权。陕西金花公司于2008年出具声明将本案中的著作权授权给原告行使。而南京世博公司在本案起诉前已被吊销营业执照,目前下落不明,本院认为……在无法与南京世博公司取得联系的情况下,原告作为共有著作权人之一单独起诉被告的侵权行为应予准许,南京世博公司可以在本案处理后向原告主张其在本案中所应享有的赔偿份额。

正常的商业活动若寄托于合作一方在日后被注销、吊销或解散,不但非常不正常,而且该寄托特别不靠谱。

最高法院在"北京金色里程文化艺术有限公司与上海晋鑫影视发展有限公司等就著作权权属、侵权纠纷申请再审案"[3]中,对作品版权共有的行权规则做了归纳和总结:共有权利人可以有条件地单独行使权利,但这种单独行使只有在具备以下四个条件,即与对方协商不成、对方无正当理由、行使的权利不含转让、与对方分享收益时方能成立。可见,影视作品版权共有方越多,行权遇阻的风险越大。倘若"对方对协商要求不予回应或不予理睬",该如何证明"与对方协商不成"呢?在实务操作上,建议留存书面要求协商的函件或通知,比如用EMS寄送单据。但只有寄送单据,可能会遭到抗辩,因为单据无法证明信件里的内容。为此,从严谨一点的角度出发,可以在公证处当着公证人员的面,撰写协商通知函并在公证机关复印一份,同时寄送该函件。若干天后,经查询EMS函件已经送达。再过一个合理的期限,比如两周,若对方不予回应不予理睬的话,基本上就可以被法院认定为"与对方协商不成"。

2. 版权共有的行权不能或受阻风险的避免

影视剧的制作往往都需要较大的资金投入,联合多家公司投资摄制影视剧是行业常态,

---

[1] 北京市第一中级人民法院(2010)一中民终字第7682号民事判决书。
[2] 上海市第一中级人民法院(2008)沪一中民五(知)初字第414号民事判决书。
[3] 中华人民共和国最高人民法院(2015)民申字第131号民事裁定书。

由此而导致影视剧的版权人通常是多家共有。避免共同投资带来的版权共有之行权不能或受阻之风险的最佳办法是,通过协议将版权约定在自己手里,仅给予合作投资方在一定时间内的收益权或分红权。因为不单单影视剧版权共有会带来行权苦难,而且影视剧可能会产生很多衍生产品,比如拍一个电影,可能会衍生出来电视剧、动漫、游戏、周边商品,甚至主题乐园等,如果多人共有影视剧版权,最后在决定权利归属时就非常困难。如果合作投资方不同意仅享有一定时期内的收益权或分红权,而执意要求按投资比例共享影视剧的版权,那么,在协议中对共有版权之行权规则做约定,不但可以起到便利行权的作用,而且也有助于发生纠纷后为纠纷之顺利解决提供可供依凭的条款依据;简言之,"集中委托行权"是可行的便利方式,该方式被使用在电影片《将爱情进行到底》之中。① 具体如下:

2011 年 1 月 14 日,电影《将爱情进行到底》在国家广播电影电视总局电影管理局出具的电审故字[2010]第 131 号《影片公映许可证》中载明,涉案电影的出品单位及摄制单位均为北京小马奔腾影业有限公司(简称"小马奔腾公司")、北京果然影视文化有限公司(简称"果然影视公司")、北京美丽春天文化传播有限公司(简称"美丽春天公司")、北京龙创环宇投资有限公司(简称"龙创环宇公司")。涉案电影片头显示该电影由小马奔腾公司、美丽春天公司、龙创环宇公司、果然影视公司联合出品。片尾显示"© 2011 北京小马奔腾影业有限公司保留所有权利"。

2011 年 1 月 18 日,果然影视公司、美丽春天公司、龙创环宇公司分别出具《〈将爱情进行到底〉电影联合出品单位授权书》,主要内容有,电影《将爱情进行到底》是由出品单位小马奔腾公司、果然影视公司、美丽春天公司、龙创环宇公司共同出资拍摄完成,上述出品公司为该电影著作权的共同所有人,共同按投资比例拥有该电影片全世界范围内的全部著作权及/或任何其他相关的权利、权益及利益。经各出品公司友好协商,一致同意委任小马奔腾公司在全球范围内(简称"授权区域")作为各出品公司的代表人,自该电影公映许可证签发之日起至该电影著作权保护期终止之日止,独占性在授权区域行使该电影的电影院线发行权、放映权、音像制品复制权和发行权、信息网络传播权等,及将上述权利转授予第三方行使的权利。小马奔腾公司有权自行或授权他人对上述该电影于授权期限内在授权区域的盗版行为追究一切相关法律责任并提起诉讼及享有赔偿权益。

北京高院知识产权庭在《当前知识产权审判中需要注意的若干法律问题》中,对合作作品共有人诉讼主体资格的确定这一问题的阐释,在一定程度上缓解了,在无法得到全体版权人之一致同意的情况下,由多个主体共享版权的影视剧之维权困境。针对合作作品共有人诉讼主体资格的确定,该文件指出,关于不可分割合作作品共有人诉讼主体资格的问题,虽然多家法院提出按照"他人侵犯合作作品著作权的,任何合作作者可以以自己的名义提起诉讼,但其所获得的赔偿应当合理分配给所有合作作者"来处理,因《著作权法》并未修改,对该问题的处理仍需按照现行《著作权法》中有关合作作品的规定,以及《民法典》中有关共同共有以及《民事诉讼法》中有关不可分割之诉的规定来认定不可分割合作作品的主体身份。对此类问题应当按照下列情形进行判定:当作品的著作权归多个权利人共有,且能够查清权利人基本身份情况时,应当以全部权利人参加诉讼。应当追加的原告,已明确表示放弃实体权利的,可不予追加;不愿意参加诉讼,又不放弃实体权利的,仍应当将其列为共同原告,其不参加诉讼,不影响对案件的审理和依法作出判决。对于署名不规范的情况,若能够将该署名

---

① 湖北省十堰市中级人民法院(2014)鄂十堰中知初字第 00282 号民事判决书。

与真实主体身份建立唯一对应关系,该主体身份可予确定,适用前述规定;对于不真实署名,难以确定主体身份的,或者权利人基本身份情况确实难以查清的,可以将已查清的部分权利人列为共同原告,但在判决论理部分应为未参加诉讼的权利人保留相应的权利份额,如写明"涉案作品的其他著作权人,可向本案原告主张分割因涉案被控侵权行为所产生的损害赔偿金"。

二、完片审查

电影审查,指的是来自电影创作者之外的强制性内容控制要求,其涉及审查主体、审查对象、审查标准、审查实施方式和审查结果的落实与监控管理等广泛的内容。但是,一般情况下人民所谈论的狭义的"电影审查",主要指的是面对公众的商业放映中的电影的发行、放映及相关宣传的批准或限制方面。

(一)完成片

完成片多见于影视业的口头交谈与书面协议之中,但它究竟是指什么,在过程与阶段复杂的制片流程之中,若没有清楚的约定,容易引发纠纷。"南京新东林文化传播有限公司与将作传媒(北京)有限公司承揽合同纠纷案"[1]涉及的是《千金绝》网络电影,该片导演到庭陈述,"完成片"是指导演完成影片的前期准备、拍摄和后期剪辑后,交予制片人的成果。

在"安徽华星传媒投资有限公司与北京摩纳国际影视投资有限公司合同纠纷案"[2]中,案涉《电视剧合作投资摄制合同书》有关完片的约定有:"4. 该剧制作完成片提交审查后,乙方须听取审查部门的意见,并有义务和责任按照审查部门的意见或要求对完成片进行修改直至获得通过而取得发行许可证;5. 该剧的著作权以及一切衍生产品由乙方拥有;6. 乙方独立享有该剧完成片的国内外电视台发行权。"其中,第一个和第二个完成片,指的是"送审片";第三个完成片,指的是发行许可证所指向的"完成片"。它们之间可能没有区别,但也可能存在很大的差别,倘若要求修改的幅度很大的话。在"北京红色强军文化传媒有限责任公司与北京世纪鹰翔文化传媒有限公司著作权转让合同纠纷案"[3]中,当事双方对涉案合约中约定的电影《单车少年》之完成片的理解各不相同,北京红色强军文化传媒有限责任公司认为完成片指的是"初审带""中间带",即高清数字节目带(HDCAM);北京世纪鹰翔文化传媒有限公司则认为完成片是"终审带",即电影母版(D5带)。完成片究竟指向的是什么,法院首先遵循的是"有约定,从约定"的原则。比如,可以在合约的定义中区分"成片送审版"和"成片过审版":

> 成片送审版:指已经完成剧集后期制作,并待审查主管机关进行审查的版本,或审查主管机关经审查提出修改意见,经乙方修改后待审查主管机关再次进行审查的版本。
> 成片过审版:指通过审查机关的审查,且无需再行修改的播映版本。
> 版本:指剧集作品创作过程中产生的各类剪辑和技术形式版本,包括广电过审版、公映版、DVD版、导演版、怀旧版、加长版、删减版、未删节版、精剪版或精华版、抢先版、各语言和配音版、3D版、4K版、VR(虚拟现实)版等等。

(二)电影行政审查

电影审查许可的标志是片头的龙标。龙标的获得须经两轮审查:第一轮审查一般做内

---

[1] 南京市玄武区人民法院(2017)苏0102民初5227号民事判决书。
[2] 合肥市蜀山区人民法院(2016)皖0104民初6561号民事判决书。
[3] 北京市朝阳区人民法院(2010)朝民初字第20980号民事判决书。

容审查;第二轮审查,即通常所说的技术审查,技审后的版本是影片的最后版本,没有威亚、没有绿幕,跟电影院播放的片子一样。

1. 内容审查

电影审查的必要性,用最简单的反问就可以做最彻底的释明。假设允许公然宣扬所有的犯罪行为都不会得到应有惩罚且可以美滋美味地享受上等优渥生活的电影片大行于市,世界将会怎样?在美国,其他所有艺术形式的表达和传播都没有系统的审查制度,但电影是一个例外;从世界范围来讲,电影诞生不久之后都面临着审查的要求①,中国也不例外。虽然好莱坞采用行业自律(美国电影协会和影院业主协议)的方式对电影进行审查,但在美国依然不乏诸多禁片。② 对电影进行审查,一方面可以有效阻止"负面"内容的扩散与传播,另一方面可以推动"正面"内容在社会群体中的传播。美国政府机构甚至常年雇佣娱乐联络官员以提升自己在大众媒体中的公众形象,美国国防部在1947年也开始仿效。如今,陆军、海军、空军、海军陆战队、海岸警卫队、国土安全部和特勤处都设有电影和电视办公室或者花钱聘请媒体官方助理。在与好莱坞合作的美国政府中央部门中,具有特殊职能的中情局同样也选择与电影业建立正式关系,并积极参与电影和电视内容的塑造。③

英国、加拿大、澳大利亚、法国、德国、日本和新加坡等,都有适合其各自国家特点的电影审查制度,具体制度上的不同,并没有影响制度所属的基本范畴上的大体一致,如社会结构、政治和法律传统、公共领域、利益团体、宗教文化、性道德与性观念、大学生与流行文化、民族与历史传统等。④ 虽然审查制度一直受到各方非议,但是电影产业内外的很多人都达成了一点共识,那就是:儿童观看电影的权利应该受到一定限制;从这一点来看,问题的症结不是对一部电影的内容作出限制,而是决定哪些人被允许观看此部电影。⑤ 美国电影审查有三个层面,即道德审查、政治审查和电影分级。

1921年,以威廉·海斯为首的美国电影制片人和发行人协会(Motion Picture Producers and Distributors Association,MPPDA)成立,协会旨在创建一部控制电影道德内容的基本宪章,并最终完成了《海斯法典》的制定。该法典自1934年开始实施,直至1960年。它以道德法典的形式,一一列举了所有可能违反良好道德规范的禁忌,禁止所有影片中出现的影像和主题有:裸体、贩卖白人、卖淫、性欲反常、白人与黑人之间的恋爱和通婚、分娩以及所有一切被认为有失体面或者猥亵的场景,诸如过于热情的拥抱、过于暧昧的姿态等等。政治审查的麦卡锡主义,其实际目的是要让一切被认为是"反美"的颠覆性信息从美国的银幕上消失,始于20世纪30年代末期。1950年至1960年期间,审查显现出一些放松的信号,麦卡锡主义逐渐缓和,《海斯法典》也逐渐消失,并最终于1968年被"电影分级制度"所取代。⑥

分级制度的操作由美国电影协会(Motion Picture Association of America,MPAA)和美国剧院业主协会(National Association of Theater Owners,NATO)共同组成电影分级委员会(The Classification and Rating Administration,CARA)实施。电影分级委员会负责组

---

① 梅峰、李二仕、钟大丰编著:《电影审查:你一直想知道却没处问的事儿》,北京联合出版公司2016年版,第3页。
② 邵牧君:《禁止放映:好莱坞禁片史实录》,上海文艺出版社2000年版,第3—5页。
③ 〔美〕特里西娅·詹金斯:《好莱坞内部的中情局:中央情报局如何塑造电影和电视》,蓝胤淇译,商务印书馆2015年版,第1—5页。
④ 郑涵主编:《国际电影审查与分级制度》,上海交通大学出版社2014年版,第2—6页。
⑤ 〔美〕巴里·利特曼:《大电影产业》,尹鸿、刘宏宇、肖洁译,清华大学出版社2005年版,第214页。
⑥ 〔法〕雷吉斯·迪布瓦:《好莱坞:电影与意识形态》,李丹丹、李昕晖译,商务印书馆2014年版,第22—25页。

成分级机构,成员由以上两个组织聘请的业界人士和有孩子(一般要求孩子在 5—17 岁的范围内)的普通观众组成,具体影片的评级小组的组成人员和评议过程对外保密。电影制作者如果对于评议结果有异议,可以提请复审。复审机构主要由两个组织聘请的业内人士参加,具体影片的复议人员组成和评议过程也对外保密,但是会邀请宗教人士代表旁听,作为社会监督。复议结果需要评议组 2/3 多数通过决议才能生效。① 若对复议结果依然不满,诉诸法院是可采取的措施。② 目前,美国电影的分级基本情况如下表所示:

级别	含义	电影示例
G	G 级:一般观众(General Audiences)。所有年龄皆可观赏,电影中不含或仅含少量会让家长在让儿童观赏时感到冒犯的内容。该级别的电影内容可以被父母接受,影片没有裸体、性爱场面,吸毒和暴力场面非常少,对话也是日常生活中可以经常接触到的。	《玩具总动员》《海底总动员》《狮子王》
PG	PG 级:建议家长指导(Parental Guidance Suggested)。有些内容可能不适合儿童,由于影片包含部分家长可能认为不适合儿童的内容,因此建议家长可在同时进行指导。该级别的电影基本没有性爱、吸毒和裸体场面,即使有时间也很短,恐怖和暴力场面不会超出适度的范围。	《神偷奶爸》《少年派的奇幻漂流》《剪刀手爱德华》《查理与巧克力工厂》
PG-13	PG-13 级:家长需特别注意(Parents Strongly Cautioned)。由于影片包含部分家长可能认为不适合 13 岁以下观看的内容,因此建议家长需特别注意。该级别的电影没有粗野的持续暴力镜头,一般没有裸体镜头,有时会有吸毒镜头和脏话。	《阿凡达》《泰坦尼克号》《变形金刚》
R	R 级:限制级(Restricted)。17 岁以下必须由家长或成年监护人陪同才能入场观看。该级别的影片包含成人内容,里面有较多的性爱、暴力、吸毒等场面和脏话。	《肖申克的救赎》《黑天鹅》《生化危机》
NC-17	NC-17 级:17 岁或以下不得观赏(No One 17 and Under Admitted)。电影的内容仅适合成人观赏,18 岁以下的观众不得入场观看。该级别的影片被定为成人影片,未成年人坚决被禁止观看。影片中有清楚的性爱场面,大量的吸毒或暴力镜头以及脏话等。	《色戒》《巴黎最后的探戈》《情迷六月花》

  美国电影分级在技术上有一些"硬规则",如"11 点到 1 点开枪规则"。在这个规则下,若电影镜头里的人物持枪在时间表盘"11 点到 1 点"范围内射击,那么这部电影便会归类为 R 级;然而,倘若同一个动作是在"11 点到 1 点"范围之外的角度拍摄,那就不会被划入 R 级,而是 PG 级。这是因为在"11 点到 1 点"时间表盘范围内举枪射击的动作,经拍摄呈现在电影画面上,枪口正对着观众;为避免给观众中的小朋友可能造成心理上的不适,故而采用该规则来指导如何拍摄和剪辑影片。③

  我国实行电影审查制度,未经国务院广播电影电视行政部门的电影审查机构审查通过的电影片,不得发行、放映、进口、出口。电影片不得含有如下内容:(1)违反《宪法》确定的基本原则,煽动抗拒或者破坏宪法、法律、行政法规实施;(2)危害国家统一、主权和领土完整,泄露国家秘密,危害国家安全,损害国家尊严、荣誉和利益,宣扬恐怖主义、极端主义;

---

① 钟大丰:《美国电影分级制度与社会价值构建》,载《北京电影学院学报》2015 年第 1 期,第 64 页。
② Sherri L. Burr, *Entertainment Law in a Nutshell*, Second Edition, West, 2007, p. 105.
③ Sherri Burr & William Henslee, *Entertainment Law: Cases and Materials on Film, Television, and Music*, West, 2004, p. 280.

(3)诋毁民族优秀文化传统,煽动民族仇恨、民族歧视,侵害民族风俗习惯,歪曲民族历史或者民族历史人物,伤害民族感情,破坏民族团结;(4)煽动破坏国家宗教政策,宣扬邪教、迷信;(5)危害社会公德,扰乱社会秩序,破坏社会稳定,宣扬淫秽、赌博、吸毒,渲染暴力、恐怖,教唆犯罪或者传授犯罪方法;(6)侵害未成年人合法权益或者损害未成年人身心健康;(7)侮辱、诽谤他人或者散布他人隐私,侵害他人合法权益;(8)法律、行政法规禁止的其他内容。

电影片有下列情形,应删减修改:(1)曲解中华文明和中国历史,严重违背历史史实;曲解他国历史,不尊重他国文明和风俗习惯;贬损革命领袖、英雄人物、重要历史人物形象;篡改中外名著及名著中重要人物形象的。(2)恶意贬损人民军队、武装警察、公安和司法形象的。(3)夹杂淫秽色情和庸俗低级内容,展现淫乱、强奸、卖淫、嫖娼、性行为、性变态等情节及男女性器官等其他隐秘部位;夹杂肮脏低俗的台词、歌曲、背景音乐及声音效果等。(4)夹杂凶杀、暴力、恐怖内容,颠倒真假、善恶、美丑的价值取向,混淆正义与非正义的基本性质;刻意表现违法犯罪嚣张气焰,具体展示犯罪行为细节,暴露特殊侦查手段;有强烈刺激性的凶杀、血腥、暴力、吸毒、赌博等情节;有虐待俘虏、刑讯逼供罪犯或犯罪嫌疑人等情节;有过度惊吓恐怖的画面、台词、背景音乐及声音效果。(5)宣扬消极、颓废的人生观、世界观和价值观,刻意渲染、夸大民族愚昧落后或社会阴暗面的。(6)鼓吹宗教极端主义,挑起各宗教、教派之间,信教与不信教群众之间的矛盾和冲突,伤害群众感情的。(7)宣扬破坏生态环境,虐待动物,捕杀、食用国家保护类动物的。(8)过分表现酗酒、吸烟及其他陋习的。(9)违背相关法律、法规精神的。例如在"完美星空传媒有限公司与翁首鸣等合作创作合同纠纷案"①中,北京市新闻出版广电局就案涉电影《学院派爱情》向完美星空公司出具《电影审查决定书》,载明涉案电影经北京市电影审查委员会内容审查,意见如下:

> 1. 苏天其背部全裸画面需删除。2."群殴"情节需删短。3. 影片无英文片名,须申报获批后在片头字幕中补齐。4. 片中外文歌曲须标注中文字幕。5. 片头尾字幕中标注的港台演职人员须标注"中国香港""中国台湾"。

2. 技术审查

从电影诞生到20世纪90年代,胶片一直是电影摄制、放映和存储的主要载体。随着数字技术的发展,采用数字介质摄制、后期制作、发行放映电影的技术日臻成熟,并且基于成本、传输等方面的优势而逐步取代了胶片的主导地位。电影技术标准也分为胶片电影和数字电影两种类型。胶片电影技术标准涵盖拍摄、录音、制作、洗印、放映等环节,目前发展已经十分成熟和完善。数字电影技术标准涵盖数字节目源获取、数字后期制作、数字母版制作(压缩、加密、打包)、数字声音、数字发行传输、数字存储、数字播映、安全管理、数字立体电影等环节和部分。

中国数字电影包括专业数字电影(2K/4K)、中档数字电影(1.3K)和流动数字电影(0.8K)三个层次。发行与放映涉及的技术审查规范性文件与事项主要有:《电影送审标准拷贝声画技术质量主观评价方法》(GD/J032—2010)、《电影送审数字母版声画技术质量主观评价方法》(GD/J033—2010)、《数字影院暂行技术要求》(GD/J—2007)、《数字电影巨幕影院技术规范和测量方法》(GD/J040—2013)、《数字影院立体放映技术要求和测量方法》

---

① 北京市朝阳区人民法院(2018)京0105民初5311号民事判决书。

(GD/J047—2013)、《数字电影流动放映系统用投影机技术要求和测量方法》(GY/T250—2011)、《数字电影流动放映系统技术要求和测量方法》(GY/T251—2011)。另外,原国家新闻出版广电总局组织审查了《电影数字节目版权保护技术体系框架》(GY/T294—2015),2015年8月,被批准为中华人民共和国广播电影电视推荐性行业标准,予以发布。

3. 审查时限与结果

根据《电影产业促进法》第17条和第18条的规定,法人、其他组织应当将其摄制完成的电影送省级电影主管部门审查。省级电影主管部门应当自受理申请之日起30日内作出审查决定。对符合规定的,准予公映,颁发电影公映许可证,并予以公布;对不符合本法规定的,不准予公映,书面通知申请人并说明理由。国务院电影主管部门应当制定完善电影审查的具体标准和程序,并向社会公布。制定完善电影审查的具体标准应当向社会公开征求意见,并组织专家进行论证。进行电影审查应当组织不少于五名专家进行评审,由专家提出评审意见。法人、其他组织对专家评审意见有异议的,省级电影主管部门可以另行组织专家再次评审。但为保证审查的权威性和可操作性,法人、其他组织对专家评审意见的异议有且只能有一次,不能够无限次提出异议。[①]

通过审查,准予公映的,颁发电影公映许可证,即在片头贴"龙标"。它是电影通过相关内容审查和技术审查允许公映的标识,位于片头,绿底,主要由时长5秒的动态金龙形标识、电影公映许可证号以及国家电影局中英文名称三部分组成。电影类型不同,其公映许可证("龙标")上显示的字亦随之不同,如"电审故字"指审查通过的故事片,包括国产故事片和中外合拍片,如《疯狂的外星人》《中国机长》。"电审纪字"指审查通过的纪录片电影,如《唐卡王朝》。"电审进字"指审查通过的外国引进片,包含所引进的2D分账片及批片,如《复仇者联盟4:终局之战》《速度与激情:特别行动》。"电审特(进)字"指特殊引进片,比如3D立体大片《大黄蜂》。"电审动字"指审查通过的国产动画电影,如《哪吒》《阿凡提之奇缘历险》。"电审故(复)字"指审查通过的一些修复过再重新上映的老片,比如《海上花》《红高粱》等。

阻断未取得电影公映许可证的电影进入发行、放映环节,是电影审查制度发挥作用的关键所在。未取得电影公映许可证的电影,不得发行、放映,不得通过互联网、电信网、广播电视网等信息网络进行传播,不得制作为音像制品。摄制完成的电影取得电影公映许可证,方可参加电影节(展);拟参加境外电影节(展)的,送展法人、其他组织应当在该境外电影节(展)举办前,将相关材料报省级电影主管部门备案。

(三) 电视剧行政审查

《电视剧内容管理规定》第15条规定,国产剧、合拍剧、引进剧实行内容审查和发行许可制度。未取得发行许可的电视剧,不得发行、播出和评奖。送审国产剧,应当向省级以上人民政府广播影视行政部门提出申请,并提交以下材料:(1) 国务院广播影视行政部门统一印制的《国产电视剧报审表》;(2) 制作机构资质的有效证明;(3) 剧目公示打印文本;(4) 每集不少于500字的剧情梗概;(5) 图像、声音、字幕、时码等符合审查要求的完整样片一套;(6) 完整的片头、片尾和歌曲的字幕表;(7) 国务院广播影视行政部门同意聘用境外人员参与国产剧创作的批准文件的复印件;(8) 特殊题材需提交主管部门和有关方面的书面审看意见。省级以上人民政府广播影视行政部门在收到完备的报审材料后,应当在50日内作出许可或者不予许可的决定;其中审查时间为30日。许可的,发给电视剧发行许可证;不予许

---

① 柳斌杰、聂辰席、袁曙宏主编:《电影产业促进法释义》,中国法制出版社2017年版,第90页。

可的,应当通知申请人并书面说明理由。经审查需要修改的,送审机构应当在修改后,重新送审。

电视剧不得含有下列内容:(1)违反宪法确定的基本原则,煽动抗拒或者破坏宪法、法律、行政法规和规章实施的;(2)危害国家统一、主权和领土完整的;(3)泄露国家秘密,危害国家安全,损害国家荣誉和利益的;(4)煽动民族仇恨、民族歧视,侵害民族风俗习惯,伤害民族感情,破坏民族团结的;(5)违背国家宗教政策,宣扬宗教极端主义和邪教、迷信,歧视、侮辱宗教信仰的;(6)扰乱社会秩序,破坏社会稳定的;(7)宣扬淫秽、赌博、暴力、恐怖、吸毒,教唆犯罪或者传授犯罪方法的;(8)侮辱、诽谤他人的;(9)危害社会公德或者民族优秀文化传统的;(10)侵害未成年人合法权益或者有害未成年人身心健康的;(11)法律、行政法规和规章禁止的其他内容。国务院广播影视行政部门依据前款规定,制定电视剧内容管理的具体标准。

网络视听节目的内容审查,以中国网络视听节目服务协会 2017 年 6 月通过的《网络视听节目内容审核通则》为准,该通则第四章对节目内容审核标准做了详细的规定,相较于电影和电视剧的规定,更清晰、更明确、更具有可操作性;并且,在一定程度上,可以为与影视剧审查有关的规范性文件之真空留白之处,提供一些实务指引。故而,对于制片人和导演而言,该通则为必读项目。

在美国,为保护儿童和未成年人,国会于 1996 年要求广播行业为电视节目建立一套评级系统,以让家长对节目内容有所了解,根据节目的评级做出与其子女年龄相应的选择与决定。[1]

电视节目级别	含义
TV-Y(All Children)	所有儿童均可观看。
TY-7(Directed to Older Children)	7 岁或 7 岁以上的儿童观看。
TV-G(General Audience)	普通观众观看。
TV-PG(Parental Guidance Suggested)	建议在家长的指导下观看。
TV-14(Parents Strongly Cautioned)	家长需特别注意,可能含有不适合 14 岁以下儿童观看的内容。
TV-MA(Mature Audience Only)	成年人观看,不适合 17 岁以下的观众。

(四)影视剧法务审查

影视剧法务审,是指在影视剧送交审查机关之前,由法律专家对影视剧中涉及的内容做法律上的审查,避免涉法性内容出现"法律硬伤",以及剔除影视剧中高风险侵权元素,比如作为取景之用的喷泉[2],作为道具之用的马克杯[3]、地毯[4]、窗帘[5]、珠宝首饰[6]、鲜花[7],服饰设

---

[1] Sherri L. Burr,*Entertainment Law in a Nutshell*,Second Edition,West,2007,pp.110-112.
[2] 北京知识产权法院(2017)京 73 民终 1404 号民事判决书。
[3] 宁波市中级人民法院(2018)浙 02 民初 428 号民事判决书。
[4] 天津市第一中级人民法院(2017)津 01 民初 543 号民事判决书。
[5] 西安市中级人民法院(2018)陕 01 民初 1774 号民事判决书。
[6] 上海市浦东新区人民法院(2011)浦民三(知)初字第 694 号民事判决书。
[7] 济南市中级人民法院(2017)鲁 01 民终 998 号民事判决书。

计①,影视剧中的字体②、发型③等等。涉法性内容的"法律硬伤",一般来说,法律专家较容易发现。高风险侵权元素,通常并不意味着法律专家可以通过审看电视剧直接挑选出来;但是,对法律专家而言,因其法律意识和法律思维的缘故,对于高风险侵权元素相对较为敏感,且可以结合与影视剧制作的相关合同文本中的内容,对风险予以提示,进而由制片方协同法律专家、元素关联方等,做出有效排查。例如,电视剧《亲爱的,热爱的》剧集画面中出现不符合国家规定的地图,违反了《测绘法》《地图管理条例》的规定,上海市规划和自然资源局在第2120190022号处罚决定文书中,对制片方施以行政处罚。④ 其实,对于学习过国际法的法律人而言,非常清楚规范性地图的重要性,在制播前若有法律审这一环节,这项行政处罚可以避免。

除前述不完全列举的常见元素之外,在电视剧《爱情进化论》卷入的一起隐私权纠纷案⑤中,片方仅因电视剧中出现的手机号码而被诉诸法院。原告张伟诉称,《爱情进化论》第17集第32分钟时,艾若曼和Sunnie对话中说出的剧中人物丁宇扬的电话号码为"186××××××××",该电话号码实际由原告所有并持续使用。由于《爱情进化论》第17集的预告和热播,原告的手机被打爆,成千上万条的电话、短信、微信好友申请源源不断地涌来,给原告的工作和生活带来极大不便。打开腾讯视频和爱奇艺,播放至第17集第32分钟,当带着手机号码的画面出现后,弹幕留言中有大量"我打了,竟然有人接""能打通,电话是真的""居然能搜到微信"等内容。《爱情进化论》第17集播出后,许多有意的、无意的、好奇的、恶作剧、恶意的观众不分日夜地通过电话、微信、短信等方式骚扰原告,给原告生活和工作带来极大阻碍,且严重影响到原告的精神状态;故而提告,并要求赔偿精神损害抚慰金及维权开支。

法院认为,手机号码系公民在通信活动中的身份识别数字代码。同时,在"手机实名制"政策下,手机号码与公民的特定自然人身份相关联,被大量使用于银行卡办理、网络授信等信用活动。一般而言,手机号码虽在机主特定使用范围内具有公开性,但并非向不特定范围非设限公开,应属个人隐私范畴内个人信息,依法受到隐私权保护。新丽公司未经核实且未经张伟本人允许,通过涉案电视剧将张伟手机号码向公众披露。考虑涉案电视剧的影响力,该种未经允许公开披露张伟个人信息的行为,势必侵扰了张伟的私人生活安宁。即便新丽公司对此不存在主观恶意,其放任行为至少彰显出一定的主观过失。同时,亦不能否认新丽公司因此给当事主体造成的生活困扰和精神损害。综合上述情况,新丽公司未尽审慎注意义务在涉案电视剧中披露张伟手机号码,构成对张伟个人隐私权的侵害。

第二节 发 行 渠 道

发行权,即以出售或者赠与方式向公众提供作品的原件或者复制件的权利。影视剧的发行,在商业本质上,可以视作是影视剧的"出售",只不过"出售"的不是影视剧的所有权,也

---

① 北京知识产权法院(2018)京73民终1599号民事判决书。
② 北京市朝阳区人民法院(2016)京0105民初50488号民事判决书。
③ 胡慧平:《头发造型能否获得著作权法保护》,载蒋志培主编:《著作权新型疑难案件审判实务》,法律出版社2007年版,第194页。
④ 处罚决定书文号:第2120190022号。
⑤ 北京市海淀区人民法院(2018)京0108民初49569号民事判决书。

不是影视剧的全部著作权,而是在特定时间、地域、媒介、渠道及方式的广播权、信息网络传播权和放映权。故而在实务中,发行的概念常被表达为:发行:应按照行业惯做广义解释,即通过一定的媒体渠道和载体向公众提供作品、表演、录音录像制品的行为,即在一定地域范围及期限内,通过行使《著作权法》规定的复制权、发行权、出租权、放映权、广播权、信息网络传播权、应当由著作权人享有的其他权利等著作权财产权(但不含改编权),进行使用、许可使用及/或转让的行为;在本协议中,指行使本协议项下约定的传统媒体播放权及新媒体播放权的行为。常见表达并不等同于无条件接受,在交易合约中具体应当如何框定其范围,需要结合交易本身做个案分析。影视剧的发行,可以分为自主发行和委托发行。自主发行,是指影视剧的制片者利用自己的渠道"出售"影视剧;委托发行,是指影视剧制片者委托专门的发行机构,利用其专业和渠道的优势"出售"影视剧,并向发行方支付费用的发行安排。发行通常均系通过发行合约来设定当事方之间的权利义务安排,因此,发行合约的拟定尤为重要。

一、宣发

一般情形下,市场推广早在电影完成之前就开始了,但从投资角度看,这是一个独立的阶段。[①] 影视剧内容的好坏固然是发行成功与否的核心因素,但发行前的宣传对于影院上座率的影响力是最明显的。[②] 以好莱坞为例,明星已不再是票房保证,电影公司在电影上投入的大量宣传广告预算才是。例如两部均由茱莉娅·罗伯茨主演的电影《人人都说我爱你》(Everybody Says I Love You,1996)和《新娘不是我》(My Best Friend's Wedding,1997)。前者由米拉克斯公司发行,后者由索尼公司发行,这两部电影的女主角一样、性质一样、剧情类似,但是后者比前者在上映第一周足足多吸引150倍的观众进电影院,其原因在于前者无法像后者一样,砸下重金用于电影的宣发。[③]

宣传方式及渠道多种多样,比如电视广告、平面广告、院线广告、户外广告、纸媒或新媒体的统稿、专版、封面和专访以及电视访谈、微博互动等等。发行的一项重要成本主要是宣发费,它不仅影响发行价格与收入,还影响后续开发的下游其他窗口的收益。[④] 宣发,从文义上理解,指的是宣传与发行。但实务中的"宣发"既可能是"宣传与发行",也可能仅指"宣传"。因此,尽管制作宣发资料(如海报、喷绘广告、宣传片)等也关涉价款支付、知识产权归属、违约及侵权等事项;但与宣发相关的纠纷,主要表现在对宣发费的理解和界定上,以至于不少合约中有诸如"任何一方对宣发费的使用情况有异议的,有权在影片下映后6个月内聘请专业审计机构对宣发费使用情况进行审计"[⑤]等类似条款,其原因在于宣发费在成本上不是一个小数字。

(一)宣发费的范围

"泰吉世纪(北京)文化传播有限公司与北京紫禁城影业有限责任公司合同纠纷案"[⑥]是

[①] 〔美〕威廉·W.费舍尔:《说话算数:技术、法律以及娱乐的未来》(第二版),李旭译,上海三联书店2013年版,第53—54页。
[②] 〔美〕巴里·利特曼:《大电影产业》,尹鸿、刘宏宇、肖洁译,清华大学出版社2005年版,第165页。
[③] 〔美〕艾德华·杰·爱普斯汀:《好莱坞电影经济的内幕》,郑智祥译,稻田出版有限公司2011年版,第166—168页。
[④] 刘嘉、季伟:《电影发行与市场营销》,人民出版社2016年版,第190—191页。
[⑤] 北京市第四中级人民法院(2018)京04民特299号民事裁定书。
[⑥] 北京市第一中级人民法院(2014)一中民(商)终字第8643号民事判决书。

一起因双方对宣发费的计算方式有不同理解而引发的争议。针对案涉宣传推广费244万余元是否应当列入影片宣发费用的问题,法院在判决书中认为,《影片〈倩女幽魂〉合作协议书》中资金使用部分约定:"本片所有费用支出实行预算制,在预算范围内,由甲方自行支配;预算范围外,由本片制片人提出并经双方负责人共同签署后作为支出和结算依据。本协议所述之资本运用应为双方书面签字、认可的本片拍摄、制作及前期宣传所产生的成本,包括但不限于:前期筹备、项目申报、剧本、主创酬金、摄制、后期制作、终审所产生的费用。"发行原则部分约定:"在任何情况下,未经甲乙双方书面签字认可,所产生的费用不计入宣发成本,由其自行承担。"从上述约定可以看出,紫禁城公司对影片的各项支出,包括宣发成本部分,有审核和批准的权利,日欣公司的宣发费用支出未取得紫禁城公司的同意,应由泰吉世纪公司自行承担。可见,"有约定,从约定"是该案体现出来的司法精神。

法院在"凤凰传奇影业有限公司与上海熙颐文化传媒有限公司合同纠纷案"[①]中指出的"电影宣发费用,顾名思义为电影宣传、发行所产生的费用"也体现了私法自治原则,对当事方之间的约定予以充分的尊重,并据以作出判决。

(二)宣发费与发行代理费

宣发费与发行代理费之间是什么关系?确定两者关系的首要考虑因素,在于当事方意思表示的一致性。若没有约定或约定不明时,参考行业惯例,便成为法院作出裁判前的"必修课"。在"江苏瑞华影视传媒有限公司与大地时代文化传播(北京)有限公司合同纠纷案"[②]中,被告认为,"宣传发行费用"与"发行代理费"是两个不同的概念,前者主要是宣传推广费用和拷贝制作、广告等发行费用,是投资方的成本,而后者是发行方的收入。而原告认为,涉案合同约定,影片宣传发行费用预算为人民币1000万元,正常情况下不得超支,如有超支,原告不承担因超期等各种原因造成的超支费用,并仍然按投资比例享有该电影收益。换言之,该1000万元宣传发行费用已包括发行代理费。

该案件的争议焦点之一是:合同约定的按投资比例"对该电影发行后的收益进行分配",此处的"收益"是否应扣除发行代理费?法院认为,在确定作为投资各方分配收益基数的"该电影发行后的收益"的准确含义时,应考虑我国影视行业的交易习惯、供投资方分配的"收益"在影视行业中通常被赋予的含义。就现有证据来看,无论是作为国内影视行业领军企业的华谊兄弟传媒股份有限公司的说明,还是作为国内最大的电影发行公司之一的中国电影股份有限公司北京电影发行分公司的答复以及本案中多份关联合同的约定,都可以证明存在扣除发行代理费(以院线影院分账之后的收入按一定比例收取)的交易习惯。投资方能够分配的收益,就国内票房收入来说,应该是扣除电影专项资金、相关税费、院线影院分成以及电影发行商应获得的发行代理费后的净收益。从另一个角度讲,发行代理费是电影发行商的收入(利润),与宣传发行费用是不同的概念。原告如果认为分配收益时不应扣除发行代理费,那么按照同样的理由,原告也可以要求在分配收益时不应扣除院线和影院的分成甚至是国家电影专项资金和相关税费,这显然与我国现行体制下电影产业收益分配模式不符。综上,在分配影片投资收益时扣除发行代理费有事实和法律依据。

宣发费不包含发行代理费是被较为普遍认可的行业惯例,无论是作为国内影视行业领军企业的华谊兄弟传媒股份有限公司,还是作为国内最大的电影发行公司之一的中国电影

---

① 南京市鼓楼区人民法院(2017)苏0106民初12019号民事判决书。
② 扬州市邗江区人民法院(2014)扬邗双商初字第0350号民事判决书。

股份有限公司北京电影发行分公司,都持同样的观点。发行代理费,是发行方凭借自己的渠道资源,将影视剧发行给电视台、院线或其他播映平台而应当收取的佣金。但值得注意的是,一方面欲使法院采信某行业惯例的存在及其内容的举证难度不小,另一方面行业惯例完全可以由当事方之间的约定予以更改。基于此,遇宣发费相关条款时,对其进行必要的细化,例如将发行代理费单列出来,对于纠纷的事先预防及纠纷的顺利解决而言,依然不无必要。

就影视行业的操作惯例来看,宣发费,主要是包括宣传活动、发行活动及活动物料的费用,发行代理费则是发行款到位后由发行方抽取的佣金。以下列举宣发费通常可能需要包括的费用成本以供了解和参考。(1)宣传费用:主流纸质媒体、网络媒体之新闻发布费用,新媒体(微博热搜关键字、大V、微信自媒体公众号、朋友圈转发、APP、社交平台、BBS论坛、直播等)合作推广费用,票务网站合作推广费用,视频网站合作推广费用,各类型渠道抢票合作推广费用,硬广告(网络、新媒体、户外、公交地铁、商场、连锁店等)投放费用,软广告/软文撰写与发布费用,宣传公关费用,奖励费用,招待费用等等。(2)发行费用:数字制作费用,贴片广告费用,预告片海报、展架、DM单等宣传物料设计制作费用,与影院合作的宣传推广费用(喷绘、广告位、贴片、院线DM杂志、抢票等活动)、网络防盗版费用,发行团队成员差旅食宿费用,发行公关、奖励及招待等费用。(3)宣发活动费用:各类名目的发布会费用(档期发布、主题曲发布、预告片发布、首映礼、看片会等),全国各大城市路演影迷粉丝及媒体见面会费用,宣发活动涉及的场地使用费用、设备租赁费用、物料准备和制作费用等等。

(三)发行代理费的计提

发行代理费的计算方式,同样遵循"有约定,从约定"的原则,通常来说,代理发行费的收取梯度往往与发行业绩、发行价格及发行难度相挂钩,以发行总收入的 2%[①]、4%[②]、6%[③]和 15%[④]等各种收取梯度都存在。然而,在合约没有约定发行代理费提取基数的情况下,仅有百分比的约定是远远不够的;基数不同,即便提取比例相同,其结果也可能迥异。前述"江苏瑞华影视传媒有限公司与大地时代文化传播(北京)有限公司合同纠纷案"的争议焦点之二恰好是关于如何确定发行代理费计提基数。

法院认为,对于多份相互关联的合同而言,具有披露义务的一方当事人在订立合同时未将其他关联合同内载明的重要信息披露给对方当事人,对方当事人不知且无法合理期待其知道该重要信息,从而导致双方当事人对合同条款有不同理解的,则应根据责任法原理,结合诚实信用和公平交易原则,以一个与各方当事人具有同等资格的、通情达理的人处于相同情况下时,对该合同条款和表述所应有的理解来解释。四大投资方签订的投资合作协议中约定大地时代发行公司应收取的发行代理费为5%,被告无证据证明,在投资方承担宣传发行费用的合作模式下,发行公司按净票房的5%收取发行代理费符合影视行业的交易习惯。因此,对于"该电影发行后的收益"的准确含义,不应该解释为按净票房5%扣除发行代理费。原、被告双方均系专门从事影视投资、制作的专业公司,其对于我国电影产业链的各个环节和现有体制下的收益分配模式应该有充分的认识,一个诚实信用、通情达理的当事人在本案类似情况下不可能不预见到扣除发行代理费的交易习惯。同样,在本案投资方承担营销发

[①] 郑州市中级人民法院(2017)豫01民终17581号民事判决书。
[②] 淮安市中级人民法院(2016)苏08民初5号民事判决书。
[③] 上海市第一中级人民法院(2016)沪01民终7040号民事判决书。
[④] 北京知识产权法院(2015)京知民终字第2438号民事判决书。

行成本(宣传发行费用)的合作模式下,一个诚实信用、通情达理的当事人也不可能预期发行方按净票房5%的比例收取发行代理费。另外,公平交易原则要求合同当事人的风险与收益应该对等,在解释合同以平衡双方当事人利益时也应予以考虑。本案的实际情况是,承担影片制作、宣传发行费用的投资方并未从投资中获得利润(以原告为例,原告投资300万元仅获得238万余元的收益),而与被告明显存在关联关系的大地时代发行公司并未承担上述成本,但仅国内票房收入发行代理费一项即获得374万余元的利润(该发行公司总计获利414万余元)。综合上述因素,以院线分账之后的影片收益为基数,按5%比例收取发行代理费是公平合理的。

在"四川八骏联盟影视文化传播有限公司与北京光影长河文化传播有限公司合作创作合同纠纷案"[①]中,虽然当事双方因合同产生了争议,但关于"发行代理费"的提取并没有太大分歧,究其原因,在于双方在合约中对"发行代理费"作了可供操作的规定:

> 甲乙双方一致同意以本补充合同所约定之专用账户作为本作品发行收支账户。除央视首轮发行外,专用账户上的款项需先行扣除发行代理费后方可进行拍摄成本之抵扣。专用账户上的款项在每笔发行收入到账后7日内,在抵扣完毕发行代理费及乙方投入全部拍摄成本后,甲方应按双方约定之投资收益比例(即甲方获付60%,乙方获付40%)将乙方应获之分成划至乙方账户。

"欢乐电影(上海)有限公司与龙标(北京)文化发展有限公司服务合同纠纷案"[②]虽是因"宣发代理合同"引起的争议,但该案当事方就约定的发行代理费的计提并没有异议,原因亦在于约定清晰:

> 龙标公司对于该片发行代理费的收取方式为当该片票房在5,000万元以下时(不含5,000万元),龙标公司收取全部发行收入的2%作为发行代理费;发行收入=(票房收入－国家电影基金－营业税金及附加)×欢乐电影公司分账比例。

迪士尼企业公司、皮克斯与被告厦门蓝火焰影视动漫有限公司(简称"蓝火焰公司")之间因电影《汽车人总动员》发生纠纷并诉至法院,该案判决书披露的宣发及发行代理费计提条款,可以作为一般性参考之用。[③] 在该案中,蓝火焰公司(甲方)与基点公司(乙方)签订《电影〈汽车人总动员〉宣发代理合同》,合同约定:

> 1. 乙方负责《汽车人总动员》在国内院线的宣发工作。甲方授权乙方全国影剧院放映权,期限为两年。发行及获利方式为代理发行(乙方垫付宣发费用),乙方提取佣金。
>
> 2. 关于"院线发行收益分配形式及税费承担"中约定:(1) 针对院线发行部分,结算内容以中数或者各地电影院线公司出具的结算单为据。先从院线账户扣除5%电影专项基金,然后再扣除各省市的营业税金、城建税、教育附加税等的规定税项。净票房=票房总收入－国家电影专项基金－营业税金及附加。国家电影专项基金=票房总收入×5%。营业税金及附加=票房总收入×3.39%(以实际税金扣除为准)。(2) 院线发行中乙方应得的代理费为净票房的8%,乙方负责与中影数字电影发展(北京)有限公司

---

① 北京知识产权法院(2015)京知民终字第2438号民事判决书。
② 上海市第二中级人民法院(2013)沪二中民四(商)终字第161号民事判决书。
③ 上海市浦东新区人民法院(2015)浦民三(知)初字第1896号民事判决书。

签约并结算票房。该片的宣发预算为人民币 180 万元,由乙方全额进行垫付并从票房回款优先回收。(3)乙方应于收到中影数字电影发展(北京)有限公司分账收入后两周内,将片方收入款支付至甲方指定账户。片方收入=分账收入—乙方垫付宣发费—乙方发行代理费。分账收入=发行人与各院线、各影院等发行放映单位依据分账发行合同确定的分账比例分割票房净收入所得的片款金额。

3. 乙方设计该片所用的海报、立牌、展架等,并负责宣传物料制作、发运。双方同意按照人民币 1,000 万元的票房制订发行任务,由乙方根据市场实际情况与院线、影城及各地发行员进行任务分解。

二、电视台传统媒体发行

(一)广播权

针对传统媒体即电视台的发行,与之息息相关的是广播权;广播权的实施主体具有特殊性,一般是广播电台、电视台。广播权,即以有线或者无线方式公开传播或者转播作品,以及通过扩音器或者其他传送符号、声音、图像的类似工具向公众传播广播的作品的权利。就影视剧而言,广播权主要调控的是:地面无线广播电视、有线广播电视和卫星广播电视。

在《伯尔尼公约》中,广播的要点是发射天线和接受天线之间没有任何介质。无线、电磁波、没有介质,成为诠释"广播权"的最好名词。在美国版权体系中,很多权利都涉及作品的传播,包括表演权(现场表演与机械表演)、放映权、展览权等,都属于传播作品的权利。这些权利与广播权的本质区别,就体现在"电磁波的无线传输"这一点上。"电磁波的无线传输"也就成为广播权的本质所在。广播权中的"有线传播"指的是,在接收到无线传输的电磁波信号之后,再通过有线的方式进行把信号传输给接收方。简言之,电磁波的无线传输,属于广播权控制的范畴;无线传输加有线传输,依然属于广播权控制的范畴。如果缺少了无线传输,只有有线传输,这就不属于广播权控制。①

地面无线广播电视是广播电视的最初形式,目前绝大多数国家的相当多的居民仍主要通过无线方式接收广播电视节目。地面无线广播影视节目的接收原理是,广播电视发射台、转播台利用无线电波将广播影视节目传送给用户接收。由于无线电视的覆盖只能局限在几十公里之内,况且无线电视电波是直线传播的,遇有高山、丘陵和高大建筑物,无线电视电波就会被阻挡、反射,造成收视困难。为了解决远离电视台的居民接收信号困难问题,20 世纪 40 年代在美国出现了共用天线系统,这就是有线电视的雏形。有线电视属于地方区域性媒体,主要分布于人口聚集的城镇和城镇郊区。随着数字网络技术的快速发展,有线电视网络正向数字化、光纤化、双向化、多功能方向发展,不仅能够提供广播影视传输业务,还能够提供通信传输业务,有线电视网已成为综合信息媒体网络。广播电视节目信号从卫星地球站上行送至卫星,通过卫星转发器下行转发到许多地面接收站,从而形成了卫星广播电视网络,主要有通信卫星和直播卫星两种节目传送方式。卫星广播电视网具有覆盖面大、传输容量大、传输质量和可靠性高、传输环节少、成本较低等优势。卫星广播电视网络监管,主要包括卫星发射运营许可、卫星地球站许可、卫星接收设施使用许可等内容。②法院在"乐视网信

---

① 杨延超:《版权战争》,知识产权出版社 2017 年版,第 138—140 页。
② 涂昌波:《广播电视法律制度概论》(第 2 版),中国传媒大学出版社 2011 年版,第 205—218 页。

息技术(北京)股份有限公司与广州珠江数码集团有限公司侵犯著作财产权纠纷案"①中,对《著作权法》(2010)中的广播权做了层次分析:

> 从广播权的表现行为来看,共有三种,分别是无线广播作品的行为、有线传播或转播被无线广播的作品的行为、以扩音器等工具传播被无线广播的作品的行为,三种行为之间具有一种事实上的承接关系,也就是说,从发生先后顺序来看,先有第一种行为,即先有无线广播组织发射无线节目信号,然后再有第二种或者第三种行为,即在无线广播组织发射出信号后,再由有线电视网络经营者通过其设备转播或者传播无线广播组织发射的信号,或者再由他人通过扩音器等工具传播无线广播组织发射的信号。法律规定第二种和第三种广播行为的初衷是为了更好地传送广播节目,由于电磁波的覆盖面、地形等原因,有的地区接收不到或者不能很好地接收电磁波信号或者为了更好、更稳定地接收电磁波信号,需要有线传输解决这一问题。本案中,涉案电视剧由浙电的"浙江卫视"频道首播,可认定其取得了涉案电视剧的广播权。浙电将"浙江卫视"频道信号通过卫星传输给珠江数码公司,珠江数码公司作为广州地区的有线电视网络运营商,通过自己的设备转播浙电发射的无线信号,属于广播行为中的有线转播行为。

经修改,如今的广播权,其表述与内容相对"简约"许多,播放方式既包括有线也包括无线,既包括传播也包括转播,只要不是"交互式"播放,大抵都可落入广播权的"管辖范围"。

(二) 播映权/播放权

实践中,向电视台发行影视剧,合约抬头通常的表述是"播映权许可"或"播映权转让"。播映权并不是一个法律概念,理解播映权所含括的著作权之权项内容,应当从个案合约的上下文中进行探究和框定。若单从文义解释的角度出发,播映权包括"播"和"映"两部分。"播",在著作权法中,有"广播权"及"信息网络传播权"与之相联系;与"映"相关的,是"放映权"。换句话说,倘若离开上下文,对外许可播映权或者转让播映权,则很可能在一不留神之际,将影视剧的广播权、放映权和信息网络传播权统统打包给了合约相对方。例如有合约将"传统媒体播放权"做如下定义:在本协议中特指以下通过广播、电视台、传统影院及院线(不含点播影院及点播院线)、音像制品(如磁带、CD、DVD、蓝光等)向公众提供作品的权利。本协议项下的"传统媒体播放权"尤其包括为行使该播放权所需的《著作权法》第10条项下规定的复制权、发行权、出租权、放映权、翻译权、广播权、外语配音权、应当由著作权人享有的其他权利以及法律不时修订后所赋予的其他相关权利。

从影视剧版权方的角度出发,向电视台发行影视剧时,为避免将"额外"的权利不小心一并售出,将"播映权合约"修改成"广播权合约"是"保守疗法"。

关于电视剧《康熙微服私访记》(以下简称"《康》剧")之《电视剧播映权转让合同书》中的"播映权"到底包括什么权利的纠纷,历经中级人民法院、高级人民法院和最高法院三审方才定分止争,虽然二审法院认定《电视剧播映权转让合同书》中的"播映权"就是广播权,但三审官司打下来,无疑劳心费力。该案发生在北京君子缘文化发展有限公司与济南广播电视台之间。② 二审法院指出:

---

① 广东省广州市越秀区人民法院(2012)穗越法知民初字第1100号民事判决书。
② 山东省高级人民法院(2015)鲁民三终字第139号民事判决书;中华人民共和国最高人民法院(2016)最高法民申174号民事裁决书。

关于北京君子缘公司对涉案《康》剧享有何种著作权权利的问题。本案中，北京君子缘公司主张其对涉案《康》剧享有"独家全国版权"，主要依据为其与广东巨星公司签订的《电视剧播映权转让合同书》及广东巨星公司出具的《授权书》。对此，本院认为，根据已查明的事实，北京君子缘公司提交的《电视剧播映权转让合同书》合同名称、合同主文抬头以及合同对价均写明了"电视剧播映权"字样，合同约定的版权转让范围虽表述为"独家全国版权"，但其是限定在主文抬头所述播映权项下的，并写明了限定使用范围，即"含卫星及地面频道，但不包括港澳台地区"。由此可见，北京君子缘公司根据该份合同书，获取的是《康》剧在全国卫星及地面频道（不包括港澳台地区）的独家电视剧播映权。……据此，根据《著作权法》第10条的规定，北京君子缘公司对《康》剧依法享有的是广播权。北京君子缘公司主张其对《康》剧享有包括信息网络传播权等著作权的独家全国版权，与事实不符，不能成立。

北京君子缘文化发展有限公司对二审判决不服，申诉至最高法院。经审理，最高法院在裁决书中认为：

按照《著作权法》的规定，著作权之转让不应有时间的限制，附有时间限制的著作权转让实质上是著作权的专有使用许可；广东巨星公司于《电视剧播映权转让合同书》签订当日给北京君子缘公司出具的《授权书》，虽写明授权事项是《康》剧第1—5部的"独家全国版权"，但该授权是基于前述合同的约定进行的，故此处的"独家全国版权"亦应理解为《康》剧第1—5部的广播权专有使用权。

三、信息网络新媒体发行

传统的电视是单向广播方式，极大地限制了电视观众与电视服务提供商之间的互动，也限制了节目的个性化和即时化。如果一位电视观众对正在播送的所有频道内容都没有兴趣，他（她）将别无选择。这不仅对该电视观众来说是一个时间上的损失，对有线电视服务提供商来说也是一个资源的浪费。再如，一位上夜班的观众可能希望在凌晨某个时候收看新闻，而一位准备搭乘某次列车的乘客则希望离家以前看一场原定晚上播出的足球比赛录像。新媒体与传统电视台不同，受众可以根据其个人选定的时间和地点通过网络观看影视作品。通过新媒体发行影视剧，在著作权法上属于信息网络传播权的许可或者著作权兜底权利的许可。

（一）信息网络传播权

信息网络传播权，即以有线或者无线方式向公众提供，使公众可以在选定的时间和地点获得作品的权利。《信息网络传播权保护条例》第26条规定，信息网络传播权，是指以有线或者无线方式向公众提供作品、表演或者录音录像制品，使公众可以在其个人选定的时间和地点获得作品、表演或者录音录像制品的权利。最高法院《关于审理侵害信息网络传播权民事纠纷案件适用法律若干问题的规定》（法释〔2012〕20号）第2条规定，本规定所称信息网络，包括以计算机、电视机、固定电话机、移动电话机等电子设备为终端的计算机互联网、广播电视网、固定通信网、移动通信网等信息网络以及向公众开放的局域网络。

在司法实践中一般强调"交互性"是信息网络传播权独有的特征，"个人选定的时间"体现的是交互式这一特点，其核心在于强调接受作品的个人对于其所获得内容的"主动选择权"，也就是说，"个人选定"应被理解为"按照个人需要的意思"；而且，信息网络传播权的其他要件在著作权的其他权项中都有所体现,只有"个人选定的时间"这一要件在著作权的其他有关公开传播权的权项(广播权、放映权、表演权)中均不涉及,为信息网络传播行为所独有,对于其他权项而言,公众仅能被动地按照内容提供者的安排接受其内容,其并无主动选择的权利。因此"个人选定的时间"这一要件是其各个构成要件中的核心要件。① 传统的无线电广播和电视广播中,信号来源是唯一的,但有许多同类信号接收器;播放的时间、内容和顺序由电台、电视台确定,播放的方式是从头到尾的流水似的播放,用户只是被动的接受者。②

值得指出的是,不能将信息网络传播权中的"个人选定的时间和地点"绝对地理解为个人可以随意选择 24 小时内任一时刻和世界上任何一个角落。以公众不能随意选定地点获得作品为由,否认经营者在网吧等局域网内提供作品"点播"的行为构成侵害作品之信息网络传播权,是无法成立的。按照相同的逻辑,假如一个视频网站在上传影视剧至其服务器的同时,通过技术手段将服务范围限定在除索马里之外的世界各国家和地区,法院也应当鉴于公众不能在随意选定的地点(索马里)获得作品,而认定视频网站经营者的该行为不侵犯信息网络传播权。同理,只要一个视频网站每天关闭服务器 5 分钟,无论该网站经营者未经许可上传过多少部影视剧,都不可能侵犯信息网络传播权。这样的结论无疑是荒谬的。因此,在传播者限定的时间和地域范围内,只要公众可以通过网络自行选择时间和地点去"点播",这一传播仍然是"交互式"网络传播,仍然是信息网络传播权所针对的行为。③

将信息网络传播权许可他人使用时,避免将信息网络传播权以外的权利许可出去,是制片者应当关注的重点。为此,紧紧围绕信息网络传播权的核心特征,将其他形式传播排除在外,非常必要。事实上,网络环境下的非交互式传播有多种形式,如网播(web casting)、同步传播(simulcasting)、即时广播(real audio)、互联网电台(internet radio)等。网播是指通过互联网进行的首次有线传播;同步传播是指通过数字网络对以传播方式广播的节目进行同步和不加修改的转播。所有这些非交互式传播都依赖于对节目的播放,而不能单独地选择其希望获取作品的时间。④ 随着科学技术的不断发展,电信网、计算机网络和电视网之间的"三网融合"⑤已经非常普遍。譬如,IPTV 即交互式网络电视,是一种利用宽带网,集互联网、多媒体、通信等技术于一体,向家庭用户提供包括数字电视在内的多种交互式服务的崭新技术。IPTV 既不同于传统的模拟式有线电视,也不同于经典的数字电视。因为,传统的和经典的数字电视都具有频分制、定时、单向广播等特点;尽管经典的数字电视相对于模拟电视有许多技术革新,但只是信号形式的改变,而没有触及媒体内容的传播方式。IPTV 是电视媒体向网络新媒体演化的重要一步,也是三网融合的代表,它以电视机或个人计算机作为显示终端,通过宽带网络向用户提供包括影视剧之点播或组播方式的视频业务在内的多媒体业务。

不过,因电视节目回看这一块蛋糕究竟分给谁,涉及广电组织、著作权人、用户以及社会

---

① 孔祥俊:《网络著作权保护法律理念与裁判方法》,中国法制出版社 2015 年版,第 81—82 页。
② 陈锦川:《著作权审判:原理解读与实务指导》,法律出版社 2014 年版,第 204—205 页。
③ 王迁:《网络环境中的著作权保护研究》,法律出版社 2011 年版,第 137—138 页。
④ 王迁:《论"信息网络传播权"的含义 兼评"成功多媒体诉时越公司案"一审判决》,载《法律适用》2008 年第 12 期,第 66 页。
⑤ "三网融合"实际上只有两个物理网,即广播电视网和电信网,计算机网是基于电信网或广播电视网而形成的虚拟网。涂昌波:《广播电视法律制度概论》(第 2 版),中国传媒大学出版社 2011 年版,第 223 页。

公众的利益,"IPTV回看"模式之法律属性究竟是归类于信息网络传播行为还是广播行为,在司法上有不同的认识。

杭州互联网法院在"西藏乐视网信息技术有限公司诉中国电信股份有限公司杭州分公司侵害作品信息网络传播权纠纷案"①中,对"IPTV回看"模式之法律属性进行分析后认为,"IPTV回看"模式不会改变广播组织提供广播的单向性和观众的被动性,在来源、传播途径、受众、获得方式上均区别于典型意义上的信息网络传播行为。详言之,在法院看来,案件中"IPTV回看"的实现主要由广电部门接收卫视的频道信号,通过电信的IPTV专用网络定向传输通道,将直播流不加任何删改地进行72小时缓存,自动覆盖、删除,从而实现向局域网内用户提供72小时限时电视节目回看。第一,在提供主体和来源上,"IPTV回看"服务的主体、来源均为广播组织,提供的内容节目台标、编排等都不会改变,"回看"功能播放的信号仅限于相应电视台限定时间内播放的信号。第二,在传播途径上,电信的IPTV专用网络是电信部门利用互联网架设的"专网"(国家广电管理部门明确禁止不得链接公网)明显区别于公开公用的互联网;在受众上,我国《著作权法》中广播权和信息网络传播权相应规定内容中的"公众"的指向并不相同,信息网络传播是指向广域网环境,而广播权的公众是处于一种范围可控的状态,IPTV用户是利用特定终端并拥有专网访问权限和节目访问权限的特定用户,被告提供作品的对象并非所有的社会公众,仅限于已经相对特定的专网内的用户,其他公众不可能在不安装IPTV专网及终端的任何其选定的地点获得,故"IPTV回看"行为的受众与信息网络传播权中的"公众"范围有所区别。第三,在时间和地点上,回看点播服务仅能在安装专网终端的电视上、节目播出后72小时内观看。第四,我国现行立法将非交互式传播、交互式传播分别用广播权和信息网络传播权区别规制,意味着两者是并列并存的,故应避免将利用网络技术的传播行为一概纳入信息网络传播范畴,而应基于国家的行业政策、业态的实际和公共利益的平衡,对信息网络传播权范围加以合理限制。第五,"IPTV回看"模式是一种新的作品利用方式,是一种新的商业模式,系技术本身进步的结果。司法在评价该行为时,应该秉承包容、中立的司法态度,为新技术带来的新业态、新模式留足发展空间,而非机械地直接根据法律规定予以肯定或否定。事实上,涉案电视连续剧《芈月传》著作权人在授权宁夏电视台播放时,并没有禁止宁夏电视台不得通过"IPTV回看"模式传播作品。而原告在获得涉案作品信息网络传播权时,其信息网络传播权的范围并没有明确涵盖"IPTV回看"模式。"IPTV回看"模式既有时间限制,又有地点选择限定,并不符合严格意义上的信息网络传播的"选定"特点。而"IPTV回看"模式仅限于IPTV专网的用户,其播放的信号仅限于相应电视台限定时间内播放的信号,特定用户仅能在限定回放时间内,在特定环境下通过特定入口按需求观看电视节目。"IPTV回看"模式并没有对著作权人作品的信息网络传播方式、传播范围和传播条件等进行破坏或改变,二者不会构成实质性的替代竞争关系,难谓对原告诉称的信息网络传播的市场用户以及经济利益构成实质性损害。因此,"IPTV回看"模式不会改变广播组织提供广播的单向性和观众的被动性,在来源、传播途径、受众、获得方式上均区别于典型意义上的信息网络传播行为。电视节目回看这一块蛋糕究竟分给谁,涉及广电组织、著作权人、用户以及社会公众的利益。IPTV作为国家推进三网融合产业政策的典型业态,其本质上是传统广播电视产业借助现代网络技术,以低成本的方式传播尽可能多的广播电视信息,将"IPTV回看"模式从广播电视的产业角度进行调整,界定为广播权二

---

① 杭州互联网法院(2018)浙0192民初4603号民事判决书。

次使用的规制范畴,有利于国家政策中公共利益目的的实现。

在"爱奇艺诉中国联合网络通信有限公司河北省分公司、爱上电视传媒(北京)有限公司"案中,北京知识产权法院认为两被告运营的"河北石家庄联通IPTV"通过"回看"收费专区,未经权利人许可,向其用户提供爱奇艺享有独家信息网络传播权的影视剧《琅琊榜》的在线播放服务,使公众可以在其个人选定的时间和地点获得涉案作品,侵犯了爱奇艺就涉案作品享有的信息网络传播权。① 有学者指出,北京知识产权法院在该案中所持的观点,是对广播权行为与信息网络传播行为的正确理解。②

判定IPTV、数字电视和网络电视等播放影视剧的行为是否在信息网络传播权的控制范围之内,主要依据在于是否存在"交互式"或用户是否可以"按需"对内容进行选择。凡不存在"交互式"或用户不能"按需"对内容进行选择,都不属于信息网络传播权的控制范围;易言之,若影视剧信息网络传播权的获得者以非交互式及非用户"按需"获得内容的方式传播作品,则有侵权之嫌。比如,随着三网融合的推进和移动互联网的普及,信息网络传播权人在商业实践中不断细化授权方式,出现以不同的终端进行划分,如"PC端""移动端""电视端"等,同时"移动端"又细分为"手机端"或"PAD端",或者"安卓端"或"iPhone端"等分别进行授权。同一信息网络传播权人或者专有权人,对同一个未经许可提供作品的侵权人分别按照不同的终端进行公证取证,且分别提起诉讼的,由于作品传播途径、传播范围、损害后果均不相同,故各案诉讼标的并不相同,通常不被认定构成重复诉讼,具体赔偿数额亦会因被告侵权行为的传播途径、传播范围、损害后果等事实的不同而不同。正如法院在"中文在线数字出版集团股份有限公司与福建智度科技有限公司侵害作品信息网络传播权纠纷案"③中所阐述的,行为人分别与他人合作通过不同的终端设备分别传播同一作品,鉴于作品传播途径、传播范围、损害后果等均不相同,故即使该作品均来自同一服务器,行为人的传播行为也不是同一侵权行为,权利人针对通过不同终端设备传播作品的行为分别提起的诉讼不属于重复诉讼。

(二)网络直播/网络定时播放

"网络直播"或"网络定时播放"这两种行为虽然在网站提供相关内容的时间段内,网络用户可以选择在任何一个时间点内开始浏览或观看内容,但用户的观看只能按照网站事先安排好的时间表进行,其无法主动"按需"对获得的内容进行选择,因此这两种行为不是交互式按需传输行为,不符合"个人选定的时间"这一要件,不属于信息网络传播权控制的范围。④ 将电视台或广播台直播的节目信号采集、转换为数字信息后通过网络服务器实时提供给网络用户观看,是网络实时转播。与信息网络传播权所控制的行为不同,网络实时转播采用的是非交互式的传播方式,用户无法在个人选定的时间或地点获得作品,而只能在网络服务提供者指定的某个特定时间内获得作品。

在司法裁判中,虽然有法院认为,数字电视按照节目单按预定时间向电视用户播放涉案电影与传统的模拟电视向电视用户提供电影播放的形式一致,公众并不能依其个人选定的时间和地点观看涉案电影,构成侵犯广播权。⑤ 但此类观点在2020年《著作权法》修改之前

---

① 北京知识产权法院(2019)京73民终3778号民事判决书。
② 王迁:《提供IPTV回看服务的法律定性——兼评"乐视诉杭州电信案"》,载《中国版权》2020年第2期,第29页。
③ 北京市东城区人民法院(2018)京0101民初14857号民事判决书。
④ 孔祥俊:《网络著作权保护法律理念与裁判方法》,中国法制出版社2015年版,第85—86页。
⑤ 北京市第一中级人民法院(2010)一中民终字第20476号民事判决书。

并不被地方高级法院相关司法指导意见采纳。如北京高院《关于网络著作权纠纷案件若干问题的指导意见(一)(试行)》(京高法发[2010]166号)第10条规定,网络服务提供者通过信息网络按照事先安排的时间表向公众提供作品的在线播放的,不构成信息网络传播行为,应适用《著作权法》第10条第1款第(十七)项进行调整。浙江高院《关于审理网络著作权侵权纠纷案件的若干解答意见》(2009)第21条针对"网络定时播放行为侵犯了权利人的哪种权利"做了回答尝试:由于网络定时播放行为不允许用户选定时间,且系通过有线方式进行传输,不完全符合信息网络传播权和广播权的定义,在我国《著作权法》未对此类行为的性质进行进一步明确的情况下,可根据《著作权法》第10条第1款第(十七)项的规定,按照"应当由著作权人享有的其他权利"的兜底性条款来规范网络定时播放行为。北京高院《关于涉及网络知识产权案件的审理指南》(2016)第15条规定,被告未经许可实施网络实时转播行为,原告依据《著作权法》第10条第(十七)项主张追究被告侵权责任的,应予支持。

随着广播权涵括内容的扩张,"网络直播"或"网络定时播放"已在广播权所调整的"射程"之内。

(三)用户感知标准和服务器标准

对侵犯信息网络传播权的判断,主要有四大理论上的标准,即服务器标准、用户感知标准、实质性替代标准、实质呈现标准。"服务器标准"认为,应当以传播的信息是否上传至或贮存于服务器为标准,谁将信息上传至或贮存于服务器,谁就是信息的提供者,判断被诉行为是否为信息网络传播行为,应考虑的是被诉内容是否存储于被告的服务器中。无论被诉行为的外在表现形式是否使得用户认为被诉内容系由被告提供,只要被诉内容未存储在被告服务器中,则不应认定被告实施了信息网络传播行为。需要指出的是,此处的"服务器"系广义概念,泛指一切可存储信息的硬件介质,既包括网站服务器,亦包括个人电脑、手机等。"用户感知标准"认为,即便网络服务提供者没有将信息上传至或贮存于服务器,但只要所提供技术服务的外在形式使普通网络用户感受到是该主体在提供信息,也可以认定其是信息的提供者,该标准通常考虑的是被诉行为的外在表现形式,至于被诉内容是否存储于被告服务器中则在所不论。事实上"用户感知标准""实质呈现标准""实质性替代标准"都包含了"服务器标准",它们分别从不同的角度对"服务器标准"进行了扩大解释:"用户感知标准"将侵权行为扩大到了"用户认为作品是由设链者提供的",从行为后果上为认定侵权行为作了更宽泛的解释;"实质呈现标准"是将行为人通过"自己网页和客户端一部分进行展示"从而混淆权利人初始提供权的行为也认定为侵权行为。"实质性替代标准"则是将代替权利人作品"提供渠道"的"链接行为"认定为侵犯作品信息网络传播权的行为,是对"初始提供"的扩大解释。[①]

"腾讯诉北京易联伟达科技有限公司《宫锁连城》信息网络传播权纠纷案"[②]裁判文书中关于应当适用"服务器标准"以判定信息网络传播权侵权行为的阐述备受业界关注。在该案中,因手机客户端"快看影视"通过深度链接播放了《宫锁连城》电视剧,《宫锁连城》信息网络传播权所有权人腾讯公司将"快看影视"运营方北京易联伟达科技有限公司诉至法院。北京知识产权法院认为,虽然实践中对信息网络传播行为的认定存在不同标准之争,包括服务器标准、用户感知标准以及实质性替代标准等。但是,信息网络传播行为必然是一种对作品的

---

① 范志明:《法律如何对待信息网络传播权之争》,载《人民法院报》2018年5月7日,第2版。
② 北京知识产权法院(2016)京73民终143号民事判决书。

传输行为,且该传输行为足以使用户获得该作品。在网络环境下,这一传播行为的对象是作品的数据形式。在信息网络传播过程可能涉及的各种行为中,只有初始上传行为符合上述要求,因此,信息网络传播行为应指向的是初始上传行为。因任何上传行为均需以作品的存储为前提,未被存储的作品不可能在网络中传播,而该存储介质即为服务器标准中所称"服务器",因此,服务器标准作为信息网络传播行为的认定标准最具合理性。依据服务器标准,信息网络传播行为是指将作品置于向公众开放的服务器中的行为。而此处的"服务器"泛指一切可存储信息的硬件介质,既包括通常意义上的网站服务器,亦包括个人电脑、手机等现有以及将来可能出现的任何存储介质。至于链接行为,无论其是普通链接行为,还是深层链接行为,均不会使用户获得作品,因此,不构成信息网络传播行为。即便链接服务提供者是通过破坏技术措施而实现的链接,该行为与链接行为仍为相互独立的两个行为,破坏技术措施行为的存在并不会对链接行为这一事实的认定产生影响。至于实质性替代标准,其未将视频聚合服务所涉选择、编排、整理以及破坏技术措施、深层链接等各行为进行区分,导致该标准在认定基础上便存在偏差。该标准未清晰认定信息网络传播行为认定的事实认定属性,将合法性认定过程中可能考虑的损害及获益因素作为行为认定依据,这一做法存在基本逻辑错误。即便在该过程中需要考虑损害及获益因素,但实质性替代标准将合同利益、经营利益等同于著作权利益,未对上述利益进行划分。据此,实质性替代标准无法作为信息网络传播行为的认定标准。在本案中,虽然用户在易联伟达公司"快看影视"APP可以实现对《宫锁连城》剧的在线观看,但其内容播放页面中显示了乐视网(经过腾讯公司授权)相应页面的地址,且点击该地址可进入乐视网页面。上述事实说明,将涉案内容置于网络中传播的是乐视网,而非易联伟达公司,易联伟达公司仅提供了指向乐视网中涉案内容的链接。为此,易联伟达公司的行为不构成侵权。北京知识产权法院进一步指出,深层链接行为不被认定为信息网络传播行为,并不意味着权利人无能为力。深层链接行为依然可依据共同侵权规则、反不正当竞争法及有关技术措施相关规则的适用,在相当程度上使权利人获得救济。

事实上,单一服务器标准的局限是显而易见的。[①] 正如最高法院就《关于审理侵害信息网络传播权民事纠纷案件适用法律若干问题的规定》(2012)答记者问时提到的:随着技术的发展,不经过服务器的存储或中转,通过文件分享等技术也可以使相关作品置于信息网络之中,以单纯的"服务器标准"技术标准界定信息网络传播行为不够准确,也难以应对网络技术的飞速发展,因此应将信息网络传播行为作广义的理解,以是否直接提供权利人的作品的法律标准取代服务器标准来界定信息网络传播行为,将信息网络传播行为区分为作品的提供行为与其他信息网络传播行为,而其他信息网络传播行为则是以其技术、设施提供网络中间性服务的行为,即是一种提供服务而非直接提供作品等的行为。服务器标准、用户感知标准、实质性替代标准和实质呈现标准,它们在本质上还是利益衡量和政策考量的结果,即加重还是减轻网络服务提供者的责任。如果试图强化著作权保护,采取用户感知标准、实质性替代标准、实质呈现标准并无不可;如果试图减轻服务提供者的责任或者使服务提供者的责任界限更加清晰,便利和促进搜索链接技术及互联网产业的发展,采取服务器标准更为合适。至于是否存储在被告(服务提供者)的服务器上,或者是原始传播还是继发传播,这并不是根本的判断标准,而是为根本的判断标准即利益衡量服务的,这无非是实现这些利益平衡

[①] 北京市朝阳区人民法院课题组:《视频聚合平台运行模式在著作权法规制下的司法认定》,载最高人民法院民事审判第三庭编:《知识产权审判指导》(总第27辑),人民法院出版社2017年版,第165—168页。

的工具和手段,其背后还是要考量如何更利于实现权利保护与促进经济发展之间的平衡;前者为本,后者为末。①

(四)新媒体发行常见信息网络传播权条款

所谓新媒体发行,在本质上是影视剧之信息网络传播权或著作兜底(有线传播)权的许可使用。围绕这个核心,对新媒体发行合约进行匹配性修改,才不易使影视剧著作权人将额外的权利许可出去,才可以使得影视剧著作权的"二房东"将信息网络传播权转授权给他方时,不至于陷入超越授权范围授权的境地。以下摘录实践中常见的信息网络传播权许可合约条款,供"挑毛病"之用:

新媒体播放权:指通过各类信息网络媒介向公众提供作品、表演或者录音录像制品,使公众可以在其个人选定的时间和/或选定的地点获得作品、表演或者录音录像制品的权利,以及通过本款列举的使用方式和接收终端向公众播放作品的权利。具体使用方式包括点播、直播、轮播、定时播放、实时播放/转播(无论是否通过电视台自营网站进行)、下载、P2P、移动增值业务等现有各种使用方式及授权期限内新出现的其他使用方式;接收终端包括但不限于台式和便携式计算机、IPad和平板电脑、手机和其他移动通信设备、机顶盒、可穿戴设备、投影设备、VR(虚拟现实)设备、互联网电视/OTT终端(含因互联网电视合规性要求与播控集成机构合作的情形和与终端厂商合作的情形)、车辆/航空器/轮船等交通工具播放设备、IPTV(含因合规性要求与运营商合作的情形)、数字电视、智能电视、点播影院及点播院线、各类程序及软件或系统等;信息网络媒介包括但不限于互联网、广播电视网、3G/4G/5G等固定通信网和移动通信网络、向公众开放的局域网络等现有接收终端及授权期限内新出现的其他接收终端。本协议项下的"新媒体播放权"尤其包括为行使该播放权所需的《著作权法》第10条项下规定的复制权、发行权、放映权、翻译权、广播权、信息网络传播权、外语配音权、应当由著作权人享有的其他权利以及法律不时修订后所赋予的其他相关权利。为免疑义,新媒体播放权中不含传统媒体播放权的内容。

信息网络传播权:是指以有线或者无线方式向公众提供节目,使公众可以在其个人选定的时间和地点获得作品的权利,具体使用形式包括但不限于网络点播、直播、轮播、广播、下载、IPTV、数字电视等现有各种使用形式及授权期限内新出现的其他使用形式等,具体用户的接收终端和显示终端形式包括不限于手机、电脑、平板电脑、机顶盒、MPEG4播放器、车载电视、航空器电视、互联网电视(本合同中的互联网电视是指安装了以公共互联网为内容传输途径,由乙方或其关联公司与持有国家广电总局颁发的互联网电视牌照机构合作的智能电视操作系统的智能电视,该智能电视操作系统接入互联网电视集成播控平台)等现有接收终端或显示终端及授权期限内新出现的其他接收终端或显示终端等。

四、院线发行

(一)传统院线

电影放映是电影作品制作完成后,由发行商向电影放映单位提供复制拷贝,电影放映单位通过放映设备将电影画面和声音通过电影银幕、音箱还原以观众欣赏的行为和过程,是电影作品进入社会的终端环节。设立电影放映单位(企业或个体工商户),应当向所在地县或者设区的市人民政府电影行政部门提出申请,以获得《电影放映经营许可证》。只有在电影

---

① 孔祥俊:《知识产权保护的新思维——知识产权司法前沿问题》,中国法制出版社2013年版,第155—156页。

院等固定放映场所从事电影放映才需要获得行政许可,从事流动放映活动或者其他放映活动则不需要获得行政许可;电影流动放映主要目的是解决我国农村、社区以及边远分散地区看电影难的问题,实施备案管理制,只需要向经营区域所在地县级人民政府电影主管部门备案即可。另外,根据《外商投资电影院暂行规定》及其补充规定,除国有资本、民营资本等境内资本外,香港特别行政区、澳门特别行政区服务提供者可以经营和设立独资电影院。外国的公司、企业和其他经济组织或个人可以设立中外合资、合作企业,新建、改造电影院,从事电影放映业务,不得设立独资电影院,但可以设立中外合资电影院。2016 年 12 月 31 日,国内放映市场银幕数已超过美国成为世界第一银幕大国。

传统院线发行涉及的主要权项是放映权。放映权,是指通过放映机、幻灯机等技术设备公开再现美术、摄影、视听作品等的权利。对电影作品而言,放映权是其主要的著作权。在全国人大法工委看来,由于定义中对作品范围和播放的技术设备有明确的限制,因此,享有放映权的范围十分有限。享有放映权的作品类型,仅仅限于美术、摄影、视听作品。如果某一作品被认定为录音录像制品,而非电影类作品,那么著作权人就不能享有放映权。另外,放映所使用的设备应该是"放映机、幻灯机等技术设备",故而,通过无线电视台、互联网等播放作品,就不属于放映权的范畴,而可能归入广播权或信息网络传播权的范畴。例如,在"华夏电影发行有限责任公司诉北京华网汇通技术服务有限公司侵犯电影发行权纠纷案"[①]中,法院认为:

> 华夏电影发行公司对影片《终结者 3》仅享有影院独家发行权,故其仅能就侵犯该权利的行为提出主张;华夏电影发行公司所主张的华网汇通技术服务公司和湖南在线网络传播公司未经许可,通过网络擅自上载并传播该影片的行为,并未落入其对该影片所享有的影院独家发行权范畴。因此,华夏电影发行公司以独家发行权被侵犯为由提出的诉讼请求,不予支持。

(二)点播影院

点播影院,是指在电影院和流动放映活动场所之外,为观众观看自选影片提供放映服务经营活动的文化娱乐场所。点播院线,指的是由一定数量的点播影院组成,拥有一定数量影片的发行权,并对所辖点播影院的电影放映活动提供影片、实施运营管理的发行企业。根据《点播影院、点播院线管理规定》,点播影院放映电影的,应获取电影放映经营许可证;点播院线发行电影的,应获取电影发行经营许可证。《点播影院、点播院线管理规定》第 17 条第 1 款规定:点播院线发行的影片,应当依法取得著作权人许可其在点播影院放映的授权。但是,具体应获得的权限是什么,却没有交待。

有观点认为,随着技术的进步,数字化作品取代了胶片和有形幻灯片,放映美术、摄影或电影作品可以不再需要使用放映机和幻灯机了。将放映权延伸到数字点播系统,将使得这一权利的内容与信息网络传播权的界限变得模糊起来,通过内部局域网联通起来的点播系统,其显现出来的交互性(快进、快退等),与一般的信息网络传输行为没有本质差别[②]。但法院在"北京钱柜餐饮娱乐有限公司与英皇娱乐(香港)有限公司侵犯著作权纠纷案"[③]中所持的观点是,钱柜餐饮公司未经英皇公司许可,在其经营的钱柜 KTV 中提供了《天空这么大》

---

① 北京市朝阳区人民法院(2004)朝民初字第 1151 号民事判决书。
② 崔国斌:《著作权法:原理与案例》,北京大学出版社 2014 年版,第 431—432 页。
③ 北京市高级人民法院(2005)高民终字第 1372 号民事判决书。

《末世纪的呼声》《如果只得一星期》三部音乐电视作品,属于以放映的方式传播作品的行为;钱柜餐饮公司在使用上述作品进行经营活动时,依法应该取得著作权人的授权,但其未经著作权人的许可,即以放映的方式传播著作权人的作品,侵犯了著作权人的放映权。

实践中,一些点播影院的运营模式是直接与部分网络影视运营平台签订协议,将来源于该网络平台的影片放映给用户观看,该网络平台通常仅获得了著作权人关于信息网络传播权的授权,而未获得放映权的授权。对该类行为如何定性,还有待于进一步在理论与司法实践中厘清。为此,向点播影院发行,发行者应当对自己手中的权利性质有非常清楚的认识,结合点播影院的运营模式,作出已有权利类型是否可以满足点播影院播映需求的初步判断,并约定由点播影院承担潜在侵权行为带来的责任。

五、瑕疵发行

瑕疵发行,广义上讲,它指一切在权利上有瑕疵的发行,包括主体、客体、行为三个方面的瑕疵。主体有瑕疵的发行,指的是没有获得发行许可的企业的发行。客体有瑕疵的发行,是指发行的影视剧存在侵犯他人权利和权益的内容,或者发行没有获得公映许可证或发行许可证的影视剧。行为有瑕疵的发行是指没有授权的发行行为,或虽获得授权,但超越约定的时间、地域、渠道和媒介等的发行行为。

(一)缺失相关证照与许可的发行

1. 未获得公映/发行许可之发行许可合同的效力

《电影管理条例》规定,国家对电影摄制、进口、出口、发行、放映和电影片公映实行许可制度。未经许可,任何单位和个人不得从事电影片的摄制、进口、发行、放映活动,不得进口、出口、发行、放映未取得许可证的电影片。《电影产业促进法》第 24 条关于"企业具有与所从事的电影发行活动相适应的人员、资金条件的,经国务院电影主管部门或者所在地省、自治区、直辖市人民政府电影主管部门批准,可以从事电影发行活动"的规定,也是指电影发行活动的管理实行行政许可制度,并且从事电影发行活动的主体只有企业,除法律另有规定外。围绕该项规定,实践中的争议是:如何评价未获许可的单位和个人发行影片之行为的法律效力。

最高法院在"国际华侨投资公司诉长江影业公司影片发行权许可合同纠纷案"[①]中持肯定的观点。在该案中,国际华侨投资公司(简称"华侨投资公司")与长江影业公司(简称"长江公司")签订的《影片票房分账发行放映合同》系影片发行许可合同,最高法院指出,双方当事人签订合同及在合同中的意思表示真实,合同内容不违反国家法律或者社会公共利益,应当依法认定为有效合同;《电影管理条例》和《影片交易暂行规定》有关电影制片、发行和放映、有偿转让等活动中对主体和客体所作的限制性规定,是在我国电影行业机制改革过程中,电影行业主管部门为了加强行业管理所制定的,其目的是进一步深化改革,发展和繁荣电影事业。华侨投资公司虽无制片许可证和发行许可证,该片内容经主管部门审查通过具备准映证,华侨投资公司将《下辈子还做母子》影片许可长江公司分账发行,无论主体还是客体均不影响电影市场的正常秩序,亦不妨碍国家对电影行业的行政管理,并且与电影行业机制改革的发展方向是一致的。

在"感动人生(北京)文化有限公司与上海兆旸影视传媒有限公司确认合同无效纠纷"[②]

---

① 中华人民共和国最高人民法院(2001)民三终字第 3 号民事判决书。
② 北京市朝阳区人民法院(2015)朝民(商)初字第 48215 号民事判决书。

案的审理中,法院对此持否定的观点。在该案中,感动人生公司作为甲方与兆旸公司作为乙方签订了《电影〈红髅〉发行合同》,合同约定感动人生公司为电影片《红髅》的著作权人,拥有本片及其衍生作品和其他一切与本片相关的完整的著作权;兆旸公司为依法注册成立并已具备电影发行资格的法人单位;感动人生公司授予兆旸公司在一定期限内享有在中国大陆区域院线及影院发行影片的权利;感动人生公司授权兆旸公司与院线公司签订本片联合发行的权利。朝阳区人民法院认为,双方当事人签订的协议,其中既有授权发行的内容,亦有"代理销售"的约定,但因双方均不具备电影发行的相关资质,违反了《电影管理条例》的规定,故无论双方之约定系委托发行抑或代理发行均违反了相关行政法规的强制性规定,应属无效。

从民事行为之法律评价的角度出发,发行合同的效力不应被否定,没有获得许可而发行电影的主体在行政法层面的责任是另一个问题,不能因为缺少未获与公映或发行方面的许可而否定作为处分私权的发行合同之效力。在"刘波与北京康乾光澍影视投资有限公司合同纠纷案"①中,作为自然人的刘波与北京康乾光澍影视投资有限公司(简称"康乾光澍公司")签订《合作合同书》,约定康乾光澍公司全权委托刘波独家负责电视剧《大兵小将》的发行工作,发行范围包括但不限于无线电视、有线电视、卫星电视、VCD、DVD、CD、MTV录像带、录音带、网络传输等。在评价该合同书的效力时,法院简明扼要地指出:

> 刘波与康乾光澍公司签订的合作合同书反映了双方真实意思表示,未违反法律及行政法规的强制性规定,应确认有效。

2. 影片未获得公映/发行许可证不影响权利人阻止他人传播作品

在"电视连续剧《金玉满堂》著作权纠纷案"②中,法院确认,是否拥有播映权与能否取得发行许可证、实际进行播映是两个概念,获得许可证是一种行政意义上的被许可行为,但该行政行为既不能产生播映权也不能消灭播映权,即使维汉公司始终未能取得《金玉满堂》的发行许可证,其仍是该剧在中国大陆地区的播映权人,有权禁止他人未经其许可而播映。

因未办理进口审批手续而未获得公映/发行许可证的影视剧,其权利人是否有权在国内提起侵权诉讼,在学理上有三种不同的观点。第一种观点认为,未办理进口审批手续的境外影视剧属于"法禁作品",不受著作权法保护;第二种观点认为,未办理进口审批手续的境外影视剧属于"权利行使应受必要限制的作品",著作权人不能积极行使权利,其享有消极权能,且消极权能的行使应仅限于停止侵害请求权以及为维权所支付的必要费用,但不包括获得赔偿救济请求权;第三种观点认为,未办理进口审批手续的境外影视剧属于"正常作品",著作权既可以行使积极权能,也可以行使消极权能。

围绕"韩国电视剧《宫》著作权纠纷案"③,三级法院就没有获得发行许可证是否可以享有著作权这一问题,给出了不尽相同的回答。在该案中,2007年5月韩国MBC公司将其拥有版权的电视剧《宫》在中国大陆地区的信息网络传播权独家授权给广东中凯文化发展有限公司,并授权广东中凯文化发展有限公司处理中国大陆地区该剧的盗版行为,授权期限为两

---

① 北京市海淀区人民法院(2013)民初字第22248号民事判决书;北京市第一中级人民法院(2014)一中民终字第5120号民事判决书。
② 浙江省杭州市中级人民法院(2003)杭民三初字第233号民事判决书。
③ 重庆市高级人民法院(2009)渝高法民终字第62号民事判决书;中华人民共和国最高人民法院(2010)民提字第39号民事判决书。

年。2007年7月26日,广东中凯文化发展有限公司的代理人进行证据保全公证,通过重庆市高新技术开发水木年华网吧电脑终端上的中国网吧院线可观看电视剧《宫》。《宫》被批准进口的日期为2007年10月9日。广东中凯文化发展有限公司起诉重庆水木年华网吧侵犯信息网络传播权,要求停止侵权、赔偿损失等。

一审法院认为,中凯公司享有涉案作品在中国大陆的独家信息网络传播权。水木年华网吧的证据不足以证明其提供的是普通链接服务,其尽到了合理注意和审查义务的抗辩主张。水木年华网吧未经许可,通过其局域网传播了涉案作品,侵犯了中凯公司享有的信息网络传播权。二审法院所持的意见是,中凯公司无法证明涉案作品获得了我国的行政审批,无权从事与涉案作品信息网络传播权有关的商业活动及获取报酬,因此不能获得经济损失的赔偿。最高法院指出,虽然涉案作品被批准进口的日期为2007年10月9日,但是著作权人维护自己的合法权益并不以获得进口行政审批为条件;水木年华网吧对其侵权行为,应当依法承担停止侵权和赔偿损失的法律责任。

有观点提出,境外影视剧能否受到保护的关键不在于其是否履行了进口审批手续,而在于该影视剧的内容是否合法。那么,人民法院在审理此类案件中,能否自行审查该境外影视剧的内容是否合法?一种观点认为,人民法院应委托法定审批机关鉴定后方能继续审理案件,而不能自行判定该境外影视剧的内容是否合法;另一种观点认为,人民法院作为国家的审判机关,有权从社会公共利益的价值取向出发,依法判断境外影视剧的内容是否合法,以此来判定应否给予当事人以著作权法保护。① 从职责功能上讲,法院作为审判机关不宜径直介入对影视剧内容是否合法的判断。以电影审查为例,内容是否合法是电影审查机构的法定职责,没有通过电影审查机构审查的电影片,不得发行和放映。若法院可直接就电影片内容是否合法做出司法裁判,意味着电影审查机构的行政权力被司法权力"挤占"甚或是"剥夺",其职责功能被法院所替代;另外,从司法资源的有限性来看,法院也无法承担该"重任"。当然,若影视剧权利人对审查机构做出的内容不合法审查结论不服,经异议后仍不服的,可以考虑增设相应的司法程序,为权利人提供司法上的权利救济渠道。

(二)侵权作品的发行

1. 侵权作品不影响发行与播映

在"浙江永乐影视制作有限公司与张怀季侵害著作权纠纷案"②中,张怀季是音乐作品《心是莲花开》的作者,浙江永乐影视制作有限公司投资制作完成的52集电视连续剧《西游记》中的第43集未经其同意而使用《心是莲花开》作为插曲,使用时长为1分15秒。法院认为:

> 由于涉案电视剧的投资较大,且涉及多地播出、销售及网上传播,一旦停止播出、销售及网上传播必将造成社会资源的极大浪费并将产生不利于社会公众的后果,故张怀季要求停止播出、销售及网上传播等侵权行为的诉讼请求,不予支持,但法院将在确定赔偿数额时对此因素予以考虑。

发生在东阳荣煊影视文化发展有限公司与钱雁秋、东阳青雨影视文化有限公司、北京爱克赛文影视制作有限公司、北京电视台之间的电视剧《神断狄仁杰》不正当竞争纠纷案③,法院秉持的也是"侵权不停止发行"的原则,法院指出,鉴于涉案电视剧《神断狄仁杰》已经拍摄

---

① 祝建军:《数字时代著作权裁判逻辑》,法律出版社2014年版,第103—108页。
② 北京市第二中级人民法院(2012)二中民初字第2221号民事判决书。
③ 北京市第二中级人民法院(2011)二中民初字第17448号民事判决书。

完成并已发行,为避免社会资源的浪费并考虑社会公众利益,原告东阳荣煊公司关于要求被告钱雁秋、东阳青雨公司、爱克赛文公司和北京电视台停止发行涉案电视剧《神断狄仁杰》等不正当竞争行为的诉讼请求,不予支持。

法院之所以持此种判决思维,是因为"被告采取措施停止侵害,需要付出过高的费用,而损失赔偿足以救济权利人。这是拒绝判处停止侵害最常见的理由,还可以细分为两种情况。第一种情况,侵权内容不构成被诉商品的实质部分,而被诉商品本身投入大。……第二种情况,侵权影响范围有限,不可能对权利人造成不可弥补的损失"①。的确,从司法的角度看,"侵权赔偿,播放继续"的此类判决,旨在法律效果与社会效果之间达至某种平衡。一部影视剧的制作,通常都耗资巨大,倘若只要存在侵权行为,就一律停止播映或发行,不利于资源的最大化利用,尤其当侵权行为是在非故意的状态下作出时。但是,法院的这种做法并没有获得被侵权人的认可,在他们看来,著作权受到侵害,要么获得自己期望中的赔偿数额,要么就停止播映或发行。事实上,在著作权侵权诉讼中,判令被告停止侵权是原则;但如判令被告停止侵权,会造成社会资源浪费,损害社会公共利益的后果,应允许法官按照利益平衡原则,通过以支付合理费用替代停止侵权的方式例外处理。这是利益平衡原则在著作权法中的体现和适用。只不过在确定赔偿数额时,应充分考虑"不停止侵权"因素,即赔偿金应包括两方面的内容:一是因侵害著作权所应支付的赔偿金;二是不停止侵权所应支付的替代补偿金。②

2. 侵权作品禁止发行与播映

"支付合理费用替代停止侵权"的司法裁决模式,并没有在法院中得到统一的认可。发生在"陈喆与余征间关于电视剧《宫锁连城》著作权权属、侵权纠纷案"③,法院不但判决被告500万元的高额赔偿,还判令停止复制、发行和传播电视剧《宫锁连城》。法院在判决书中就"被告是否应当停止发行、传播电视剧《宫锁连城》"做了详细论述:

> 关于对于被告是否应当承担停止侵害的法律责任,即停止电视剧《宫锁连城》的复制、发行与传播行为的问题,本院认为,著作权法的根本宗旨是保护文学、艺术和科学作品作者的著作权,以及与著作权有关的权益,鼓励有益于社会精神文明。物质文明建设的作品的创作和传播,促进社会文化和科学事业的发展与繁荣。著作权权益与社会价值的实现,有赖于作品的创新、使用与传播,而著作权作为知识产权的重要内容,在保护作品的创作与激励作品的传播方面是统一的,两者之间并不存在根本矛盾与冲突。著作权作为权利人所享有的一项独占排他性支配其作品的权利,是一种类似于物权的专有权利,当著作权遭受侵害时,即使行为人的过错较轻,权利人亦有权提出停止侵害的诉讼主张。停止侵害这一民事责任形式能迅速阻却即发的侵权行为,防止侵权损害的扩大,有效维护权利人著作权权益。损害著作权权益的行为本质上将损害作品创新的原动力;强化对著作权的保护,不仅仅可以有效维护著作权人的私人利益,更重要的是符合社会公众的普遍公共利益。在本案中,被告的《宫锁连城》剧本及电视剧实质性整体改编了原告的小说及剧本《梅花烙》,《宫锁连城》现有的人物设置、人物关系、重要情节及情节串联整体的创作表达很大程度上来源于原告作品,是原告作品的主要创作表达,据此可以认定原告作品在被告作品中被使用的程度较高。在此情况下,如果被告未

---

① 何怀文:《中国著作权法:判例综述与规范解释》,北京大学出版社2016年版,第781—783页。
② 祝建军:《支付合理费用替代停止侵权的运用》,载《人民法院报》2013年11月14日,第6版。
③ 北京市第三中级人民法院(2014)三中民初字第07916号民事判决书。

经许可所实施的侵权发行行为得以继续,将实际上剥夺原告对于其作品权利的独占享有,并实质阻碍或减少原告作品再行改编或进入市场的机会,有违公平原则。截至本案庭审结束日,电视剧《宫锁连城》已经持续公开播映超过 8 个月,尽管各被告未按照法院要求提交编剧合同及发行合同,基于市场合理价格及商业交易惯例判断,被告余征应已取得了较高金额的编剧酬金,被告湖南经视公司、东阳欢娱公司、万达公司、东阳星瑞公司应已取得了的较高的发行收益。在此情况下,判令停止复制、发行和传播电视剧《宫锁连城》,不会导致原被告之间利益失衡。本院认为,权利人合法有据的处分原则应当得到尊重,只有当权利人行使处分权将过度损害社会公共利益和关联方合法权益时,才能加以适度限制,以保障法律适用稳定性与裁判结果妥当性的平衡。而基于本案中被告的过错及侵权程度、损害后果、社会影响,应判令停止电视剧《宫锁连城》的复制、发行及传播为宜。

法院推理论证过程尽管较为严密,但法院对其作出"判令停止电视剧《宫锁连城》的复制、发行及传播"之判决并不是没有顾虑,这一点从法院选用"为宜"一词来修饰"判令停止电视剧《宫锁连城》的复制、发行及传播"就可见一斑。毕竟,在"44 处基本相同或相似,另有 19 处也基本上属于相同或相似"的《激情燃烧的岁月》与《我是太阳》案中,一审和二审法院均以不构成实质性相似为由,驳回了原告要求认定侵权、停止侵权和赔偿的诉讼请求。①

从法院判令"停止电视剧《宫锁连城》的复制、发行及传播"之顾虑性用词来看,在后续其他案件中似乎可以考虑如下四个切入点,以抗辩"停止播映或发行"的诉请:(1)影视剧已投入资金巨大,若停止播映或发行,无法收回成本;(2)若停止播映或发行,会带来一连串的后续诉讼,如第三方与影视剧片方之间的合约(游戏、音乐、发行、播映、衍生品等等)因此而出现履行不能等纠纷,这些纠纷给影视剧片方可能会带来巨大损失;(3)没有侵权故意,已经对剧本进行了必要的谨慎审查,且系在编剧对剧本之原创性做了承诺与保证的前提下,着手影视剧项目之开发的;(4)侵权所涉内容之比例占整个剧的篇幅非常小。

最后,提及与关注"大头儿子美术作品"案,不无反思意义,因为在《新大头儿子和小头爸爸》动画片中,其所有剧集都侵害"大头儿子""小头爸爸"和"围裙妈妈"美术作品之著作权的情况下,法院也并没有做出停止播映和发行的判决,而是综合各方因素与考量,以提高赔偿额的方式作为停止侵权行为的责任替代方式。

在该案中,刘泽岱受崔某导演委托后,独立创作完成了"大头儿子""小头爸爸""围裙妈妈"三幅美术作品,通过绘画以线条、造型的方式勾勒了具有个性化特征的人物形象,体现了刘泽岱自身对人物画面设计的选择和判断,属于其独立完成的智力创造成果。刘泽岱对其所创作的三人物概念设计图享有完整的著作权。法院一方面承认原创作品应当受到法律保护,另一方面又提出,央视及之后的央视动画公司通过对刘泽岱原作品的创造性劳动,制作了两部具有很高知名度和社会影响力的动画片,获得了社会公众的广泛认知,取得了较好的社会效果;如果判决央视动画公司停止播放《新大头儿子和小头爸爸》动画片,将会使一部优秀的作品成为历史,造成社会资源的巨大浪费。法院还认为,动画片的制作不仅需要人物造型,还需要表现故事情节的剧本、音乐及配音等创作,仅因其中的人物形象缺失原作者许可就判令停止整部动画片的播放,将使其他创作人员的劳动付诸东流,有违公平原则;故鉴于案

---

① 北京市第一中级人民法院(2002)一中民初字第 8534 号民事判决书;北京市高级人民法院(2004)高民终字第 221 号民事判决书。

件的实际情况,宜以提高赔偿额的方式作为央视动画公司停止侵权行为的责任替代方式。[①]

第三节 收 视 率

　　收视率指在某个时段收看某个电视节目的目标观众人数占总目标人群的比重,以百分比表示。理论上,收看电视的人数是收视率的决定因素,但实际上,电视节目的收视率又受节目质量、品牌效应、节目编排和地域等多种因素的影响。节目质量是影响收视率的最主要因素,如果节目内容以及节目形式无法吸引观众,则其收视率自然不高,可以说,电视媒体的竞争,归根结底是节目质量的竞争。但在各台电视节目质量差不多的情况之下,观众往往更加趋向于观看一些大牌节目和知名主持人、知名嘉宾等,电视台也常常利用知名人物在社会、观众中的影响提高节目的收视率。在节目编排方面,对收视率构成影响的方面主要有:播放时段、频道选择等。地域因素对节目收视率的影响也不容低估,因为不同地域的人有着不同的节目欣赏口味,等等。[②] 收视率与收视覆盖率不同,电视覆盖率也称电视频道覆盖率,指明确表示"能收到"该电视频道的某区域人数与该区域"电视人口"之比。覆盖率与收视率虽有关联,但覆盖率与收视率未必呈直接的正相关关系。[③] 作为"注意力经济"时代的重要量化指标,它是深入分析电视收视市场的基础,是节目制作、编排及调整的重要参考,是节目评估的主要指标,是制定与评估媒介计划、提高广告投放效益的有力工具。

一、收视率调查与造假

(一)收视率调查

1. 中国广视索福瑞媒介研究有限责任公司

　　中国广视索福瑞媒介研究有限责任公司(CSM)是央视市场研究股份有限公司(CTR)与Kantar Media集团等共同建立的中外合作企业,拥有庞大的广播电视受众调查网络,致力于专业的电视收视和广播收听市场研究,为中国内地和香港地区传媒行业提供视听调查服务。

　　样本用户数据采集方式,CSM采用的是日记卡法和收视率测量仪法。所谓日记卡法,是指由样本户中所有4岁及以上的家庭成员,将每天收看电视的频道、时间段随时记录在日记卡上,以获取电视观众收视信息的方法。测量仪法是指用测量仪来详细记录样本户中所有4岁及以上家庭成员收看电视的情况,从而获取电视观众收视信息的方法。电视频道变化直接通过测量仪采集,没有任何影响。数据精确到秒,以准确反映收视变化。前一天数据在凌晨通过电话线或GPRS传输回CSM服务器进行数据处理,第二天客户即可以看到数据。

2. 广播电视节目收视综合评价大数据系统

　　随着科技发展和观众收看节目方式的多样化,传统方式在统计渠道和方法上也难以适应新形势的需要。例如,广播电视节目的传播渠道已从传统的卫星直播、无线地面、有线电视,扩展至包含IPTV、互联网电视、视听网站、移动客户端在内的广谱范围;而用户的收看方式也形成了直播、回看、点播、多终端互动等多元模式。2018年12月,由国家广电总局委托广播电视规划院基于自主技术建设的广播电视节目收视综合评价大数据系统正式开通试运

[①] 浙江省杭州市中级人民法院(2015)浙杭知终字第358号民事判决书。
[②] 济南市中级人民法院(2018)鲁01民终168号民事判决书。
[③] 福建省高级人民法院(2014)闽民终字第1221号民事判决书。

行。不同于传统的在样本户基础上的收视率统计方式,它是"全网络、全样本、大数据、云计算"的节目收视综合评价系统,主要通过建立与网络传输机构之间的安全通道,汇聚大样本用户收视行为数据,经清洗、转换、分析与挖掘,输出开机用户数、观看用户数、收视率、市场占有率等30项核心指标。

该系统更适用于当前电视节目观看方式多渠道、多样化的新趋势,而且通过数据抗干扰能力的提高,有望更好地治理收视率造假问题。该系统的运用是对收视数据采集和应用的一次革新,也为收视数据的统计和应用提供了更丰富的可能性。与样本户统计方法相比,该系统的大数据统计方式更为科学。系统数据采集、清洗、分析、呈现各环节衔接紧密,全流程自动化、封闭化处理,防范人为操纵,大大提高了数据造假的成本。该系统基于海量大数据统计,个体样本数据造假对统计结果的影响几乎可以忽略不计。并且,新系统由国家广电总局指导和监管运营,这也在很大程度上保证了数据的客观公正。

(二)收视率造假

在收视率决定一切的电视行业,各方利益主体逐渐构建出一套"商业逻辑":制作公司购买收视率——收视率统计机构发布收视率——电视台抬高广告价格——广告商掏钱埋单——产品销量增长。收视率本是检验剧集质量和观众喜好的一项科学统计数据,但在"唯收视率论"的影响下,它的意义已经被严重扭曲。[①] 从一个客观的数据,变成了商家牟利的工具,变成了资金流动的导航仪,更变成了几方利益主体竞相争夺的"高地"。收视率造假的方法有三:第一,直接篡改后台数据,该方法尚未被确证;第二,窃听和截留数据。造假者利用关系从内部拿到电话清单,获取样本户信息;同时,相关人士通过干扰数据回传线路、窃取测量仪传回的信息以及样本户的电话来干扰收视率。该方法可以通过技术改进而无法奏效。[②] 第三,买通样本户。通过掌握样本户名单,设法和样本户形成"关系",指定其观看某个节目,对收视率波动产生直接影响。

为遏制收视率造假行为,2013年年底,国家标准委批准了《电视收视率调查准则》,该准则是我国电视剧行业关于禁止收视率造假的第一个规范性文件。2017年年初,中国电视剧制作产业协会与会人员签署《关于坚决抵制收视率作假的自律承诺书》以承诺:凡协会会员单位参与收视率做假,一经查实立即列入企业信用黑名单,通报全行业;情节严重者则依据协会章程给予开除会籍处分,并报告政府主管部门,取消其电视剧制作和发行资质。

如果说前述举措尚不足以有震撼力的话,2012年,浙江省杭州市江干区法院以"侵犯商业秘密罪"判决了一起干扰样本户影响收视行为的案件,应被电视剧从业人员所知悉和重视。在"林某、潘某等侵犯商业秘密罪"[③]案中,被告人林某系浙江广播电视集团影视娱乐频道广告部主任,为提高该电视台的收视率,明知索福瑞公司的收视率调查样本户信息是不为公众所知悉的保密资料,仍向被告人王某提出购买要求。被告人王某为获取非法利益,先后多次将其通过非法手段获取的索福瑞公司在浙江省杭州、金华、衢州三地区样本户的家庭电话、住址等信息出售给被告人林某。被告人林某获取收视率调查样本户信息后,授意被告人潘某对样本户进行干扰以提高浙江广播电视集团影视娱乐频道的收视率。被告人潘某通过安排人员联系样本户、上门游说、贿赂等方式干扰样本户的正常收视,人为提高浙江广播电

[①] 魏杏然:《走出唯收视率的误区》,载《中国广播电视学刊》2006年第12期,第48—49页。
[②] 刘燕南:《再谈收视率造假:缘起、技术与监管》,载《现代传播(中国传媒大学学报)》2012年第10期,第3—5页。
[③] 浙江省杭州市江干区人民法院(2011)杭江刑初字第521号刑事判决书。

视集团影视娱乐频道的收视率。被告人潘某、林某为获取非法利益,授意"杭州缘启文化艺术策划有限公司"员工金某雯、章某(另案处理)等人,通过不正当手段获取索福瑞公司在全国76个城市的2514个样本户信息。被告人林某通过上海某广告公司经理介绍被告人潘某认识了"麦克",通过"麦克"联系需要人为提高收视率的相关电视台,并授意被告人钟某为被告人潘某提供实时收视率数据、传授查看收视率数据的相关知识。被告人潘某指使金某雯制作"了解索福瑞"PPT文件帮助员工掌握干扰样本户的技巧,并安排金某雯、章某等人冒充电视台工作人员,通过支付报酬的方式贿赂样本户收看指定电视节目,先后为"成都一套""广州新闻""广东卫视""西安资讯""重庆3套"等电视台提高收视率,非法获取人民币共计600多万元。法院判决被告人林某、潘某、钟某和王某,构成侵犯商业秘密罪。

国家广播电视总局于2020年5月实施的《广播电视行业统计管理规定》进一步明确,广播电视主管部门应当依托大数据统计信息系统,统筹收视收听率(点击率)统计工作,对数据的采集、发布进行监督。任何机构和个人不得干扰、破坏广播电视主管部门依法开展的收视收听率(点击率)统计工作,不得制造虚假的收视收听率(点击率)。出现统计造假、弄虚作假行为的,所在单位的主要负责人承担第一责任,分管负责人承担主要责任,统计人员承担直接责任。

二、收视率纠纷

(一) 收视率的司法认定

CSM作为收视率一家独大的提供机构,既制定标准,又进行收视率统计之商业运营,有"既做裁判员,又当运动员"之嫌。故而,在司法活动过程中,法院对CSM提供的收视率统计,根据个案中的实际情况作出判定。

在"宁波广播电视广告有限公司与宁波恒广传媒广告有限公司合同纠纷案"①中,法院认为,宁波广播电视广告有限公司提供了CSM出具的对《淘最宁波》栏目一段期限内的收视率报告,该公司作为国内收视率调查的权威机构,报告中记载的收视率数据清晰明确,应予采信。"国信(海南)龙沐湾投资控股有限公司与北京光线传媒股份有限公司合同纠纷案"②的一审法院也把CSM视为是节目监测和收视率调查的权威机构。二审法院则相对谨慎一些,在指出监测报告出现的个别错误之后,以监播数据系人工统计、监播数据繁多,且时间较长等原因,对监测报告的证据效力做了整体上的承认。

在"星空华文国际传媒有限公司、广西金嗓子食品有限公司与广西金嗓子有限责任公司广告合同纠纷案件"③中,虽然当事方在合约中约定以CSM的监测报告为评判依据,但是,鉴于CSM提供的报告所反映的是播出节目时收视的原始数据,且没有对法院关注的问题作出解释,故而最终没有采纳CSM提供的报告。

(二) 收视率对赌

关于收视率的批判不绝于耳④,如目前中国电视节目收视率调查确实存在着一家独大、无法可依、节目评价体系不完善、缺乏为受众负责的第三方监管、节目市场竞争无序等问题。然而,在事实上,将电视市场乱象背后的根源简单归结为对收视率的追求也有欠公允;并且,

---

① 宁波市海曙区人民法院(2012)甬海商初字第1137号民事判决书。
② 北京市第二中级人民法院(2015)二中民(商)初字第05837号民事判决书;北京市高级人民法院(2016)京民终134号民事判决书。
③ 上海市第一中级人民法院(2017)沪01民初382号民事判决书。
④ 姚广林:《收视率新批判》,载《现代传播(中国传媒大学学报)》2009年第1期,第99页。

收视率对于民意表达、保证受众权益、培育节目品牌、促进电视台发展有着不容小觑的作用。① 故而,在发行合约中对收视率提出具体要求,几乎成了一种标配,尽管"标配"经常不以"阳合同"的方式呈现,而是隐匿在"阴合同"之中。为此,2015 年 8 月,国家广电总局组织中央电视台等 14 家电视台签署禁止收视率对赌的协约。收视率对赌协议,通常是指制作方在发行电视剧时,向电视台做出收视率担保,保证该剧在播出时必须达到协议中保证的收视率数值,制作方才能从电视台拿到全部的发行款;若达不到协议中保证的收视率数值,则电视台有权按照协议比例减扣相应的发行款。

从法律的角度,当事方对收视率进行约定,是意思自治的表现,只要不违反国家强制性法律法规,均无无效之虞。如法院在"东阳荣煊影视文化发展有限公司与钱雁秋、东阳青雨影视文化有限公司、北京爱克赛文影视制作有限公司、北京电视台不正当竞争纠纷案"②中,对其所查明的"北京电视台提交了一份合同双方为东阳青雨影视文化有限公司(简称'东阳青雨公司')和北京电视台的《电视剧播映权转让合同》,合同约定东阳青雨公司将《神探狄仁杰》播映权有偿转让给北京电视台,播出范围为有线电视播放、无线电视播放和卫星频道播放,价格为基础价 1302900 元并按收视率上下浮动",给予了直接的肯定;易言之,在合约中约定电视剧发行价格与收视率挂钩的"对赌",司法案例给予直接的肯定和承认。此外,实践中,还有将考核奖金与罚金作为"对赌标的"与收视率挂钩③,甚至还出现了"收视率未到特定指标,发行价为零"的"豪赌"④。至于应对"收视率未到特定指标,发行价为零"的豪赌,其司法评价如何,应放置到具体案情环境中加以考察,不能简单地以"当事人意思表示真实且一致"而轻易带过。

第四节 票 房

一、票房统计与监管

一部影片价值的实现要历经创作、生产、发行、放映等产业链条中的各个环节来完成,各环节中的片方、发行方、院线、影院都要参与票房分账,我国电影行业采用的是国际通行的票房分账制。票房统计是分账的前提。目前我国形成了以全国电影票务综合信息系统、中国电影统计网络平台为主,发行方监察管理统计等并举,发行方、院线统计渠道为补充的票房统计、监管格局。

全国电影票务综合信息系统,是受国家广电总局委托,由国家电影事业发展专项资金管理委员会办公室建立并主管的全国电影票房统计系统,每天接收影院票务系统主动上报的票房数据。中国电影统计网络平台,是受国家广电总局电影局的委托,由中国电影发行放映协会主办,接收各院线公司每周上报的《影院映出成绩表》。映出成绩综合分析系统及电影统计分析系统,由中影集团电影发行放映分公司、华夏电影发行有限责任公司各自主办,接收院线公司每天邮件上报的院线内影院影片票房日报表。发行监察管理系统,由众大合联市场咨询(北京)有限公司主办,接收现场监察人员短信上报的影院票房监察结果及票房数

---

① 周小普、孙媛、刘柏煊:《电视节目收视率价值再辨析》,载《现代传播(中国传媒大学学报)》2015 年第 9 期,第 1 页。
② 北京市第二中级人民法院(2011)二民初字第 17448 号民事判决书。
③ 福州市台江区人民法院 2017 闽 0103 民初 2709 号民事判决书。
④ 陕西省高级人民法院 2018 陕民终 833 号民事判决书。

据。院线综合业务处理系统,系由部分院线公司自行主办,接收院线内各影院上报或从全国电影票房综合信息获取的票房数据。

在实践中,不乏票房造假行为,譬如"买票房"和"偷票房"。前者是指制作方或发行方低价购买大量电影票,而在这个过程中并没有真实的观众实施购票行为,这是一种以低成本拿到高票房的方式。后者则是指观众购买了 A 电影的票,但是在电影票面上显示的为 B 电影,由此票房计入 B 电影,即 B 电影"偷"走了 A 电影的票房。偷票房的行为,主要是以电影院为主,有的电影发行企业和电影制片企业也参与其中;买票房的行为更加复杂,制片方、发行方、放映方一般均有不同程度的参与。① 票房造假不仅能直接推高票房,它还能通过发行方公布的"高"票房数字而营造出电影受欢迎的"盛况",从而吸引更多观众去影院观看从而将票房进一步推高。② 针对层出不穷的偷漏瞒报电影票房情况,《电影产业促进法》第 30 条专门提到,电影院应当按照国家有关规定安装计算机售票系统。并在第 34 条中特别强调,电影发行企业、电影院等应当如实统计电影销售收入,提供真实准确的统计数据,不得采取制造虚假交易、虚报瞒报销售收入等不正当手段,欺骗、误导观众,扰乱电影市场秩序。

目前,票房管理的规范性文件主要有,《关于加强电影市场管理规范电影票务系统使用的通知》(新广电发〔2014〕12 号)、《电影院票务管理系统技术要求和测量方法》(GY/T276—2013)以及《电影院票务系统(软件)管理实施细则》。根据这些文件的要求,在中国境内依法设立的固定场所的营业性电影放映单位都应当遵守如下规定:

第一,电影院同一时期只能安装和使用一套通过备案的电影院票务软件产品,不得新安装不符合新标准的影院票务软件,必须安装和使用通过检测、备案的票务软件进行售票和票务管理。电影院票务软件中用于编排放映计划的影片名称、影片编码及影片其他基本信息,必须通过票务软件信息数据接口从国家数据平台统一下载,在票务软件中编排的放映计划(包括放映影片和开场时间等)必须与实际放映相一致,所有实际放映的场次(包括会议租场中的放映)必须如实地在票务软件中编排或登记相应的放映计划。

第二,电影院须按规定使用电影院票务软件出售电影票,并按现行技术标准中规定的时间要求向国家数据平台报送票房数据。特殊情况下采取其他方式出售电影票的,须在规定的时限内将售票信息补登进入电影院票务系统(软件),并报送至国家数据平台。电影院售出的电影票必须是通过备案许可的票务软件打印的电影票,符合现行技术标准,标明电影院名称、影片片名、放映时间、票价、影厅名称、座位号及影票信息二维码等必要信息。票务软件只能打印、出具电影票。网络代售渠道取得的电影票,其主券票面上应打印票价和网络代售费,其他费用均须单独出具票据并在电影院显著位置予以公示。

第三,观众进场观影时,必须持经票务软件记录并打印(含符合现行技术标准并通过检测合格的自助取票机打印)的电影票入场(票务软件故障无法出票的情况除外),并且必须一人一票。各类兑换券、电影卡、通票、团体票及网络代售凭证等观影凭据,必须通过电影院票务软件记录并打印成电影票后方可进场观影。自助取票机应与电影院售票软件服务器直接连通,并安装于电影院实际经营场所范围之内。电脑票上打印的票价必须与观众实际支付的票款、上报国家数据平台的票价一致;打印的影片片名必须与观众实际观看的影片一致。

若对上述规定有所违反,依情节轻重,可单独或同时适用以下惩戒措施:(1)中国电影

---

① 许安标主编:《中华人民共和国电影产业促进法释义》,法律出版社 2017 年版,第 155 页。
② 张辉锋、孙晔:《博弈视角下中国电影保底发行的性质及策略选择》,《传媒经济研究》2018 年第 11 期,第 143 页。

发行放映协会向违法违规单位提出警告,在行业内部进行通报并在行业协会网站、《中国电影报》《中国电影市场》等媒体曝光。(2) 中国电影发行放映协会、中国电影制片人协会联合电影制片方、发行方,在规定时间内向违法违规单位暂停所有供片。(3) 国家电影资金办会同省级专资办,做出取消其当年电影专项资金先征后返资格、各项资金资助、奖励资格。中国电影发行放映协会取消其参加星级影院评定的资格;对存在上述行为的星级影院予以摘牌处理。

对下列严重违反国家相关法律法规的行为,由《电影放映经营许可证》的核发机构做出暂停或吊销该证的处理决定:(1) 使用未经备案的票务软件产品,或使用两套(含)以上票务设备或票务软件,篡改票务数据,上报票务数据严重弄虚作假,造成偷漏瞒报票房和偷税漏税的;(2) 在影院盗录、盗放影片,严重损害著作权人合法权益的;(3) 放映未取得《电影片公映许可证》的影片,或以蓝光、DVD、网络下载等非影院放映介质放映的。

另外,票务软件商销售未经备案的软件产品,或配合影院篡改票务数据、同时使用两套以上的(含两套)票务软件系统,电影资金办将取消该软件商产品备案证并予以公示,永久取消软件商的准入资格。影院违规事项未处理完毕之前,不得改签院线。各级电影主管部门在审核时,应注意违规影院通过变更企业名称、法人等方式逃避处罚的做法。

近年来,电商在售票环节加入电影自发售体系,已为产业链的一部分。中国电影发行放映协会、中国电影制片人协会于 2015 年 7 月联合发布《电影票务营销销售规范》,对电商售票业务及促销活动做出行业性自律规定:第一,任何一方与电商签订电影票代销合同,要遵守发行放映合同的有关条款。零售票价、活动票价标注及结算均不能低于发行放映合同中的协议票价。第二,促销方单方面开展促销活动,应承担与结算价格的差价。如果促销方与相关各方都同意开展促销活动,可签订补充协议明确各自承担的差价比例。该规定可规范票补活动,维护公平竞争的市场秩序,避免恶性竞争、低价倾销给票房带来影响和损害。

二、票房分账方法

票房分账是指片方(通常包括制片方和发行方)和影院(通常包括院线管理方和影院经营体)按照比例分配票房收入。国产电影分账模式开始于 1995 年,当时实行制片方 35%、院线 65% 的票房分账。2009 年年底,国家广电总局在《关于调整国产影片分账比例的指导性意见》中提出"制片方原则上不低于 43%"的建议。国家广电总局在 2011 年 11 月发布的《广电总局电影局关于促进电影制片发行放映协调发展的指导意见》中提出,参照国际惯例,电影院对于影片首轮放映的分账比例原则上不超过 50%。需要指出的是,此处的首轮与首周不同,首轮基本上相对于一部电影的整个放映档期。中国票房分账的基本原则是:首先,需要在总票房中扣除 5% 的电影发展专项基金和 3.3% 的营业税。其次,剩下的票房分账主要在片方和影院之间进行。较为常见的分账模式有四种[①]:

(1) 固定比例分账。固定比例分账是指,无论票房高与低,片方与院方都按照事先商定的比例分配票房收入。如果票房过低,片方可能入不敷出,造成亏损。这种分账模式对片方而言风险较大。

(2) 保底价分账。保底价分账指的是无论票房高与低,院方都按照事先商定的保底价支付给片方。如果超出报独家,超出部分则归院方所有;如果票房低于保底价,则由院方补足支付。在影片很糟糕时,议定保底价可以保护发行商;对院线的保护,体现在上映越久分得越多。

---

① 高子棋、李易:《我国电影票房分账的困局和出路》,载《求索》2013 年第 10 期,第 242 页。

(3) 按阶段分账。此处"阶段"的实质是"时间"。一部影片从放映开始到结束的时期,称为"档期"。通常把"档期"按周分为首周、次周、第三周……电影的首映周是票房产出的关键,通常会达到终极票房的 35%—40%,首周票房分成比例高者可达 9∶1。次周的票房滑落是常态,分成比例亦随之变化:院线增加,片方降低,比如 8∶2。院线放映时间越长,获得的分账比例越高,直到最终 6∶4。阶梯式分账模式的好处在于制片方能够尽快收回大片的制作成本,从而能够有效降低制片方大制作电影的风险。而对于影院来说,如果这部大片足够吸引人,即使在影片上映的第四周、第五周也能吸引到足够多的影迷,那么影院也能够获得不错的收益。片方和院方对这种模式都比较容易接受,在电影界比较常见。

(4) "保底+按阶段"分账。这种分账法亦称"混合分账",即将议定保底价和按阶段分账结合起来。之所以会出现这种分账方式,是因为即使提高首周票房分账比例,片方仍然有可能入不敷出。在无限度提高首周票房分账比例基本无望的情况下,为防范风险,"保底+按阶段"分账便应运而出。

电影《一九四二》采用的是按票房成绩进行阶梯分账,发行方与院线票房分成比例将按照 3 亿元票房之内 43∶57 进行,超过 3 亿元则按照 45∶55 进行,票房超过 8 亿元则按照 47∶53 进行,分账比例调整的时间点以国家专资办公布的数字达到日期的次日开始。电影《金陵十三钗》片方强势要求与院线分账比例从 43∶57 提高到 45∶55,以至于八大院线聚集北京商量如何应对;最后,由电影局出面调解,发行方与院线同意根据票房成绩进行阶梯式分账;发行方在 5 亿元之内的票房按 45∶55 分账;票房超过 5 亿元之后,片方与院线的比例调整为 43∶57。电影《王的盛宴》采取的是按时间段分账法:首周 43∶57;次周 41∶59;再次周 39∶61,直至下片;采用这种分账方式,可以视作是让利给电影院和院线,同时争取对方在排片上给予更长时间的支持。

海外分账片与买断片,因其不是国产片,故在分账问题上有一些特殊之处。从 1994 年开始,中国大陆每年引进 10 部海外分账片;1999 年年底,中美双方就影片进口达成协议,进口影片数量提高到 20 部;2012 年 2 月,中美双方就解决 WTO 电影相关问题的谅解备忘录达成协议。根据这一协议,中国大陆同意将在每年 20 部海外分账电影的配额之外,再增加 14 部分账电影的名额,但必须是 3D(三维立体)电影或者是 IMAX(巨幕)电影,而美方票房分账比例也由此前的 13%—17.5% 提高到 25%。买断片,因中国的发行方向外国的制片方支付的费用是买断费,国内是否可以放映、如何放映以及票房如何,均与外国片方无涉。

除票房之外,电影片的"非票房收入"还有:第一,电视播映费,比如中央电视台电影频道、北京卫视、东方卫视、江苏卫视、浙江卫视、湖南卫视等电视台。第二,网络平台播映费,如爱奇艺、优酷、腾讯等。第三,境外发行收入,包含所在地区的电视播映、电影放映、网络平台播映。第四,衍生品开发收入。第五,政府专项补贴。第六,行业补贴。主要是摄制 3D 或巨幕格式(包括 IMAX 和中国巨幕两种格式)的影片,票房达到一定数量后,享受专项的行业补贴。第七,授权及其他收入。

三、票房分账纠纷

(一) 票房统计数据

发生在"欢乐电影(上海)有限公司与龙标(北京)文化发展有限公司间的服务合同纠纷

案"①,是因影院方拒绝提供票房统计数据而引发的一起案件。审理该案的法院认为,龙标(北京)文化发展有限公司(简称"龙标公司")依据中国电影发行放映协会编写的《2011中国电影市场报告》统计数据主张票房收入,且在欢乐电影(上海)有限公司(简称"欢乐电影公司")拒绝提供相应数据的情况下,原审法院对龙标公司主张的票房收入数据予以采信。同理,因发行合同系由欢乐电影公司签订,实际的分账比例数据在欢乐电影公司拒绝提供的前提下,龙标公司依据原国家广电总局866号文件主张分账比例,予以支持。

可见,当影院方有义务但拒绝提供票房统计数据时,片方援引票房统计权威平台的数据,在没有其他相反证据证明该权威平台发布的数据不实之情况下,该权威平台发布的数据可以被法院作为判决的参考依据。

然而,在"北京联盟影业投资有限公司(简称'联盟影业公司')与中国电影集团公司制片分公司之间(简称'制片分公司')的合同纠纷案"中,双方对权威平台的票房统计数据都不予认可。此时,法院则采用"账户现金流为主,其他资料为辅"的原则自主确定票房数据。在审理该案时,经联盟影业公司申请,法院向国家广电总局电影资金办调取了电影《武林外传》每日票房统计表,该统计表显示《武林外传》电影放映起止时内的票房总收入是1.91亿元。联盟影业公司和制片分公司对原国家广电总局电影资金办出具的票房统计表的真实性均予以认可,但双方都不同意将该统计表中载明的票房总收入作为双方结算的依据。在双方不予认可的情况下,经联盟影业公司申请,法院向中国工商银行股份有限公司新街口支行调取了《投资合同》约定的账号在相应时间段内的银行交易流水信息,联盟影业公司和制片分公司对该部分证据的真实性均予以认可。经联盟影业公司和制片分公司共同申请,向万达电影院线股份有限公司、世纪环球电影院线发展有限公司等26家单位发出函件,调取上述院线与发行分公司(胶片分账)和数字公司(数字分账)的票房分账款的支付数额及相应的支付凭证。其中山东奥卡新世纪电影院线有限公司、广州金逸珠江电影院线有限公司未回复,其余院线回复的票据及支付凭证作为案件的司法审计依据之一。②

(二) 票房对赌

就像收视率对赌协议或条款不被司法认定为无效一样,关于票房对赌的协议或条款,只要没有《民法典》关于民事法律行为无效之情形的,法院对该类协议或条款的效力给予肯定是常态。安乐(北京)电影发行有限公司与北京喜洋洋联盟影视文化有限公司(简称"喜洋洋公司")邻接权转让合同纠纷是一起将票房收入与影片转让费相挂钩的案件。③ 电影频道节目中心(甲方)与喜洋洋公司(乙方)签订《影片许可使用合同》,约定该影片的转让许可使用费总计700万元,并根据影片在大陆的票房成绩进行上下浮动。影片在大陆的票房过1.3亿元,转让许可费为800万元,票房过2亿元,转让许可费为900万元;影片在大陆的票房不到8000万元,转让许可使用费为600万元,票房不到6000万元,转让许可使用费为500万元。该影片的上述票房统计,以国家广电总局电影管理局官方统计的中国大陆地区的票房数据为准。庭审中,双方当事人均认可涉案影片《第一次》在中国大陆的票房收入为3620万元。

法院认为,喜洋洋公司就与电影频道节目中心签订了《影片许可使用合同》,且该合同明

---

① 上海市嘉定区人民法院(2012)嘉民二(商)初字第392号民事判决书。
② 北京市第一中级人民法院(2012)一中民初字第7644号民事判决书。
③ 北京市东城区人民法院(2013)东民初字第05052号民事判决书。

确约定涉案影片的转让费总计 700 万元,并根据影片在大陆的票房成绩进行上下浮动。如涉案影片在大陆的票房不到 8000 万元,转让费为 600 万元,票房不到 6000 万元,转让费为 500 万元。由此可知,若涉案影片票房收入低于 8000 万元,则喜洋洋公司会因此遭受损失,而该损失系喜洋洋公司在其经营活动中应承担的正常损失,属于商业风险的范畴,喜洋洋公司在签订诉争合同时就应当知晓该商业风险的存在,并在商业风险实际发生时接受亏损的现实。依据诚实信用原则及全面履行合同义务的原则,喜洋洋公司应当履行合同。

(三)票房陷阱

所谓票房陷阱,指的是在合约中对可分配票房额没有明确约定,而陷入纠纷的情况。比如常见的"票房数""票房收入""票房净收入"等表述,若缺少明确的约定,它们均可能成为日后的导火索。

崴盈投资有限公司(简称"崴盈公司")与华谊兄弟传媒股份有限公司(简称"华谊兄弟公司")因合作拍摄影片《西游降魔篇》而发生的纠纷,系因双方对"票房收入"持有不同理解而致。[①] 原告崴盈公司诉称:原被告就合作拍摄影片《西游降魔篇》事宜,先后订立《电影〈除魔传奇〉(暂定名)合作协议书》(简称《合作协议》),《电影〈除魔传奇〉(暂定名)合作协议书之补充协议一》(简称《补充协议一》),以及通过邮件往来形成的《电影〈除魔传奇〉(暂定名)合作协议书之补充协议二》(简称《补充协议二》)。根据《合作协议》及其补充协议的约定,原告作为《西游降魔篇》的制作方应分得的收益分配包括分成收益和票房分红两部分。《西游降魔篇》的票房收入共计 12.48 亿元。按照上述约定,原告应得收益分配款 1.8 亿元。但截至起诉时,被告尚有 9426 万元未向原告支付。

被告华谊兄弟公司则认为,《西游降魔篇》在内地获得 12.48 亿元的票房,但票房并不等于制片方和投资方的收益,分红基数应当为实际取得的票房收入,而非总票房收入。业内比较认可的收益分配模式是,在制片发行方和院线影院分账之前,票房总收入先要刨除 5% 的电影专项基金和 3.3% 的税费以及中影数字的代理费。扣除上述税费之后,票房收入再拿出 57% 给院线,剩下的 43% 票房仍然不是制片方和投资方可以分享的纯利润,还要扣除发行代理费、营销成本等等,剩下的钱才是可供制片和投资方共同分享的票房收益。具体公式如下:制片方和投资方可供分享的发行净收益=(总票房-电影专项基金-税费-中数发行代理费)×43%+华谊行使该影片商务开发权所取得的一切收入-发行代理费-华谊的投资额-宣传发行支出-(拷贝及物料费、商务开发代理费、商务开发相关支出、该影片在大陆地区报批的费用、利润支付按相关法律规定应交纳的任何税费和银行手续费等各项费用)。《西游降魔篇》的制片方和投资方可供分配的票房收益仅为 3.15 亿元。以"实际取得的票房收入"作为该分红的基数更符合常理,否则,将违反市场惯例,显失公平。

法院在审理该案时,绕过了双方间的"票房收入"之争,以原告崴盈公司关于娄睿有权签署《补充协议二》的主张,证据并不充分,认定《补充协议二》未成立、未生效,仅是双方在洽商过程中形成的文本,故而驳回了原告崴盈公司的诉请。崴盈公司不服一审判决,向北京高院提起上诉,但随后便撤回上诉。[②] 崴盈公司撤回上诉既可能是因为在法律上没有信心推翻一审判决关于"《补充协议二》未成立、未生效"的认定,也可能是因为华谊兄弟公司关于票房收入的解释的确在业界较为通行。无论什么原因,事先做出详细的约定以防患于未然始终是

---

① 北京市第三中级人民法院(2014)三中民(知)初字第 13217 号民事判决书。
② 北京市高级人民法院(2015)高民(知)终字第 3018 号民事裁定书。

相反,在"北京中元盛艺文化传媒有限公司与上海善喜影视传媒有限公司邻接权转让合同纠纷案"[1]中,因为双方在《票房分账发行放映合同》中对"票房净收入"的计算公式及分配支付时间作了较为详细的约定,使得原告中元公司的诉请较为轻松地获得了支持。

(四)票房瞒报

逃避票房统计监管的方式有很多种,诸如:不使用计算机售票系统售票;发售各种代金券、团体票、会员卡等,不计入票房;影院借更换电脑售票系统,在服务器中保留已废止的前售票系统,借双售票系统达到偷票房目的;借连场放映,任意分隔影片票房;对有考评人物、片商返点、现金回扣等有利于影院的影片多分票房;借助结构票价将票款小部分参与片商票房分账,大部分搭售卖品为由留归影院;影票通过不打片名、手改片名、票面价低于观众付款价等方式截留票款;将电影票、游戏厅票、录像厅票和其他服务类票实行一票通用、多票共售等方式,挪移电影票房。正是因为票房偷漏瞒报的情况严重、手法多样,片方又难以有效监督,在《影片票房分账发行放映合同》中就票房偷漏瞒报行为做惩罚性赔偿之约定不无必要。虽然过高的惩罚性赔偿在民商事领域并不容易被司法机关认可,但是,考虑到电影行业的特殊性,最高法院似也并不轻易否认当事方之间应遵守惩罚性赔偿之约定的效力,甚至可以说,最高法院的态度是较为积极的。

"国际华侨公司诉长江影业公司影片发行权许可合同纠纷案"[2]是一起关于"票房漏瞒,十倍赔偿"之约定获得最高法院支持的案例。针对双方在合同中明确约定长江影业公司(简称"长江公司")按照由投资公司查出的漏瞒报票款数额的10倍承担赔偿责任问题,长江公司认为本案应当适用赔偿实际损失原则确定其赔偿责任。最高法院认为:

《影片票房分账发行放映合同》关于长江公司承担10倍经济赔偿责任的约定,并未违反法律的禁止性规定。同时,鉴于目前电影发行放映的实际情况,投资公司欲举证证明漏瞒报数额客观上存在困难,故该10倍赔偿责任仅是针对查证属实的漏瞒报数额,而实际漏瞒报数额可能超过当事人查实的数额。因此这种约定对双方当事人来讲并不失公平,实际上也不违反《民法通则》等法律关于违约赔偿原则的规定。因此,本案合同关于10倍赔偿责任的约定有效,应当作为确定长江公司承担漏瞒报违约责任的依据。

第五节 影视剧开发

一、开发的一般规则

发行是影视剧片方收回资金和获得利润的主要方式。一部影视剧从筹划到制作完成,围绕该影视剧各元素进行衍生开发已经成为常态。相对于文字作品或剧本而言,影视剧是演绎作品;无论如何演绎,总是能够在演绎作品中看出原作品具有独创性和个性化的部分。如果经过演绎,完全改变了原作品的独创性和个性化部分,在演绎作品中看不到一丝原作品的影子,则不再是演绎作品,而是全新的独立创作。经过多次演绎后的作品作者在行使其著

---

[1] 北京市朝阳区人民法院(2014)朝民(知)初字第31213号民事判决书。
[2] 中华人民共和国最高人民法院(2001)民三终字第3号民事判决书。

作权时,是否需要经过最初的原作品作者同意,应当看演绎作品中是否依旧保留了最初的原作品的独创性和个性化表现。如果在演绎作品中再也看不到最初的原作品独创性和个性化表现部分,则经过多次演绎后的作品的作者在行使其著作权时,虽然可能应当征得其他中间演绎者的许可,但是无须再征得最初的原作品作者许可。① 换句话说,对影视剧进行衍生或周边产品的开发,根据个案的不同,双重授权规则(或多重授权规则)以及双重授权规则的例外,都有适用空间;究竟适用哪个规则,需要在实践中综合个案的具体情形予以确定。但通常而言,最保险的做法无疑是获得各个层级权利人的相应授权;不过获得各个层级权利人,有时候并不是一件轻而易举可以办成的事,为避免因噎废食,对"双重授权规则之例外"进行补充性介绍,不无益处。

（一）双重授权规则

影视剧的著作权人对影视剧享有著作权,大家均不持异议。不过,影视剧著作权人围绕其影视剧作相应的开发,不但不能"为所欲为",反而要受诸多其他权利人之权利的限制,比如动画片中美术作品权利人、影视剧得以拍摄的剧本或小说、影视剧歌曲的词曲作者,甚至倘若影视剧中使用的道具、饰品、服饰、图画等若受著作权或商标权的保护,在影视剧开发时,也不得不对之留一个"心眼",避免在"有意无意"之间卷入侵权纠纷。

以影视剧改编为话剧为例,在"白先勇诉上海艺响文化传播有限公司等侵犯改编权纠纷案"②中,法院认为,上影厂经原告同意,通过对文字作品小说《谪仙记》的改编,只做了电影《最后的贵族》,享有对《最后的贵族》电影作品的著作权,但电影《最后的贵族》作为演绎作品,艺响公司、君正公司将该演绎作品改编为另一种作品形式即话剧,并进行公开演出,则需同时获得原作品作者即文字作品小说《谪仙记》作者的许可和演绎作品作者即电影作品《最后的贵族》制片者上海电影制片厂的许可。在李国泉法官看来,电影作品作为一种特殊的演绎作品有其特殊性,不同于其他类型演绎作品,如果他人意图对电影作品进行改编为其他作品类型的利用,应当遵循"双重授权规则",即须同时获得制片者和原作品作者的双重授权。③《伯尔尼公约》在规定电影作品的改编时对"双重授权规则"予以了强调:"由文学或艺术作品派生的电影作品,如果改编成其他任何艺术形式,除需要经电影作品的作者授权外,还需要经原作者授权。"适用在实务中,"这意味着,如果一部戏剧被搬上了银幕,现在要将这一电影改编成小说,就不仅需要取得电影制作者的许可,还需要取得戏剧作者的许可。同样,如果一部轻歌剧由电影改编而来,这一电影又是基于一部小说改编摄制的,那么没有取得小说作者的许可,是不能表演这部轻歌剧的"④。

（二）双重授权规则的例外

作为演绎作品的影视剧,开发应遵守的双重授权规则也不是绝对的,是否需要"双重授权",核心还是在于对演绎作品的使用元素,若该元素是独创性表达且没有涉及原作品的基本表达,则无需受双重授权规则的限制,只需获得演绎作品著作权人的授权即可进行开发。

---

① 李扬:《知识产权法基本原理(II)——著作权法》,中国社会科学院出版社2013年版,第15页。
② 上海市第二中级人民法院(2014)沪二中民五(知)初字第83号民事判决书。
③ 最高人民法院知识产权审判庭编:《中国知识产权指导案例评注》(第七辑),中国法制出版社2016年版,第312—313页。
④ 《保护文学和艺术作品伯尔尼公约(1971年巴黎文本)指南》,刘波林译,中国人民大学出版社2002年版,第67页。

在"上海游趣网络科技有限公司诉上海城漫漫画有限公司著作权许可使用合同纠纷案"①中，法院认为，被告合同义务是将其拥有著作权的《鬼吹灯》漫画中的形象（包括人物形象、场景设定等）授权原告用于开发《鬼吹灯》网络游戏等，作为授权方的被告仅是《鬼吹灯》漫画的著作权人而不是《鬼吹灯》小说的著作权人；因此，从合同的签订及履行内容来看，被告的合同义务并不包含《鬼吹灯》小说著作权人的改编权授权。

有学者对该案进行分析并提出：如果仅对演绎作品中独创性表达进行利用而未涉及原作品的基本表达，则只需得到该独创性表达的著作权人许可。因此，法院认可被告对漫画《鬼吹灯》的授权行为，被告虽未取得原小说著作权人的授权，但不影响其授权他人对其享有著作权的演绎作品进行利用。因演绎形式与手段的不同，演绎作品中基本表达与独创性表达的关系也不同。若是翻译这种演绎形式，翻译作品中译者的表达与原作的表达紧密结合而无法分离；但是，若是小说改编成漫画这种演绎形式，漫画作品中漫画形象的表达与原小说的基本表达则是可以分离的。演绎作品中两种表达的关系决定了对演绎作品利用的授权规则。当两种表达不可分离时，对演绎作品的利用需要取得原作品著作权人的授权，此时遵循双重授权规则。当两种表达可以分离时，则需要根据利用对象的不同分别探讨演绎作品利用的授权规则：若其利用涉及原作品的基本表达，则仍需取得原作品权利人的授权，此时仍应遵循双重授权规则；然而，若其利用不涉及原作品的基本表达，则无需获得原作品著作权人的授权。演绎作品著作权人可以单独授权他人利用其演绎作品中的独创性部分；演绎作品其他利用人只需获得演绎作品著作权人的单独授权。②

（三）无需授权的使用

1. 合理使用

无需授权就可以使用影视剧中的各元素，首推合理使用制度。《著作权法》第24条规定了13种合理使用方式：(1) 为个人学习、研究或者欣赏，使用他人已经发表的作品；(2) 为介绍、评论某一作品或者说明某一问题，在作品中适当引用他人已经发表的作品；(3) 为报道时事新闻，在报纸、期刊、广播、电视节目或者新闻纪录影片中引用已经发表的作品；(4) 报纸、期刊、广播电台、电视台刊登或者播放其他报纸、期刊、广播电台、电视台已经发表的社论、评论员文章，但著作权人声明不许刊登、播放的除外；(5) 报纸、期刊、广播电台、电视台刊登或者播放在公众集会上发表的讲话，但作者声明不许刊登、播放的除外；(6) 为学校课堂教学或者科学研究，翻译、改编、汇编、播放或者少量复制已经发表的作品，供教学或者科研人员使用，但不得出版发行；(7) 国家机关为执行公务使用已经发表的作品；(8) 图书馆、档案馆、纪念馆、博物馆、美术馆、文化馆等为陈列或者保存版本的需要，复制本馆收藏的作品；(9) 免费表演已经发表的作品，该表演未向公众收取费用，也未向表演者支付报酬，且不以营利为目的；(10) 对设置或者陈列在室外公共场所的艺术作品进行临摹、绘画、摄影、录像；(11) 将中国公民、法人或者非法人组织已经发表的以国家通用语言文字创作的作品翻译成少数民族语言文字作品在国内出版发行；(12) 以阅读障碍者能够感知的无障碍方式向其提供已经发表的作品；(13) 法律、行政法规规定的其他情形。举凡前述合理使用，均可不经著作权人许可，不向其支付报酬，但应当指明作者姓名、作品名称，同时不得侵犯著作权人的其他权利。

---

① 上海市第二中级人民法院(2010)沪二中民五(知)初字第158号民事判决书。
② 王迁主编：《捍卫与分享：上海经典版权案例评析》，上海人民出版社2015年版，第133—134页。

网络上流行的诸如"5分钟带你看完电影×××""爆笑解说电影×××""×××说电影""图解电影"等与剪辑视频、解读影视相关行为与内容,在面临侵权告诉时,大都以使用比例不多为由,援引"合理使用"制度进行辩解。其实,合理引用的标准并非使用比例,而应取决于介绍、评论或者说明的合理需要;若涉案视频或图片目的并非介绍或评论,而是迎合用户在短时间内获悉剧情、主要画面内容的需求,则不属于合理引用。倘若公众可通过涉案视频或图片获悉相关剧集的关键画面、主要情节,那么,提供视频或图片的行为对相关剧集就起到了实质性替代作用,影响了作品的正常使用,不构成合理使用。以杭州互联网法院审理的一起"利用片花这一传播方式,将热门影视、综艺、体育赛事等内容进行片段式传播引发的侵权纠纷"为例,在该案中,被告未经许可,从原告花费巨额资金制作的案涉节目中抽取精彩片段、分别剪辑成从几十秒至四分钟不等时长的短视频,并重新命名为夺人眼球的视频名称后,上传于被告经营的视频网站。法院认为,由于片花视频内容几乎全部为原有作品的已有表达,在使用目的上欠缺转换性,是为了迎合用户在短时间内获悉剧情、主要画面内容的需求,因而不构成"适当引用"。①

美国版权法也有合理使用制度,其版权法规定,任何特定案件中判断对作品的使用是否属于合理使用时,应予考虑的因素包括:第一,该使用的目的与特性,包括该使用是否具有商业性质,或是为了非营利的教学目的;第二,该版权作品的性质;第三,所使用的部分的质与量与版权作品作为一个整体的关系;第四,该使用对版权作品之潜在市场或价值所产生的影响。

2. 转换性使用

所谓转换性使用,是指对原作品的使用不是单纯地再现原作品本身的文学、艺术价值,而是通过在新作品中的使用使原作品在被使用过程中具有了新的价值、功能或性质,从而改变了其原先的功能或目的。② "转换性使用"概念源于美国,皮埃尔·勒威尔(Pierre N. Leval)法官撰写的《论合理使用标准》(Toward a Fair Use Standard),于1990年在《哈佛法学评论》上发表。勒威尔对"转换性使用"的描述是,如果二次使用为原作增加了新的价值——如果被引用的原作品被用作原材料,转换性地创作出新的信息、新的美感、新的视角和理解,那么这种行为是合理使用制度试图保护的。③ 质言之,在判断是否是转换性使用时应注重,二次使用仅仅只是"替代/取代"原作品,还是在原作基础上增加了新的内容,使新作具有不同于原作的使用目的或性质,以新的表达、含义或信息改变原作品。美国版权法上的"转换性使用",并没有独立于合理使用制度,而是将之作为判定是否可以作为构成合理使用的标准之一。近年来,美国法院对"转换性使用"的解释呈现逐步扩大的趋势,在判断"转换性使用"的程度时会重点关注经济层面的影响。④ 由于我国著作权法法律制度中没有转换性使用,故而单独对之予以介绍。

我国成文法中虽没有转换性使用,司法上却早有实践,如"王莘与北京谷翔信息技术有限公司等著作权权属、侵权纠纷案"⑤。在该案判决书中,法院明确提出被告的行为构成对原告作品的转换性使用,不会对原告对其作品的正常使用造成影响,亦不会不合理地损害原告

---

① 杭州互联网法院(2018)浙0192民初7468号民事判决书。
② 王迁:《著作权法》,中国人民大学出版社2015年版,第334页。
③ Pierre N. Leval, Toward a Fair Use Standard, *Harvard Law Review*, Vol. 103, 1990, pp. 1108-1135.
④ 晏凌煜:《美国司法实践中的"转换性使用"规则及其启示》,载《知识产权》2016年第6期,第123页。
⑤ 北京市第一中级人民法院(2011)一中民初字第1321号民事判决书。

的合法利益。再如"上海美术电影制片厂有限公司与深圳微世界文化传媒有限公司、深圳市腾讯计算机系统有限公司著作权权属、侵权纠纷案"[①],被告采用的答辩策略就是转换性使用:涉案图片的使用仅仅是为了说明各种生活场景下的上海女性的表现,是在文字叙述后的进一步生动形象的展现,具有新的含义,对图片的使用属于转换性使用,并非为了展现图片本身的美感和艺术功能,本质上属于合理使用,既不需要原告的许可,也无需向其支付报酬。

转换性使用在"上海美术电影制片厂诉浙江新影年代文化传播有限公司等著作权侵权纠纷案"[②]中得到了较为全面的阐述并得以适用。在该案中,上海美术电影制片厂系"葫芦娃""黑猫警长"角色形象美术作品著作权人。新影年代公司为配合电影《80后的独立宣言》上映宣传,制作了被控侵权海报,提供给华谊兄弟公司,该公司在其官方微博上使用了该海报。该海报上,"葫芦娃""黑猫警长"分别居于男女主角的左右两侧,与其他背景图案大小基本相同。美影厂认为,新影年代公司等未经许可,使用"葫芦娃"和"黑猫警长"角色形象美术作品,构成对其相关著作权的侵犯,故诉至法院,请求判令新影年代公司等消除影响,停止侵权,并赔偿美影厂经济损失及维权费用。

一审法院认为,新影年代公司制作的海报背景中,除了"葫芦娃""黑猫警长"形象外,还包括身着白绿校服的少先队员参加升旗仪式、课堂活动、课余游戏等情景;黑白电视机、落地灯等家电用品;缝纫机、"二八式"自行车、热水瓶、痰盂等日用品;课桌、铅笔盒等文教用品;铁皮青蛙、陀螺、弹珠等玩具;无花果零食等,皆属80后成长记忆中具有代表性的人、物、景,这些元素相组合后确具较强的时代带入感,符合新影年代公司所述为配合说明影片"80后"主题进行海报创作的创意构思,故法院认定新影年代公司使用被引用作品是为了说明某一问题,即涉案电影主角的年龄特征。从被引用作品占整个作品的比例来看,被引用作品只是属于辅助、配角、从属的地位。从海报的外观来看,涉案海报突出的是电影男女主角,约占整个海报的1/2,"葫芦娃""黑猫警长"两个形象与其他二十余个表明"80后"时代特征的元素均作为背景使用,占海报面积较小,且比例大致相同,"葫芦娃""黑猫警长"的形象并未突出显示。因此,属于适度的引用。从引用是否会对美影厂作品的正常使用造成影响来看,涉案海报的使用未对美影厂作品的正常使用造成影响。

二审法院全面认可一审法院的上述分析,并进一步指出:

> "葫芦娃""黑猫警长"美术作品被引用在电影海报中具有了新的价值、意义和功能,其原有的艺术价值功能发生了转换,而且转换性程度较高,属于我国《著作权法》规定的为了说明某一问题的情形。

鉴于"转换性使用"的理论优势与司法实践的需要,有观点建议,可通过最高法院公布指导性案例的方式,将"转换性使用"纳入我国司法裁判对合理使用的认定标准中[③];或者通过解释的方式,将转换性使用纳入我国《著作权法》"评论或说明问题"类的合理使用中,以此为大量借助既有作品的创作行为提供合法性保护,也能避免因合理使用范围的扩大而造成弱化著作权经济激励的弊端。[④]

[①] 深圳市南山区人民法院(2017)粤0305民初18896号民事判决书。
[②] 上海市普陀区人民法院(2014)普民三(知)初字第258号民事判决书;上海知识产权法院(2015)沪知民终字第730号民事判决书。
[③] 杨莹:《合理使用裁判中"转换性使用"标准适用》,载《中国出版》2018年第18期,第66页。
[④] 熊琦:《著作权转换性使用的本土法释义》,载《法学家》2019年第2期,第124页。

3. 滑稽模仿

滑稽模仿又称戏仿(parody)，它是一种讽刺手段，讽刺对象可以是被模仿的作品或文学体式，也可以是它表现的题材本身，通过其形式、风格与其模仿的题材、作品彼此不协调而产生的一种喜剧效果。《布莱克法律辞典》认为，在版权法上，戏仿是对知名作品的一种转换性使用，其目的是批评、讽刺、嘲弄或评论该作品；在宪法上，戏仿被作为言论自由而受保护。① 通常而言，滑稽模仿作品有三大特点：(1) 模仿性。顾名思义，滑稽模仿作品必须是对原作的模仿，而且往往需要以模仿的方式使用原作中的大量内容，甚至是核心内容。滑稽模仿往往通过使用原作的内容体现原文与仿文之间的一种互文关系，滑稽模仿作品是从原文中析取过来而据以建构的作品。(2) 滑稽性。滑稽模仿的表现形态是搞笑的、戏剧性的，而不是严肃的、悲剧性的或崇高的。创作者以一种轻松愉快的态度，通过在模仿原作的基础上进行改造或颠覆其内容，将一些毫无联系的事物、现象等进行莫名其妙地组合串联或歪曲，使仿作和原作相似却产生截然不同的滑稽和幽默效果。(3) 批评性。通常情况下，滑稽模仿的目的是批评原作，滑稽模仿通常就是批评的一种方式，即一种通过荒谬的方式进行的批评，无论是有趣的还是粗野的抑或两者兼而有之。② 当然，一篇戏仿并不总是嘲讽或以其他方式批评被戏仿作品。相反，它可能是用那部作品来贬损别的东西，即被戏仿的作品是武器而不是靶子。③

长期以来，美国法院一直承认戏仿作品不仅是娱乐，而且是一种社会批评，因此应该得到合理使用的保护，也即戏仿者并不构成侵权，不受版权侵权之指控。正如美国学者所指出的，虽然滑稽模仿与图书评论不同，但是，滑稽模仿通常就是批评的一种方式，即一种通过荒谬的方式进行的批评；对于滑稽模仿而言，其合理使用特权的基础在于它们的批评功能。如果一个滑稽模仿者不得不获得一个有关复制被滑稽模仿作品的著作权许可，那么，批评就将受阻。而且，即使给予许可，这也将破坏该滑稽模仿作为批评的可靠性；因为滑稽模仿的读者将因此怀疑滑稽模仿者是否为了以一个更低的费用获得许可而手下留情。④ 在判断戏仿作品是否侵权时，一般的规则是，只要戏仿作品对原作的使用数量没有超过描述讽刺对象所需要的数量，那么该因素便有利于被判定为不构成侵权。在1994年的"坎贝尔诉阿卡夫罗斯音乐公司案"中，美国最高法院传递了一个重要观点：戏仿可能是错综复杂的，必须具体问题具体分析，某一特定的滑稽模仿是否属于合理使用，应取决于个案的情况。⑤

2006年，电影爱好者胡戈制作的搞笑视频《一个馒头引发的血案》（简称《馒头》），在网络上爆红，引发了全民的关注。该视频有独立而搞笑的情节故事，对当时由著名电影导演陈凯歌导演的电影新作《无极》进行了辛辣而肆无忌惮的讽刺，批评该电影情节和主题俗套。该视频引用了电影《无极》中的大量画面，引发了陈凯歌导演的强烈不满，陈凯歌导演一度宣称要提起版权侵权诉讼，后来不了了之。⑥ 对《馒头》案进行分析后，苏力教授认为⑦：《馒头》

---

① Bryan A. Garner, Editor in Chief, *Black's Law Dictionary*, Eighth Edition, Thomson West, 2004, p.1149.
② 赵林青：《滑稽模仿作品的合法性分析》，载《法学杂志》2008年第5期，第30页。
③ 〔美〕理查德·A.波斯纳：《法律与文学》（增订版），李国庆译，中国政法大学出版社2002年版，第546页。
④ 〔美〕威廉·兰德斯、理查德·波斯纳：《知识产权法的经济结构》（中文译本第二版），金海军译，北京大学出版社2016年版，第180—181页。
⑤ 〔美〕约翰·D.泽莱兹尼：《传播法：自由、限制与现代媒介》（第四版），张金玺、赵刚译，展江校，清华大学出版社2007年版，第309—310页。
⑥ 崔国斌：《著作权法：原理与案例》，北京大学出版社2014年版，第592页。
⑦ 苏力：《戏仿的法律保护和限制——从〈一个馒头引发的血案〉切入》，载《中国法学》2006年第3期，第5—16页。

嘲弄了导演的艺术追求,嘲笑了导演通过影片进行和试图表达的关于人类命运的思考,严重打击了导演的自我期许和自尊(精神损害),也在一定程度上降低了该片导演在中国电影界特别是在电影观众中的声誉。《馒头》作者是否有权采用这种方式将他的这些看法表达出来?无疑,《馒头》作者显然有权表达这些看法。因此,他趋向于认为《馒头》是一个有娱乐效果的文艺批评,尽管带着刺。也有学者指出,对《无极》的"馒头式"戏仿与解构若被认定为侵权,此类创作手法就可能因法律风险过大而被放弃,文化繁荣与鼓励创作之著作权法目的则难以达成。① 恰如在美国一样,由于作为普通大众的戏仿者与娱乐传媒产业版权所有者相比,在经济资源上处于绝对劣势,为了避免承担可能发生的高额诉讼参与费用及巨额败诉风险,他们即便在确信自己的使用属于合理使用的情形下,往往也趋向屈服于版权所有者的诉讼威胁而放弃对特定作品的戏仿。②

波斯纳教授提到,必须允许戏仿者借用足够多的东西以使自己的作品能被看出是戏仿,但是不能借用太多以至于他的戏仿变成了原著的替代品;法律所面对的挑战是要在由这些极端所限定的一系列可能的合理使用的组合中找到一个点,使戏仿和原始作品之间的混合达到最优化。③ 究竟应该如何在法律上理解《馒头》这一搞笑视频呢?曾琳博士的观点,可以为类似纠纷提供一个有益的分析视角:

> 《馒头》是对《无极》所表现出来的荒诞与粗陋所进行的嘲讽性、影像化的批评。它并不是将《无极》的片段剪切后单纯地进行组合,而是加上了画面、音乐、对白等元素的有机整合,除《无极》之外,还加入了"中国法制报道"、广告画面、画面切换时的黑屏、爱因斯坦相对论画面、马戏等其他元素,赋予与原作品截然不同的音乐和对白,对所利用的《无极》内容进行了解构与整合,虽然在空间的艺术形式上利用的比例比较大,但时间艺术形式发生了根本性的变化。并且,《馒头》的作者还在片尾明示了下列内容:"电影镜头素材提供:电影《无极》剧组;导演:陈凯歌;演员:张柏芝、张东健、真田广之、谢霆锋、刘烨、陈红、程前;电视新闻画面素材提供:中央电视台法制频道;其他素材提供:上海马戏城;音乐提供:电影《Matrix-Reload》音乐……其他所有事情:胡戈。"由此可见,胡戈尊重了陈凯歌导演的身份,没有盗用原作的意图。另外,美国法院也指出,戏仿作品基于讽刺和批评的需要,可以使用原作品中的任何部分,包括具有独创性的部分,也可以最大限度地复制原作品,不受被复制作品数量因素的限制,只要这种数量和性质不超过戏仿的需要。易言之,即便满足使用上的"量"与"质"之要求,但若该等使用是戏仿之目的达成所需,也就具备了不侵权的可能。④

最后,戏仿作品和原作品的市场功能有所不同,但并不意味着原作品的市场一定不会受到戏仿作品的影响。一方面,可能会因为戏仿作品而诱发对原作品的兴趣,尽管戏仿作品是一种挖苦嘲讽;另一方面,辛辣批评的戏仿也可能会降低甚至打消人们对原作品的消费计划。应当注意的是,在后一种情况下,原作品市场份额的减少,并不是因为戏仿作品"侵权性"使用原作品之中的元素和内容所致,而是作为言论自由的辛辣批评包含的思想与观点所导致。

---

① 李琛:《著作权基本理论批判》,知识产权出版社2013年版,第96—97页。
② 尤杰:《在私有与共享之间:对版权与表达权之争的哲学反思》,上海交通大学出版社2014年版,第194—195页。
③ 〔美〕理查德·A.波斯纳:《法律与文学》(增订版),李国庆译,中国政法大学出版社2002年版,第548—549页。
④ 曾琳:《著作权法第三次修正下的"限制与例外"制度应用研究》,中国政法大学出版社2016年版,第28—37页。

二、商品化开发

好莱坞的片商们身处在一个非常不一样的产业中,票房已经不再扮演一个重要的角色①,它们通过影视剧一切可以进行商品化的元素,把触角延伸到玩具、主题乐园、服装、鞋帽等可以产生收入的衍生品领域。

(一) 理论学说中的商品化

商品化始于20世纪30年代美国迪斯尼开发卡通形象米奇、米妮、唐老鸭,用于生产销售大量廉价的商品。这种现象在20世纪发展迅速,50年代政界、影视业、商演中的角色授权服装业使用其姓名和肖像;20世纪七八十年代主要基于著名影视形象,迪斯尼、星球大战取得巨大成功。商品化的产品和服务种类也大为增加。影视剧元素或角色形象商品化后的结果就是衍生品的产生。广义商品化的对象还可能包括大学、组织、体育赛事、社会活动、艺术展、自然现象、真人等等。商品化权(Merchandise Right)究竟是什么,在学理上尚无定论。中国大陆较早研究商品化权的学者梅慎实先生认为,商品化权,是指将著作中的角色,使用作为商品(包括服务)标志的权利;此种做法,在于利用该角色的知名度,亦即利用消费者对于该角色之喜好,以刺激消费者的购买欲。② 世界知识产权组织(WIPO)国际局将商品化权定义为:"为了满足特定顾客的需求,使顾客基于与角色的亲和力而购进这类商品或要求这类服务,通过虚构角色创作者或者自然人以及一个或多个合法的第三人在不同的商品或服务上加工或次要利用该角色的实质人格特征。"

这些定义的存在并没有打消对商品化权的质疑,有观点指出,商品化权这一个概念外延过于混杂,在大多数东西都可以商品化的当代世界,使用商品化权本身就如同一个权利群,而非元概念,将其与隐私权、身体权、名誉权等具体人格权并列使用,打破了现有民事权利谱系的逻辑安排,不符合民事权利体系的形式理性;商品化权这一概念是基于主体自身的姓名肖像、外表、标志等一般人格因素和主体创造的角色、人物、作品或活动的名称、标题等智力性因素的商品化行为而产生的,这种以"行为导向"划分权利的做法,不同于现有民事权利体系以"客体要素"区分权利的立法传统;商品化这一概念不具有具体权利概念的封闭性,其内在的扩张性与民事权利体系的开放性会功能重叠,造成相互间的某种紧张和排斥。③ 还有观点指出,商品化权是一个从形象权、商标权和著作权中杂糅拼凑而来的"四不像",在法理上没有正当性基础,承认商品化权,将与商标权、著作权相互冲突,破坏现有法律体系确立的竞争规则;商品化权与人身权也无关,不应当作为自然权利予以保护。鼓励创作、避免混淆误认都不能作为论证商品化权正当性的依据。无论美国还是日本,也都不承认虚拟角色名称、作品名称、动物名称等客体的商品化。因此,商品化权不应当存在。④

(二) 司法中的商品化

目前,中国范围内认可"类商品化权"的判决有二十多起,包括虚拟角色名称、虚拟角色形象、影视剧名称、乐队名称、自然人姓名等。之所以称之为"类商品化权",是因为在中国法律体系中商品化权还没有正式的身份地位。尽管如此,并没有妨碍法院在判决书中径直使

---

① 〔美〕艾德华·杰·爱普斯汀:《好莱坞电影经济的内幕》,郑智祥译,台湾稻田出版有限公司2011年版,第8页。
② 梅慎实:《"角色"的权利归属及其商品化权之保护——兼论"济公活佛"角色的权利归属之争》,载《法学》1989年第5期,第33—35页。
③ 何炼红、邓文武:《商品化权之反思与重解》,载《知识产权》2014年第8期,第4页。
④ 蒋利玮:《论商品化权的非正当性》,载《知识产权》2017第3期,第36页。

用和确认"商品化权""商品化权益"等概念。

1. 功夫熊猫 KUNGFU PANDA 案

在"梦工厂动画影片公司与国家工商行政管理总局商标评审委员会行政诉讼案"[①]中,法院认为,梦工场公司主张的其对"功夫熊猫 KUNGFU PANDA"影片名称享有的"商品化权"确非我国现行法律所明确规定的民事权利或法定民事权益类型,但当电影名称或电影人物形象及其名称因具有一定知名度而不再单纯局限于电影作品本身,与特定商品或服务的商业主体或商业行为相结合,电影相关公众将其对于电影作品的认知与情感投射于电影名称或电影人物名称之上,并对与其结合的商品或服务产生移情作用,使权利人据此获得电影发行以外的商业价值与交易机会时,则该电影名称或电影人物形象及其名称可构成适用 2001 年《商标法》第 31 条"在先权利"予以保护的在先"商品化权"。如将上述知名电影名称或知名电影人物形象及其名称排斥在受法律保护的民事权益之外,允许其他经营者随意将他人知名电影名称作品、知名电影人物形象及其名称等作为自己商品或服务的标识注册为商标,借此快速占领市场,获取消费者认同,不仅助长其他经营者搭车抢注商标的行为,而且会损害正常的市场竞争秩序。这显然与商标法的立法目的相违背。因此,将知名电影作品名称、知名电影人物形象及其名称作为民事权益予以保护,将鼓励智慧成果的创作激情与财产投入,促进文化和科学事业的发展与繁荣,亦符合相关法律规定及知识产权司法保护的本意。根据梦工场公司提交的证据可以认定其是动画电影"功夫熊猫 KUNGFU PANDA"的出品单位,且在被异议商标申请日前该影片已经在中国大陆地区进行了广泛的宣传,并已公映,"功夫熊猫 KUNGFU PANDA"作为梦工场公司知名影片及其中人物形象的名称已为相关公众所了解,具有较高知名度。而且,该知名度的取得是梦工场公司创造性劳动的结晶,其所带来的商业价值和商业机会也是梦工场公司投入大量劳动和资本所获得。因此,"功夫熊猫 KUNGFU PANDA"作为在先知名的电影名称及其中的人物形象名称应当作为在先"商品化权"得到保护。

在"商品化权"的理论及定义还纷争不已的当下,法院径直在判决书中确认"商品化权应得到保护"不可谓不是某种努力的尝试,正因为这是一种尝试性的提法,所以,法院同时还大段论述了"商品化权"应当仔细甄别其范围,避免提供过度保护。法院强调,虽然"功夫熊猫 KUNGFU PANDA"作为梦工场公司知名电影名称及知名电影人物形象名称的商品化权应受到保护,但其保护范围仍需明确。在判断他人申请注册与该商品化权所指向的名称相同或近似的商标是否侵害该商品化权益时,需要综合考虑如下因素:一是知名度高低和影响力强弱。知名电影名称及知名电影人物形象名称的商品化权范围,与其知名度及影响力相关。该商品化权的保护范围与知名度、影响力成正比,知名度越高、影响力越强,保护范围越宽,且随着知名度增高、影响力增强,该商品化权的保护范围亦随之扩大,反之亦然。二是混淆误认的可能性。商标的主要功能在于标识商品或服务的来源,尽可能消除商业标志混淆误认的可能性。在目前的商业环境下,电影作品衍生品已涵盖了多类商品,但商品化权的保护范围并不当然及于全部商品和服务类别,仍应根据诉争商标指定使用的商品或服务与电影衍生商品或服务是否密切相关,是否彼此交叉或者存在交叉可能,容易使诉争商标的权利人利用电影的知名度及影响力获取商业信誉及交易机会,从而挤占了知名电影权利人基于该电影名称及其人物形象名称而享有的市场优势地位和交易机会等因素综合判断。

---

① 北京市高级人民法院(2015)高行(知)终字第 1973 号行政判决书。

2. 甲壳虫乐队名称案

在"在知名乐队名称(甲壳虫)的商品化权案"[①]中,北京市第一中级人民法院认为,知名乐队名称作为一种拟制的称谓,与该乐队的表演者、作品、个性化表演、公众认可程度联系紧密,从而产生了清晰明确的指向,具有较强的号召力。并且这种号召力的大小与乐队及其成员的个性化言行风格、作品传播、媒体报道、粉丝数量等因素所承载的知名度强弱密切相关。知名乐队名称作为商标使用在衍生商品上,其附随的号召力能够直接吸引潜在的商业消费群体,增加销量,产生更多的商业机会,本身就蕴含了较高的商业价值。上述潜在的商业机会和商业利益就是该乐队名称的"商品化权",应当得到法律的保护。因此,苹果公司主张的"The BEATLES"知名乐队"商品化权"虽非法定权利,但存在着实质的权益内容,称为"商品化权益"更为贴切。乐队名称知名度带来的商业价值和商业机会并非凭空产生,而是来源于乐队长期音乐创作的智慧投入以及广告宣传等财产投入,理应得到尊重。他人耕种,不得已收。未经权利人允许,擅自将知名乐队名称作为商标使用的行为既损害了权利人的商业机会和商业价值,也违反了诚实信用原则,应当被法律禁止。因此,知名乐队的名称所附随的"商品化权益"既有实质权益内容,又属劳动所得。如果仅因不落入现行法定权利类型就逐于法外之地不加保护,放任他人滥用,显属与立法本意相悖。

北京高院对北京市第一中级人民法院的判决总体上给予了认可和支持,但在判决书中更为谨慎地阐述为"苹果公司所主张的 The BEATLES 乐队名称可以作为商品化权益的载体"。法院的谨慎态度,在政策性司法文件中也得到了反映,如北京高院民三庭在《当前知识产权审判中需要注意的若干法律问题》(2016)中提出,近年来,关于形象的商业化利益,或者俗称"商品化权"的保护呼声在商标授权确权行政诉讼中越来越高。但是,关于形象的商业化利益的保护对象、保护范围,无论在实践中还是在学术上均有较大争论,将该利益作为商标法规定的"在先权利"予以保护应当慎重。首先,应当坚持权利法定原则,即对形象的商业化利益的保护,不是对法定权利的保护,我国并无法律规定形象的商业化利用"权利",因此只有对形象的商业化利益进行分析确定其属于可受法律保护的利益时,才能纳入商标法在先权利的保护范围。其次,对形象的商业化利益的保护范围应当慎重研究、严格划定,除非必要,对该利益的保护不应超出未注册驰名商标的保护。各院需要对形象的商业化利益进行保护的,必须事先层报审查。

最高法院在《关于审理商标授权确权行政案件若干问题的规定》(法释〔2017〕2号)第22条第2款更进一步明确提到,对于著作权保护期限内的作品,如果作品名称、作品中的角色名称等具有较高知名度,将其作为商标使用在相关商品上容易导致相关公众误认为其经过权利人的许可或者与权利人存在特定联系,当事人以此主张构成在先权益的,人民法院予以支持。不难看出,商品化权作为一个独立权种或权项,并没有获得中国最高司法机关的认可,而是将其化约为一种"在先权益"予以必要保护;同时,该项规定从侧面对商品化权进行有名化的尝试[②],反映的是既要保护在先权利人合法权益,也要避免妨碍社会公众对社会公共文化资源的正当使用。

[①] 北京市第一中级人民法院(2013)一中知行初字第1493号行政判决书;北京市高级人民法院(2015)高行(知)终字第752号行政判决书。

[②] 杜颖、赵乃馨:《缓行中的商品化权保护——〈关于审理商标授权确权行政案件若干问题的规定〉第22条第2款的解读》,载《法律适用》2017年第17期,第2页。

3. 葵花宝典案

在"葵花宝典案"①中，原国家工商行政管理总局商标评审委员会和完美世界控股集团有限公司作为上诉人，主张金庸先生小说作品《笑傲江湖》中虚构的武学秘籍"葵花宝典"应当作为商品化权益予以保护。针对"葵花宝典"是否应当作为商品化权益给予保护，一审法院的合议庭最终并没有形成统一意见。其中，少数意见认为，"葵花宝典"作为金庸小说作品《笑傲江湖》中武学秘籍的特有名称，随着小说大量推广和同名电影、电视剧的不断上映和播放，使得"葵花宝典"具有较高的知名度，能够将其与《笑傲江湖》及金庸产生关联。由此带来的商业价值和商业机会是金庸投入大量创造性劳动所得；但是，对于给予在先商品化权益保护的名称范围不应过宽，应考虑其获得知名度的领域及可能对相关消费者产生误认的范围。诉争商标核定使用的范围，没有损害金庸小说作品《笑傲江湖》中武学秘籍特有名称"葵花宝典"的在先商品化权益。多数意见认为，"葵花宝典"已经从唯一指向金庸作品《笑傲江湖》演化为不再仅指向特定作者或特定作品，"葵花宝典"与《笑傲江湖》及金庸之间的稳定指向关系因其在各个领域中的广泛使用而受到了阻断；此种情形下，如果仍将《著作权法》中不属于保护对象的虚拟作品名称纳入在先商品化权益的保护范畴，将在一定程度上损害了社会公众对法律的合理预期利益并限制了公众的表达自由，遏制商标申请注册制度带来的负面效应不应以前述利益的损害为代价。

到了二审阶段，法院在判决书中直接否定了"商品化权益"，认为我国法律体系中没有"商品化权益"，它并不属于"民事主体享有法律规定的其他民事权利和权益"的范畴；并且，"商品化权益"本身的内涵、边界亦无法准确确定，相关公众对这一所谓的民事权益无法作出事先的预见，当然也无法为避免侵权行为而作出规避。因而，基于"商品化权益"而作出的裁定，在事实认定和法律适用方面均存在错误，依法应予纠正。

综上可见，无论是"商品化权"，还是"商品化权益"，司法呈现出越来越审慎的态度。其原因在于，对于所谓商品化权，如何确定其保护范围和条件尚需要积极探索；在条件不成熟时，若在裁判文书中使用商品化权之类的概括性权利称谓，容易为这种边界尚不清晰、不稳定的权益因使用了固定称谓而简单地固定化。② 在立法无法及时跟进的情况下，对该权利的保护将在很长时间里主要依靠司法对法律与社会生活的灵活解释和权衡③；日后，它能否成为一项独立的专有财产权，尚有待进一步观察。从目前的情况看，针对主张作品名称为商标法所规定的"在先权利"，北京知识产权法院在审理商标授权确权行政案件时，通常考虑的四大因素有：所涉作品在著作权保护期限内，其作品名称在诉争商标申请注册前具有一定知名度；诉争商标的申请注册人主观上存在恶意；诉争商标标志与作品名称相同或近似；诉争商标指定使用的商品属于在先作品名称知名度所及的范围，易导致相关公众误认为其经过在先作品所有人的许可或与其存在特定联系。

（三）交易中的商品化

商品化权的定义、概念及是否有必要独立存在，在理论上虽争议不断，但法律不禁止当事方就"商品化权"以合同的方式进行约定，比如在"上海世纪华创文化形象管理有限公司诉

---

① 北京知识产权法院（2017）京73行初2800号民事判决书；北京市高级人民法院（2018）京行终6240号民事判决书。
② 孔祥俊：《知识产权保护的新思维——知识产权司法前沿问题》，中国法制出版社2013年版，第240页。
③ 刘丽娟：《我国司法如何确认商品化权（上）》，载《电子知识产权》2017年第10期，第55页。

福清市东联购物广场侵犯著作权财产权纠纷案"中[①],法院指出,对于所谓的"商品化权",虽然我国有关著作权的法律、法规及司法解释均未做出规定,但是双方签订的《著作权使用合同》已经赋予了"商品化权"以具体的内容,即"在商品、服务、戏剧、广告宣传,或出版书籍、电文游戏、在线服务、因特网相关商品方面,使用许可使用的作品及许可使用作品收录的声音、效果音及许可合作作品的人物、动物、场景、其他物体形象,以及与其相关的标志、设计、图案等的权利"。显然,将许可使用作品中的人物形象复制于商品或服务之上,属于"商品化权"的授权内容。

因立法的缺位以及司法对商品化权的谨慎态度,在交易实践中,多通过合同约定,用制作、开发、生产和运营衍生品的权利来曲折表达商品化权,譬如利用影片中的形象及影片元素制作各种消费品、邮票、主题公园、外景地旅游开发或者建设主题公园等等。正如有观点所提出的:"商品化权因其权利载体的来源不同,其保护有较大的差异,人格权、商标权、著作权等相关制度对商品化权保护均存在缺陷,因此,应对我国商品化制度进行深入探讨,建议以商品化许可合同的形式予以主动保护。"[②]下面是交易实践中的一个关于衍生品的定义:

> 衍生品:指利用作品或其构成元素、LOGO、名称、图形等,通过直接或间接使用、修改、改编或者其他方式,申请商标、提供服务、创作新作和生产物品的统称。包括实物类衍生品、服务类衍生品、作品类衍生品和申请商标四大类。(1)实物类:是指具有外在的有形实体的衍生品,以影视剧中的形象、造型、道具、元素、剧情、背景、环境、名称等所开发制造出所有产品,包括但不限于书刊、音像制品、玩具、各种游戏、动漫形象模型、服饰、饮料、保健品、箱包、袜业、鞋业、文具、书刊等等;该类衍生品更能以授权方式扩展到更广泛的领域,比如主题餐饮、咖啡馆、连锁商店、主题公园等旅游产业。(2)服务类:是指在提供服务过程中,使用作品或其构成元素、LOGO、名称、图形等,而形成的衍生品。(3)作品类:是指使用作品或其构成元素、LOGO、名称、图形等进行创作,不论其创作方式为何,而形成的诸如漫画、小说、故事、舞台剧、电子书、语音书、游戏、续集、前传、番外、旁支、音乐、电视剧、网络剧、网络大电影等衍生品。(4)申请商标:以作品或其构成元素、LOGO、名称、图形申请商标并获得商标专用权的专属权利。

从这则定义可以看出,因为商品化权在法律上没有被正名,其内涵与边界也就处于模糊状态,这种模糊为交易中的商品化权既提供了空间,也带来了不便。一方面,商品化权究竟包括哪些内容,其范围如何,都可以由当事方自由约定,法律不加干预,只要不违反强制性法律法规;另一方面,因缺乏基本的定义框架,通过合同约定商品化权,因社会生活的千变万化,易使其范围与边界处于变动的风险之中,也无法穷尽罗列一切可能。

应予说明的是,若仔细探究,衍生品与商品化在概念和外延上有较大区别。影视衍生品也被称为后影视产品,是指由影视剧而产生并与其密切相关的带来非播映收入的所有产品,其设计和制造的灵感都源于影视剧,与之有千丝万缕的联系,比如利用影视剧及其元素促销各种消费品、服装道具、外景地旅游、主题公园等等;影视衍生品是影视产业链的重要组成部分,在美国等影视市场发达地区,影视衍生产品的收入一般能达到该部电影总收入的70%以上。[③] 无论是开发衍生品,还是欲获得商品化权,通过合同予以详细安排,是必要和可行之举。

---

① 福建省福州市中级人民法院(2008)榕民初字第600号民事判决书。
② 柳宗华:《商品化权的困境与对策》,载《电子知识产权》2008年第5期,第34页。
③ 许安标主编:《中华人民共和国电影产业促进法释义》,法律出版社2017年版,第59—60页。

网络游戏篇

第六章　网络游戏开发与运营
第七章　网络游戏及其要素的法律保护
第八章　电子竞技与网络游戏直播

第六章

网络游戏开发与运营

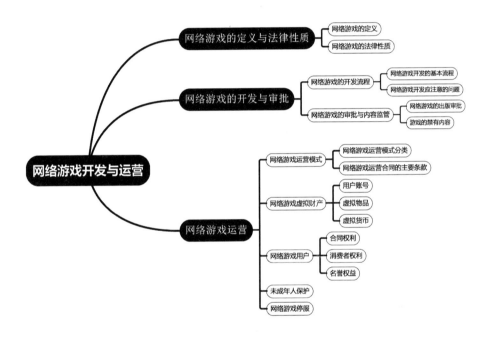

娱乐行业内部各领域之间关联度高,相互交叉、协同发展,如音乐、电视、电影、游戏、表演等方面相互交织,游戏产业作为娱乐业的交叉口,向上联动产权市场,中间构成自身开发、发行和运营等领域,向下扩展到渠道、广告、动漫、电视、电影、玩具等周边产业。① 游戏是具有娱乐性的活动,人们通过游戏来使自身放松,从中获得愉悦;同时,通过任务与挑战,收获完成游戏时的成就感,并提高游戏者的自信心。电子游戏(Electronic Games)又称视频游戏(Video Games),是指所有以电子设备为平台来运行和操作的游戏,它诞生于20世纪60年代,随着科学技术的发展而不断完善与变化;最近几十年,电子游戏的丰富性和可能性得到了突飞猛进的发展。电子游戏最突出的特点是互动性,它以互动方式引导玩家进入预设情境,成为"剧中人"②;相比于电影、电视和音乐,电子游戏是一种更新的娱乐形式③,它是继绘

---

① 北京大学互联网发展研究中心:《游戏学》,中国人民大学出版社2019年版,第279页。
② 曹渊杰、李亦中:《现代电影与电子游戏的交互趋势》,载《当代电影》2008年第9期,第122页。
③ Sherri L. Burr, *Entertainment Law in a Nutshell*, Second Edition, West, 2007, p.131.

画、雕刻、建筑、音乐、诗歌(文学)、舞蹈、戏剧、影视等八大艺术形式之后的"第九艺术"①。网络游戏是"电子+网络"的游戏,即需要借助或利用网络的电子游戏。因电子游戏不一定需要借助或利用网络,故它不一定是网络游戏;但网络游戏一定是电子游戏,因为目前的网络游戏均需要借助或利用电子设备为平台来运行和操作。从法律的角度看,"知识产权是游戏行业的开发合同、发行合同、推广合同、劳动合同以及每一层级授权的核心;如同房子是由砖木构造的一样,游戏是由知识产权打造的"②。从产业链条看,有位于上游的游戏研发商、发行商等,处于产业链中端的游戏运营商、联合运营商、平台提供商等,还有衍生链条上的其他相关产业者,如职业玩家、主播、竞技组织方、泛文娱的影视演绎、周边商品提供者等,以及位于链条末端的普通玩家、观众等普通终端用户。

第一节 网络游戏的定义与法律性质

一、网络游戏的定义

网络游戏并非一个严格的法律概念,通常是指以个人电脑、平板电脑、智能手机等为游戏平台,以游戏运营商服务器为处理器,以互联网为数据传输媒介,通过信息网络传输方式来实现多用户同时参与的游戏。出现在我国规范性文件中的网络游戏,其定义主要有二:第一,网络游戏是,所有通过互联网(包括有线互联网和移动通信网络等)供公众在线交互使用或提供下载的互联网游戏作品。主要包括但不限于大型角色扮演类网络游戏(MMORPG)、网页游戏(Web game)、休闲游戏、单机游戏的网上下载、具有联网功能的游戏、联网的对战游戏平台、手机网络游戏。③ 第二,网络游戏是指由软件程序和信息数据构成,通过互联网、移动通信网等信息网络提供的游戏产品和服务。可见,我国按照游戏的提供形式对之进行区分,无论是网络互动游戏,还是通过网络下载的单机游戏,均属于"网络游戏"。

网络游戏有五大基本特征:第一,娱乐性。④ 娱乐性是游戏最重要的属性,既包括过程的娱乐性,也包括目的娱乐性。第二,电子性。必须要依存于电子设备作为介质,区别于一般的肢体游戏、口头游戏和简单的器具游戏,诸如"狼人杀""真心话大冒险""丢手绢"、扑克牌、麻将等。第三,网络性。区别于不需要借助或利用网络的电子游戏,如街机。第四,互动性。人机互动或人人互动,以区别于电影电视。第五,对抗性或称竞争性。网络游戏是伴有竞争的活动,这种竞争即可体现在人机对抗,也可体现在人人对抗,此特征可区别于一般计算机软件和电影作品。第六,虚拟性。它本身是一种虚构,并非现实的存在。

网络游戏开发、发行与运营涉及的主体主要有游戏研发商、运营商、渠道商、直播平台、玩家,等等。游戏研发商在行业内通常亦称CP,即Content Provider,一般是指从事游戏制作、构架、开发的企业,主要负责游戏的编程、设计、美工、声效、生产及测试等工作。游戏运

---

① 闫爱华:《为网络游戏正名——主体间性视野中的"第九艺术"》,载《中国图书评论》2013年第9期,第16页。
② S. Gregory Boyd, Brian Pyne and Sean F. Kane, *Video Game Law: Everything You Need to Know About Legal and Business Issues in the Game Industry*, CRC Press, 2019, p.19.
③ 2009年9月28日《关于贯彻落实国务院〈"三定"规定〉和中央编办有关解释,进一步加强网络游戏前置审批和进口网络游戏审批管理的通知》(新出联〔2009〕13号,简称《"三定"通知》)。
④ 李婷:《数字娱乐产业进化论》,中国时代经济出版社2017年版,第117页。

营商一般是指为自主研发或其他游戏研发商授权代理的网络游戏提供运营服务的公司。渠道商是指用户获取渠道,它是游戏获取用户的途径,即通过宣传手段,将非用户吸引进游戏,转化成游戏用户的途径;如推送广告、线下广告、固定位置广告、微信、微博等。

二、网络游戏的法律性质

根据标准的不同,游戏有不同的分类。如根据发展阶段分类,游戏的表现形态有街机游戏、电视游戏、掌机游戏、电脑游戏和手机游戏。其中,手游,是指以手机等移动智能终端为运行载体,通过信息网络供公众下载或者在线交互使用的游戏作品,是移动游戏的一种。以电脑为载体的游戏,是谓客户端游戏,简称"端游",它是通过运行客户端软件进行使用的游戏产品。手游与端游的划分方法,被司法机关在判决书中认可。在"《梦幻西游》诉《神武》案"[①]中,法院指出:

> 根据网络游戏常识可知,网络游戏的运行有赖于足够的内存支持。端游和手游的最根本区别在于前者使用电脑等固定设备平台,后者使用手机等移动设备平台。该两种设备平台的内存容量极限差异巨大,为使原通过固定设备平台运行的网络游戏在移动设备平台亦获得运行支持,游戏开发商或运营商将原适用于固定设备平台的游戏软件版本(端游)精简、微调为适用于移动设备平台的版本(手游)。同一款网络游戏的手游由端游压缩剪裁而出,其外化的游戏题材、游戏元素、画面和人物造型等各方面都几无区别。事实上,《神武》手游除了游戏体系设为3族9门派体系,缺少了三个门派和相应人物及技能,整体情况与《神武》端游无根本性差异。据此本院认为,《神武》手游作为《神武》端游的精缩版,所有游戏理念和外化形式都基本源于《神武》端游。在无相反证据的情况下,本院针对与《神武》端游相关法律问题的分析和认定结论可适用于《神武》手游。

列举在《腾讯游戏许可及服务协议》中的游戏类型有,计算机客户端游戏、网页游戏、HTML5游戏(H5游戏)、移动终端游戏、电视端游戏以及其他形式的游戏。其中,网页游戏,又称无客户端游戏、Web Game,简称"页游",是用户可以直接通过互联网浏览器使用的网络游戏,不需要安装任何客户端软件。H5游戏,它是一项运用HTML5技术的响应式网站布局的游戏,可实现网页游戏在手机移动端的无缝衔接;传统的网页游戏只适合计算机客户端,HTML5技术的融入使得网页游戏既适应计算机客户端也可以在包括手机等终端上玩。

云游戏是随科技发展而日渐显著的游戏类型,对用户而言,它无需再进行传统的下载、安装、升级版本等操作,无论是手游、端游还是主机,都可以一点即玩,并且可以实现多端存档和数据共享。云游戏是游戏产业一次重要技术革命,它给游戏产业注入了强力的新基因:硬件不再成为桎梏,主机、PC和手机三端合一。这会给产业带来根本性的变化,玩家的体验模式和付费模式都面临着剧变,就像智能手机的崛起带来了如今百花齐放的手游市场。游戏本身模式上的改变将会极大扩展游戏的创新边界。

还可以从题材、内容及模式上对网络游戏进行分类,其类型非常丰富,如第一人称射击游戏(First-person Shooting Game,FPS)、第三人称射击游戏、即时战略游戏(Real Time

---

① 广州知识产权法院(2015)粤知法著民初字第19号民事判决书。

Strategy，RTS)、多人在线战术竞技游戏(Multiplayer Online Battle Arena，MOBA)、角色扮演游戏(Role Playing Game，RPG)、动作类角色扮演游戏(Action Role Playing Game，ARPG)、策略类角色扮演游戏(Simulation Role Playing Game，SRPG)、大型多人在线角色扮演游戏(Massive Multiplayer Role Playing Game，MMORPG)、即策略游戏(Simulation Game，SLG)、动作游戏(Action Game，ACT)、格斗游戏(Fighting Game，FTG)、射击类游戏(Shooter game，STG)、体育竞技类游戏(Sports Game，SPG)、卡牌类游戏、赛车类游戏、消除类游戏、棋牌类游戏、电子竞技游戏、养成类游戏、恋爱类游戏等等。这些不同的游戏类型各有交集。例如，美国倾向于把射击、格斗游戏合并到动作游戏中；中国台湾地区倾向于把策略、战略游戏合并到模拟游戏里(意为模拟战场)；日本有家庭游戏这个独特的分类。近年来，游戏内容更加丰富，不同种类的游戏之间玩法和内容都有重叠和交叉。单类游戏已经逐渐消失，取而代之的含有多种特点的大型游戏，于是各种游戏的类别又有合并的趋势。

在许许多多的游戏中，从内容和画面的角度，可以分为复杂类和简单类，类似于著作权法中的视听作品与录像制品之间的区别。诸如普通的消除类游戏、卡牌类游戏等，其内容与画面均较为单一，难以构成著作权法上的视听作品；而作为角色扮演游戏的《奇迹 MU》，其内容和整体画面则被法院认定为视听作品。就可以被视为视听作品加以保护的网络游戏而言，对之进行内容与题材上的分类，如同电影可以分为"故事片、纪录片、艺术片""惊悚片、悬疑片、动作片、恐怖片""无声电影、有声电影""真人电影、动画电影、真人动画电影"一样，其整体上的法律性质并无太大区别。

确定游戏的法律性质，关乎如何实现游戏在著作权法上的保护，亦即它在法律上究竟是自成一类的作品，还是已有作品类型中的作品。我国《著作权法》第 3 条以列举式的方式规定了八种作品类型，即文字作品，口述作品，音乐、戏剧、曲艺、舞蹈、杂技艺术作品，美术、建筑作品，摄影作品，视听作品，工程设计图、产品设计图、地图、示意图等图形作品和模型作品，计算机软件。该条第(九)项又以"兜底"的方式规定了"符合作品特征的其他智力成果"。游戏究竟属于什么作品？

有观点认为，只要符合《著作权法实施条例》第 2 条规定的作品的构成要件都属于应受保护的作品，并且《伯尔尼公约》第 2 条(1)"文学和艺术作品是指文学、科学和艺术领域内以任何方法或形式表现的一切产物，诸如……"的表述方式，在效果上是开放的[①]，故而，无论是否属于法定列举的作品类型，只要属于作品，都应当获得相应的保护。游戏本质上应该为一种多媒体作品，如同视听作品可以独立于摄影作品而成为独立的作品类型一样，多媒体作品也可以独立于视听作品而成为独立的作品类型。[②] 北京知识产权法院陈锦川法官认为，法院不能也无权在《著作权法》的规定之外创设新的作品类型。[③]

网络游戏由软件程序、游戏名称、商标标志、游戏规则、故事情节、场景地图、人物形象、文字介绍、对话旁白、背景音乐等多种元素组合而成，是美术作品、音乐作品、文字作品、视听类作品以及软件作品等多种作品的集合。在游戏尚不被承认系"自成一类"的作品之前，对游戏构成元素进行分，以分别对应著作权法中的作品类型，进而提出和主张权利，是目前的

[①] 〔澳〕山姆·立基森、〔美〕简·金斯伯格：《国际版权与邻接权：伯尔尼公约及公约以外的新发展》(第二版)，郭寿康、刘波林、万勇、高凌瀚、余俊译，中国人民大学出版社 2016 年版，第 345 页。

[②] 李宗勇：《网络游戏的法律保护》，载张平主编：《网络法律评论》(第 6 卷)，法律出版社 2005 年版，第 206—207 页。

[③] 陈锦川：《法院可以创设新类型作品吗？》，载《中国版权》2018 年第 3 期，第 26 页。

通行之法。总体而言,网络游戏中可单独受著作权法保护的元素主要有:(1)游戏中的美术作品,如游戏角色形象、服装、道具、地图、场景等;(2)游戏中的音乐作品,如网络游戏中的主题曲、插曲、背景音乐、片头或片尾音乐等;(3)游戏中的文字作品,如网络游戏中的背景介绍、角色简介、任务介绍、故事叙述、台词、旁白等;(4)游戏中的视听作品,如游戏整体画面、片头、片尾及过场动画、视频等。中国音数协游戏工委在其发布的《中国游戏产业报告》(2019年1—6月)中指出,游戏领域的知识产权意识不断完善,是游戏产业发展的基石。

第二节　网络游戏的开发与审批

一、网络游戏的开发流程

(一)网络游戏开发的基本流程

游戏开发是一个多人、多团队共同协作完成的过程,通常的开发架构是企划部、美术部、音效部、程序部和测试部,大致可以分为立项与策划、研发与制作、测试三个阶段。[①]

1. 游戏立项与策划

在一个新的游戏项目启动之前,游戏制作人向游戏公司提交一份项目可行性报告。游戏项目可行性报告并不涉及游戏本身的实际研发内容,它更多地侧重于商业行为的阐述,主要用来讲解游戏项目的特色、盈利模式、成本投入、资金回报等方面的问题,用来对游戏公司股东或投资者说明进行项目投资的意义。经游戏公司审核通过后,游戏项目才得以正式立项启动。接下来,游戏制作人需要与游戏项目的策划总监及制作团队中其他核心研发人员一起为游戏整体的初步概念进行设计和策划,包括游戏的世界观背景、视觉画面风格、游戏系统和机制等。游戏项目策划总监随后带领企划团队进行游戏策划文档的设计和撰写。游戏策划文档不仅是游戏项目的内容大纲,同时还涉及游戏设计与制作的各个方面,包括世界观背景、游戏剧情、角色设定、场景设定、游戏系统规划、游戏战斗机制、各种物品道具的数值设定、游戏关卡设计等。

2. 游戏研发与制作

游戏研发与制作阶段是整个项目周期的核心,可进一步细分为制作前期、制作中期和制作后期。在制作前期,企划部、美术部、音效部、程序部同时开工,企划部开始撰写游戏剧本和游戏内容的整体规划;美术部中的游戏原画师开始创作游戏美术素材,3D模型师根据美术风格制作一些基础模型;程序部进行游戏引擎的研发,任务非常繁重,他们不仅要搭建游戏引擎的主体框架,还要开发许多引擎工具以供企划部和美术部日后使用。在这个阶段,通常会制作一个游戏Demo,即一款游戏的试玩样品,游戏Demo虽然不是完整的游戏,它可能仅仅只有一个角色、一个场景或关卡,甚至只有几个怪物,但它的游戏机制和实现流程与完整游戏基本相同,差别只在于游戏内容的多少。游戏Demo制作完成后,后续研发就可以复制Demo的设计流程,剩下的就是大量游戏元素和制作添加与游戏内容的扩充。为制作游戏Demo,游戏制作人需要与项目美术总监及游戏美术团队共同研究和发掘符合游戏项目的视觉画面路线,确定游戏的美术风格基调,积累大量的游戏素材,包括照片参考、贴图素材、概念参考等,进而制作大量游戏元素,如基本的建筑模型、角色和怪物模型、各种游戏道具模

[①] 李瑞森编著:《游戏专业概论》(第2版),清华大学出版社2015年版,第182—187页。

型等。音效部通过阅读游戏开发企划文档，初步了解游戏的概念，并开始构想合适的乐曲结构与乐器表现方式，以及诸如界面音效（比如菜单弹出收回、鼠标选定、物品拖动）、NPC 音效（比如脚步声、跑步声、死亡声、被攻击的叫声等）、环境音效（比如风声、瀑布声、鸟鸣等）、技能音效等。

在制作中期，企划部进一步完善游戏剧本，内容企划开始编撰游戏内角色和场景的文字描述文档，包括主角背景设定、不同场景中非玩家角色（Non-Player Characte，NPC）和怪物的文字设定、BOSS[①]的文字设定、不同场景风格的文字设定等，各种文档同步给美术组参考使用。游戏原画师在接到企划文档后，根据企划文字描述设计和绘制相应的角色和场景原画设定图，然后把这些图片交给三维（Three Dimension，3D）制作组制作大量游戏中需要应用的 3D 模型；3D 制作组还要配合动画制作组完成角色动作、技能动画和场景动画的制作。随后，美术组利用程序组提供的引擎工具，把制作完成的各种角色和场景模型导入到游戏引擎之中。另外，关卡地图编辑师，要利用游戏引擎编辑器着手各种场景或者关卡地图的编辑绘制工作；界面美术师也需要在这个阶段开始游戏整体界面的设计绘制工作。程序部在这个阶段相对比较轻松，主要是继续完善游戏引擎和相关程序的编写。声效创作者通过阅读游戏剧本，更深入地了解游戏的概念与特殊性，将半成品的音效和音乐配合上游戏的画面。

在制作后期，企划部把已经制作完成的角色模型利用程序提供的引擎工具赋予其相应属性，脚本企划配合程序组进行相关脚本的编写，数值企划则通过不断演算测试调整角色属性和技能数据，并不断对其中的数值进行平衡化处理。美术部的原画组、模型组、动画组继续制作中期的工作任务，完善设计、3D 模型及动画制作，配合关卡题图编辑师进一步完善关卡和地图的编辑工作等。音效部深入了解电子游戏的世界观，完成作曲。程序部在这个阶段要对已经完成的所有游戏内容进行最后的整合，完成人机交互内容的设计制作，不断优化游戏引擎，最终制作出游戏的初级测试版本。

3. 测试

严格地说，游戏测试并不是只在游戏测试阶段才展开的，它贯穿于游戏研发的全过程，测试人员要随时对已经完成的游戏内容进行测试，向企划、美术、音效、程序等部门反馈测试报告，以便使问题得到及时解决。在初级游戏版本完成之后，游戏测试部进入 Alpha 测试（内部测试）阶段，Alpha 版本的游戏基本上具备了游戏预先规划的所有系统和功能，游戏的情节内容与流程也基本到位。Alpha 测试阶段的目标是将以前所有的临时内容全部替换为最终内容，并对整个游戏体验进行最终的调整。Alpha 测试通过之后，就转入 Beta 测试（第三方测试，包括公众）阶段。处于 Beta 状态的游戏通常不会再添加大量新内容，工作重点是对游戏的进一步整合和完善。对于网络游戏，Beta 测试阶段完成之后，还会在网络上招募游戏玩家展开游戏内容，邀请玩家对游戏运行性能、游戏设计、游戏平衡性、游戏漏洞（BUG）及服务器负载等多方面进行测试。经调整，游戏即可正式上市发布。

综上，游戏开发是整个制作团队智力创作劳动与相互协作的综合过程，参与人员包括游戏制作者、游戏设计师（关卡、数值、脚本、用户界面）、游戏美术（原画、2D、3D、地图编辑、特效）、游戏音效与音乐、游戏程序员（引擎、客户端、服务器端、逻辑）等。在这个过程中，法律问题主要围绕参与人员与研发商之间的劳动或劳务关系、委托创作关系，以及知识产权归

---

① 游戏一般都设置有关卡，玩家通过一个一个的关卡来提升游戏里面的人物能力；为了设置关卡的难度，通常把比较困难的，或者最后需要击杀才能通关的怪物称之为 BOSS。

属、授权和管理而展开。美国动视暴雪(Activison Blizzard)公司、美国艺电(Electonic Arts)公司、美国维尔福软件(Valve Software)公司、法国育碧软件(Ubisoft)公司、日本卡普空(Capcom)游戏软件公司、日本光荣(KOEI)游戏公司、中国腾讯计算机有限公司、中国网易计算机有限公司等,是游戏开发公司在世界范围内的知名代表。

(二) 网络游戏开发应注意的问题

1. 与核心研发人员签保密协和竞业禁止协议

游戏开发过程中形成的源代码、架构、素材、界面等,具有重要价值。为防止这些具有重要价值资料的泄露或不正当使用,游戏公司应建立保密制度;针对作为游戏软件之核心的源代码,为避免泄露,可采取限制接触人员、所有接触人员都应登记签字、由不同的员工掌握源代码的不同部分、在源代码中种植错误或无效代码等措施。在法律上则应与核心研发人员签署保密协议和竞业禁止协议,一方面通过合同施以保密义务,另一方面避免他们离职后在其他具有竞争关系的公司就职,为己公司及游戏产品带来影响或冲击。具体来说,可以采取的保密措施有:(1) 签订保密协议或者在合同中约定保密义务;(2) 通过章程、规章制度、培训等方式提出保密要求;(3) 以标记、分类、隔离、封存等方式,对源代码及其载体进行区分和管理;(4) 对能够接触、获取源代码的计算机设备、电子设备、网络设备、存储设备、软件等,采取禁止或者限制访问、存储、复制等措施;(5) 要求离职员工登记、返还、删除、销毁其接触或者获取的源代码及其载体,继续承担保密义务。保密对于游戏行业而言,尤为重要。[1]

腾讯游戏前高级研发人员徐某华,在腾讯游戏任职期间及离职后,成立公司研发出多款与腾讯游戏研发的游戏相似的游戏产品,其中包含一款与《王者荣耀》存在高度相似性的游戏。腾讯游戏质疑徐某华的行为违反了双方签订的劳动合同中的竞业限制条款,因而诉诸法院,要求徐某华承担违约责任。法院查明,徐某华于 2009 年 4 月进入腾讯游戏从事网络游戏开发运营工作。徐某华所任职的岗位,掌握腾讯游戏及其关联公司的具有重要影响的信息;徐某华与腾讯游戏签订了《保密与不竞争承诺协议书》。徐某华在腾讯游戏上海公司工作期间就设立了沐瞳公司,离职后两年内继续经营沐瞳公司,且沐瞳公司作为股东还陆续设立了杭泽公司、沐央公司和沐联公司,四家公司的法定代表人、执行董事均为徐某华,经营范围均与腾讯游戏上海公司及关联公司有重合。结合具体事实,法院认为,徐某华的这些行为明显违反了劳动者应遵守的竞业限制方面的基本义务,应依法按约承担违约责任,应向腾讯游戏返还 1940 万元。[2]

2. 保证权利链条完整正确

权利链条分为上游链条和下游链条。以自己为参照系,上游链条指的是从他处领权的相关文本、文件与文书;下游链条指的是把权利授予他人的相关文本、文件与文书。上游链条的瑕疵,对下游链条有传导作用;换句话说,若领权时权利链条存在问题,那么,这些问题在游戏运营的前后时间段都会暴露出来,既影响游戏产品,对公司也是必须要排除的地雷。如下问题在权利链条审查过程中经常被关注:第一,转授权的有无;第二,演绎作品的原作品权利人是否同意;第三,有无授权期限、地域、渠道、语言、媒介、游戏类型等的限制;第四,音乐等集体管理的作品,获得的权项是否足以支持游戏的运营;第五,改编的边界是否有限定;

---

[1] Ashley Saunders Lipson and Robert D. Brain, *Videogame Law: Cases, Statutes, Forms, Problems & Materials*, Second Edition, Carolina Academic Press, 2016, p.539.

[2] 上海市徐汇区人民法院(2017)沪 0104 民初 13606 号民事判决书。

第六,域外本文是否公证认证;第七,原件与复印件是否一致;等等。简言之,保证权利来源清晰、无误,链条完整、正确,权项充分、有效。

3. 版权登记与商标注册

作品登记不是著作权取得的必要手续,作品无论是否登记,作者或其他著作权人依法取得的著作权不受影响;但版权登记有助于解决因著作权归属造成的著作权纠纷,并能为解决著作权纠纷提供初步证据。同一游戏常有不同时期、不同端口的若干个版本,这些版本以及其中涉及的计算机软件和文字、音乐与美术作品等进行版权登记。商标申请,则主要集中在容易被流转或使用的名称、元素和图形等,为后续的衍生开发提供权源上的解决方案,是游戏开发时应纳入考虑的法律举措。

二、网络游戏的审批与内容监管

(一) 网络游戏的出版审批

网络游戏出版行为,是指将网络游戏内容通过互联网向公众提供在线交互使用或下载等运营服务,应严格按照国家法规履行前置审批。未经国家新闻出版署审批并获得具有网络游戏经营范围的互联网出版许可证,任何机构和个人不得从事网络游戏运营服务;未经审批的网络游戏,一律不得上网,电信运营企业也不得为其提供互联网接入服务。作为一项行政许可,出版国产网络游戏作品以及出版进口网络游戏作品(经境外著作权人授权的互联网游戏作品),国家新闻出版署依法设定的许可条件有五个方面:第一,出版单位须为具有网络游戏出版范围的网络出版服务单位;第二,所申报的国产网络游戏作品已办理著作权登记手续或者相关公证,或者游戏著作权人明确的自我声明(承诺),游戏著作权人须为中国公民或内资企业;第三,游戏运营机构须具有《电信与信息服务业务经营许可证》(ICP 证);第四,游戏作品符合《出版管理条例》《互联网信息服务管理办法》《网络出版服务管理规定》等法律法规规章规定;第五,游戏运营机构在运营中必须符合国家有关保护未成年人的相关规定以及其他关于游戏运营活动的规定。同时还要求,游戏名称应简单明了,高度概括和反映游戏内容;原则上不允许使用简化汉字以外的字符,不允许与已批准游戏重名。

作为游戏版号的 ISBN,它是"国际标准书号"(International Standard Book Number)的缩写。根据《出版管理条例》第 28 条第 1 款"出版物必须按照国家的有关规定载明作者、出版者、印刷者或者复制者、发行者的名称、地址,书号、刊号或者版号,在版编目数据,出版日期、刊期以及其他有关事项"以及《电子出版物出版管理规定》第 21 条第 1 款"出版电子出版物,必须按规定使用中国标准书号。同一内容,不同载体形态、格式的电子出版物,应当分别使用不同的中国标准书号"之规定,出版电子出版物,必须按规定获得和使用中国标准书号,网络游戏的出版也沿用了出版物号,俗称"游戏版号"。如由腾讯科技(深圳)有限公司出品的网络游戏《御龙在天》,其官网载明的 ISBN 号为:978-7-89989-210-7。

国家新闻出版署对出版国产网络游戏作品进行审批和发放版号。行政许可的条件是:(1) 申报单位须具有电子出版物出版资质或互联网游戏出版资质;(2) 所申报的国产网络游戏作品已办理著作权登记手续或相关公证,或者能够提交游戏程序源代码,游戏原始著作权人须为中国公民或内资独资企业;(3) 游戏运营单位须具有《电信与信息服务业务经营许可证》(ICP 证);(4) 游戏运营单位具有《完备网络游戏防沉迷系统实名验证手续证明》。

网络游戏审批后的基本公示要素有:游戏名称、申报类别、出版单位、运营单位、文号、出版物号。例如,国家新闻出版署在其网站所做的公示:

名称	申报类别	出版单位	运营单位	文号	ISBN 号
《怪物之家》	客户端	深圳中青宝互动网络股份有限公司	深圳时代首游互动科技有限公司	国新出审〔2020〕921 号	ISBN 978-7-498-07667-0
《烽火群雄志》	移动	上海同济大学电子音像出版社有限公司	上海优玩网络科技有限公司	国新出审〔2020〕1090 号	ISBN 978-7-498-07737-0
《荣耀冠军》	移动—休闲益智	浙江出版集团数字传媒有限公司	浙江燃点网络科技有限公司	国新出审〔2020〕817 号	ISBN 978-7-498-07630-4
《电竞传奇》	游戏机-Switch	深圳中青宝互动网络股份有限公司	北京可梦科技有限公司	国新出审〔2020〕1099 号	ISBN 978-7-498-07751-6

增值电信业务许可证,亦称 ICP 证,其全称是"中华人民共和国电信与信息服务业务经营许可证"。出版与运营网络游戏,需持有 ICP 证。它是通过互联网向上网用户提供有偿信息、网上广告、代制作网页、电子商务及其他网上应用服务的公司必须办理的网络经营许可证,国家对经营性网站实行增值电信业务许可证制度。根据《互联网信息服务管理办法》,从事经营性互联网信息服务,应当向省级电信管理机构或者国务院信息产业主管部门申请办理互联网信息服务增值电信业务经营许可证;取得经营许可证后,应持证向企业登记机关办理登记手续。

增值电信许可证是网站经营的许可证,根据国家《互联网信息服务管理办法》规定,经营性网站必须办理中华人民共和国增值电信业务经营许可证(经营性 ICP 证),否则就属于非法经营;非经营性网站要办理非营业性互联网信息服务业务备案证。未取得经营许可证,擅自从事经营性互联网信息服务,或者超出许可的项目提供服务的,由所在地电信管理机构责令限期改正,有违法所得的,没收违法所得,并处罚款;情节严重的,责令关闭网站。

(二)游戏的禁有内容

游戏内容是指游戏中的语言文字、故事背景、情节场景(地图)、人物造型、道具装备、音乐音效、任务功能、说明、广告等等。游戏应按照《国家通用语言文字法》《出版物汉字使用管理规定》《关于进一步规范出版物文字使用的通知》等规定,规范使用文字。网络游戏不得含有以下内容:(1) 违反宪法确定的基本原则的;(2) 危害国家统一、主权和领土完整的;(3) 泄露国家秘密、危害国家安全或者损害国家荣誉和利益的;(4) 煽动民族仇恨、民族歧视,破坏民族团结,或者侵害民族风俗、习惯的;(5) 宣扬邪教、迷信的;(6) 散布谣言,扰乱社会秩序,破坏社会稳定的;(7) 宣扬淫秽、色情、赌博、暴力,或者教唆犯罪的;(8) 侮辱、诽谤他人,侵害他人合法权益的;(9) 违背社会公德的;(10) 有法律、行政法规和国家规定禁止的其他内容的。[①] 另外,游戏

---

① 2018 年 1 月,北京、天津、安徽、湖南等地文化执法部门查办宣扬色情、赌博、违背社会公德等禁止内容类网络游戏案件 20 件,其中较为典型的六起案件是:(1) 北京微游互动网络科技有限公司运营的网络游戏《新世纪福音战士:破晓》,个别女性角色形象暴露,动作带有明显的性暗示,含有宣扬色情的禁止内容。(2) 北京糖果创世纪信息技术有限公司运营的网络游戏《街机电玩城》,含有宣扬赌博的内容。(3) 芜湖享游网络技术有限公司运营的网络游戏《命运冠位指定》《碧蓝航线》,多个女性游戏角色形象暴露,大面积裸露身体,含有违背社会公德的禁止内容。(4) 深圳创酷互动信息技术有限公司运营的网络游戏《极品芝麻官》,部分游戏情节允许玩家"刑讯逼供""贪污受贿",含有违背社会公德的禁止内容。(5) 杭州快定网络股份有限公司"七匣子"平台提供的"欢乐炸金花"手机游戏软件,包含的"经典场""万人炸金花"和"飞禽走兽"功能均含有宣扬赌博的禁止内容。(6) 江西贪玩信息技术有限公司的贪玩游戏网站相关广告宣传页面出现女性裸露身体的画面,并伴有低俗的动作、声音和文字内容,该广告页面指向"贪玩蓝月"游戏,属于网络游戏的宣传推广含有违背社会公德的禁止内容。

内容不能违反《出版管理条例》第 25 条和第 26 条的规定,不得含有庸俗、低俗、媚俗以及其他违背社会主义核心价值观的内容。

中国音像与数字出版协会 2016 年 5 月印发《移动游戏内容规范(2016 年版)》,对上述禁止内容做了进一步细化,增强了可识别性与可操作性。虽然该规范针对的只是移动游戏,但对于端游、页游以及其他网络游戏同样具有参考意义。

1. "反对宪法确定的基本原则"的内容,包括但不限于:(1) 反对人民民主专政,攻击、污蔑、贬损、歪曲、丑化我国的人民代表大会制度、选举制度、司法制度、民族区域自治和特别行政区制度、军事制度、中国共产党领导的多党合作和政治协商制度、基本经济制度和分配制度等社会主义制度。(2) 反对中国共产党的领导,攻击、污蔑、贬损、歪曲、丑化中国共产党的领导地位、执政能力和执政形象。(3) 反对马克思列宁主义、毛泽东思想、中国特色社会主义理论体系的指导,攻击、污蔑、贬损、歪曲、丑化马克思列宁主义、毛泽东思想、中国特色社会主义理论体系。

2. "危害国家统一、主权和领土完整"的内容,包括但不限于:(1) 将台湾地区、香港特别行政区、澳门特别行政区、新疆维吾尔自治区、西藏自治区及钓鱼岛、赤尾屿、南海诸岛等中国任何地区从中华人民共和国分割出去。(2) 将台湾地区、香港特别行政区、澳门特别行政区等中国任何地区作为主权国家表示。(3) 将"中央研究院""行政院""总统"等中华人民共和国成立后的台湾地方当局官方机构及职务称谓的引号遗漏。(4) 出现中华人民共和国成立后的台湾地方当局官方机构的标识。(5) 宣扬侵略内容的:第一,歪曲历史事实,对侵略者加以宣扬美化,对侵略行为加以刻意渲染、扮演侵略者的角色;第二,虚构境外武装力量、组织或个人侵入我国领土、领空、领水、专属经济区、大陆架及底土;第三,境外武装力量、组织或个人以反恐、追逃等任何名义,借口攻击我国领土上或我国驻外使领馆内的任何目标,或进入我国从事侵犯我国主权的活动。(6) 表现、描写外国民用船只、飞机等未经许可进入我国领土、领空、领水、专属经济区、大陆架及底土进行开发作业等活动。(7) 错误表述我国领土、领空、领水、专属经济区、大陆架、底土以及与其他国家有争议的界段和区域的名称。(8) 以下几种宣称为中国疆界地图的(虚构、形似或其他不定名为中国地图的不在此列):第一,凡标明为中华人民共和国国界的地图,未按照中华人民共和国同有关邻国签订的边界条约、协定、议定书及其附图绘制;第二,凡标明为中华人民共和国尚未同有关邻国签订边界条约的界段的地图,未按照中华人民共和国地图的国界线标准样图绘制;第三,凡标明为中国历史疆界的地图,1840 年至中华人民共和国成立期间的,未按照中国历史疆界标准样图绘制;1840 年以前的,未按照实际历史疆界绘制;第四,其他与中国地图疆界相关的内容,违反有关法律法规及政策的。

3. "泄漏国家秘密、危害国家安全或者损害国家荣誉和利益"的内容,包括但不限于:(1) 涉及以下保密内容的:第一,含有党和国家事务重大决策中的秘密事项;第二,含有保密地图和内部地图;第三,含有国防建设和武装力量的秘密事项;第四,含有外交和外事活动的秘密事项;第五,含有国民经济、社会发展和科学技术中的秘密事项;第六,含有维护国家安全活动和追查刑事犯罪中的秘密事项;第七,相关法律法规规定的不得公开的其他保密内容。(2) 含有渲染、宣扬、美化、褒奖各种分裂势力、反华组织、间谍机构的内容。(3) 含有挑动、教唆、鼓励任何组织、个人以任何形式从事颠覆中国政府、分裂中国国家以及危害中国国家安全的内容。(4) 含有攻击、丑化、焚烧、毁损、玷污、亵渎以及其他以不庄重形式表现我国国旗、国歌、国徽、党旗、党徽、军旗、军歌、军徽、天安门、人民大会堂、长城、华表等象征中国国家、政权、军队和民族的标志物的内容。(5)攻击、贬损、丑化、歪曲、捏造、篡改我国、我党、我军历史及其杰出人物的形象的内容。(6)违背我国对外政策、国际准则立场的,攻击、诋毁、丑化、歪曲、损害他国政权、民族、党和领导人、军队等形象的内容。(7)宣扬法西斯主义,美化侵略战争、军队及战犯形象,将上述军队或人物作为可选择角色等。

4. "煽动民族仇恨、民族歧视,破坏民族团结,或者侵害民族风俗、习惯"的内容,包括但不限于:(1)编造、渲染、夸大各民族间的矛盾、冲突和争端等。(2)诋毁、侮辱、丑化、歪曲中华各民族形象,如:民族特征、人物形象等。(3)贬低、歪曲、否定中华各民族历史、地位、作用、贡献和价值等。(4)宣扬某一民族、某一宗教居于支配地位、享有特权等。(5)破坏民族团结、宗教和睦、信仰自由等。(6)诋毁、损害、丑化、侮辱中华各民族所特有的传统风俗、禁忌以及具有民族特征的标志等。(7)宣扬外国势力破坏我国民族团结、干涉宗教事务等。

5. "宣扬邪教、迷信"的内容,包括但不限于:(1)宣扬"法轮功"等敌视国家、反政府、危害社会的邪教组织;(2)宣扬"教主崇拜",表现邪教首要分子肖像,神化邪教首要分子;(3)宣扬邪教教规、教义、经书、典籍、标识等;(4)宣扬从事邪教活动;(5)制造、散布邪说,蛊惑、蒙骗他人,实施精神控制;(6)歪曲或篡改传统的宗教教义;(7)设置具有迷信色彩的算命、辟邪等功能;(8)假借科学旗号,臆造、夸大、渲染现实生活中超物质、超自然的现象。

6. "扰乱社会秩序、破坏社会稳定"的内容,包括但不限于:(1)以现实社会生活为游戏背景,设定相关功能或情节,宣扬各种扰乱社会秩序、破坏社会稳定的活动;(2)宣扬以暴力、威胁等手段抗拒、妨碍国家工作人员依法执行公务;(3)恶意丑化、攻击特定区域的人群或种族;(4)未明示具体规则而以随机抽取等偶然方式,诱导用户直接或者间接投入法定货币获取游戏产品或服务。

7. "宣扬淫秽、赌博、暴力或者教唆犯罪"的内容,包括但不限于:(1)含有淫秽色情的内容:第一,表现乱伦、强奸、轮奸、集体淫乱等行为的过程和细节,或设置相关功能;第二,表现未成年人性行为,或者成年人与未成年人之间的性行为,或设置相关功能;第三,具体表现同性恋性行为,或设置相关功能;第四,具体表现性变态行为或者与性变态有关的暴力、虐待、侮辱行为,或设置相关功能;第五,具体表现卖淫、嫖娼的过程和细节,或设置相关功能;第六,具体表现人类或类人的裸体和生殖器官;第七,具体表现动物的生殖器官;第八,具体表现性用品或其功能;第九,具体表现性交行为或暗示性地表现性交行为及其声音;第十,具体表现、描述或传授性技巧;第十一,具体表现、描述与性行为有关的梅毒、淋病、艾滋病等疾病;第十二,露骨的语言描述性交易、性心理、性行为、性体验等;第十三,宣扬性开放、性自由。(2)含有赌博的内容:第一,具体介绍赌博形式以及赌博器具的使用方法和技巧;第二,设置赌博功能,提供赌博服务;第三,收取或以"虚拟货币"等方式变相收取与游戏输赢相关的佣金;第四,开设使用游戏积分押输赢、竞猜等功能,未设置用户每局、每日游戏积分输赢数量;第五,提供游戏积分交易、兑换或以"虚拟货币"等方式变相兑换现金、财物的服务;第六,提供用户间赠予、转让等游戏积分转账服务。(3)含有宣扬暴力、恐怖、残酷等内容:第一,逼真表现、描述残缺人体或人体被分解等,表现清晰的伤害过程和鲜血喷涌、血流成河、血流满地等场景;第二,刻意表现曝尸、肢解尸体、叉尸、虐尸等有悖常理的行为;第三,宣扬、鼓吹大规模杀伤性武器、生化武器、核武器、反人类武器等的作用和效果,刻意渲染大规模杀伤的恐怖场景;第四,刻意表现、设计外形过于恐怖的角色、形象或场景。

8."侮辱或者诽谤他人,侵害他人合法权益"的内容,包括但不限于:(1)以语言或手势、动作对他人进行恶意嘲笑和侮辱;(2)恶意使用政治人物、社会公众人物的姓名或姓名的谐音;(3)刻意表现他人在生理、精神方面的缺陷,侵害他人人格尊严;(4)传播虚假事实致使他人名誉受到损害、蒙受耻辱;(5)非法或不尊重地使用他人肖像等,侵犯他人肖像权;(6)传播他人隐私,干扰他人私生活。

9."危害社会公德或者民族优秀文化传统"的内容,包括但不限于:(1)违背爱祖国、爱人民、爱劳动、爱科学、爱社会主义的基本道德要求;(2)刻意表现斗殴、脏话、随地吐痰等污秽、粗俗、低级、下流的言行;(3)侵占、损害、破坏我国文物、名胜古迹、政府办公场所、地标性建筑等;(4)表现嘲弄、歧视、侮辱妇女、儿童、老人、残疾人等社会弱势群体;(5)混淆是非、善恶、美丑界限,或表现其他不利于构建和谐社会的情节;(6)宣扬金钱至上、挥霍无度、换妻游戏、婚外情、一夜情、养情人、包二奶、傍大款等腐化、寄生生活方式;(7)宣扬以权谋私、权钱交易、权色交易等;(8)践踏民族优秀文化遗产和恶意篡改重大历史、文化事件及代表人物形象;(9)宣扬宗法观念、男尊女卑、一夫多妻、一妻多夫等内容;(10)弱化、诋毁、否定中华民族优秀文化传统的历史地位和存在价值,将民族优秀文化传统虚无化、庸俗化,宣扬与民族优秀文化传统相悖的世界观、历史观、价值观;(11)诋毁或者否认以爱国主义为核心的团结统一、爱好和平、勤劳勇敢、自强不息的伟大民族精神。

10."诱发未成年人模仿违反社会公德、违法犯罪的行为的内容以及妨害未成年人身心健康"的内容,包括但不限于:(1)宣扬违法、犯罪,含有诱使未成年人模仿学习的内容:第一,详细表现、描述犯罪手段、方法和细节,诱发或鼓动未成年人模仿犯罪;第二,美化罪犯形象,易引起未成年人对罪犯同情或赞赏;第三,宣扬以不正当手段侵害国家、集体和私人财产,如:扮演盗贼角色、实施偷窃、骗取、抢夺或抢劫等行为;第四,表现罪犯逃脱法律制裁,藐视法律尊严,如设置洗罪功能、贿赂、劫狱等;第五,宣扬或具体表现黑社会性质的组织及其行为;第六,鼓动、诱导、奖励恶意 PK。(2)宣扬吸毒、贩毒,含有诱使未成年人模仿学习的内容:第一,具体表现种植罂粟等毒品原植物;第二,宣扬和具体表现制造、走私、运输、贩卖、购买毒品;第三,宣扬或具体表现吸食、注射或引诱、教唆、欺骗、强迫他人吸食、注射毒品的方法或过程;第四,宣扬、鼓吹毒品可带给人的功效;第五,宣扬和具体表现通过贩卖毒品盈利。(3)宣扬其他危害未成年人身心健康的内容:第一,集中表现格调低俗的内容;第二,具体表现未成年人饮酒、抽烟等行为,或在游戏中出现烟草这一道具;第三,具体表现未成年人出入不适宜未成年人活动的场所;第四,鼓励未成年人同居、结婚等不适宜未成年人的行为。

任何打算在国外发行的游戏都需要经过该国家的相关分级委员会的审查,比如韩国标准 KMRB(Korea Media Rating Board)①、日本标准 CERO(Computer Entertainment Rating Organization)②、澳大利亚标准 ACB(Australian Classification Board)③、德国标准 USK(Unterhaltungssoftware Selbstkontrolle)④、欧洲标准 PEGI(Pan European Game Information)⑤、美国标准 ESRB(Entertainment Software Rating Board)⑥等等。在北美地区,交互

---

① 参见 www.kmrb.or.kr,最后访问时间:2020 年 5 月 28 日。
② 参见 www.cero.gr.jp,最后访问时间:2020 年 5 月 28 日。
③ 参见 www.classification.gov.au,最后访问时间:2020 年 5 月 28 日。
④ 参见 www.usk.de,最后访问时间:2020 年 5 月 28 日。
⑤ 参见 www.pegi.info,最后访问时间:2020 年 5 月 28 日。
⑥ 参见 www.esrb.org,最后访问时间:2020 年 5 月 28 日。

式数字软件协会(Interactive Digital Software Association,IDSA)于 1994 年成立。该协会在 2004 年更名为娱乐软件协会(Entertainment Software Association,ESA),并设立了一个独立的非官方机构——娱乐软件评级委员会(ESRB)。该机构把游戏分为六类,以为消费者和家长提供指引。[①]

分级	含义
E	Everyone,游戏内容总体上适合所有年龄段,可能含有微少的讽刺和奇幻内容,或含有温和的暴力,或/和很少的轻度不良语言。
E 10+	Everyone 10+,游戏内容总体上适合所有 10 岁及其以上年龄段,可能含有一些讽刺和奇幻内容,或含有温和的暴力,或/和含有微少的性暗示主题。
T	Teen,游戏内容总体上适合所有 13 岁及其以上年龄段,可能含有暴力、性暗示主题、粗俗的幽默、微少的血液、模拟的赌博,或/和很少的粗话。
M	Mature 17+,游戏内容总体上适合 17 岁及其以上年龄段,可能含有激烈的暴力、血腥、血液和性内容,或/和粗话。
AO	Adults Only 18+,游戏内容总体上适合 18 岁及其以上年龄段,可能含有长时段的激烈暴力、逼真的性内容,或/和用真钱赌博的内容。
RP	Rating Pending,尚未经 ESRB 评级,常常出现在广告、营销以及促销的物料上,评级之后,这些物料就会被更换成标有评级符号的物料。

游戏分级所遵循的标准其实相当主观,因此想要预测游戏分级的结果非常难;比如 ESRB 对于如何划分青少年(Teen)和成年(Mature)的界限标准就不太清晰。并且,不同的国家也有不同的指引标准,有可能出现 ESRB 认为适合青少年的游戏会被 ACB 界定为不适合的情况。一般情况下,游戏的分级会基于暴力、语言、毒品使用、成人主题、性和裸露、犯罪行为等依据而展开,分级的主要目标是保护儿童和青少年免受不合适他们年龄层的游戏内容。[②]

第三节 网络游戏运营

一、网络游戏运营模式

网络游戏运营是指网络游戏运营企业以开放网络游戏用户注册或者提供网络游戏下载等方式向公众提供网络游戏产品和服务,并通过向网络游戏用户收费或者以电子商务、广告、赞助等方式获取利益的行为。网络游戏运营企业通过开放用户注册、开放网络游戏收费系统、提供可直接注册登录服务器的客户端软件等方式开展的网络游戏技术测试,亦属于网络游戏运营。

(一)网络游戏运营模式分类

运营模式在本质上是当事方商业上的自主安排,实践中可以构想出任何可行的模式,比

---

① S. Gregory Boyd, Brian Pyne and Sean F. Kane, *Video Game Law: Everything You Need to Know About Legal and Business Issues in the Game Industry*, CRC Press, 2019, pp. 216-218.

② 〔美〕海瑟·麦克斯韦·钱德勒:《游戏制作的本质》(第 3 版),腾讯游戏译,电子工业出版社 2017 年版,第 231 页。

如"加盟"合作模式①;但独家代理运营与联合运营两大类,是目前主要运营模式的形态。所谓独家代理运营,是指在特定地域、特定时间、特定渠道、特定语言或特定版本等限定条件下,游戏运营商从游戏研发商处获得独占且排他的许可权利,以运营游戏。以游戏《我的世界》为例,进入玩家页面后可清楚看到运营方关于权源的陈述:

> 欢迎您使用《我的世界》游戏及相关服务!
> Mojang AB,一家瑞典公司(简称"Mojang"),是《我的世界》游戏软件的版权所有人。Mojang授权网易公司在中华人民共和国大陆地区(不包括香港、澳门和台湾)独家运营《我的世界》电脑端及移动端版本。

独家代理运营权,由当事方通过合同的方式予以确定。独家代理运营合同不是合同法上的有名合同,独家代理运营权也不是法定权利,其内容、边界、权利义务安排如何,端赖于当事方的合意。一般而言,在游戏运营过程中,对于拥有独家代理运营权的运营商来说,它需将游戏软件置于服务器,供用户在客户端登录游戏进行操作;同时还要对游戏进行线上、线下的宣传与推广,以吸引玩家进入虚拟世界;运营商主要通过出售游戏时间、提供游戏道具、投放广告等增值服务的商业模式而盈利;前述运营过程必然涉及对游戏软件和游戏素材的复制、发行、信息网络传播以及游戏所涉注册商标的使用。②

网络游戏的联合运营一般发生在研发商与运营商之间,有时也发生在运营商与运营商之间;网络游戏运营企业为其他企业的网络游戏产品提供用户系统、收费系统、程序下载及宣传推广等服务,并参与网络游戏运营收益分成,属于联合运营行为。例如完美世界(重庆)互动科技有限公司授权北京机锋科技有限公司在Android产品上,联合运营完美世界(重庆)互动科技有限公司的游戏产品《青云志》及《大主宰》,北京机锋科技有限公司向完美世界(重庆)互动科技有限公司支付游戏运营分成款。③ 再如北京中清龙图网络技术有限公司享有手机版本游戏软件《剑与魔法》在中国大陆地区的独家运营及转授权的权利,故而与北京蘑菇互娱科技有限公司就该游戏的运营事宜签署了《手机游戏〈剑与魔法〉联合运营协议》,在双方间建立起联合运营关系。④ 通常情况下,联合运营协议应排除运营一方获得专有权利,比如强调游戏运营权利的"非独占、不可转让、不可分授权"之性质,强调对游戏所涉商标之使用的"非独占、不可转让、不可分授权"之性质,等等。

实践中还存在所谓的"联运版独家代理",如苏州游创空间网络科技有限公司与深圳掌悦网络科技有限公司之间签署的《"众神大陆"中国大陆地区联运版独家代理协议》⑤,此类合约设定的究竟是联合运营还是独家代理,需要对合同内容进行分析才能得出结论;区分联合运营与独家代理的法律意义,在于确定游戏运营权的归属,进而为厘清运营者之间或者授权方与运营者之间的权利义务安排与责任承担提供基础性的辨识因素。

(二)网络游戏运营合同的主要条款

无论是独家代理运营还是联合运营,合同是确定当事方权利义务的主要依凭,在缔约资格无碍的情况下,只要不触发合同法中的无效制度,遵诺守约是双方均应恪守的基本原则。

---

① 深圳市南山区人民法院(2018)粤0305民初12957号民事判决书。
② 上海市浦东新区人民法院(2015)浦民三(知)初字第529号民事判书。
③ 北京市海淀区人民法院(2018)京0108民初3949号民事判决书。
④ 北京市朝阳区人民法院(2018)京0105民初49717号民事判决书。
⑤ 深圳市南山区人民法院(2017)粤0305民初14765号民事判决书。

若发生纠纷,在很大程度上,法院也同样表现出对意思自治的尊重。为此,在投入运营之前,对所涉合约内容进行法务审查,不但有助于防患于未然、排除风险,而且也有助于发生纠纷后的定分止争。主体条款、鉴于条款、定义条款、授权条款、交付验收条款、运营条款、授权费条款、声明和保证条款、知识产权条款、审计条款、保密条款、违约责任条款、不可抗力条款、争议解决条款等等,是游戏运营合同的常见条款。在分析游戏运营合同纠纷已决案例进行的基础上,找出这些常见条款中的重要问题点,对游戏行业秩序的维护与塑造具有积极意义。

主体条款的重点在于审查缔约方的主体资格与资质。鉴于条款,游戏许可方与被许可方,在一定程度上是对立的,作为交代缔约背景以及阐述缔约目的的鉴于条款,它在不少场合能够起到作为解释合约中有争议表述的参考作用,故而,在缩限目的与扩大目的之间,需要在许可方与被许可方之间找到适当的平衡。定义条款非常重要,概念地厘清直接关系对合同条款的理解、双方权利义务的边界、合同设定条件的成就与否、计算和收取费用的起始点等等,在这个环节中,应当对其概念进行界定的词语通常有授权游戏、授权标的、关联方、第三方、流水、净收入、渠道费、呆坏账、商业化运营、周边衍生品、运营数据、内测、公测、封测、系统更新、软件更新、升级、扩展包、服务器、混服、上线运营、下线,等等。例如,厦门雷霆网络科技有限公司与互友财富(北京)因特网技术有限公司因游戏《女神觉醒》而发生的合同纠纷,其分歧的根源在于双方当事人就"正式上线"的含义理解不一致,合同中也未明确界定。[①]

授权条款,除时间、地域、授予的权利类型、转授权四大必备内容外,IP 地址屏蔽是游戏运营合约中需要额外关注的事项,尤其是在分区域授权时,IP 地址屏蔽显得更为有价值,既可以由授权方实施,也可以由运营方实施。另外,满足游戏运营一般要求的著作权权项有三,即复制权、发行权和信息网络传播权,若缺其一,运营的权利基础就有瑕疵。该三权项之外的权限,可由双方根据各自的商业目标自主设定。与此同时,对于游戏独家代理运营而言,维权与制作销售周边衍生品的权利是授权条款中的应含内容。一方面没有维权的权利,可能会在根本上阻碍商业目的的实现,诸如发现了盗版却无权阻止,使自己的固有市场被褫夺;另一方面衍生品是增强客户黏性的重要手段,还可以起到有力的宣传推广作用,为游戏吸引更多的潜在玩家。

交付验收条款针对的对象是授权游戏及所涉物料。对于从境外引进的游戏,其本地化的义务归由哪一方承担,是应当明确的事项;本地化涉及的内容除语言汉化之外,还有内容的合法性审查、内容的本地化优化。交付时间节点与交付标的,应做明确约定;标的游戏的不同版本,诸如封测版本、付费删档测试版本、付费不删档测试版本、正式商业化运营版本等的验收方式、验收标准、验收不达标的补救措施,诸如修改、优化、再交付、再验收等,应当与授权费相挂钩。北京九九乐游科技有限公司与思杰乐创(北京)网络技术有限公司因游戏《群侠传》而发生的计算机软件著作权许可使用合同纠纷,涉及的关键问题就在于案涉游戏封测版没有证据证明已通过验收,与之相对应的版权金支付条件故而被法院判定为尚未成就。[②]

运营条款主要涉及游戏安全保障、游戏漏洞修补、游戏错误修复、运营数据归属、运营数据使用、虚拟货币定价、市场推广安排、版本更新与升级、技术支持、运营时间、运营主体等方

---

① 厦门市湖里区人民法院(2016)闽 0206 民初 2111 号民事判决书。
② 北京市朝阳区人民法院(2014)朝民初字第 24021 号民事判决书。

面。授权费条款,涉及的是如何确定授权对价,在实践中,授权费通常包括授权金(业内亦通称"版权金")、预付分成、收入分成、保底分成、产品奖金等形式。授权金与预付分成金,通常为固定金额,有的约定一次性支付,有的根据授权游戏交付进度予以分批次支付。版权金多为运营方向授权方支付的游戏开发费用,或运营方为获取运营权而向授权方支付的对价。预付分成金的性质,从字面上理解,是游戏运营盈利后的收益分享[①];它是一种支付手段,是一方为表明自己履行合同的诚意,而为对方履行合同提供一定资金,在对方履行合同前率先向对方支付部分款项,预付的作用在于帮助对方解决资金上的困难,使之更有条件履行合同。预付款在合同正常履行的情况下,成为价款的一部分,如抵扣完毕,后续仍有分成收益,一方则应继续直接支付,但在合同没有得到履行的情况下,应该予以返还,此属常理常识,不需要特别作出约定;如在合同没有得到履行情况下,不需返还,则需要特别作出例外的约定。[②]

游戏的收入分成是纠纷高发区,分成基数和分成比例是收入分成条款的重要内容。分成基数可涉及的细节问题点有:游戏流水如何计算、游戏净收益计算公式,渠道成本是否应当剔除,买量自充应否纳入收入之中,服务器费用,数据优化费,测试费,VIP用户返利费,呆坏账计提,对账时间,对账依据,对账异议,等等。分成比例,则可以是固定比例,也可以是针对不同版本或平台选用不同的分成比例,如 android 平台、ios 平台、html5 平台、windows phone 平台;还可以采用前高后低或前低后高的阶梯分成标准。北京智道科技有限公司与深圳市腾讯计算机系统有限公司因游戏合作而引发的合同纠纷,系由双方因"分成基数"约定不明而起,被告深圳市腾讯计算机系统有限公司被法院判令向原告支付游戏分成收入。[③]成都灵武科技有限公司与北京天赐之恒网络科技有限公司因手机游戏《无双西游》产生的计算机软件著作权许可使用合同纠纷,亦缘于双方对"分成基数"各有不同看法。[④]

声明与保证条款、知识产权条款、保密条款、违约责任条款、不可抗力条款,均应根据交易的具体实际予以重视。审计条款,即可以指费用的审计,也可以指数据的审计,它针对的是可以由第三方用专业知识予以鉴定的问题;因专业第三方的存在并被合约设定了"征召"条件,有助于双方善意履约。游戏研发商在上海、运营商在北京、上架地在香港、合同约定管辖地在成都,这种非调侃现状的真实存在,使得进一步思考如何合理设计争端解决条款具有了显著的价值。

二、网络游戏虚拟财产

网络游戏中虚拟物品的产生由来已久,如早期在 BBS 论坛中,为鼓励用户发帖评论,设立的积分制度,并逐渐从简单的积分转变为各种赋予一定使用功能的虚拟货币,可以购买一些虚拟物品。[⑤] 随着互联网的发展,不断有更多的网络虚拟财产被创造出来。网络虚拟财产的范围处在一个不断扩张的动态过程中,十多年前的网络虚拟财产大多与网络游戏相关,但现今的网络虚拟财产除了存在于网络游戏之中,也广泛存在于电子商务平台、网络社区等网络平台中。一般认为,目前的网络虚拟财产可以分为三种类型:其一,是网络游戏中的虚

---

① 深圳市南山区人民法院(2015)深南法民二初字第 921 号民事判决书。
② 深圳市中级人民法院(2016)粤 03 民终 20182 号民事判决书。
③ 深圳市南山区人民法院(2015)深南法民重字第 37 号民事判决书。
④ 北京知识产权法院(2016)京 73 民初 5 号民事判决书;北京市高级人民法院(2019)京民终 261 号民事判决书。
⑤ 林旭霞、张冬梅:《论网络游戏中虚拟财产权利的法律属性》,载《中国法学》2005 年第 2 期,第 189 页。

拟财产,包括账号、货币、角色、装备、宠物、道具等;其二,是网络社区中的虚拟财产,包括账号、货币、积分、用户级别等;其三,是其他的网络虚拟财产,包括 QQ 号、微信号、电子邮箱、网店账号等。①

法学理论界对网络虚拟财产究竟是何种性质的财产,主要有物权说、债权说、知识产权说、新型财产说等观点。《民法典》第 127 条规定:"法律对数据、网络虚拟财产的保护有规定的,依照其规定。"最高法院认为网络虚拟财产是一种特殊类型的物。第一,它在法律上具有可支配性和排他性。网络虚拟财产是建立在数据基础上的虚拟物,对于权利人来说,可以排他地占有、支配和使用。第二,网络虚拟财产具有经济价值。比如游戏中的装备可以交易和转让。第三,虽然网络虚拟财产本身是无形的,但是它在网络空间中也具有一定的"有形"存在。这种"有形"是相对于网络世界而言,并非真实存在。毕竟数据的存储需要空间,网络虚拟财产也需要有活动的空间。所以,网络虚拟财产作为一个特殊类型的物,需要民法上的保护,随着信息网络的发展,对于数据使用和虚拟财产的保护需要通过进一步指定单行法律加强。司法倾向于将网络虚拟财产视作为"一种特殊类型的物",该财产的合法权利应当予以保护。②

根据当前的司法审判,可以将虚拟财产纠纷或虚拟财产利益损失的原因大致分为四大类:(1)网络游戏经营者实施的行为导致虚拟财产损失。网络游戏经营者为维持游戏秩序,认为游戏用户可能有私服、外挂、非法装备等行为,而采取冻结、删除虚拟物品甚至游戏账户的行为。(2)网络游戏经营者未尽到安全注意义务导致虚拟财产损失。网络游戏经营者未保证网络系统、服务器和程序的安全性能,使其安全环境低于一般安全技术保障水平或服务合同约定水平,从而使游戏用户的虚拟财产受到损失。(3)网络用户对自己的虚拟财产未尽到安全保护义务。网络用户负有与持有信用卡用户相当的义务,即应当对自己持有的账户密码相关信息进行加密并保密,防止外泄。未尽到上述义务使自己虚拟财产安全受到危险,导致出现虚拟财产损失。(4)利用网络技术非法入侵导致虚拟财产损失。在网络游戏经营者提供安全保障环境的情况下,他人利用网络技术非法入侵,在此情况下造成网络游戏经营者难以防范,最终虚拟财产受到损失。在上述情况中,第 1 种情况下网络游戏经营者需要证明自己采取冻结、删除虚拟财产等行为有正当性,系发现有外挂等行为,为维持网络秩序采取的必要措施,否则应承担侵权责任。第 2 种情况系因网络游戏经营者未尽到安全注意义务,故而应承担相应责任。第 3 种和第 4 种情况系游戏用户自身原因和他人利用技术侵权而经营者无法防范,此时,经营者应当免责。③ 目前,关于网络游戏虚拟财产的纠纷,主要集中在角色升级类网络游戏的账号、物品与装备,以及网络游戏虚拟货币上。

(一)用户账号

账号是登录游戏的"身份证",是玩游戏的通行证。一般情况下,注册账号时,游戏公司会在协议中明确账号的所有权归游戏公司、用户享有使用权。例如《QQ 号码规则》载明:"QQ 号码是腾讯按照本规则授权注册用户用于登录、使用腾讯的软件或服务的数字标识,其所有权属于腾讯。"《腾讯游戏许可及服务协议》规定:"您如果需要使用和享受腾讯游戏,则您需要将您享有使用权的 QQ 号码、微信账号或腾讯认可的其他账号作为游戏账号。"

---

① 江波:《虚拟财产司法保护研究》,北京大学出版社 2015 年版,第 31 页。
② 石家庄市深泽县人民法院(2018)冀 0128 民初 881 号民事判决书。
③ 最高人民法院民事审判第一庭编:《民事审判指导与参考》(总第 42 集),法律出版社 2011 年版,第 200 页。

与此同时,游戏公司还会对账号使用时限要求以及账号使用禁止等事项作出约定,如《腾讯游戏许可及服务协议》中的"您充分理解并同意,为高效利用服务器资源,如果您3年内未使用游戏账号登录腾讯游戏,腾讯有权在提前通知的情况下,对该账号及其账号下的游戏数据及相关信息采取删除等处置措施"和"您理解并同意,您不得将游戏账号以任何方式提供给他人使用,包括但不限于不得以转让、出租、借用等方式提供给他人作包括但不限于直播、录制、代打代练等商业性使用。否则,因此产生任何法律后果及责任均由您自行承担,且腾讯有权对您的游戏账号采取包括但不限于警告、限制或禁止使用游戏账号全部或部分功能、删除游戏账号及游戏数据及其他相关信息、封号直至注销的处理措施,因此造成的一切后果由您自行承担"条款。《网易游戏使用许可及服务协议》对账号使用时限的要求是:"如用户连续365天没有登录游戏,则自第365天当天的24时起,网易公司有权采取措施删除该用户账号以及该用户账号在游戏数据库中的任何记录(包括但不限于角色、等级、虚拟物品、增值服务代用币等数据信息),删除后的数据信息无法再恢复。"

账号的所有权归游戏公司所有,已经成为游戏服务协议或许可协议的标配条款。未经游戏公司同意而私下买卖、转让或赠予账号造成的损失,责任由用户自行承担。尽管账号所有权归游戏公司,但继承人是否有权继承被继承人的游戏账号,仍然不是一个轻而易举就有标准答案的问题。在实践中,虽有禁止转让的约定,但倘若账号转让未被游戏公司否定,账号受让者与游戏公司之间是否存在网络服务合同及其效力如何,法院在"杨某与上海某某网络发展有限公司网络服务合同纠纷案"[1]中做了阐述。原告在庭审中陈述系争游戏账号系其从其他玩家处购买所得,而被告对原告这一取得系争游戏账号的方式不予认可,主张违反了《服务条款》的约定。法院认为,虽然根据《服务条款》的约定,如原告并非系争游戏账号的最先注册人,则无论其通过何种方式取得系争游戏账号使用权,在未得被告书面同意的情况下,被告均有权单方解除合同并收回账号,然而被告至今并未主张解除合同,因此原、被告之间的网络服务合同成立并存续。

(二)虚拟物品

游戏虚拟物品,通常而言,包括但不限于游戏角色、资源、道具(包括但不限于游戏中的武器、坐骑、宠物、装备等)等。用户只能在合乎法律规定的情况下,根据游戏公司的规则进行使用,对之不享有所有权。游戏中各类虚拟物品,如对使用期限无特殊标识的,意味着均默认用户可在获得使用权后持续使用,直至相应游戏服务终止;如对使用期限有特殊标识的,则其使用期以特殊标识的期限为准,超过使用期的,游戏公司会在服务协议中要求有权不另行通知用户而随时收回其使用权。游戏公司在服务协议中会明确其不承认任何于游戏外进行的所谓虚拟物品或内容的转让行为,也不承认任何于"现实世界"中进行的、对游戏中出现或生成内容的所谓销售、赠送或交易行为,除非上述行为已得到游戏公司的书面授权或许可。

虚拟物品私下交易的禁止,体现在众多服务协议之中。如《腾讯游戏许可及服务协议》规定:

> 腾讯未授权您从任何第三方通过购买、接受赠与或者其他的方式获得游戏账号、游戏道具、游戏装备、游戏币及其他游戏服务。腾讯不对第三方交易行为(第三方交易,是指

---

[1] 上海市浦东新区人民法院(2009)浦民一(民)初字第21720号民事判决书。

您从第三方通过购买、接受赠与或者其他的方式获得游戏账号、游戏道具、游戏装备、游戏币及其他游戏服务的行为)负责,并且不受理因任何第三方交易发生纠纷而带来的申诉。

《网易游戏使用许可及服务协议》强调:

> 宣传或进行线下交易:用户只可在游戏内或者通过网易公司认可的交易平台(如有)进行游戏虚拟物品交易。对于用户在任何非网易公司事先认可的充值平台或其他交易平台进行充值或进行其他交易的相关行为(包括但不限于用户通过第三方进行充值或游戏内虚拟物品的购买),网易公司将予以严厉打击和处罚。一经查证属实,网易公司有权视具体情况采取各种处理措施,包括但不限于如下一项或几项:警告、倒扣数值、冻结或回收游戏虚拟物品、暂时冻结玩法、永久冻结玩法、强制离线、封停账号、删除档案及采取其他技术措施防止用户从事该等行为;情节严重的,网易公司保留追究用户法律责任的权利。

物品虽然是虚拟的,但纠纷却可以在真实世界发生。

1. 虚拟物品民事纠纷

"吴伟诉上海盛大网络发展有限公司网络服务合同纠纷案"[①]的原告吴伟诉称,原告系被告《热血传奇》海纳百川(百区电信专区)的用户,游戏通行证账号为 zhengyi.cq900,角色名"最√爽"。原告于 2013 年 10 月 7 日凌晨 1 时 50 分至 2 时许期间无法登录游戏,半小时后再登录时发现账号中的游戏装备遗失。原告于 2013 年 10 月 14 日向上海市公安局浦东分局浦兴路派出所报案;但被告未按公安部门协查函要求恢复装备。原告诉至法院,要求被告继续履行网络服务合同,恢复"幸运 5 裁决之仗"一把、"幸运 4 白色虎齿项链"一根、"准确 4 夏普尔手镯"一只。被告盛大公司辩称,根据原告 2013 年 1 月至 10 月的 IP 地址数据显示,涉案账户有在多地登录过游戏账号,因原告未能妥善保管其账号导致账号被盗等情形,原告应自行承担由此产生的法律责任,要求驳回原告的诉讼请求。

一审法院没有支持原告的诉请,理由是:原告未提供证据证明被告盛大公司对其装备被盗存在过错,故原告要求被告盛大公司承担赔偿责任的诉讼请求,缺乏合同依据和法律依据,故不予支持。二审法院进行了改判:网络游戏用户通过合法途径购买游戏装备,其对该虚拟财产享有使用权,而在用户的游戏装备发生异常时,经营网络游戏业务的网络公司应当采取冻结装备、恢复装备等处置措施;吴伟与盛大网络公司之间存在事实上的网络服务合同关系,吴伟因系争游戏装备被盗向公安机关报案,而公安机关也已要求盛大网络公司协助查询,盛大网络公司作为系争网络游戏的运营商,负有为用户妥善保管系争游戏装备及保障用户正常使用该游戏装备的义务,其应对吴伟因异常原因遗失的游戏装备进行冻结,并在查明情况后予以恢复。盛大网络公司已实际为吴伟恢复大部分被盗的游戏装备,但又称"其余三项游戏装备因价值大,且流转次数多,不能予以恢复",显然缺乏事实及相关法律依据,不能支持。原审法院认定本案纠纷事实清楚,但处理不当,应予纠正。被上诉人上海盛大网络发展有限公司于本判决生效之日起 10 日内为吴伟恢复游戏装备"幸运 5 裁决之杖"一把、"幸运 4 白色虎齿项链"一根、"准确 4 夏普尔手镯"一只。

---

① 上海市浦东新区人民法院(2014)浦民一(民)初字第 44026 号民事判决书。上海市第一中级人民法院(2015)沪一中民一(民)终字第 932 号民事判决书。

2. 虚拟物品的刑事案件

(1) 盗取游戏装备[①]

颜某凡在广州网易互动娱乐有限公司(简称"网易公司")组织的"大话西游Ⅱ"网络游戏两周年庆典活动上,利用其担任工作人员的便利,盗取被害人梁晨鹏、程烨、金德根等参加庆典活动的游戏玩家的个人资料,伪造被害人的身份证和截取被害人的网易通行证号,然后以被害人网络游戏账号的安全码被盗或丢失为由,骗取网易公司向其发出新的安全码,之后再用该安全码登录"大话西游Ⅱ"网络游戏,先后盗得被害人梁晨鹏、程烨、金德根三人的游戏装备一批。其中包括被害人梁晨鹏的"六级男衣避水甲""八级男帽子乾坤帽""十级项链万里卷云"各一件;程烨的"五级男帽烈火冠""万里卷云""妖气斗篷""混元盘金锁(3级)""五级男衣吸血披风""斩妖剑(3级)""步定乾坤履(3级)""1转猴精""1转冰雪魔"各一件;金德根的"两转137级剑精灵"一件。经网易公司估算,被盗装备价值虚拟货币69070万大话币,折合人民币4605元。被告人颜某凡将盗得的装备转卖给王学兵、张晓峰等人,非法获利人民币3750元。

涉案的财物虽是网络游戏中的虚拟财产,但该虚拟财产具有价值和使用价值,并根据现实社会的供求关系于交易过程中体现其经济价值。法院认为:第一,被害人被盗的是游戏装备,该装备是游戏玩家通过向游戏运营商支付一定的费用后,获取游戏使用权,再通过在游戏环境中完成一定的任务、自己进行打造或练级后获得相应的游戏装备。该装备虽然仅是存在于电脑网络和游戏程序之中的电磁记录,但却是游戏者投入了时间、精力和金钱后获取的劳动成果。该劳动成果可通过售卖的形式来换取现实生活中的货币,因此虚拟财产和现实生活中的货币是紧密相连的,具备了商品的一般属性,既有价值又有使用价值,理应得到与现实生活中的财产同等的保护,属于刑法的调整范围。第二,虚拟财产也属于私人财产,能为人们控制和占有。虚拟财产不是游戏系统本身就存在的,它是游戏者通过脑力劳动并伴随着金钱和时间的投入而取得,是游戏者通过脑力劳动触发游戏程序创造出来的,因此,游戏者理应对其创造出来的虚拟财富享有所有权。由于游戏者可以通过售卖、赠予等方式享有对虚拟财产的占有、使用、收益和处分等权利,虚拟的财产可以在游戏者之间进行自由流转,为每个游戏者独立控制和占有,因此虚拟财产属于游戏者的私人财产。因此,游戏装备属于游戏者的私人财产,并具有一定的经济价值,颜某凡盗取游戏者游戏装备的行为并非简单地违反游戏规则,而是侵犯了公民个人财产的所有权,应构成盗窃罪。

(2) 非法获取计算机信息系统数据[②]

朱某在负责《秦时明月2》网络游戏运营以及在不从事该游戏相关工作后,利用其所掌握的管理员账户及私自开通的管理员账户进入该游戏系统,进行获取道具、元宝、月卡等并向游戏玩家发放、充值等操作。针对朱某的行为如何定罪,法院认为,网络游戏中道具、元宝等虚拟财产与传统意义上的财物存在明显差别,该虚拟财产的价值数额之认定缺乏能够被普遍接受的计算方式,虚拟财产的法律属性是计算机信息系统数据,对于非法获取此类数据的行为,适用非法获取计算机信息系统数据罪定罪量刑。

(3) 故意毁坏虚拟物品[③]

陈某与杨某均系某网络游戏玩家,且分别在游戏中的两个"公会"担任会长,两人所属公

[①] 广州市中级人民法院(2006)穗中法刑二终字第68号刑事判决书。
[②] 北京市石景山区人民法院(2017)京0107刑初96号刑事判决书。
[③] 蒋云飞、鲁璐:《毁坏他人游戏装备,该如何处理》,载《检察日报》2019年11月1日,第3版。

会经常发生矛盾。2017年11月,陈某通过公会成员李某以编程方式获取了杨某在游戏中的甲、乙两个账号的游戏密码。在得到上述游戏账号密码后,为毁坏杨某游戏账号内的战船、宝石等游戏道具,陈某建立了微信群并将公会成员张某、王某、李某拉进群中,在群中部署破坏计划。2018年1月24日5时许,陈某将杨某的甲游戏账号密码发在四人微信群中,并由其登录乙游戏账号,由张某登录甲游戏账号,二人将上述游戏账号中战船的攻防装备全部卸下后,多次以裸船撞击己方人员登录的已经处于武装防御状态的战船,造成杨某游戏内的战船、宝石等道具大量损毁。

2019年8月28日,检察院以故意毁坏财物罪向法院提起公诉,法院认为:首先,涉案的虚拟物品具有财物属性,在本质上与有形财产无异,可以归入财产类犯罪的评价范围,可以作为故意毁坏财物罪的犯罪对象。其次,陈某等人通过游戏中的"撞击"方式将被害人游戏账号中大量处于无防御状态的战船、宝石道具等虚拟财产予以毁灭,符合故意毁坏财物罪的法定行为方式。再次,游戏具有公共性和开放性,进入游戏空间的人员无限制和不特定,游戏内的各种活动也涉及社会的各个方面,具有多样性。陈某在群里发布被害人游戏账号信息,并统一部署毁坏方式,其行为本身具有一定公然性。且在游戏内直接参与毁坏时,会在游戏公屏中放出毁坏的信息,体现了其破坏行为的公然性。故而以故意毁坏财物罪判处被告人陈某有期徒刑1年,缓刑1年。

(三)虚拟货币

1. 网络游戏虚拟货币的一般规定

网络游戏虚拟货币,是指由网络游戏运营企业发行,游戏用户使用法定货币按一定比例直接或间接购买,存在于游戏程序之外,以电磁记录方式存储于网络游戏运营企业提供的服务器内,并以特定数字单位表现的一种虚拟兑换工具。网络游戏虚拟货币用于兑换发行企业所提供的指定范围、指定时间内的网络游戏服务,表现为网络游戏的预付充值卡、预付金额或点数等形式,但不包括游戏活动中获得的游戏道具。虽然游戏活动中获得的游戏道具,不属于网络游戏虚拟货币,但是,有一类游戏虚拟道具却按照网络虚拟货币的规定进行管理,即"网络游戏运营企业发行的,用户以法定货币直接购买、使用网络游戏虚拟货币购买或者按一定兑换比例获得,且具备直接兑换游戏内其他虚拟道具或者增值服务功能的虚拟道具"。

网络游戏运营企业不得向用户提供网络游戏虚拟货币兑换法定货币或者实物的服务,但若系终止提供网络游戏产品和服务,以法定货币方式或者用户接受的其他方式退还用户尚未使用的虚拟货币的情况除外。网络游戏运营企业不得向用户提供虚拟道具兑换法定货币的服务,向用户提供虚拟道具兑换小额实物的,实物内容及价值应当符合国家法律法规的规定。任何单位不得为违法网络游戏经营活动提供网上支付服务,若有违反,由行政管理部门或执法机构依法处理。

网络游戏运营企业采取随机抽取方式提供虚拟道具和增值服务的,不得要求用户以直接投入法定货币或者网络游戏虚拟货币的方式参与,并应及时在该游戏的官方网站或者随机抽取页面公示可能抽取或者合成的所有虚拟道具和增值服务的名称、性能、内容、数量及抽取或者合成概率,且应同时为用户提供其他虚拟道具兑换、使用网络游戏虚拟货币直接购买等其他获得相同性能虚拟道具和增值服务的方式。

2. 网络游戏虚拟货币的发行与交易

根据文化部、商务部《关于加强网络游戏虚拟货币管理工作的通知》(文市发〔2009〕20

号)之规定,从事"网络游戏虚拟货币发行服务"和"网络游戏虚拟货币交易服务"业务的企业,须符合设立经营性互联网文化单位的有关条件,向企业所在地省级文化行政部门提出申请,省级文化行政部门初审后报文化部审批。"网络游戏虚拟货币发行企业"是指发行并提供虚拟货币使用服务的网络游戏运营企业;"网络游戏虚拟货币交易服务企业"是指为用户间交易网络游戏虚拟货币提供平台化服务的企业。同一企业不得同时经营以上两项业务。

网络游戏运营企业发行网络游戏虚拟货币的,应当遵守的规定有:(1)网络游戏虚拟货币的使用范围仅限于兑换自身提供的网络游戏产品和服务,不得用于支付、购买实物或者兑换其他单位的产品和服务;(2)发行网络游戏虚拟货币不得以恶意占用用户预付资金为目的;(3)保存网络游戏用户的购买记录。保存期限自用户最后一次接受服务之日起,不得少于180日;(4)将网络游戏虚拟货币发行种类、价格、总量等情况按规定报送注册地省级文化行政部门备案。

网络游戏虚拟货币交易服务企业不得为未成年人提供交易服务,亦不得为未经审查或者备案的网络游戏提供交易服务;提供服务时,应保证用户使用有效身份证件进行注册,并绑定与该用户注册信息相一致的银行账户;若接到利害关系人、政府部门、司法机关通知后,应当协助核实交易行为的合法性。经核实属于违法交易的,应当立即采取措施终止交易服务并保存有关记录,且保存用户间的交易记录和账务记录等信息不得少于180日。

网络游戏运营企业应当依据自身的经营状况和产品营运情况,适量发行网络游戏虚拟货币,严禁以预付资金占用为目的的恶意发行行为。除利用法定货币购买之外,不得采用其他任何方式向用户提供网络游戏虚拟货币;在发行网络游戏虚拟货币时,应保存用户的充值记录。网络游戏虚拟货币的使用范围仅限于兑换发行企业自身所提供的虚拟服务,不得用以支付、购买实物产品或兑换其他企业的任何产品和服务。网络游戏运营企业计划终止其产品和服务提供的,须提前60日予以公告;终止服务时,对于用户已经购买但尚未使用的虚拟货币,应以法定货币方式或用户接受的其他方式退还用户;网络游戏因停止服务接入、技术故障等网络游戏运营企业自身原因连续中断服务30日的,视为终止。网络游戏运营企业不得变更网络游戏虚拟货币的单位购买价格,在新增虚拟货币发行种类时,需报文化行政部门备案;网络游戏虚拟货币交易服务企业不得为未成年人提供交易服务。

3. Q币案

Q币是典型的网络游戏虚拟货币。"孟动、何立康网络盗窃案"[①]一方面分析了Q币的法律属性,另一方面就虚拟财产在现实生活中对应的财产数额如何认定做了讨论。

被告人孟动窃取被害单位上海茂立实业有限公司的账号和密码后,提供给被告人何立康,二人商定由孟动通过网上银行向买家收款,何立康进入茂立公司的在线充值系统窃取Q币,然后为孟动通知的买家QQ号进行Q币充值。从2005年7月22日18时32分至次日10时52分,何立康从茂立公司的账户内共窃取价值人民币24869.46元的Q币32298只,窃取价值人民币1079.5元的游戏点卡50点134张、100点60张。检察院机关认为,孟动、何立康以非法占有为目的,通过网络系统共同秘密窃取他人总计价值人民币25948.96元的财物,盗窃数额巨大。

针对Q币和游戏点卡的性质,法院认为,Q币和游戏点卡是腾讯公司、网易公司在网上发行的虚拟货币和票证,是网络环境中的虚拟财产。用户以支付真实货币的方式购买Q币

---

① 《中华人民共和国最高人民法院公报》2006年第11期(总第123期)。

和游戏点卡后,就能得到发行 Q 币和游戏点卡的网络公司提供的等值网上服务,因此 Q 币和游戏点卡体现着网络公司提供网络服务的劳动价值。被害单位茂立公司是 Q 币和游戏点卡的代理销售商,按照合同约定的折扣,通过支付真实货币,从腾讯公司、网易公司得到 Q 币和游戏点卡。茂立公司付出对价后得到的 Q 币和游戏点卡,不仅是网络环境中的虚拟财产,也代表着茂立公司在现实生活中实际享有的财产,应当受刑法保护。

因数额是盗窃罪定罪量刑的关键情节,且如何计算网上秘密窃取 Q 币和游戏点卡的盗窃数额,目前没有明确规定。针对该案,法院的观点是,网络用户取得 Q 币和游戏点卡的方式,除了支付现实货币购买外,还可以通过网络游戏中的不断"修炼"而获得。这后一取得方式使 Q 币和游戏点卡的价格变得模糊。前已述及,网络公司在网上发行 Q 币和游戏点卡,目的是回收网络用户对其提供的网上服务支付的报酬,Q 币和游戏点卡体现着网络公司提供网络服务的劳动价值。因此,Q 币和游戏点卡在现实生活中对应的财产数额,可以通过其在现实生活中的实际交易价格来确定。至于网络用户在网络游戏中通过不断"修炼"而获得的 Q 币和游戏点卡,只是网络公司吸引客户用的一种手段。这部分 Q 币和游戏点卡由于不参加网络公司与网络用户之间的交换,因此不影响 Q 币和游戏点卡的交易价格。

Q 币和游戏点卡在现实生活中的交易价格有多种:第一,网络公司在网上标出的销售价格;第二,网络用户在网外互相交易形成的价格;第三,网络公司与代理商之间交易的价格;等等。具体到该案,法院主张以网络公司与代理商之间的实际交易价格来确定被盗 Q 币和游戏点卡在现实生活中对应的财产数额。因为行为人实施盗窃行为,被害人的财产一般就会受到相应的损失,盗窃数额与被害人受到的财产损失密切相关。毕竟只有现实生活中受犯罪行为侵害的公私财产,才是刑法要保护的客体。在该案中,用被害单位茂立公司与腾讯公司、网易公司在合同中约定的交换价格来计算被盗 Q 币和游戏点卡在现实生活中代表的财产数额,能准确反映茂立公司遭受的财产损失。在目前对 Q 币和游戏点卡的盗窃数额如何计算没有明确规定的情形下,起诉书没有按网上公认的 Q 币和游戏点卡销价计算,而是按照茂立公司购进时实际支付的价格认定盗窃数额,不仅有其合理性,而且也有充分的证据,应予认定;对被盗 Q 币和游戏点卡在现实生活中对应的财产数额,无需经权威机构做价格鉴定。

虚拟货币的价值究竟如何在现实世界中找到有充足理据的计算方法,在司法上存在着一些不同的认识,比如"王潇雅与高建东财产损害赔偿纠纷案"①。虽然该案是民事案件,但法院对该案涉游戏币之价值的观点,在不少程度上也被其他法院所采纳。在该案中,原告主张被告登录其游戏账号后,造成其游戏金币损失达 2000 多万,换算成人民币为 2 万多元。法院认为,原告对自己提出的诉讼请求所依据的事实,应当提供证据加以证明。首先,案涉游戏账号系原告出借给案外人武靖渊,武靖渊将其账号、密码告知被告,原告主张的 2016 年 12 月 30 日 0 时 40 分至 2017 年 1 月 15 日 17 时 07 分期间,是否仅有被告一人登录案涉游戏账号,而无其他人登录该游戏账号,原告对此并未提供有效证据加以证明。其次,案涉游戏账号中的购买、出售物品是否由被告操作及损失价值,原告并未提供有效证据加以证明。根据原告申请调取的证据即杭州网易雷火科技有限公司出具的《情况说明》中载明,游戏币(金币和银币)可通过游戏内大量玩法免费获得,该公司无法提供游戏币与人民币的兑换比例。综上,现原告无法证明被告造成其游戏账号内金币损失 2000 多万,亦无法证明折现损

---

① 杭州经济技术开发区人民法院(2017)浙 0191 民初 1046 号民事判决书。

失 2 万元,故不支持原告的诉讼请求。

三、网络游戏用户

游戏公司与玩家之间的权利义务,目前行业内的通行做法,主要是通过网络游戏公司与用户之间签署电子协议予以规范,其名称有"许可及服务协议""用户协议""服务条款""玩家守则"等等。以《天下 3》游戏为例,网易公司表示其提供的游戏服务有设置程序,玩家在注册网易通行证时必须点击接受《网易通行证服务条款》《最终使用许可协议》《服务条款》《玩家守则》《"藏宝阁"网上交易平台服务条款》等,玩家参与游戏必须接受并同意上述条款。① 游戏公司与玩家签署的电子协议本质上是网络服务合同,游戏公司向玩家提供游戏服务,玩家通过在线点击确认和接受电子协议而成为游戏注册用户,接受游戏公司提供的网络游戏服务。向玩家提供游戏服务,制定并执行游戏规则,管理与维护游戏虚拟空间的秩序②,以及保障玩家权益不受损害是游戏公司的基本权利和义务;遵法依规地自由操控游戏,对游戏账号、虚拟物品、虚拟货币享有权利与权益,是用户的基本权利和义务。通常意义上说,除前面已经讨论过的财产性权利之外,用户的权利有三种表现形式:第一,以合同权利为主的民事权益;第二,消费者权利;第三,名誉等人格权利。

(一) 合同权利

举凡是合同法上的权利,用户皆享有。在实践中,网络游戏服务合同的争议点多系围绕网络服务协议中的条款而展开,即它们以格式方式制定,效力是否应受到挑战?之所以不少争议实质上的焦点是关于格式条款的效力,原因在于,网络游戏服务协议经过一些年的实践和沉淀,在许多问题上的规定几乎都是"严丝合缝",用户权利的被挤压感较为明显;一旦发生争议,至少从服务协议字面上的含义来看,用户难有抓手、胜算有限。故而,对服务协议或者其中的条款之效力进行挑战,是实务中较为常见的策略,因为它可以起到"釜底抽薪"的作用,为己方权利筑基打下牢靠地桩。

譬如《腾讯游戏许可及服务协议》规定:

> 由您与腾讯游戏服务提供方共同缔结,本协议具有合同效力。请您务必审慎阅读、充分理解各条款内容,特别是免除或者限制腾讯责任的条款、对用户权利进行限制的条

---

① 广州市中级人民法院(2017)粤 01 民终 12372 号民事判决书。
② 如《《梦幻西游》玩家守则》强调,良好的秩序是一切美好事物的基础。我们所做的一切,均是为了维护游戏世界的和谐与公平。据此,该守则规定,若玩家违反本玩家守则的规定,玩家可能遭受以下一项或几项惩罚:(一)警告:警告仅仅是针对轻微违反游戏政策而做出的教育导向,它是用于正常管理游戏运行的一种方式;(二)禁言:关闭违规玩家的部分或全部聊天频道,强制暂停玩家角色的线上对话功能,使玩家角色无法与其他玩家对话,直到此次处罚到期或是取消;(三)暂时隔离:将违规玩家的游戏角色转移到特殊游戏场景,限制其局部游戏操作,直到此次处罚到期或是取消;(四)永久隔离:将违规玩家的游戏角色永久转移到特殊游戏场景,并限制其局部游戏操作;(五)暂时禁止登录:暂时禁止违规玩家网易邮箱账号或游戏角色登录游戏,直到此次处罚到期或是取消;(六)强制离线:强制让违规玩家离开当前游戏,结束玩家当前游戏程序的执行;(七)封停账号:暂停或永久终止违规玩家网易邮箱账号登录游戏的权利;(八)删除档案:将违规玩家在游戏世界中的人物档案删除,不让该人物再出现在游戏世界中;(九)冻结游戏虚拟物品:对违规玩家限定其游戏角色的游戏虚拟物品的相关功能,包括但不限于物品的使用、交易、给予等;(十)收回游戏虚拟物品:对于玩家因欺诈或其他违规行为而获取的游戏虚拟物品,包括但不限于游戏虚拟物品进行收回;(十一)修改昵称:对于人物昵称、帮派名称、摊位名称、商店名称、宠物名称、召唤兽昵称等可以由玩家自主命名的昵称或名称进行强制修改;(十二)解散组织:解散玩家成立的帮派、公会组织;(十三)倒扣数值:针对游戏角色游戏数值进行扣除,包括但不限于游戏角色等级、金钱、经验等;(十四)暂时限制游戏行为:在一定时间内对游戏角色的交易,以及角色升级、自杀、PK 等部分游戏行为做出限制;(十五)承担法律责任:对于玩家的不当行为对他人或者网易公司造成损害或者与现行法律规定相违背的,违规玩家要依法承担相应的民事、行政或刑事责任。

款、约定争议解决方式和司法管辖的条款以及开通或使用某项服务的单独协议。前述免责、限制及争议解决方式和管辖条款可能以黑体加粗、颜色标记或其他合理方式提示您注意,包括但不限于本协议……等相关条款,您对该等条款的确认将可能导致您在特定情况下的被动、不便、损失,请您在确认同意本协议之前或在使用腾讯游戏服务之前再次阅读前述条款。除非您已阅读并接受本协议所有条款,否则您无权使用腾讯游戏服务。如果您对本协议或腾讯游戏服务有意见或建议,可与腾讯客户服务部门联系,我们会给予您必要的帮助。您点击同意、接受或下一步,或您注册、使用腾讯游戏服务均视为您已阅读并同意签署本协议。

可见,该协议关于"免责条款""限制条款"的提示,或以黑体加粗表示,或以颜色标记,如果不完全接受协议内容和各条款的话,就无法"下一步"。

《网易游戏使用许可及服务协议》也有相同的内容,其在"重要须知"中规定:

用户在使用网易公司提供的游戏软件及相关服务之前,请仔细阅读本《网易游戏使用许可及服务协议》中各条款。网易公司特别提醒用户认真阅读本协议的全部条款,特别是其中免除或者限制网易公司责任的条款(该等条款通常含有"不负任何责任""无义务""不保证"等词汇)、限制用户权利的条款(该等条款通常含有"不得""不应""无权"等词汇)、法律适用和争议解决条款,这些条款应在中国法律所允许的范围内最大程度地适用,该类条款通常用红色字体标示。如用户不同意本协议的任何条款,则不得安装、使用网易游戏软件,不得享用网易游戏服务。用户一旦点击"接受"(或其他具有同样含义的词,如"同意"等)并安装网易游戏软件,或者注册、开始使用及/或继续使用网易游戏服务,即视为用户同意并已经接受本协议中全部条款。此后您不得以未阅读/未同意本协议内容或类似理由提出任何形式的抗辩。

简言之,限制用户权利和排除网易责任的条款,以红色字体标示出来,如果不同意任何条款的话,则不得安装和使用。

从法律角度更值得提及的是,在一些游戏的服务协议中,还有类似于"强制接受具有追溯力的条款变更"的条款;这一类条款的中心意思是"游戏公司有权随时变更和调整网络服务协议中的条款,若用户不接受新变更的条款,可以走人"。如《腾讯游戏许可及服务协议》中的"腾讯有权在必要时变更本协议条款,您可以在腾讯游戏的相关页面查阅最新版本的协议条款。本协议条款变更后,如果您继续使用腾讯游戏服务,即视为您已接受变更后的协议"条款。《网易游戏使用许可及服务协议》的此类条款之语句是:"条款变更:网易公司有权在必要的时候修改本协议条款,敬请用户定期查询有关内容。用户如继续使用本协议涉及的服务,则视为对修改内容的同意;用户在不同意修改内容的情况下,应当卸载网易游戏软件、终止本协议并停止使用网易游戏服务。"

格式条款是当事人为了重复使用而预先拟定,并在订立合同时未与对方协商的条款。根据《民法典》第496、497和498条的规定,采用格式条款订立合同的,提供格式条款的一方应当遵循公平原则确定当事人之间的权利和义务,并采取合理的方式提示对方注意免除或者减轻其责任等与对方有重大利害关系的条款,按照对方的要求,对该条款予以说明。提供格式条款的一方未履行提示或者说明义务,致使对方没有注意或者理解与其有重大利害关系的条款的,对方可以主张该条款不成为合同的内容。提供格式条款一方免除其责任、加重对方责任、排除对方主要权利的,该条款无效。对格式条款的理解发生争议的,应当按照通常理解予以解释。对格式条款有两种以上解释的,应当作出不利于提供格式条款一方的解释;格式条款和非格式条款不一致的,应当采用非格式条款。

因为法律对格式条款有专门约束,游戏公司也采用了具有针对性的方法,使其更为"合法"、效力不受挑战,比如点击进入服务协议的页面时,"满眼尽是红色字""满眼尽是黑体加粗字"。故而,实践中挑战游戏公司网络服务协议之格式条款之效力的,总体上被支持者鲜少。正因如此,摘选两例格式条款抗辩成功的案例,其意义更显突出。

在"张世超与完美世界(北京)网络技术有限公司网络服务合同纠纷案"①中,案涉《完美通行证用户协议》第7条,被法院认定为系格式条款。法院认为:

> 《完美通行证用户协议》第7条中关于完美世界公司有权对用户账号进行封停的约定中使用了"有权随时取消""任何利益"等词汇,虽然在该条款中也同时约定了完美世界公司如依据该条款第1项封停账户,需要承担初步举证责任,但依然加重了用户的责任、排除了用户的主要权利。完美世界公司作为游戏这一虚拟社区的管理人,应当尽到合理的管理义务,但该合理管理义务不应当不当损害用户的利益,而前述条款的约定中,完美世界公司享有随时封号的权利,未约定对用户进行提前告知等相关义务,有损于用户的正当利益,系排除合同相对人主要权利的行为。

"钟强与杭州网易雷火科技有限公司网络侵权责任纠纷案"②对格式管辖权条款的效力给予了否定。钟强主张网易公司未采取合理方式提请其注意格式条款中的管辖协议,应属无效;网易公司认为其采用红色字体标识了管辖协议,与格式条款的其他内容显著区分,符合民事诉讼法的规定,合法有效。法院认为:

> 提供格式条款一方对已尽合理提示及说明义务承担举证责任;网易公司虽然采用红色字体标识了管辖协议,但是,案涉格式条款的大多数内容均采用红色字体进行标识,管辖协议未作特别标识,不能与其他内容显著区分,尚不足以引起钟强注意。因此,网易公司使用格式条款与钟强订立管辖协议,未采取合理方式提请钟强注意,该管辖协议应当认定无效。

整体而言,用户在游戏网络服务协议中的权利比较有限,大致只集中在"玩游戏"的层面。如何使用户与游戏公司之间的不平衡得到必要的矫正,值得关注和跟踪。发生在张戈与北京华清飞扬网络股份有限公司之间的纠纷③,法院在判决书中显示出了对这个问题的思考:

> 本案双方争讼起于网络游戏玩家对于自己游戏账号的使用与游戏经营者的干涉与控制之冲突。而当事人所主张的权利的基础,既源于法律规定,亦源于合同之约定。即本案之争议实质上在于对公民财产权益和网络游戏的空间内维护秩序、行使自由的权利的博弈。

> 网络游戏的世界虽然是虚拟的,其空间秩序的维护对于游戏的提供者和参与者的确都很重要,但是,虚拟空间并不是法律所辖之外的领域,消费者所获得的虚拟财产本身和对其的使用权均应受到法律的尊重与保护。在游戏提供者或平台管理者与消费者之间平等的合同关系基础上,游戏提供者或平台管理者提供服务的同时确有管理之义

---

① 北京市海淀区人民法院(2016)京0108民初2546号民事判决书。
② 新余市中级人民法院(2017)赣05民辖终40号民事裁定书。
③ 北京市第二中级人民法院(2017)京02民终4209号民事判决书。

务,在正常管理的同时也须依法依约提供相应的服务。网络游戏的提供者和平台的管理者应当不断完善自己的产品和服务,即使对于目前尚无法完全避免的系统漏洞的出现亦应采取积极有效的措施防范、告知、补救和解决。且所采取的措施应当具有促进、改善之作用,相应程序亦应体现网络空间特有的亲和力和灵活性。没有一方的权利凌驾于对方之上,双方均应在此基础上充分履行自己的义务,正当行使自己的权利。即使是游戏,即便在网络空间,公民的权利和财产依然应当被尊重,而在此基础上,方能保障网络游戏提供者赖以经营和存在的网络游戏本身的最大自由和最大发展。

(二) 消费者权利

用户与游戏公司之间存在服务合同关系,同时,用户也是《消费者权益保护法》上的消费者,享有消费者的权利。例如法院在"李宏晨诉北京北极冰科技发展有限公司娱乐服务合同纠纷案"[1]中所指出的,被告经营网络游戏,原告是参与该游戏的玩家之一,被告为玩家提供网络游戏服务,双方形成消费者与服务者的关系。双方之间所形成的消费者与服务者的权利、义务关系即应适用我国《民法典》和《消费者权益保护法》等有关法律规定进行调整。

中国消费者协会收到众多消费者对有关网络游戏消费纠纷的反映,经梳理,较为集中在如下三个方面[2]:

第一,实际效果与宣传不符。经营者以广告、产品说明、实物样品或者其他方式表明商品或者服务的质量状况的,应当保证其提供的商品或者服务的实际质量与表明的质量状况相符。然而在实践中,一些网络游戏经营者通过文案、视频等形式宣传游戏产品的卖点,如人物形象、道具及其功能、特效等,但是其在游戏中的实际效果与宣传不符。

第二,以不公平规定为经营者免责。经营者不得以格式条款、通知、声明、店堂告示等方式,作出排除或者限制消费者权利、减轻或者免除经营者责任、加重消费者责任等对消费者不公平、不合理的规定,不得利用格式条款并借助技术手段强制交易。一些网络游戏经营者对上线游戏产品的展示视频中加贴"最终效果以游戏内为准"的声明,涉嫌利用不公平规定,侵害消费者合法权益。另外,《电子商务法》第17条规定:电子商务经营者应当全面、真实、准确、及时地披露商品或者服务信息,保障消费者的知情权和选择权。网络游戏经营者销售给消费者的人物形象、道具及其功能、特效等应当和上线推销时的宣传展示一致,不能以消费者购买后的实际为准。消费者看到游戏产品的文案、视频等具体说明,购买了相关游戏产品,双方形成了消费合同关系,经营者应当按照约定履行义务,不能借助"最终效果以游戏内为准"的声明,使双方约定处于不确定状态,甚至以此为自己违反约定开脱和免责。网络游戏经营者的这种声明不符合相关法律规定,也违背公序良俗。

第三,选择权、财产权受损害问题。一些消费者反映,网络游戏经营者未经其同意,以游戏产品的优化、升级等名义,擅自变更已售出的人物形象、游戏道具及其功能、特效等。根据《消费者权益保护法》第9条、第10条的规定,消费者享有自主选择商品或者服务的权利。消费者有权……自主选择商品品种或者服务方式,自主决定购买或者不购买任何一种商品、接受或者不接受任何一项服务。消费者享有公平交易的权利。消费者在购买商品或者接受服务时,有权获得质量保障、价格合理、计量正确等公平交易条件,有权拒绝经营者的强制交易行为。消费者购买的网络游戏人物形象、道具等产品,具有财产属性,是法律确认保护的

---

[1] 北京市朝阳区人民法院(2003)朝民初字第17848号民事判决书。
[2] 参见 http://www.cca.org.cn/zxsd/detail/29477.html,最后访问时间:2020年5月28日。

财产权利。由于网络游戏产品的虚拟性,其占有、使用均在游戏之中,消费者对已购产品的控制能力有限。网络游戏经营者不应借助自身优势,未经消费者同意,以升级、优化等名义,擅自变更消费者已购产品的实际功能和效果。实践中,一些网络游戏经营者还在服务协议中以单方格式条款要求消费者概括授权,同意公司对游戏中的任何内容或构成元素(包括但不限于消费者已购买或正在使用的角色、游戏装备、游戏道具的美术设计、性能及相关数据设置等)所作调整、更新或优化,且不会追究公司任何法律责任,这种做法剥夺了消费者的选择权、公平交易权和索赔权,侵害了消费者合法权益。

(三) 名誉权益

网络游戏提供商侵犯游戏中的虚拟人物之声誉的,若满足法律上的条件,游戏用户可以提起诉讼并要求精神损害赔偿,"张凌诉北京联众电脑技术有限责任公司侵权纠纷案"①即为一例。在该案中,原告诉称,原告是被告多年来的游戏用户,经不断努力在四国军旗游戏中积分至 9537 分,积分榜排名第一。被告在未通知原告的情况下,以原告利用系统漏洞作弊、非法取得积分为由,对原告排名第一的游戏积分作清零处理,且在网上发布。被告这一严重违背事实、毫无根据的处罚在联众四国军旗界引起极大震动,给原告造成恶劣影响,严重地损害了原告的名誉,并给原告的精神造成了极大伤害。请求法院判令被告在国家报刊或联众网络上公开道歉,恢复积分和排名,并赔偿精神抚慰金。

法院认为,网络社区中的虚拟人物玉儿虽然不享有人格权以至于不享有名誉权,但如果同现实社会中的自然人相联系、相对应以至于成为某自然人的称谓指代时,对虚拟人物的毁誉褒贬便直接及于对应的该自然人。某自然人注册网名并以网名在网络社区中活动,自然人与网名关系的实质与外观均类似于自然人真实姓名与其绰号之间的关系,对绰号的行为同对真实姓名的行为一样直接及于该自然人。因此,被告关于"虚拟社区的虚拟人物玉儿不享有名誉权"的抗辩语意本身是正确的,但本院却不能据此拒绝对张凌名誉权的保护。公民名誉是社会对公民品德、声誉、形象等方面的综合评价。张凌以玉儿之名注册并进行四国军旗游戏,获司令称号并获积分排行榜第一的成绩,这使玉儿在网络社区中获得较高知名度。"司令"与"排行榜第一"本身应该是荣誉概念,而这种荣誉可以直接给玉儿带来声誉、形象上的正面评价,这种正面评价反映在知道玉儿与张凌对应关系的人群中,张凌可以现实地享受这种评价。由于联众公司作出错误认定作弊和清零的行为,张凌不但失去了获得提高声誉、增益形象的机会,其炒分、作弊之认定还使张凌自身固有的品德、声誉、形象受到贬损,凡知道玉儿与张凌对应关系的人对张凌的人格评价必然降低,其侵权行为不仅存在,而且较为严重。应当得出联众公司侵害张凌名誉权事实成立的结论。原告张凌耗时 1.12 万余小时进行四国军旗游戏,持续追求积分和排名,由于被告的错误认定行为,一朝被清零,万余小时的心血一时化为乌有,其受到的心理打击可谓巨大,精神损害可谓严重。综合考虑联众公司的侵权行为的过错情节,侵权行为给张凌造成的后果,并考虑联众公司的经济能力等因素,可适当支持原告要求精神抚慰金的主张。

四、未成年人保护

虚拟游戏世界中的精美画面、情节设计以及社交功能,可以让人获得在现实世界无法得到的各种体验,尤其对未成年人有着莫大的吸引力;如果不进行相应的管理和控制,未成年

---

① 吉林省吉林市中级人民法院(2004)吉中民一终字第 728 号民事判决书。

人自制力相对缺乏,可能更容易陷入自由、功能丰富、情节精彩的游戏体验而无法自拔,不仅会影响学习,而且不利于健康成长。① 未成年人防沉迷系统及家长监护系统,是保护未成年人过度沉迷于游戏,避免身心健康造到不利影响的重要手段。

在我国,未成年人防沉迷系统由以下几个部分组成:第一,实行网络游戏用户账号实名注册制度,所有网络游戏用户均须使用有效身份信息方可进行游戏账号注册。网络游戏企业可以对其游戏服务设置不超过 1 小时的游客体验模式。在游客体验模式下,用户无须实名注册,不能充值和付费消费。对使用同一硬件设备的用户,网络游戏企业在 15 天内不得重复提供游客体验模式。第二,严格控制未成年人使用网络游戏时段、时长。每日 22 时至次日 8 时,网络游戏企业不得以任何形式为未成年人提供游戏服务。网络游戏企业向未成年人提供游戏服务的时长,法定节假日每日累计不得超过 3 小时,其他时间每日累计不得超过 1.5 小时。第三,规范向未成年人提供付费服务。网络游戏企业须采取有效措施,限制未成年人使用与其民事行为能力不符的付费服务。网络游戏企业不得为未满 8 周岁的用户提供游戏付费服务。同一网络游戏企业所提供的游戏付费服务,8 周岁以上未满 16 周岁的用户,单次充值金额不得超过 50 元人民币,每月充值金额累计不得超过 200 元人民币;16 周岁以上未满 18 周岁的用户,单次充值金额不得超过 100 元人民币,每月充值金额累计不得超过 400 元人民币。

除此以外,网络游戏企业还应从游戏内容和功能的心理接受程度、对抗激烈程度、可能引起认知混淆程度、可能导致危险模仿程度、付费消费程度等多维度综合衡量,探索对上网出版运营的网络游戏作出适合不同年龄段用户的提示,并在用户下载、注册、登录页面等位置显著标明;行业组织则应探索实施适龄提示具体标准规范,督促网络游戏企业落实适龄提示制度。

家长、学校等社会各界力量对未成年人履行监护守护责任,加强对未成年人健康合理使用网络游戏的教导,帮助未成年人树立正确的网络游戏消费观念和行为习惯,也是防止未成年人沉迷游戏的有效辅助手段。通过家长监护系统,当家长发现自己的孩子玩游戏过于沉迷的时候,由家长提供合法的监护人资质证明、游戏名称账号以及家长对于限制强度的愿望等信息,可对处于孩子游戏沉迷状态的账号采取几种限制措施,解决未成年人沉迷网游的不良现象,如限制孩子每天玩游戏的时间区间和长度,也可以限制只有周末才可以游戏,或者完全禁止。

五、网络游戏停服

停服,指的是永久关停游戏服务器,游戏服务不再提供,用户无法进入游戏和使用游戏。就停服游戏而言,与游戏运营公司有合约关系的所有主体,均会受到大小不同的影响。在采取停服措施之前,游戏运营公司应与合约相关方就停服涉及的权利义务进行协商并做好安排,避免纠纷的发生。玩家受停服影响最大。为保障用户玩家的权益,终止运营网络游戏,或者网络游戏运营权发生转移的,应当提前一段时间予以公告,比如 60 天、90 天或者 120 天等;并且,网络游戏用户尚未使用的网络游戏虚拟货币及尚未失效的游戏服务,应当按用户购买时的比例,以法定货币退还用户或者用户接受的其他方式进行退换。若网络游戏因停止服务接入、技术故障等网络游戏运营企业自身原因连续中断服务超过一定期限的,应当视

---

① 北京大学互联网发展研究中心:《游戏学》,中国人民大学出版社 2019 年版,第 325 页。

为终止。

《网易游戏使用许可及服务协议》对停服的程序要求、责任范围、责任承担以及虚拟货币处理等事项做了约定:

> 网易公司保留在其认为有必要的情况下,终止或部分终止提供网易游戏服务的权利,终止前将提前60日予以公告。不管由于何种原因终止网易游戏服务,用户应采取相应的措施自行处理游戏虚拟物品,包括但不限于注销或停止使用用户账号、游戏虚拟物品等相关事宜。用户不得因全面终止网易游戏服务而要求网易公司承担除用户已经购买但尚未使用的游戏虚拟货币外任何形式的赔偿或补偿责任,包括但不限于因不再能继续使用用户账号、游戏虚拟物品等而要求的赔偿。

发生在骆华与深圳尚玩科技有限公司(简称"尚玩公司")之间的网络服务合同纠纷案[①],法院裁判也反映了关于停服处理的一般原则与精神。在该案中,骆华在尚玩公司运营的网页游戏《不朽传奇》中以本人身份证注册两个游戏账号并分别累计充值4万余元。2017年12月13日,尚玩公司突然关闭服务器,未在一定时限内提前进行通知。法院认为,尚玩公司未提前通知骆华(骆华)即关闭服务器,导致骆华无法获得相应的产品和服务,故尚玩公司应退还骆华未使用的网络游戏虚拟货币以及尚未失效的游戏服务对应的金额。尚玩公司主张其因涉嫌侵犯著作权导致服务器被有权机关查封关闭,属客观原因造成,该主张并不能免除其应向游戏用户承担的违约责任,法院对此不予采纳。关于应退还的金额,双方均确认骆华两个游戏账号剩余"元宝"对应的货币金额为566.48元,法院予以确认。对于骆华游戏账户是否存在尚未失效的游戏服务的问题,根据尚玩公司提交的消费明细,骆华购买的"元宝"除参加活动消耗外,其他多为在元宝商城购买物品或者用于装备强化,该明细不足以证实骆华已经将所购虚拟物品或者虚拟装备消耗完毕,尚玩公司亦未进一步举证证实骆华的游戏账户已不存在有效的游戏服务,其应承担举证不能的不利后果,故法院确认骆华的诉争游戏账户尚存有效的游戏服务。对于该游戏服务的价值问题,因骆华充值后使用时间仅为1个月,法院酌定其游戏账户剩余有效的游戏服务对应货币金额为2万元。

---

① 深圳市中级人民法院(2019)粤03民终3273号民事判决书。

第七章

网络游戏及其要素的法律保护

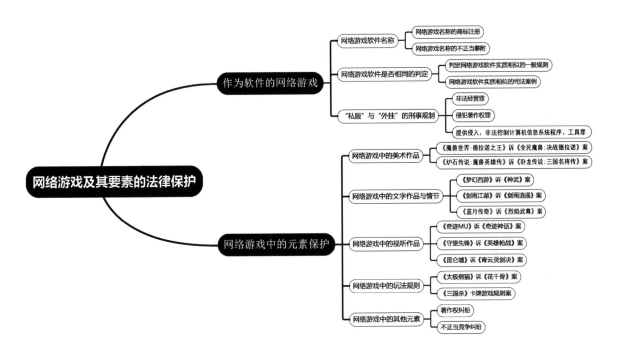

网络游戏及其要素的保护方式,有整体保护与分解保护两种思路。整体保护,是把游戏视为一种作品类型予以保护;分解保护,是把游戏拆分成若干元素分别予以保护,比如《暴雪》游戏在其最终用户许可协议中所做的拆分是:(1) 可视的组成部分:地点、美术工艺、结构的或景观设计、动画和视听效果;(2) 叙述:主题、概念、故事和故事情节;(3) 角色:名称、肖像、目录和游戏角色的流行语;(4) 物品:虚拟物品(如点卡)、货币、药剂、武器、防具、可穿着物品、皮肤、喷漆、宠物、坐骑等;(5) 通过平台或游戏发生的所有数据和对话交流,平台或游戏所产生的所有声音、音乐乐曲和录制、和声音效果;(6) 所有的录影、游戏重播、或游戏内比赛、对战、决斗的重播;(7) 电脑代码,包括但不限于小程序和源代码;(8) 名字、运营方式、软件、相关文件和服务或游戏所含的其他所有作者原创作品。根据选用法律的不同,游戏及其要素的保护,还可分为单一保护与混合保护。单一保护,指的是用一部法律予以保护;混合保护,指的是从多个视角,用多部法律予以保护。分解保护与混合保护相结合,是网络游戏及其元素之法律保护的主要手段。

法律	受保护的权益	网络游戏涉及的内容
著作权法	著作权	游戏名称、背景介绍、技能说明、人物对话、游戏标识、界面、地图、场景、角色形象、游戏背景音乐、插曲、音效、动画、画面等。
商标法	商标权	人物、角色名称、游戏名称等。
专利法	专利权	游戏装置、游戏控制方法、游戏界面、游戏机、游戏系统、游戏引擎、防作弊系统等。
反不正当竞争法	经营者权益	游戏特效、游戏商业秘密、游戏名称、包装和装潢等。
民商经济法	财产权益 合同权益 消费者权益	虚拟财产、格式条款等。
刑法	财产权益 知识产权权益	私服、外挂、商业秘密、游戏软件、游戏知识产权等。

第一节 作为软件的网络游戏

网络游戏由软件程序和信息数据构成,软件程序在本质上属于计算机软件,著作权、专利、商业秘密、商标等,均可用来为计算机软件提供法律保护;但这并不意味着现有的法律解决了游戏软件法律保护的所有问题,事实上在许多方面,今天的争议比以往任何时候都更加尖锐、更加突出。现有法律是否为游戏软件提供了充分的保护?法律是否给予软件开发者恰当的保护,使其能够获得足够的回报来激励他们生产更好的更多的游戏软件?法律是否在公共领域留下了足够的余地,以便游戏软件开发人员能够在现有游戏软件的基础上进行发展式和提升式构建?[①] 这些都是需要正视的问题。

游戏软件著作权属于游戏软件开发者。软件开发者,是指实际组织开发、直接进行开发,并对开发完成的软件承担责任的法人或者其他组织;或者依靠自己具有的条件独立完成软件开发,并对软件承担责任的自然人。如无相反证明,在游戏软件上署名的自然人、法人或者其他组织为开发者。游戏软件著作权人可以向国务院著作权行政管理部门认定的软件登记机构办理登记;游戏软件登记机构发放的登记证明文件是登记事项的初步证明。如在"游戏天堂电子科技(北京)有限公司诉无锡市蓝色快车网吧侵害计算机软件著作权纠纷"案中,法院所确认的:

> 涉案游戏画面中显示有宇峻奥汀公司的名称,游戏天堂公司还提交了《三国群英传Ⅶ》计算机游戏软件著作权登记证书,在无相反证据的情况下,可以认定宇峻奥汀公司为上述游戏软件的著作权人。[②]

由两个以上的自然人、法人或者其他组织合作开发的游戏软件,其著作权的归属由合作开发者签订书面合同约定。无书面合同或者合同未作明确约定,合作开发的游戏软件可以分割使用的,开发者对各自开发的部分可以单独享有著作权;但是,行使著作权时,不得扩展到合作开发的游戏软件整体的著作权。合作开发的游戏软件不能分割使用的,其著作权由

[①] Robert W. Gomulkiewicz, *Software Law and Its Application*, Second Edition, Wolters Kluwer, 2018, pp.1-11.
[②] 江苏省无锡市中级人民法院(2012)锡知民初字第0289号民事判决书。

各合作开发者共同享有,通过协商一致行使;不能协商一致,又无正当理由的,任何一方不得阻止他方行使除转让权以外的其他权利,但是所得收益应当合理分配给所有合作开发者。接受他人委托开发的游戏软件,其著作权的归属由委托人与受托人签订书面合同约定;无书面合同或者合同未作明确约定的,其著作权由受托人享有。

一、网络游戏软件名称

游戏软件名称可以通过著作权法、商标法及反不正当竞争法来予以保护。著作权法保护游戏名称,前提是该名称可以构成文字作品。虽然多数国家立法并没有直接否认作品标题或名称的可版权性,但是,在实践中真正给予文字作品著作权保护,依然是极少数;其原因在于,标题或名称的字数通常是有限的,独创性空间比较小。因此,将游戏名称进行商标注册,是保护游戏名称的有效方法。

(一)网络游戏名称的商标注册

游戏名称的多类别或全类别商标注册,覆盖面广,不会留"死角";但也因其成本高,以及"撤三"制度的存在,而使得该注册方式没有被普遍使用,除非是大公司的爆款游戏。通常来说,游戏产品的商标申请一般包括,针对"单机游戏"的第9类、针对"游戏机"的第28类、针对"通讯、电视节目服务"的第38类、针对"网络在线游戏"的第41类,以及针对"软件服务"的第42类。在"腾讯科技(深圳)有限公司等与北京中科奥科技有限公司等侵害商标权纠纷案"[①]中,原告腾讯享有游戏"穿越火线"商标权(第6208641号、第6208642号),被告开发并向市场推出了一款名为《穿越火线2(反恐精英版)》(简称"被告游戏")游戏。原告认为被告严重侵害了其享有的"穿越火线"注册商标专用权,故而提告。法院认为,被告在其经营的被告游戏中使用"穿越火线"名称,通过网站宣传、下载该游戏,属于未经许可,在与"穿越火线"相同类别商品上使用与该注册商标相同的商标,侵害了原告享有的注册商标专用权。在为游戏名称申请商标注册时,应注意如下几个问题:

第一,避免游戏名称直接反应游戏的内容,应使其具有商标应有的显著性。

申请注册的商标应当具有显著特征,便于识别。可识别性是商标的基本特征。生产经营者通过商标推介自己的商品和服务,消费者通过商标区别不同生产经营者的商品和服务。如果商标不具有显著特征,就无法实现商标的功能,也就无法作为商标申请注册。商标显著特征的判定应当综合考虑构成商标的标志本身(含义、呼叫和外观构成)、商标指定使用商品、商标指定使用商品的相关公众的认知习惯、商标指定使用商品所属行业的实际使用情况等因素。在"倩女幽魂ONLINE及图"商标案[②]中,商标评审委员会认为:

> 申请商标"倩女幽魂ONLINE"为网络游戏名称,指定使用在由计算机网络提供在线游戏等服务上,消费者不易将其作为表明服务来源的标志进行识别,缺乏商标应有的显著性,申请商标的注册已构成《商标法》第11条第1款第(3)项所指之情形。网易公司提交的在案证据亦不足以证明申请商标通过使用获得了商标应有的显著特征。

网易公司遂向北京知识产权法院提起诉讼。

"倩女幽魂"最初为电影、电视剧名称,后网易公司推出了名为"倩女幽魂"的系列网络游

---

① 北京市海淀区人民法院(2015)海民(知)初字第15256号民事判决书。
② 商评字[2015]第56600号《关于第12962288号"倩女幽魂ONLINE及图"商标驳回复审决定书》。

戏,并经长期宣传,使该系列游戏取得了一定的知名度。法院认为,申请商标使用在"计算机网络上提供在线游戏"等服务上时,相关公众容易认为"倩女幽魂"为在线游戏或服务的名称或内容,而不是将其作为服务提供者加以识别。商标不具有显著性分为两种情形:一是商标标志本身不具有显著性,不论其用于何种商品或服务上;二是商标与指定使用的商品或服务的联系过于紧密,导致商标针对其指定的商品或服务而言,不具有显著性。在该案中,申请商标中的"倩女幽魂"来源于古典小说,通过长期宣传、使用,其含义已经为消费者所熟知,故申请商标本身的显著性较弱;此外,申请商标"倩女幽魂 ONLINE"是网易公司推出的一款网络游戏名称,其使用在计算机网络上提供在线游戏等指定服务上,易被相关公众作为网络游戏名称识别,而不会使消费者对应到某个服务的提供者,故申请商标与所指定使用的服务联系过于紧密,其在所指定的服务上不具有显著性。①

商标显著特征的取得有两种途径:一是通过对商标构成要素的精心设计,使商标具有显著特征;二是通过使用得到公众认同,使商标产生显著特征。在实践中,确有一些原来没有显著特征的商标经过使用后,使消费者能够通过其识别商品或者服务的来源,即经过使用产生了显著特征,对此类商标,国际通行做法是给予注册保护。例如 TRIPS 第 15 条第 1 款规定,即使有的标记本来不能区分有关商品或者服务,成员亦可依据其经过使用而获得识别性,确认其可否注册。因此,若游戏名称经过使用取得显著特征,并便于识别的,可以作为商标注册。

第二,避免使用构成通用名称的游戏名称。

"大富翁诉大富翁案"②发生在大宇资讯股份有限公司(简称"大宇公司")与上海盛大网络发展有限公司(简称"盛大公司")之间,法院认为,在提供在线网络游戏的服务上经核准注册的商标,含有相关公众约定俗成的一类游戏的名称的,如果他人不是将该游戏名称作为区分商品或者服务来源的商标使用,只是在网络游戏服务中以介绍游戏内容、特点的方式使用该游戏名称,不会造成相关公众对网络游戏服务提供者的混淆,属于对注册商标的正当使用,不构成对注册商标专用权的侵犯。

申言之,在该案中,大宇公司在第 41 类服务上申请注册"大富翁"商标之前,"大富翁"作为一种在计算机上"按骰子点数走棋的模拟现实经商之道的游戏"已经广为人知,对于相关公众而言"大富翁"与这种商业冒险类游戏已建立起紧密的对应关系,"大富翁"已成为这种商业冒险类游戏约定俗成的名称。因此,"大富翁"文字虽然被大宇公司注册为"提供在线游戏"服务的商标,但是其仍然具有指代前述商业冒险类游戏的含义,大宇公司并不能禁止他人对这种含义的正当使用。盛大公司使用"盛大富翁"有两种方式,一种是在游戏文字介绍中作为游戏名称使用;另一种是在相关网页左上角显示相应标识或者在游戏画面右上角显示相应标识等。以此分析盛大公司使用被控侵权标识的方式和目的,盛大公司并未将被控侵权标识使用于其网站的所有在线游戏服务上,而仅在与"掷骰子前进,目的是通过买地盖房等商业活动在经济上击败对手并成为大富翁"这一款游戏相关的在线游戏服务中使用了被控侵权标识,这说明被上诉人使用被控侵权标识意在以其中所含"大富翁"文字描述性地表明其在线提供的这款游戏的内容和对战目标。再者,游戏玩家只有进入盛大公司的网站才能进行该款游戏的对战,在网站"游戏介绍"中又清楚地写明"《盛大富翁》是由盛大网络自

---

① 北京知识产权法院(2015)京知行初字第 5404 号行政判决书。
② 《中华人民共和国最高人民法院公报》2011 年第 12 期(总第 182 期)。

主研发的一款休闲网络游戏",加之"盛大"字号具有相当的知名度,相关公众一般不会将盛大公司的"大富翁"游戏误认为是大宇公司的"大富翁"游戏,也不会将两者的服务来源相混淆。由此可见,盛大公司的被控侵权行为属于叙述服务所对应游戏品种的正当使用,作为服务商标"大富翁"的商标专用权人大宇公司无权加以禁止。

第三,避免游戏软件名称中含有"有害于社会主义道德风尚或者有其他不良影响的"内容。

在"植物大战僵尸案"①中,商标评审委员会认为,申请商标中的"僵尸"是封建迷信中的一种鬼怪,作为商标使用易产生不良影响,已构成2001年《商标法》第10条第1款第(8)项规定之情形。一审法院则持不同看法:

> "僵尸"为传说中的一种身体僵硬的尸体,带有一定的迷信、恐怖色彩;但申请商标的整体为"植物大战僵尸",该词组本身并非固定搭配,也不具有固有含义,按照字面可以理解为"植物与僵尸的斗争或战争",带有中性色彩;现有证据可以证明,电子艺界公司的以卡通、休闲、可爱、幽默为特点的"植物大战僵尸"系列游戏在中国境内具有一定的影响力,而且该游戏系攻防类策略游戏,并非涉及恐怖色彩的角色扮演游戏,这种情况下,相关公众看到"植物大战僵尸"文字时,更多地会将其与"植物大战僵尸"系列游戏相联系,而不会与恐怖、迷信色彩相联系,故申请商标整体含义上并不具有宣传迷信、恐怖色彩的客观效果,相反地会具有卡通、休闲、可爱、幽默等色彩。根据现有证据,除"植物大战僵尸"系列游戏深受欢迎并具有一定的知名度外,也出现了大量以该游戏为主题的图书、画报、服饰、日用品和影视文学作品,而且没有证据证明这些与"植物大战僵尸"相关的作品、商品及其传播的事实会对儿童、成人具有不良影响,也没有证据证明"植物大战僵尸"作为商业标识具有对中国政治、经济、文化、宗教、民族等社会公共利益或者公共秩序产生消极、负面影响。因此,商标评审委员会认为申请商标中的"僵尸"为封建迷信中的一种鬼怪,申请商标整体作为商标使用具有不良影响缺乏事实依据。

商标评审委员会对一审判决不服,提起上诉。

二审法院径直改判了一审法院的判决。在二审法院看来:

> 判断有关标志是否构成具有其他不良影响的情形时,应当考虑该标志或者其构成要素是否可能对中国政治、经济、文化、宗教、民族等社会公共利益和公共秩序产生消极、负面影响。申请商标由中文文字"植物大战僵尸"构成。以相关公众的认知水平,申请商标中的"僵尸"是传说中的一种身体僵硬的尸体,是具有封建迷信色彩的一种鬼怪,将申请商标使用在指定使用的商品上,因此,申请商标中含有"僵尸"这一具有封建迷信色彩的构成要素,可能对中国政治、经济、文化、宗教、民族等社会公共利益和公共秩序产生消极、负面影响,故申请商标属于2001年《商标法》第10条第1款第(8)项所规定的不得作为商标使用情形。商标评审委员会对此认定有事实和法律依据;一审法院对此认定错误,予以纠正。

案件最终入秉最高法院。最高法院不同意二审法院的观点,而是支持了一审法院的判决。最高法院认为:

---

① 北京市第一中级人民法院(2014)一中知行初字第4300号行政判决书;北京市高级人民法院(2015)高行(知)终字第653号行政判决书;中华人民共和国最高人民法院(2018)最高法行再90号行政判决书。

申请商标由中文文字"植物大战僵尸"构成,对该商标的分析应围绕"植物大战僵尸"这一由六个字组成的词组表达而非单纯的"僵尸"两个字进行。从申请商标的含义上,申请商标的词组系宝开游戏公司所独创,在作为一款电子游戏名称出现之前,并不存在约定俗成的含义。因此,申请商标的语义应当主要依据通用的解释予以理解。按照新华字典的解释,植物是指生物的一大类,是谷类、花草、树木等的统称。僵的本义是仰面向后倒下的意思,僵尸的含义是僵硬的尸体,常被用作比喻腐朽的事物。战,是指打仗、战争,泛指争斗、比高下。据此,植物大战僵尸的含义是指,花草树木等植物与僵硬的尸体之间的战争。该词组的主语是植物,并未刻意强调僵尸,在词义上属于中性表达。同时,从延伸含义来看,该词语是指具有生命力的事物与腐朽事物之间的战争。申请商标所使用的词语无论从本义还是延伸义上,均不存在类似于《商标法》第10条第1至第7项的情形,不存在类似于出版等法律法规规范的传播受限的公共信息的情形,与腐朽事物的战争并不具有宣扬迷信思想和做法的含义,与法律倡导的积极创新乐观等核心价值亦不相违背。

(二)网络游戏名称的不正当攀附

不正当攀附他人作品名称的商誉,蹭知名游戏的热度,利用他人的竞争优势,获取不正当利益,为法律所禁止。在"深圳尚米网络技术有限公司与上海玄霆娱乐信息科技有限公司侵害商标权纠纷案"①中,尚米公司在搜狗搜索网站上刻意设置关键词为"吞噬星空"的推广链接并在尚米公司网站中以"吞噬星空"作为"黑暗之光"的游戏链接页面中的名称介绍,以此吸引关注涉案小说的相关公众,使相关公众产生涉案推广链接以及尚米公司网站中介绍游戏系来源于玄霆公司或由玄霆公司授权,以及涉案游戏的内容系改编自知名商品涉案小说《吞噬星空》内容的混淆和误认,其行为属于刻意攀附小说《吞噬星空》知名商品的商誉,不正当地利用原属于玄霆公司的竞争优势,构成不正当竞争。

在"动视出版公司与华夏电影发行有限责任公司等侵害商标权纠纷案"②中,华夏电影发行有限责任公司(简称"华夏公司")把英文名称为《THE GUNMAN》的电影引进中国予以上映时,翻译为《使命召唤》,与动视出版公司(简称"动视公司")的知名游戏《使命召唤》名称相同。法院认为,动视公司的涉案游戏《使命召唤》于2003年起至今已连续发行了16部,并在美国、英国等地获得了众多奖项和荣誉,具有一定的市场知名度、为相关公众所知悉,属于"有一定影响"的游戏商品。从电影名称的确定过程看,涉案电影《使命召唤》的英文名称为《THE GUNMAN》,长影公司将该片名翻译为《狙击枪手》,该译名与英文名称及电影内容相对应,但影片上映前却被更名为《使命召唤》。从涉案电影名称的文字意思看,"gunman"的中文意为"枪手",因此"gunman"与"使命召唤"之间没有任何对应关系。从涉案电影的主要剧情看,涉案电影讲述的是国际特工被追杀而逃亡的故事,与"使命召唤"的含义没有关系,其使用"使命召唤"的名称并没有反映电影的主题。从涉案电影的宣传情况看,华夏公司在电影宣传中使用了动视公司享有著作权的美术作品,在《使命召唤》官方微博的宣传中又多处涉及动视公司涉案游戏中的部分元素,也没有通过其他显著的标识来反映电影制作的来源。因此涉案电影名称的使用并非一种巧合。由于涉案游戏是具有情节的第一人称枪击类游戏,且在相关游戏玩家中具有一定的知名度,而涉案电影亦是从国外引进的枪战片,因

---

① 上海市浦东新区人民法院(2016)沪0115民初37026号民事判决书。
② 上海知识产权法院(2018)沪73民终222号民事判决书。

此华夏公司将涉案电影更名为《使命召唤》,易使相关公众产生涉案电影改编自"使命召唤"游戏的混淆和误认。从动视公司提供的网友评论中可以看出,也确实有部分观众产生了混淆。故涉案电影使用"使命召唤"的名称,是对动视公司知名商品特有名称的不当利用,属于攀附动视公司"使命召唤"知名游戏商誉的行为,利用了原属于动视公司的竞争优势,明显具有"搭便车"的主观故意,构成不正当竞争。[1]

二、网络游戏软件是否相同的判定

(一) 判定网络游戏软件实质相似的一般规则

计算机软件是指计算机程序及其有关文档。计算机程序,是指为了得到某种结果而可以由计算机等具有信息处理能力的装置执行的代码化指令序列,或者可以被自动转换成代码化指令序列的符号化指令序列或者符号化语句序列;同一计算机程序的源程序和目标程序为同一作品。源程序,是指未经编译的,按照一定的程序设计语言规范书写的,人类可读的文本文件,通常由高级语言编写。目标程序,又称为"目的程序",为源程序经编译可直接被计算机运行的机器码集合,只能为计算机所读取。文档,是指用来描述程序的内容、组成、设计、功能规格、开发情况、测试结果及使用方法的文字资料和图表等,如程序设计说明书、流程图、用户手册等。

计算机程序的法律保护,被诸多国际条约所确认。如 TRIPS 第 10 条第 1 款规定:无论是以源代码还是以目标代码形式存在的计算机程序,都应根据《伯尔尼公约》1971 年文本作为文字作品受到保护。《世界知识产权组织版权条约》第 4 条规定:计算机程序作为《伯尔尼公约》第 2 条意义下的文字作品受到保护。此种保护适用于各计算机程序,而无论其表达方式或表达形式如何。根据我国《计算机软件保护条例》的规定,如下行为是著作权侵权行为;若情节严重构成犯罪的,则依法追究刑事责任:第一,复制或者部分复制著作权人的软件的;第二,向公众发行、出租、通过信息网络传播著作权人的软件的;第三,故意避开或者破坏著作权人为保护其软件著作权而采取的技术措施的;第四,故意删除或者改变软件权利管理电子信息的;第五,转让或者许可他人行使著作权人的软件著作权的。

在实践中,针对网络游戏的著作权侵权行为,尤其是复制类侵权案件,对比侵权软件与权利人软件是否相同,是必经程序。然而,网络游戏涉及的源代码一般均超过几十万行,体量很大,如果全部提交鉴定,鉴定费非常昂贵。故而,权利人通常并不愿意主动提起相关鉴定申请,同时也是基于避免披露源代码而遭受二次伤害的考虑。在这种情况下,一般采取游戏界面截图、游戏视频截图、游戏角色名称、人物造型、武器装备、虚拟物品种类与设计、地图场景等的比较,得出是否构成实质性相似的初步认识。在侵权方提不出反驳意见,又不同意提交源代码进行鉴定时,推定侵权行为的存在。如最高法院在"福州外星电脑科技有限公司与翁文、叶秀娟、福州大利嘉城环球电器商行、乌鲁木齐市利军电器商行、王晓燕侵犯计算机游戏软件著作权纠纷案"[2]中所裁判的:原告福州外星电脑科技有限公司(简称"外星电脑公司")开发的游戏软件经国家有关部门审查发给《计算机软件著作权登记证书》,其合法权益应受到保护。翁正文、叶秀娟未经游戏软件著作权人同意,擅自删除、修改、复制外星电脑公

---

[1] 上海市浦东新区人民法院(2016)沪 0115 民初 29964 号民事判决书。
[2] 福建省高级人民法院(1999)闽知初字第 4 号民事判决书;中华人民共和国最高人民法院(2000)知终字第 4 号民事判决书。

司公开发行的《楚汉争霸》等十种游戏软件,将这些游戏软件更名后,制作成游戏卡带,以振华公司的名义由其雇员在全国各地进行销售,严重侵犯了外星电脑公司对这十种游戏软件的署名权、修改权、保护作品完整权、使用权、获得报酬权。具体说理如下:

从技术角度看,计算机游戏软件符合计算机软件的一切技术特性。从应用角度看,游戏软件确有其不同于一般计算机软件的特点。游戏软件的主要用途是供人们娱乐,其外观感受主要通过游戏中的场景、人物、音响、音效变化等来实现。这些随着游戏进程而不断变化的场景、人物、音响是游戏软件程序设计的主要目的,是通过计算机程序代码具体实现的。因此,游戏软件的计算机程序代码是否相同,可以通过其外观感受较明显、直观地体现出来。虽然从技术上讲相同功能的游戏软件包括外观感受可以通过不同的计算机程序实现,但是鉴于游戏软件的特点,两个各自独立开发的计算机游戏软件,其场景、人物、音响等恰巧完全相同的可能性几乎是不存在的,若是刻意模仿,要实现外观感受得完全相同,从技术上讲亦是有难度的。鉴于翁文正在二审中明确表示不申请对双方程序代码进行对比鉴定,亦未提供被控侵权软件的源程序,故根据本案事实,通过被控侵权软件与外星电脑公司所开发游戏软件在场景、人物、音响等外观感受方面的异同,结合本案其他相关证据,可以认定游戏软件程序代码是否相同。根据原审法院委托福建省版权局所作的鉴定结论,本院对双方游戏软件的现场勘验结果以及对双方游戏软件说明书的对比结果,可以认定:双方游戏软件所体现的场景、人物。音响等外观与感受完全相同;从运行游戏软件后所显示的中英文游戏名称、制作者名称、有关人员姓氏等对比结果看,翁文正的游戏软件留有修改的痕迹;双方游戏软件的说明书等文档也基本相同。翁文正提供的软件技术参数对比结果,本身亦说明至少5个游戏软件的目标程序相同率达50%以上。同时,重新开发一个与他人游戏软件的场景、人物、音响等完全相同的游戏软件,并不符合翁文正作为游戏软件经营者的经营目的,而且翁文正不能对双方游戏软件外观感受、说明书、目标程序等方面的种种相同或相似作出合理解释。因此,综合本案事实和证据,足以认定被控侵权软件是对外星电脑公司游戏软件的复制,侵犯了《三国争霸》等十种游戏软件的著作权。

相同的游戏界面可以通过不同的软件源代码来实现,在侵犯著作权罪的刑事案件中,若涉及软件比对,则需要对源代码进行鉴定比对,不能仅通过游戏软件运行结果的实质相似来认定犯罪行为的存在;并且,不能仅鉴定部分源代码,而应当把游戏源代码视为一个整体进行鉴定。

(二)网络游戏软件实质相似的司法案例

根据《计算机软件保护条例》第29条的规定,软件开发者开发的软件,由于可供选用的表达方式有限而与已经存在的软件相似的,不构成对已经存在的软件的著作权的侵害。然而,结合计算机软件开发的一般性原理,在独立完成开发的情况下,不同软件为了达到相同的功能、可供选用的表达方式有限等原因,可能存在相同的功能性运行结果,但不太可能出现完全相同的涉及美感表达的画面构图和内容、游戏人物、游戏场景、游戏模式、游戏操控等游戏界面运行结果。在"广州乐游动漫科技有限公司诉广州捷漫电子产品有限公司侵害计算机软件著作权纠纷案"[①]中,被诉游戏机涉及美感表达的运行结果与广州乐游动漫科技有

---

① 广州知识产权法院(2017)粤73民初864号民事判决书;广东省高级人民法院(2018)粤民终299号民事判决书。

限公司(简称"乐游公司")涉案软件完全相同,仅在开机画面中用乐游公司涉案软件中的一个画面替换涉案软件开机画面,故被法院认定被诉游戏机中所载软件与乐游公司涉案软件构成实质性相似。

至于被诉游戏机所载软件与乐游公司涉案软件是否需要进行目标程序和源程序相同或实质性相似的比对问题,法院认为,广州捷漫电子产品有限公司(简称"捷漫公司")在上诉时提出应当对两软件的源程序和目标程序是否相同或者实质性相似的问题委托鉴定机构进行鉴定,但又明确表示其未持有被诉软件的源代码,亦不同意对委托鉴定垫付相关费用。对此,最高法院《关于适用〈中华人民共和国民事诉讼法〉的解释》第90条规定:当事人对自己提出的诉讼请求所依据的事实或者反驳对方诉讼请求所依据的事实,应当提供证据加以证明,但法律另有规定的除外。在作出判决前,当事人未能提供证据或者证据不足以证明其事实主张的,由负有举证证明责任的当事人承担不利的后果。第108条第1款规定:对负有举证证明责任的当事人提供的证据,人民法院经审查并结合相关事实,确信待证事实的存在具有高度可能性的,应当认定该事实存在。因此,虽然从技术上讲,相同功能的游戏软件包括外观感受可以通过不同的计算机程序实现,但是鉴于游戏软件的特点,两个各自独立开发的游戏软件,其场景、画面、操作步骤和操作结果等恰巧完全相同的可能性几乎是不存在的。鉴于捷漫公司未对其软件与乐游公司软件的种种相同作出合理解释,亦未提交其软件源代码,并明确表示不同意垫付委托鉴定的相关费用,综合案件的事实和证据,足以认定被诉侵权软件是对乐游公司软件的复制。

可见,在游戏软件实质相似之民事案件的司法认定问题上,若画面构图和内容、游戏人物、游戏场景、游戏模式、游戏操控等游戏界面运行结果基本相同,相关方又不同意对涉案软件进行比对鉴定,或采取不配合的手段指示软件比对鉴定无法推进的,本着司法经济的原则,结合民事诉讼中的优势证据规则,可以做出涉案软件存在实质相似的基础性判断;其原因与两个独立创作的人,无法写出表达完全一样的长篇小说一样。

三、"私服"与"外挂"的刑事规制

根据《关于开展对"私服""外挂"专项治理的通知》,"私服""外挂"违法行为是指未经许可或授权,破坏合法出版、他人享有著作权的互联网游戏作品的技术保护措施、修改作品数据、私自架设服务器、制作游戏充值卡(点卡),运营或挂接运营合法出版、他人享有著作权的互联网游戏作品,从而牟取利益、侵害他人利益。所谓的"私服",即为"私设服务器"行为的简称,是指相对于经过合法授权的网络游戏运营商所设立的服务器而言,未经游戏运营商的同意擅自设立服务器或未经游戏版权人许可擅自运营盗版网络游戏(程序)的行为。网络游戏中的"外挂",亦称为游戏辅助程序,系指通过破解游戏软件的技术保护措施,对游戏软件进行反向工程后找出该游戏程序的技术"漏洞",从而编制能够在用户端改变游戏程序操作的一种独立外接(挂)程序。由于该程序独立于游戏软件,又外接于游戏程序,故而被称为"外挂"程序;又由于其对游戏程序具有辅助作用,因此被称为游戏程序的辅助程序。[①] "私服""外挂"违法行为属于非法互联网出版活动,不但会对游戏生产商和运营商的合法权益产生影响,阻碍产业的健康发展,而且会干扰正常的网络秩序,对虚拟社会管理带来影响。若

---

① 李国泉、胡宓:《打击网络游戏"私服""外挂"行为的法律责任分配问题——以EST公司诉上海摩力游公司侵害计算机软件著作权案为例》,载《科技与法律》2012年第6期,第75—76页。

"私服""外挂"违法行为符合犯罪构成要件的,则受刑法规制,涉及的罪名主要有非法经营罪、侵犯著作权罪,以及提供侵入、非法控制计算机信息系统程序、工具罪。

(一)非法经营罪

非法经营罪是指未经许可经营专营、专卖物品或其他限制买卖的物品,买卖进出口许可证、进出口原产地证明以及其他法律、行政法规规定的经营许可证或者批准文件以及从事其他非法经营活动,扰乱市场秩序,情节严重的行为。

在"江苏省南京市江宁区人民检察院诉董某、陈某非法经营案"①中,自 2006 年以来,被告人董某、陈某在玩网络游戏过程中了解到利用非法"外挂"程序可以替游戏玩家代练升级并可以从中牟利,遂购买了数十台电脑,申请了 QQ 号、银行账号、客服电话和电信宽带,向他人购买"外挂"经营代练升级。2006 年 9 月至 2007 年春节,董某、陈某雇佣人员在其居住地,通过使用向他人购得的名为"小金鱼"的"外挂"帮助《热血传奇》游戏玩家升级并牟利。2007 年 3 月,董某、陈某又通过互联网向他人购得名为"冰点传奇"的"外挂"程序,以"土人部落"工作室的名义,雇佣员工在上海盛大网络发展有限公司经营的《热血传奇》游戏中以 80 元/周、300 元/月的价格帮助玩家使用"冰点传奇""外挂"程序代练升级,先后替 1 万多个《热血传奇》游戏账户代练升级。自 2007 年 3 月至 2007 年 12 月,接受来自全国各地游戏玩家汇入的资金人民币 198 万元。因董某、陈某使用的"冰点传奇""外挂"程序绕过了正常的游戏客服端与服务器端之间的通信协议,使盛大公司计算机系统中的客户认证功能丧失,从而干扰了《热血传奇》游戏的正常运行。同时,又因破坏了网络游戏规则的均衡和公平,引起了众多游戏玩家的不满和投诉,严重影响了盛大公司的生产经营秩序。

被告人辩称,被指控的"代练升级"经营行为不是我国法律、行政法规规定的需要经过国家相关部门特别许可方可专营、专卖的物品,也不是法律、行政法规规定的需要限制买卖的物品。公诉人提的相关法规均不是关于许可证制度或市场准入制度的规定,因此陈某没有取得工商营业执照从事经营活动,仅仅违反了工商行政管理规定,不属于犯罪行为;现有的法律、行政法规也未规定破坏技术保护措施的行为属于犯罪。

在法院看来,被告人董某、陈某以牟取利益为目的,违反国家规定,未经国家主管部门批准,也未获得上海盛大网络发展有限公司许可和授权,将明知是破坏他人享有著作权的互联网游戏作品技术保护措施并修改他人游戏作品数据的非法互联网出版物"外挂软件"使用到上海盛大网络发展有限公司享有著作权的游戏程序上,进行有偿代练经营活动,牟取了巨额非法利益,侵害了上海盛大网络发展有限公司的合法权益,属于出版非法互联网出版物的行为,具有严重的社会危害性,构成非法经营罪。

然而,非法经营罪与《刑法》规定的侵犯知识产权罪,存在法条的部分竞合。法条竞合,是指由于法律对犯罪的错综规定,一个犯罪行为同时符合了数个法条规定的犯罪构成,但数个条文之间存在着整体或者部分的包容关系,只能适用其中一个条文而排斥其他条文适用的情形。法条竞合适用的原则是特别法条优于普通法条、重法条优于轻法条。在法律没有明确规定重法条优于轻法条的情形下,适用特别法条是解决法条竞合的一般原则。根据这一原则,若"私服"与"外挂"行为同时构成侵犯知识产权罪,则以侵犯著作权罪定罪处罚。

(二)侵犯著作权罪

侵犯著作权罪,是指以营利为目的,未经著作权人许可复制发行其文字、音像、计算机软

---

① 《中华人民共和国最高人民法院公报》2012 年第 2 期(总第 184 期)。

件等作品,出版他人享有独占出版权的图书,未经制作者许可复制发行其制作的音像制品,制作、展览假冒他人署名的美术作品,违法所得数额较大或者有其他严重情节的行为。张某刚、晏某进架设游戏"私服",被法院认定为成立侵犯著作权罪。①

2018年2月至11月间,被告人张某刚、晏某进合谋,在未经著作权人祖某(天津)科技有限公司授权和许可的情况下,通过互联网架设运营《御剑情缘》游戏私服"御剑情缘3D"和《青丘狐》游戏私服"灵狐仙境",对外招募代理进行网络宣传推广以牟取非法利润,并商定五五利润分成比例。其中,被告人张某刚负责游戏推广、代理分成以及资金结算,被告人晏某进负责服务器架设、运营维护以及技术支持。经统计,2018年2月至11月间,被告人张某刚、晏某进共计非法获利人民币6万元,其中人民币3万元已由被告人张某刚通过微信转账方式陆续支付给被告人晏某进。法院认为,被告人张某刚、晏某进无视国家法律,以营利为目的,未经著作权人许可,复制发行其计算机软件作品,违法所得数额较大,其行为已构成侵犯著作权罪。

(三) 提供侵入、非法控制计算机信息系统程序、工具罪

提供专门用于侵入、非法控制计算机信息系统的程序、工具,或者明知他人实施侵入、非法控制计算机信息系统的违法犯罪行为而为其提供程序、工具,情节严重的行为,构成提供侵入、非法控制计算机信息系统程序、工具罪。具有如下情形之一的程序、工具,是"用于侵入、非法控制计算机信息系统的程序、工具":第一,具有避开或者突破计算机信息系统安全保护措施,未经授权或者超越授权获取计算机信息系统数据的功能的;第二,具有避开或者突破计算机信息系统安全保护措施,未经授权或者超越授权对计算机信息系统实施控制的功能的;第三,其他专门设计用于侵入、非法控制计算机信息系统、非法获取计算机信息系统数据的程序、工具。潘某全、卢某飞等针对网络游戏《奇迹MU》制作"外挂"程序的行为被认定为构成该罪。②

被告人潘某全伙同被告人卢某飞未经授权读取"奇迹"私服游戏内存数据,通过修改和控制游戏内存数据,先后参与制作了名为"奇迹MU主宰"的网络游戏外挂程序。该程序具备挂机、加速、自动捡物等功能,可以在"木瓜奇迹"等私服和特色专区进行使用。同时,被告人潘某全、卢某飞与被告人夏某杰合作,由夏某杰以季某、年卡、终身卡等形式通过网站、QQ群向游戏玩家推介、出售上述外挂程序。2016年5月至2017年5月间,被告人潘某全、卢某飞通过被告人夏某杰对外出售"奇迹MU主宰"外挂程序83次,其中被告人夏某杰通过其下线代理——被告人沈某出售21次。经上海东方计算机司法鉴定所鉴定,上述被告人制作、出售的网络游戏外挂程序能够避开计算机信息系统安全保护措施,并实施未经授权的增加、修改等操作,属于破坏性程序。

公诉机关指控被告人潘某全、卢某飞、夏某杰、沈某犯提供侵入、非法控制计算机信息系统程序、工具罪。法院认为,被告人潘某全、卢某飞、夏某杰、沈某为牟取非法利益,向他人出售专门用于侵入、非法控制计算机信息系统的破坏性程序,情节严重,其行为均已构成提供侵入、非法控制计算机信息系统程序、工具罪,是共同犯罪。

---

① 江苏省高级人民法院(2015)苏知刑终字第00011号刑事判决书。
② 江苏省溧阳市人民法院(2017)苏0481刑初813号刑事判决书。

第二节　网络游戏中的元素保护

一、网络游戏中的美术作品

游戏中的人物形象、装备图案、地图、界面等,是否可以作为美术作品受到保护,取决于其是否满足美术作品的构成要件。《魔兽世界:德拉诺之王》诉《全民魔兽:决战德拉诺》案和《炉石传说:魔兽英雄传》诉《卧龙传说:三国名将传》案较为全面地展现了游戏中的美术作品纠纷及其司法裁判的原则、规则与精神。

(一)《魔兽世界:德拉诺之王》诉《全民魔兽:决战德拉诺》案[①]

该案发生在暴雪娱乐有限公司、上海网之易网络科技发展有限公司与成都七游科技有限公司、北京分播时代网络科技有限公司、广州市动景计算机科技有限公司之间。暴雪公司、网之易公司主张《魔兽世界:德拉诺之王》(简称《魔兽世界》)游戏中的 18 个英雄形象、7 个怪兽形象、20 个装备图案以及 5 个副本地图构成美术作品。该案焦点问题有二:第一,暴雪公司、网之易公司主张的人物形象、装备图案和副本地图是否构成作品;第二,分播公司、动景公司、七游公司的行为是否侵犯了暴雪公司、网之易公司的著作权。

针对第一个问题,法院的观点是,涉案人物形象、装备图案和副本地图,均是以线条、色彩构成,并具有一定的审美意义,构成美术作品。具体说理如下:

暴雪公司、网之易公司提交的大量图书出版物、第三方网站和暴雪公司、网之易公司中文官网中关于《魔兽世界》以及涉案人物的介绍以及暴雪公司、网之易公司庭审中关于涉案人物形象创作过程的陈述等内容相互印证,足以证明《魔兽世界》系列游戏具有独特和完整的故事背景,涉案人物形象是根据魔兽世界的故事而创作。由于魔兽世界故事对相关人物描述非常具体,不少形象特征体现了该人物的种族、身份、独特的际遇甚至所使用的武器的来源,故涉案人物形象具有较高的独创性。比如萨尔这个人物,魔兽世界故事关于萨尔的描述是:性别男,种族兽人,身份是大地之环领袖、部落大酋长(前任)、霜狼氏族族长(前任)。萨尔的武器是由前任部落大酋长奥格瑞姆·毁灭之锤传给他的毁灭之锤。霜狼的图案之后被印刻在这把战锤上,来纪念萨尔与霜狼氏族的血缘关系。在奥格瑞姆死后,萨尔继承了他的黑色铠甲,同时也继承了部落大酋长的职位。在萨尔卸下了自己部落大酋长的身份成为一名萨满之后,萨尔放下了自己的战衣,并换上了更符合自己身份的萨满法袍。与这些文字描述对应的萨尔形象特征包括:为体现兽人种族特征,萨尔有突出下獠牙;为体现与霜狼氏族的血缘关系,萨尔手持一把印有狼图案的大锤;为体现萨满身份,萨尔身披法袍。再如伊利丹·怒风这个人物,魔兽世界故事对他的描述是:性别男,种族恶魔,身份是背叛者、外域之主。作为对伊利丹的赏赐,萨格拉斯用恶魔的火焰取代了他那稀有的琥珀色眼睛,给予了他恶魔的视界,而伊利丹也因此获得了更强大的恶魔力量,能看到任何形式的魔法。除了能看到全新的视觉景象,萨格拉斯还赐予了伊利丹神秘的文身,覆盖在他的双肩上,将自己的黑暗魔法渗透进这个暗夜精灵的体内。伊利丹所使的埃辛诺斯战刃,是他在一万多年前的上古之战中,击杀了燃烧军团的恶魔军官末日守卫埃辛诺斯后夺取的。埃辛诺斯战刃可以合并在一起形成一把极具杀伤力的武器,也可以拆分成双刃在战场上挥舞。与这些文字描

[①] 广州知识产权法院(2015)粤知法著民初字第 2 号民事判决书。

述对应的伊利丹·怒风形象特征包括:为体现恶魔特征,其头上长角,背上生翅;为体现双眼被恶魔火焰取代,其眼睛冒出绿色火焰;为体现身体被魔法渗透,其双肩有绿色文身;手执一对形状怪异的刀,即埃辛诺斯战刀。涉案装备图案和副本地图同样基于魔兽世界基本故事情节创作,在对方未能提交相反证明的情况下,应确认其满足作品的最低独创性要求。同时,涉案人物形象、装备图案及副本地图,具有可复制性。故法院认定,涉案人物形象、装备图案及副本地图,均是以线条、色彩构成,并具有一定的审美意义,故构成美术作品。

针对第二个问题,法院从"实质近似+接触之可能"两个角度予以分析,得出了分播公司、动景公司、七游公司的行为构成侵权的结论。

关于实质性近似。根据人物形象对比图,可以清晰反映,被诉游戏《全民魔兽:决战德拉诺》(简称《全民魔兽》)与《魔兽世界》游戏中的人物形象特征相同,虽然两者在一些细节方面存在差异,但足以认定两者构成实质性近似。比如《魔兽世界》游戏中萨尔的形象特征包括:面部下獠牙突出嘴巴,脖子上戴有巨大的珠串,手持一把印有狼图案的大锤,身披法袍。被诉游戏《全民魔兽》中萨尔同样具备上述特征。又如《魔兽世界》游戏中的加尔鲁什地狱咆哮与被诉游戏《全民魔兽》中的地狱咆哮都具有以下形象特征:面部下獠牙突出嘴巴,身披獠牙铸成的肩甲,手执一把巨大的斧头。《魔兽世界》游戏中的伊利丹怒风与被诉游戏《全民魔兽》中的伊利丹都具有以下形象特征:头上长角,尖耳朵,眼睛冒出绿色的火焰,背上长有一双翅膀,双肩有绿色文身,双手执一对形状怪异的刀。《魔兽世界》游戏中的瓦里安乌瑞恩与被诉游戏《全民魔兽》中的国王都具有以下形象特征:身穿狮身鹰首图案的盔甲,手执一把宝剑。再如,《魔兽世界》游戏中的玛法里奥怒风与被诉游戏《全民魔兽》中的玛法里奥都具有以下形象特征:头长硕大的鹿角,尖耳朵,具有老鹰的翅膀和豹子的爪子。两个游戏中的维伦都具有以下形象特征:头顶圣光,雪白的长胡须,身披法袍。《魔兽世界》游戏中的希尔瓦娜斯风行者与被诉游戏《全民魔兽》中的女王都具有以下形象特征:拥有血红的眼睛,长发披肩,身穿铠甲,手执弓箭。关于涉案装备图案,根据装备对比图,亦不难判断两者装备图案构成实质性近似。关于涉案副本地图,根据副本地图对比图,两者奥达曼和剃刀高地的图案形状基本无差异,构成实质性近似。被诉游戏《全民魔兽》的剃刀沼泽图案是《魔兽世界》游戏剃刀沼泽图案的镜像,也构成实质性近似。

关于接触之可能。虽然《魔兽世界》在中国正式上线时间晚于被诉游戏,但被诉游戏《全民魔兽》的上线时间显然晚于《魔兽世界》游戏之前版本的公开发行时间,故可以认定接触之可能的要件得到了满足。

(二)《炉石传说:魔兽英雄传》诉《卧龙传说:三国名将传》案[①]

该案是发生在暴雪娱乐有限公司(简称"暴雪公司")、上海网之易网络科技发展有限公司(简称"网络公司")与上海游易网络科技有限公司(简称"游易公司")之间的一起侵害著作权纠纷案。原告暴雪公司、网之易公司2013年3月完成了《炉石传说:魔兽英雄传》(简称《炉石传说》)的游戏开发设计,并首次公布该游戏的消息和图片。2013年10月,被告游易公司向公众展示了一款名为《卧龙传说:三国名将传》(简称《卧龙传说》)的网络游戏。原告认为,被告在游戏中大量使用、复制并抄袭了《炉石传说》中的界面,侵犯了其复制、发行及信息网络传播权。

针对游戏界面部分,原告主张的权利有:"牌店界面""打开扩展包界面""我的收藏之浏

---

① 上海市第一中级人民法院(2014)沪一中民五(知)初字第23号民事判决书。

览界面""我的收藏之组牌界面""我的收藏之卡牌制作界面""练习模式之选择英雄界面""战斗场地界面""练习模式之英雄出场界面""练习模式之起始手牌界面""竞技模式之付费界面""竞技模式之选择英雄界面""竞技模式之组建套牌界面""竞技模式之成绩界面""任务记录界面"等十四个界面。被告辩称：界面的整体布局不属于著作权保护范围，很多界面都是计算机常用的界面，不具有独创性。

著作权法保护思想的表达，而不及于思想本身，因此，法院指出，游戏界面的布局作为美术作品的思想的确不属于著作权保护的范畴。但是，14个界面并非仅由布局构成，而是由色彩、线条、图案构成的平面造型艺术。美术作品的独创性判断仅要求最低限度的审美意义，而且并没有证据表明原告作品来源于公有领域的惯常表达，故而确认该14个游戏界面属于著作权法所称的作品，应受法律保护。与此同时，鉴于原告作品独创性不高，在侵权比对上认定相同或实质相同的标准应当相应提高。被控侵权的界面虽然在布局上与原告界面相似甚至实质性相似；但在组成界面的图案、色彩等方面有实质不同，并导致了两者在造型及美感上形成了差别，这种差别已经不能认定为复制，故不予支持原告指控被告侵害了其"游戏界面"所享有的复制权的主张。另外，至于两原告关于其中两个界面还应属于汇编作品的主张，法院认为，只有对内容的选择和编排体现出独创性的汇编行为，才能够获得著作权法的保护。由于电脑游戏界面的内容选择和编排受游戏功能和电脑屏幕资源的限制，可以选择的空间较小，两原告的界面编排并没有体现出足够的独创性，故而对其主张不予采纳。

简言之，在该案中，法院认可界面图形可以构成美术作品，但因屏幕之限制，界面之编排及布局属于著作权法中的"有限表达"和"思想"，不受著作权法保护。

在该案发生的同时，暴雪娱乐有限公司、上海网之易网络科技发展有限公司围绕《炉石传说：魔兽英雄传》《卧龙传说：三国名将传》这两部游戏，向上海游易网络科技有限公司发起了一桩不正当竞争诉讼。① 原告请求法院认定游戏中的战斗场地界面等构成知名商品特有装潢，被告擅自使用知名商品特有装潢的行为，应受反不正当竞争法的规制；被告则认为，游戏界面等要素是游戏中的通用方式，不构成特有装潢。

虽然查明的事实可以认定《炉石传说》具有一定的知名度，游戏中的炉石标识、单个战斗场地界面、382张卡牌及套牌组合有一定的独特性，但是，能否就此认定属于特有装潢为反不正当竞争法所保护，仍须综合考量是否具备区别商品来源的功能。法院认为，《炉石传说》游戏于2013年10月23日才开始正式向中国公众开放，距离被告于2013年10月25日首次发布《卧龙传说》仅隔两天。鉴于相关公众对于《炉石传说》标识的接触和知晓需要一段时间持续的过程，在被控不正当竞争行为发生之时，游戏运行过程中才能逐渐展示给相关公众的炉石标识、单个战斗场地界面、382张卡牌无法为相关公众所普遍知晓，更难以具备区别商品来源的功能。因此，被告即便使用了与《炉石传说》相近似的装潢，也不会因此而造成相关公众的混淆与误认。对于两原告认为被告擅自使用《炉石传说》游戏特有装潢构成不正当竞争行为的主张，不予支持。

法院没有支持原告提出的"战斗场地界面"属于"知名商品特有装潢"，其原因在于原被告游戏正式运营时间仅有两天之隔，故"战斗场地界面"无法为相关公众所普遍知晓，难以具备区别商品来源的功能。易言之，法院并没有径直否定原告提出的思路。只不过，欲使游戏图形界面受到"知名商品的包装和装潢"之保护，还需克服不小的困难，因为装潢必须具有识

---

① 上海市第一中级人民法院(2014)沪一中民五(知)初字第22号民事判决书。

别性,即在选择商品的时候通过包装装潢准确识别商品、服务,而对于游戏软件,公众必须实际购买或者下载游戏之后,才能通过一步一步地运行过程,浏览到不同的游戏界面,在未购买或未下载之前,公众是无从知晓游戏的图形用户界面的,故而无法实现"知名商品的包装和装潢"的未注册商标的作用和含义。① 游戏界面毕竟只是游戏中的一个组成部分,其布局与编排的著作权法保护请求以及特有装潢的不正当竞争保护请求虽然没有得到法院的支持,但法院最终在整体比较的基础上认定:

> 两款游戏所涉卡牌、界面相似度极高,视觉效果差别不大,区别仅在于角色形象由魔兽世界中的人物替换为三国人物;两款游戏在卡牌构成及使用规则、基本战斗规则上基本一致。因此,本案查明的事实足以支持原告关于被告整体抄袭了其游戏的指控。对于这种抄袭,被告非但不引咎自省,反而作为其推广游戏的卖点而大肆渲染,其"搭便车"的目的和行为非常明显。根据反不正当竞争法的一般条款,判令被告立即停止不正当竞争行为,发布消除不良影响的公开声明,并向原告赔偿。

未经许可,将游戏中的美术作品搬上银幕的行为,亦有违法之虞。例如,因认为《拳皇》游戏中"不知火舞""蔡宝奇""陈国汉""二阶堂红丸"四个角色形象属于著作权法规定的美术作品,针对金刚时代文化传播(北京)有限公司等被告将其用于电影《三流女侠》的拍摄之行为,原告乐玩新大地(北京)科技有限公司诉至法院。北京海淀法院认为,涉案角色形象构成著作权法意义上的美术作品,其在被以摄制电影的方法予以固定的过程中,虽然经历了从平面到立体,从游戏角色形象到电影人物形象的改变,但从上述改变的方式、程度、结果等方面看,仅是限于局部、细节层面的少量、非实质性的变化,并未增添具有独创性的表达,尚不足以使经改变后的涉案电影人物形象构成新的作品,其本质上仍是对涉案游戏角色形象的复制,被告行为构成对原告著作权的侵害。

二、网络游戏中的文字作品与情节

(一)《梦幻西游》诉《神武》案②

"广州网易计算机系统有限公司与广州多益网络股份有限公司著作权权属、侵权纠纷、商业贿赂不正当竞争纠纷案",是关于"十二门派技能法术介绍"和"装备特效介绍"的诉争,对于理解游戏作品中的文字作品纠纷具有典型意义。原告请求保护的文字作品是《"梦幻西游"门派技能法术装备特技介绍》(简称涉案文字作品),其由"十二门派技能法术介绍"和"装备特效介绍"两大部分构成。国家版权局《著作权登记证书》显示,涉案文字作品的著作权人为原告,该作品于2003年5月1日创作完成,于2003年11月4日首次发表,登记号为2009-A-016104,发证日期为2009年3月9日。原告指控被告游戏使用的文字与原告游戏使用的涉案文字作品实质性相似,侵犯了其对涉案文字作品享有的著作权。

"十二门派技能法术介绍"部分开篇记载如下:"游戏中共有12个门派,人、魔、仙各有4个。每个角色只能按种族加入其中一个门派,部分门派收徒有性别要求。12个门派循环相克,每个门派都有对应另一个门派的必杀技能,按相互的克制排序为:大唐官府→龙宫→盘丝洞→方寸山→魔王寨→化生寺→普陀山→女儿村→五庄观→狮驼岭→天宫→阴曹地府→

---

① 孙磊、曹丽萍:《网络游戏知识产权司法保护》,中国法制出版社2017年版,第236页。
② 广州知识产权法院(2015)粤知法著民初字第19号民事判决书。

大唐官府。"根据后续文字内容,其又分为"门派介绍""门派技能法术介绍"两部分:(1)门派介绍。涉案文字作品逐一介绍了12大门派的地点、师傅名称、收徒条件及性别、参考点数分配、门派描述。(2)门派技能法术介绍。涉案文字作品逐一介绍了各大门派的门派技能名称、该技能所包含的法术的名称,并进一步解释该法术的使用条件和效果。总体上,每个门派各设1名师傅;每门派各授7项(或以上)独门技能,技能不同,功效各异,技能按玩家经验分等级,等级影响到技能的使用条件和效果;每项技能有1个或以上的法术,每个法术都代表了不同的特殊效果,但都以一定的消耗为条件。

"装备特效介绍"部分又分为"装备特技"和"装备特效"两部分:(1)装备特技。涉案文字作品介绍称:当玩家装备了某些附带特技的装备时,战斗中就可以使用相应的特技,使用时需消耗一定的愤怒值。该部分共介绍了50个装备特技。(2)附加特技。涉案文字作品介绍称:某些途径获得的武器装备,除了可能附带特技外,还可能带有一些其他的特殊效果,包括附加属性和附加特效。附加属性:即除了增加此类装备的必有属性外,还附加其他某些属性,例如武器除了增加命中、伤害以外,还有可能增加耐力、敏捷等。附加特效:即附带以下一些特殊效果。涉案文字作品共列举了神佑、珍宝、必中、迷踪、愤怒、神农、简易、无级别、永不磨损等共9个附加特效。

被告对《梦幻西游》使用了涉案文字作品作为游戏词汇及该作品于2003年5月发表的事实无争议,但认为该作品的主要部分不具有独创性。

为证明被告游戏侵犯了涉案文字作品著作权,原告提供了中国版权保护中心版权鉴定委员会于2014年10月27日分别出具的中版鉴字[2014]第(047)号和第(046)号《关于〈神武〉(pc版)游戏中的文字作品与"梦幻西游"门派技能法术装备特技介绍〉文字作品异同性的鉴定报告》和《关于〈神武〉(pad版)游戏中的文字作品与〈梦幻西游〉门派技能法术装备特技介绍〉文字作品异同性的鉴定报告》。鉴定结论为《神武》文字作品与《梦幻西游》文字作品整体结构构成实质性相似,相对应的词条、技能和法术等表达构成实质相似。

针对被告有没有侵犯涉案文字作品著作权这个焦点问题,法院认为:受著作权法保护的作品应具有独创性;鉴于被告对涉案文字作品的独创性质疑,因我国著作权登记仅作形式审查,故尽管原告取得该作品的著作权登记,仍有必要先对文字是否具有独创性进行审查,然后再确定是否需要做实质相似的判断。

第一,涉案文字作品有相对完整的故事内容,有独创性,应受著作权法的保护。理论依据为:

(1)它勾勒了适用于网络游戏创作的武侠社会背景故事。内容上,涉案文字作品首先描述了3族派、12门派的分类和特色,再以各门派定位为基调描述了各门派师傅、门派弟子的性情和技能特长,由门派特色所决定的该12门派之间、门派弟子之间的相互关系,较为完整地勾勒出由一个个肩负门派使命、各具特异功能的"门派弟子"单独或结群完成各种任务的虚拟武侠社会,且内容上未与之前相同题材的作品重复。电影创作立足剧本,大型多人在线角色扮演的社区型网络游戏的制作亦需要一个引人入胜、吸引玩家体验的游戏背景故事。当涉案文字作品与前述游戏题材相结合,融合于以动态画面呈现的网络游戏中时,游戏玩家自主选择扮演的角色,相当于选择了人物性情;玩家选择对某种技能和法术进行"修炼",相当于人物角色的能力塑造;玩家选取完成某种任务,相当于故事情节的展开;允许玩家与其他玩家互动游戏,增加了故事情节走向的多样性。游戏玩家在既定故事框架和游戏规则之下,自主地选择扮演某一角色体验游戏并使该角色随玩家资历深入而"成长"的过程,相当于参与了网络游戏的创作过程。综上所述,涉案文字作品描述了可配合网络游戏创作,有人物角色(即"门派弟子"),人物角色有特定性情并存在相互制衡或配合关系(由门派使命决定),身怀特技(与技能法术的级别和种类相关),有情节(自我修炼和退敌)的武侠社会背景故事,内容完整,应属著作权法保护的范围。

(2)多元素词句混搭表述游戏规则具有独创性。涉案文字作品在讲述游戏背景故事的同时,将原不相干的人物名称、民间传说、电影情节、成语俗语、网络游戏术语等多种元素混合搭配用以介绍各门派人物技能、法术,与人物角色相应的装备、武器的特殊效果和实现该效果的条件,因而在功能上,属游戏体系和(部分)游戏规则介绍。如重点借鉴小说《西游记》等西游取经故事,按"人、仙、魔"三界划分游戏体系和人物属性;以唐朝府衙通称"大唐官府"命名某一门派名称,象征"力量、耐力"的门派风格;使用不曾出现在西游取经故事中的历史人物如"程咬金"为"大唐官府"门派师傅,作为该门派"文韬武略,对各种兵器了如指掌,其武功招式偏重物理攻击"人物角色的代言人。又使用出处同样并非源于西游取经故事、语意相互之间无关联、使用习惯上也无搭配使用先例的如"为官之道""杀气诀"等词语,与"气血""愤怒值"等网络游戏术语相搭配表达某项特异功能的效果及其使用条件,在 2003 年 5 月之前,作为游戏体系和游戏规则的表达方式具有创造性。

故而,涉案文字作品运用独特的词句组合方式,在整体描述具有武侠剧情的网络游戏背景故事之余留存玩家互动参与塑造具体人物、情节的空间,同时兼顾介绍游戏体系和游戏规则的功能,此种思想表达方式在当时具有独创性,应受法律保护。"为官之道""杀气诀"等确属公共词汇,"气血""愤怒值"等亦确是网络游戏通用术语,但将本属不同领域的用语串联组合,赋予全新的含义却无违和感,该种思想表达方式在当时尚属首创,体现了作者创造性的智慧劳动,应受法律保护。被告认为涉案文字作品只是大量成语、公共语言和民间故事的文字堆积,不构成完整的思想表达,不具有独创性的辩解意见不能成立。涉案文字作品使用某一名词术语定义某一特定的门派、技能、法术名称,使用某种语句介绍某一法术的功效和使用条件,并不妨碍其他不同题材网络游戏的设计者使用相同的词语或语句定义不同含义的技能、法术,构建不同内容的网络游戏背景故事。被告认为允许涉案文字受著作权法保护,将构成对公共词汇的垄断使用,该主张没有事实和法律依据,不予采纳。

第二,被告游戏文字与涉案文字作品的相似性。《神武》端游文字与涉案文字作品的门派体系部分,除了个别门派和门派师傅名称不同外,《神武》端游在 3 族 12 门派体系及名称、各门派及师傅名称相同,门派特色、门派地位,门派技能、法术的名称,法术、特技特效的使用条件和消耗的描述等均与涉案文字作品实质性相似。《神武》手游文字与涉案文字作品经对比,《神武》手游为 3 族 9 门派体系,与《神武》端游相比,除了缺少了"天魔里、五庄观、幽冥地府"三个门派和相应的人物角色和门派技能、法术之外,两游戏其他文字部分总体相同,据此可以认定《神武》手游文字亦与涉案文字作品实质性相似。

可见,欲借助著作权法保护游戏中的文字,需以该文字构成文字作品为前提,即满足独创性要求。游戏中的文字有独创性和非独创性两大类,后一类主要是指那些无法被垄断的通用性表达以及长度和内容都不足以传递特定思想的语句,它们无法受到著作权法保护。

(二)《剑雨江湖》诉《剑雨逍遥》案[①]

该案发生在广州创娱网络科技有限公司(简称"创娱公司")与上海菲狐网络科技有限公

[①] 广州市天河区人民法院(2017)粤 0106 民初 10490 号民事判决书。

司、广东趣炫网络股份有限公司(简称"趣炫公司")之间。原告就《剑雨江湖》游戏中78组文字作品主张信息网络传播权与改编权,认为两被告网络游戏《剑雨逍遥》构成著作权侵权。被告答辩,原告主张权利的文字表述不构成文字作品。文字作品受保护的前提是具有独创性,就原告主张的78组文字描述而言,由于均未体现作者的取舍、选择、安排、设计,且不能相对完整地表达或者反映出作者的思想情感,无法实现文字作品的基本功能,因此不应认定其有独创性;据此,原告提及的涉案文字表达不应受著作权法的保护。

在创娱公司主张权利的文字作品中,法院判定:第一,7组文字描述包括天命修罗空冥界面、穿云神箭、天命苍龙魂炎界面、幽冥幻咒、天命黯焱谴天界面、天命注灵界面、技能界面,该游戏技能的文字描述虽基于常规游戏的设计思路,但如何描述技能效果属于具体的表达,具有一定的独创性,属于我国《著作权法》保护的文字作品;第二,5组文字描述包括商城项下元宝、声誉、荣誉、功勋、历练专区界面分别系对商品的描述,虽然关于每个商品的描述比较简短,但同一界面中4段文字共同描述如何使用、如何获得商品,组合在一起,具有一定的独创性,应认定为文字作品;第三,5组文字描述包括领地战界面、跨服竞技界面、杀戮战场界面、决战华山界面、帮会争霸界面,该战场规则的文字描述并非简单的计算规则或逻辑规则,其选择性表达具有一定独创性,亦应认定为文字作品;第四,其余系关于游戏角色、武器和装备介绍、游戏玩法及游戏活动等的客观描述,内容过于简单,如角色属性中的战斗力、攻击、防御、命中、闪避、魅力值等文字均属一般游戏角色属性的简单归纳,相关排名、奖励及数值系依照数值逻辑次序所作的展示,总体上难以表现作者主观情感或有意义的独创性表述,不符合著作权法中文字作品的法定条件,不构成受著作权法保护的作品。

经比对,《剑雨逍遥》游戏中共有1组功勋商城界面中的文字说明、2组战争规则文字说明与原告主张权利的相应文字作品构成实质性相似;现有证据可以证明《剑雨江湖》游戏上线运营并作媒体宣传,两被告对《剑雨江湖》游戏有接触之可能。法院认为,菲狐公司作为《剑雨逍遥》游戏的著作权人,未经合法授权使用了《剑雨江湖》游戏中的美术、文字作品,并授权趣炫公司在运营过程中通过信息网络向公众提供上述作品,两被告行为共同侵害了创娱公司享有的信息网络传播权,依法应承担停止侵权、连带赔偿经济损失的侵权责任。

(三)《蓝月传奇》诉《烈焰武尊》案[①]

就角色扮演类游戏来说,它均有一定的情节,从抽象的"打怪升级"到相对具体的"通过打怪,获得宝物与经验,提升角色各种属性",再到更具体的"在什么级别可以打什么样的怪物,可以在哪些场景中打怪,可以获得怎样的宝物、多少经验,宝物分别具有什么样的功能,除打怪获得宝物与经验之外游戏有无安排充值或其他渠道供玩家提升属性",再到具体呈现在连续动态画面中的"角色的级别设置,每一级别所对应的各种属性及其数值,各种怪物所在的副本情节及其可掉落的装备与属性数值,各种宝物所可提升的属性及其数值,宝物升级所需的材料名称及数量值,玩家通过充值可获得的内容及其功能和具体属性数值,地图的形态……"等。通过情节的推进,展现出游戏人物从出生到不断成长、发展的历程。这些情节体现出创作者对多种不同创作元素的选择与安排,从游戏类型,到游戏中人物设置,到人物成长发展所需的各种配套条件(宝物、装备等),到获得这些条件的具体要求(副本场景设置)等。而随着情节从抽象到不断具体化,创作者可以选择与安排的空间也越来越大,最终

[①] 浙江省杭州市中级人民法院(2018)浙01民初3728号民事判决书;浙江省高级人民法院(2019)浙民终709号民事判决书。

完成的成果也便越能体现出创作者的独创性。当创作者所选择与安排的情节具体化到一定程度之际,体现出创作者富有个性的选择与安排,便可构成独创性的表达。易言之,游戏情节并非决然属于思想的范畴,而是在情节从抽象到具体的过程中,存在着思想与表达的分界线。只是对于不同的游戏而言,界线的具体位置存在不同,需要个案判断,以确定其具体怎样的情节属于独创性表达。

具体到《烈焰武尊》与《蓝月传奇》两部游戏,法院认为,在情节上的相同或近似之处已不仅限于游戏的主题、类型等层面,也不限于仍处于由抽象的思想向最为具体的表达过度中的情节设置,例如不同系统之间的选择、组合、配置关系上,而是已经直接体现在《蓝月传奇》的具体情节上;具体细节的相同或近似之处大量存在于两款游戏之间,各该情节属于《蓝月传奇》游戏中的独创性表达,《烈焰武尊》在这些情节上的相同或近似之处,应当认定为著作权法意义上的近似。另外,法院在确定两款游戏近似性时,对一些宝物、道具的名称,一些属性及其数值进行了比对,但这并不意味着该院认为著作权法的保护可以延及这些名称、数值本身,进而赋予《蓝月传奇》垄断其中所使用的名称或数值的权利。二审法院专门指出,单纯的数据、过于简短的名称无疑不属于独创性表达,不能受到保护;但对游戏中的道具与宝物,分别所具有的属性,及其相应数值的选择与安排则存在极大空间,创作者们完全可以依据自己的个性进行,表现出其独创性。而选择与安排不同的道具、宝物及其属性、数值,正是创作游戏情节的具体方式,不同的游戏在情节上的不同很大程度上便是通过这些选择与安排上的不同来体现。

"太阳底下没有新鲜事"说的是故事或多或少都是曾经的重复,正因如此,作为故事组成部分的情节,诸如"跳崖获救""皇帝赐毒酒""双面间谍被揪"等,不具有可版权性。但通过特定叙述方式将一系列普通情节组合起来形成的故事表达,若具有独创性,是可以收到著作权法保护的。《蓝月传奇》诉《烈焰武尊》案体现的就是这个原理,尽管游戏中的并没有完全一致的宝物和道具,但从游戏推进过程中的情节及其安排与结构来看,《烈焰武尊》与《蓝月传奇》具有著作权法上的实质相似性。

三、网络游戏中的视听作品

游戏画面,有静态游戏画面和动态游戏画面之分,它是指网络游戏运行时呈现在终端设备的由文字、声音、图像、动画等游戏元素构成的综合视听表达。其中,连续动态画面,既可以是游戏运行全过程形成的完整画面,也可以是游戏运行过程中某个时段连续动态游戏画面的集合。游戏中的视听作品主要涉及的问题是,游戏运行过程中呈现出来的连续动态画面是否构成著作权法上的视听作品。司法实践曾有两种观点:一是基于游戏连续动态画面的创作过程以及整体呈现的连续动态画面效果与电影作品相似,认定游戏连续动态画面属于视听作品从而予以保护。二是认为游戏"双向交互性"特点使其与电影作品有着本质区别,相关画面具有随机性和不确定性,不宜作为视听作品予以保护,进而不给予著作权保护。如今,游戏运行过程呈现出的连续画面,司法形成了较为统一的倾向性意见,即若符合"在一定介质上,由一系列有伴音或者无伴音的画面组成,并且借助适当装置放映或者以其他方式传播"这一特点,将之确认为视听作品没有什么障碍。但将网络游戏连续动态画面认定为视听作品,是司法在个案中的判定,不能将之适用于所有网络游戏而不做任何区分。

判断游戏画面是否符合视听作品构成要件,一般综合考虑以下因素:(1)是否具有独创性;(2)是否可借助技术设备复制;(3)是否由有伴音或无伴音的连续动态画面构成;(4)因人机互动而呈现在游戏画面中的视听表达是否属于游戏预设范围。判断游戏连续动态画面是否具备独创性,主要考虑其是否由作者独立完成以及是否体现了作者个性化的取舍、选择、安排和设计。

（一）《奇迹MU》诉《奇迹神话》案①

《奇迹MU》诉《奇迹神话》案是司法界首次将游戏整体画面视作视听作品予以保护的"破冰之旅",它发生在上海壮游信息科技有限公司(简称"壮游公司")与广州硕星信息科技有限公司、广州维动网络科技有限公司、上海哈网信息技术有限公司之间。针对壮游公司主张的游戏整体画面而言,一审法院认为,《奇迹MU》作为一款角色扮演游戏,具有一定的故事情节,由游戏玩家操作游戏角色,遵循一定的游戏规则在游戏场景中升级打怪,并可进行组队等互动性操作。当玩家开启操作时,屏幕终端呈现出文字、图片、声音等组合而成的画面,该画面具有独创性,并能以有形形式复制,是应受著作权法保护的作品。从表现形式上看,随着玩家的操作,游戏人物在游戏场景中不断展开游戏剧情,所产生的游戏画面由图片、文字等多种内容集合而成,并随着玩家的不断操作而出现画面的连续变动。这些游戏画面由一系列有伴音或者无伴音的画面组成,通过电脑进行传播,具有和电影作品相似的表现形式,故涉案游戏的整体画面可以作为视听作品获得著作权法的保护。

广州硕星信息科技有限公司、广州维动网络科技有限公司不服一审判决,在上诉状中提出,在制作方法上,网络游戏不存在类似摄制电影的制作过程;在表现形式上,网络游戏不存在如类电影般的故事情节、丰富场景,而且画面不固定,是玩家按照游戏规则通过操作形成的动态画面,过程具有随机性和不可复制性;故网络游戏不应归属于视听作品。

二审法院指出,网络游戏是近年来快速发展的数字文化娱乐类智力成果,对于具有独创性的网络游戏构成著作权法意义上的作品,但是,是否可以得到著作权法保护以及如何给予著作权法保护还应当依据现行《著作权法》的规定。我国《著作权法》关于作品的分类以其表现形式为基础,而作品固定在有形载体上的方式并非作品分类的依据。视听作品的表现形式在于连续活动画面组成,这亦是区别于静态画面作品的特征性构成要件,网络游戏在运行过程中呈现的是连续活动画面。虽然网络游戏与传统类电影在表现形式上存在区别,即网络游戏的连续活动画面是随着游戏玩家的操作进行的,具有双向互动性,而且不同操作会呈现不同的画面。而传统电影作品的连续活动画面是固定单向的,不因观众的不同而发生变化。但是,电影视听作品特征性表现形式在于连续活动画面,网络游戏中连续活动画面因操作不同产生的不同的连续活动画面其实质是因操作而产生的不同选择,并未超出游戏设置的画面,不是脱离游戏之外的创作。因此,该连续活动画面是唯一固定,还是随着不同操作而发生不同变化并不能成为认定类电影作品的区别因素,《奇迹MU》游戏整体画面构成视听作品,予以肯定。

在"广州网易计算机系统有限公司(简称"网易公司")与广州华多网络科技有限公司(简称"华多公司")侵害著作权及不正当竞争纠纷案"②中,网易公司诉称,涉案电子游戏属计算机软件作品,游戏运行过程呈现的人物、场景、道具属美术作品,游戏过程中的音乐属音乐作品,游戏的剧情设计、解读说明、活动方案属文字作品,游戏运行过程呈现的连续画面属视听

---

① 上海市浦东新区人民法院(2015)浦民三(知)初字第529号民事判决书;上海知识产权法院(2016)沪73民终190号民事判决书。
② 广州知识产权法院(2015)粤知法著民初字第16号民事判决书。

作品,被告窃取其原创成果,损害其合法权利。华多公司认为,涉案电子游戏的直播画面是玩家游戏时即时操控所得,不是著作权法规定的任何一种作品类型。

广州知识产权法院认为,涉案电子游戏《梦幻西游》《梦幻西游2》作为一款多人参与的在线网络游戏,核心内容包括游戏引擎和游戏资源库,经由用户在终端设备上操作后,引擎系统调用资源库的素材在终端设备上呈现,产生一系列有伴音或无伴音的连续画面,这些画面具有丰富的故事情节、鲜明的人物形象和独特的作品风格,表达了创作者的思想个性,且能以有形形式复制,此创作过程与"摄制电影"的方法类似,因此涉案电子游戏在终端设备上运行呈现的连续画面可认定为类电影视听作品。可见,该案判决沿袭了《奇迹MU》案中的裁判思路,即画面的单向性与双向性不影响视听作品之认定;同时,法院还提及,该游戏的玩家操作游戏不属于法律意义上的劳动创作,游戏软件的权利人是游戏画面作为"类电影视听作品"的"制片人"。

游戏玩家在游戏画面形成过程中所起的作用是什么,有"表演者""放映员"和"创作者"之说。视游戏玩家为"表演者",意味着游戏玩家是在表演作品,其表演行为并不产生新作品,享有著作权法上的表演者权;视游戏玩家为"放映员",意指游戏玩家是游戏画面的放映者,根据自己的喜好或节奏来安排游戏画面的放映进度与方式,对游戏画面并不享有权利。视游戏玩家为"创作者",暗含游戏玩家是游戏画面得以形成和呈现的作者,享有著作权。事实上,游戏玩家对游戏画面是否具有创作意义上的贡献,应当区而分之。第一,若游戏画面系游戏程序根据游戏用户操作指令、按既定规则调用游戏研发商预先设置的游戏元素自动生成,该用户操作行为不属于创作行为,不影响对游戏画面的定性判断。第二,若游戏为游戏用户预留创作空间并提供创作工具,游戏用户在游戏预设的视听表达范围以外创作了其他表达元素,相关创作成果符合作品构成要件,该游戏用户作为相关创作成果的作者享有相应著作权。另外,在无相反证据的情况下,在网络游戏中署名的自然人、法人或其他组织,一般可推定为作者。网络游戏计算机软件著作权登记证书、研发文档、设计底稿、取得权利的合同、符合行业惯例的权利人声明等可以作为证明著作权权属的初步证据。发行许可证等行政机关颁发的证照、平台关于软件开发商的标注、游戏研发商软件上传记录等可以作为认定著作权权属的参考,但在无其他证据佐证的情况下,不宜单独作为认定权属的依据。

(二)《守望先锋》诉《英雄枪战》案①

在《守望先锋》诉《英雄枪战》案中,被告认为,第一人称射击类游戏的整体画面并非预先设定,而是多位玩家按照游戏规则、通过各自操作所形成,是比赛情况的客观表现,兼具过程的随机性、不可复制性以及结果的不确定性,所以,第一人称射击类游戏的整体画面不属于视听作品。上海浦东法院经审理后认为,结合《伯尔尼公约》及我国《著作权法》等有关规定,射击类游戏整体画面是否可以视为视听作品,应衡量此画面是否由一系列有伴音或无伴音的具有独创性的画面组成;《守望先锋》是主创人员付出大量劳动、团队合作的智慧结晶,符合独创性要求,游戏时无论是英雄的移动还是使用武器释放技能的过程,呈现出来的都是连续的动态画面,因而可认定为视听作品。

该案是我国在司法上首次将射击类游戏的连续动态画面纳入视听作品进行保护。网络游戏的连续动态画面是否可以作为视听作品进行保护,需要根据运行画面的实际情况进行判断。比如大众熟知的俄罗斯方块、消消乐等游戏,其整体运行画面被认定为视听作品的可

---

① 上海市浦东新区人民法院(2017)沪0115民初77945号民事判决书。

能性很小。相比业内已经形成基本共识的《奇迹MU》《梦幻西游》等,诸如《捕鱼达人》等游戏,其整体运行画面是否可以成为视听作品,则是不无争议的待厘清问题,尽管《捕鱼达人》曾被认定为视听作品[1],但该判决已经撤销[2]。

(三)《昆仑墟》诉《青云灵剑诀》案[3]

该案发生在上海菲狐网络科技有限公司与霍尔果斯侠之谷信息科技有限公司、深圳侠之谷科技有限公司之间。原告主张《昆仑墟》游戏的前81级整体画面,是由游戏人物、游戏伙伴等在游戏场景中不断展开一系列故事情节而呈现出连续画面,构成的作品属于视听作品。被告《青云灵剑诀》等五款游戏在整体画面、故事情节、故事结果上,与原告游戏《昆仑墟》的游戏等级、整体画面、故事情节、故事结果高度一致,严重抄袭原告享有著作权的《昆仑墟》移动网络游戏。法院在该案中支持了原告的诉请,认为原告菲狐公司主张的《昆仑墟》游戏前81级画面为类电影视听作品。理由如下:

首先,从创作过程来看,游戏的创作过程综合了策划、美术、界面、程序、音频等多种手段,与电影摄制中综合编剧、导演、摄影、作词、作曲等进行创作类似。其次,从表现形式上看,游戏影像画面具有连续性,包含影像、文字等多种内容,并且有伴音或者无伴音,借助电脑或手机等进行传播,具有和电影作品相似的表现形式。第三,从作品内容来看,《昆仑墟》游戏人物在游戏场景中不断展开游戏剧情,具有一定的故事情节和人物关系,游戏动态影像画面集美工、灯光、音效、情节于一体,较为复杂,类似电影的复合表达,具有独创性。第四,从作品的传播利用方式来看,采用挂机形式的角色扮演类游戏影像画面,无需玩家操作,不用人机互动。《昆仑墟》游戏不管是用三个主角的哪个角色进去,游戏进程和游戏画面都基本相似,内容具有相对固定性,其传播利用方式与电影作品相似。第五,从创作手段来看,网络游戏的画面虽然不是通过摄制方法固定在一定介质上,但是,是否通过摄制方法固定于一定介质上并不是判断是否构成视听作品的必要条件。著作权法保护电影视听作品的目的不是保护创作的方法,而是保护创作的结果,即连续动态的影像画面。《伯尔尼公约》第2条第(1)项将类电影作品描述为以类似电影的方法表现的作品,强调的亦是表现形式而非创作方法。因此,通过非摄制的方式创作出来的游戏影像画面亦可以构成类电影视听作品。

被诉游戏与游戏《昆仑虚》是否构成相似?法院指出,对于构成视听作品的游戏连续动态画面,判断被诉侵权作品是否与其构成实质性相似,一般采用综合判断的方法,可着重从以下方面进行审查:(1)游戏连续动态画面整体视听效果;(2)游戏故事情节的具体编排;(3)游戏角色、技能、装备等特定体系架构或特殊的画面细节设计;(4)相同部分在原告主张权利的作品内容中的比例和重要程度;(5)产生相同表达效果是否具有合理原因。

一般而言,电影作品的影像画面是通过导演对剧本改编和重新设计,选择布置场景,对演员从神情、动作到语言进行指导,由摄像师根据导演的要求拍摄后,再使用软、硬件工具对剪辑、编排录影和加入蒙太奇等特技效果等后期制作形成的。电影画面的呈现顺序一般是由剧本、脚本或者导演的分镜头所决定,取决于编辑或者导演的独创。而角色扮演类游戏的挂机画面是游戏引擎自动调用游戏资源库中的文字、音乐、图片、音频、视频等多种元素形成的有机、连续、动态的组合。游戏策划类似于导演和编剧,策划文档就类似于电影的剧本或

---

[1] 桂林市中级人民法院(2014)桂市民三初字第1号民事判决书。
[2] 广西壮族自治区高级人民法院(2016)桂民终字305号民事裁定书。
[3] 广州互联网法院(2018)粤0192民初1号民事判决书。

脚本。游戏资源库类似电影中的演员、道具、布景、剧本和音乐等。与传统的类电影作品不同,游戏挂机所形成的画面是由程序自动演绎,但这种自动演绎的游戏画面的呈现内容和呈现顺序都是由策划文档或其他类似文件决定,通过游戏引擎按开发者预设的各种参数和流程演绎,直接表达了开发者对于游戏的安排,类似电影中的摄影师根据导演的安排拍出相应画面。因此,基于与电影视听作品的类似,对原被告游戏影像画面可以采取类似电影视听作品的比对方法。

《昆仑墟》游戏与《青云灵剑诀》等被诉五款游戏有显著的不同,具有不同名字不同形象的游戏主角在不同的故事背景和场景之下,使用不同的技能,通过与不同的NPC人物的不同对话完成不同的任务。就好比电影中不同的演员说着不同的对白在不同的场景下演绎着不同的故事。这种不同表现在影像画面上,就会给观众在视觉和听觉上带来明显的差异。但是,连续的影像不仅需要考察单个的画面,也需要进行整体认定和综合判断。虽然作品是由各种原始素材以及表现手段等构成,但作品的整体并不等于其组成元素的简单累加,人物特征、人物关系、与之相适应的情节的演进以及每一个画面呈现的先后顺序,为有机结合的整体。两部电影是否构成实质性相似,从一般受众的角度,需要在思想的表达上进行全面分析,判断受众在欣赏体验在后作品时,是否存在与在先作品相同或近似的感受。这种感受不独体现在视觉和听觉上,也反映在心理以及实际的体验上。即使两部电影的影像画面有较大区别,但是故事发生的逻辑,人物出场顺序及其相互关系,由具体事件的发展进程所构成的情节等都相同或相似,则带给受众的观感体验也会相同或相似。如果两部电影中的这些相同或近似的情节、结构和故事推进过程等的设计能反映出创作者独特的选择、判断和取舍,构成了著作权法意义上的表达,则可判断两者在整体观感上构成实质性相似。同样地,对于角色扮演类游戏通过挂机形成的画面,如果带给普通观察者相同或相近的欣赏体验的感受,也可能构成整体观感上的实质性相似,当然前提是需要存在实质性相似的表达。

自动挂机游戏中,游戏引擎调用游戏素材时必须遵循一定的游戏规则,方能构成有机整体的连续画面。著作权只保护表达而不保护思想,游戏规则的本质是思想,著作权法并不保护单一的游戏规则。但在一个完全虚构的游戏环境中,无论是游戏的世界观、价值体系或者是游戏中的人物、故事情节、行动规则、游戏中的奖罚结果等游戏内容完全由游戏设计者决定,存在着巨大的可以被感知其独特情感和风格、能被区分特定作品的创作空间,如果各种游戏规则与游戏情节相互结合,推动游戏的故事情节不断发展,表现出了特定的人物关系、任务主线、场景转换顺序和游戏效果等,情节足够丰富细致,有完整的个性化表达,那么这种足够具体的人物设置、任务主线、情节结构和游戏效果等有机结合形成的整体,符合著作权法上的表达时,就应该予以保护。这时所保护的就不是游戏规则本身,而是一系列游戏规则经过整合、编排后与游戏资源库的元素相结合所表现出来的内容。如果被诉侵权作品中包含这些相同或相似的内容,且达到一定数量、比例,足以使普通观察者感知到来源于特定作品时,可以认定两部作品构成实质性相似。

经比对,《昆仑墟》和《青云灵剑诀》等被诉五款游戏在前81级游戏的任务框架及所对应的级别、主线任务每一级别的推进过程、人物关系基本一致;主线任务中五个场景的转换所对应的级别相同;游戏中人物所对应技能的解锁级别均相同;主线任务中,主角与NPC人物互动后所需完成的任务目标数值基本一致,主角每提升一级别所获得的铜钱数值均相同;主角获得装备、坐骑以及羽翼的相应级别基本一致。也就是说,两款游戏的每一级内容的设置路径、主角行动和成长的脉络、主角与NPC人物之间的关系等基本一致。在角色类游戏有很大创作空间的前提下,《青云灵剑诀》等被诉五款游戏不但在部分 UI 界面、角色技能效果图、道具和场景上与《昆仑墟》游戏相似,而且运用了和《昆仑墟》游戏几近相同的游戏规则,采取了基本一致的整合和编排方式,形成了高度相似的表达,即使在不同的故事背景和场景下使用了不同的人物形象及角色技能等,仍然会给人带来相似的体验,构成整体观感上的实质性相似。

四、网络游戏中的玩法规则

游戏规则是网络游戏的核心要素之一,它是指参与游戏的过程中必须遵守的基础性规定和程序性要求,不同规则可以给玩家带来不同的感受,有的沉闷无趣、有的平淡无奇、有的惊险刺激。一般而言,游戏规则与玩法,因其可供选择的表达空间有限,若对之施以著作权法保护,易扩大著作权法保护的客体范围,导致不合理垄断。但也有司法裁判案例表明,游戏规则并非不受法律保护,而且对游戏规则的保护是多向度的,既可以在反不正当竞争法的框架下寻求保护,也可以在符合条件时,获得著作权法的保护。例如在《炉石传说》游戏著作权纠纷案[①]中,针对该游戏的规则,法院认为,原告所主张的卡牌和套牌的组合,其实质是游戏的规则和玩法,鉴于著作权法仅保护思想的表达,而不延及思想本身,因此对原告要求通过著作权保护游戏规则与玩法的诉请不予支持。与该案同时进行的是,与游戏《炉石传说》相关的一起不正当竞争纠纷案。[②] 审理该案的合议庭认为,游戏规则尚不能获得著作权法的保护,并不表示这种智力创作成果法律不应给予保护。游戏的开发和设计要满足娱乐性并获得市场竞争的优势,其实现方式并不是众所周知的事实,而需要极大的创造性劳动。同时,现代的大型网络游戏,通常需要投入大量的人力、物力、财力进行研发,如果将游戏规则作为抽象思想一概不予保护,将不利于激励创新,为游戏产业营造公平合理的竞争环境。

可见,目前司法实践中倾向性的意见认为,单纯的游戏规则作为思想不应受到著作权法的保护,但其通过特定方式呈现出来的具体表达,难受著作权法保护,但倘若抄袭新出现的游戏规则和玩法,则可以考虑用反不正当竞争法为之提供保护。

(一)《太极熊猫》诉《花千骨》案[③]

游戏玩法规则虽然难受著作权法保护,然而,在《太极熊猫》诉《花千骨》案中,法院的观点是:《太极熊猫》游戏整体画面中游戏玩法规则的特定呈现方式构成著作权法保护的客体,《花千骨》游戏在游戏玩法规则的特定呈现方式及其选择、安排、组合上整体利用了《太极熊猫》的基本表达,并在此基础上进行美术、音乐、动画、文字等一定内容的再创作,侵害了著作权人享有的改编权。具体到游戏玩法规则,法院认为:

> 首先,著作权法不保护抽象的思想、方法,只保护对思想的具体表达。网络游戏中对于玩法规则的具有独创性的表达,可以在一定程度上受到著作权法的保护。区分游戏作品中相应的玩法规则属于思想还是表达,应当要看这些玩法规则是属于概括的、一般性的描述,还是具体到了一定程度足以产生感知特定作品来源的特有玩赏体验,如果

---

① 上海市第一中级人民法院(2014)沪一中民五(知)初字第 23 号民事判决书。
② 上海市第一中级人民法院(2014)沪一中民五(知)初字第 22 号民事判决书。
③ 江苏省苏州市中级人民法院(2015)苏中知民初字第 00201 号民事判决书;江苏省高级人民法院(2018)苏民终 1054 号民事判决书。

具体到了这一程度,足以到达思想与表达的临界点之下,可作为表达。涉案《太极熊猫》游戏玩法系统设计中包括对战、成长、扩展和投放系统四个部分,对战系统项下有PVE(玩家与电脑)、PVP(即玩家与玩家)对战系统,成长系统项下有主角系统、装备系统、武神系统,扩展系统项下有交互、运营活动、商城系统,投放系统项下有新手引导、功能开启、缤纷礼包、等级限制系统,在对每个系统进行描述时均可使用该系统主要实现何种玩法功能这样的方式,至此,前述内容都应属于游戏玩法规则的思想部分,不应由作品作者垄断独享。但当进一步具体到前述系统中每一个具体游戏玩法设置及其所依托的游戏界面设计时,则须作出审慎判断。本案中,蜗牛公司主张作品比对的范围具体到了游戏界面基本布局、内容和被详尽描述的具体玩法。本院认为,游戏设计师通过游戏连续动态图像中的游戏界面,将单个游戏系统的具体玩法规则或通过界面内直白的文字形式或通过连续游戏操作界面对外叙述表达,使玩家在操作游戏过程中清晰感知并据此开展交互操作,具有表达性。如前所述,在ARPG类电子游戏中,角色的选择、成长、战斗等玩法设置本身具有叙事性,依托游戏界面呈现的详尽的游戏玩法规则,类似于详细的电影剧情情节,游戏开发过程中通过绘制、设计游戏界面落实游戏规则的表达,与电影创作过程中依据文字剧本绘制分镜头剧本摄制、传达剧情具有一定相似性,可以说,以游戏界面设计体现的详细游戏规则,构成了对游戏玩法规则的特定呈现方式,是一种被充分描述的结构,构成作品的表达。

其次,涉案《太极熊猫》游戏玩法规则的特定呈现方式绝大部分具有独创性。从行业现状来看,网络游戏特别是ARPG类手机游戏设计开发已逐渐呈现模块化趋势,即一款新游戏整体玩法系统的开发与设计往往不会从零开始,而系基于现有成熟的单个游戏玩法系统的基础上,进行玩法系统或模块的选择、组合或部分新玩法系统的开发创新,并在此基础上设计具体的游戏界面和游戏数值。故,显然《太极熊猫》并不能就某个玩法系统规则本身享有垄断权,但本案中,经过天象公司举证及本院查明,原告在《太极熊猫》游戏中主张权利的前述游戏玩法规则之特定呈现方式,绝大多数在天象公司提交的证据《放三》作品中并不存在,故本院认为可以认定为其独创,产生著作权。

最后,一款网络游戏的设计,其游戏结构、玩法规则、数值策划、技能体系、界面布局及交互等设计属于整个游戏设计中的核心内容,相当于游戏的骨架,而游戏角色形象、配音配乐等内容则属于形象设计,相当于游戏的皮肤或者衣服,所以行业内才将只更换IP形象、音乐等元素而在玩法规则、数值策划、技能体系、操作界面等方面实质相似的行为称呼为"换皮"抄袭。涉案《花千骨》游戏在对战副本、角色技能、装备及武神(灵宠)系统等ARPG游戏的核心玩法上与《太极熊猫》游戏存在诸多实质性相似之处,且在部分细节上存在的雷同,远远超出了创作巧合的可能性,故可以认定《花千骨》游戏对《太极熊猫》游戏的具体玩法规则所设计的特定表达进行了整体照搬和复制,构成著作权侵权。本案中,虽然《花千骨》游戏在IP形象、音乐、故事情节等方面与《太极熊猫》游戏不同,但是这并不能改变其在某些特定核心玩法上对《太极熊猫》游戏进行抄袭的侵权认定。

可见,对游戏规则与玩法是否可以直接受著作权法保护这一问题,法院的态度依然谨慎,但这并没有妨碍法院对游戏规则与玩法的呈现方式构成独创性表达,依法作出认定。

(二)《三国杀》卡牌游戏规则案①

发生在杭州游卡网络技术有限公司与广州常游信息科技有限公司、广州大娱信息科技有限公司之间的《三国杀》卡牌游戏规则案,法院在裁判中沿袭了"《太极熊猫》诉《花千骨》案"中秉持的思路,即用以描述出牌规则、胜负条件、模式等的文字内容属于对游戏玩法规则的概括性、一般性描述以及此种概括性的玩法规则作为思想的一部分应当从作品中抽象出来,不受著作权保护;但其通过特定方式呈现出来的具体表达,则有可能受到著作权法的保护。游戏规则在具体文字表达上存在一定的创作空间,不同主体撰写的游戏规则可以反映个性化特征,体现于用词的选择、语句的排列、描写的润色等。对游戏规则的说明,符合独创性要求的,可视为游戏说明书,作为文字作品受到著作权法保护。

五、网络游戏中的其他元素

游戏元素包括人物名称、人物关系、人物性格、人物身世、人物技能、外貌、武功、招式名称、武器、道具、坐骑、怪兽、音乐②等。关于游戏元素,实践中主要有著作权和不正当竞争两种纠纷类型。

(一)著作权纠纷

在"游戏《大掌门》侵犯温瑞安武侠小说改编权纠纷案"③中,温瑞安诉称,"四大名捕"是其创作的100多部武侠小说的系列名称,包括《四大名捕斗将军》《四大名捕震关东》《四大名捕会京师》等。"四大名捕"也是贯穿上述系列小说中的灵魂人物,即朝廷中正义力量"诸葛正我"各怀绝技的四个徒弟,分别是"无情""铁手""追命"和"冷血"。"诸葛正我"又名"诸葛神侯"。玩蟹公司开发的卡牌手机网络游戏《大掌门》于2012年10月上线,趁2014年8月由其作品改编的电影《四大名捕大结局》上映之际,玩蟹公司将"无情""铁手""追命""冷血"和"诸葛正我"人物改编成大掌门游戏人物,并在游戏中使用与我的知名作品名称"四大名捕"近似的名称"四大神捕",玩蟹公司还将"四大名捕"作为噱头广为宣传,吸引玩家。玩蟹公司未经许可擅自将这些文学作品人物改编成游戏人物,侵害了作品改编权,请求判令玩蟹公司停止侵权、赔礼道歉、消除影响、赔偿损失。

法院认为,温瑞安数十年中创作的"四大名捕"系列小说,文学价值及社会影响力较高。在"四大名捕"系列小说中,"无情""铁手""追命""冷血"及"诸葛先生"是贯穿始终的灵魂人物,他们不只是五个人物名称,而是经温瑞安精心设计安排,有着离奇的身世背景、独特的武功套路、鲜明的性格特点以及与众不同的外貌形象的五个重要小说人物。这五个人物,构成了"四大名捕"系列小说的基石。一方面,温瑞安围绕这五个人物以及相互之间的密切关系创作出了众多"四大名捕"主题的传奇武侠故事。另一方面,这五个人物也成为"温派"武侠经典的重要纽带,为温瑞安数十年来坚持不懈地演绎创作提供了人物主线。因此,涉案五个人物为温瑞安小说中独创性程度较高的组成部分,承载了"温派"武侠思想的重要表达。温瑞安对其小说所享有的著作权,亦应体现为对其中独创性表达部分所享有的著作权。玩

---

① 上海市浦东新区人民法院(2017)沪0115民初27056号民事判决书。
② 网络游戏的主题曲、配乐或背景音乐可以作为音乐作品获得著作权法保护,例如"许镜清诉蓝港在线(北京)科技有限公司著作权侵权纠纷案",蓝港在线公司未经许镜清许可,在其开发的网络游戏《新西游记》中使用许镜清创作的《西游记序曲》《猪八戒背媳妇》两首音乐作品,法院判定该行为系著作权侵权行为。参见北京市石景山区人民法院(2016)京0107民初1812号民事判决书。
③ 北京市海淀区(2015)海民(知)初字第32202号民事判决书。

蟹公司承认《大掌门》游戏中"神捕无情""神捕铁手""神捕追命""神捕冷血"及"诸葛先生"五个人物名称与温瑞安"四大名捕"系列小说中武侠人物的关联性,也承认部分人物武功确系借鉴了温瑞安作品。同时,《大掌门》游戏对涉案五个人物的身份、武功、性格等信息的介绍,相关人物形象的描绘及其组合都能与温瑞安"四大名捕"系列小说中对应人物的表达相符。加之《大掌门》游戏陆续出现涉案五个人物的时间,正值 2014 年 8 月电影《四大名捕大结局》上映之际,而该电影是经温瑞安授权拍摄的"四大名捕"系列小说同名电影。多篇为《大掌门》游戏作宣传推广的文章都将"无情"等涉案卡牌人物与温瑞安"四大名捕"系列小说中对应人物相联系。因此,《大掌门》游戏中的"神捕无情""神捕铁手""神捕追命""神捕冷血"及"诸葛先生"五个人物即为温瑞安"四大名捕"系列小说中的"无情""铁手""追命""冷血"及"诸葛先生"五个人物。玩蟹公司开发经营的《大掌门》游戏,通过游戏界面信息、卡牌人物特征、文字介绍和人物关系,表现了温瑞安"四大名捕"系列小说人物"无情""铁手""追命""冷血"及"诸葛先生"的形象,是以卡牌类网络游戏的方式表达了温瑞安小说中的独创性武侠人物,满足以上三个方面的要求。故玩蟹公司的行为,属于对温瑞安作品中独创性人物表达的改编,该行为未经温瑞安许可且用于游戏商业性运营活动,侵害了温瑞安对其作品所享有的改编权。

可见,在游戏中,使用其他作品中的人物,应注意侵犯著作权之嫌;著作权中的改编权,不意味着必须改变完整的原作品,改变原作品中能体现作者创作思想的独创性表达部分,亦构成对原作品的改编,属于改编权控制的范畴。网络游戏界面以图文形式显示相关人物身世、性格、外貌、武功、人物关系等特征,能充分还原小说人物,属于对小说独创性人物表达的改编。网络游戏开发经营者未经许可改编小说独创性人物表达,且用于商业运营,是侵害小说著作权人所享有的改编权之行为。

当然,并不是所有对人物性格、人物关系和人物名称等元素的使用,均构成对著作权的侵犯,而是要根据个案的具体情况,进行逐一判定。诸如在"完美世界(北京)软件有限公司与上海野火网络科技有限公司、福建博瑞网络科技有限公司等侵害作品改编权纠纷案"[①]中,法院认为,野火公司未经授权在其开发的游戏《六大门派》中使用金庸先生《倚天屠龙记》《射雕英雄传》和《神雕侠侣》文字作品相关元素主要体现为武当派张三丰、宋远桥、俞莲舟、殷梨亭、莫声谷、宋青书,峨嵋派灭绝老尼、丁敏君、纪晓芙、周芷若,明教杨道,少林派觉远的人物名字和人物之间的关系相同,以及灭绝师太的师兄孤鸿子被杨道气死的事件相同。但是从构成改编最重要的故事情节及脉络发展来看,现有的《六大门派》游戏公证内容没有体现出与《倚天屠龙记》文字作品的相同的故事情节。因此,现有证据不能证明《六大门派》游戏构成对《倚天屠龙记》《射雕英雄传》和《神雕侠侣》的改编。

还是在该案中,针对游戏《六大门派》是否侵犯了《笑傲江湖》文字作品的改编权,法院认为,从人物角度来看,《六大门派》游戏中华山派的人物有师父君子剑(岳不群)、师娘宁女侠(宁中则),华山弟子:大师兄令狐冲、二师兄劳德诺、梁发、施戴子、高根明、陆大有、陶钧、英白罗、舒奇、小师妹岳灵珊,剑宗成不忧。与《笑傲江湖》文字作品中的人物名字完全相同。在原告完美世界公司发出侵权函后,被告野火公司将游戏中的人物名称略做改动,但也仅为同音字替换,如成不忧改为程不忧,或名字前后顺序的调换,如劳德诺改为劳诺德、施戴子改为戴施子等,同时游戏中出现的人物还包括曲阳、曲菲菲,嵩山派左冷禅、费冰,恒山派定逸

---

① 上海市杨浦区人民法院(2015)杨民三(知)初字第 55 号民事判决书。

大师、仪林、衡山派莫掌门、刘正枫、项大年、青城派于人炎、余人壕、罗仁杰、福威镖局林总镖头、少主小林子、采花贼伯光。上述人物名称除同音字替换外，与《笑傲江湖》文字作品中的人物名称在呼叫上基本相同，同时人物之间的相互关系，如师徒关系、师兄关系、对手关系、好友关系也与《笑傲江湖》文字作品一致。其次，从故事情节发展来看，游戏《六大门派》中的部分情节和细节与《笑傲江湖》文字作品也基本相同。因此，从现有证据来看，《六大门派》游戏构成对《笑傲江湖》文字作品的改编。因原告完美世界公司经授权享有对《笑傲江湖》在中国大陆地区的独家游戏改编权及公开发表和运营改编软件的权利，因此被告野火公司的行为构成对原告完美世界公司上述权利的侵害。

除去人物姓名，武侠小说中的武功、阵法、武器、场景等，可以因为表达的具体化，而成为著作权法保护的对象。例如在"明河社出版有限公司、完美世界（北京）软件有限公司诉北京火谷网络科技股份有限公司、北京昆仑乐享网络技术有限公司、北京昆仑万维科技股份有限公司侵犯改编权及不正当竞争纠纷案"中，针对卡牌游戏《武侠 Q 传》是否侵犯了《射雕英雄传》《倚天屠龙记》《神雕侠侣》《笑傲江湖》的改编权，法院指出，涉案游戏并没有完整使用书中的故事情节，而是对人物角色、人物特征、人物关系、武功招式以及武器、阵法、场景等创作要素进行了截取式、组合式的使用。这种对具体创作要素进行截取式、组合式使用的行为，若由此所表现出的人物特征、人物关系以及其他要素间的组合关系与原作品中的选择、安排、设计不存在实质性差别，未形成脱离于原作品独创性表达的新表达，即构成对他人作品改编权的侵犯。①

（二）不正当竞争纠纷

游戏元素的不正当竞争纠纷，主要是围绕《反不正当竞争法》第 6 条规定的不正当竞争行为而展开，其中涉及对游戏元素作为商业标识的审查。主张网络游戏的名称属于有一定影响的商品名称的，法院重点审查的是：第一，该游戏名称是否具有一定知名度，能否起到识别商品来源的作用。第二，判断游戏图标、界面是否构成有一定影响的包装、装潢的，除审查相关游戏图标、界面是否具有一定知名度外，还审查其是否作为包装、装潢使用，以及能否起到识别商品来源的作用。第三，游戏角色、装备、场景等游戏元素虽不属于有一定影响的商品名称、包装、装潢，但其单独或者组合使用已具备一定知名度并起到识别商品来源作用的，如被擅自使用与之相同或近似的标识，足以引人误认为是他人网络游戏或者与他人存在特定联系的，可以将之归类为《反不正当竞争法》第 6 条第（4）项规定的"其他混淆行为"。第四，游戏权利人提交其网络游戏的运营时间、运营规模、下载数量、获奖情况或者广告宣传等证据，证明相关游戏元素为一定范围的相关公众所知晓并实际起到商业标识作用的，可认定为"有一定影响"。

在北京微游互动网络科技有限公司与北京畅游时代数码技术有限公司之间就游戏《大武侠物语》纠纷②，是一起关于游戏元素的不正当竞争案件。

畅游公司经合法授权，获得了《天龙八部》《雪山飞狐》《飞狐外传》《碧血剑》《鹿鼎记》等金庸作品在中国大陆地区的独家移动端游戏软件改编权。《大武侠物语》游戏由普游公司开发，普游公司和微游公司共同运营。该游戏中大量使用了与涉案作品中相同或相似的人物名称、武功、武器名称，并将小说情节浓缩为游戏关卡名称。同时，微游公司经营的涉案游戏

---

① 北京市高级人民法院(2018)京民终 226 号民事判决书。
② 北京知识产权法院(2015)京知民终字第 2256 号民事判决书。

官网中展示了"《大武侠物语》是一款以群侠传为主题的 RPG＋策略武侠游戏,云集了'飞雪连天射白鹿,笑书神侠倚碧鸳'中的枭雄豪杰"的宣传语。畅游公司基于以上事实,请求法院判令被告停止侵权、消除影响、赔偿损失及合理支出。

法院认为,普游公司未经授权、未付成本,于其开发的涉案游戏中大量使用了与涉案作品中相同或相似的人物名称、武功、武器名称,并将小说情节浓缩为游戏关卡名称的行为,即利用金庸作品元素开发制作了涉案游戏,非法行使了本应属于畅游公司的权利,获取了不应有的竞争优势,违反了市场经营者应秉持的诚实信用原则,构成不正当竞争。涉案游戏官网使用的宣传语使相关公众误认为涉案游戏与金庸作品之间存在授权关系或某种关联关系,借助金庸及其作品的知名度吸引用户使用涉案游戏,从事了虚假宣传的不正当竞争行为。

从该案裁判中可以看出,网络游戏未经许可使用知名作品中的人物名称、武功、武器名称,并将小说情节概括为游戏关卡名称,该行为虽非是对作品的具体表达的使用,但法院倾向于将之视为属于使用作品中具有概括性意义、与作品具有指向性关联关系的情节名称的行为,并认定该行为违反诚实信用原则,属于搭便车的不正当竞争行为。

第八章

电子竞技与网络游戏直播

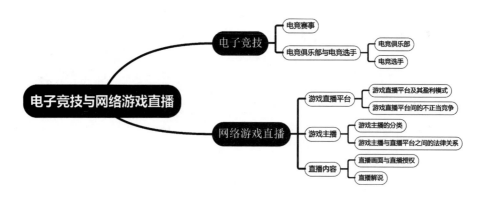

第一节 电子竞技

　　电子竞技是利用电子设备作为运动器械进行的、人与人之间的智力对抗运动。一般认为,电子竞技项目有统一明确的规则以及严格的比赛时间及回合限制。电子竞技作为表演项目正式出现在 2018 年雅加达亚运会上,涉及的电子竞技项目有《英雄联盟》《实况足球》《炉石传说》《星际争霸 2》《王者荣耀(国际版)》和《皇室战争》,中国派代表队参加。国家统计总局发布的《体育产业统计分类(2019)》,电子竞技项目被归类为"职业体育竞赛表演活动",与篮球足球排球等运动项目同属一类。2019 年 4 月,国家市场监督管理总局、国家统计局、人力资源和社会保障部正式向社会发布 13 个新职业信息,其中电子竞技运营师和电子竞技员已列入正式职业。2019 年教育部批准山东体育学院在全国普通高等院校首批设立电子竞技运动与管理本科专业。电子竞技本科专业致力于培养具有扎实电竞专业知识和比赛技能,以及承担电竞产业中的教育培训、赛事组织运营、俱乐部管理等工作的专业复合型人才。在课程设置上,有电子竞技概论、俱乐部管理、赛事管理、比赛心理学、竞技产业分析等多门课程。中国音数协游戏工委在《2019 年中国游戏产业报告》中指出:随着国际电子竞技市场的逐渐发展,我国的电子竞技产业也越来越受到重视,我国已成为世界上最具影响力和最具潜力的电子竞技市场。

　　电子产业可划分为 13 个细分行业,主要包括游戏研发、游戏运营、电竞俱乐部、赛事运营、电竞内容制作、电竞经纪、电竞直播、电竞场馆、电竞媒体、电竞教育、电竞大数据、电竞外设、电竞社交等。其中游戏研发、游戏运营、赛事运营、电竞直播、电竞俱乐部处于整个电竞产业链条的中心,游戏研发商、游戏运营商,如腾讯、网易等企业提供游戏内容版权,电竞赛事主办方、电竞俱乐部、电竞职业选手、电竞场馆组成内容生产方,再交由电竞赛事内容传播平台,如斗鱼等直播平台,以及电视游戏频道、电竞游戏媒体等渠道进行传播,最终由电竞用户进行消费。

一、电竞赛事

不管单机游戏(单人游戏),还是网络游戏(多人游戏),只要符合"电子"与"竞技"这两个特征,均可称为广义上的电子竞技。电子竞技运动来源于电子游戏,电子游戏在补充和强化了体育性特性后,其中一些类型可以转化发展成为新的电子竞技运动项目。电子竞技游戏是指能够支撑电子竞技运动的游戏,多人对抗以及以回合或局的形式进行游戏是其特点。电竞赛事是电子竞技产业的核心,电竞产业中的各个主体围绕电子竞技赛事而开展业务与活动,如游戏商授权、电竞俱乐部参与、电竞赛事运营商承办、电竞赛事场馆提供、电竞直播平台播出。其中,直播平台是电子竞技赛事的重要传播渠道,电子竞技游戏和赛事内容也是直播的核心内容。

电竞赛事运营商,是具体赛事的统筹者、执行者与承办者,从事赛事组织、制作、营销等活动。作为承办人,电竞赛事运营商一般应具备的条件有:(1)能够独立承担民事责任;(2)拥有与经营范围和赛事规模相适应的组织机构和专业管理人员;(3)具有完备的赛事组织实施方案;(4)拥有与赛事规模相适应的经费;(5)具备赛事所需的场地、设施和器材。电竞赛事场馆由场馆经营者提供,如同演唱会等演出一样,作为演出场所的电竞赛事场馆,其经营者应按照《营业性演出管理条例》之要求,合规经营;另外,2019年发布的《电竞场馆建设规范》和《电竞场馆运营服务规范》,它们作为行业性文件,也是合规的重要参考资料。

根据国家体育总局体育信息中心 2015 年发布的《电子竞技赛事管理暂行规定》,电子竞技赛事是指由信息中心主办或合办的国际性或全国性电子竞技项目的综合性或单项竞赛活动,以及接受信息中心指导的其他电子竞技赛事活动。非由信息中心主办的国际性和全国性电子竞技赛事,包括商业性、群众性、公益性电子竞技赛事,合法的法律主体可自行依法组织和举办此类赛事。由信息中心主办或联合主办的国内赛事,其名称可以使用"中国""全国""国家""中华"字样或具有类似含义的词汇。未经相关部门确认,其他赛事名称不得使用以上字样或具有类似含义的词汇。由国际电子竞技组织、信息中心举办的国际赛事,其名称可以使用"世界""亚洲"字样或具有类似含义的词汇。未经相关部门确认,其他赛事名称不得使用以上字样或具有类似含义的词汇。

根据电子竞技赛事主办方是否是所属游戏运营商,在电竞行业内部,将电竞赛事分为第一方赛事和第三方赛事。第一方赛事通常指游戏运营商主办的赛事;第三方赛事通常指非游戏运营商主办的赛事。与第三方电竞赛事相比,第一方电竞赛事在版权问题上有天然优势,所以,第三方电竞赛事目前呈式微趋势。

通常情况下,电竞赛事具有营利性和表演性的特点。营利性体现在通过发售门票、接受赞助等方式获取收入;表演性体现在请嘉宾进行"暖场"表演以及赛事本身的技巧性展示等。所以,电竞赛事应在《营业性演出管理条例》及其实施细则的框架下,合法进行。

二、电竞俱乐部与电竞选手

(一) 电竞俱乐部

民办非企业单位、工作室和公司,是国内电竞俱乐部可供选择的三种组织形式。民办非企业单位,根据其依法承担民事责任的不同方式分为民办非企业单位(法人)、民办非企业单位(合伙)和民办非企业单位(个体)三种。个人出资且担任民办非企业单位负责人的,可申请办理民办非企业单位(个体)登记;两人或两人以上合伙举办的,可申请办理民办非企业单位(合伙)登记;两人或两人以上举办且具备法人条件的,可申请办理民办非企业单位(法人)登记。由企业事业单位、社会团体和其他社会力量举办的或由上述组织与个人共同举办的,应当申请民办非企业单位(法人)登记。以工作室为组织形态的电竞俱乐部,法律性质属个体工商户;个体工商户是指公民在法律允许的范围内,依法经核准登记,从事工商业经营的家庭或户。个人经营的,以经营者本人为登记申请人;家庭经营的,以家庭成员中主持经营者为登记申请人。

公司是电竞俱乐部的常见和主要组织形式;相比于公司,民办非企业单位和工作室不利于电子竞技俱乐部的市场化运作和资本运作,有发展上的局限性。以民办非企业单位的电竞俱乐部为例,其在利润分配和转让等多方面的自主性有限。比如,在"王某与张某、唱某电子竞技俱乐部转让合同纠纷案"①中,2016年5月17日签订的《××电子竞技俱乐部整体转让合同》中约定原告王某将某某电子竞技俱乐部以87万元的价格整体转让给被告张某,包括:竞技俱乐部所有证照、相关合同、电脑、桌椅、上网设备等物品。某某电子竞技俱乐部所持有的证照是由佳木斯市社会组织管理局下发的民办非企业单位登记证书,该电子竞技俱乐部的性质系体育类民办非企业,是从事社会服务活动的非营利性社会组织。根据《行政许可法》第12条第3款的规定,电子竞技俱乐部证照需经过行政许可后方能取得。因此法院认为,《某某电子竞技俱乐部整体转让合同》中证照部分无效;由于证照是该合同中的目的条款和核心条款,且该合同为整体转让合同,故转让证照条款无效应导致整体转让合同全部无效。

上海阳川电子科技有限公司的EDG(EDward Gaming)电子竞技俱乐部、上饶市乐游网络科技有限公司的SH皇族电子竞技俱乐部、上海酷技体育文化有限公司的QG电子竞技俱乐部等知名电竞俱乐部,选用的均是公司组织形式,便于在发展壮大过程中的股权转让、融资、增资、减资、利润分配、上市等各种运营活动之开展。

(二) 电竞选手

电竞选手是电竞俱乐部的核心资源和资产,就如艺人之于经纪公司。俱乐部培养一名职业电竞选手需要投入大量的时间和金钱成本,但在法律上,电竞选手尚无法以"技术"出资的方式成为公司制俱乐部的股东,进而捆绑相互间的利益,降低电竞选手转会的可能性。根据俱乐部之公司制组织形态,结合对公司上市的美好展望,可以对电竞选手采用虚拟股票的激励方式。该虚拟股票对应一定数量的分红权,但没有所有权和表决权,不能转让出售,电竞选手若转会,虚拟股票则自动失效;并且,还可以就虚拟股票的分红权与电竞选手约定业绩目标,达到业绩目标才能享有。

就篮足球俱乐部队员转会来说,如果甲俱乐部想买乙俱乐部的A队员,甲要先确认乙有

---

① 佳木斯市前进区人民法院(2016)黑0804民初478号民事判决书。

没有转让 A 的意向。得到乙同意后,甲才能接触 A,A 同意考虑转会的话,再由甲开出转会条件。然而,电竞选手的转会还没有行业惯例,也没有行业统一的制度,直接绕过俱乐部私下接触选手的情形较为常见。为此,如何恰当地通过合约在电竞选手与俱乐部之间建立起较为均衡的权利义务安排,是双方均非常重视的事项。

首先,签约的主体资格不能有瑕疵。若是未成年人电竞选手,则应在法律的框架内做足使之有效的工作。其次,劳动合同、劳务合同和综合性合同,都是可供选择的合同性质,具体选用哪一种合同,不但有赖于俱乐部的管理形态、发展展望,也取决于双方之间的一致意见。实践中,多为综合性合同,混合着居间、服务、劳务、委托,甚至劳动等多种合同关系,如法院在 iGirls 战队成员、知名电竞选手叶婧怡与上海英恰文化传媒有限公司之间发生的演出合同纠纷[①]、上海歌域网络科技有限公司与刘伟杰电竞经纪合同纠纷[②]等案件中所持的观点。最后,在内容上,应包含和考虑如下条款:(1) 电竞设备;(2) 报酬数额及支付;(3) 赞助和奖金费用;(4) 训练及服务时间;(5) 合同期限与独家排他性;(6) 假期;(7) 保险;(8) 板凳时间上限;(9) 首发选手承诺;(10) 知识产权与人格商业化许可;(11) 选手行为准则;(12) 市场推广与商业代言;(13) 转会及条件;(14) 冻结条款;(15) 直播补偿及分成;(16) 违约责任;(17) 合同期限;等等。

第二节 网络游戏直播

网络直播,是指基于互联网,以视频、音频、图文等形式向公众持续发布实时信息的活动。网络直播是一种新兴的网络社交方式,它可以在同一时间透过网络系统在不同的交流平台观看实时视频内容,网络直播平台也成为一种崭新的社交媒体。在我国,《互联网直播服务管理规定》《关于加强网络视听节目直播服务管理有关问题的通知》《关于加强网络表演管理工作的通知》《网络表演经营活动管理办法》等规范性文件,对网络直播行为与内容作了相应规范。根据网络直播业务内容的不同,所需的行政许可资质也有差异。第一,网站提供互联网新闻信息服务的,实行的是"双许可"制度,即网站应当取得网络信息化办公室颁发的《互联网新闻信息服务许可证》,同时主播也应同时具备这个许可。可见,时政新闻类直播服务有较高的准入门槛。第二,提供网络视听节目(如文化活动、体育赛事等)直播服务的,应当取得国家广电总局颁发的《互联网视听节目服务许可证》。第三,提供网络表演直播服务的,应当取得文旅部颁发的《网络文化经营许可证》,此类表演直播主要是指秀场类直播和游戏类直播。其中,游戏直播(含电子竞技游戏)在网络直播中占有重要地位;直播平台、直播内容和主播,是游戏直播的三大要素。

一、游戏直播平台

(一) 游戏直播平台及其盈利模式

直播平台,是游戏直播服务提供者,是指提供游戏直播平台服务的主体。在中国,以电子竞技直播为主的游戏直播平台,较为知名的有斗鱼 TV、战旗 TV、熊猫 TV、火猫 TV、虎牙直播和龙珠直播等。根据原国家新闻出版广电总局《关于加强网络视听节目直播服务管

[①] 上海市第一中级人民法院(2017)沪 01 民终 5638 号民事判决书。
[②] 上海市青浦区人民法院(2017)沪 0118 民初 5396 号民事判决书。

理有关问题的通知》关于未经批准,任何机构和个人不得在互联网上使用"电视台""广播电台""电台""TV"等广播电视专有名称开展业务的规定,前述含有"TV"字样的直播平台,尽管是一种已经被业内认可的通称,但在开展业务时,仍应避免使用"TV"字样。

我国游戏直播平台的商业模式还在发展之中,各平台的盈利模式大致可以分为六种:(1)增值服务,即用户对平台虚拟道具的购买,用于打赏;(2)游戏联运,即平台和游戏产商进行游戏的合作运营,特别是移动端的手机游戏和网页游戏;(3)广告收入,即利用平台自身的资源吸引广告投放从而获得收入;(4)内容订阅,它指的是平台在会员机制基础上进行的订阅收费;(5)电子商务,即利用平台品牌的影响力对用户的购买意向进行引导,将游戏直播用户转化为电商店铺用来刺激消费;(6)赛事竞猜,它主要是针对用户在观看电子游戏竞技赛事时,对赛事进行类似于体彩的投注,平台从中获利。当下,增值服务是最重要的盈利模式。

从事游戏直播,应申请取得《网络文化经营许可证》,在网站主页的显著位置标明《网络文化经营许可证》编号。根据《互联网直播服务管理规定》,直播平台应按照法律法规的要求,落实主体责任,配备与服务规模相适应的专业人员,健全信息审核、信息安全管理、值班巡查、应急处置、技术保障等制度;还应建立直播内容审核平台,根据网络直播的内容类别、用户规模等实施分级分类管理,并且具备即时阻断互联网直播的技术能力,加强对评论、弹幕等直播互动环节的实时管理。"后台实名、前台自愿"是直播平台应遵循的原则,该原则要求对直播用户进行基于移动电话号码等方式的真实身份信息认证,对直播发布者进行基于身份证件、营业执照、组织机构代码证等的认证登记,保护互联网直播服务使用者身份信息和隐私,不得泄露、篡改、毁损,不得出售或者非法向他人提供。从事危害国家安全、破坏社会稳定、扰乱社会秩序、侵犯他人合法权益、传播淫秽色情等法律法规禁止的活动以及制作、复制、发布、传播法律法规禁止的信息内容,均不被许可。

直播平台对其平台上的网络表演经营活动承担主体责任,不具备内容自审及实时监管能力的游戏直播平台,不得开通表演频道;未采取监管措施或未通过内容自审的网络表演产品,不得向公众提供。直播平台应加强对未成年人的保护,不得损害未成年人身心健康,有未成年人参与的网络表演,不得侵犯未成年人权益。

网络游戏主播作为表演者,直播平台对其负管理责任,为表演者开通表演频道的,应当与表演者签订协议,约定双方权利义务,要求游戏主播承诺遵守法律法规和相关的管理规定。同时,对于游戏主播,直播平台应当要求其使用有效身份证件进行实名注册,并采取面谈、录制通话视频等有效方式进行核实。若表演者系外国或者香港特别行政区、澳门特别行政区、台湾地区的身份,直播平台为其开通表演频道并向公众提供网络表演产品的,应当于开通网络表演频道前,向文化部提出申请;未经批准,不得为境外表演者开通表演频道。为境内表演者开通表演频道的,应当自表演者开展表演活动之日起10日内,将表演频道信息向文化部备案。对违法或违约的互联网直播服务使用者,直播平台有权视情采取警示、暂停发布、关闭账号等处置措施,及时消除违法违规直播信息内容,保存记录并向有关主管部门报告;同时,直播平台采用黑名单管理制度,对纳入黑名单的互联网直播服务使用者禁止重新注册账号。

另外,网络游戏直播平台应当建立内部巡查监督管理制度,对网络表演进行实时监管,记录全部网络表演视频资料并妥善保存,资料保存时间不得少于60日。若向公众提供的非实时的网络表演音视频,网络平台应当严格实行先自审后上线。直播平台不得提供载有以下内容的直播:(1)反对《宪法》确定的基本原则的;(2)危害国家统一、主权和领土完整的;(3)泄露国家秘密、危害国家安全或者损害国家荣誉和利益的;(4)煽动民族仇恨、民族歧视,破坏民族团结,或者侵害民族风俗、习惯的;(5)宣扬邪教、迷信的;(6)散布谣言,扰乱社会秩序,破坏社会稳定的;(7)宣扬淫秽、赌博、暴力或者教唆犯罪的;(8)侮辱或者诽谤他人,侵害他人合法权益的;(9)危害社会公德或者民族优秀文化传统的;(10)有法律、行政法规和国家规定禁止的其他内容的。基于此,直播平台通常会发布直播内容管理等文件,对主播服饰、言行举止、镜头画面、直播内容、传播推广等予以规范。以战旗直播平台为例,它要求主播严格遵守直播规范,接受监督,违规现象一经发现,依规进行直接封停、永久禁播等处罚,若有违法行为则将移交相关部门依法处置。

(二)游戏直播平台间的不正当竞争

直播平台间的不正当竞争有多种表现形式,在主播转会制度尚未建立起来之前,互挖主播是备受关注的重点,其缘由主要在于主播自带流量所可能引起和衍生的巨大商业利益。"武汉鱼趣网络科技有限公司与上海炫魔网络科技有限公司、上海脉淼信息科技有限公司等著作权纠纷、侵权纠纷案"[①]是一则直播平台间关于不正当竞争的典型案例。

主播朱浩和武汉鱼趣网络科技有限公司(简称"鱼趣公司")于2015年9月1日签订《游戏解说合作协议》,协议约定,未事先取得鱼趣公司的书面同意,朱浩不得为鱼趣公司指定范围以外的游戏进行解说,不得以非鱼趣公司认可的名义进行游戏解说,解说过程中不得出现非鱼趣公司及斗鱼产品介绍,不得在其他平台进行游戏直播,等等。违约责任中特别约定:"由于斗鱼是国内最知名的游戏直播平台的运营商,鱼趣公司安排朱浩在斗鱼平台进行游戏解说需要耗费大量的资源并需严格遵守斗鱼平台关于游戏在线解说的相关规定,斗鱼平台也需要投入大量的人力、物力、财力才能提供游戏直播平台给朱浩从事游戏解说工作,因此朱浩特此承诺:在本协议约定期限内,任何情况下,如违反该协议约定要求提前终止协议或与第三方签订合作协议的,或违反本合同约定的保证和承诺的,朱浩须向鱼趣公司支付其年费总额五倍的赔偿金,与之签约的任何第三方须对协议游戏解说员的本合同债务承担连带赔偿责任。"2016年5月,鱼趣公司发现朱浩在斗鱼TV之外的直播平台进行游戏解说。

签约主播是直播平台的核心资源,一审法院认为:朱浩在与鱼趣公司签约后,获得了斗鱼平台推荐、官方微博和微信推送、合作媒体网站宣传、商业活动安排等各种推广支持,增加了曝光度和知名度,提高了商业价值,斗鱼TV平台给予朱浩的报酬从2014年10月的2500元/月迅速增至2015年9月的400万元/年。由于主播和观众之间的消费黏性较强,直播平台主要依靠主播吸引人气生存,朱浩在与鱼趣公司的合同期尚未届满之前就改换直播平台,带走了原直播平台固定的受众群体,鱼趣公司为朱浩所支付的合作报酬以及策划、宣传等费用未能获得合理的商业回报,损害了鱼趣公司的合理商业利益。炫魔公司和脉淼公司作为专业的直播网站经营者,理应知道知名主播是直播平台的核心竞争资源,在纠纷发生后特别是2016年7月本院向各被告送达鱼趣公司的起诉状和证据材料之后,炫魔公司和脉淼公司明知朱浩与鱼趣公司签订了独家游戏解说协议,明知朱浩依据约定在2015年9月1日至2020年8月31日期间只能在斗鱼TV平台直播《炉石传说》游戏解说,但炫魔公司和脉淼公司仍然未经许可,通过其经营的全民TV直播朱浩的《炉石传说》游戏解说,导致朱浩在斗鱼

[①] 湖北省武汉东湖新技术开发区人民法院(2016)鄂0192民初1897号民事判决书;武汉市中级人民法院(2017)鄂01民终4950号民事判决书。

TV 的观众群随之流失。炫魔公司和脉淼公司的行为违反了诚实信用原则,直接损害了斗鱼 TV 的市场竞争优势,亦损害了网络直播行业的正常竞争秩序,违反了《反不正当竞争法》"经营者在市场交易中,应当遵循自愿、平等、公平、诚实信用的原则,遵守公认的商业道德"的规定,构成不正当竞争行为。

炫魔公司、脉淼公司提起上诉。

二审法院从网络直播行业的竞争特点以及炫魔公司、脉淼公司的行为是否违反网络直播行业公认的商业道德两个角度,详细论述了其支持一审判决以及驳回上诉人上诉请求的具体原因:

第一,网络直播行业的竞争特点。流量是互联网企业估值的重要指标之一,互联网企业通过竞争提升流量,再通过流量变现进行盈利,而流量高的企业,可以更好地获得融资以及发展空间。而网络直播行业中,主播就是企业吸引观众获得流量的核心资源,甚至于是直播平台的生存基础。观众与主播间的黏性很强,直播平台需要依靠主播吸引人气获得流量,但一旦优质主播流失,由于观众进入直播平台多为免费模式,转换成本非常低,将直接导致原平台观众随主播转换新平台,从而市场份额降低,产生此消彼长的竞争效果。因此,网络直播行业的竞争,实际上就是平台主播资源的竞争。也正是基于此,直播平台愿意花费巨额的成本培养主播,再通过主播吸引海量用户反哺平台,两者相伴相生。

擅自使用他人签约主播资源,虽然与传统行业中企业人才的挖角与跳槽有些类似,但又有本质不同。传统行业中,人力资源虽是企业竞争的核心要素,但企业真正参与市场竞争的,是产品,竞争的目标,是产品的竞争力和市场占有率;企业人才即使流失到竞争对手处,也并不直接导致该企业产品的竞争力和市场占有率下降,加之商业秘密、专利等法律法规的保护,竞争对手也无法直接获得流失人才所掌握的代表原企业竞争优势的技术和经营资源。而网络直播行业中,尤其是在本案中,主播并非企业员工,更类似于传统行业中参与竞争的企业产品,特别是自行发掘并培养的主播,实际上就是平台推向市场直接参与市场竞争,抢占市场占有率,获取流量的"优质产品"。主播的流失,将直接导致平台竞争力和市场占有率的下降。使用他人签约主播,实质上就是直接攫取他人竞争果实——不仅仅是平台花费大量人财物所培养的优质主播资源,也包括了平台通过激烈竞争和长期经营所积累的观众及流量。因而,在分析涉案行为是否构成不正当竞争时,必须考虑网络直播行业的竞争环境及特点,探求该行业公认的商业道德。

第二,炫魔公司、脉淼公司的行为是否违反网络直播行业公认的商业道德。在规范市场竞争秩序的反不正当竞争法意义上,诚实信用原则更多的是以公认的商业道德的形式体现出来的。商业道德要按照特定商业领域中市场交易参与者即经济人的伦理标准来加以评判,它既不同于个人品德,也不等同于一般的社会公德,所体现的是一种商业伦理。一般而言,商业伦理是一种在长期商业实践中所形成的公认的行为准则。网络直播行业属于新兴市场领域,其中的各种商业规则整体上还处于探索当中,诸多竞争行为是否违反商业道德在市场共同体中并没有形成共识。但这并不意味着网络直播行业即可无秩竞争,商业伦理标准仍有迹可循。反不正当竞争法不是追求一般社会意义上的公平,而是效率基础上的公平,因此,商业伦理标准可以实际的行业背景下的商业惯常做法为依据,它必须以市场效率为基础和目标,并符合行业的竞争环境及特点。若竞争行为虽损害了其他竞争者利益,但符合商业实际,促进了商业模式的创新,提升了行业效率,增进了消费者福利,则应摒弃完全诉诸主观的道德判断,认可竞争的正当性;反之,若竞争行为既损害了其他竞争者利益,又无法促进市场效率,反而扰乱了公平竞争市场秩序,有损行业发展,则应归于可责性的不正当竞争行列。具体的综合性考虑因素如下:

(1) 对行业效率的影响。遵循商业道德标准,是维护和实现效率的需要。竞争者的竞争行为,应当是提升行业发展,而不是通过损害他人,扭曲竞争秩序来提升自己的竞争能力。网络直播行业中,特别是《炉石传说》等游戏直播,因是基于特定游戏平台进行,录制和传播方式大同小异,平台的更换并不会带来实质的改变和提升,观众的用户体验和选择机会并不会增加。炫魔公司、脉淼公司也并未举证朱浩更换至全民 TV 平台将带来积极影响。在此种情形下,炫魔公司、脉淼公司虽攫取了鱼趣公司的竞争资源和劳动成果,但所提供的仍是同质化的服务,并未促进行业效率的提升。

(2) 对竞争对手的损害程度。传统行业中的挖角和跳槽行为,将通过影响企业产品和服务的品质而最终降低企业竞争力,导致客户流失。相比而言,网络直播行业中,主播虽并非企业员工,但其流失的损害更为直接、更为致命,主播资源是企业的竞争资源,也是企业的竞争成果,主播的流失将直接导致观众的流失。涉案主播为鱼趣公司自行培养,鱼趣公司对该主播资源的获取付出了巨大的劳动。在该种情形下,炫魔公司、脉淼公司擅自使用主播的行为实质上是直接取代了鱼趣公司本应拥有的竞争优势,造成了实质性的损害。但如前所述,这种损害并未带来行业效率的提升,事实上,炫魔公司、脉淼公司也并非无法避免该种损害,若确有必要使用鱼趣公司的主播资源,完全可以在平等协商的基础上争取双赢的效果,其竞争行为的正当性存疑。

(3) 对竞争秩序及行业发展的影响。通过前期大量资金投入获取流量后,再实现流量变现是常见的互联网竞争模式。网络直播行业,这种资金的投入相当大的比例在于主播的发掘及培养。朱浩商业价值的迅速提升,尽管不能否认主播自身的努力,但在案证据显示,朱浩成为知名主播与平台的发掘与精心培养实不可分。在正常的产业生态下,平台培养主播,通过线上线下活动提升观众与主播及平台的黏性,竞争的着力点在于做大市场、活跃市场。而炫魔公司、脉淼公司直接使用他人培养并独家签约的知名主播资源的行为,若得到认可,将会改变产业生态和竞争秩序。如果不加节制地允许市场主体任意使用他人通过巨大投入所培养的主播以及放任主播的随意更换平台,竞争主体将着力于直接攫取主播资源及其所附带的观众和流量,而不再对优质主播资源的培养和产生进行投入,又或者哄抬主播身份,增加行业的负担和成本,而鉴于主播资源系直播平台的生存资源,被损害者要么成为"劣币驱逐良币"的牺牲品,要么不得不参与"挖角"与"被挖角"的恶性循环式竞争,最终导致无序及无效竞争,整个行业的发展放缓。而事实上,平台、主播、行业相辅相成,相互影响,当行业竞争秩序受到影响,最终平台、主播同样会受到损害。

(4) 对消费者福利的影响。有序的竞争方式将会使得大量优质主播产生,从而带动优质内容的出现,丰富消费者选择。消费者福利的提升依赖于行业发展,而无序的竞争,则会损害行业的发展,减少消费者福利。主播平台的更换并不会增加消费者的选择,反而是若主播的培养者和资源投入者的利益不能得到保护,无序竞争的放任,将可能导致投入的减少和行业发展的减缓,消费者的利益最终将受到损害。

在"杭州开迅科技有限公司诉李勇、广州虎牙信息科技有限公司不正当竞争纠纷案"①中,广州虎牙信息科技有限公司(简称"虎牙公司")明知李勇为杭州开迅科技有限公司(简称"开迅公司")的签约主播且合作期尚未届满,但为李勇开出高额合作费以及为其提供兜底违约赔偿的方式,获得李勇的"转会",即转至虎牙平台进行游戏直播。针对此种行为,开迅公司认为虎牙公司的行为破坏了健康的市场竞争机制、损害了消费者利益和社会公共利益,是应当由《反不正当竞争法》规制的行为,具有不正当性。虎牙公司主张,其对李勇转到虎牙平台进行直播不存在恶意的诱导,主播跨平台流动有利于行业竞争,并非违反商业道德,不属于不正当竞争行为。

虎牙公司在李勇负有约定竞业限制义务且尚未解约的情况下即与之签约,从一般的社会价值观衡量,未尽到合理审慎的注意义务并且会助长这种不守诚信的行为,虎牙公司具有过错的事实,法院给予了确认。但是,法院并不认为虎牙的这种行为违反了诚实信用原则和公认的商业道德,并且持该行为不构成不正当竞争的观点。在法院看来,因为网络直播行业是新兴市场领域,各种商业规制仍在探索中,商业道德在相关市场共同体中尚未形成共识,应当结合市场经营者的行为方式、行为目的、行为后果等具体情形来进行分析判定。

第一,行为方式来看,虎牙公司并不存在恶意诱导的行为。第二,从行为目的来看,虎牙公司作为一个经济人,基于自身商业利益判断,选择与可以为其带来商业机会和竞争优势的跳槽主播合作,拓展头部主播阵容,从而提升平台竞争力,这符合通常的商业伦理,不具有不正当竞争的目的。第三,从行为后果来看,在主播由于自身原因和与原平台具有竞争关系的其他直播平台进行合作的情况下,即使由于主播与用户之间的黏性较强,主播会在一定程度上带走原平台的用户及流量,但平台的用户及流量损失系其依据彼此间的合同可期待获得的利益,因此,平台可以在与主播签署的合同中约定包括流量损失在内的因违约产生的损失赔偿额的计算方法,以弥补其相应的损失。第四,从行为对市场竞争秩序的影响来看,一方面,在主播跳槽行为本身存在合同法进行规制的情况下,平台完全可以通过与主播之间的合同安排,对主播违约可能对其竞争利益造成的损害进行充分的救济,主播以及接受主播的平台亦会理性考量主播违约带来的商业风险和损失,而不会产生主播毫无节制地随意转换平台,从而对行业发展和竞争效率产生严重负面影响的局面;另一方面,平台也可以通过丰富直播内容、优化用户体验、创新服务项目等方式,增强用户与平台之间的黏性,从而促进行业内的自由竞争,进一步激发市场的活力。

从上述两则案例中可见,对平台"抢主播"之行为是否违反商业道德,是否构成不正当竞争行为,不同法院有不同的分析切入点。《关于网络游戏知识产权民事纠纷案件的审判指引(试行)》(粤高法发〔2020〕3号)的第28条和第31条,专门为法院针对游戏主播违约跳槽行为之审查提供了思路,同时还就如何审查是否违反商业道德做出了指引:

> 原告主张被告通过不正当手段引诱游戏主播违约跳槽,不当抢夺相关市场和利益,违反《反不正当竞争法》第2条规定的,应审查相关行为是否违背了商业道德,是否具备不正当性与可责性。

---

① 浙江省杭州市中级人民法院(2019)浙01民初1152号民事判决书。

游戏主播以自身知识和技能优势为其他平台获取市场竞争优势,未违背商业道德,未扰乱市场竞争秩序的,一般不构成不正当竞争行为。主播违反竞业禁止协议或相关独家、排他直播协议的,依照协议约定承担相应违约责任。

审查是否违反商业道德,应以网络游戏及衍生产业的经营者普遍认同和接受的商业伦理为标准,并符合《反不正当竞争法》第1条规定的立法目的。确定商业道德可参考以下因素:(1)网络游戏及衍生产业的行业惯例;(2)行业协会或自律组织制定的从业规范或自律公约;(3)网络游戏及衍生产业的技术规范;(4)其他有参考价值的行业惯例、从业规范或自律公约。

二、游戏主播

根据《网络表演经营活动管理办法》的规定,将网络游戏技法展示或解说的内容,通过互联网、移动通讯网、移动互联网等信息网络,实时传播或者以音视频形式上载传播的经营活动,参照网络表演经营活动进行管理。网络表演是指以现场进行的文艺表演活动等为主要内容,通过互联网、移动通讯网、移动互联网等信息网络,实时传播或者以音视频形式上载传播而形成的互联网文化产品。网络表演经营活动是指通过用户收费、电子商务、广告、赞助等方式获取利益,向公众提供网络表演产品及服务的行为。

(一)游戏主播的分类

网络游戏主播主要有三类:(1)网络游戏职业选手。他们通常因为网络电子游戏竞技赛事而知名,其用户多是一些喜爱和支持他们的游戏爱好者,无论是在役或退役选手,游戏主播是他们电子游戏生涯的另一种延伸。(2)游戏解说。游戏解说是指通过语言、画面和文字等手段对一切与网络游戏相关的活动进行描述、分析、评论、预测和烘托等的一种播音形式,同时也指从事网络游戏解说的人员。以解说内容进行划分,可以分为专业型解说和娱乐性解说两种。专业型解说,主要是针对电子竞技赛事进行专业的解读和分析,此类解说一般是有职业经历的人员,他们对电子竞技的理解和认知整体高于其他类型解说,在电竞赛事中必不可少。娱乐型解说,则具有很强的个人特色,其内容非常宽泛,可以涵盖网络游戏的一切相关活动,他们更注重解说气氛的调节和满足观众的娱乐需求。以解说的人员配置进行划分,游戏解说可以分为单人解说和多人解说。单人解说一般出现在卡牌类、策略类游戏中,这类游戏通常节奏较慢。多人解说多出现在快节奏的"英雄联盟""王者荣耀"等对战类电子游戏中。以英雄联盟比赛中的三人电竞解说为例,通常有控场解说、团战解说及分析解说三个位置,分别负责赛事全场的节奏调度、引导镜头与话题、配合导播指令、调动比赛的气氛、对精彩细节进行解读、对比赛的关键团战或胜负点进行专业的分析和推导、对战局的走势进行预测等。[①] (3)草根主播。此类主播是在电子游戏直播平台出现后因为自己的直播受到一部分人追捧后才培养了支持者群体,从而成为明星草根主播,他们的直播内容娱乐性和互动性较强。

不同的主播,其收入构成均不太一样;但大多数游戏主播的收入主要来自三个方面:(1)与各个游戏网络直播平台的签约金。这是游戏主播最主要的收入来源;主播与平台签约后,平台会对主播的直播提出各种要求并支付劳动或劳务费用。(2)自营收入。主播在

---

① 张越舟主编:《电竞解说概论》,四川大学出版社2017年版,第1—4页。

进行直播时会带来自营收入,知名主播中有不少带有自主运营的淘宝店,部分主播还会承接游戏相关的广告,在直播的同时进行宣传来刺激用户消费从而获得收入。(3)平台的打赏机制。网络游戏直播平台带有的用户奖励主播机制,主播与用户之间产生互动,用户在观看直播的同时会进行打赏,比如斗鱼 TV 的鱼丸、鱼翅奖励,这部分收入的一部分会按一定比例分配给游戏主播。

(二)游戏主播与直播平台之间的法律关系

游戏主播与直播平台之间通常系通过合同来确定彼此之间的权利义务,但主播与平台之间的法律关系究竟如何定性以及合同约定的违约金数额是否应当予以调整等,需要根据不同的情况逐一判定。从已决案例考察,劳务关系或平等民事主体间的合同关系正在成为游戏主播与平台之间的关系常态,恪守契约精神的违约金被司法所接受的程度越来越高。

1. 王慕霸、广州华多网络科技有限公司申请确认仲裁协议效力再审案暨《虎牙直播独家合作协议》纠纷案①

该案的再审法院推翻了原审法院对主播王慕霸与广州华多网络科技有限公司(简称"华多公司")之间之合约为劳动关系的定性,改判为具有商事交易性质的劳动服务合同关系。

2014 年 12 月 3 日,王慕霸作为甲方,华多公司作为乙方,仕丰公司作为丙方,三方签订《虎牙直播独家合作协议》。该协议的主要内容有:王慕霸作为主播,合作期前 12 个月每月开播达 20 次,则华多公司在合作期的前 12 个月每月将给予王慕霸 4.17 万元(税前)劳务费用。王慕霸进行游戏直播,时长总计不少于 90 小时/月,华多公司每月给予王慕霸价值 4.17 万元的金元宝作为额外劳务费用。华多公司将于 2014 年 12 月 20 日向王慕霸一次性预付 46 万元的合作费用。仕丰公司同意代华多公司发放劳务酬劳。王慕霸在华多公司(虎牙)平台进行游戏直播,王慕霸同意将虎牙直播平台作为独家互联网游戏直播平台,承诺在合作期间内未经华多公司同意不在华多公司之外的互联网平台上直播。未经华多公司同意,其不开启游戏直播之外的直播模板,王慕霸进行游戏直播必须遵守华多公司平台规则。华多公司拥有王慕霸在虎牙直播平台上进行的游戏直播作品的所有相关权利。此外,双方还约定了保密、违约责任。该协议第 10 条约定:因本协议引起或与本协议有关的任何争议,应本着友好协商的原则协商解决,协商不成,任何一方可向广州仲裁委员会提起仲裁。

王慕霸请求确认其与被申请人华多公司、仕丰公司签订的《虎牙直播独家合作协议》第 10 条约定的仲裁条款为无效条款。王慕霸认为,其与华多公司实际上建立了劳动关系,并非劳务关系,适用劳动法,不属于民商事仲裁的范围。华多公司答辩称,王慕霸与其之间存在平等的商事合作关系,而非劳动合同关系。

该案原审法院认为,依据《虎牙直播独家合作协议》的约定,王慕霸为华多公司进行游戏直播活动,双方约定支付劳动报酬,实际工作中王慕霸需要按照华多公司的要求进行游戏直播活动,最终由华多公司向王慕霸支付劳动报酬,可见王慕霸的工作是受华多公司管理,亦是华多公司业务组成部分,双方确立了劳动关系。各方因履行《虎牙直播独家合作协议》所产生的纠纷属于劳动争议范围,并非商事仲裁的范围,各方在《虎牙直播独家合作协议》仲裁条款所约定的仲裁事项已超出法律约定的仲裁范围,应属无效。王慕霸请求确认《虎牙直播独家合作协议》中的仲裁条款无效理据充分,依法予以支持。

王慕霸向广东高院申请再审,再审法院的观点是:从华多公司提交的《虎牙直播独家合

---

① 广东省高级人民法院(2017)粤民再 404 号民事裁定书。

作协议》约定的内容分析,协议相对方王慕霸在华多公司的直播平台上提供直播服务,华多公司向其支付劳务报酬。个人提供劳动服务给用人单位,用人单位支付报酬的协议,具有商事交易的性质,本质上属于服务合同范畴,不同于劳动合同;华多公司与王慕霸之间成立劳动服务合同关系,而非劳动合同关系。双方因履行《虎牙直播独家合作协议》产生的纠纷不属于劳动争议范围。《虎牙直播独家合作协议》中载明了仲裁条款,该仲裁条款符合《仲裁法》规定的仲裁协议生效要件,合法有效。

2. 广州斗鱼网络科技有限公司与曹悦《游戏解说合作协议》纠纷案[①]

法院将该案当事方之间的关系定性为平等主体之间的民事合同关系,并将约定的3000万元违约金调整为360万元的损失赔偿。

2015年1月1日,以广州斗鱼网络科技有限公司(简称"广州斗鱼公司")为甲方,以观星公司为乙方一,以曹悦为乙方二,三方签订一份《合作协议》(编号:JSY),该协议约定:鉴于广州斗鱼公司是一家游戏直播平台运营商,观星公司是一家从事经营网络游戏解说员经纪业务的单位,曹悦是专业网络游戏解说员,曹悦和观星公司是长期合作伙伴。广州斗鱼公司愿意利用自身优势并提供游戏直播平台,为观星公司指派的曹悦进行推广宣传,曹悦愿意提供自创的游戏解说音频和视频等游戏项目,到广州斗鱼公司提供的平台上独家发布和解说,广州斗鱼公司和曹悦、观星公司进行深度合作,签订排他性合作协议,协议期限为2015年1月1日起至2017年1月1日止,每年合作酬金360万元,广州斗鱼公司首次支付180万元,第6个月后按月支付酬金,每月酬金在次月的25日前支付。合作协议同时约定,合同期内通过广州斗鱼公司平台安排的游戏解说相关的收益进行分成,以广州斗鱼公司实际到账的数额,按照广州斗鱼公司占50%、曹悦占50%进行分成,每半年结算一次,在结算后的次月25号前由广州斗鱼公司支付给曹悦(如签订补充协议的,以补充协议为准)。曹悦每月有效直播时长不低于125小时,平均同时在线人数不低于2千人次。合作协议在违约责任部分约定,在任何情况下,如违反独家解说员约定或单方面要求提前终止协议或与第三方签订合作协议的,或违反本合同约定的保证和承诺的,需每次向广州斗鱼公司支付违约金3000万元,不足赔偿斗鱼公司损失的,还应另外赔偿广州斗鱼公司全部经济损失。

合作协议签订后,曹悦即按照协议约定在斗鱼TV直播平台进行直播。2015年12月10日,曹悦发表微博表示"今日最后一次直播,12月11日将解除直播合作关系"。随后,曹悦即离开斗鱼TV不再继续提供直播服务,并与熊猫公司建立了直播合作关系。

在确认《游戏解说合作协议》之效力后,法院指出,根据协议约定及双方的履行情况,曹悦为广州斗鱼公司提供直播服务,广州斗鱼公司支付直播报酬,曹悦不受广州斗鱼公司规章制度的约束,亦不接受广州斗鱼公司的管理,双方系平等主体之间的民事合同关系,受合同法及相关法律的调整,双方均应当按照合作协议约定和法律规定行使权利并履行义务。合作协议约定了曹悦为广州斗鱼公司提供独家解说,未经广州斗鱼公司书面同意不得为其他平台进行直播,但曹悦在合作协议未届满的情况下离开广州斗鱼公司而到熊猫公司处进行直播,且拒绝继续履行合作协议,其行为已表示单方解除了合作协议。

根据《合同法》的规定和合作协议约定,曹悦无合法理由提前解除合作协议,应当承担支付违约金的违约责任。同时,协议约定3000万元违约金标准明显过高,应当依据广州斗鱼公司行业特点和曹悦实际收入标准进行调减。虽然广州斗鱼公司对其实际损失未举证证

---

① 湖北省武汉东湖新技术开发区人民法院(2016)鄂0192民初1332号民事判决书。

明,因其作为新型网络直播公司,其盈利模式不同于传统公司,主播流失导致的经济损失的确切数额难以举证证明。网络主播属于广州斗鱼公司开展业务的核心资源,对于其开展经营的意义重大。合作酬金是主播的主要收入来源,酬金的金额标准与主播直播水准、直播时长、聚集的人气有直接联系,一定程度上能体现主播的价值。在一般情况下,主播离开一个直播平台,签约另一个直播平台,其年合作酬金会有所增长。在广州斗鱼公司无法举证证明其实际损失的情形下,以曹悦可能获得的最低收益,即双方约定的年酬金作为损失计算基准,结合曹悦解除协议时合作协议已履行和未履行时间,酌定曹悦向广州斗鱼公司赔偿损失360万元。

3. 江海涛、广州虎牙信息科技有限公司网络服务合同纠纷暨4900万元违约金案[①]

2017年1月19日,虎牙公司(作为甲方)、江海涛(作为乙方)与关谷公司(作为丙方)签订了《虎牙主播服务合作协议(预付)》。该协议约定,三方的独家合作范围包括但不限于:(1)甲方作为互动式视频直播服务提供者,向乙方提供直播分享服务。乙方利用甲方提供的直播分享技术服务,进行直播分享、互动活动、接受用户赠送的礼物等,甲方收取一定比例的服务费用。(2)乙方将甲方的虎牙直播平台作为网络直播及解说的独家、唯一合作平台;丙方同意代甲方向乙方发放合作费用。(3)乙方授权甲方及其关联公司对于乙方的所有商业活动拥有独家代理权,全权代表乙方安排商业活动并签署相关协议,乙方应根据甲方安排,以良好的形象准时参加商业活动,合作的具体内容(如双方合作分成等)由双方另行协商确定。合同约定的合作期限为12个月。

该协议排他条款约定:乙方承诺在合作期间内,不得在与甲方存在或可能存在竞争关系的现有及未来的网络直播平台及移动端应用程序(包括但不限于斗鱼直播等平台)以任何形式进行或参与直播,包括任职、兼职、挂职或免费直播;不得承接竞争平台的商业活动。

该协议违约责任条款约定:虎牙直播作为国内知名直播互动平台,为乙方的直播及解说投入了大量推广资源,为维护乙方良好形象、提高乙方知名度,投入了大量人力物力财力,因此,若乙方未经甲方同意擅自终止本协议或乙方违反排他条款的约定,在甲方以外的其他网络平台进行直播及解说,则构成重大违约,甲方有权收回乙方在甲方平台已经获得的所有收益(包括但不限于合作费用、道具分成、广告收入等),并要求乙方赔偿2400万元人民币或乙方在甲方平台已经获取的所有收益的5倍(以较高者为准)作为违约金,并赔偿由此给甲方造成的全部损失。

经查实,自江海涛在虎牙直播平台直播以来,经付款回单证实的收益为581.5万元。自2017年8月27日,江海涛未经虎牙公司同意,开始在与虎牙公司具有直接竞争关系的斗鱼直播平台进行直播。

江海涛利用虎牙直播平台的知名度及客户资源,以及虎牙公司及其母公司的带宽、技术、推广资源,成为国内游戏行业最具知名度的游戏主播之一后,法院认为,其本应继续严格履行合同,与虎牙直播平台共同成长,但是却在未通知虎牙公司的情况下,故意违反约定,故意违反诚实信用原则,到与虎牙公司有直接竞争关系的斗鱼直播平台长期进行直播活动,已经构成根本违约,应当承担违约责任。江海涛违约到斗鱼平台进行直播,不仅使得虎牙公司失去了合作期间的可得预期收益,为培养江海涛的高额成本也全部为竞争对手作了嫁衣,且

[①] 广东省广州市番禺区人民法院(2017)粤0113民初7261号民事判决书;广州市中级人民法院(2018)粤01民终13951号民事判决书。

培养江海涛已挤占了虎牙公司平台其他优秀主播的发展空间和机会。更严重的是,江海涛单方违约到其他平台直播,直接导致虎牙公司平台的百万用户转移,协议中关于违约金的约定,根据江海涛根本违约会造成的基础用户、活跃用户以及用户注意力的流失情况综合考虑,约定合理,符合互联网企业的特点及实际情况;并且,江海涛的违约行为,还会造成虎牙公司的预期分成收益无法实现,推广、技术支持化为乌有。此外,江海涛的违约行为还造成了其他直播平台与虎牙公司的不正当竞争,从长远来看将对直播平台市场的良性竞争环境产生恶劣影响。根据合同违约责任条款及排他条款,江海涛在甲方以外的其他网络平台进行直播及解说,构成重大违约,甲方有权要求江海涛赔偿2400万元人民币或江海涛在甲方平台已经获得的所有收益的5倍(以较高者为准)作为违约金。对于原告提出的4900万元违约金主张,予以支持。

三、直播内容

(一)直播画面与直播授权

游戏直播的内容千差万别,但游戏运行过程中的画面,是游戏直播的主要内容。广东高院在《关于网络游戏知识产权民事纠纷案件的审判指引(试行)》(粤高法发〔2020〕3号)的条款说明中指出,直播本质上是一种信息传播的技术手段,直播行为本身不是著作权保护的客体,直播画面才是可版权性分析的对象。游戏直播画面与游戏连续动态画面指代范围有所不同,前者是对后者进行实时传播所形成的连续动态画面的集合,包括但不限于游戏程序本身运行所呈现的连续动态画面。当前网络游戏直播节目主要有两种形态:一是专业化程度较高的电竞赛事直播节目;二是技术门槛较低的个人主播直播节目。这两种形态应当有所区分。

电竞赛事直播节目一般以对抗竞技性较强的网络游戏为基础,凝聚了赛事组织者大量创造性劳动,是众多制作者的艺术观点和智力创作的结晶,其制作过程类似于电影摄制过程,在一定介质上制成一系列的音、视频数据产品。电竞赛事直播画面的独创性体现在赛程节目编排、摄像角度选取、镜头内容切换、主播口头解说、现场精彩回放等。因此,若其最终呈现的游戏直播画面属于具有独创性的连续动态画面的表达,可构成视听作品。区别于电竞赛事节目的专业性和复杂性,由游戏主播个人制作的游戏直播节目技术门槛较低,一般存在于各大直播平台开设的直播频道/房间中。在这类直播行为中,除了网络游戏画面以外,游戏主播的口头解说也可能具有重要价值,其中可能包含游戏主播对于游戏的独特思考、技巧总结或好恶评价,游戏主播也可能在直播内容取舍、进程编排、粉丝互动等环节中付出了创造性智力劳动。此时游戏主播实际上是在游戏连续动态画面上进行演绎创作,故个人主播直播画面也有可能构成视听作品。但当前绝大部分个人主播直播画面仅忠实记录主播运行游戏所形成的游戏连续动态画面,主播仅跟随游戏进程简单介绍游戏内容,此时的直播画面内容在游戏连续动态画面内容以外所添加、融合的元素过于简单,缺乏独创性表达,不能构成新的作品。

事实上无论是腾讯还是网易,抑或其他游戏公司,均禁止他人未经明确许可而直播其旗下的游戏。比如,《腾讯游戏许可及服务协议》中的"您在使用腾讯游戏服务过程中不得未经腾讯许可以任何方式录制、直播或向他人传播腾讯游戏内容,包括但不限于不得利用任何第三方软件进行网络直播、传播等",以及《网易游戏使用许可及服务协议》中的"游戏画面使用规则:未经网易公司事先书面允许,您不得通过第三方软件、网站、平台公开全部或部分展示、复制、传播、播放网易游戏服务中的游戏画面,否则网易公司将有权根据您的违约情节,采取各种处理措施,包括但不限于如下一项或几项,且网易公司保留进一步追究您法律责任的权利:暂时禁止登录、强制离线、封停账号"。具言之,未经许可且无正当理由,实施下列网络游戏直播或录播行为之一,损害权利人合法权益、扰乱正常的竞争秩序、违背公平竞争原则和诚信原则、违反商业道德的,可认定为《反不正当竞争法》规定的不正当竞争行为:(1) 基于商业盈利目的,组织或提供网络游戏直播或录播,不当攫取他人的竞争优势,影响他人交易机会和市场份额的;(2) 对权利人组织的电子竞技赛事进行直播或录播,或者对权利人提供的直播节目进行盗取转播,侵占权利人市场份额,造成权利人应得经济利益损失的;(3) 中断、中止或以其他不当方式妨碍、破坏权利人游戏直播、录播经营活动的。

"火猫 TV 诉斗鱼电竞游戏赛事网络直播纠纷案"①,是直播平台未经授权而直播他人电竞游戏赛事的一例较为典型的案件。

在该案中,首届 DOTA2 亚洲邀请赛由上海耀宇公司承办并在旗下网站"火猫 TV"进行独家直播。耀宇公司投入大量资金承办该赛事,通过火猫 TV 网站对比赛进行了全程、实时的视频直播,且使用了耀宇公司的标识。耀宇公司诉称,斗鱼网站未经授权,以通过客户端旁观模式截取赛事画面配以主播点评的方式实时直播涉案赛事,侵害了其信息网络传播权并构成不正当竞争。

针对是否构成对原告信息网络传播权的侵犯这个焦点问题,法院认为,被告对正在进行的涉案赛事进行了实时的视频直播,在直播结束后不提供涉案赛事录播内容的点播观看等服务,网络用户仅能够在被告直播的特定时间段内观看正在进行的涉案赛事,该直播的时间段不受网络用户的控制,网络用户不能够在其个人任意选定的时间观看涉案赛事,故被告直播涉案赛事的行为不落入信息网络传播权的控制范围。并且,由于涉案赛事的比赛本身并无剧本之类的事先设计,比赛画面是由参加比赛的双方多位选手按照游戏规则、通过各自操作所形成的动态画面,系进行中的比赛情况的一种客观、直观的表现形式,比赛过程具有随机性和不可复制性,比赛结果具有不确定性,故比赛画面并不属于我国《著作权法》规定的作品,被告使用涉案赛事比赛画面的行为不构成侵害著作权。

针对被告直播涉案赛事的行为是否违反了诚实信用原则和公认的商业道德,是否构成对原告的不正当竞争。法院的观点是:

> 第一,电子竞技网络游戏进入市场领域后具有商品属性,其研发商、运营商等相关主体可以组织、主办相关的赛事活动,可以将游戏比赛交由他人负责承办,可以通过合同约定、授权等方式由他人对游戏比赛进行独家的视频转播等,举办、转播比赛可以提高游戏本身及其研发商、运营商、比赛承办商、比赛转播商等相关主体的知名度、影响力,上述主体由此还可以通过投放广告、扩大网站流量、进行转授权等途径获得一定的经济利益。鉴于游戏比赛的举办、转播等行为受游戏研发商、运营商、承办商、转播商等相关主体的控制,且该些主体为举办、转播比赛须付出一定的财力等成本,而转播游戏可以获得一定的商誉及经济利益,故未获相关授权的主体不得擅自转播相关比赛,对于擅自转播比赛的行为应当依法予以规制。涉案赛事的转播权的授权约定并不存在违反法律、行政法规的强制性规定等导致合同无效的情形,故属合法有效;并且,我国法律法

---

① 上海市浦东新区人民法院(2015)浦民三(知)初字第 191 号民事判决书;上海知识产权法院(2015)沪知民终字第 641 号民事判决书。

规虽然没有明文规定转播权为一种民事权利,但体育比赛的组织方、主办方包括类似于体育比赛的电子竞技网络游戏比赛的研发商、运营商等对他人转播比赛行为进行相关授权许可系国际国内较长时期以来的通常做法、商业惯例。由于原告投入较大财力、人力等成本举办了涉案赛事,其可以获得的对价之一是行使涉案赛事的独家视频转播权,故涉案转播权无疑具有强烈的商业属性,承载着原告可以由此获得的商誉以及一定的经济利益,该种利益属于我国侵权责任法保护的一种财产性的民事利益,根据我国《反不正当竞争法》第2条的规定,结合原告的诉讼主张,可以依法给予制止不正当竞争的保护。

第二,经营者在市场经营活动中,应当遵循自愿、平等、公平、诚实信用的原则和公认的商业道德,不得损害其他经营者的合法权益。原、被告均系专业的网络游戏视频直播网站经营者,双方具有同业竞争关系,被告明知涉案赛事由原告举办、原告享有涉案赛事的独家视频转播权、原告付出了较大的办赛成本,明知转播他人举办的游戏比赛须获得相关授权许可系视频网站行业的商业惯例,但在未取得任何授权许可的情况下,向其用户提供了涉案赛事的部分场次比赛的视频直播。因此,被告直播涉案赛事的行为直接损害了原告独家行使转播权能够为原告带来的市场竞争优势,侵害了该市场竞争优势能够为原告带来的商誉、经济利益等合法权益,亦损害了网络游戏直播网站行业的正常经营秩序,严重违反了诚实信用原则和公认的商业道德,具有主观恶意,构成对原告的不正当竞争。

判决后,斗鱼公司不服,提起上诉,认为其行为不构成不正当竞争。二审法院对一审法院的判决予以维持,并就上诉人的行为构成不正当竞争做了加强论述:

电子游戏网络直播平台是近年来随着网络游戏的电子竞技产业的兴起而产生并快速发展起来的从事游戏直播的新兴商业经营模式。各平台通过组织运营直播、转播游戏比赛来吸引网络用户,提高网络用户流量,增加网络用户黏性,同时亦以该平台为媒介吸引相关广告商投放广告。因此,网络游戏比赛的转播权对于网络直播平台来讲,是其创造商业机会、获得商业利益、提升网站流量和知名度的经营项目之一。这种商业经营方式并不违反反不正当竞争法的原则精神和禁止性规定,属于正当的市场竞争行为,被上诉人以此谋求商业利益的行为应受法律保护,他人不得以不正当的方式损害其正当权益。网络游戏赛事如同体育竞赛,同样需要组织者投资、策划、运营、宣传、推广、管理等等。本案被上诉人在与成都完美公司的协议中约定被上诉人获得赛事在中国大陆地区的视频转播权独家授权,负责赛事的执行及管理工作(包括选手管理、赛事宣传、场地租赁及搭建布置、设备租赁及购置、主持人聘请、赛事举行、后勤保障以及节目拍摄、制作、直播、轮播和点播等),承担执行费用等等。被上诉人一系列的人力、物力、财力的投入,其有权对此收取回报,通过视频转播赛事增加网站流量、扩大提高广告收入、提升知名度、加强网络用户黏性,使直播平台经济增值。因此,网络游戏比赛视频转播权需经比赛组织运营者的授权许可是网络游戏行业中长期以来形成的惯常做法,符合谁投入谁收益的一般商业规则,亦是对比赛组织运营者的正当权益的保护规则,符合市场竞争中遵循的诚实信用原则。上诉人直播涉案赛事画面,虽然上诉人在直播过程中自配主播点评,但是其所直播的还是被上诉人所组织运营的涉案赛事,上诉人自配的主播点评也是对涉案赛事的点评,该点评依附于涉案赛事。上诉人未对赛事的组织运营进行任何投入,也未取得视频转播权的许可,却免费坐享被上诉人投入巨资、花费大量人力、物力、精力组织运营的涉案赛事所产生的商业成果,为自己牟取商业利益和竞争优势,其实际上是一种"搭便车"行为,夺取了原本属于被上诉人的观众数量,导致被上诉人网站流量严重分流,影响了被上诉人的广告收益能力,损害被上诉人商业机会和竞争优势,弱化被上诉人网络直播平台的增值力。因此,上诉人的行为违反反不正当竞争法中的诚实信用原则,也违背了公认的商业道德,损害被上诉人合法权益,亦破坏了行业内业已形成的公认的市场竞争秩序,具有明显的不正当性。原审法院认定上诉人直播涉案赛事画面构成不正当竞争并无不当。

（二）直播解说

意大利队在 2006 年德国世界杯 1/8 决赛中对阵澳大利亚队,黄健翔担任该场比赛的足球解说员,他因为比赛中的一段解说而陷入"解说门":

点球！点球！点球！格罗索立功啦！格罗索立功啦！不要给澳大利亚人任何的机会！伟大的意大利的左后卫,他继承了意大利的光荣的传统！法切蒂、卡布里尼、马尔蒂尼在这一刻灵魂附体！格罗索一个人,他代表了意大利足球悠久的历史的传统！在这一刻,他不是一个人在战斗！他不是一个人！……托蒂！……托蒂面对这个点球。他面对的是全世界意大利球迷的目光和期待！……球进啦！比赛结束啦！意大利队获得了胜利！淘汰了澳大利亚队！他们没有再一次倒在希丁克的球队面前！伟大的意大利！伟大的意大利的左后卫！马尔蒂尼,今天生日快乐！意大利万岁！

抛开"解说门",从法律的角度看这段解说词,是否构成《著作权法》中的口述作品？口述作品是指即兴的演说、授课、法庭辩论等以口头语言形式表现的作品;口述作品,包括直接用口头形式陈述的作品,同时也包括通过广播电视间接传播的口述作品。如在电台、电视台的讲演、授课等。口述作品,一般是指即席演说、无讲稿的讲课、未形成书面的法庭辩护词等等。如果演说、讲课、辩护发言基本上按照事先准备好的文稿照本宣科的,那么,受法律保护的客体(演说、讲课、辩护词)则属于文字作品,而不是口述作品。

与体育赛事解说一样,主播的游戏解说,通常是根据自身的经验,结合游戏的实际情况,自由决定哪些话题可以用于解说,哪些内容可以简要描述,哪些内容应当予以强调放大,并在表述中以个性化、风格化的语言,实现对游戏过程有所侧重的点评分析、对游戏氛围有所引导的烘托渲染,它是否可以构成口述作品,关键还是要看其是否具有独创性和可复制性。在"武汉鱼趣网络科技有限公司与上海炫魔网络科技有限公司、上海脉淼信息科技有限公司等著作权权属、侵权纠纷案"[①]中,鱼趣公司主张,直播中的游戏解说,是在对游戏规则、游戏进程、游戏画面等综合理解基础上,结合其个人的游戏经验、感悟创造性地即兴完成,具有独创性,构成口述作品;炫魔公司、脉淼公司则主张,作品必须符合独创性的要求,网络游戏直播中的口头解说均是非常简单的描述性口语表达,网络游戏注重的是参与性与互动性,与传达一定思想情感的文学、艺术作品存在明显区别,游戏解说的文学性、艺术性、科学性均不足,不能构成作品。

受案法院着重从游戏主播的解说存在构成作品的可能性以及游戏主播的解说并非在任何情况下都直接构成作品两个角度进行了论证说理,结合该案事实作出了判定。

---

① 武汉市中级人民法院(2017)鄂 01 民终 4950 号民事判决书。

第一,游戏主播的解说,有构成作品的可能性。游戏主播的解说形式,通常是边操作游戏边进行解说,包括对网络游戏的介绍、游戏技巧、策略的讲解以及对进行中游戏的分析等,为吸引观众,主播通常还会与观众互动,以及讲述趣味性的话题。该解说系主播的即兴口头表达,通常结合了个人游戏及生活经验和感悟,会在一定程度上体现主播之个性和解说风格,从而吸引不同的观众。解说风格和精彩程度之不同,也往往直接影响观众数量的高低。由此,在特定情形时,解说可能符合独创性的要求从而构成作品。第二,游戏主播的解说,并非在任何情形下均直接构成作品,仍需具备一定程度的独创性。口头表达不等于口述作品,如果表达过于简单、简短或为生活中长期重复的表达,因不符合独创性的要求,不能成为作品,如游戏刚开局即掉线,主播仅讲述"掉线了,我们重新来一局",自无法认定为具备独创性的作品。

在本案中,法院认为,鱼趣公司虽主张朱浩的《炉石传说》游戏解说具备作品的独创性、可复制性,但并未提交诉争的特定解说及展示具体解说内容,从而无法判定其解说是否符合独创性要求,以及是否构成作品。

综上,游戏解说的可版权性依赖于个案的具体情况;同时,在具有可版权性的情况下,其著作权归属,则取决于参与者之间的约定,遇到纠纷时,适用著作权法的相关规定。

音乐与现场演出篇

第九章　音乐
第十章　现场演出

第九章

音　乐

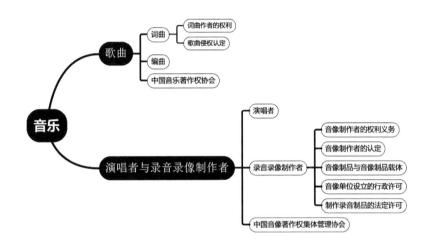

音乐作品,是指歌曲、交响乐等能够演唱或者演奏的带词或者不带词的作品。它可以是单独的曲,也可以是曲与词的组合;单独的词,不足以构成音乐作品,在具有独创性的情况下,可以划归为文字作品予以保护。不带词的音乐是抽象的作品,看不到,也摸不到,它以抽象音声波的方式而存在。[①] 音乐在娱乐行业中占据着重要地位,它不但具有独立价值,而且几乎无所遗漏地可以在电影、电视、游戏、现场演出之中找它的存在。例如主题音乐、背景音乐、叙事性音乐、情绪音乐、节奏气氛音乐、时空过渡的连续音乐以及插曲和主题歌等等,是影视剧音乐的主要构成。[②] 即便是相声现场演出,也因"说学逗唱"中的"唱"而无法与音乐割裂。法律影响着音乐产业,音乐产业也反过来影响法律[③],尽管不是那么容易察觉。现场演出的类型多种多样,比如戏剧、话剧、舞蹈、音乐会、演唱会等等,围绕作为歌曲的音乐这个中心,对现场演出及其涉及的法律问题予以阐述,具有显著的典型意义。

第一节　歌　　曲

歌曲通常在两个意义上被使用,一是词曲本身,二是可以被听见的歌曲。词曲本身是

[①] Thomas R. Leavens, *Music Law for the General Practitioner*, American Bar Association, 2013, p. 1.
[②] 张明智、宋培义主编:《电视剧出品人与制片人教程》,中国广播影视出版社2016年版,第119页。
[③] Joanna Demers, *Steal This Music: How Intellectual Property Law Affects Musical Creativity*, The University of Georgia Press, 2006, pp. 11–13.

静态的；词曲经演唱者、演奏者的表演,进而被听觉系统感知的,是可以被听见的歌曲。因此,可以被听见的歌曲,所涉权利人除了词曲作者以外,还有演唱者、演奏者以及对表演进行固定的制作者。音乐有非常多的传播形态,如纸质传播、录音载体传播、广播信号传播、信息网络传播,每种传播方式均因参与主体的增多,而涉及众多权利人及权利类型。无论是哪种传播或使用方式,词曲作者是权利源头,除法律另有规定者外,获得词曲作者的授权是为必需。为便利从整体上把握所涉法律要点,用简要线条予以勾画,具有纲举目张的效果。

歌曲《开心快乐》：曲作者,甲某；词作者,乙某。

唱片公司 A 欲邀请丙某演唱《开心快乐》,制作发行录音制品《开心快乐（丙唱）》(可以是磁带、CD 或任何具有存储效果的介质、载体),除应获得丙某的同意之外,唱片公司 A 还应获得甲某和乙某的授权。

音乐网站 Z 若欲在其经营的网站上提供《开心快乐（丙唱）》的播放、下载服务；音乐网站 Z 需要获得唱片公司 A、甲某、乙某、丙某的授权。

唱片公司 B 欲翻录《开心快乐（丙唱）》予以出版发行,应获得唱片公司 A 以及丙某的同意；在甲某和乙某没有声明不允许使用其词曲作品的情况下,唱片公司 B 无需获得甲某和乙某的同意,只需向他们支付报酬。

唱片公司 B 欲邀请丁某演唱《开心快乐》,制作发行录音制品《开心快乐（丁唱）》应获得丁某的同意；在甲某和乙某没有声明不允许使用其词曲作品的情况下,唱片公司 B 有权制作发行录音制品《开心快乐（丁唱）》,无需获得甲某和乙某的授权,只需向甲某和乙某支付报酬。

购物商场 Y 播放《开心快乐（丙唱）》,需要获得甲某和乙某的同意,无需丙某同意,但应向唱片公司 A 支付报酬。

影视公司 X 欲在其影视剧中直接使用《开心快乐（丙唱）》作为主题曲或背景音乐,需要获得的授权有哪些？影视公司 X 欲在其影视剧中邀请主演演唱《开心快乐》作为主题曲或背景音乐,需要获得授权有哪些？

一、词曲

(一) 词曲作者的权利

词曲作者,是音乐作品权利的源头,其对词和曲享有完整的著作权,即发表权、署名权、修改权、保护作品完整权、复制权、发行权、出租权、展览权、表演权、放映权、广播权、信息网络传播权、摄制权（制片权）、改编权、翻译权、汇编权以及应当由著作权人享有的其他权利。如果词曲是可分割使用的作品,作者对各自创作的部分可以单独享有著作权,但行使著作权时不得侵犯合作作品整体的著作权。比如在"潘龙江与杭州名星文化艺术传播有限公司、高勇安等著作权权属、侵权纠纷案"[①]中,法院指出,当词曲作者分属不同人时,词曲作者若行使权利不当,应承担侵权责任,涉案词作者明知涉案歌曲的曲作者为权利人,在未经曲作者许可的情况下,在商业性晚会上演唱该歌曲,侵犯了曲作者所享有的表

---

① 浙江省杭州市萧山区人民法院(2013)杭萧知初字第 104 号民事判决书；杭州市中级人民法院(2016)浙 01 民终 2711 号民事判决书。

演权。

在词曲作者分属不同人且词曲系可分割使用的作品时,词作者不能就他人仅使用曲的行为主张权利,曲作者不能就他人仅使用词的行为主张权利。"北京众得文化传播有限公司诉万达影视传媒有限公司等侵害作品改编权纠纷案"①,即为一例"词作者不能就他人仅使用曲的行为主张权利"的案例。众得公司依法独占享有《牡丹之歌》词作品的著作权财产权,众得公司发现,岳龙刚(即岳云鹏)未经许可,擅自将歌曲《牡丹之歌》中的歌词改编后使用、演唱,并使用该广告开展商务推广活动,认为其对《牡丹之歌》享有的改编权受到了侵犯,故诉至法院。法院认为,《牡丹之歌》与《五环之歌》这两首歌曲的名称中仅后半部分"之歌"二字相同,"××之歌"本身系对歌曲这种作品形式的一种惯常表达;经比对,两首歌对应部分的歌词中仅有"啊"字这一不具有独创性的语气助词相同,除此之外,《五环之歌》的歌词中并未使用或借鉴《牡丹之歌》歌词中具有独创性特征的基本表达。即便涉案《五环之歌》的灵感和素材来源于《牡丹之歌》,并使用了与歌曲《牡丹之歌》中对应部分的曲谱,容易使人在听到这首歌时联想到《牡丹之歌》,但本案并不涉及对《牡丹之歌》曲谱使用行为的认定,仅就歌词部分而言,涉案《五环之歌》的歌词不构成对歌曲《牡丹之歌》歌词的改编。

影视剧制片方或者游戏制作者可能在已有音乐中找不到符合其期望的音乐作品,此时,委托音乐人根据影视剧或游戏的实际需要创作音乐作品以满足需要,是可行的选择。音乐作品委托创作协议中很重要的一点是,创作出来的音乐作品之著作权归属。若没有约定,其著作权归受托人所有,委托人仅能在委托合同缔约目的的范围之内享有使用权。例如,在"万军诉汤潮军、北京华夏金马文化传播有限公司等著作权纠纷案"②中,被告汤潮军委托原告万军为《用你的名字取暖》歌词作曲和编曲,双方未订立书面合同,在审理过程中亦无法对著作权归属达成一致意见;故著作权属于作者,委托人可在约定的范围内享有使用作品的权利。万军与汤潮军没有订立书面合同,双方对委托作品的使用范围说法不一,且均未提交证据,法院认为,一般来说,歌手委托他人为其创作乐曲,首要目的是将该作品用于表演,故汤潮军在演出中使用涉案作品符合双方约定的委托目的,但该作品能否被他人录音、录像并复制、发行相关录音、录像制品,应由表演者与著作权人明确约定,汤潮军主张双方就涉案乐曲使用范围达成一致,其应承担相应的举证责任,现其未能提供证据,应承担举证不能的后果。从法院的判词中可以得知,法院从合同订立之目的出发,推定该委托创作仅限于委托人行使作品之表演权,录音、录像、复制和发行等权利则不在合同目的的范围内。

若合约约定委托人享有创作出来的音乐作品之著作权,那意味着委托人可以在各类节目、任何载体上使用或者改编该作品,无需另行征得受托人的同意;受托人在任何时候都不再享有著作权财产权,永久失去了该音乐作品的财产权。易言之,该音乐作品日后可能产生的收益均属于委托人。为此,在签署音乐作品委托创作协议时,词曲作者通常也被建议尽力争取更多财产权,将授权限定于影视剧中使用,其他许可使用权应可能多地保留在手中。如果委托方坚持获取全部著作权,委托方仅享有署名权,音乐创作者可以考虑提高委托创作费用,按照一次性买断的原则来调整委托创作费用。

另外,在音乐委托创作的实践中,要分清是不是"打包"创作。所谓打包创作,指的是音

---

① 天津市第三中级人民法院(2019)津 03 知民终 6 号民事判决书。
② 北京市海淀区人民法院(2006)海民初字第 25641 号民事判决书。

乐人负责从创作到制作完成所有事务,最终给制片方一个已经灌录好的音乐制成品;非打包创作是指音乐人只负责其中某个或某几个环节,比如作词、作曲、混音、伴音等等。打包创作固然方便,但若在约定不明的情况下,录音设备、录音场地、演奏者和录音棚选用等等事项便可能会成为日后的争议发生点,创作出来的音乐作品和灌录出来的制成品质量也是纠纷高发点,虽制片方委托人可以根据合约要求修改,但反复修改带来的时间成本,都不是不应考虑的要素。对于打包创作音乐和灌录音乐制成品,尤其要注意审查合约中关于词、曲、唱及制作者的权利条款,不能误以为"只要是委托打包创作,委托方日后就可以不受限制地使用"。以影视剧为例,在实践中,不少影视剧版权人在授权游戏制作者使用该影视剧中的音乐时才发现,自己对影视音乐的曲、词、唱,只享有"影音同步播放权"。

在没有特别约定的情况下,词曲作者能否对被使用在影视剧中的词曲单独主张权利,是事关影视剧制片人与词曲作者之间权利平衡与安排的问题。法院在"苏越与苏州唛凯娱乐有限公司著作权权属、侵权纠纷案"[1]中所持的"内部关系与外部关系区分说"具有一定的启发意义。《著作权法》第 17 条规定,影视视听作品的著作权归制片者享有,但编剧、导演、摄影、作词、作曲等作者享有署名权,并有权按照与制作者签订的合同获得报酬;视听作品中的剧本、音乐等可以单独使用的作品的作者有权单独行使其著作权。针对词曲作者能否对影视视听作品中的词曲单独主张权利的问题,法院认为,就权利主体而言,影视视听作品的著作权归于制作者在法律规定上是明确的,制片人应系唯一的权利主体,词曲作者在该类作品中仅享有署名权和获得报酬的权利。因此,词曲作者并非影视视听作品的著作权人,其就该类作品不享有著作权。影视视听作品作为包括词曲等内容的完整作品,词曲与影像不可分割,法律已赋予了词曲作者的署名权和获得报酬权,其在此类作品中的权利行使方式已固化,当他人侵犯该作品著作权时,并不是直接侵犯了词或曲的著作权,侵犯的应是整体作品的权利。在这种情形下,只能由制作者就整体作品提起诉讼。从法律条文体系解释的角度而言,《著作权法》第 17 条的规定构成了一个体系,除规定了视听作品的权利主体外,还明确了词曲作者在不同场合的主体地位和权利行使方式:第一,为词曲作者在其词曲构成作品一部分"混合(或整体)使用"的情况下,其可直接向制作者主张署名权和获得报酬权,基本属其与制作者之间的"内部关系";第二,他人在影视视听作品以外"单独使用"词曲的情形下,其可单独主张词曲的著作权,可归结为其与他人的"外部关系",与制作者无涉。因此,只有在他人单独使用音乐作品时,音乐作品的词曲作者才能单独行使著作权。一旦允许词曲作者可就影视视听作品中的词曲主张权利,经营者则面临双重收费的困境,也必将阻滞此类作品的广泛传播。

(二)歌曲侵权认定

未经许可,整体性或大幅度使用他人音乐作品,其侵权性较为明显,不难判定。难处在于仅使用词曲的一小部分时,是否也会被认定为侵权行为的存在。在"电视连续剧《激情燃烧的岁月》侵犯音乐作品著作权案"[2]中,未经许可使用他人音乐作品的情况如下:

---

[1] 苏州市吴江区人民法院(2017)苏 0509 民初 8477 号民事判决书。
[2] 北京市第一中级人民法院(2003)一中民初字第 2336 号民事判决书;北京市高级人民法院(2004)高民终字第 627 号民事判决书。

歌曲	电视剧中的使用情况	合计使用时长	侵权与否
《解放区的天》	第1集使用2分22秒	2分22秒	原告权源有瑕疵
《保卫黄河》	第1集使用56秒	56秒	侵权
《延安颂》	第1集使用1分30秒 第4集使用21秒	1分51秒	原告未主张
《雄鸡高唱》	第1集使用1分10秒	1分10秒	原告未主张
《中国人民解放军进行曲》	第1集使用20秒 第7集使用25秒 第20集使用1分5秒 第22集使用28秒	2分18秒	原告未主张
《学习雷锋好榜样》	第13集使用17秒	17秒	不侵权
《敖包相会》	第14集使用8秒	8秒	不侵权
《洪湖水,浪打浪》	第17集使用4秒 第20集使用10秒 第21集使用6秒	20秒	不侵权
《北风吹》	第13集	17秒	不侵权

最终被法院判定,被告使用《北风吹》《洪湖水,浪打浪》《学习雷锋好榜样》《敖包相会》四首音乐作品的行为,不构成对音乐作品权利人著作权的侵犯,但是被告使用《保卫黄河》的行为,构成对音乐作品权利人著作权的侵犯。具体说理如下:

第一,对于比较完整地使用作品的一段歌词或乐曲,尽管时间较短,但是所使用的歌词部分已经完整地表现了作者希望通过作品表达出的思想内容,所使用的乐曲部分体现了作者在音乐作品中具有艺术个性的旋律、节奏、和声、复调的安排和设计,而且被使用部分在整个作品中所占比例较大,应属于实质性地使用了音乐作品。在《激情燃烧的岁月》剧中音乐作品《保卫黄河》的使用是将完整的歌词演唱两遍共56秒,该作品的使用方式属于实质性地使用了作品。

第二,对于使用音乐作品仅涉及作品的几个小节或几句歌词,未完整地使用整段歌词或乐谱的情况,考虑到被使用部分在整个音乐作品所占比例较小,没有实质性地再现作品的完整表达方式和作者表达出的思想内容及作者在乐曲方面的独特构思;使用的形式和内容非常有限,没有对音乐作品的市场价值造成不利的影响,也不会对音乐作品的发行传播构成威胁,即未对著作权人的利益构成实质损害,因此,这种方式的使用应当是合理使用他人作品,可以不经著作权人许可,不向其支付报酬,但应当指明作者姓名、作品名称。长安影视公司在制作《激情燃烧的岁月》剧中使用《北风吹》《洪湖水,浪打浪》《学习雷锋好榜样》和《敖包相会》四首音乐作品中,仅涉及该作品的几个小节或几句歌词,尽管个别音乐作品使用时间较长,但均未完整地使用整段歌词或乐谱,应当属于合理使用。

在"二十二集电视连续剧《命运的承诺》侵犯音乐作品著作权案"[①]中,未经许可使用他人音乐作品的情况如下:

---

① 北京市第一中级人民法院(2003)一中民初字第11687号民事判决书。

歌曲	电视剧中的使用总时长	侵权与否
《青藏高原》	第 6 集使用 1 分 45 秒	侵权
《我热恋的故乡》	第 10 集使用 45 秒	侵权
《辣妹子》	第 10 集使用 45 秒	侵权
《一无所有》	第 10 集使用 7 秒	不侵权

法院在判决书中的说理为：被告在联合摄制电视连续剧《命运的承诺》时，在未征得《青藏高原》《我热恋的故乡》及《辣妹子》等 3 首音乐作品词曲作者或本案原告许可的情况下，作为背景音乐使用了上述作品，其行为违反了我国《著作权法》的规定，构成侵权；在电视连续剧《命运的承诺》中对《一无所有》的使用，虽未征得该作品的词曲作者或原告的许可，但因两被告在涉案电视剧中对该作品的使用仅有短短的 7 秒钟，且在剧中仅演唱了"我曾经问个不休，你何时跟我走"这一句歌词、弹奏相应的曲子，被告的使用行为对该作品的正常使用不产生任何实质不利影响，也未实质损害该作品的权利人的合法权益，因此，两被告行为的情节显著轻微，故不构成侵权。

这两个案件是否可以构成其他法院的审判参考标准不是不无疑义的；易言之，在使用他人音乐作品时，最好能够获得音乐作品著作权人的授权；实在无法获得授权或不愿意获得授权，但又不排斥被诉侵权的"冒险之旅"，则建议控制在等于或少于 6 秒，或许也不会被法院判令侵权行成立。倘若获得更多法院仿效，那么"等于或少于 6 秒"规则，就可能在事实上成为一种惯例或标准。

法院在"色日玛诉《月亮之上》词曲作者及 CD 出版商等著作权侵权纠纷案"[①]中没有围绕时长展开，而是从音乐的专业角度来判定是否构成侵权。色日玛之父通福于 1952 年为电影《草原上的人们》创作的歌曲《敖包相会》。2006 年 4 月，色日玛发现 CD《凤凰传奇月亮之上》的主打歌《月亮之上》间奏中有 6 小节与《敖包相会》前 6 小节相同，但使用未经许可，既没有为作者署名，也没有支付报酬。色日玛以侵犯著作权为由起诉。法院认为，《敖包相会》的涉案 6 小节与《月亮之上》的对应 6 小节相比，二者所表示的曲调基本相同，虽然占被告作品的比例很小，但这种使用不属于合理使用，被告应承担停止侵权、赔偿损失的民事责任。

音乐中的思想与表达不易区分，从专业的角度出发，虽有不同认识，但音乐由旋律、和弦与节奏三大结构组成是基本共识；并且在司法上有不少案例系基于这三大结构进行的裁判。[②] 涉案音乐的曲调倘若简单，判定两曲调是否基本相同，未必需要专业人员的协助；但如果涉案音乐相对复杂一些，那么，判定两曲调是否基本相同就需要技术和专业层面的知识。比如，在"广东太阳神集团有限公司与可口可乐（中国）饮料有限公司、可口可乐中国有限公司著作权侵权纠纷、不正当竞争纠纷案"[③]中，歌曲《当太阳升起的时候》与歌曲《日出》的词、曲是否相同或相似，由中国版权研究会版权鉴定专业委员会受托鉴定。该专业委员会提出，"音乐通常以七声阶为基础，构成旋律、曲调。而节奏、速度等也同样是音乐的重要因素。音乐的个性是组织起七个音符的调式、施法、节奏、速度、和声、织体上的不同，表现不同风格、情绪和感受，这是区别两首作品是否相同的重要标志"，并认为：两首作品听觉感觉雷同，无

---

① 北京市第一中级人民法院（2008）一中民终字第 5194 号民事判决书。
② Ronald S. Rosen, *Music and Copyright*, Oxford University Press, 2008, p. 153.
③ 北京市高级人民法院（2000）高知初字第 19 号民事判决书。

论是初次听还是多次对比听,两者的主旋律无明显的听觉区别;虽然听觉感受仅限于感性的知觉范畴,但对音乐作品的受众,却是感觉的全部。如果两首歌有调式、节奏和结构方式和情调这些因素的雷同,则更能给人以相同的感受。总之,就构成歌曲音乐作品的表现形式的基本要素考察,两首作品之间不存在使之显著区别的成分,现存的微小差别不足以使其受众感觉该两部作品是不同的作品,即两部作品是基本相同的。

二、编曲

法院在"宁勇诉中国电影合作制片公司等著作权侵权纠纷案"[①]中提到,虽然"编"在汉语中系多义字,也有"创作"之意,但其在某一特定领域被特定化后,即在固定环境中只有特定的含义。在音乐创作领域,作曲主要指主(伴)唱旋律创意及写作。编曲主要指配器、编写和弦及和声等;作曲的创作地位要比编曲高。质言之,作曲和编曲最大的区别是,作曲完全是一种创造性的劳动,而编曲的创造性要比作曲小得多,所花费的功夫和精力也比作曲为少。[②] 不过,也有相反观点认为,"编曲"与"作曲"乃创作方式的不同,都是一种创造性的劳动,两者缺乏可比性,并无孰高孰低之分,都属于音乐创作的范畴,具有同样的艺术价值和社会价值。就创作过程而言,有的"编曲"甚至比"作曲"还需要更过硬的功力。[③] 歌曲的编曲是否可以与曲谱一样受到著作权法保护?审理"李丽霞诉李刚、陈红、蔡国庆侵犯邻接权、录音制作合同纠纷案"[④]的法院认为"编曲的劳动无法独立表达,因此一般并不存在一个独立的编曲权",故不受著作权法保护。

在该案中,李丽霞与李刚和张金松(艺名金霖)于2002年10月共同出资,以李刚为《常来常往》创作的曲谱为蓝本,以李丽霞和张金松为原唱,共同委托王音编曲、组织乐队演奏并录制了歌曲《常来常往》的伴奏录音制品,申报2003年春节联欢晚会的节目。伴奏录音制品完成后,李刚未经李丽霞的同意,擅自将该伴奏录音制品提供给蔡国庆和陈红使用,并被中央台春节联欢晚会节目组采用。李丽霞认为,她作为《常来常往》伴奏录音制品的共有人,对该伴奏录音制品的编曲享有相应的著作权和邻接权,李刚未经其同意,将该伴奏录音制品转让给他人使用并从中牟利,侵犯了其著作权和邻接权;陈红、蔡国庆明知该歌曲伴奏录音制品存在权利瑕疵,但仍使用和播放,侵犯了其合法权益。

针对李丽霞主张权利的性质,法院认为,与交响乐的编曲不同,案涉的歌曲编曲并无具体的编曲曲谱,它的劳动表现为配置乐器、与伴奏等人员交流、加诸电脑编程等,编曲劳动需借助于演奏、演唱并最终由录音及后期制作固定下来。不可否认,经过编配、演奏、演唱、录音等诸项劳动所形成的"活"的音乐与原乐谱形式的音乐作品并不完全相同,构成了一种演绎。但是离开了乐器的演奏(或者电脑编程)及其他因素的配合,编曲的劳动无法独立表达,因此一般并不存在一个独立的编曲权。作为录音制作过程中的一个重要环节,就如同录音师并不享有特定的权利一样,按照行业惯例,上述劳动在被整合为录音制品后,该劳动成果所形成的权利由制作者享有。因此原告李丽霞所主张的编曲权即是著作权法中的录音制作者权。

---

① 广东省广州市中级人民法院(2001)穗中法知初字第191号民事判决书;广东省高级人民法院(2006)粤高法民三终字第244号民事判决书。
② 亚丁:《作曲乎?编曲乎?》,载《黄河之声》1997年第4期,第15页。
③ 冯光钰:《从"船歌"纠纷谈起:"编曲"与"作曲"孰高孰低》,载《云岭歌声》2003年第7期,第21页。
④ 北京市海淀区人民法院(2003)海民初字第9033号民事判决书。

一审法院对该案的判决事实上绕开了编曲者对编曲是否享有权利这个问题,而是将问题转化为李丽霞对"伴奏带"享有什么权利。从"伴奏带"的角度看,法院判决李丽霞对之享有录音制作者权应无异议。不过,编曲者对编曲本身是否享有权利以及享有什么样的权利呢?二审法院对这个问题做了回答。

在二审法院看来,同一首歌曲的编曲会因不同的编曲者而不同,编曲者的这种劳动成果是否具有著作权法上的独创性、应否受到著作权法保护,是本案争议的焦点问题,也是李丽霞主张其享有"编曲权"的前提。案涉伴奏带的编曲曲谱只是对原曲进行了乐器配置、声部分工、组合,并没有改变《常来常往》乐曲作品的基本旋律。该编曲过程仅是一种劳务性质的工作,编曲目的是将《常来常往》乐曲作品转化为录音制品,故其劳务成果之一即编曲曲谱并不具有著作权法意义上的独创性,不能成为受著作权法保护的作品。本案所涉的两个编曲版本的不同主要体现在将《常来常往》乐曲转化为录音制品即伴奏带的不同。因此,李丽霞主张对《常来常往》伴奏带编曲曲谱享有作品著作权即其所称的"编曲权",于法无据,不能成立。

事实上,二审法院的判决反倒从另一个侧面为编曲的法律地位撕开了一个小口子,即如果编曲曲谱具备著作权法意义上的独创性,它的作品性质就可以得到确立。

三、中国音乐著作权协会

中国音乐著作权协会(以下简称"音著协")成立于1992年12月,是由国家版权局和中国音乐家协会共同发起成立的中国大陆音乐著作权集体管理组织,是专门维护作曲者、作词者和其他音乐著作权人合法权益的机构。《著作权集体管理条例》规定,著作权集体管理是指著作权集体管理组织经权利人授权,集中行使权利人的有关权利并以自己的名义进行的下列活动:(1)与使用者订立著作权或者与著作权有关的权利许可使用合同;(2)向使用者收取使用费;(3)向权利人转付使用费;(4)进行涉及著作权或者与著作权有关的权利的诉讼、仲裁等。世界知识产权组织认为,虽然作者可以允许自己的作品在某些条件下在舞台上表演,音乐家可能同意将表演录制在CD上,但让作者和音乐家与剧场或电台逐一联系,以就作品的使用进行许可谈判,可能难以行得通;这时,集体权利,特别是集体管理组织,就能发挥作用。

音著协开展工作的依据是《著作权法》第8条。该条规定:著作权人和与著作权有关的权利人可以授权著作权集体管理组织行使著作权或者与著作权有关的权利。著作权集体管理组织被授权后,可以以自己的名义为著作权人和与著作权有关的权利人主张权利,并可以作为当事人进行涉及著作权或者与著作权有关的权利的诉讼、仲裁活动。著作权集体管理组织是非营利性组织,其设立方式、权利义务、著作权许可使用费的收取和分配以及对其监督和管理等由国务院另行规定。音著协设会员部、作品资料部、表演权许可业务部、复制权许可业务部、广播权许可业务部、法律部、信息宣传部、分配与技术部、财务与总务部,共9个职能部门。

音著协与音乐著作权人(会员)之间的关系,最高法院民事审判庭在1993年发布的《关于中国音乐著作权协会与音乐著作权人之间几个法律问题的复函》中,作出过原则性回复:

第一,音乐著作权协会与音乐著作权人(会员)根据法律规定可就音乐作品的某些权利的管理通过合同方式建立平等主体之间的带有信托性质的民事法律关系,双方的权利与义务由合同约定,音乐著作权协会可以将双方的权利与义务等事项规定在协会章程之中。音乐著作权协会与音乐著作权人之间因违反合同发生纠纷,任何一方均有权诉请人民法院解决。

第二,根据《民法通则》《著作权法》《民事诉讼法》以及双方订立的合同,音乐著作权人将其音乐作品的部分著作权委托音乐著作权协会管理后,音乐著作权协会可以自己的名义对音乐著作权人委托的权利进行管理。发生纠纷时,根据合同在委托权限范围内有权以自己的名义提起诉讼。但音乐著作权人在其著作权受到侵害而音乐著作权协会未提起诉讼或者权利人认为有必要等情况下,依法仍有权提起诉讼。

在"苏越与苏州唛凯娱乐有限公司著作权权属、侵权纠纷案"[①]中,根据《著作权集体管理条例》第 20 条关于权利人与著作权集体管理组织订立著作权集体管理合同后,不得在合同约定期限内自己行使或者许可他人行使合同约定的由著作权集体管理组织行使的权利的规定,法院认为:

> 音乐作品的著作权人将著作权中的财产权利授权音著协管理之后,其诉讼主体资格是否受到限制,应当取决于其与音著协订立的著作权集体管理合同是否对诉权的行使作出明确的约定,不宜简单地否定著作权人自行提起诉讼的权利。著作权集体管理的出发点是权利保护的效率,而非权利垄断。著作权人作为原权利人,一旦授权集体管理即丧失诉权,有悖于集体管理制度的初衷,不符合委托情况下原权利人仍享有权利之通常规则,也不利于著作权人的权利保护,尤其是在著作权处于被侵权状态而音著协作为集体管理组织怠于履行集体管理职责的情况下,亦进而可能会导致著作权人不愿意加入集体管理组织,从而不利于集体管理制度的长远发展。因此,在著作权集体管理组织未提起诉讼或者权利人认为有必要等情况下,应允许著作权人自行提起诉讼。

针对由音著协行使管理权的音乐作品,音著协发放许可的权利范围为复制权、表演权、广播权、信息网络传播权。许可权利的使用方式与对象包括:

第一,以复制方式制作发行带有音乐作品的录音录像制品、影视剧及广告片、工业产品(如玩具、乐器)、卡拉 OK 点歌机等的各类使用者。比如,制作包含音乐作品的普通图书(即非教科书)、境外录音制品、录像制品等;为制作影视节目以影音合成方式使用音乐作品,包括但不限于环境音乐、演员演唱、背景音乐、主题曲、片头片尾曲等;为制作广告使用音乐作品;为上传网络媒体而制作包含音乐作品的录像、视频等。

第二,以公开表演和公开播送的方式使用音乐作品的机构、设施和场合,都是音著协发放许可的对象,可区分为现场表演与机械表演。现场表演许可范围包括:演唱会、音乐会、音乐节、歌友见面会等。机械表演许可范围,包括:商场、酒店、宾馆、歌舞厅、酒吧、餐厅、咖啡厅、音乐茶座、超市、剧场、电影院、家居店、主题公园、嘉年华、音像店、健身房、溜冰场、音乐喷泉、展厅、办公楼、写字楼、各类公共交通工具及其等候场所等。

第三,以广播电视信号发射方式使用音乐作品的广播电台、电视台。

第四,以互联网/移动网络方式传播使用音乐作品的平台、运营商等。常见网络使用方式包括:在线音乐;在线 MV;网络翻唱音乐作品;网络 K 歌;音频、视频网络节目;网络电影、电视剧、广告;网络直播、点播、转播、随机播放;网络短视频;在线有声书;微信 H5 页面;电子杂志;网络游戏、手机游戏等在线游戏;IPTV、数字电视;彩铃等。

---

① 苏州市吴江区人民法院(2017)苏 0509 民初 8477 号民事判决书。

非由音著协管理的音乐作品,或者虽由音著协管理的音乐作品,但在复制权、表演权、广播权、信息网络传播权之外的著作权权项,不在音著协的管理范围之内,尽管它有时候可以应使用方的要求而发挥沟通、联络与接洽音乐著作权人的作用。另外,根据《著作权集体管理条例》的规定,音著协许可使用合同的期限不得超过2年,合同期限届满可以续订;并且,音著协管理的是无形音乐著作权,不涉及任何唱片音源的邻接权范畴的业务。

第二节　演唱者与录音录像制作者

一、演唱者

歌曲的演唱者,是法律上的表演者。根据著作权法的规定,演唱者对其表演享有的权利为:(1)表明表演者身份;(2)保护表演形象不受歪曲;(3)许可他人从现场直播和公开传送其现场表演,并获得报酬;(4)许可他人录音录像,并获得报酬;(5)许可他人复制、发行、出租录有其表演的录音录像制品,并获得报酬;(6)许可他人通过信息网络向公众传播其表演,并获得报酬。这些权利被称为"邻接权"。演唱者使用他人的作品演出,应当征得著作权人许可,并支付报酬。

演唱者在实践中涉及的纠纷表现形式有其自身的特定,如"原唱权"纠纷。发生在许越与广州市新时代影音公司、杨钰莹之间的侵犯邻接权纠纷[①],即为一起关涉"原唱权"的案件。在该案中,许越向法院主张自己的"原唱权"受到了侵害。法院认为,原告许越主张的原唱权无法律依据。许越首次公开演唱《晚霞中的红蜻蜓》(简称"红曲"),作为表演者,许越享有《著作权法》所规定的表演者项下的权利。"红曲"系由许越首次演唱,首次表演某作品反映了表演者一定的形象。此后,杨钰莹演唱"红曲",所有伴奏旋律亦与许越演唱"红曲"基本相同,并登"原创音乐榜",但"原创"与"原唱"的含义不同,且杨钰莹演唱"红曲"并未冠以首次表演。"红曲"反映了许越一定的经历,但"红曲"的艺术表现形式并非许越专有。许越诉称首次表演"红曲"而获得原唱权——即专有表演权,有权禁止他人表演该作品,但我国《著作权法》并未作此规定,法院难以确认一项法律尚未明确规定的权利。

再如"陈涛诉沙宝亮等著作权侵权纠纷案"[②]。在该案中,未经陈涛许可,沙宝亮于2004年在同里镇政府和太湖国旅共同组织的商业演出"中华情同里之春"大型演唱会中演唱歌曲《暗香》。根据《著作权法》第38条规定:"演出组织者组织演出,由该组织者取得著作权人许可,并支付报酬。"也就是说,作为演出组织者的同里镇政府和太湖国旅有义务获得陈涛的许可。结合早在2003年陈涛就通过诉讼的方式明确表示沙宝亮未经其许可不得演唱歌曲《暗香》的事实,法院认为,沙宝亮清楚地知道陈涛不允许其演唱该歌曲,依然继续演唱歌曲《暗香》的行为,具有明显的侵权故意,侵犯了陈涛对该歌曲歌词部分享有的著作权。从诚实信用原则的角度看,公民从事民事活动时,应讲求诚实、守信用,以善意的方式履行其义务,不得规避法律和合同。也就是说,权利人在行使其权利时,都应尊重他人的利益,以善意的方式行使权利,并获得利益,不得以损害他人为目的而滥用民事权利。沙宝亮明知陈涛不允许其再演唱歌曲《暗香》,却不尊重歌曲词作者的意愿,并以规避法律的方式,推托应由演出组

---

① 上海市黄浦区人民法院(1994)黄法民字第1277号民事判决书。
② 北京市朝阳区人民法院(2005)朝民初字第13560号民事判决书;北京市第二中级人民法院(2005)二中民终字第10098号民事判决书。

织者征得陈涛的许可,而故意继续演唱歌曲《暗香》,其行为属主观恶意明显,并以损害陈涛的利益而获得自身的劳务利益。故沙宝亮的行为违背了诚实信用原则,侵犯了陈涛享有的合法民事权利。据此,沙宝亮作为涉案演出的表演者,同样侵犯了陈涛对歌曲《暗香》歌词享有的著作权。

二、录音录像制作者

(一) 音像制作者的权利义务

根据《著作权法》及其实施条例的规定,录音制作者,是指录音制品的首次制作人;录像制作者,是指录像制品的首次制作人。录音制品,是指任何对表演的声音和其他声音的录制品;录像制品,是指视听作品以外的任何有伴音或者无伴音的连续相关形象、图像的录制品。录音录像制作者对其制作的录音录像制品,享有许可他人复制、发行、出租、通过信息网络向公众传播并获得报酬的权利,该权利亦称邻接权、音像录制者权,其保护期为50年,截止于音像制品首次制作完成后第50年的12月31日。被许可人复制、发行、通过信息网络向公众传播录音录像制品,应当同时取得著作权人、表演者许可,并支付报酬。音像作者使用他人作品制作录音录像制品,应当取得著作权人许可,并支付报酬。

(二) 音像制作者的认定

从司法的角度看,当事人提供的涉及著作权的底稿、原件、合法出版物、著作权登记证书、认证机构出具的证明、取得权利的合同等,可以作为证据;在作品或者制品上署名的自然人、法人或者其他组织视为著作权、与著作权有关权益的权利人,但有相反证明的除外。据此,音像制作者等提供有其署名的合法出版物作为享有与著作权有关权利的证据的,法院不得以当事人未提供著作权人授权的证据,直接否定其权利人身份。[①] 易言之,音像制作者是否获得音乐作品著作权人的授权,与其能否享有邻接权是两个方面的问题。法院在"茂名市(水东)佳和科技发展有限公司与成都市唐古拉文化艺术有限责任公司复制权纠纷案"[②] 中遵循了这一认定原则。

法院在判决书中指出,茂名市(水东)佳和科技发展有限公司(简称"佳和科技公司")认为录音制作者权是由音乐作品著作权人授予的权利的观点,与法律规定不符,其据此提出的成都市唐古拉文化艺术有限责任公司(简称"唐古拉公司")应提供音乐作品著作权人的授权证明及表演者的授权证明的要求,没有法律依据:

第一,录音制作者权不是继受取得,而是原始取得的权利。根据《著作权法实施条例》的规定,录音制品并非仅是对享有著作权的作品的利用,对其他任何声音的录制,包括对已进入公有领域的作品或自然界的声音的录制,都属于著作权法规定的录音制作,其首次制作人,都是著作权法规定的录音制作者。录音制作者权,是著作权法赋予录音制作者,包括为使用他人作品或利用他人表演的所有录音制作者都享有的,以许可他人复制、发行、出租、通过信息网络向公众传播其制作的录音制品,并获得报酬的权利。因此,录音制作者权的产生,并不依赖于其他权利人的授权许可或权利转让,而是基于其制作者的制作行为,不属于继受取得。佳和科技公司要求录音制作者提供作品著作权人和表演者的授权证明来支持自己享有录音制作者权的观点,与法律规定不符。

[①] 蒋志培:《知识产权审判中证据认定应把握的几个问题》,载《中国审判》2006年第4期,第62页。
[②] 四川省高级人民法院(2007)川民终字第628号民事判决书。

第二,著作权法中调整录音录像制作者与作品作者、表演者之间权利义务关系的规范,不是对录音制作者权的限制规定,更不是赋予制作者权的前置条件。案涉的是未经许可复制发行他人享有录音制作者权的录音制品的侵权纠纷,而非录音制作者和作品著作权人或表演者之间的使用纠纷,因此,唐古拉公司作为主张录音制作者权的权利人,只需证明自己是涉案录音制品的首次制作人,即制作者,即已完成其举证责任。

音像制作者是首次将音像录制下来的人,将他人录制的音像再次翻录的人不是音像制作者,在已有音像制品的基础上翻录的制品属于音像制品的复制品;同一作品由一个表演者表演但由不同人录制,两个人都是音像制作者,对各自的音像制品享有各自的邻接权。①

(三) 音像制品与音像制品载体

音像制品与音像制品载体不能混同。录音制品,强调的不是物质载体(承载声音的磁带、唱片等),而是声音本身,只是该声音必须是已被录制,被固定在物质载体之上的声音;录像制品,是指固定在物质载体之上的、独创性不足的连续影像。正如小说的著作权客体不是纸张一样,音像制作者权的客体是已被录制在物质载体之上的声音或连续影像,而不是承载它们的物质载体。② 例如,法院在"武汉汉福超市有限公司、武汉汉福超市有限公司洪山广场分公司与上海声像出版社有限公司、武汉黄鹤音像制品公司侵害录音录像制作者权纠纷案"③中指出,所谓录音制品是指已经录制加工完成的可独立使用的声音成品。录音制品与录音制品的载体是两个不同的概念;案涉《周杰伦/跨时代》CD专辑中录制的每一首歌曲,即为一个独立的录音制品,专辑出版物则属于录音制品的载体。④ 录制品的载体形式可以是音像制品形式,例如记载于CD、VCD、MP3或者磁带中,也可以不是音像制品形式,例如记载于硬盘、软盘、闪存盘、存储卡⑤以及手机内存卡之中⑥。

然而,也有法院认为,将未曾公开的歌曲作为影视剧之主题歌曲使用,不属于将该歌曲制成为录音制品的范畴。这个观点体现在"北京市润亚影视传播有限公司诉中国唱片成都公司等侵犯著作权纠纷案"⑦的一审判决中。该案原告北京市润亚影视传播有限公司(简称"北京润亚")诉称,得到歌曲《不要枪炮要玫瑰》(简称"《不》歌")词曲作者常馨内授权,独家行使其首次复制权、发行权等著作权。后其与江苏省广播电视总台等联合摄制电视连续剧《野火春风斗古城》(简称"《野》剧"),并将《不》歌作为《野》剧主题歌曲使用。成都中唱、广东怡人在其出版发行的唱片《中国人不能忘记的历史》(简称《中》片)中使用《不》歌作为主打歌曲,侵犯了原告享有的将《不》歌首次录制为录音制品的著作权。被告成都中唱辩称,北京润亚将《不》歌作为《野》剧主题歌曲使用的行为,已将其自常馨内处得到的《不》歌首次复制权、发行权等著作权用尽。被告在出版的《中》片中使用《不》歌无须经过《不》歌著作权人许可,无任何侵权行为,请求驳回北京润亚起诉。

法院认为,北京润亚在其与他人联合摄制的《野》剧中,将《不》歌作为该剧主题歌曲使用,此举系行使《不》歌首次表演权、以《不》歌作为《野》剧主题歌曲使用的复制权、发行权等

---

① 陈锦川:《著作权审判:原理解读与实务指导》,法律出版社2014年版,第180页。
② 王迁:《著作权法》,中国人民大学出版社2015年版,第284页。
③ 湖北省武汉市中级人民法院(2013)鄂武汉中知初字第01677号民事判决书。
④ 湖北省高级人民法院(2014)鄂民三终字第00160号民事判决书。
⑤ 济宁市中级人民法院(2006)济民五初字第39号民事判决书。
⑥ 山东省高级人民法院(2007)鲁民三终字第80号民事判决书。
⑦ 北京市海淀区人民法院(2006)海民初字第8822号民事判决书。

著作权之行为。因北京润亚将《不》歌作为《野》剧主题歌曲使用之行为并不属于将《不》歌录制成为录音制品之范畴,故北京润亚仍独家享有首次将《不》歌录制为录音制品之著作权。成都中唱在明知《不》歌并未经合法录制为录音制品情况下,使用《不》歌录制录音制品,不属于著作权法规定的法定许可之范畴,侵犯了北京润亚作为独家被许可使用人所享有的首次将《不》歌录制为录音制品的著作权。

另外,音像制作者权保护的对象是音像制品,不同的录制者就相同的作品或表演各自独立制作的音像制品,各自享有音像制作者权。在侵害音像制作者权的案件中,认定被诉侵权的音像制品是否系未经许可复制自权利人的音像制品,是进行侵权认定的先决条件,亦即音源是否具有同一性的认定。从司法上说,当事人对于被诉侵权的音像制品是否来源于原告主张权利的音像制品发生争议的,原告应当举证证明双方录音制品音源相同,即"音源统一性";原告举证证明双方的录音制品中的表演者、词曲、编曲等因素相同的,可以认定音源同一,但有相反证据的除外。例如,在"中国科学文化音像出版社有限公司与风潮音乐国际股份有限公司侵犯录音制作者权纠纷案"[①]中,中国科学文化音像出版社有限公司在一审和二审阶段,均以案涉歌曲播放长度存在差别为由,提出"音源同一性"抗辩;但始终不申请对"音源同一性"进行鉴定,法院因此未采纳该抗辩理由,从在案表面证据认定案涉专辑与权利人的音像制品具有"音源同一性"。

实践中,关于"音源同一性"的举证责任及证明标准存在一定争议,北京高院在其发布的《侵害著作权案件审理指南》(2018)中指出:当事人对于被诉侵权的录音制品是否来源于原告主张权利的录音制品发生争议的,原告应当举证证明双方录音制品音源相同。原告举证证明双方的录音制品中的表演者、词曲、编曲等因素相同的,可以认定音源同一,但有相反证据的除外。北京高院苏志甫法官认为,在适用该项定时应注意以下问题:

第一,要注意原告对"音源同一性"负有举证证明责任的场合。音源是否同一涉及技术问题,需要通过鉴定的方式进行认定,但多数案件中,被告对于被诉侵权的录音录像制品与原告主张权利的录音录像制品音源相同并未提出异议,原告在该类案件中并不需要对"音源同一性"进行举证,因此,本条强调在双方当事人对"音源同一性"发生争议的情况下,由原告对此承担举证责任,该意见符合实践中的现实情况,便于操作。

第二,注意厘清举证责任与证明标准的关系。对于被诉侵权的录音录像制品是否复制自原告主张权利的录音录像制品,属于技术范畴,难以通过人的感官作出准确判断,客观的方法是通过鉴定的方式进行认定,但一概通过鉴定方式解决,将增加当事人的诉累、影响审理效率,而根据双方录音录像制品中的表演者、词曲、编曲等因素相同的,推定双方的录音录像制品音源同一,可以降低原告关于"音源同一性"证明标准的要求,减轻其举证负担,当然,如果被告能够举证证明两者的音源不一致,则可以推翻前述推定。换言之,在原告能够能证明双方录音录像制品中的表演者、词曲、编曲等因素相同的情况下,可以认定其尽到了关于"音源同一性"的举证责任,被告若提出异议的,应当就其提出的"音源不相同"的主张提供相应证据或申请鉴定。上述处理意见在侵害录音录像制作者权纠纷案件中很大程度上将有助于解决权利人"举证难"的问题。

---

① 北京市第二中级人民法院(2010)二中民初字第11572号民事判决书;北京市高级人民法院(2011)高民终字第42号民事判决书。

（四）音像单位设立的行政许可

根据《音像制品管理条例》的规定，我国对出版、制作、复制、进口、批发、零售音像制品，实行许可制度；未经许可，任何单位和个人不得从事音像制品的出版、制作、复制、进口、批发、零售等活动。

音像出版单位须持《音像制品出版许可证》开展业务，不得委托未取得《音像制品制作许可证》的单位制作音像制品。音像出版单位以外的单位从事音像制品的制作业务的，应持《音像制品制作许可证》；音像制作单位不得出版、复制、批发、零售音像制品，接受委托制作音像制品的，应当与委托的出版单位订立制作委托合同，并验证委托的出版单位的《音像制品出版许可证》或者本版出版物的证明及由委托的出版单位盖章的音像制品制作委托书。

从事音像制品复制业务的，应持《复制经营许可证》；从事光盘复制的音像复制单位复制光盘，必须使用蚀刻有国务院出版行政主管部门核发的激光数码储存片来源识别码的注塑模具。音像复制单位接受委托复制音像制品的，应与委托的出版单位订立复制委托合同，验证委托的出版单位的《音像制品出版许可证》、营业执照副本、盖章的音像制品复制委托书以及出版单位取得的授权书。接受委托复制的音像制品属于非卖品的，应当验证委托单位的身份证明和委托单位出具的音像制品非卖品复制委托书。音像复制单位应当自完成音像制品复制之日起 2 年内，保存委托合同和所复制的音像制品的样本以及验证的有关证明文件的副本，以备查验。音像复制单位不得接受非音像出版单位或者个人的委托复制经营性的音像制品，不得自行复制音像制品，不得批发、零售音像制品；接受委托复制境外音像制品的，应当经出版行政主管部门批准，并持著作权人的授权书依法到著作权行政管理部门登记，且复制的音像制品应当全部运输出境，不得在境内发行。

音像制品成品进口业务由出版行政主管部门批准的音像制品成品进口经营单位经营，未经批准，任何单位或者个人不得经营音像制品成品进口业务。从事音像制品批发业务，应持《出版物经营许可证》。音像出版单位可以批发、零售本单位出版的音像制品，从事非本单位出版的音像制品的批发、零售业务的，应当办理审批手续以获取《出版物经营许可证》。

在实践中，持证音像单位受托从事诸如制作、复制以及销售义务时，对委托方资质以及制品的合法性等，负有严格的审查与验证义务。若未能履行该义务的，与侵权音像制品的制作者、出版者等承担共同侵权责任。

在"北京鸟人艺术推广有限责任公司与广东白天鹅光盘有限公司、吉林省长白山音像出版社侵犯录音录像制作者权和作品专有使用权纠纷案"[①]中，白天鹅公司受长白山音像出版社的委托为之复制涉案光盘，其使用的由国家新闻出版署监制的复制委托书上明确载有委托复制者应承担的法律责任，白天鹅公司根据国家关于加工承揽合同的相关法律规定，在法律规范下从事正常的生产经营活动，一审法院认为，白天鹅公司虽在客观上实施了复制涉案光盘的行为，但仅应当承担停止侵权的责任，可不承担赔偿损失的责任。二审法院对一审法院的判决予以了纠正，理由在于：音像复制单位接受委托复制音像制品时，应当验证出版单位出具的音像制品复制委托书及著作权人的授权书等相关文件。白天鹅公司接受长白山音像出版社的委托，虽然有长白山音像出版社的相关复制委托书，但该公司在未验证著作权人的授权书的情况下，复制涉案侵权光盘，应当认定其对受托复制的光盘的著作权问题未尽到

---

① 北京市第一中级人民法院（2004）一中民初字第 376 号民事判决书；北京市高级人民法院（2006）高民终字第 621 号民事判决书。

合理的审查义务,其相关行为构成对鸟人公司享有的录音制作者权和专有使用权的侵犯,应当承担停止侵权和赔偿经济损失的民事责任。如同最高法院在案件裁判文书中所指出的,复制单位未认真、充分地履行验证义务即进行复制,所复制的音像制品侵犯他人合法权利的,复制单位应与侵权音像制品的制作者、出版社等承担共同侵权责任。①

"广东星外星公司与福州世纪联华公司、福州绿野时代公司侵害作品发行权纠纷案"②反映的是音像制品销售者未履行应尽的审查注意义务,而被判定承担责任的事例。在该案中,世纪联华公司、绿野时代公司以相关主体具有音像制品经营资质并提供了进货渠道等证据,作为其具有合法来源的抗辩事由。《著作权法》第53条规定,复制品的发行者不能证明其发行、出租的复制品有合法来源的,应当承担法律责任。法院认为,关于音像制品销售商合法来源抗辩成立与否,除了我国《著作权法》第53条规定之外,还应当考虑现有法律法规关于音像制品市场管理的一些特殊规定。我国相关法律法规对音像制品的复制发行实行较为严格的市场准入制度,音像制品的销售商在被许可经营此类业务前须经有关部门的资质审查,故其理应对侵权复制品具有较强的鉴别能力。相应地,在民事诉讼中,应对音像制品的销售商施加相较于其他普通商品的销售者更高的审查注意义务,不能简单地认为音像制品销售商具有经营资质并能够提供音像制品的来源即尽到审查注意义务,进而免除其对著作权利人的赔偿责任。被控侵权音像制品属于进口音像制品,但却未按照行政法规的要求,标注合法出版的进口音像制品所应标识的著作权合同登记号及主管部门批准文号,且存在遗漏相关著作权利人的信息、音像制品信息标注不规范、不齐全以及同一张音乐专辑却有不同ISRC编码号等问题,这些均属于非法音像制品出版物的重要特征。由于被控侵权音像制品缺乏法律法规所规定的必备内容和形式要求,应认定发行者世纪联华公司、绿野时代公司疏于履行审查注意义务,主观上具有过错,应承担相应的侵权责任。世纪联华公司、绿野时代公司关于所销售的被控侵权音像制品具有合法来源的抗辩理由不能成立。

针对音像制作者而言,其对音像制品享有著作权法上各项权利的基础在于因录制而付出的劳动,与是否具有《音像制品出版许可证》《音像制品复制许可证》《音像制品制作许可证》等证件无关。例如,在"广东飞碟文化传播有限公司与麦志愿侵犯邻接权纠纷案"③中,飞碟公司营业执照的经营范围为音像制品的批发,台湾豪记影视唱片有限公司作为录音制作者,将涉案专辑在中国大陆地区出版、复制发行及网络传播的权利独家授予给飞碟公司行使。被告认为,因飞碟公司营业范围中仅有音像制品的批发而没有复制与发行,且飞碟公司没有《音像制品出版许可证》《音像制品复制许可证》,所以飞碟公司无权提起诉讼,不是适格主体。法院认为,飞碟公司享有的相关民事权利与其是否领取《音像制品出版许可证》和《音像制品复制许可证》,是否具体进行"复制加工"并无必然的联系。被告麦志愿认为飞碟公司营业执照的经营范围仅限于音像制品的批发而没有发行、复制的权利,故案涉《授权书》无效的主张不能成立、不予支持。……至于飞碟公司从台湾地区引进本案所涉曲目,如果未经过我国有关行政主管部门的批准,其也只是违反了有关行政法规的规定,应由相关的行政主管部门作出行政处理,但并不影响到其依照豪记公司的授权所享有的权利,包括提起本案诉讼等。

---

① 中华人民共和国最高人民法院(2008)民三终字第5号民事判决书。
② 福建省高级人民法院(2014)闽民终字第240号民事判决书。
③ 广东省高级人民法院(2006)粤高法民三终字第27号民事判决书。

最高法院在"茂名市(水东)佳和科技发展有限公司与北京天中文化发展有限公司侵犯录音录像制作者权纠纷申请再审案"①中,更直接地指出,音像制作者权的享有,与是否具有《音像制品制作许可证》无关。在该案中,天中文化公司主张对孙悦演唱的涉案9首曲目的录音制作者权,并提交了其与悦之声公司签订的两份《合作协议》及表演者孙悦的担保证明,还提供了合法出版物《孙悦-百合花》专辑。最高法院认为,根据上述协议、担保证明及合法出版物上载明的版权管理信息,可以确定天中文化公司对孙悦演唱的涉案9首曲目,依法享有录音制作者权;天中文化公司是否具有《音像制品制作许可证》,不影响天中文化公司行使诉权。

(五)制作录音制品的法定许可

制作录音制品的法定许可制度,来源于《著作权法》第42条第2款中关于"录音制作者使用他人已经合法录制为录音制品的音乐作品制作录音制品,可以不经著作权人许可,但应当按照规定支付报酬;著作权人声明不许使用的不得使用"的规定。正确理解该规定,有四个方面的要点:

第一,法定许可针对的对象是音乐作品,而不是音乐作品的录音制品。实践中,对"录音制作者使用他人已经合法录制为录音制品的音乐作品制作录音制品"所指是对音乐作品的重新翻录行为,还是对录音制品的简单复制,存在不同的理解。有观点认为,录音制作者只有通过复制他人合法的录音制品制作自己的录音制品时才能适用法定许可的规定,如果利用音乐作品重新录制录音制品的行为则不能适用法定许可。重新翻录行为是对音乐作品的使用,直接涉及著作权人的权利,如果使用音乐作品可以不经著作权人许可,则剥夺了著作权人对作品的支配权,有违著作权保护的精神。而简单复制行为是对已经录制的录音制品的使用,直接涉及的是录音制作者的权利。因此将法定许可使用理解为简单复制行为更符合著作权法保护权利人权利实现的立法精神。法院在"吴颂今与江苏文化音像出版社、吉林庆达光盘科技有限责任公司、北京天厚科贸有限公司图书城侵犯著作财产权纠纷案"②中即持该观点。

相反的观点体现在最高法院审理的"广东大圣文化传播有限公司与洪如丁等侵犯著作权纠纷再审案"③之中。最高法院认为,经著作权人许可制作的音乐作品的录音制品一经公开,其他人再使用该音乐作品另行制作录音制品并复制、发行,不需要经过音乐作品的著作权人许可,但应依法向著作权人支付报酬。有学者也指出,如果直接翻录他人制作的录音制品,或在翻录的基础上以技术手段进行加工和编辑、制成新的制品出版,将同时构成对表演者和前一录音制品制作者"复制权"和"发行权"的侵犯。因此,"制作录音制品的法定许可",实际上只允许使用词曲本身。欲行使该项权利制作录音制品,还必须自己聘用乐队、与歌手(表演者)签约。④"制作"是指使用著作权人的音乐作品来"录制"录音制品而不是直接"翻录"录音制品,法定许可是针对音乐作品(著作权人)的法定许可,不是针对录音制品(录音制作者)的法定许可,任何人"翻录"已经录制的录音制品,不能援用法定许可。⑤ 正如北京高院在《侵害著作权案件审理指南》(2018)中所指出的,被告未经许可翻录他人制作的录音制品,

---

① 中华人民共和国最高人民法院(2008)民申字第453号民事裁定书。
② 北京市石景山区人民法院(2010)石民初字第05621号民事判决书。
③ 中华人民共和国最高人民法院(2008)民提字第51号民事判决书。
④ 王迁:《著作权法学》,北京大学出版社2007年版,第225页。
⑤ 张伟君编著:《规制知识产权滥用法律制度研究》,知识产权出版社2008年版,第322—323页。

或者在翻录基础上编辑制作新的录音制品进行发行的,既侵害了相关的表演者权,也侵害了被翻录制品的录音制作者权。

在电影《卧虎藏龙》未经授权使用《丝路驼铃》音乐作品而引发的纠纷中[①],一审法院误认为"电影中使用已出版的音乐是对录音制品的使用,而不需经过音乐著作权人的许可"。但该误认被二审法院纠正:

> 原审法院认定《卧虎藏龙》将《丝路驼铃》使用在电影作品中,却认为这种使用是被许可复制发行的录音制作者使用已制作的录音制品的行为,无需经过原作者的同意,只需支付报酬,混淆了被许可复制发行的录音制作者与电影制片者使用音乐作品在载体、表现形式上的区别,免除了电影制片者应履行的征得著作权人许可的法律义务,这不符合著作权法的规定,本院不予认可。

第二,音乐作品应已经被合法录制为录音制品,被他人非法录制为录音制品的,不能适用该法定许可制度。非法录制侵害了音乐作品著作权人的利益,音乐作品著作权人不能因为他人的非法行为,而对自己作品失去将之录制成录音制品的控制权。已经合法录制成录音制品,是否还要求"合法出版发行"? 如果仅仅要求"合法录制",而不要求"已经合法出版发行",那么,就存在一种可能性,即权利人只是对音乐作品进行了录制,还没有来得及公开出版发行的时候,就被其他方捷足先登在市场上出版发行该音乐作品的录音制品,致使其市场机会被抢占。显然,从这个角度看,仅"合法录制"还不够,还需要"将合法录制的录音制品公开发表"。

第三,制作录音制品的法定许可,不仅仅是指"制作",还包括对录音制品的"复制"和"发行"在内。"录音制作者使用他人已经合法录制为录音制品的音乐作品制作录音制品"之规定,虽然只是规定使用他人已合法录制为录音制品的音乐作品制作录音制品可以不经著作权人许可,但该规定的立法本意是为了便于和促进音乐作品的传播,对使用此类音乐作品制作的录音制品进行复制、发行,同样适用法定许可的规定。

第四,虽可以不经音乐作品的著作权人许可,但应向其支付报酬;同时,音乐作品著作权人关于不得使用的声明,应当在合法录制录音制品时做出,而不能在制作之后做出。

三、中国音像著作权集体管理协会

中国音像著作权集体管理协会(以下简称"音集协")是经国家版权局批准成立(国权[2005]30号文)、民政部注册登记的音像集体管理组织,依法对音像节目的著作权以及与著作权有关的权利实施集体管理。音集协的业务范围包括:依法与会员签订音像著作权集体管理合同;根据会员的授权以及相关法律法规,与音像节目的使用者签订使用合同,收取使用费;将收取的音像著作权使用费向会员分配;就侵犯音集协管理的音像节目著作权的行为,向著作权行政管理部门申请行政处罚或提起法律诉讼及仲裁等;为促进中国音像节目著作权在海外的权利受到保护,以及海外音像节目在中国内地的权利受到保护,与海外同类组织签订相互代表协议;为权利人和使用者提供有关的业务咨询和法律服务,并向国家立法机关和著作权行政管理部门提出相关建议。以促进我国音像著作权保护水平的提高,规范市场行为;加强与音像节目权利人和使用者的联系,发布音像节目和有关音像著作权集体管理

[①] 广东省广州市中级人民法院(2001)穗中法知初字第191号民事判决书。

的信息;开展有关的奖励、研讨、交流活动等。

根据音集协的官网介绍,其管理的权利种类包括:音像节目表演权;音像节目放映权;音像节目广播权;音像节目出租权;音像节目信息网络传播权;音像节目复制、发行权;其他适合集体管理的音像节目著作权和与著作权有关的权利。① 音集协实行会员制,凡是依法享有音像节目著作权或者与著作权有关的权利的中国公民、法人或者其他组织,均乎可以通过与音集协签订音像著作权合同,成为会员。

音集协自成立以来,依法对卡拉 OK 著作权等有关权利实施管理,陆续在全国各地采取诉讼手段,强制卡拉 OK 经营者交费,该做法虽然有一定作用,但未能实现各方共赢②;并且从司法的角度看,产生了一系列问题,如诉讼代理人均为一般授权不利于调解工作开展,部分案件中庭前准备不足,和解款项交付过程不规范,易滋生腐败问题;推动卡拉 OK 著作权许可收费工作的措施还不够精准有力;在收费与宣传、管理、服务之间仍未形成良性循环等。有鉴于此,江苏省无锡市中级人民法院向音集协发送《司法建议书》(锡中法建〔2017〕6 号),从理念机制、管理服务、文化科技等方面提出了一系列改进建议,具体有六点:(1) 妥善处理对诉讼代理人授权与监督的关系。(2) 做好委托管理和委托诉讼工作。(3) 多管齐下化解交费工作矛盾。在国家推动文化娱乐行业转型升级的大背景下,音集协可以在收费模式、收费标准、收费服务上多接"地气",做些有益的探索创新,力求建立"普遍接受、适当调整、违规严惩"的卡拉 OK 著作权许可维权制度。(4) 高度重视和推进基层娱乐行业协会建设。(5) 进一步提高宣传管理服务质量。卡拉 OK 著作权许可收费应采取自愿交费为主、强制收费为辅的策略,音集协要充分利用各种媒体和平台搞好宣传教育,通过基层娱乐行业协会,及时传递信息,让全社会形成交费者光荣、逃费者可耻的氛围。(6) 善于打造大数据管理服务平台。音集协收到该司法建议之后,高度重视,积极研究并函复整改思路。但是,从音集协就非会员音像节目向卡拉 OK 等经营者收取费用以及其对责任承担的事例中窥视,似乎问题依然有待于进一步从机制的角度予以完善。

以"上海水田商务信息咨询有限公司与杭州金麦娱乐有限公司、中国音像著作权集体管理协会著作权权属、侵权纠纷案"③为例,案涉音像制品的权利人水田公司,不是音集协会员;金麦公司按照音集协的要求缴纳了一揽子卡拉 OK 曲库的使用费。水田公司以金麦公司未经其授权为由而提告。金麦公司答辩称,它已经向音集协缴纳了一揽子卡拉 OK 曲库的使用费,已尽到合理的版权审查义务,主观上没有过错,不应承担侵权赔偿责任。对于曲库中涉及的众多权利人,金麦公司不知哪些是入会会员,哪些是非入会会员,也无法识别哪些曲目属于非会员作品。金麦公司通过向集体管理组织交纳版权使用费的方式已尽到了合理的版权审查义务,不存在主观侵权故意。如果水田公司认为曲库中存在侵权作品,应明确告知。音集协以"收费并非主观恶意为之,而是有很多客观原因造成""水田公司缺乏善意"为答辩理由,具体为:音集协虽然客观上实施了收取包括涉案音乐电视作品在内的非会员作品使用费的行为,但并非主观恶意为之,而是由诸多客观原因造成;水田公司的行为缺乏善意,扰乱市场,浪费司法资源,不应得到支持和鼓励。金麦公司的答辩获得了法院认可,音集协的答辩没有得到法院支持,法院认为:

---

① 参见 https://www.cavca.org/introduction,最后访问时间:2020 年 5 月 28 日。
② 宋婉龄:《标本兼治,化解卡拉 OK 著作权纠纷》,载《人民法院报》2017 年 10 月 12 日,第 5 版。
③ 杭州市余杭区人民法院(2012)杭余知初字第 71 号民事判决书。

金麦公司未经权利人许可,以营利为目的,在其经营的 KTV 中使用水田公司享有著作权的涉案音乐电视作品,侵犯了水田公司享有的放映权。金麦公司通过与音集协签订著作权许可使用及服务合同的形式,取得了包括涉案音乐电视作品在内的一揽子授权,金麦公司为此支付了相应的对价。根据音集协与金麦公司签订的著作权许可使用及服务合同,金麦公司支付版权使用费后,在许可使用期间以约定方式使用作品时,如果因使用音像作品遇到的版权纠纷,由音集协负责解决。音集协在和金麦公司签订上述著作权许可使用及服务合同之时,也未能向金麦公司提供音集协管理范围内的作品清单。因而,出于对著作权集体管理组织的信赖,金麦公司并不知道涉案音乐作品未在音集协的管理范围内。故,金麦公司在案件中已经尽到了合理的注意义务,不应当承担赔偿损失的民事责任。

音集协庭审中明确表示其向金麦公司发放了一揽子授权,即授权金麦公司使用会员与非会员的作品,并在与 KTV 经营者签订的合同中明确承诺如果因使用音像作品遇到的版权纠纷,由音集协负责解决。音集协的上述一系列行为,直接导致 KTV 经营者金麦公司有理由相信作为著作权集体管理组织的音集协有权管理涉案 40 首音乐电视作品,从而实施了侵权行为。被告音集协明知涉案音乐电视作品未在其管理范围内,仍以明示的方式向金麦公司发放非会员作品的使用许可,授意金麦公司在其经营过程中使用涉案音乐电视作品。可见,被告音集协主观上具有过错,客观上实施了发放包括涉案音乐电视作品在内的非会员作品使用许可的行为,应当承担赔偿损失的民事责任。

综上,由于金麦公司在本案中已尽到合理注意义务,故对水田公司要求金麦公司承担赔偿责任的诉讼请求依法予以驳回,对水田公司要求音集协承担赔偿责任的诉讼请求依法予以支持。

然而,在"深圳市声影网络科技有限公司、佛山市南海区平洲好乐迪饮食娱乐有限公司肇庆市分公司著作权权属、侵权纠纷案"[①]中,被告好乐迪肇庆分公司同样以与音集协等单位签订《著作权许可使用及服务合同》,并依约支付了曲库版权使用费,已经尽到合理的版权注意义务,没有侵权故意,故不应当承担侵权赔偿责任作为抗辩。两审法院却都没有对其抗辩给予支持。从这些案例中可见,音集协在权源上依然存在着不少需要解决的问题。

---

① 肇庆市端州区人民法院(2017)粤 1202 民初 409 号民事判决书;肇庆市中级人民法院(2017)粤 12 民终 1885 号民事判决书。

第十章

现场演出

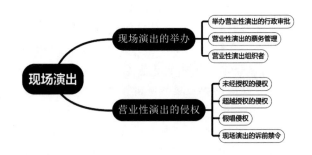

作为娱乐形态的现场演出,远早于电影、电视和网络游戏,它最初的体现方式是以戏剧或歌剧为主的舞台表演,慢慢地演变成戏剧、话剧、歌剧、演唱会等各种通过舞台表演展现出来的演出。组织此类演出需要关切的法律问题,是现场演出法的主要内容。在美国,作为娱乐法分支的现场演出法,在学术研究与实务指导层面均有相应成果呈现,如 2002 年欧沃斯出版社(Allworth Press)出版的实务书籍《舞台制片人商业与法律指南》(*The Stage Producer's Business and Legal Guide*),聚焦于研讨剧院法律问题的法学教材《剧院法:案例与材料》(*Theater Law: Cases and Materials*)早在 2004 年经卡罗来纳学术出版社(Carolina Academic Press)出版,以及施普林格(Springer)出版社于 2018 年出版《戏剧与法》(*Law and Opera*),等等。现场演出的涉法性问题,既有普遍性,也有特殊性。比如与电影、电视和游戏业一样,现场演出也强调和重视作品的著作权与表演者的权利,这是普遍性的一面。就特殊性而言,例如《营业性演出管理条例》《营业性演出管理条例实施细则》《文化部关于规范营业性演出票务市场经营秩序的通知》《大型群众性活动安全管理条例》等具有拘束力的文件,既是涉现场演出司法裁判相对特有的渊源,也是了解现场演出法律制度的重要资料。

第一节 现场演出的举办

一、举办营业性演出的行政审批

营业性演出,是指以营利为目的的为公众举办的现场文艺表演活动。"营利为目的"与"为公众举办"是认定营业性演出的重要构成要件。一般而言,以营利为目的、通过下列方式为公众举办的现场文艺表演活动,是谓营业性演出:(1)售票或者接受赞助的;(2)支付演出单位或者个人报酬的;(3)以演出为媒介进行广告宣传或者产品促销的;(4)以其他方式组织演出的。申言之,判断演出活动是否为营业性演出,核心的标准是是否以营利为目的,具有该目的的属营业性演出,反之则属非营业性演出;而营利目的是指举办单位拟通过演出活动获得经济利益,既包括直接的金钱收入,也包括通过广告宣传或者产品促销等方式间接获得经济利益。针对"为公众举办"该构成要件,实践中的疑问在于,相对封闭但人数不少的公司内部大型会议上的现场文艺表演,是否是"为公众举办"?法院在"木婉清食品集团有限公司与海南省旅游和文化广电体育厅行政处罚案件"①中认为,倘若演出的对象仅是公司在全国各地的总经理、销售经理、优秀经销商,演出场所也是位于相对封闭的酒店,而非体育场、营业性演出场所、商场等公共场所,会议目的在于对公司内部问题与状况进行讨论和研究,那么,这一类演出在性质属于公司组织的内部活动。在这种情况下,举办的演出活动,即便艺人参加演出并支付报酬,但因为是公司的内部年会,不能认定具有营利目的,应确认不属于营业性演出。

可见,营利目的是营业性演出的大前提,具体案件中应综合演出对象、场所等因素来认定演出的性质。获得相应授权是举办营业性演出的重大问题,比如词曲作者的授权,与表演者签署合同以获许可他人从现场直播和公开传送其现场表演、许可他人录音录像、许可他人复制、许可发行录有表演者表演的录音录像制品、许可他人通过网络向公众传播其表演等权利。与服装、道具、舞美、灯光等人员签署合约,以划定相关权利归属、报酬支付与责任承担等应当明确的内容。

营业性演出的市场主体可分为三部分:第一部分是管理者,第二部分是经营者,第三部分是演出者。管理者中最重要的是文化行政管理部门,此外还包括工商部门、公安部门、演出行业协会等。经营者主要包括演出组织者、演出场地经营者、演出经纪机构、个体演出经纪人。演出者有个人演员和文艺表演团体。如下图所示:

管理者	经营者	演出者
文化行政管理部门 公安 工商 消防 卫生 演出行业协会	演出组织者 演出场所经营单位 演出经纪机构 个体演出经纪人 演出票务经营单位	个体演员 文艺表演团体

文艺表演团体申请从事营业性演出活动,应向文化主管部门提出申请,获取营业性演出许可证。设立演出场所经营单位,应当依法到工商行政管理部门办理注册登记,领取营业执照,并依照有关消防、卫生管理等法律、行政法规的规定办理审批手续,并向文化主管部门备案。以从事营业性演出为职业的个体演员和以从事营业性演出的居间、代理活动为职业的个体演出经纪人,应当依法到工商行政管理部门办理注册登记,领取营业执照,并向文化主管部门备案。

文艺表演团体、个体演员可以自行举办营业性演出,也可以参加营业性组台演出。营业性组台演出应当由演出经纪机构举办;但是,演出场所经营单位可以在本单位经营的场所内举办营业性组台演出。演出经纪机构可以从事营业性演出的居间、代理、行纪和经营活动;

---

① 海南省高级人民法院(2018)琼行终1100号行政判决书。

其中,申请从事营业性演出经营活动的,应有3名以上专职演出经纪人员和与业务相适应的资金,并向文化主管部门提出申请,以获取营业性演出许可证。

举办营业性演出,应当向演出所在地县级人民政府文化主管部门提出申请;诸如酒吧等属非演出场所经营单位,擅自举办营业性演出的,属于可被行政处罚行为。[1] 除演出经纪机构外,其他任何单位或者个人不得举办外国的或者香港特别行政区、澳门特别行政区、台湾地区的文艺表演团体、个人参加的营业性演出。但是,文艺表演团体自行举办营业性演出,可以邀请外国的或者香港特别行政区、澳门特别行政区、台湾地区的文艺表演团体、个人参加。举办外国的或者香港特别行政区、澳门特别行政区、台湾地区的文艺表演团体、个人参加的营业性演出,应当符合的条件有:第一,有与其举办的营业性演出相适应的资金;第二,有2年以上举办营业性演出的经历;第三,举办营业性演出前2年内无违《营业性演出管理条例》规定的记录。

举办外国的文艺表演团体、个人参加的营业性演出,以及香港特别行政区、澳门特别行政区的文艺表演团体、个人参加的营业性演出,演出举办单位应当向演出所在地省级文化主管部门提出申请。举办台湾地区的文艺表演团体、个人参加的营业性演出,演出举办单位应当向国务院文化主管部门会同国务院有关部门规定的审批机关提出申请。

申请举办营业性演出,提交的申请材料应当包括下列内容:(1)演出名称、演出举办单位和参加演出的文艺表演团体、演员;(2)演出时间、地点、场次;(3)节目及其视听资料。申请举办营业性组台演出,还应当提交文艺表演团体、演员同意参加演出的书面函件。

演出举办单位不得以政府或者政府部门的名义举办营业性演出;营业性演出不得冠以"中国""中华""全国""国际"等字样。演出场所经营单位提供演出场地,应当核验演出举办单位取得的批准文件;不得为未经批准的营业性演出提供演出场地。在公共场所举办营业性演出,演出举办单位应当依照有关安全、消防的法律、行政法规和国家有关规定办理审批手续,并制定安全保卫工作方案和灭火、应急疏散预案。演出场所应当配备应急广播、照明设施,在安全出入口设置明显标识,保证安全出入口畅通;需要临时搭建舞台、看台的,演出举办单位应当按照国家有关安全标准搭建舞台、看台,确保安全。

审批临时搭建舞台、看台的营业性演出时,文化主管部门应当核验演出举办单位的下列文件:(1)依法验收后取得的演出场所合格证明;(2)安全保卫工作方案和灭火、应急疏散预案;(3)依法取得的安全、消防批准文件。另外,演出场所容纳的观众数量应当报公安部门核准。

二、营业性演出的票务管理

票务管理,是保障营业性演出市场秩序的重要方面,有利于消费者权益的保护,以及促进演出市场持续健康发展。票务管理的具体举措可以分为如下三个方面:

第一,票务经营单位。从事营业性演出票务经营活动的单位,应持有营业性演出许可证。利用信息网络从事营业性演出票务经营活动的互联网平台企业属于演出票务经营单位,亦应持有营业性演出许可证。演出举办单位除自行经营演出票务外,应委托具有资质的演出票务经营单位经营演出门票。演出票务经营单位经营营业性演出门票,应当取得演出举办单位授权;取得授权后,可以委托其他具有演出票务经营资质的机构代售演出门票;未

---

[1] 杭州市西湖区人民法院(2018)浙0106行审137号行政裁定书。

经委托或授权,不得经营营业性演出门票。为营业性演出票务经营活动提供宣传推广、信息发布等服务的互联网平台企业,应核验在其平台上从事营业性演出票务经营活动的票务经营单位资质及相关营业性演出的批准文件,以下是禁止行为:为未取得营业性演出许可证的经营主体提供服务,为未取得营业性演出批准文件的营业性演出票务经营提供服务,为机构和个人倒卖门票、买卖演出工作票或者赠票提供服务。演出票务经营单位预售或者销售演出门票前,应当核验演出举办单位的营业性演出批准文件,不得预售或销售未取得营业性演出批准文件的演出门票。

第二,演出及票务的信息与方案。举办大型演唱会的,应当按照公安部门的要求,在提交大型群众性活动申请时,向公安部门一并提交演出票务销售方案。演出举办单位、演出票务经营单位应当:(1) 按规定明码标价,不得在标价之外加价销售,不得捂票囤票炒票,不得对演出内容和票务销售情况进行虚假宣传。(2) 面向市场公开销售的营业性演出门票数量,不得低于公安部门核准观众数量的 70%。经公安部门批准,全场可售门票数量确需调整的,应当及时明示相应区域并予以说明。(3) 在销售演出门票时,应当明示演出最低时长、文艺表演团体或者主要演员信息,涉及举办演唱会的,还应当明示主要演员或团体及相应最低曲目数量;应当公布全场可售门票总张数、不同座位区域票价,实时公示已售、待售区域,保障消费者知情权和监督权,促进公平交易。(4) 留存演出门票销售记录(包括销售时间、购买账号等信息)及相关合同 6 个月备查。

第三,监督与执法。有条件的地区可建设演出票务管理平台,与演出票务经营单位的票务系统进行对接,实施实时在线监管。针对高票价与豪华消费等行为,行业协会可发出行业倡议。擅自从事营业性演出票务代理、预售、销售业务,预售、销售未经批准的营业性演出门票或者未经授权而擅自预售、销售营业性演出门票,不明示信息、不落实平台责任的,依照《营业性演出管理条例》《营业性演出管理条例实施细则》的规定给予处罚。

三、营业性演出组织者

营业性演出组织者,类似于影视剧的制片者,不但对演出所涉的著作权负有获取许可的责任,同时也是演出侵权行为的主要责任主体,如观众的人身侵害、财产损害等等。在娱乐法视野中,针对营业性演出组织者,更被关注的是未获得音乐词曲作者的许可而引发的侵权、超越音乐词曲作者许可范围使用音乐而引发的侵权,以及假唱行为侵犯消费者(观众)权益。

《著作权法》第 38 条规定,使用他人作品演出,表演者应当取得著作权人许可,并支付报酬。演出组织者组织演出,由该组织者取得著作权人许可,并支付报酬。该规定的语义虽然清楚,即营业性演出的组织者,就演出所涉及的著作权事项,负有获取许可的义务。在实践中,在认识上仍然存在分歧,例如怎样认定"营业性演出组织者"?是以宣传物料上的署名为准,还是以申报审批文件中的记载为准,或者是以获得实际票务收入的单位或个人为准作为认定演出组织者的根据?

"重庆市演出管理处与中国音乐著作权协会著作权侵权纠纷上诉案"[①]的争议焦点是演出管理处是否是演出组织者。2006 年 3 月 6 日,被告圣奇公司(甲方)与重庆市演出管理处

---

① 重庆市第五中级人民法院(2007)渝五中民初字第 2 号民事判决书;重庆市高级人民法院(2007)渝高法民终字第 228 号民事判决书。

(乙方)签订《演出合同书》,约定:本次活动主办单位为圣奇公司,承办单位为重庆市演出管理处;甲方按照规定提供办理演出报批手续的必备材料,包括:与演员合同或演出经纪公司合同、演唱曲目、场地合同或场地许可证明、场地实际容纳人数;甲方承担演职员演出劳务费、承担租用演出场地等费用;甲方签订合同时一次性支付乙方劳务费人民币贰万元整和价值壹万元的演出门票。乙方只负责办理歌手参加本次演出的文化同意手续;此次活动由甲方全额投资自负盈亏,乙方不承担任何经济责任和法律责任,等等。2006年3月17日,原中华人民共和国文化部作出批复,同意重庆市演出管理处邀请新加坡歌手孙燕姿于2006年3月25日到重庆垫江演出。"06中国·重庆第七届垫江牡丹节开幕式暨大型文艺演出"的节目单载明,承办:中国重庆第七届垫江牡丹节组委会、重庆市演出公司、重庆圣奇广告文化传播有限公司、北京北炫星文化传播有限公司。因演出表演的一些歌曲未获得授权,音著协提告。

重庆市演出管理处提出,其没有享有本次演出活动的经济收入,不承担演出成本费用,因此不是本次演出的组织者,依法不应当承担法律责任;并且援引国家版权局版权管理司在"关于歌舞剧《雪域丰碑——孔繁森》著作权纠纷案的答复"(权司〔1997〕14号)中的观点作为答辩依据。该答复的观点是,著作权法所说的演出组织者,指直接从观众或者听众那里获得经济收益的人,通常情况下,指获得票房收入,同时承担演员或者演出团体的酬金和演出场地费用等开支的个人或者单位;通过演出获得酬金的演员或者演出团体不是演出组织者。

法院认为,圣奇公司与演出管理处签订的合同中,明确约定演出管理处是承办单位,演出管理处负责办理歌手参加本次演出的文化同意手续,演出的节目单载明的承办单位包括演出管理处,而且本次演出如期进行,外籍歌手孙燕姿也经文化部同意参加了演出。事实足以说明,演出管理处履行了演出合同所规定的义务,为该演出的举行发挥了作用,因此,可以认定演出管理处是演出组织者;国家版权局的答复可以作为处理案件的参考,但根据案涉事实可以认定演出管理处是演出组织者,因此国家版权局的答复不予适用。

在该案中,"办理歌手参加本次演出的文化同意手续""节目单载明的承办单位",是重庆市演出管理处被认定为演出组织者的两项重要原因。在"山东省演出公司、中国音乐著作权协会侵害作品表演权纠纷案"[①]中,山东省演出公司因"办理涉案演出活动的批文手续"而被认定为演出组织者。2015年3月2日,万木公司(乙方)与华纳国际音乐股份有限公司(甲方)签订《演出合约书》,约定甲方邀请乙方艺人林俊杰举办"林俊杰时线新地球巡回演唱会—济南站"演出,甲方负责向文化部门办理乙方艺人本场演出批文并向当地音著协取得演出音乐版权授权事宜,以确保艺人表演的合法性。2015年3月24日,万木公司与济南奥林匹克体育中心签订《济南奥林匹克体育中心大型活动场地租赁合同》。2015年3月29日,万木公司就涉案演出活动向山东省文化厅提出申请,申请书中表示此次演出所有相关费用及相关音乐著作权版权费用由万木公司承担。同日,万木公司向山东省文化厅出具委托书,委托演出公司办理涉案演出活动的批文手续。2015年4月13日,山东省文化厅向演出公司作出鲁文市审函[2015]106号《关于同意新加坡歌手林俊杰到济南演出的批复》,批复称"同意你单位邀请新加坡歌手林俊杰,于2015年8月29日在济南奥林匹克体育中心体育馆举办

---

① 山东省济南市中级人民法院(2017)鲁01民初1388号民事判决;山东省高级人民法院(2019)鲁民终857号民事判决书。

演出活动。演出期间的相关费用由厦门万木文化传播有限公司承担"。2015年8月29日,"林俊杰时线新地球巡回演唱会——济南站"商业性现场演出在济南奥林匹克体育中心东荷体育场举办。演唱会共演唱了《We together》等33首歌曲。其中,有未经授权的歌曲,故而音著协提告。

山东省演出公司主张涉案演出的演出组织者系万木公司,其系根据山东省文化厅实际操作和要求代为办理批复手续,并非演出组织者,因此不应承担侵权责任。法院认为,批文手续是该演出活动的必要程序,是演出组织活动的重要组成部分,山东省演出公司与万木公司均为涉案演出活动的组织者。演出组织者的认定应看其是否参与了演出组织活动,只要以自己名义参与了组织活动均可以认定其为演出组织者,而不论其是全程参与还是仅参与其中一个环节。山东省演出公司以自己名义向山东省文化厅提出申请,参与了演出组织活动。结合山东省演出公司提供的万木公司向山东省文化厅出具的办理涉案演出的申请书的事实,能够表明万木公司可以直接以自己名义向山东省文化厅提出相关申请,该事实与山东省演出公司关于系根据山东省文化厅实际操作和要求代为申请的主张不符,且山东省演出公司亦未提供证据证明山东省文化厅有相关的管理规定和要求。因此,认定山东省演出公司与万木公司均为涉案演出活动的组织者。

网络宣传内容也可以作为认定是否为演出组织者的依据,反映在"陈涛诉沙宝亮等著作权侵权纠纷案"[①]中。2004年3月5日,同里镇政府(甲方)与中央电视台海外中心(乙方)签订《中华情——同里之春全球华语原创歌曲至尊演唱会合作协议书》。合同约定:此场演出是为配合吴江市同里镇旅游活动;演出时间2004年4月18日;演出地点苏州市体育中心体育场;甲方负责提供演唱会经费400万元,负责办理文化主管部门的同意函、演出证;乙方负责演出策划及相关制作,负责双方确认演员的邀请、演出录制和制作,并在CCTV-4播出演唱会,拥有节目终审权。音著协因该演唱会中表演未经授权的歌曲而提告。法院在判决书中指出,"同里之春"演唱会的承办单位应属该演出的演出组织者;根据网站宣传内容,结合同里镇政府和中央电视台海外中心签订的合同可以认定,同里镇政府是涉案演出的承办单位之一,其应就演唱会上使用他人作品承担征得著作权人许可并支付报酬的责任。

第二节 营业性演出的侵权

一、未经授权的侵权

未获得许可而在演唱会中表演他人作品,是营业性演出中最为常见的侵权行为,例如在"2012品味经典谭咏麟再度感动济南演唱会"著作权侵权纠纷案中,《魔与道》《让爱继续》《何苦》《难分难舍》《一生中最爱》《把你藏在歌里面》《水中花》《幻影》《卡拉永远OK》未获得授权,演出组织者济南报业文化发展有限公司、湖南卫视文化传播有限公司北京分公司被音著协提告。法院认为,原告音著协提供了其分别与香港作曲家及作词家协会、社团法人中华音乐著作权仲介协会签订的《相互代表合同》以及香港作曲家及作词家协会与词曲作者签订的《让与契约》,社团法人中华音乐著作权仲介协会与词曲作者签订的《音乐著作著作财产权管理契约》,可以确认原告音著协有权对涉案的8首音乐作品在中国内地地区进行著作权管

[①] 北京市朝阳区人民法院(2005)朝民初字第13560号民事判决书。

理,享有作品表演权的专有许可使用权。根据原告音著协提供的证据,被告济南报业、被告北京分公司作为"2012品味经典谭咏麟再度感动济南演唱会"的承办方与主办方。两被告未经原告音著协许可并支付报酬,组织表演涉案音乐作品,构成侵权,应承担相应的赔偿责任。

"2016蔡依林PLAY世界巡回演唱会郑州站"①"2014陈奕迅LIFE演唱会—杭州站"②"2013后街男孩20周年亚洲巡演中国首航广州演唱会"③"醉三秋之夜蔡琴不了情2011全球巡演芜湖演唱会"④"2011张惠妹巡演南京站"⑤,均因未经授权使用音乐作品而引发纠纷。

"2007张学友好久不见中国巡回演唱会(杭州站)"演唱会侵权纠纷案⑥涉及的案情有所不同的是,张学友在演唱会中演唱自己的三首歌也被认定为侵权行为成立。2007年4月30日,在杭州黄龙体育中心举办的"2007张学友好久不见中国巡回演唱会(杭州站)",由北京鸿翔风采国际文化公司、浙江世纪风采文化传播公司、浙江国华演艺公司组织。张学友演唱的《摇摇》《讲你知》《给朋友》《明天我要嫁给你》《忘记他》《我真的受伤了》《只想一生跟你走》《恶狼传说》,未获得授权,其中前3首歌曲的词或曲作者是张学友。音著协诉至法院。虽然上述8首歌曲中有部分作品为张学友本人作词和/或作曲,但法院认为,根据张学友与香港作曲家及作词家协会签订的协议,其已将自己创作歌曲的表演权转让给协会,该协会又授权音著协进行管理,演唱会的组织者应当就其使用行为向原告支付使用费。被告在未取得许可、未与原告音著协就使用费达成一致意见的情况下,在演唱会中使用了该协会管理项下的8首音乐作品,未支付使用费,其行为已经侵犯了相关著作权人的表演权,依法应承担侵权责任。

不过,因"你必须幸福——郑钧2010北京演唱会"而发生在音著协与北京十月天文化传媒有限公司之间的侵犯著作权纠纷案⑦,音著协就郑钧演唱其自己的作品《天下没有不散的筵席》而提告,并没有获得法院的支持。

原告音著协诉称,十月天公司举办的"你必须幸福——郑钧2010北京演唱会"现场商业演出,公开表演使用了由其管理的涉案作品《天下没有不散的筵席》,侵犯了他人音乐作品的表演权。十月天公司作为商业表演的组织举办者应就其侵权行为承担责任。法院将该案争议焦点归结为二:第一,在郑钧将其音乐作品授权音著协管理的情况下,郑钧于其个人演唱会中演唱其本人的音乐作品是否仍需经音著协许可;第二,十月天公司作为演唱会的主办方未经音著协许可、未向音著协支付使用费是否具有主观过错,是否构成侵权。法院认为:

> 首先,从音著协的性质看,该组织成立的初衷系为便于著作权人行使权利和使用者使用作品,避免著作权人在行使权利的过程中难以控制其权利,方便著作权人对外授权和收取报酬,方便作品的使用者寻找著作权人,起到沟通著作权人与作品使用者的桥梁

---

① 郑州市中级人民法院(2018)豫01民初1509号民事判决书。
② 郑州市中级人民法院(2018)豫01民初1509号民事判决书。
③ 广州知识产权法院(2015)粤知法著民终字第453号民事判决书。
④ 芜湖市中级人民法院(2016)皖02民终167号民事判决书。
⑤ 江苏省高级人民法院(2013)苏知民终字第0153号民事判决书。
⑥ 北京市海淀区人民法院(2008)海民初字第25号民事判决书;北京市第一中级人民法院(2008)一中民终字第10036号民事判决书。
⑦ 北京市海淀区人民法院(2013)海民初字第1195号民事判决书。

作用,以使著作权人最大范围地实现其权利并提高经营效率。因此,音著协系在著作权人以外的主体使用受托作品的情况下才发挥其核心职能,向使用者授权并收取使用费,而非著作权人使用本人作品、行使其自身权利时仍需经音著协许可并支付费用。

同时,音著协与郑钧之间为合同关系,双方履约过程中应严格依据合同约定,未在合同中明确对音著协授权的内容或未明确对郑钧的权利进行限制的内容不应划归为音著协的权利范围或管理范围。郑钧与音著协签订《音乐著作权合同》,授权音著协以信托的方式管理其音乐作品的公开表演权,合同中明确了该权利的管理,系指同音乐作品使用者商谈使用条件并发放音乐作品使用许可证,向使用者收取使用费,并根据使用情况向郑钧分配使用费。合同并未排除郑钧本人对其著作权的控制,未明确否定郑钧对自己作品享有的著作权以及郑钧自己行使作品表演权的权利。音著协是在作者以外的其他使用者使用作品时方行使其管理之权利,对外授权、收取费用、分配收益。因此,郑钧作为涉案音乐作品的著作权人,在有能力控制其权利的情况下,于其个人演唱会中表演该作品,表演者并非著作权人以外的他人,其行为未违反《音乐著作权合同》的约定,郑钧亦以其实际行为表示了其对其著作权的处置意愿,并未侵犯郑钧本人的著作权。如郑钧演唱其本人的音乐作品,还需经音著协许可并支付费用,音著协再向郑钧分配使用费,无疑与音著协设立的初衷相违背,亦无益于交易效率。

其次,十月天公司与郑钧的经纪公司北京灯火文化传播有限公司签订了《演出合约》并向其支付报酬,且演唱会举办的时间在郑钧向北京灯火文化传播有限公司的授权期内,郑钧也实际应邀出席了演唱会并表演其自己的作品,郑钧以其实际行动表示了其对北京灯火文化传播有限公司的经纪行为及十月天公司主办行为的认可,十月天公司有当然的理由相信郑钧有权演唱其自己的音乐作品,无须经他人另行许可并支付作品使用费。因此,十月天公司不具有侵权的主观过错,并未构成侵权。故对音著协的全部诉讼请求不予支持。

综上,获得词曲作者或管理人的授权,是避开此类侵权纠纷的唯一途径;即便表演者是词曲作者,也不得不对该词曲之著作权的实际控制人或管理人进行相应核查。

二、超越授权的侵权

演唱会上被演唱的歌曲通常有许多首,每一首若需要从词曲作者处获得授权,可能会基于无法联络或难以就费用达成一致性意见等各种原因而无法获得;为此,通过音著协获得相应授权成为常态。同时,表演者可能应演唱组织者的要求或者基于自身的原因,在演唱时对词曲进行一些改编,比如民谣改为摇滚、通俗改为美声,反映在著作权法上,此等改编是否构成对词曲作者权利的侵犯?众所周知,音乐作品的"广播权""信息网络传播权""复制权""表演权"是音著协管理的四权项,"改编权""修改权""保护作品完整权"等并不包含在内,在营业性演出中,即便获取了音著协的许可,仍然需要保持法律上的谨慎,避免越权行为。例如在"叶敏与中国国际文化艺术有限公司、陈悦著作权权属、侵权纠纷案"[①]中,法院认为,在有演出组织者国际文化公司组织演出的情况下,陈悦作为演员不负有取得叶敏许可的义务,不需要为此承担法律责任。作品名称是作品内容的集中体现,与作品内容是不可分割的整体,

---

① 北京市朝阳区人民法院(2015)朝民(知)初字第22683号民事判决书。

是作品的有机组成部分。陈悦未经许可修改了涉案作品的名称,侵害了叶敏对涉案作品享有的修改权,应当为此承担公开赔礼道歉的法律责任。

音乐作品的改编,与著作权法中的"改编权"既有重叠之处,也有不同之处。音乐行业内的日常口语"改编",包括形成新音乐作品的改编和未形成新音乐作品的改编。只有形成新音乐作品的改编才受著作权法中的改编权控制;未形成新音乐作品的改编,涉及的是著作权法中的修改权和保护作品完整权。

民谣改成摇滚是曲风的改变,其基本旋律结构并没有改编。在"王庸诉朱正本、中央电视台、王云之著作权侵权案"中,法院认为,在对比不同的音乐作品时,主要观察作品的旋律、结构、创造技法、主题、感情等诸方面因素。而旋律、结构等固然是考察的主要因素,但更加重要的考察对象是音乐的风格、主题和表达的感情;因为旋律和结构固然是一首曲目的骨架,风格、主题和感情更是一首歌曲的灵魂,也是一首歌曲得以打动人的关键所在。① 易言之,只要音乐的风格、主题和表达的感情被创造性修改,则可以认定为音乐作品的改编权受到了侵犯。如最高法院在公报案例"饶河县四排赫哲族乡政府诉郭颂等侵犯民间文学艺术作品著作权纠纷"中所指出的,"对音乐作品的改编而言,改编作品应是使用了原音乐作品的基本内容或重要内容,应对原作的旋律作了创造性修改,却又没有使原有旋律消失。"②

可以认为,只要改编不足以构成新音乐作品,便不会落入"改编权"的调控范畴。不过,修改权、保护作品完整权,依然应谨慎对待,因为这些权项在音乐作品的作者手中,音著协无权就其进行许可或授权。

三、假唱侵权

假唱是指演员在演出过程中,使用事先录制好的歌曲、乐曲代替现场演唱的行为,又称"对口型",专业上亦称为"还音"或"替声"。例如在"冯俊诉黄山徽之恋文化传播有限公司侵害作品表演权纠纷案"③中,原告冯俊在诉状中提出,徽之恋公司在未经冯俊许可和未支付费用的情况下,擅自使用其录音供他人以对口型假唱的方式进行营利性表演。假唱最初多出现在大型演唱会或文艺演出中,一些演员由于身体或年龄等原因,在现场真唱会影响演出效果,只能播放原先录制好的录音通过现场对口型以满足演出的需求,遮挡嘴巴、避免与观众互动、边演奏乐器边唱等假唱技巧也随之出现。此后,为了确保演出过程中不会因为演员的身体状况或现场设备故障而出现问题,假唱这种演出方式被广泛地使用。这一点从央视2009年春节联欢晚会总策划、总撰稿、总协调秦新民通过媒体表示"2009年的春晚演员都将是真唱"就可见一斑。

四川"9·19"黄圣依成都演唱会部分演员假唱案④、合肥风羽文化经纪有限公司以假唱手段欺骗观众案⑤,先后进入文化部发布的"全国文化市场十大案件"。《营业性演出管理条

---

① 北京市海淀区人民法院(2003)海民初字第19213号民事判决书。
② 北京市高级人民法院(2003)高民终字第246号民事判决书。
③ 安徽省黄山市中级人民法院(2017)皖10民初61号民事判决书。
④ 2009年9月19日晚,"今年我最红黄圣依(成都)个人演唱会"在成都市双流县四川国际网球中心举行,四川省文化市场稽查总队和双流县文化市场稽查大队对演出现场进行监管和技术监控,发现演员方梓媛在独唱《单身舞步》、殷有璨在独唱《火》及与王维湘合唱的《情醉人间》中以假唱欺骗消费者。
⑤ 2016年9月,合肥风羽文化经纪有限公司在合肥市体育中心体育馆内举办的"中国梦梦之蓝亚洲群星演唱会",韩国表演团体Love Cubic演唱了4首歌曲。安徽省合肥市文化市场综合执法支队进行了现场监管和技术监控,发现演出中存在以假唱欺骗观众的行为。

例》第 28 条规定:演员不得以假唱欺骗观众,演出举办单位不得组织演员假唱。任何单位或者个人不得为假唱提供条件。演出举办单位应当派专人对演出进行监督,防止假唱行为的发生。《营业性演出管理条例》第 47 条进一步规定,以假唱欺骗观众的、为演员假唱提供条件的,对演出举办单位、文艺表演团体、演员,由文化主管部门向社会公布;观众有权在退场后依照有关消费者权益保护的法律规定要求演出举办单位赔偿损失,演出举办单位可以依法向负有责任的文艺表演团体和演员追偿。可见,《营业性演出管理条例》从五个方面就假唱行为进行规范:第一,严禁演职人员假唱,欺骗观众;第二,演出的主办单位不得组织演职员假唱;第三,不得为演职员的假唱提供条件和设备;第四,演出的主办单位应派人现场监督,防止假唱;第五,最高可处 10 万元的罚款。另外,根据《消费者权益保护法》第 55 条第 1 款的规定,经营者提供商品或者服务有欺诈行为的,应当按照消费者的要求增加赔偿其受到的损失,增加赔偿的金额为消费者购买商品的价款或者接受服务的费用的 3 倍;增加赔偿的金额不足 500 元的,为 500 元。法律另有规定的,依照其规定。

四、现场演出的诉前禁令

诉前禁令,又称为诉前行为保全,是指为了预先防止侵害发生或者侵害后果扩大,当事人在起诉之前申请法院责令对方当事人作出一定行为或者禁止其作出一定行为。诉前禁令制度在《著作权法》第 56 条、《专利法》第 72 条、《民事诉讼法》第 100 条以及最高法院《关于诉前停止侵犯注册商标专用权行为和保全证据适用法律问题的解释》(法释[2002]2 号)第 6—9 条等法律法规的条文中均有体现。相比之下,《专利法》和最高法院《关于诉前停止侵犯注册商标专用权行为和保全证据适用法律问题的解释》对禁令的规定较为细致。虽然《著作权法》和《商标法》《专利法》有些区别,但三者在诉讼禁令上没有本质的不同。《专利法》和最高法院《关于诉前停止侵犯注册商标专用权行为和保全证据适用法律问题的解释》对诉前禁令的规定,《著作权法》可以参照适用。① 在知识产权领域,近年来获得法院支持的行为保全案例日渐增多,比如最高法院发布的五宗保全案:禁止向公众提供中超联赛摄影作品案②、杨季康申请责令停止拍卖钱钟书书信手稿案③、美国礼来公司等与黄某某侵害商业秘密纠纷

---

① 宋鱼水主编:《著作权纠纷:诉讼指引与实务解答》,法律出版社 2014 年版,第 62 页。
② 本案中,北京市海淀区人民法院认为,结合上海映脉文化传播有限公司(简称映脉公司)提交的其与中超公司签订的《2017—2019 中国足球协会超级联赛官方图片合作协议》相关条款、中超公司出具的《确认书》以及《通知》第 11 条内容,映脉公司系唯一有权在 2018 年中超赛场位置拍摄摄影作品的商业图片机构。在体娱(北京)文化传媒股份有限公司(简称体娱公司)认可其在全体育网上展示、提供下载和对外销售 2018 年中超联赛第十一轮赛事摄影作品的情形下,结合(2017)京 0108 民初第 14964 号判决认定的体娱公司在全体育网上展示、提供下载和对外销售 2017 年中超联赛赛事摄影作品系违反《反不正当竞争法》第 2 条之行为等事实,尽管该判决尚未生效,但体娱公司在本案中将被判决认定构成不正当竞争的可能性仍较大。同时,体育赛事摄影作品具有时效性强的特点,加之中超联赛系中国大陆地区受关注较高的足球赛事,2018 年赛季仍有多轮比赛尚未进行,之后的赛事摄影作品也会得到体育赛事图片市场的较高关注,为防止损害的进一步扩大,责令体娱公司立即停止在全体育网中继续向相关公众提供 2018 年中超联赛赛事摄影作品,具有紧迫性和必要性。据此,法院对映脉公司提出的要求体娱公司立即停止在全体育网上展示、提供下载和对外销售 2018 年中超联赛赛事摄影作品的申请,依法予以支持。
③ 北京市第二中级人民法院认为,中贸圣佳公司在涉案钱钟书书信手稿的权利人杨季康明确表示不同意公开书信手稿的情况下,即将实施公开预展、公开拍卖的行为构成对著作权人发表权的侵犯。如不及时制止,将给权利人造成难以弥补的损害。此外,发表权是著作权人行使和保护其他权利的基础,一旦作品被非法发表,极易导致权利人对其他复制、发行等行为难以控制。

诉中行为保全案①、"网易云音乐"侵害信息网络传播权诉前行为保全案②、许赞有因申请停止侵害专利权损害责任纠纷案③。

　　法院是否对申请人的申请发布诉前禁令,不仅会对申请人的利益产生重大影响,而且将对被申请人的利益产生重大影响。发布禁令是为了保护权利人免受难以弥补的损失,发布错误的禁令同样也会给被控侵权人造成难以弥补的损害。特别是诉前禁令是未经庭审程序,完全依据申请人的单方申请作出的,因此对其必须严格限制。这也是避免司法保护这种公共资源被当事人滥用的必然要求。在司法实践中适用诉前禁令应注意以下几个方面问题:(1)申请人是否是权利人或利害关系人;(2)被申请人行为构成侵权的可能性;(3)不采取保全措施,是否会给申请人合法权益造成难以弥补的损害;(4)不采取保全措施对申请人造成的损害是否大于采取保全措施对被申请人造成的损害;(5)采取保全措施是否损害社会公共利益;(6)申请人是否提供了相应的担保。

　　在判断是否属于难以弥补的损害时,可以考虑以下情形:(1)侵权行为是否造成难以用金钱弥补的损失,例如侵犯著作权人身权,或者造成商誉损失;(2)不制止侵权行为,是否会扩大侵犯范围和损害后果,增加维权成本和维权难度;(3)侵权行为是否直接削弱申请人的竞争优势,严重抢占其市场份额,事后停止侵权也很难挽回市场份额,严重影响申请人的合法权益;(4)侵权行为造成的损害后果是否明显超过被申请人的赔偿能力。另外,从程序上看,考虑到诉前禁令措施对于被申请人的权利产生重大影响,应当充分保障被申请人的程序权利,充实和完善诉前禁令制度中的复议和解除程序。被申请人提出复议申请后,应征求双方意见,给予双方一定的准备时间提交证据,组织双方当事人质证辩论,由双方当事人对作出诉前禁令时考虑的六个因素充分发表意见,在充分听取双方当事人意见的基础上作出复议决定。

　　申请有错误的,申请人应当赔偿被申请人因保全所遭受的损失;通常而言,申请错误损害赔偿责任应理解为严格责任,不以申请人存在过错为前提。同时,损害赔偿责任的范围原则上应当以被申请人的损失为限。例如,一名歌手因为诉前禁令无法在演唱会中演唱特定

---

① 美国礼来公司、礼来(中国)研发公司申请称:2013年1月,被申请人黄某某从礼来(中国)研发公司的服务器上下载了48个申请人所拥有的文件(其中21个为核心机密商业文件)并私自存储。2013年2月,被申请人签署同意函,承认下载了公司保密文件,并承诺删除,但后来拒绝履行,致使申请人的商业秘密处于随时可能因被申请人披露、使用或者许可他人使用而处于被外泄的危险境地,对申请人造成无法弥补的损害。上海市第一中级人民法院经审查认为,申请人的申请符合法律规定,故裁定禁止被申请人黄某某披露、使用或允许他人使用申请人美国礼来公司、礼来(中国)研发公司主张作为商业秘密保护的21个文件。

② 湖北省武汉市中级人民法院认为,申请人深圳市腾讯计算机系统有限公司对涉案623首音乐作品依法享有信息网络传播权,广州网易计算机系统有限公司等五被申请人以互联网络、移动手机"网易云音乐"畅听流量包、内置"网易云音乐"移动手机客户端等方式,向公众大量提供涉案音乐作品,该行为涉嫌侵犯腾讯公司对涉案音乐作品依法享有的信息网络传播权,且被申请人向公众提供的音乐作品数量较大。在网络环境下,该行为如不及时禁止,将会使广州网易不当利用他人权利获得的市场份额进一步快速增长,损害了腾讯公司的利益,且这种损害将难以弥补,理应禁止各被申请人通过网络传播623首音乐作品涉嫌侵权部分的行为。

③ 江苏省高级人民法院认为,根据我国民事诉讼法的立法精神,申请人最终败诉应当是申请错误的认定标准之一。专利的稳定性具有一定的相对性,一项有效的专利权随时都存在被宣告无效的可能,许赞有关于其不可能预见到会败诉的主张不予以支持。此外,先行责令被告立即停止侵犯专利权是在认定侵权成立的判决作出之前对被申请人的权利采取的限制措施,必然会给被申请人造成一定的损失。鉴于此,法律并未将申请先行责令被告立即停止侵犯专利权规定为申请人维权必须要采取的措施,是否提出申请由申请人自行决定。同时,为了有效弥补错误申请给被申请人造成的损失,法律规定申请人在申请先行责令被告立即停止侵犯专利权的同时应当提供相应的担保。据此,对其申请先行责令被告立即停止侵犯专利权的风险,申请人也应当是明知的。因此,许赞有在其申请先行责令江苏拜特进出口贸易有限公司、江苏省淮安市康拜特地毯有限公司立即停止侵犯专利权时,应充分意识到其提出该申请的风险。许赞有关于其申请没有过错因而不应承担相应赔偿责任的主张没有法律依据,不予支持。

歌曲,事后发现申请错误的,申请人应当赔偿歌手的损失,无需赔偿演唱会组织者的损失。理由在于,演唱会组织者享有的是对歌手的债权,传统民法理论认为债权具有相对性,除债权债务人之外,对于第三人没有法定义务,不承认第三人有侵犯债权的可能。因此,申请诉前禁令错误的,申请人不应当对于被申请人以外的其他人的损失承担赔偿责任。

在北京市第二中级人民法院处理的一起著作权侵权禁令申请中,申请人指控被申请人制作、发行的电影作品抄袭了申请人的文字作品,因此请求法院责令被申请人停止该电影作品的首映行为。① 尽管该申请最终由于"难以作出初步侵权判断"而被驳回,但该案涉及的情况,属于"行为如不制止,将严重扩大侵权行为的范围和损害后果"的情形,符合"难以弥补的损害"之要件要求。②

倘若词曲作者或者音著协通过演唱会的宣传广告,得知在演唱会中即将被演唱的某些歌曲未获得授权,词曲作者或者音著协是否有权申请临时禁令,阻止演唱会的举行?《著作权法》第56条规定:著作权人或者与著作权有关的权利人有证据证明他人正在实施或者即将实施侵犯其权利的行为,如不及时制止将会使其合法权益受到难以弥补的损害的,可以在起诉前向人民法院申请采取责令停止有关行为和财产保全的措施。根据该条规定,当演唱会组织者不及时交纳使用费时或未获得词曲作者之授权时,在理论上可以申请法院对演唱会发布区临时禁令。

但在司法实践中,临时禁令的申请并非如此简单。首先,演唱会涉及的歌曲未必是全都侵权,可能部分获得授权,部分没有获得授权,即使音著协向法院申请诉前禁令,也只能申请法院禁止主办方对涉及侵权歌曲的演唱,无权叫停整个演唱会。其次,法院采取诉前禁令停办演唱会,会使数以万计购票群众骚乱,从社会治安来说,法院基本不会采取这一可能导致重大社会问题的措施。最后,音著协申请临时禁令的行为基本不成功。2002年音著协向北京市第二中级人民法院申请《2008—北京期待你》演唱会的诉前禁令,这是最高法院为加强知识产权司法保护而出台有关诉前禁令制度的司法解释后,北京市受理的第一起正式申请禁令案。音著协本想通过申请诉前禁令的方式,以停办演唱会的压力迫使主办方交费,但法院最终没有采纳。此后,音著协在全国不少城市仍有提出针对演唱会的诉前禁令,但从公开资料看,法院并没有因演出组织者未获著作权授权而颁布禁令。③

不过,在"北京鸟人艺术推广有限责任公司与北京华夏弘扬国际文化艺术有限公司、汤潮军申请诉前停止侵犯著作权行为案"④中,法院裁定:北京华夏弘扬国际文化艺术有限公司和汤潮军2010年5月15日在北京展览馆剧场举办汤潮军《狼行天下》演唱会中不得表演歌曲《狼爱上羊》等13首歌曲。然而,在5月15日的演唱会中,北京华夏弘扬国际文化艺术有限公司和汤潮军没有执行法院的裁定,而是按照事前公布的节目单进行表演,其中属于法院诉前禁令中禁止演唱的曲目有《狼爱上羊》等9首。鉴于北京华夏弘扬国际文化艺术有限公司和汤潮军"明知山有虎,偏向虎山行"之罔顾法院禁令的行为,北京市第二中级人民法院作出民事制裁决定书,对违反禁令的行为处以罚款。另外,根据《民事诉讼法》第100条的规定,当事人可以在诉讼中申请法院作出禁止侵权人某种行为的命令,即诉中禁令。申请条件与要求,与诉前禁令大体一致。

---

① 北京市第二中级人民法院(2003)二中民保字第11321号民事裁定书。
② 周晓冰:《著作人格权的保护》,知识产权出版社2015年版,第191—192页。
③ 蒋凯:《中国音乐著作权:管理与诉讼》,知识产权出版社2008年版,第41页。
④ 北京市第二中级人民法院(2010)二中民保字第11235号民事裁定书。